PIAF,
LA VÉRITÉ

Du même auteur

La Véritable Joséphine Baker, Éditions Pygmalion/Gérard Watelet, Paris, 2000. Corps 16, Paris, 2000.

La Véritable Romy Schneider, Éditions Pygmalion/Gérard Watelet, Paris, 2001. Corps 16, Paris, 2002. Joszöveg, Budapest, 2002. J'ai lu, Paris, 2005.

Joséphine Baker, 100 images pour une légende, Éditions de La Lauze, Périgueux, 2000.

Tino Rossi, biographie, Éditions Le Rocher, Paris, 2003 (épuisé). Corps 16, Paris, 2004.

Sylvie Vartan, le Feu sous la glace, Éditions Flammarion, Paris, 2004.

La Véritable Dalida, Pygmalion, Paris, 2004.

La Véritable Mireille Mathieu, Pygmalion, Paris, 2005.

EMMANUEL BONINI

PIAF, LA VÉRITÉ

Pygmalion

Sur simple demande adressée à
Pygmalion, 87 quai Panhard et Levassor 75647, Paris Cedex 13,
vous recevrez gratuitement notre catalogue
qui vous tiendra au courant de nos dernières publications.

ISBN 978-2-7564-0191-1

Je dois tout, ou presque, à Danielle Bonel. Cette femme est un soleil. Artiste d'exception, elle aurait été une mère exemplaire. Humble, généreuse, ouverte, positive, efficace et d'une grande force morale, elle m'a porté pendant de très longs mois, comme elle porta jadis Édith Piaf des années durant. Pour toutes ces raisons et pour tellement d'autres encore, qui la feraient rougir, je lui dédie respectueusement ce livre. Merci, Madame.

« Il y a ceux qui savent et ceux qui ne savent pas », disait Sagan. Parce qu'André Schoeller sait, je l'associe à cet hommage. André, mon ami.

« La vérité plus forte que la calomnie. »
Talleyrand

Prologue

« En raison d'une affluence plus importante que celle prévue primitivement aux obsèques de Mme Édith Piaf, je demande un service de trois sections rendues à 9 h entrée principale du Père-Lachaise. »

13 octobre 1963. Demain, à Paris, auront lieu les funérailles de la plus grande chanteuse de tous les temps et le commissaire principal Charlot, chargé du 20e arrondissement, dépêche des notes tous azimuts. La veille, déjà, entre 17 et 22 heures, un peuple cyclopéen avait exigé de pouvoir défiler devant le cercueil de la Môme, placé sur un catafalque, dans la bibliothèque de son appartement transformée en chapelle ardente. Depuis 9 heures, ce matin, la foule que Piaf fuyait a refait cortège devant un 67 bis boulevard Lannes drapé de gris. Trois initiales en argent (EPS pour Édith Piaf Sarapo) dénoncent l'identité de la disparue. Il faut compter trois heures d'attente, pour chacune des cent mille personnes, pour avoir accès au cercueil sans pouvoir s'y recueillir longtemps. Trois heures durant lesquelles employés, bourgeois, putains, midinettes, mères de famille, enfants, humbles ménagères en pleurs tenant dans une main leur panier à commissions, dans l'autre une image pieuse, vivent un chemin de Croix, étranglés entre soixante barrières métalliques de sécurité. Ici, une femme en proie à l'hystérie s'évanouit sur la chaussée ; là, des enfants crient, écrasés sous les barrières qui menacent de s'effondrer ; ailleurs, des altercations naissent de la bousculade. La violence de ces scènes auxquelles doit faire face la petite vingtaine d'agents dépêchés sur place par le commissaire principal Mézières, responsable du 16e arrondissement, laisse augurer de ce que sera la journée du lendemain. L'ensemble de l'organisation des obsèques relevant de sa seule autorité, Louis Amade, préfet de la Seine, également auteur de renom et ami de la défunte, a tout prévu. Tout,

sauf le fait maintes fois révélé que même dans les plus grands élans d'amour, une foule dégagée de la notion d'individu peut soudain « sentir très mauvais ».

Le 14 octobre, à 10 heures 21, ouvert par deux motards, le convoi mortuaire quitte le boulevard Lannes avec un quart d'heure de retard sur l'horaire prévu. Une demi-heure plus tôt, cent cinquante personnes attendaient déjà devant l'entrée du Père-Lachaise. Après une reconnaissance du terrain, la police a calculé que le trajet, long de dix kilomètres huit cents, sera parcouru en vingt-deux minutes à raison de 30 km/heure, sans aucune interruption. Le corbillard est précédé par trois chars noyés sous les couronnes de fleurs offertes par diverses personnalités et organismes. On remarque celles du Conseil général de la Seine, du Conseil municipal de Paris, du Syndicat des acteurs, de la Société des auteurs et compositeurs dramatiques. Celles encore des Forains, du théâtre du Gymnase de Marseille, de la ville de La-Frette-sur-Seine, de la Légion Étrangère. Celles enfin des amis et des personnalités : Tino Rossi, les Compagnons de la chanson, Martine Carol, Fernandel, Marlène Dietrich dont la croix de roses blanches fait sensation. D'autres encore, auxquelles, dès le départ, viennent s'ajouter, infiniment plus touchants, de simples bouquets de marguerites ou de violettes déposés au passage par des anonymes, avec pudeur et discrétion.

Derrière les fleurs et le corbillard se trouve la voiture des prêtres appelés à bénir le cercueil : le Père Leclerc, un dominicain, aumônier des artistes, le révérend père jésuite Thouvenin de Villaret, de la paroisse Saint-Honoré-d'Eylau, et Monseigneur Martin. À la fin des années quarante, ce dernier avait perdu la foi et ne pensait plus qu'au suicide lorsque le cri de Piaf le ramena vers son chemin de lumière. Sans le connaître, elle l'avait sauvé. Quand il apprit que l'Église refusait les funérailles religieuses à la chanteuse, Monseigneur Martin se présenta boulevard Lannes et obtint de ses intimes de pouvoir la veiller. Bannie comme autrefois Colette, la Môme n'aura d'autre intermédiaire avec Dieu que ces trois ecclésiastiques venus prier à la sauvette. Conduite par Christian, son dernier chauffeur, et immédiatement suivie par la voiture des prêtres, la Mercedes de Piaf, dans laquelle Théo Sarapo a pris place entre Danielle Bonel et Louis Barrier, canalise tous les regards. Le jeune veuf sait ce que son épouse devait à ces deux-là. À Danielle d'abord, la précieuse secrétaire, loyale, intègre, dévouée, qui mit un terme à sa carrière d'artiste pour devenir la bonne âme de sa « petite Édith ». Marc, son époux, accordéoniste exclusif de Piaf depuis 1945, se trouve dans la voiture suivante, avec monsieur et madame

Lamboukas, les parents de Sarapo. Derrière encore, de très nombreux véhicules transportent les personnalités invitées.

Place de la Colombie... Avenue Henri Martin... Avenue Georges Mandel... Beaucoup de monde sur le parcours, des milliers d'âmes et un silence impressionnant. À 10 heures 28, le cortège atteint la place du Trocadéro. En apercevant la tour Eiffel, Danielle Bonel s'émeut. Il y a deux ans, elle avait accompagné Piaf, très malade, qui s'y était produite en couronnement du gigantesque événement créé autour de la sortie du film *Le Jour le plus long*.

Avenue du Président Wilson... Place de l'Alma... Cours Albert Ier... Cours La Reine... Ce Paris n'était pas vraiment celui de la Môme. L'autre l'attend. Les rapports de police indiquent qu'à 9 heures 54, tandis que les équipes de télévision s'installaient dans le cimetière, ils étaient un millier à faire le pied de grue devant l'entrée principale du Père-Lachaise, mille autres personnes s'étant faufilées dans l'enceinte du cimetière. À 10 heures 8, ils sont six mille : quatre mille cinq cents à l'extérieur, mille cinq cents à l'intérieur. Douze minutes plus tard, la barre des dix mille est franchie. Les policiers qui suivent minute par minute l'évolution de la situation, au moyen de talkies-walkies, ne s'alarment pas outre mesure : les effectifs mis en place leur paraissent suffisants.

Arrivé à 10 heures 32 sur la place de la Concorde, le cortège emprunte aussitôt les quais, devant les boîtes des bouquinistes, fermées en signe de deuil. Quai des Tuileries... Quai du Louvre... Quai de la Mégisserie... Quai de Gesvres... Quai de l'Hôtel de Ville... Quai des Célestins... Quai Henri IV... Pont-Morland... Quai de la Rapée... Place Mazas... Avenue Ledru-Rollin... À mesure que l'on approche des collines où Piaf avait vu le jour et que les rues se rétrécissent, l'émotion du populaire gagne en ferveur. Tous ces gens aux fenêtres et cette foule à deux doigts des vitres des voitures, qui pleurent en se signant ; le cœur de Danielle Bonel se serre encore un peu plus, tandis qu'une chanson où Édith imagine son propre enterrement revient danser dans sa mémoire...

C'est pour moi, j'l'aurais jamais cru
Que les femmes se signent en passant
Comme je passe à travers les rues
J'arrête la vie et le mouv'ment
Tout le monde me suit dans la rue
Tout en noir, à mon enterrement...

(*Un Monsieur me suit dans la rue,*
J.-P. Le Chanois/Jacques Besse)

L'enterrement en ville étant la seule réunion mondaine où l'on puisse se rendre sans invitation, lorsqu'à 10 h 43 le convoi apparaît en bas de la rue de la Roquette, tant à l'entrée principale du cimetière qu'à l'intérieur la marée humaine est à présent grosse de quarante mille têtes. Parisiens et provinciaux, curieux et fervents, venus saluer celle qui a fini de chanter pour eux et devant qui le mot star se faisait tout petit. Sur le boulevard de Ménilmontant, longeant par la gauche le Père-Lachaise, la circulation a été fermée de manière à permettre le stationnement des voitures de suite. Sitôt arrivés, les trois chars de fleurs sont dirigés à l'intérieur du cimetière. Le corbillard, lui, est stoppé à l'entrée, entre les deux cents mètres de barrières de sécurité demandées par le commissaire principal Charlot. Deux cents autres ont été disposées dans les allées de la cité mortuaire, réclamées par le conservateur du Père-Lachaise. Le temps pour Jacques Enock, président de la SACEM, debout sur une estrade, d'adresser un éloge d'une dizaine de minutes et le corbillard reprend sa route pour conduire le corps d'Édith Piaf vers sa destination finale, encadré par les proches et les amis et suivi par les vingt-cinq mille personnes déjà introduites dans le cimetière. Les quinze mille autres qui attendaient à l'extérieur ne tardent pas à forcer les barrages pour les rejoindre. Il est 10 heures 55. Les policiers sur place demandent du renfort. Trop tard...

Dès lors, l'ultime communion voulue sacrée et solennelle entre la Môme et son Paname vire à la révolution mexicaine. Cris, jurons, bagarres, cavalcades dans les allées et sur les tombes et les couronnes mortuaires piétinées, plaisanteries grossières, insultes aux agents dépassés par l'inédit de la situation. Pour mieux voir, pour tout voir, pour toucher, la masse va descendre aussi bas que permis. Oh ! Marlène... Oh ! Tino... Oh ! Paul Meurisse... Oh ! Jean Marais... Mais laissez-moi passer ! Certains croient reconnaître Bourvil, Gabin, Fernandel, autant de célébrités absentes ce jour-là. Là-bas, Charles Aznavour et Gilbert Bécaud. Monsieur Bécaud, s'il vous plaît ! Un autographe... Une vieille dame est renversée. Elle se relève. Sans l'aide de personne. Ses lunettes lui ont été arrachées, son front ruisselant de sang lui fait mal, mais elle reprend sa route, au milieu de la cohue. Elle est venue dire merci à une chanteuse qui lui donnait encore quelque raison de vivre, elle ira jusqu'au bout. En dépit de la marée humaine refluant de partout, composée d'enfants hurlant de frayeur et de mamans soudainement prisonnières et au bord de l'évanouissement. Il y a bien des protestations, mais que pèse l'indignation de quelques-uns face à la barbarie du nombre ?

PROLOGUE

Ce n'est qu'à 11 heures 19, soit une demi-heure après son entrée dans le cimetière, que le corbillard parvient en vue du lieu de la sépulture, allée n° 3, 97e division. Il lui faut encore dix bonnes minutes pour arriver jusqu'à la tombe. Non sans difficultés. Une section mise en place par le commissaire principal Charlot, « Porte de la Dhuys » (probablement l'actuelle porte de la Réunion), et confiée au commandant Lamy, prend alors discrètement ses marques aux abords du tombeau béant. Tête basse, les épaules rentrées et la mâchoire serrée, indifférent à ce qui se passe alentour, Théo Sarapo offre le spectacle d'un désespoir digne. À ses côtés, Danielle Bonel, foulard noir, ne quitte pas son bras. Elle a été au premier rang de cette histoire d'amour dont on fit tant de gorges chaudes. Probablement hissé sur un monument, qui dépasse la foule d'une tête, Jean-Claude Brialy scrute lui aussi avec une attention toute particulière le visage contrit de chagrin du beau Théo.

Après une dernière allocution du Père Leclerc, relatant la vie et l'œuvre de l'artiste, suivie de quelques mots d'adieu prononcés par Monseigneur Martin, c'est dans le chahut que le cercueil d'Édith Piaf est lentement descendu vers ces abîmes d'où même les audacieux ne reviennent pas. Elle qui avait si peur du noir, reculant chaque nuit l'instant fatidique où il lui fallait aller retrouver ses « fantômes du passé », comme elle disait. Elle ne sera pas seule : depuis dix-neuf ans, son père l'attendait. Et sa petite Cécelle, qui n'a pas eu le temps de grandir. Avant d'être évacuée par la porte Gambetta avec Marc et Théo, Danielle Bonel se fit un devoir de rendre quelques objets personnels à la femme qu'elle avait suivie partout pendant quinze ans. C'est alors une véritable pluie qui s'abattit dans le rectangle d'éternité de la Môme, des fleurs sauvagement arrachées dans les jardinières voisines et lancées par des anonymes à cheval sur des croix ou debout sur des mausolées. Ces profanateurs ignoraient qu'Édith Piaf n'a jamais aimé les fleurs. Encore moins ceux qui les lui offraient à dessein pour s'acquitter d'une civilité ou pour rechercher ses faveurs. Une femme perd connaissance. On la charge à bord du corbillard. Les obsèques de Madame Édith Piaf sont terminées.

Une fois que les proches se furent retirés et jusqu'à ce que le cimetière fermât ses portes, moyennant quelques heures d'attente, des milliers et des milliers de personnes purent défiler à loisir devant la « nouvelle recrue » du Père-Lachaise. À l'extérieur, la foule ne se fluidifia qu'avec le départ progressif des célébrités. Encore une fois, qui ne serait pas la dernière, la Môme venait de faire recette. Le reste, Dieu y pourvoirait. À l'aise avec son image, Édith Piaf a toujours laissé couler le fiel ou les élucubrations versées sur son nom. Les clichés les plus éculés. Au pire y a-t-elle elle-même contribué. Le temps ne les a pas émoussés et, aujourd'hui, le résultat vaut ce qu'il vaut : des films sensationnalistes et pleurnichards au service d'une légende tronquée mais utile au commerce ; des émissions de télévision où d'anciens valets de cœur ou de pique se donnent le beau rôle moyennant finances ; des biographies de trop, écrites à vide, qui reproduisent à l'infini le néant des précédentes ; des secrétaires à la mode de Bretagne sorties de l'ombre et qui s'accaparent le rôle et les fonctions des véritables serviteurs de la Môme. Le goût païen des êtres pour le merveilleux est tel qu'ils sont toujours prêts à lui sacrifier la raison. C'est ce qui explique que le foisonnement et l'extravagance des hypothèses imaginées par les marchands d'illusions et entretenues par le public trouveront toujours clients, malgré les témoignages irrévocables aptes à les réduire à néant. « Mentir, raconter n'importe quoi, tout est là, affirmait l'un de nos plus grands génies littéraires, lui-même parfait mystificateur. Il faut raconter aux gens ce qu'ils attendent, la vérité n'est plus d'époque. » Elle ne l'a jamais été.

À quel moment dit-on la vérité ? Car, après la légende, aussi indispensable à l'artiste que son talent (lorsque talent il y a), doit venir la vérité. Après. Quand le mensonge a fini de devenir une nécessité sociale. Quand rien ne peut plus nuire à l'ascension des étoiles. La vérité existe. Encore doit-on aller la chercher. Aussi loin qu'elle se trouve. Pour cela, il fallait des témoins sûrs, jamais écoutés ou très mal entendus, des documents irréfutables et une puissante volonté capable d'établir les liens utiles à l'accomplissement de cette immense tâche. Derrière toute vie se cache un être pour lui donner une injonction. Phénix total et imparfait mille fois éprouvé, Piaf maîtrisa à ce point la sienne qu'elle ne trouva jamais personne, ami, amant, gigolo ou garde-malade, suffisamment doué pour lui laisser croire qu'elle était autre chose que ce qu'on voulut qu'elle fût. Un petit bout de femme qui eut le courage d'être elle-même au milieu des hommes, sans que personne ne puisse faire main basse sur sa liberté. C'est le puissant privilège des monstres sacrés, ou « sacrés monstres », dont la Dame en noir fut la sublime incarnation. « C'est payé, balayé, je me fous du passé », s'époumonait à l'article de la mort cette vieillarde de quarante-sept ans, détachée de tout matériel, parce que proche de Dieu, comme on lance un avertissement à la postérité.

Le passé de Piaf était lourd, mais il n'empêcha jamais l'infirme qu'elle devint de mordre toujours plus goulûment dans la vie. La sienne et celle des autres, ceux qui eurent le doux malheur de lui plaire et à qui elle ne pardonnait pas de n'en avoir pas été dignes. Dans l'amour aussi, dont elle disait avoir tout reçu, mais qui ne la satisfaisait jamais, parce que l'amour est un mythe à la portée du premier caniche. C'est dire l'effroyable solitude intérieure que masquait le rire trop libre de la dénommée Édith Giovanna Gassion, née sous le ciel de Paris, dans une France en guerre, au cœur d'un quartier populaire que tant de poètes ont célébré et que Piaf, curieusement, jamais ne chanta.

Première partie

LA VOIX

« Vis joyeux avec les belles joyeuses aux yeux noirs
Car le monde n'est que conte et vent
Ce monde hélas n'est que nuée et vent
Apporte le vin et advienne ce qui pourra. »

Rondagui (Poète iranien du IXe siècle)

« Notre voyage à nous est entièrement imaginaire. Voilà sa force. Et puis, tout le monde peut en faire autant. Il suffit de fermer les yeux. »

L.-F. Céline

I

Des « parents lamentables »

« Je n'ai pas de mère ! »

É. P.

Or tout arrive par des refrains...

Un enfant de Paris demandait à son père :
Qu'est-ce donc qu'un Prussien ? Le père répondit :
Un pourceau qui se plaît dans la cochonnerie.
Voilà, mon fils, ce qu'est un Prussien !

Depuis le début du siècle, la chanson française s'avilissait dans la scatologie, la sottise, la vulgarité et le patriotisme le plus borné. Partis du café-concert et imprimés jusque sur les bancs de la communale, les appels à la revanche et au meurtre firent même l'affaire d'un chocolatier qui en reproduisit les grands principes sur ses cartes réclame. Partant, le 3 août 1914, c'est une Marianne piquée de joyeuse névrose guerrière qui déterre à nouveau la hache contre l'aigle allemand, après plus de quarante années de paix relative. Outre-Rhin, la même envie d'en découdre n'était pas moins vivace, légitimée par un rêve de Mitteleuropa saucé de Schnaps. Balayée la poussière dorée de la Belle Époque, parenthèse molle et fugitive d'une existence mirobolante, dans un décor aimablement ridicule ! Cette société de rentiers somnambules, faite pour basculer, fit un temps supposer aux Allemands que Dieu devait être français. *Glücklich wie Gott in Frankreich*. La naissance de l'avion, de l'automobile, tous ces formidables moyens de communications, auraient dû unir les hommes, mais on n'arrête pas des chiens excités par de mauvais maîtres.

À l'automne 1915, des milliers de soldats français ont déjà été relevés. « Mort pour la France ! » Des irremplaçables partis couper « la tête à Guillaume », un *Lebel* en bandoulière, *La Marseillaise* entre les dents, le « tu ne tueras point » oublié sur un banc de catéchisme. Gloire à la jeune veuve, tenue d'expliquer aux enfants, en y croyant presque, qu'il n'existe pas destin plus enviable que la mort d'un mari et d'un père au champ d'honneur. Interdites d'isoloir et soumises au voile du matriarcat, mais non dispensées des corvées d'usine où elles suppléent leurs guerriers, les Françaises démontrent chaque jour ce que le Dieu des chrétiens sait depuis longtemps : le courage est aussi et peut-être d'abord affaire de femmes. Les Françaises et puis les autres. Les solides Américaines ne vont pas tarder à débouler à bord de leurs flamboyants camions de la Croix-Rouge de l'enfance, mais c'est une jeune Anglaise qui, depuis la mi-juillet, tient par chez nous le pavé de la chronique populaire. Feu Édith Cavell. Dans les journaux, on ne parle hélas plus que d'elle au passé et de son héroïsme têtu face aux « boches » exécrés. Cette fille de pasteur anglican, née en 1865, avait tout juste cinquante ans. Infirmière diplômée, elle avait étudié la médecine en Suisse, en Belgique et en France, avant de diriger à Bruxelles l'institut médical Berkendael. Lorsque, en 1914, la Croix-Rouge installa un hôpital dans son établissement. Acquise à la cause alliée, Édith Cavell y vit l'opportunité de jouer de sa position pour transformer cet hôpital en centre d'accueil aux fins d'aider les soldats blessés (français, anglais et belges) ou ayant perdu leurs unités à rejoindre clandestinement leurs armées via les Pays-Bas.

Entre novembre 1914 et juillet 1915, deux cents personnes, dotées de vêtements et de faux papiers par miss Cavell, purent ainsi s'évader de la zone de contrôle allemand, à la barbe de l'ennemi. Dénoncée, Édith fut arrêtée et incarcérée, au motif de « trahison » sans toutefois abjurer son engagement. Précédant la Hollandaise Mata Hari sur le tourniquet des femmes martyres de la Grande Guerre, après une parodie de procès qui souleva l'indignation de la diplomatie internationale, elle fut condamnée à mort et tomba sous le feu des balles allemandes, le 12 octobre 1915, au petit matin. Pardonnant à ses bourreaux, la fille du pasteur Cavell termina de s'élever en prononçant ces mots : « Je n'ai ni crainte, ni regrets. J'ai vu la mort si souvent qu'elle ne m'apparaît ni étrange, ni horrible. »

Chez le populo plus qu'ailleurs, Édith Cavell a marqué les esprits, mais son immense gloire posthume ne la réveillera pas. À moins de renaître chaque fois un peu plus et mieux encore à travers une ou plusieurs petites filles, à qui les parents, en panne d'inspiration, auront donné son prénom. Un prénom à la mode, dicté par la conjoncture. Nombreuses seront à la charnière 1915/1916 les Édith de toutes conditions à avoir poussé sur le souvenir de l'Anglaise[1]. Nulle part encore il n'était écrit que la nôtre la dépasserait un jour en notoriété pour se hisser à la droite des Rabelais, Jeanne d'Arc, Vauban, Molière, Lully, Poussin, Cuvier, Pasteur ou Hugo sur les plus hautes marches du mythe de l'excellence française. Nulle part et certainement pas sur le registre des naissances de l'hôpital Tenon pour l'année 1915. C'est dans cet établissement public inauguré en 1878, sous le nom d'hôpital Ménilmontant-Tenon prendra son nom définitif l'année suivante – que Piaf pousse son cri primal, au matin du 19 décembre, parmi les quelque trois mille nouveau-nés que l'on y recense chaque année. À cette époque perturbée par le bruit des canons, la journaliste Madeleine Vernet, dans une série d'articles sur « Le mensonge social et la maternité », dénonce de vive voix la réalité fondamentale de l'accouchement à l'hôpital, qui traduit le mépris des hommes et pénalise les femmes pauvres. En effet, depuis toujours, celles-ci doivent rentrer seules à l'hôpital pour y accoucher, sans qu'il ne soit permis aux maris de les assister pendant les heures de souffrance. Des futurs pères qui n'en exigent d'ailleurs pas tant. L'hygiène est l'argument le plus souvent invoqué par les pouvoirs publics. Selon Madeleine Vernet, il masque mal une volonté de pouvoir de l'État maquereau. Les reproches de la journaliste portent encore sur la rudesse de l'accueil dans les maternités de l'Assistance Publique et sur le « manque d'hospitalité » et de considération réservé aux parturientes, majoritairement issues de milieux peu aisés. On n'ose imaginer le traitement réservé aux filles mères (« mères déviantes ») et aux avortées. Pour ce qui regarde le cérémonial d'admission, toutes les femmes sont néanmoins logées à la même enseigne : déshabillage complet, dans un premier temps, puis séance de lavage appliquée. « Les gens étaient sales, devait confesser une ancienne sage-femme, il y avait de la vermine, des poux, des morpions et de la syphilis. » Enfin, passé l'étape technique du rasage du pubis, les parturientes reçoivent l'ordre de se revêtir du linge mis à disposition par la maternité, et marqué A.P., des initiales que l'on retrouve « avec horreur » jusque sur le pain distribué aux malades. Certaines femmes vivent mal cette obligation d'anonymat forcé, mais aucun recours n'est recevable tant auprès du personnel que de la direction. L'Assistance Publique n'est pas le salon de mademoiselle Liane de Pougy !

Le registre des entrées de l'hôpital Tenon pour l'année 1915 nous apprend que Jeanne Maillard – c'est sous ce nom que l'« artiste » Line

1. Dans *Le bal de la chance*, Piaf atteste que le choix de son prénom fut déterminé par l'épopée d'Édith Cavell.

Marsa fut inscrite – a été admise en urgence le jour même de l'accouchement, sous le matricule 13 234. Mise au monde par le docteur Jules Defleur, assisté de l'interne de service Jacques Goviet et d'une sage-femme nommée Jeanne Groize [1], Édith, quant à elle, reçoit le matricule 13 238. Pourquoi un interne et une sage-femme plutôt que deux sages-femmes ? Parce que depuis la fin du XIXe siècle ces dernières pâtissent d'une chute régulière d'effectifs, conséquence directe d'une baisse des naissances et de l'augmentation sensible du nombre de docteurs en médecine. Faut-il rappeler qu'associées aux faiseuses d'anges, dont on pense qu'elles sont les complices, les sages-femmes d'alors ne jouissent pas de la meilleure image. Ce n'est pas faute de soigner la sélection au recrutement et d'exiger de ces demoiselles à leur entrée à l'école (deux années de formation) un certificat de bonne vie et mœurs, assorti de l'exigence d'une autorisation parentale ou maritale, d'un casier judiciaire vierge et du brevet élémentaire ou du certificat d'études. Après l'accouchement, Line Marsa est conduite salle Tarnier [2] où le lit no 35 lui a été réservé. Le 24 décembre, veille de Noël, elle et sa fille sont dehors. Le registre indique que le coût du séjour (vingt francs, une somme considérable pour l'époque) a été honoré. Où est le père ? Il guerroie, bien sûr, du côté de Sens, ville du mariage civil des parents de Piaf (4 septembre 1914) et lieu d'affectation de Louis Gassion (caserne Gémeau). On a dit qu'une permission lui a été accordée. L'État-major français ayant décidé d'une relève de ses troupes tous les quinze jours/trois semaines, contre un renouvellement bimensuel du côté allemand, il est possible que Louis Gassion ait pu bénéficier d'un congé spécial, pour s'extraire des tranchées, mais aucun document n'existe, susceptible de le prouver.

Nous sommes loin de la légende d'une Édith Piaf née sur les marches du 72, rue de Belleville, sur la pelisse de deux agents de police. La prodigieuse ascendance de la Môme, foraine et artistique : voilà une donnée plus digne d'intérêt qu'une naissance subtilisée à la réalité, dans les lieux et dans les faits. Que voit-on dans ce grand ciel peuplé de fantômes, où les gestes se sont arrêtés et où les voix se sont tues ? Des pays, des voyages, des rencontres, encore des voyages, des liens charnels tissés ici et là, au hasard des routes et des continents. Un véritable

1. Tous trois cités par Marc Robine, dans l'avant-propos d'une réédition du *Bal de la chance*, en 2007.

2. L'attribution du nom du professeur Tarnier à la salle des accouchées de Tenon date très précisément du 6 janvier 1898, soit un an après le décès de cet éminent spécialiste de l'accouchement, dont une statue honore aujourd'hui la mémoire, rue d'Assas, à Paris.

kaléidoscope humain, la généalogie de la fille Gassion. Des mélanges dont il convient de prévenir qu'ils ne furent pas toujours forcément heureux. Or, ce sang était celui de Piaf et en vertu de l'unicité inhérente à chaque être, de ces combinaisons chromosomiques devait sortir un numéro, un seul, dont nous savons aujourd'hui qu'il était le bon. La grande Piaf, telle que nous la méconnaissons tous à force de croire que nous connaissons tout d'elle. Ou encore : Mademoiselle Édith Piaf ; La Piaf ; « Didi » ; « Didou » ; « Piafou » ; « Dilouche » ; « Mina »... selon la situation ou le degré d'intimité et de complicité. « Ceux – ô combien rares ! – qui étaient ses amis et ceux, bien plus nombreux, qui prétendaient l'être ou cherchaient à le devenir, l'appelaient surtout Édith, dira Raymond Asso. Ce prénom suffisait aux premiers et donnait aux autres l'illusion qu'ils faisaient partie du cercle enchanté. » Or, qu'elle soit née pour aider les autres à mourir moins seuls et plus riches ou pour accomplir le dessein d'un dieu malin, au gré de l'état civil et jusqu'à la fin de notre civilisation, Édith Piaf restera Édith Giovanna Gassion, fille de Louis et de Jacqueline, née Maillard.

Saura-t-on jamais qui fut réellement Annetta Giovanna Marguerita, dite Line Marsa, dont l'acte de naissance stipule qu'elle vit clair de l'autre côté des Alpes, du côté de Livourne, le 4 août 1895 ? La Marsa, du nom d'un petit port tunisien à 18 kilomètres au nord-est de Tunis, érigé en municipalité en 1912. Soixante-quinze ans plus tard, à la fin de 1977, Jacques Brel y ferait une dernière escale privée, avant l'ultime. Son nom d'artiste, la génitrice de Piaf se l'est constitué en puisant sans beaucoup d'originalité dans le grand sac de ses origines familiales. Car si Jacqueline – c'est ainsi qu'on l'appelle dans sa famille, l'employé de l'état civil italien ayant commis une erreur en marquant Giovanna (Jeanne) sur l'acte de naissance, au lieu de Giacoma (Jacqueline) – est franco-française par son père, Auguste Eugène Maillard (1866-1912), du côté maternel, son arrière-grand-mère Marguerite Bracco (1830-1898), Piémontaise, mêla sa destinée à celle d'un Marocain, Saïd Ben Mohamed (né en 1827), dont elle eut une fille Emma (1876-1930), mère de Jacqueline, donc la grand-mère d'Édith.

Tous sont voués au spectacle. Sans exception. De Marguerite Bracco à Saïd Ben Mohamed, tous deux acrobates, jusqu'à Auguste Eugène Maillard, artiste de cirque et à sa femme Emma Saïd Ben Mohamed, dresseuse de puces, sous le pseudonyme d'Aïcha. Dans les veines de celle-ci coulait le charme épicé de Mogador, un ancien site phénicien, le plus à l'ouest de la Méditerranée occidentale. Elle y était née dans ce port marocain sis entre Safi au nord et Agadir au sud, dont les remparts, inspirés de ceux de Vauban, sont l'œuvre d'un architecte français du XVIIIe siècle. Mogador la magnifique, aujourd'hui classée au patrimoine mondial de l'humanité par l'UNESCO. À l'époque où Aïcha y jouait, enfant, Mogador, premier port sardinier du monde, était également le premier du Maroc à assurer 40 % des échanges commerciaux du pays avec les caravanes venues de la lointaine Tombouctou. Or, c'est en Italie, au hasard de leurs tournées respectives, qu'Aïcha et le père Maillard firent leur affaire et la refirent à ce point de vouloir régulariser. Ce qui explique la naissance circonstanciée à Livourne, loin du port d'attache parisien, de Line Marsa, enfant du *Teatro estivo*. Puisque de mère on ne peut guère parler à son égard (et nous verrons pourquoi), dorénavant nous ne la désignerons plus que par son nom public, comme une consolation à cette gloire qu'elle a recherchée, mais pas assez pour la vouloir, jusqu'à en jalouser sa fille prodigue dont elle se souviendra avec beaucoup de retard et de faux trémolos qu'elle fut d'abord une enfant rejetée. Son enfant.

À la mort de son père, survenue le 29 juin 1912 sur la voie publique à Saint-Ouen, Line Marsa, alors domiciliée à Aubervilliers, fit les foires de la région avec sa mère, tenant manège et vendant des nougats. Les enfants de la balle ont des canifs sous les pieds. Pour ces maîtres de l'apesanteur, équilibristes de l'existence, l'essentiel est toujours devant, en haut, ailleurs. Dès lors, pourquoi boit-elle ainsi, la petite fille de Mogador devenue Aïcha d'Aubervilliers ? D'aucuns ont écrit qu'en s'adonnant à la boisson, la grand-mère de Piaf faisait peu de cas des préceptes musulmans. Dans la mesure où Emma Saïd Ben Mohamed était kabyle et non arabe, rien ne nous permet d'affirmer que Mahomet fut son prophète et Allah son Dieu. De là à devenir une accro au « petit vin blanc », à l'enseigne de ces heureux desperados qui écument les bouges à la recherche de la goutte providentielle qui ferait enfin déborder le foutu vase de leur putain d'existence ! L'alcool, ce poison qui détruit la raison et insulte l'entourage. Un mauvais exemple pour Line Marsa. Dans ce domaine, elle devait surpasser sa mère, sans rien en contrepartie qui pût donner à Piaf quelque raison légitime d'éprouver fût-ce un brin de fierté envers l'une ou l'autre. Il existe des facteurs génétiques prédisposant à l'addiction à l'alcool. Les Chinois, par exemple, entrent dans cette catégorie. Ce qui ne fait pas de chaque Chinois un alcoolique. Or, il est prouvé que lorsqu'une femme enceinte et alcoolique boit un verre, le fœtus en absorbe cinq, son foie ne travaillant plus.

Qu'y a-t-il à sauver du côté du papa ? « Il est plus facile à un père d'avoir des enfants qu'à des enfants d'avoir un père », risqua un jour Jean XXIII. Au féminin, la formule vaut tout autant. À condition d'admettre une bonne fois pour toutes que l'instinct maternel ne relève que de l'argument culturel, politique ou religieux. Un couple est d'abord une association de malfaiteurs. En cela semeurs de graines et mères de hasard s'y entendent comme cochons pour nuire à l'enfant-roi dès avant sa naissance. Céline allait plus loin : « La famille n'a pas de but spirituel. Il faut gagner de l'argent, c'est tout. Les parents sont des châtreurs d'enthousiasme. » Le géniteur de Piaf entra en amont de sa vie un jour de foire où Line Marsa tenait boutique aux côtés d'Aïcha. Il n'est pas grand, Louis Gassion, on peut même le taxer de « nabot » sans glisser dans la méchante caricature. « 1 m 54, des cheveux et des yeux bruns, un front ordinaire, un petit nez, une bouche moyenne, un menton rond et un visage ovale » : le soldat Gassion vu par les greffiers de la Grande muette. Sauf à lui restituer le bénéfice d'un corps souple et léger où le muscle domine et atteint à la proportion parfaite. Son seul outil de travail. Car le père Gassion, « l'homme qui marche la tête à l'envers », se vend aussi bien sur les marchés que sur les places publiques en qualité de « contorsionniste antipodiste ». Le contorsionnisme est une vraie discipline, une valeur sûre de l'art forain. Le reste, « antipodiste », il faut aller le chercher dans la seule volonté de Louis Gassion, chef de sa propre entreprise, d'épater la galerie avant de la bluffer. Cela s'appelle la publicité.

À l'époque, les contorsionnistes ou « hommes-caoutchouc » se rangeaient en trois catégories : les désarticulés des bras ou des jambes ; les disloqués en arrière ou hommes-serpents ; les disloqués en avant ou hommes-grenouilles. Les chefs de file avaient pour noms Laurie de Wine, Mademoiselle Athéa, une Australienne, Francesca (la femme-couleuvre) ou encore Bronx Grove, un Américain très en vogue sous nos cieux. Tous avaient l'avantage de se produire dans des théâtres et des music-halls tel que l'Alhambra. Acteur de rue, Louis Gassion ne bénéficie malheureusement pas de jeux de lumière, ni de décors tourmentés censés augmenter l'attrait de son numéro pour un effet maximum de fantasmagorie et de cauchemar. Or, il convient de regarder cette demi-pointure se tordre et se désarticuler jusqu'à en perdre forme humaine pour comprendre la passion sourde qui l'habite et que son père lui a transmise. Sa spécialité : le grand écart aérien, le crâne à l'envers en appui sur un coussin, mêlé d'équilibre sur les mains, grâce auxquelles il évolue et se déplace dans la position précédemment décrite. Les figurines antiques nous apprennent qu'en Grèce, les mêmes tours composaient le programme des « cybistélères » ou cubistes. Un dessin, un vase peint de la collection Hamilton, représente une de ces artistes qui marche sur les mains, saisissant divers objets avec les pieds.

Un héritage, pourrions-nous dire. Car c'est à l'école de son père, Victor Alphonse Gassion, un écuyer de haute voltige au curriculum fourni que Louis, natif de Falaise, patrie de Guillaume le Conquérant, forgea sa vocation. À dix ans, le premier janvier 1861, Victor Alphonse signait son premier contrat, à Paris, de manière fort cérémonieuse, avec le Cirque Napoléon, fraîchement inauguré par l'impératrice Eugénie et que la République rebaptisa Cirque d'Hiver, à la chute de l'empereur. C'est d'ailleurs lui, Victor Alphonse, qui fut le curateur artistique des Gassion. Auparavant, en sus d'être normand depuis plus de deux siècles, dans la famille on était maçon, journalier, siamoisier (fabricants d'étoffes de soie et de coton imitant celles du Siam) ou encore employé d'octroi, bonnetier, etc. La renommée de Victor Alphonse fut telle qu'à cinquante-huit ans, carrière faite, le grand artiste eut droit de son vivant (il mourut en 1928) à une vibrante nécrologie illustrée, dans le magazine *Culture physique* daté du 1er février 1908, sept ans avant la naissance de Piaf. Ce vieux journal sert de pièce à conviction à l'histoire de la famille Gassion. À chaque relecture, le grand-père de Piaf s'y remet en mouvement sous la plume nostalgique du narrateur : « Si vous n'êtes jamais allés à Falaise et que, vous y trouvant, vous ayez l'envie d'aller contempler les statues de Guillaume le Conquérant et des ducs de Normandie, vous êtes évidemment, avant de quitter la Grand-rue pour tourner à droite sur la place de l'Hôtel de Ville, passé devant une boutique de coiffeur. C'est là que s'est déroulée, jusqu'à l'âge de dix ans, la jeunesse du célèbre Gassion, le Jockey d'Epsom, né à Falaise le 10 décembre 1850.

« Dès sa plus tendre enfance, Gassion se fit remarquer par son intrépidité, sa souplesse et son agilité. Un cirque de passage à Falaise lui donna le goût des voyages, et il partit avec Dianta, le directeur du Cirque Méridional. En peu de temps, Gassion devint un écuyer remarquable et les plus grands cirques l'eurent comme pensionnaire. Il resta chez Ciotti pendant dix-neuf ans, chez Plège pendant sept ans, chez Rancy, Priami, Pierantoni, Naya, etc. Gassion fut le créateur des sauts périlleux en avant et en arrière sur un cheval sans selle ; il fut le premier à exécuter les sauts périlleux à cheval, les pieds attachés dans un panier, la tête recouverte d'un sac et les yeux bandés, et il remporta des succès sans nombre sous le nom du Jockey d'Epsom et du Jockey de New York. Entre-temps, Gassion faisait les trapèzes volants, le tapis, le sauteur au tremplin et à la bâtarde, où il franchissait dix chevaux. Admirablement proportionné, le cheveu noir et bouclé, très élégant en piste, Gassion était sympathique au public. Le développement des muscles de ses jambes et de ses cuisses était tout à fait remarquable [...]. »

En janvier 1880, Victor Alphonse épousa Léontine Louise Descamps, une artiste lyrique originaire de Lille. Deux filles mises au monde avant mariage furent ainsi légitimées, avant la venue de douze autres enfants, nés au gré des tournées, dont Louis, le père de Piaf. Une fratrie d'artistes. Ce serait leur manquer que de ne pas citer au moins Mathilde et Zéphora, équilibristes au Cirque Populaire et fameuses sous le nom de « Sœurs Gassion ». Mais surtout Louise Clotilde Gassion (pseudonyme : Lise Roland), une éminente acrobate spécialisée dans des numéros très sophistiqués aux anneaux. Associée à son mari, Jules Cellier, nommément « champion du monde de force à la mâchoire », elle créa les Dilecta et parcourut l'Europe onze années durant. Avant qu'un troisième partenaire ne vienne se greffer au duo. Les Dilecta devinrent alors les Krags, poussant leurs prouesses jusque par-delà la vieille muraille de Chine.

Voilà pour le sang et la filiation de Piaf. Une généalogie qui serait plus tard établie pour elle par son ami Jacques Bourgeat, et complétée après la mort de l'un et de l'autre par Gilles Henry, généalogiste des Gassion. Un travail édifiant auquel nous aurons apporté, espérons-le, notre modeste contribution. La petite est née. Bon. Que va-t-on en faire ? En des temps pas si reculés où une urgente politique d'avantages sociaux restait encore à définir, la première tâche des parents consistait à se débarrasser de l'enfant. Plus exactement à le caser. Les grossesses étaient alors souvent considérées comme autant de malédictions et la naissance restait le lot des femmes. Quand la société devient le début du dégoût, naître passe pour un acte subi. Le premier d'une aventure où l'assurance la plus viable est celle d'une chute libre. Brutale ou laborieuse. Timide ou fastueuse. Pénitente ou orgiaque. Inexorable. La seule liberté. Dès l'instant où l'œil explore le jour à la recherche de la vérité via la justice et la fraternité, jusqu'à celui où il se referme sur la certitude de n'avoir rien trouvé de tout cela. Découvrant l'imperfection de la nature humaine, Piaf n'en perdra pas pour autant les croyances qui l'expliquent ou la corrigent. Une force. Sa chance. Naître seulement pour dérégler la tragédie ?

Du tragique, on en aura fait provision ces dernières années, au cours de cette guerre que l'on prévoyait « fraîche et joyeuse », appelée à ne guère durer plus d'une saison. Tenue pour la grande responsable, l'Allemagne a été écartée des négociations qui se déroulent à Versailles, arbitrées par le président Wilson, un dangereux utopiste ignorant des problèmes européens. Beaucoup de juifs dans le rang des négociateurs, à qui en temps voulu les nationaux-socialistes déjà mal disposés à leur égard sauront tenir haine et rigueur. En dépit d'une nette victoire des alliés due notamment aux efforts de nos emprunteurs russes et surtout à l'entrée décisive des Américains dans la bataille, le bilan français est catastrophique : un million trois cent quatre-vingt-dix mille soldats sacrifiés, plus trois millions et demi de blessés. Sans tenir compte du taux élevé de « gueules cassées » et autres civils classés *ad patres* par un ennemi singulièrement barbare, qui inspira à un journaliste de *La Publication Illustrée* cette métaphore comparative : « Quand on voit ces braves bêtes [référence aux chiens sanitaires] s'élever ainsi de l'instinct au dévouement, on se dit qu'elles ont su sans "kultur" se rapprocher de l'homme, alors que les grands "kulturés" descendent en dessous de la brute. »

Rien dans le dossier militaire du poilu Gassion n'atteste que l'homme fit partie de ces appelés qui sautèrent du train en marche au nom de leur droit légitime à ne pas faire le coup de feu contre des semblables. Rien non plus qui ne parle de lui en des termes héroïques. La une de *L'Illustré National,* le père Gassion l'a laissée au maréchal des logis Louis-Ferdinand Destouches. Voyage au bout d'une sale guerre pour le futur Céline, médecin bénévole au service des pauvres et génie littéraire en gestation, que d'autres odyssées attendaient. Désormais rien ne sera jamais plus pareil, mais tout recommence pourtant. Sitôt remontés de la boue fétide des tranchées et en dépit d'une peur panique chez les banquiers et les bourgeois d'une épidémie socialiste en Europe, inspirée par la révolution russe, les Français cinglent vers leurs Années folles, la der des der dans le rétro des taxis de la Marne.

Quid de la petite Édith ? Outre que, dans un contexte public et familial agité, l'existence de cet être aussi minuscule que braillard dut passer pour quantité négligeable, on ne sait pratiquement rien de ses premières années. Le temps et la distance ont tout recouvert, mais pas assez pour nous laisser ignorer la manière dont, progressivement délaissée par sa mère, l'infortunée fut abandonnée aux soins et à la tendresse approximatifs d'Aïcha. « Une éponge imbibée de vin rouge », au témoignage de Simone Berteaut. « La famille maternelle d'Édith, ça fait bien de dire ça, n'avait vraiment rien d'une famille de livres d'images, aucun rapport avec la Bibliothèque rose. "L'alcool, qu'elle disait [Aïcha], ça tue le ver et ça soutient." Édith l'appelait "Mena". Elle n'a jamais su son nom et comme elle ne connaissait rien d'autre elle croyait que c'était ça un foyer. »

Veuve d'Eugène Maillard depuis 1912, Aïcha se remaria en 1923 à Adolphe Louis Cornu, coiffeur dans le 19e, dont elle n'eut pas d'enfants. En attendant vieillesse, elle tirait ses revenus de menus travaux de ménage. Faut-il accréditer la légende d'une Aïcha versant du vin dans les biberons de sa petite-fille ? Simone Ducos, sœur de Jacques Pills, attribue cette funeste habitude à Line Marsa : « Édith ne parlait pas de sa mère. Ou peu. Sinon pour dire qu'elle l'avait abandonnée à l'âge de trois mois en lui mettant régulièrement du vin dans son biberon. Ce qu'elle a su plus tard, évidemment... Souvent elle me disait : "Comment veux-tu qu'avec un tel régime de bébé, je ne sois pas devenue une alcoolique ?" » Sauf à rappeler que, selon Danielle Bonel, qui ne fut pas de ces météores omniscients dans la vie de Piaf, celle-ci n'aimait pas s'attarder sur les aspects négatifs de son passé. Non pas qu'elle en conçût de la tristesse, mais parce que seuls le présent et l'avenir concernaient cette boulimique de l'existence. « Édith ne s'appesantissait pas sur ce qui n'en valait pas la peine. Elle n'était pas une pleurnicharde et possédait une grande faculté d'oubli. » Ainsi madame Bonel place-t-elle Piaf, dont elle savait interpréter les moindres signes, en position de préférer à Max Reinhardt (« Mets ton enfance dans ta poche et sauve-toi car c'est tout ce que tu as à faire ») la philosophie de La Varende : « Les jours d'enfants ne sont plus des heures précises ; ils se confondent, se mélangent ; il n'en reste en vous que des taches brillantes ou sombres, qui reprennent forme soudain, par hasard, au gré d'un parfum, d'une lumière ou d'un chant. L'enfance est un voyage oublié. »

Line Marsa n'a pas attendu que le coq gaulois chante à nouveau pour commettre un second « homicide » en la personne d'Herbert Gassion, un garçon né à Marseille le 31 août 1918, de ses œuvres avec Louis Gassion. Aussitôt né, aussitôt refourgué à l'Assistance Publique. Faire l'artiste et donner l'amour ne sont pas toujours des données compatibles. Car elle chante, Line Marsa, nous l'avons dit. Ce qui s'appelle chanter ! Tous ceux qui eurent l'heur de l'entendre surent s'en souvenir. Michel Simon rapporta bien des années plus tard : « J'ai connu la mère de Piaf en 1912. Je faisais de la danse acrobatique. C'était une femme qui avait de la classe. Elle chantait, dans une robe noire, des chansons tristes. » À Danielle Bonel, Michel Simon confia que Line Marsa avait une voix bien plus belle et plus vibrante que celle de Piaf. Arletty, qui avait écouté la mère d'Édith à Pacra, avant de la retrouver à Fresnes, à la Libération, abonda toujours dans ce sens : « Ce n'est pas la mère qui avait la voix de sa fille, mais la fille qui avait la voix de la mère. » Même son de cloche du côté de la secrétaire Andrée Bigard : « [Piaf] tenait de sa mère qui était une femme très belle, avec de la distinction ; c'était une Bédouine, d'une famille de chefs... avec une voix, du même genre que celle d'Édith, mais plus belle encore ! »

Dans ses mémoires, Henri Jeanson raconte qu'un soir de 1936, rue Fromentin, dans une boîte montmartroise où Kessel et lui avaient échoué, une chanteuse servait un air de Decaye que le dialoguiste de *Pépé le Moko* devait un petit peu plus tard donner à interpréter à Fréhel :

Où est-il mon moulin de la place Blanche ?
Mon tabac et mon bistrot du coin ?
Pour moi, c'était tous les jours dimanche.
Où sont-ils mes amis, mes copains ?

— Tu entends ça, s'enthousiasma Kessel : Où sont-ils mes copains ? Mes copains ! Mes copains ! C'est le plus beau vers de la langue française ! Où sont-ils mes amis, mes copains ?

Le futur académicien rappela la chanteuse et la pria de recommencer. Une fois. Deux fois. Trois fois. Six fois... « Et cela dura jusqu'à l'aube, écrit Jeanson. À l'aube, je raccompagnai la chanteuse devant sa porte. Elle habitait un petit hôtel de la rue du Faubourg Montmartre. Elle s'appelait Line Marsa. Et c'était la mère d'Édith Piaf. »

Avant de songer à exploiter ses dons, Marsa s'était improvisée funambule. Écuyère, même. Des pôles de survie plus que de véritables métiers assumés avec la rigueur qui sied à ces emplois exigeants. Où chante-t-elle ? À Paname ou dans sa couronne, son parcours est identique à celui des autres chanteuses de rues : les cours, les bistrots, les boulevards, les casernes... La rue mais pas seulement, puisqu'il existe une affiche, au moins, de Line Marsa, une magnifique lithographie en couleurs qui prouve qu'elle se produisait également ailleurs qu'à l'hôtel du courant d'air, dans des cabarets, des vrais, en dur. « Elle a tout de même chanté au Chat Noir, au Mikado, au Monocle et aussi dans une boîte de la rue Fontaine où il y avait toutes les photos d'artistes », s'enorgueillira Herbert Gassion. Le frère d'Édith aurait pu ajouter que leur mère fut inscrite au programme de l'Olympia de Louis Franck, du 25 novembre au 25 décembre 1927. Avec quel répertoire ? Un petit format de musique édité chez Marcel Labbé, 20 rue du Croissant, à Paris, dans le 2e arrondissement et réchappé à l'usure du temps, nous fournit quelques précisions : *Le Bon Marteau ; C'est un Malabart ; La Coco ; La Dernière Cigarette ; Filles de joie ; Les Inquiets ; Mon tour de Java ; Rédemption ; Ton ombre ; Tu as besoin de moi ; Valse en mineur ; Y'en a qu'un.* Des chansons réalistes extraites du ventre de l'époque, écrites et composées par Trémolo, mais qui ne sont pas nécessairement des créations de Line Marsa, au contraire de *Pour qu'ça vous attache*, *Valse en mineur* et *La Coco*, par exemple, qui ont également été interprétées par Fréhel...

Quand je suis grise
J'dis des bêtises
J'amuse tous les gigolos
Comme les copines
Je me morphine
Ça me rend tout rigolo
Je prends de la coco
Ça trouble mon cerveau
L'esprit s'envole
Je sens mon cœur
Plein de bonheur
Je deviens folle...

Pour rouler lentement sur la même pente, Fréhel et la Marsa se connaissent bien. On a prétendu que l'épouse de Louis Gassion avait poussé jusqu'à Constantinople. Possible car, à l'époque, les artistes français y étaient aussi appréciés qu'en Russie et en Europe centrale, mais personne n'a jamais pu fournir la moindre preuve de sa présence dans le Bosphore. Le Maroc, en revanche, figure sur les carnets de voyages que la Marsa n'a jamais su tenir. Un témoin l'a fait à sa place, pour nous ô combien précieux et totalement ignoré de tous les biographes de Piaf : Fernand Sardou, père de Michel, le chanteur, mais avant cela cousin du mondialement célèbre Mayol (*Viens, poupoule*) et fils de Valentin Sardou, l'un des trois pionniers, avec Raimu et Tramel (trois Toulonnais), de la ruée du comique méridional vers la capitale. Les circonstances de la rencontre entre Line Marsa et Fernand Sardou remontent à l'installation de Valentin Sardou à Taza, une ville de garnison marocaine au cœur des montagnes du Rif où s'était réfugiée la rébellion. Boudé par les foules métropolitaines, le patriarche de la dynastie Sardou y avait pris la direction d'un café-concert baptisé L'Alhambra. Lui-même s'y produisait en alternance avec des chanteurs réalistes loués à des tourneurs européens de moindre envergure. « C'était un beuglant, je n'ose pas dire sordide, confessa Fernand Sardou, sommé par son père de le rejoindre, après que celui-ci eut vent des turpitudes de son fils outre-Méditerranée. Qui n'a pas connu cette époque peut difficilement s'imaginer ce que pouvait être une salle de spectacle dans une ville de garnison, au fin fond d'un bled dans une zone d'opérations [...]. Non seulement on y écoutait des chansons, mais on y buvait, on y chahutait, on se serrait les coudes et on y trompait sa misère sentimentale. Il y avait une cinquantaine de "danseuses" et de "chanteuses" pas farouches et tout à fait disposées à servir au repos du guerrier : en Orient, “artiste” est presque partout synonyme de “putain”. Le soir, tirailleurs, soldats de la coloniale, spahis remplissaient la salle. On pouvait voir dans leurs yeux tout ce qu’on voulait imaginer et ce qu’ont imaginé Raymond Asso et Marguerite Monnot dans leur célèbre chanson du *Légionnaire.* »

Au cœur de ce western oriental débarque un jour Line Marsa, dans un ballet de képis blancs « affolés par l’absence de femmes » et de chéchias locales derrière lesquelles chaque œil est celui d’un ennemi potentiel. Subjugué par la voix de cette femme, Fernand Sardou la distingue immédiatement du conglomérat faunesque précédemment décrit. « Son chant semblait sortir des entrailles. Dès qu’elle ouvrait la bouche, un profond silence se faisait dans la salle, qui n’était plus que visages tendus, comme transfigurés. Malheur à celui qui troublait ce silence : un coup de bouteille le rappelait vite à l’ordre et le miracle continuait à opérer. Je crois que le meilleur public et le plus “facile” à avoir est celui des “durs” : il est incroyablement fleur bleue, sentimental en diable, et marche à fond si on sait faire vibrer ses cordes sensibles, toujours les mêmes : l’amour, l’évasion, la nostalgie des bonheurs perdus et des vies gâchées. Les artistes qui ont eu l’occasion de chanter devant les “mauvaises têtes mais bon cœur” de nos prisons en savent quelque chose. Par le pathétique, sans truquage, de ses interprétations, Line Marsa avait le don de prendre en charge, pour ainsi dire, l’immense cafard de l’assistance. Ce cafard semblait alors se matérialiser dans l’air enfumé de notre boui-boui, à en devenir presque palpable. Je n’avais jamais entendu chanter de la sorte, et je fus tout de suite subjugué par cette femme rayonnante de ce je ne sais quoi d’indéfinissable qui émanait d’elle. »

Le phénomène ici désigné par Fernand Sardou est tout simplement la définition du talent par l’hypnose. Roland Berger, éminent phonologue et spécialiste de la voix, en France, me l’a parfaitement expliqué. Le Psy Art, la méthode qu’il éprouva avec nombre de ses élèves devenus des pointures chacun dans leur spécialité, colle d’une manière étonnante à la réalité scénique de Line Marsa et donc à celle d’Édith Piaf, grande prêtresse de l’envoûtement des foules, dont Marc Bonel disait qu’elle était déjà Piaf dans le ventre de sa mère. Roland Berger : « Si un chanteur ne parvient pas à hypnotiser son auditoire, c’est foutu ! L’hypnose est une logique émise par l’ensemble des trois éléments psychiques (le conscient, l’inconscient [ou le ça] et le subconscient) qui doivent travailler en harmonie et s’introvertir. C’est un problème de concentration qui fait qu’avant d’entrer en scène, la mémoire doit tirer le rideau. L’artiste doit alors s’oublier à ce point que, lorsque ça marche, on ne se rappelle plus qui on est, l'âge qu'on a, ce qu'on fait là. Juste avant l'ouverture du rideau, où il doit y avoir amnésie totale, le spectateur est en position de faiblesse. De son côté, si l'artiste est en position de capture des énergies dégagées par la salle, il deviendra un toréador dominateur et entraînera les bravos où et quand il le voudra. C'est ce que l'on appelle posséder une salle. »

C'est tout Piaf que l'on voit défiler ici, par le truchement de ce raisonnement qui finalement est une loi. En janvier 1961, à Michèle Manceaux, de *L'Express*, qui lui demandait si en chantant elle pensait aux mots qu'elle disait, la Môme répondit : « Non. Je me mets dans la peau du personnage de la chanson, mais je chante dans un état second. Je m'en vais ailleurs. Pour moi, chanter, c'est une évasion. Un autre monde. Je ne suis plus sur terre. »

« Crois et tu comprendras ; la foi précède, l'intelligence suit. »

Saint Augustin

II

Paris-Bernay-Paris

« En maison à quatre ans ; ces choses-là n'arrivent qu'à moi ! »

É. P.

À Bernay, une petite bourgade normande, Édith va rebondir une première fois. Sauvée des mains d'Aïcha par Louis Gassion qui place la petite chez sa mère, faute de pouvoir s'en occuper lui-même. Être élevée parmi des putains de profession prédispose-t-il à l'enfer ? « L'établissement de Léontine Gassion n'était pas un bordel sinistre, mais une gentille maison comme l'on en trouvait autrefois dans les campagnes, nous rassure Danielle Bonel. Elle avait cinq ou six femmes qui travaillaient pour elle en semaine, avec une augmentation d'effectif le week-end. » C'était le bon temps où Marthe Richard, en service aux abords des casernes, donnait sa vérité à la pensée de Mac Orlan : « Le militaire est à la fille ce que la hampe est au drapeau. » Des Dames, les poules à Léontine, de qui Piaf se souviendra n'avoir reçu que des témoignages d'affection. « Si elle avait des gentillesses, c'était par les femmes », a témoigné madame Tallière, une voisine employée par Mémé Gassion en qualité de lingère. Quid des soins de grand-maman ? « Elle n'aimait pas beaucoup Édith. J'habitais en face. Quand je lavais dans ma cour et que la petite venait me voir, la grand-mère prenait le soin de dire : "Surtout n'amuse pas madame Tallière !" Il ne fallait pas qu'elle m'amuse, ça m'aurait empêchée de laver... »

Parfois, curieuse de l'extérieur, Édith risque une incursion chez la voisine, pour y jouer avec ses enfants. « S'il y avait une demi-heure qu'elle était à la maison, la grand-mère ouvrait la fenêtre : "Il faut rentrer !" » Voilà pour les câlins. Madame Tallière semble davantage vouloir régler ses comptes avec une ancienne employeuse qu'elle n'aime manifestement pas, au détriment de la réalité historique. La sévérité n'empêche pas l'affection. Mireille Lancelot, avec qui Piaf discutait des heures entières, m'a appris que la Môme adorait sa grand-mère, la « taulière », comme elle l'appelait. « Elle en parlait avec beaucoup de tendresse et ne gardait d'ailleurs que des bons souvenirs de Bernay. Vrai ou faux, elle nous racontait que les filles la faisaient jouer au piano et lui offraient des jouets, des cubes, avec lesquels Édith s'amusait dans le salon. » Piaf a-t-elle été scolarisée pendant cette période ? Dans son témoignage, madame Tallière n'y fait aucune allusion. La vieille dame préfère s'arrêter aux images en sépia d'une petite fille déjà très banquable... « Je l'ai vue, moi, madame, monter sur la table de l'estaminet et chanter une chanson ! Et croyez-moi, tout le monde était... Les voisins ouvraient les fenêtres pour l'écouter. Et vous entendiez une femme, qui s'appelait Julot à ce moment-là, qui disait : "Les gars, passez la monnaie !" Elle prenait la casquette d'un client et elle se permettait de quêter, et elle ramassait. Le pire, c'est que c'était pas toujours la môme qui avait les sous. C'est la grand-mère qui les ramassait. C'était pour acheter quelque chose à Édith. L'avait-elle, l'avait-elle pas : ça reste à savoir... »

Dès le début, un détail chez Édith avait frappé la lingère : « On voyait que c'était une enfant qui avait une faiblesse dans les yeux. Elle ne les ouvrait jamais aussi grands comme vous les ouvrez. » Une faiblesse croissante qui réclame un jour l'arbitrage du docteur. Son diagnostic tombe dru comme grêle : c'est une kératite. Une maladie grave, dont l'origine est souvent due à une syphilis héréditaire. La kératite dont Piaf fut frappée était très certainement une kératite interstitielle. Outre une inflammation de la cornée et de la sclérotique, les signes distinctifs en sont des douleurs vives et profondes dans l'œil, s'irradiant au front et à la tempe, la contraction des paupières, et des larmoiements dès que le malade veut ouvrir l'œil, car le patient est devenu très sensible à la lumière. En outre, des stigmates apparaissent : modification de la forme du crâne, altération des dents parmi lesquelles l'encoche semi-lunaire des incisives et des canines supérieures, déformation en ogive de la voûte du palais. Ce que l'on a appelé le « faciès Hutchinson » et dont Piaf fit les frais. À cette époque, le traitement proposé par la médecine officielle passe par l'administration d'atropine – quelquefois la cocaïne s'ajoute à l'atropine pour la confection d'un collyre, à raison de dix centigrades pour chacune de ces composantes – plusieurs fois par jour, afin de préserver l'œil des complications du côté de l'iris. En même temps, il est conseillé d'appliquer sur les yeux des compresses d'eau boriquée, chaude, recouvertes de flanelle et de taffetas gommé. Il est très difficile de panser un enfant atteint de kératite, tant il résiste à l'ouverture des paupières, à cause du jour qu'il ne peut supporter. Il faut s'y prendre à trois personnes, selon un schéma bien précis. Il fut dit que Piaf dut porter et supporter un bandeau sur les yeux plusieurs mois durant. Les médecins d'alors s'opposaient justement avec force au port du bandeau, car l'occlusion augmentait fâcheusement la sécrétion conjonctivale. Or l'évolution de la maladie est généralement très longue ; il faut compter sur six mois dans les cas légers, sur une année, dix-huit mois et même davantage dans les cas graves.

Ici, madame Tallière accorde tout de même à Mémé Gassion le bénéfice d'une attitude responsable envers sa petite-fille : « Pour ça, elle a eu les soins que son état nécessitait. » Un ancien registre de la pharmacie de Bernay en fait foi. Léontine ne voit plus la fin de ce cauchemar, mais que faire quand la science patauge ? Convaincue d'obtenir de meilleurs résultats en s'adressant aux essences supérieures, elle prend la décision d'emmener sa petite-fille à Lisieux.

À l'orée des années trente, les pèlerins qui accourent dans la cité normande, isolés ou en groupe et de toutes les parties du monde, se comptent par milliers. Un culte et un envoûtement universels, dont l'origine remonte à la publication, en 1898, de *L'Histoire d'une âme*, une œuvre autobiographique de sainte Thérèse de Lisieux, née Thérèse Martin, traduite dans toutes les langues, jusqu'en Chine et au Japon. Un succès aussi phénoménal n'allant jamais sans controverse, à l'image de Voltaire, et plus tard d'Anatole France, qui avaient soutenu que les moines avaient imposé la Pucelle, l'école matérialiste accusa l'Église d'avoir fabriqué une mystique à des fins idéologiques et lucratives. Allant jusqu'à parler de plagiat de sainte Thérèse d'Avila. Des arguments alimentés par une haine anticléricale restée à la porte de Léontine. Avec Édith et les filles, elle irait faire ses contemplations au Carmel de Lisieux, un point c'est tout ! Quitte au retour à s'arrêter au Café de la place, dont la publicité assure que la maison, « de premier ordre », est « fréquentée par Messieurs les touristes et voyageurs de commerce », pour y prendre une Thérésette, la grande liqueur de Lisieux. Quitte aussi, par la même occasion, à acheter dans la rue Pont-Mortain, qui mène à la place Thiers, quelques paires de bas aux Galeries Parisiennes. Jusqu'à ce que sainte Thérèse, dans sa miséricorde, daigne se pencher sur le cas de la petite et lui permette de renouer avec le jour. Et si ça ne voulait pas venir, Lisieux compte un oculiste de renom, le docteur Decaux, et deux « spécialistes des yeux, gorge, nez et oreilles », les docteurs Degrenne et Guillet.

À l'instar de Piaf, enfant, Thérèse Martin avait été en proie à la maladie. Des maux de tête épouvantables qui lui arrachaient de véritables cris d'horreur et dont elle fut libérée, selon la foi de plusieurs témoins, par la seule force du miracle. Le singulier est qu'à aucune des étapes de son existence sainte Thérèse n'opéra elle-même de miracles, pour la bonne raison qu'elle n'y croyait pas, ni aux récits invraisemblables, préférant aux plus sublimes extases les grands et les petits sacrifices acceptés par amour. De la vie mystique elle n'attendait nulle faveur extraordinaire. En cela, elle était une sainte très différente des saints d'autrefois, tels saint Thomas d'Aquin ou Catherine de Sienne, dont la vie regorge de phénomènes paranormaux. Une sainte, sainte Thérèse de Lisieux...

Il était prévu qu'un jour la lumière frapperait à nouveau Piaf. Rien n'interdit à ceux qui ont toujours voulu penser miracle de continuer à le faire. D'un point de vue scientifique, il y eut seulement guérison. Piaf elle-même croyait-elle vraiment avoir été sauvée par une intervention spirituelle ? Danielle Bonel : « C'est bien simple, elle n'en parlait pas. Néanmoins, je ne pense pas qu'elle ait été dupe de quoi que ce soit. Édith était très croyante, mais sans avoir de culture religieuse. Elle portait ça en elle. Son adoration allant à sainte Thérèse de Lisieux, quand nous étions en tournée, elle aimait se rendre dans les églises pour y mettre un cierge, mais toujours en dehors des offices, loin de la foule qu'elle n'aimait pas et qu'elle fuyait. » Insidieusement, là encore, Piaf a laissé se propager une légende après tout bien inoffensive. Sainte Thérèse était entrée dans sa vie par la grande porte pour ne plus en ressortir. « Jusqu'à son dernier souffle, elle a toujours eu avec elle, soit des images de la sainte, soit des statuettes ou des effigies », précise madame Bonel. Comme on garde toujours près de soi la photo d'un être cher. Ou d'un membre de sa famille... « Une parenté entre sainte Thérèse de Lisieux et Édith Piaf est plus que probable mais non prouvée, nous apprend le rapporteur d'une étude généalogique sur la chanteuse, dans un numéro de *Généalogie magazine*, daté de janvier 2004. Les familles Bohard d'Athis-de-l'Orne apparaissent à la fois dans la généalogie de la sainte et dans celle d'Édith Piaf. L'arrière-grand-mère paternelle de sainte Thérèse de Lisieux est Marie-Anne Bohard, née le 14 janvier 1743 à Athis-de-l'Orne. Elle est la fille de Pierre Bohard (1717-1797) et de Marie Desvaux, la petite-fille de Nicolas Bohard, mort en 1760, et de Jacqueline Lebon, et l'arrière-petite-fille de Louis Bohard et de Marie Marie. Dans la généalogie d'Édith Piaf, Anne Bohard est l'épouse de Pierre Blin ; ce dernier est décédé à Athis-de-l'Orne le 22 ventôse an IX (13 mars 1801). La recherche en généalogie n'est jamais terminée en elle-même, des branches restent à compléter, des questions restent en suspens. »

Pendant ce temps, à Paris, le Soldat inconnu est inhumé sous l'Arc de Triomphe et au théâtre Sarah Bernhardt, âgée de soixante-seize ans, reprend *Athalie.* On pleure Réjane qui vient de passer, suivie de peu, protocole oblige, par l'ex-impératrice Eugénie, mais un seul nom court les boulevards et les salons de la capitale : Landru. Tout comme avant-guerre les Parisiens s'étaient passionnés pour le procès de la Bande à Bonnot, celui de Landru, « un galantin tout en barbe, aux petits yeux perçants sous la profondeur de ses arcades sourcilières », les tient en haleine. Chaque matin, un train spécial transporte une belle assistance aux assises de Versailles, où, pourvu que l'on soit de mèche avec Géo London, « un israélite qui avait trouvé le moyen d'être à la fois président de la presse religieuse, président des chroniqueurs judiciaires et secrétaire général des Folies-Bergère », on entre comme dans un moulin. « London signait des laissez-passer sur des billets à droit des Folies-Bergère et les gardes n'y voyaient goutte », rapporta, indigné, Maître de Moro-Giafferi, avocat de Landru, à Henri Jeanson. Sur les bancs des Assises de Versailles, Colette et Henri Béraud prennent des notes, et tandis que Mistinguett applaudit à chacune des répliques de l'accusé, Sem réalise son portrait. Après le passage de ces messieurs-dames, chaque soir la concierge du palais de Justice de la capitale des rois se plaint de retrouver dans la tribune des carcasses de poulet, des bouteilles de champagne, des gaines et... des culottes. Dernier amuse-gueule du Tout-Paris, Landru bat des records de popularité et les chansonniers en profitent...

Quelle drôl' d'histoire
C'est à n'y pas croire
Tout comm' Barbe-Bleue
Voilà qu'un autre vicieux
Rec'vait ses compagnes
En pleine campagne
Afin de leur fair'
Respirer un peu le grand air,
Faut croir'qu'ell's étaient bien
Car c'est certain,
Aucune n'en r'vint...

Associé aux deux affaires, Bonnot et Landru, un nom : celui de Marcel Ludovic Guillaume. Profession : commissaire de policc. « Un seul homme est parvenu à me faire baisser les yeux, concède Guillaume dans ses souvenirs : Landru. » Guillaume, un nom de héros pris pour modèle par Simenon dans ses Maigret et un visage avec lequel la Môme Piaf allait frayer dans des conditions éprouvantes, au moment de l'affaire Leplée.

Puis, un jour de 1925, Louis Gassion vient rechercher sa fille. Édith renoue avec son ancien quartier. Elle a dix ans...

Pour monter à Belleville
Mironton mironton mirontaine
Pour monter à Belleville
Y'avait un p'tit tramway...

(Sur l'air de *Malbrough s'en va-t-en guerre)*

Belleville, ce poème ! Avant 1860, date de son annexion à Paris, le village était une commune à part entière. Soixante-dix mille habitants. Treizième ville de France. Tandis que l'on rénovait à grands frais les vieux quartiers parisiens, véritables tableaux pittoresques, mais sales et malodorants, une foule de gens chassés de la capitale par les fatales démolitions d'Haussmann commanditées par Napoléon III au nom du progrès y refluèrent, attirés par le bas prix des loyers, et par la possibilité d'y trouver du travail dans l'une ou l'autre des usines implantées au début de la Révolution industrielle. Aux anciennes familles installées depuis le Moyen Âge vinrent ainsi s'ajouter des Parisiens, puis des provinciaux, et bientôt des étrangers. Belleville cosmopolite. Treize villages en France portent ce nom et une quinzaine d'autres à travers le monde, mais il n'y aura jamais qu'un seul Belleville : le nôtre. Celui de Piaf et de Mouloudji. Le Belleville aux toits mangés par le lierre et la charmille, avec ses lavoirs peuplés de femmes aux avant-bras rouges et vigoureux, lavoir Bisson, lavoir du combat ; ses chiffonniers de quatre sous ; ses voix rugueuses d'artisans au labeur ; son église Saint-Jean-Baptiste où Piaf reçut le baptême, le 15 décembre 1917 ; ses prostituées dont les bottines se prennent dans les dizaines de copies de films jugées défectueuses et déposées sur le trottoir par les laboratoires Fantasia, passage Piat. Buster Keaton, Charlie Chaplin, Douglas Fairbanks...

Poumon de ce grand bazar à ciel ouvert où, du plus pauvre au moins verni, dès les premières aurores, chacun vit ce qu'il a à vivre et où d'une fenêtre l'autre on s'interpelle sans chichis dans un langage fleuri aux accents partageurs : la rue de Belleville, pavée depuis 1730. Voyez-y ce filou de Polo la Racine y faire son roi de la jacquetance ! Tous les matins que Dieu fait, il descend aux Halles acheter son kilo de pommes de terre et, quand il remonte, les gosses du quartier font cercle autour de lui pour le regarder vanter les qualités anti-rhumatismales de ses patates avec la chair desquelles il se frotte les mains. Ça fait spectacle et ce sera toujours moins cher que le docteur. Polo la rouille, lui, sa spécialité, c'est le confort du nez. Avec les fioles qu'il se procure là où il les trouve, il remplit des bouteilles entières qu'il revend contre un sou ou deux. Une nuit, il a gelé et toutes les bouteilles ont explosé. Plus de parfum. Plus rien. La rue de Belleville et son odeur spirituelle de bitume écrasé que pour rien au monde on échangerait, lorsque l'on y est né et qu'on y a grandi. Bonjour, Georges la tripe ! Salut, Gueule en or ! La rue de Belleville avec ses petits gars en casquette qui, lorsqu'ils ne vont pas chercher le rififi rue Mathurin-Moreau ou porte de Montreuil, face aux bandes rivales, ne pensent qu'à tartiner avec les frangines menées sous un porche ou derrière une fontaine pour se laisser causer du grand frisson. C'est comme ça que certains gros malins se sont retrouvés attelés pour le restant de leur vie.

Dans ce salmigondis de joies pures et de moins bonnes intentions, Piaf s'éducaille. Dès son retour de Bernay, elle apprend à y naviguer. On croise beaucoup de monde dans la rue, il faut pouvoir juger très vite. C'est là que la Môme se fait. Car celle de Belleville ou une autre, la rue est le premier laboratoire de l'abomination humaine, où les rats de caniveaux sont bien ceux auxquels on pense. Hôtel du vice et de la non-solidarité, l'individu y descend à hauteur de ce qu'il vaut, sans fausse dentelle pour recouvrir le crottin. La faute à la misère ? Ce que nos souverains les plus vertueux ne réussirent jamais à éradiquer, la République embourgeoisée l'a institutionnalisé, à coups de luxe vulgaire et d'ostentation propre aux seuls parvenus, sans la magie royale pour donner encore à rêver aux foules.

Or Belleville n'est qu'une escale. En allant rechercher Édith, Louis Gassion n'avait d'autre dessein que de former cette gosse de dix ans à son école en la trimballant sur les routes de France. Peine perdue, la petite n'a reçu du ciel aucune de ses facultés. Il est alors décidé que puisque l'engourdie ne sait rien faire d'autre, elle ramassera le sou pendant que lui se contorsionnera et se disloquera à s'en rompre les os, sur un tapis préalablement déployé. Jusqu'au jour où, tendant un peu l'oreille, il découvre à son tour que la voix de l'enfant peut rapporter tripette. Une gamine aux yeux trop grands qui met de la pluie dans ses rengaines : rien de tel pour accrocher Margot. C'est la rue qui a dressé Piaf, le pavé fut son école, la débrouille, son pain quotidien, mais c'est son père qui lui a appris l'art d'apitoyer son monde. Par tous les temps, soleil ou fièvre, il va attendre d'elle qu'elle chante. Sur les places, dans les cours, les réfectoires de casernes, les bouges enfumés où ils font escale, debout sur une table, au bon vouloir des clients. Dure loi des saltimbanques. Les vrais. C'est ainsi que l'on apprend à s'adapter à n'importe quelle circonstance, heureuse ou funeste, à tous les lieux, glauques ou lumineux, à toutes les atmosphères, houleuses ou favorables. Une photo est éditée, représentant « Miss Édith, véritable phénomène vocal ». L'une de ces cartes postales inventées par le sieur Dominique Piazza et dont la réclame s'est vite emparée. Gassion exhibe sa môme comme le Bohémien montre son ours, ou le directeur de cirque promène son phénomène à deux têtes. Le cirque, justement. Celui de Caroli. Le père d'Édith y a trouvé un engagement provisoire. À Bruxelles. L'Étranger ! Piaf : « Je l'accompagnais. Je vivais dans la caravane, je faisais le ménage, je lavais la vaisselle, ma journée commençait tôt et elle était dure, mais cette vie itinérante, avec ses horizons toujours différents, me plaisait, et c'est avec ravissement que je découvrais le monde enchanté des "gens du voyage", avec ses flonflons, la robe pailletée des clowns et la tunique rouge à brandebourgs dorés du dompteur. » Le cirque est la plus noble des disciplines du spectacle. Là, sont les artistes les plus complets. Les émotions les plus pures. Piaf restera imprégnée de cet univers...

Ils ont trouvé la nuit dans un éclair
De paillettes d'argent
Ils vont tuer l'ennui pour un soir
Dans la tête des gens
Les forains...

(*Les Forains,*
Dréjac/Sauguet)

La place d'une enfant en âge d'étudier se trouve-t-elle dans une roulotte, ou dans un hôtel différent chaque soir ? Une interrogation par trop bourgeoise pour mériter une réponse qui ne le soit pas. Édith est heureuse avec son père. La vie qu'il lui fait mener lui convient. On pourra toujours prétendre que l'homme utilise sa fille à des fins commerciales, mais tout le monde n'a pas la chance et le privilège d'être la fille de Charles Ingalls...

Papa, c'était un lapin
Qui s'app'lait J.-B. Chopin
Et qu'avait son domicile
À Belleville...

Déjà orpheline de mère, Édith se souviendra n'avoir été bisée que deux fois par son paternel. Une pudeur et une carence de démonstrations affectives pour elle désastreuses. « Ne pas pouvoir se dire qu'on se souvient d'avoir vu son père et sa mère à la même table, n'avoir pas eu leurs deux visages penchés au-dessus de votre lit, quand vous avez été malade : c'est affreux, plus tard », dira Sacha Guitry, lui aussi enfant du divorce. Nul ne peut se targuer d'être parvenu à faire le deuil du manque de chaleur de ses parents. Sauf pour la « dévoreuse d'hommes » à aspirer à toujours plus de gentillesse de la part de ceux qu'elle choisira d'aimer. Un besoin de tendresse insatiable. Irrattrapable. Simone Ducos, prétendument renseignée par Piaf : « Après le travail, [son père] l'emmenait au restaurant, style boui-boui, où il commandait une belle côtelette de mouton. Édith devait se contenter de manger le gras de l'os. La nuit se passait dans une pauvre chambre d'hôtel. Son père occupait le lit à une place et elle avait le droit de dormir sur la descente de lit. » De son côté, Simone Berteaut a facilement reconnu que Louis Gassion « se filait un coup au litron au moment de balancer le boniment », juste avant de faire son numéro sur les places et dans les squares. Reste que les photos de l'époque nous montrent une Édith habillée avec goût, semblant bénéficier de bons traitements et apparemment heureuse. Jamais personne n'a surpris Piaf médisant de ce père un peu fanfaron, fournisseur de taloches et impénitent trousseur de dames, qui embrassa plus sûrement ses « Francines » dont il changeait à un rythme soutenu, plutôt que sa petite fille.

Pour Danielle Bonel, l'adoration de Piaf pour son père ne fait pas l'ombre d'un doute. « C'est avec une certaine prudence qu'il convient de considérer les déclarations d'Édith à propos d'elle-même, et les témoignages de ceux qui l'ont rencontrée à l'improviste, entre deux portes. Louis Gassion fut le seul homme qu'elle aimât sans doute avec le plus de constance. » Édith Piaf (*Au bal de la chance*) : « Longtemps j'ai cru qu'il ne m'aimait pas. Je me trompais. J'en ai eu la preuve, pour la première fois, à Lens. Nous attendions le tramway. Assise sur une valise, je contemplais avec des yeux d'extase la vitrine d'un marchand de jouets. Il y avait là, blonde et rose dans sa robe couleur d'azur, une poupée, une "poupée de riche", qui tendait vers moi ses petites mains de carton-pâte. Jamais je n'avais rien vu de si beau ! Papa fumait sa cigarette au bord du trottoir.

"— Qu'est-ce que tu regardes ? me demanda-t-il de loin.

— Une poupée.

— Combien coûte-t-elle ?

— Cinq francs cinquante."

Il plongea la main dans la poche de son pantalon et compta sa fortune : il ne possédait en tout et pour tout que six francs. Le dialogue s'arrêta là. Il fallait dîner le soir, payer l'hôtel, nous n'avions pas encore travaillé... et la recette n'est pas toujours ce qu'on espère. Le tramway arrivait. Je jetai un dernier regard à la poupée, persuadée que je ne la reverrais plus. Mon père me l'acheta le lendemain, avant de prendre le train. Ce jour-là, je compris qu'il m'aimait. À sa manière. » Que l'on nous permette de mettre en doute l'authenticité de cette histoire de poupée, tirée par les cheveux. Non pas que Piaf, formidable menteuse à ses heures, fût spécialement de ces artistes qui s'inventent des valises en carton pour les besoins de la cause, mais parce qu'elle a donné plusieurs versions différentes de sa fable. Seul importe le message qu'elle voulait délivrer : son père l'aimait. « À sa façon », comme elle le dit. Elle avait besoin de s'en convaincre et d'en convaincre les autres.

Pour la suite et jusqu'en 1930/31, le seul témoignage dont nous disposions émane de l'intéressée. Une succession d'anecdotes fantaisistes et trop souvent contradictoires, entre lesquelles s'intercalent le divorce de ses parents, en juin 1929, et la naissance de Denise, sa demi-sœur, née en 1931 d'une nouvelle toquade de Louis Gassion avec Jeanne L'Hôte, « une Luxembourgeoise autoritaire et acariâtre ». Édith a quinze ans et elle en a soupé des mandales de son « maquereau » de père et des admonestations de ses poules successives. La promiscuité avec cet homme qui reste son papa et dont elle a tiré tous les enseignements, à présent l'indispose. Elle étouffe et sent sourdre en elle un profond désir de liberté. L'appel du mâle et de la grande vie. Quinze ans, un âge critique et sublime. C'est à cette époque qu'entre dans son existence l'illustre et inoxydable Simone Berteaut, alias Momone, une vraie gosse de la mouise, née en 1917, « par hasard », à l'hôpital de la Charité de Lyon. Ramenée à Paris par sa mère à l'âge de onze jours, comme beaucoup d'enfants de la zone, Momone n'a jamais vu l'école qu'avec des jumelles : « Je vivais complètement dans la rue. Ma mère rentrait tard ou ne rentrait pas du tout. Je ne sais pas ce qu'elle faisait, j'étais trop petite. Parfois elle m'emmenait dans un bastringue. Elle dansait. Moi, je dormais sur une chaise. Il y avait des fois où elle m'oubliait et je me retrouvais à l'Assistance, plus tard en maison de redressement. » Momone décrit sa famille, dont elle se considère « la machine à sous », comme un ramassis « d'ivrognes, de feignasses et de putains », couche « dans un lit-cage, sans draps, ni couvertures ». En comparaison, l'enfance de Piaf est un conte de fées.

Simone Berteaut, tant décriée par les uns et les autres, pour des motifs aussi divers que variés. Or, jusque-là, nul n'avait réussi à démontrer qu'en aucun cas elle ne fut la fille naturelle de Louis Gassion, comme elle le prétendit, et que partant Édith et elle n'avaient aucune espèce de lien de parenté. Cette preuve tient dans la première lettre de Piaf que nous connaissions. Datée de septembre 1936, elle est adressée à son ami Jacques Bourgeat. De Lausanne, la Môme écrit : « ... je vais retourner chez papa et je vais prendre ma petite copine Simone dont je t'ai tant parlé... » À quoi tiennent les grands mystères de la petite histoire ! La même lettre nous prouve par ailleurs que Momone ne connaissait pas Bourgeat à l'époque du Gerny's, comme elle l'a prétendu. Elle en a tellement dit, Momone, et tant d'autres dans sa foulée ! Sauf à admettre qu'à une période floue et obscure, elle fut une spectatrice de premier plan dans la vie de Piaf. La seule à avoir partagé toutes ses galères. À ce seul titre, et parce que, sur la jeunesse de Piaf, elle demeure, qu'on le veuille ou non, un indicateur indispensable pour tous les biographes de la Môme, présents, passés et à venir, feu Momone mérite notre respect.

Si la révolte dénote un état normal chez les adolescents, Édith va en abuser. Régulièrement. « Elle revient quand même parce que mon père l'a fait rechercher », précisera Denise Gassion. On l'a dite « difficile », « intenable » ? Elle est de la pâte dont on l'a pétrie. Et encore « inapprivoisable » ? Le noble trait de personnalité ! Un jour, elle prend son envol et quitte le 115 rue de Belleville, l'adresse du paternel, qu'elle partageait jusque-là avec Jeanne L'Hôte et la petite Denise. Elle en sait suffisamment pour aller arpenter le bitume en poussant la goualante. Une prime et brève expérience d'employée dans une crémerie de l'avenue Victor Hugo, puis dans une deuxième, rue de Bourgogne, l'a définitivement rangée à la certitude qu'elle n'aura jamais d'autre patron et maître qu'elle-même. Piaf jeune fille, chez qui on a trop souvent décelé à tort une propension à la débauche, démontre au contraire qu'elle a du tempérament et de la volonté. Voire l'esprit d'un chef d'entreprise à l'écoute de ses ambitions. Car pour ne pas faire trop « cloche » et ne pas donner le sentiment de « mendigoter », elle fait le choix astucieux de prendre une associée qui tiendra le même rôle qu'elle auprès de Louis Gassion. C'est Momone qui est élue, débauchée par Édith des usines Wonder où la gamine trime depuis l'âge de onze ans. Pour faire les choses en règle, elle se rend chez la mère Berteaut et obtient de celle-ci la totale prise en charge de sa fille. Prise en charge de principe, les deux Bellevilloises étant encore accessoirement mineures. Il est entendu que la mère Berteaut percevra une rente. Pour Momone, des ballons rouges plein les yeux, le grand soir est arrivé.

Édith est son modèle, sa providence, elle la révère. Pinocchio et Lucignolo fuguant au pays des Merveilles, vu par Collodi : un paradis sans école et sans instituteurs, où tous les enfants candidats à une vie libre et sans contraintes sont accueillis en fanfare. Le lendemain, ils se réveillent dans des peaux d'âne, prisonniers du mirage. Ânesses, Édith et Momone le sont un peu, mais les oreilles n'ont pas le temps de pousser. Enfants de la débrouille, elles s'y entendent pour faire tomber l'oseille. Simone Berteaut : « Ma mère avait bouffé tout le pognon qu'Édith lui avait donné : cinquante balles [...]. Elle me balançait des Momone chérie. Elle a été jusqu'à m'embrasser. Elle qui ne pouvait pas me souffrir. »

Commence alors pour la fille Gassion, équipée de son acolyte, ou plutôt recommence, une vie de nomade, avec des arrière-cours choisies pour leur rentabilité et des rues que l'on se « fait » au pif, pour le plaisir. Avec, en supplément, des garçons d'un soir et quelques verres d'alcool qui dansent et où se noient les fantasmes enfouis de lendemains au soleil. Où la *vie d'artiste* si gravement chantée par un ferré sur la question. Bannies des pouvoirs publics mais intégrées par le populo, les nombreuses chanteuses sans cabarets fixes de la veine d'Édith Gassion – elle essaye plusieurs pseudonymes : Tania ; Denise Jay ; Huguette Hélia – sont l'élément de décor mobile d'un spectacle permanent : le théâtre de la rue. La TSF et le disque n'ayant pas encore bouleversé la donne, la télévision dans chaque pièce demeurant toujours à l'état de projet dans le tiroir d'un fou, ces gamines à poumons ont leurs endroits, leurs publics. Leurs astuces, dès qu'il s'agit de déjouer la douce vigilance de ces nigauds d'agents de police qui passent pour être les meilleurs ennemis des indigents.

Quand l'agent nous chope
On s'en va faire quatre jours
Là-bas, à la tour...

(*Les Mômes de la cloche*)

C'est que le simple fait d'en pousser une dans la rue peut vous contraindre à un racket d'État en bonne et due forme et en cas de récidive à un petit séjour au ballon. Et si les vareuses cachaient d'abord des êtres victimes d'un même système, des pères de famille d'extraction souvent populaire et pas mieux lotis que ceux qu'ils ont la charge de poursuivre ? Les conventions et l'ordre établi : une façade, vieille comme le monde, instaurée par les hommes pour les hommes et contre les hommes, honteux de leur condition animale. Plus tard, beaucoup plus tard, quand les agents ne l'arrêteront plus que pour lui demander une signature au bas d'une photo, contant à Henri Spade ses rapports avec les « roussins », dans ses jeunes et belles années, entre deux éclats de rire ; Piaf démêla quelques fils de l'écheveau : « Et alors, y'en a un autre aussi, il me dit : “Écoute, tu vas faire un truc. Est-ce que tu connais *J'ai le cafard* ?” J'ai dit oui. “Alors, je vais me mettre au coin de la rue, je veux que tu la chantes et quand t'as fini, j'te fais comme ça et j'm'en vais !” Alors j'lui ai chanté *J'ai le cafard*, j'voulais pas le contrarier. » De la même façon, elle évoqua un autre agent de police qui, un jour où elle poussait le refrain à un coin de rue, la surprit en flagrant délit et la prévint qu'elle était en infraction, sans pour cela la punir : « Écoute, sois gentille, y'a des rues là-bas, c'est pas mon secteur et elles sont très bien !... »

Mille et une autres anecdotes émaillent encore cette période de haute exaltation dans la vie de Piaf. Vraies ou fausses, elles sont connues. Trop. Regardons plutôt arriver Louis Dupont. Il a le même âge qu'Édith. Ils se sont rencontrés dans un bistrot à Romainville. Il est chipé pour elle. Elle est chipée pour lui. Depuis ils coulent la romance. P'tit Louis, qu'elle l'appelle, en se refaisant les accroche-cœurs avec de la salive, entre deux fricassées de museaux. C'est signe que celui-là, elle n'a pas envie de le laisser filer. P'tit Louis vit chez sa mère (plus exactement sa belle-mère). Elle aussi du coup. Au moins un certain temps. Avant qu'ensemble ils ne prennent une chambre à l'hôtel de l'Avenir, 105 rue Orfila, avec Momone pour leur tenir la chandelle. À trois dans un lit conçu pour deux. Le petit père Dupont ne tarde pas à dévoiler ses ambitions conjugales. Il s'imagine déjà le cœur dans les pantoufles de sa régulière, dans « un deux-pièces avec les cabinets sur l'escalier et un bon métier [pour Édith] : ouvrière spécialisée » (Simone Berteaut *dixit*). Là-dessus, Édith tombe enceinte. Aïe ? À en croire Momone, le seul témoin ayant relaté cette épopée, Édith appréhende la chose avec philosophie. Presque avec emphase. Sur le conseil de P'tit Louis, elle accepte de faire une pause et, imitée par une Momone qui la suit comme son ombre, elle se met au service d'une société spécialisée dans la fabrication de couronnes mortuaires. Le cimetière du Père-Lachaise n'est qu'à un battement d'aile de corneille de la rue Orfila... Très vite, elle regimbe contre cette existence. La sédentarité ne sied pas à cette bohémienne sans bagages. Simone Berteaut : « P'tit Louis avait monté le ménage. Il avait chopé chez sa vieille trois fourchettes, trois couteaux et trois verres. Les assiettes, Édith n'en voulait pas. “Je ferai jamais la vaisselle." Elle ne l'a jamais faite. "Et puis, je préfère bouffer au restaurant." P'tit Louis avait beau dire : "C'est un bon boulot, la couronne ; des macchabées il y en a tous les jours", elle voulait la rue. Elle voulait sa liberté. »

Je n'veux plus faire la vaisselle
Je n'veux plus vider les poubelles
Trier le linge sale de l'hôtel
Brûler mes mains dans la javel
Car j'ai un amoureux
Amoureux, nom de Dieu !...

(*Je n'veux plus laver la vaisselle,*
Piaf/Monnot)

En résultent des conflits ouverts et orageux entre les concubins, qui se terminent souvent au commissariat. Monsieur corrige madame, car monsieur la soupçonne de le tromper avec un (des) autre(s). « Ça ne pouvait pas coller, dira Momone, c'était un petit ouvrier et elle était déjà Édith Piaf. Elle ne le savait pas. Ça ne se voyait pas, mais elle l'était. »

Louis Gassion sera grand-père. Ainsi Édith, enceinte depuis peu, en a-t-elle décidé, au grand satisfecit de P'tit Louis. Un geste citoyen ? Depuis la deuxième moitié du XIXe siècle, la chute de la natalité s'était accentuée pour devenir très préoccupante dans les années trente. Le nouveau fléau social français ne laisse pas de soulever des passions auxquelles Piaf et son doux/dur se sentent absolument étrangers. Pour les Malthusiens, convaincus que l'enfantement place les femmes en état d'infériorité physique et intellectuelle, la surpopulation n'est qu'un facteur de misère et de guerre interdisant la fraternité sociale. Les natalistes [1], ennemis du « virus individualiste », prônent au contraire la restauration d'un climat favorable au développement de l'idée familiale – distribution d'allocations substantielles ; célébration de la mère ; sévère répression contre toute atteinte à la vie ; instauration du vote familial (chaque chef de famille ou membre du couple disposerait d'un nombre de voix proportionnel au nombre d'enfants), etc. –, la dénatalité signifiant à leurs yeux la guerre et la ruine du pays. « Sans enfants

1. Forts de leur influence due à leur idéologie dominante, ils avaient obtenu en 1920 la disparition des pharmacies des procédés contraceptifs (à l'exception des contraceptifs masculins) et une punition pour toute provocation directe ou indirecte à l'avortement. Une mesure qu'en 1939 Daladier contribuera à durcir. Jusque-là, considérée comme un crime, l'interruption volontaire de grossesse restait pratiquement impunie.

aujourd'hui, plus de France demain », annonce une affiche de l'Alliance Nationale. En marge de ces deux courants, les militants du british control et de la libre maternité tentent de faire entendre leur propre voix par l'ambassade de militantes telles que Berthie Albrecht, soutenue par le romancier Victor Magritte, auteur en 1922 de *Ton corps est à toi*, une publication qui valut à l'audacieux d'être traduit en justice par l'Alliance Nationale. Magritte avait déjà été rayé des cadres de la Légion d'honneur après la parution de son roman *La Garçonne*, dont Jean de Limur tira un film, tourné à Joinville, en décembre 1935. Le premier long-métrage à mettre en lumière le visage de la Môme Piaf, le temps d'une chanson intitulée *Quand même*. Tout se rejoint.

Comment exiger de la fille Gassion qu'elle conçoive le devoir d'enfantement comme un « impôt du sang » : c'est si loin de ce qu'on ne lui a pas inculqué ! « Dans un intérêt national bien compris, il vaut mieux pour [les femmes] fabriquer des enfants que des fibromes. » Cette sortie d'Adolphe Pinard, si elle l'avait entendue, aurait fait marrer un bon coup la fille Gassion. À commencer par le nom du bonhomme... Elle qui, par choix, s'est placée dès le début à l'opposé du schéma prôné dans leurs campagnes par les milieux catholiques et les ligues natalistes et familiales. À savoir le respect de la virginité jusqu'à l'enfantement dans le cadre du mariage, puis l'incarcération de la mère au foyer. Rayon virginité, il y a une paye qu'Édith a jeté sa gourme. Quant à la notion de famille, cette fille sans mère a déjà eu le temps de s'en faire une idée précise. Comment dès lors expliquer sa décision de garder l'enfant à naître ? C'est pour le début de février 1933. Dans quel contexte se fera cette arrivée ? Dix jours avant la date prévue, Marcel Martin, Directeur adjoint de la Caisse Interdépartementale de la Seine, déclare dans une conférence à la Bourse du travail : « Les Assurances sociales doivent par tous les moyens, par l'éducation d'abord, par l'obligation ensuite, amener les futures mamans à déclarer leur grossesse le plus tôt possible et leur faire comprendre que leur santé et la vie de l'enfant qu'elles portent peuvent dépendre d'une déclaration précoce et d'examens médicaux réguliers. »

Pour percevoir les prestations, il est demandé aux femmes assurées et salariées d'envoyer à la Caisse le certificat de grossesse contenant les renseignements et pièces requis. En échange de quoi leur est délivré le « Livret de la future maman », un carnet jaune épais d'une trentaine de pages, avec inscrit sur la première : « Un sourire d'enfant sèche bien des larmes. » Or, sans salaire pas d'assurances. C'est le cas d'Édith. La République restant cette grosse bourgeoise ne prêtant qu'aux riches, depuis 1913 les lois d'aides aux familles se sont bien succédé, mais seulement pour les familles nombreuses et dans des conditions très restrictives. Quoi qu'il en soit, 60 % des naissances en 1933 se faisant dans les établissements de l'Assistance Publique, les femmes de familles aisées accouchant, soit en cliniques, soit à domicile, Édith accouchera dans son quartier, à la maternité de l'hôpital Tenon.

La délivrance survient le 11 février, après une admission en urgence, dans la salle même où dix-sept ans et deux mois plus tôt elle avait vu le jour. Immatriculée n° 2833, la parturiente Édith Gassion se sent-elle en adéquation avec la journaliste et écrivain Raymonde Machard, l'une des premières dans l'entre-deux-guerres à avoir osé exprimer publiquement son ressenti : « Ah, ce dernier cri de l'écartelée, ce cri de résurrection et de suprême déchirement, ce cri de femme qui accouche, ce cri qui fait pâlir les hommes. Il donnait le jour à un petit être sortant de mon être, lentement, et ressenti au passage de ses moindres formes, par une émotivité presque surnaturelle de mes chairs pantelantes. Et son petit cri abolit mon grand cri. »

C'est une fille. On la prénomme Marcelle. Marcelle Gassion, matricule 2842. Louis Dupont la reconnaîtra officiellement le jour de la déclaration à l'état civil. Édith, qui s'est signalée « sans profession », a donné au rédacteur du registre des entrées de l'hôpital Tenon le « 321, rue de Belleville » comme adresse de référence. Le domicile de la mère de Louis Gassion ? Mère et fille quittent la maternité le 22 février. Onze jours qui ont coûté la somme de trente francs. Au vu du pourcentage encore élevé d'enfants mort-nés ou bien nés difformes (bec-de-lièvre, pied-bot), ou bien d'enfants victimes de méningite, surdité, ozène, tares sur la cornée, épilepsie, variétés de chorée et de rachitisme, des maux pouvant frapper après plusieurs générations, sans oublier les causes de surmortalité liées à l'action néfaste de « Mam'zelle Syphilis », celle qu'on n'appellera plus que Cécelle est une chanceuse. Comment l'habiller ? Il n'y a qu'à lire le numéro, toujours d'actualité, du magazine *Maman* de février 1932 ; tout ce qui est indispensable au confort de bébé y est répertorié : « Une culotte de caoutchouc ; quatre bandes de crêpe de laine de sept centimètres de haut ; quatre brassières en flanelle, quatre bavoirs élégants, une douillette crêpe de Chine, un dessous de douillette ouatinée, trente-six couches, douze pointes éponge ou de molleton de coton, etc. » Ou la vie rêvée de l'épouse du directeur de la banque Worms ! Or, selon Momone, grâce à une chaîne de solidarité formée par quelques amies, dont « la grande Angèle », la petite Cécelle fut parée de pied en cap.

Chez les simples gens, les préoccupations matérielles liées aux conséquences tardives du krach boursier de 1929 prennent largement le pas sur le spectre d'un conflit international. Au printemps 1933, tandis qu'en réaction à l'élection de Hitler au Reichstag, les juifs déclarent ouvertement la guerre à l'Allemagne dans le quotidien britannique *The Daily Express* (24 mars 1933), Édith et Simone retournent officier dans la rue pour y gagner leur graine. Au grand dam de P'tit Louis. Loin de représenter le douloureux sacrifice que les indécrottables remakers des *Deux orphelines* nous ont abondamment servi, sur papier ou sur pellicule, ce retour au bitume procure aux deux filles un réel soulagement. La rue, Piaf la porte en elle comme un gosse dont on n'a pas envie d'accoucher. Pas tout de suite. Piaf sur rue. « Chanter dans la rue, à cette époque-là, pour nous ça atteignait presque le merveilleux, se souviendra Momone, nostalgique [...]. La rue, c'est envoûtant, c'est extraordinaire [...]. On était plutôt heureuses. On s'est fait des idées fausses sur Édith. Elle n'était pas triste. Elle adorait rire. Elle se marrait tout le temps et puis elle était sûre d'arriver. Elle me disait : "T'inquiète pas. Ça viendra, on sortira de toute cette mouise, de toute cette crasse." »

La petite Marcelle fait également corps avec l'expédition. Un voyage sans destination qui ramène les deux filles là où elles s'étaient arrêtées, avec chaque jour un lieu différent, des clients nouveaux, ou des habitués à qui l'on montre la bouille de l'enfant emmitouflée dans son linge parce qu'« en avril ne te découvre pas d'un fil ». Simone Berteaut : « Quand la petite était sale, on faisait une rue puis on achetait des vêtements. On ne faisait pas de lessive. Elle n'était que dans du neuf, la petite. Jusqu'à deux ans et demi, elle n'a été habillée que de neuf [...]. Édith savait bien chanter, mais laver non ! On ne vivait pas mal. On vivait au jour le jour mais on ne vivait pas mal. » Mireille Lancelot rapporte de son côté une confidence de Piaf selon laquelle aux beaux jours la jeune mère baignait sa fille dans les eaux purifiées des fontaines de Paname.

Les mois passent. Entre Édith et P'tit Louis, au physique comme au sentiment une distance s'est établie. La chanteuse de rue prenant parfois chambre en banlieue avec Momone, ils se voient moins. P'tit Louis est d'avis que Cécelle ne peut continuer à être ainsi bringuebalée sur une carriole, d'une rue de la capitale à un bistrot de périphérie. Il décide de la prendre avec lui, à l'hôtel de l'Avenir où il a gardé la chambre désertée par sa concubine. Selon Momone, il l'aurait enlevée à Édith qui n'aurait émis aucune protestation. Un boulet, la pauvre Cécelle ?

À ce carrefour, surgit dans la trajectoire de Piaf un vieil ami de son père : Camille Ribon, dit « Arvern », un acrobate d'une quarantaine d'années qui lui propose de s'associer à lui et à Marcelle Castel, l'une de ses maîtresses, pour monter un spectacle qu'ils promèneraient de popote en popote. Édith chantant, Arvern jouant de sa souplesse, la femme Castel serait, elle, chargée de percevoir les entrées et de présenter le spectacle. Rigoureux, Camille Ribon établit un itinéraire de tournée. Un document miraculeusement épargné nous parle avec force de ce temps à jamais révolu, qui s'éloigne chaque jour davantage. Une sorte de laissez-passer, avec les photos des trois protagonistes, collées côte à côte, celle de Ribon, de profil, dominant les autres par ses dimensions. Délivrée le 26 novembre 1933, par le général de division Niegger, commandant la Place de Paris, cette autorisation-ci, toujours révocable, n'est accordée que jusqu'au 30 avril de l'année suivante. On apprend ainsi que le 12 décembre 1933, Piaf et ses compagnons se produisent à la caserne du Château de Vincennes. « Soirée intéressante et variée, où les artistes montrent beaucoup d'entrain malgré le peu de spectateurs présents », nota le lendemain l'adjudant de service, juste au-dessous du prix d'entrée : Un franc.

Camille Ribon garda la même adresse jusqu'à la fin de sa vie : 84, rue des Amandiers. Devenue Piaf, Édith ne l'abandonnera pas. Quand même ne le verra-t-elle plus très souvent à cause de son travail et de ses voyages, elle s'occupera de la subsistance du vieux monsieur et Ribon en abusera quelque peu, tapant la « petite », à la moindre occasion, par besoin plus que par vice. De lui, il nous reste quelques lettres, adressées à Édith, et une carte. L'une de ces lettres est datée du 4 septembre 1961. Piaf, très affaiblie, vient de se sortir une nouvelle fois d'un mauvais pas... « Ma chère petite fille Édith [...]. Tu m'as fait cette fois-ci une grande peur et fait beaucoup de peine et je te jure que j'ai prié pour toi tous les jours, ainsi qu'à l'église, pour que tu sois sauvée. Si je ne t'ai pas oubliée un seul jour, je vois que toi aussi tu as pensé à mon existence modeste, presque misérable. C'est pourquoi je te remercie infiniment et de tout mon cœur de ton mandat, qui bien sûr m'a fait un immense plaisir, mais aussi et surtout m'a permis de régler le trimestre de loyer en retard et de cinq mille cinq cents francs d'alimentation à crédit. Car moi seul suis à l'Assistance pour l'instant. Suzanne [son épouse] n'a pas encore l'âge de la vieillesse. Elle n'a droit qu'à un secours de la Mairie de trois mille francs par mois. Je ne veux pas t'ennuyer davantage, avec ma lettre et ses ombrages, et te prie de m'excuser de mon écriture mauvaise, car je n'y vois que très peu et je ne peux écrire longuement sans que ma vue se voile et je n'y vois plus que comme dans un fort brouillard. Donc je termine en t'embrassant bien fort de tout mon cœur comme je voudrais tant le faire en vrai, avant de faire le grand saut final. Ton vieux Pépère qui t'aime pour la vie et pensera à toi jusqu'à sa fin. »

La carte ne mentionne aucune date, mais Ribon a vraisemblablement dû l'écrire à la fin du mois d'avril 1962. C'est un poème :

> *« Que ce brin de muguet du premier jour de mai*
> *T'apporte le bonheur pour la vie, sans cesse,*
> *Pour ta santé, la chance et l'amour, sa tendresse,*
> *Pour qu'aux vieux jours ton cœur ne l'oublie jamais.*
> *Et pour qu'aussi ta voix, dans tes belles chansons,*
> *Puisse encore charmer fauvettes et pinsons.*
>
> *À ma petite fifille chérie, Édith Gassion* [Piaf], *son vieux « Pépère »* [81 ans], *pour la vie.* Camille Ribon (Arvern). *Avec mes gros et bons baisers et ma cordiale sympathie pour son mari* [Théo Sarapo]. *»*

L'hiver 1933/1934 célèbre un autre événement dans la vie de Piaf : son installation à Pigalle, « quartier des plaisirs, royaume des bars à entraîneuses, des clandés de deuxième catégorie, des claques, des lupanars, des boxons, des boîtes à filles, des bouges, enfin de ces lieux où l'on ne sait si le noir ne l'emporte pas sur le rose ». Un univers très français que Mac Orlan, Carco ou Cendrars ont subtilement éclairé, et que Georges Ulmer (bien qu'il fût danois, Piaf l'appelait « mon Suédois ») porta à la gloire universelle...

> *Hôtels meublés, discrètement éclairés*
> *Où l'on ne fait que passer :*
> *Pigalle...*

Le destin de la fille Gassion est en marche.

« Moi, elle m'a dit qu'elle ne regrettait pas sa jeunesse, qu'elle avait passé des moments merveilleux à chanter dans les rues avec Simone. Elle aimait ça. »

Louis Barrier

III

Pigalle en ce temps-là

« Les "macrots", entre nous, je les ai bien pris pour des poires ! »

É. P.

Dans le court répit de l'entre-deux-guerres, au moins deux Paris coexistent sans s'insulter vraiment : celui du peuple des faubourgs et celui de la condition ouvrière, jadis mise en prose par Zola et réincarnée par Damia, Fréhel et Marianne Oswald (« la trinité réaliste ») ; et l'autre, le gai Paris, un monde de fins jouisseurs pensant jazz et surréalisme et partouzant à hauteur de compte en banque sur des cadavres de chinchilla et de queues d'hermine tachés de Dom Pérignon. Entre deux grilles de mots croisés, s'entendent ces enivrants *cross words* nouvellement arrivés d'Amérique via l'Angleterre, auxquels on s'adonne avec une frénésie qui ne sied qu'aux esprits mal occupés. La guerre a cassé toute notion de société, dans le sens orthodoxe du terme. On a trop donné, trop souffert. Jouissons de l'air du temps avec bonne conscience, la Société des Nations veille... Archivé le vertigineux patriotisme de 14-18 ! Les Nouveaux pauvres peuvent bien tourner en ridicule les Nouveaux riches pour camoufler leur dépit, une fièvre boursicotière s'est emparée des esprits et l'argent est devenu le seul personnage important, le héros pour lequel il vaut la peine de vivre. Les Années folles. Follement décadentes et annonciatrices de jours plus sombres encore que ceux que l'on s'emploie à vouloir oublier. « Malheur à la terre et à la mer, car le diable est descendu vers vous, animé d'une grande colère, sachant qu'il a peu de temps ! », prévient Georges Anquetil, dans *Satan mène le bal*.

À Paname, on a toujours aimé le diable. C'est la grande époque du music-hall, direct héritier du café-concert, dont la destinée repose principalement entre les mains de deux hommes : Oscar Dufrenne, un ancien comique troupier avide de grandes entreprises et Henri Varna, Vantard de son vrai nom. À eux deux, ils possèdent la quasi-totalité des plus importants théâtres de la capitale, parmi lesquels le Casino de Paris, le Palace, l'Empire, le Concert Mayol, l'Alcazar, les Bouffes du Nord et les Ambassadeurs. Au-delà des affaires, leur homosexualité les réunit, on leur prête même une liaison. Né en 1920, le chanteur Roland Gerbeau est trop jeune pour avoir pratiqué Dufrenne, mais il affirme que Varna, mort en 1969, fut un assidu des fortifs de Clignancourt, un endroit glauque au parfum de pissotières, où le dernier grand directeur du Casino de Paris venait choyer sa nature : « Plus c'était crade et malsain, plus ça le faisait. Leplée, Dufrenne, Varna, c'était toute la même clique. »

Vous avez dit Leplée ? Supposément neveu de Polin, le tourlourou préféré des Français, à qui l'on doit la création de *La Petite Tonkinoise* au son de laquelle Casablanca fut prise d'assaut en 1906, Louis Pierre Alfred naît à Bayonne le 7 avril 1883, à 10 heures du matin. Sa mère, Marie Gracieuse Halcet, sans profession, déclare 35 ans, à la naissance de l'enfant. Marchand boucher, Alfred Gabriel Leplée, le père, en a 36. Des gens simples domiciliés quartier Saint-Esprit : 12, rue Maubec. Depuis le début du siècle, Louis Leplée cherchait sa place. Devenu « Entrepreneur de plaisirs », il la trouva dans le giron du Tout-Paris où l'on s'amuse. Après qu'il se fut risqué à faire l'artiste, avant-guerre, donnant quelques tours de chant dans des cabarets parisiens et sur la Côte d'Azur, c'est Oscar Dufrenne qui lui ouvrit la voie de la réussite en lui permettant d'installer son premier établissement nocturne au sous-sol du Palace. Là, en compagnie du danseur Bob Giguet, Leplée endossa une panoplie d'amuseur public, sous des kilos de dentelles et pour les beaux yeux et le portefeuille d'une clientèle friande de ce genre de spectacles toujours bon enfant pour peu qu'on leur ôte la vulgarité qui généralement leur sied. Parodiant les chansons de Bob et de Bobette, les fameux personnages de René-Paul Groffe et Zimmermann, Bob Giguet et Leplée chantaient alors, entre autres parodies :

Et nous, et nous, Monsieur Printemps,
Des petits bambins que nous sommes,
Si vous vouliez faire des hommes,
Vous en auriez pour un instant...
J'aime mieux vous laisser longtemps
Des enfants !...
A répondu Monsieur Printemps.

Plus tard, le surnom de « Bob » devait rester à Leplée. Corpulent mais de bonne taille, sa vilaine blessure à la jambe, souvenir de la guerre, ne l'a pas amputé d'une certaine élégance et d'un goût vestimentaire sûr, emprunté aux dandies de Piccadilly. Un raffiné, m'sieur Leplée, dans le ton d'une époque dévirilisée, mais qui ne dédaigne pas la gauloiserie. Ce qui, dans sa situation, donne prise à des moqueries sans finesse d'autant plus permises que l'homosexualité représente un délit. Que ne répète-t-on pas encore de ce monsieur d'un commerce assurément plaisant ? Au hasard, qu'il aime soigner ses relations. « L'homme à l'œillet à la boutonnière » ne s'est-il pas attaché la sympathie de gens comme Catulle Mendès, Natanson, Arthur Meyer, Montesquiou ? On sait également qu'il déjeune souvent chez Paul Poncet, l'ancien maire socialiste de Montreuil et ancien dessinateur à L'Assiette au beurre, en compagnie d'Henri Jeanson, de Robert Desnos, d'Yvonne Georges et de la grande Andrée Turcy, une chanteuse toulonnaise qui a inspiré à Francis Carco tant de jolies chansons, et dont le frère, André Garnier, dirige le Grand Casino d'Alger. Ascension sociale à suivre, pour Louis Leplée.

À Pigalle, Piaf et Momone se sont installées dans un hôtel, situé au numéro 2 d'une petite voie privée d'à peine quatre-vingt-six mètres de longueur, préalablement appelée impasse de Constantine et rebaptisée en 1877 Villa de Guelma, du nom d'une ville du département de Constantine. Du carrelage bleu dans le hall ; une rampe en fer forgé dans l'escalier donnant accès aux trente-huit chambres, réparties sur six étages, d'où s'échappent des odeurs de friture ; des toilettes sur le palier : depuis trois quarts de siècle, rien ne semble avoir changé à l'hôtel Régence, dont l'actuel patron possède aussi l'hôtel des Beaux-Arts, 4 rue André-Antoine (ex-impasse des Beaux-Arts), un autre semblant de rue distante d'une trentaine de mètres de la Villa de Guelma et parallèle à celle-ci. Rien. Pas même le sentiment un peu glauque que l'on éprouve en entrant pour la première fois dans cet endroit que l'on imagine sans efforts farci de putes et de clandestins.

Pour avoir pris racine dans un autre village que Belleville, Édith ne s'est pour autant guère coupée de son père qu'elle revoit régulièrement. Bien qu'indépendante, l'affect pudique qui la relie à l'auteur de ses jours ne se dément pas. L'a-t-elle renseigné sur sa nouvelle vie ? A-t-il cherché à en savoir davantage ? Elle en aurait à raconter depuis son départ de la maison ! Pigalle, paradis des loulous, enfer de la prostitution, va lui donner l'occasion d'y raccrocher quelques savoureuses anecdotes existentielles. Elle va en croiser du monde, là-haut ! Pas toujours du meilleur et du plus tendre... La matrone, là-bas, sur le trottoir d'en face, qui déambule avec sa meute de gigolos qu'elle insulte et traite en esclaves, mais qui lui font docilement escorte dans ses virées éthyliques : paraît-il qu'elle est Fréhel. La grande Fréhel ? La rose a perdu de ses pétales. Elle-même se gausse d'être sortie d'un tableau de Mucha pour devenir cette « grosse mémère mafflue et truculente, avec des bras de République ». Son talent, lui, ne l'a pas trahie. Un art parfaitement maîtrisé qu'elle ne veut plus mettre qu'à la seule disposition du populo, elle, la « Madame Sans-Gêne de la chanson ». Personnalité écrasante et artiste sans concessions, nul ne la discute. Que ce soit dans les grands music-halls, les cabarets, les cirques ou les restaurants, ou encore au cinéma qui l'emploiera dans une vingtaine de films, sans relâche cette fainéante de naissance œuvre à la tâche. L'ancienne « liane rousse » reste certes moins connue en province qu'à Paris mais, Damia mise à part, Damia la « copine » et la « sœur » qu'elle déteste cordialement, dans son registre, elle ne compte aucune rivale sérieuse. De la vie, cette gueuse, et des hommes, elle en connaît un rayon, la « grosse mémère [1] » ! Il n'y en a pas deux de son acabit capables de se fondre à un public qu'elle tient ferme par la peau du bas-ventre. On ne vient même que pour cela, et pour ses reparties crues et assassines. Les grands de ce monde plus encore que les autres. Dans ses souvenirs, parus en 1953, Mistinguett qui ne se montra jamais très caressante envers ses concurrentes, mortes ou vivantes, érige à sa consœur ce que l'on peut considérer de sa part comme une stèle : « Fréhel était une des plus jolies femmes de Paris. En fait de plaisanteries, elle se permettait tout, et on lui pardonnait. C'est ainsi qu'un soir, s'adressant à une reine :

— Eh bien, ma vieille, tu ne crois pas que ton collier irait mieux sur mon cou que sur le tien ?

— Quand vous aurez mon âge, vous en aurez peut-être un, répondit la reine en souriant.

— T'as raison, je suis pas encore assez moche pour avoir des bijoux. »

Fréhel ne joue pas. Une simple manière d'être qui permit à cette jouisseuse aux appétits sans frein de s'envoyer les plus hautes fraises

1. Née Marguerite Boulch, à Paris, au soir du 13 juillet 1891, Fréhel a débuté sa carrière à l'âge vert, empruntant ses rengaines réalistes à Montéhus, qu'elle recréait au fond des bistrots, déjà tragique et absolue, contre un café crème et un croissant, avant de s'en aller ronfler dans une cage d'escalier ou dans l'arrière-cour d'une salle de débit de boissons. Le patron de l'Univers, un music-hall parisien de bonne réputation, lui offrit en bougonnant une première chance de brûler les planches. À 14 ans, elle y parut attifée du pseudonyme de Môme Pervenche, dans une robe espagnole offerte par la Belle Otero. Ce fut un tabac. Interprète violente au talent inédit, Fréhel s'éveillait et Paris en entendrait parler.

du gotha international, trop heureux de déposer à ses pieds des fortunes aussitôt dépensées par l'entretien de quelque gigue accro comme elle aux narcotiques. Candidat à la renommée et fasciné par le pouvoir despotique de cette femme hors normes sur les publics les plus divers, le jeune Maurice Chevalier, accusé par la presse de plagier Dranem, tomba un jour entre ses griffes acérées. Partageant ses délires à base de cocaïne et d'éther, il manqua ne jamais s'en relever. Il s'en releva tout de même et même mieux qu'il ne le laissera supposer. Car la fin cotonneuse de ces amours agitées donna à Momo l'impulsion nécessaire et définitive pour changer de cap, à la recherche infinie de ce précieux graal, ou cette immense boîte vide, que représente la gloire chez les gens pauvres et pour les pauvres gens. C'est elle qui sombra, un peu plus profond, dans la drogue et l'alcool, dans les envies de meurtre et de vengeance dès lors qu'on lui eut appris que Chevalier, qu'elle trompa publiquement et sans discontinuer, s'était réfugié dans les bras et le carnet d'adresses de Mistinguett. Bien qu'elle ne se sente aucune affection particulière pour Édith, qu'elle croise de temps à autre dans un spectacle de rue, Fréhel a cela en commun avec elle : l'une et l'autre sont des natures « vraies ». Or, autant Fréhel porte sur ses épaules tout le cafard du monde, autant Édith, qui vise le tremplin réaliste et puise son inspiration dans un vécu à portée de main, réserve la noirceur à ses chansons. Dans la vie et au quotidien, sa jeunesse, sa formidable énergie, son caractère bien trempé de titi parisien et sa foi inconsciente la portent à rire de sa condition. Fréhel n'est pas un exemple à suivre ; par certains côtés, elle ressemble trop à Line Marsa, en qui Raymond Asso ne verra jamais qu'un « véritable déchet, intoxiquée à mort, inguérissable ».

Or, Pigalle n'est pas qu'un déversoir d'irrécupérables et d'égrillardes au cœur arrêté. Piaf y fait la connaissance d'autres filles plus fréquentables, comme elle chanteuses de rues et de bals. Qui se souvient de Jane Chacun ? Elle fut l'une des camarades d'aventure de Piaf avant Piaf. À l'instar d'Édith, elle ne dépasse guère le mètre quarante-sept. Comme elle, sa voix donne le frisson. Jane Chacun est la créatrice de *Mon costaud de Saint-Jean*, le titre original de *Mon amant de Saint-Jean*. Orpheline de père, placée dans un hospice de vieillards, Jeanne Charlotte Blanzat arrive à Paris à l'âge de 15 ans et devient ouvrière dans une boucherie de Levallois, dont sa sœur est la gérante. Mariée à 19 ans, veuve sept ans après, avec son tout jeune fils Pierre, elle tombe dans le cycle infernal du « mille métiers mille misères ». C'est à cette époque qu'elle commence à se produire çà et là, le samedi soir. Tout au long de sa vie, Jane Chacun nota consciencieusement les faits marquants de son existence quotidienne sur de petits agendas. Il en existe une cinquantaine, conservée par son fils, couvrant la période 1929-1978. Celui de l'année 1935 est hélas manquant. Il nous aurait sans doute fourni davantage de précisions sur la période où Jane Chacun chantait et faisait la quête au bal du si mal famé Petit Jardin, à Clichy, en compagnie de la Môme.

Par chance, nous disposons d'un autre guide qui, lui aussi, a bien connu l'endroit : Norbert Glanzberg. Engagé comme pianiste, il raconta que l'orchestre jouait sur une manière de galerie « au-dessus de la piste de danse où l'on distinguait, entre les couples d'amoureux étroitement enlacés, une faune bigarrée de proxénètes et de prostituées, de gens du milieu, de dealers et de casseurs qui faisaient partie des habitués ». Glanzberg est un jalon important dans la vie de Piaf. Pendant et après la guerre, la deuxième sera la providence du premier. En officiant dans des bouges tels que le Petit Jardin, avec le débutant Django Reinhardt, Glanzberg, qui fut chef d'orchestre outre-Rhin et qui ne s'incline que devant des gens comme Karajan ou Bernstein, a la sensation de régresser. Très pauvre, il n'a pas les moyens de faire la fine bouche. C'est là, à Clichy, qu'il découvre Piaf. « Nous étions déjà sur l'estrade quand cette petite personne bossue arriva. Nous la vîmes parler avec le patron qui nous désigna : là-haut ! Elle se mit alors, mal soignée, à escalader l'échelle. » Une fois « là-haut », Piaf s'adresse à Norbert en français. Fraîchement débarqué d'Allemagne, il ne comprend goutte à son sabir bellevillois. « Laisse tomber le boche, de toute façon il ne pige rien ! », intervient Django Reinhardt, prenant le parti de la « bossue ».

Lorsqu'elle ébauche son premier refrain dans le corps d'un porte-voix, Glanzberg reçoit un choc. Criarde et mal travaillée, sa voix disait en musique toute la tragédie que Sarah Bernhardt faisait passer par l'accent des mots. « Je n'ai pas compris alors qu'elle avait un grand talent », devait déclarer Glanzberg, un rien contradicteur, pour qui la Môme n'était guère plus qu'une chanteuse des rues, « gauche et empotée », une gosse de Paris au « corps de naine », avec « de grosses godasses » pour l'empêcher de marcher droit. Sa prestation terminée, Édith se pressa de redescendre l'échelle pour aller quêter avec une boîte de fer. « Elle se souvenait très bien de ce premier soir quand je le lui ai rappelé un jour. »

La mémoire des grands est infaillible. Voilà pourquoi longtemps encore l'on se souvient d'eux. Jane Chacun eut moins de chance. Après la guerre, elle ouvrit sa propre guinguette au bord de la Marne, tout en continuant à se produire à la Gaîté Montparnasse, à Pacra ou encore aux Folies Belleville, avec Bourvil. 1958 sonna le gong de sa carrière. Sa voix disparut des radios pour ne plus se répandre que bénévolement, à l'occasion d'œuvres de charité. À Noël 1979, les malades de l'Hôpital intercommunal furent les derniers à l'entendre. Quelques mois avant sa mort, Jane Chacun adressa une lettre très émouvante à Jean-Christophe Averty, dans laquelle elle demandait au « cinglé du music-hall » de ne pas oublier que, pendant plus de quarante années, elle avait servi sans faillir la chanson française et qu'à cet égard il serait peut-être juste de passer de temps à autre l'un ou l'autre de ses disques à l'antenne. Seul Jacques Martin rendit à la vieille artiste un peu de la lumière qui lui manquait, en l'invitant dans ses « bons dimanches sous [nos] applaudissements ».

Chanteuse de rue par vocation, la Môme le fut. Mais l'on se méprendrait à croire que la Piaf d'avant Leplée ne fut réduite à faire la quête que dans les cours et les bals. Dans ses mémoires, Momone parle d'un engagement dans un cabaret de Pigalle : le Juan-les-Pins. Ou chez Lulu, du nom de la patronne. Le Juan-les-Pins était « un cabaret de dames dirigé par des dames qui ne fréquentaient que des dames », se rappelle Fernand Sardou qui devait s'y produire pendant quelques mois et, de son propre aveu, y faire son beurre, grâce à Édith qui lui refila le tuyau. On sait la rudesse du monde lesbien. Jackie Sardou, qui pataugea dans les mêmes galères que Piaf et que son futur mari, avait constaté que « chez les dames qui n'aiment pas les hommes, c'est rarement la gaieté. Pourtant, chez les messieurs qui s'aiment entre eux, ce n'est que blagues insensées et crises de fou rire perpétuelles. Je l'ai bien vu au Liberty's, chez Tonton, où j'ai travaillé près de dix-sept ans. Non, chez les couples "dame-dame", c'est pas drôle du tout. Ce ne sont que scènes de jalousie et crêpages de chignons. Les pauvres, elles n'ont pas l'air de baiser dans la joie ». Ni de soigner particulièrement leurs employées. Momone évoque des tannées mémorables distribuées par Lulu, en son « repaire de garçonnes surexcitées » : « Et puis Lulu, en plus, elle nous foutait des trempes, surtout à moi. J'ai jamais compris pourquoi. Ça devait lui plaire. »

Après avoir « détourné du droit chemin » la maîtresse en titre de la patronne, « passée à l'ennemi avec armes et bagages », Fernand Sardou sera viré manu militari du Juan-les-Pins, par Lulu en personne[1]. Édith, elle, y resta encore un temps, à chanter chaque soir, dans un costume de marin eu égard au style de l'endroit, devant des couples alanguis,

---

1. Jackie Sardou, *Hé ! la petite grosse*, Plon, Paris, 1987.

indifférents ou mollement scotchés par la voix de la « Môme ». Car c'est sous ce simple pseudonyme, parmi d'autres, nous l'avons vu, qu'Édith tente de se faire connaître à cette époque. Fernand Sardou l'atteste. La Môme, mais pas encore « la Môme Piaf ». En ce sens, Jackie Sardou commet un anachronisme lorsqu'elle rapporte une anecdote qui nous renseigne précieusement sur l'activité de la fille de Louis Gassion, à la veille du grand virage. « Des copains m'avaient entraînée dans une boîte plutôt malfamée : le Royal. Il n'y avait que des jules là-dedans et il fallait voir avec quelle vitesse les pétards s'évanouissaient sous les banquettes lors des descentes de police. Le spectacle débutait avec le numéro d'une demi-folle qui chantait à moitié nue, debout sur une chaise, sous les rires et les quolibets les plus grossiers du public. Je trouvais cela écœurant et me demandais vraiment ce que je foutais là quand on a annoncé "la Môme Piaf" [comprenons la "Môme", tout court]. Elle était mal coiffée, mal habillée d'une robe toute fripée, mais quelle merveille, quel choc, quand elle s'est mise à chanter : *Ne t'en va pas, je t'en prie, reste !* C'est une chanson que, curieusement, elle n'a jamais rechantée. Moi, je ne l'ai jamais oubliée. »

Lorsqu'elle parle de coups de feu au Royal, Jackie Sardou s'inspire de la fusillade, restée célèbre dans la chronique judiciaire, déclenchée par deux bandes rivales de maîtres chanteurs, celle de Marini et celle de Filippi. Au détriment de madame Barbier, patronne de l'établissement. Un vrai bain de sang. Le racket : une nouvelle pratique importée d'Amérique avec le jazz et les bas Kayser et qui bouleverse toutes les lois déjà sévères des budgétivores du Milieu. Auparavant, les « Peaux-Rouges » (surnom donné aux mauvais garçons) restaient entre eux ; ils avaient leurs cafés, leur langage, leurs costumes, et leur seule ambition était d'aller pêcher à la ligne, le dimanche, loin des indiscrets. « Pas d'histoires » était le mot d'ordre. Même, avant-guerre, un syndicat s'était-il formé entre les tenanciers, à seule fin de régler le plus aimablement possible toutes ces petites histoires de chantage. Or, les adeptes du racket à l'américaine rêvent d'empires financiers et leurs méthodes sont facilitées par la moralité souvent déplorable des patrons d'établissements de plaisir. À leur égard, les prétextes à chantage ne sont donc pas difficiles à trouver et au besoin à provoquer.

Un rapport de police de l'époque se veut sans équivoque : « Montmartre est le principal champ d'action de ces individus et nombreux sont les tenanciers de boîtes de nuit qui ont été obligés, ces dernières années, de se plier aux exigences de plusieurs bandes organisées, comprenant des démarcheurs et des hommes de main, capables de mener à bien ce que dans la langue du Milieu on appelle un “travail”. D’une manière générale, ces individus préparent et exécutent leurs opérations en plusieurs temps. Il faut tout d’abord obliger le tenancier à recevoir et favoriser le commerce des filles galantes dont ils sont les protecteurs ; se renseigner sur les bénéfices réalisés par l’établissement, sur la malléabilité de l’exploitant et tenir celui-ci en observation afin de préparer le terrain avant de le pressentir amicalement ou de la manière la plus opportune. Si le patron ne consent pas à se laisser tondre, s’il élude leurs propositions de protection bienveillante contre les autres bandes, les “racketteurs” passent à l’action, en déclarant qu’ils vont provoquer chaque nuit des bagarres pour faire fuir le client, ou tout simplement en menaçant de mort l’exploitant et son personnel. Affolée, n’osant prévenir la police par crainte de représailles, ou par respect de la loi du Milieu, la victime finit par accepter, et, une fois prise dans l’engrenage, doit verser chaque mois un tribut à ses “protecteurs”. »

Les solides accointances des gangsters dans les hautes sphères administratives, judiciaires et parlementaires ajoutent à l’impuissance des policiers. Or, les manœuvres d’intimidation ne réussissent pas toujours. Une nuit de janvier 1932, au Monico, 66 rue Pigalle, le fameux Gaëtan l’Herbon de Lussats, dit « Gaston », tomba sur un os en la personne de Brick Top, « une négresse américaine, qui en avait vu bien d’autres dans les clubs de Chicago ». La rousse Ada Brick Top Smith, maîtresse occasionnelle de Joséphine Baker et considérée comme la reine de la nuit de la communauté américaine de Montmartre, chez qui gotha, jet-set et gens bien nés venaient s’encanailler. Dotée d’un tempérament de tigresse, avec elle « Gaston » et son complice, le non moins fameux Joseph Rizzo, dit Jo-le-Balafré, durent revoir leurs ambitions à la baisse.

Jackie Sardou semble donc très au fait de ce qui se passe dans les lieux louches des hauteurs de la capitale. Ne fut-elle pas un temps, avec sa famille, la protégée d’Oscar Dufrenne ? « Avec lui, au moins, on était sûr qu’il n’y avait pas d’arrière-pensées, dira-t-elle. Rien à voir avec le vieux monsieur hanté par les petites filles. Et pour cause ! J’ai souvent été frappée, d’ailleurs, par la suite, de voir combien ces hommes à qui leurs goûts ou leur nature interdisent le mariage, auraient fait de bons papas ou de bons époux, tant ils aimaient les réunions de famille et les enfants. Nostalgie sans doute. » Un après-midi de septembre 1933, Jackie se trouve dans les coulisses du Moulin-Rouge, où elle observe sa mère danser dans le fameux quadrille du French Cancan, lorsqu’on apprend qu’Oscar Dufrenne vient de tomber sous le coup d’une agression mortelle. Devenu entre-temps conseiller municipal dans le 10e arrondissement de Paris, en sus de ses fonctions d'homme de théâtre qu'il avait gardées, Dufrenne ne s'était pas pour autant rangé de sa passion pour les voyous à figures d'anges. Il devait le payer de sa vie. Un matin, vers dix heures, on le voit s'enfermer dans son bureau du Palace avec un marin. Une heure plus tard, son cadavre est retrouvé à demi nu, la tête fracassée, à proximité d'un coffre-fort à la porte béante. L'affaire fait grand tapage et la chronique se défraye. Le jour des obsèques à Sainte-Clotilde, la pompe est de mise et le tout-métier est présent, ainsi que le préfet de police et plusieurs personnalités civiles et militaires. Accablé de douleur, Henri Varna doit être littéralement transporté à son prie-Dieu. S'il bénéficie des faveurs de l'Église en raison de sa position sociale, Dufrenne n'échappe pas à l'autodafé de la presse bien-pensante. « Le spectacle que nous offrent la vie et la mort d'Oscar Dufrenne est symbolique : il dénonce la pourriture de notre démocratie », écrit Émile Buré dans *L'Ordre*. Nul ne le sait encore, mais ce meurtre est une répétition générale de celui de son ami et compagnon de mœurs, Louis Leplée. D'autant qu'ici comme là, en dépit des moyens déployés par la police judiciaire, le meurtrier ne sera jamais retrouvé. D'où la complainte satirique en « hommage à Dufrenne », qui donna à frémir à nombre de patrons d'établissements...

Il était un joli mousse
Qu'avait de jolis yeux.
Et quoique sa mine fût douce,
Il n'en était pas moins vicieux !...

Oscar Dufrenne fut un peu le « papa Leplée » de Jackie Sardou. Reste qu'entre les deux femmes le courant ne passa jamais. Simple question de feeling ou, entre les deux, l'existence d'un fantôme encombrant ? Fernand Sardou ne fut pas toujours le diseur bedonnant d'*Aujourd'hui peut-être, ou alors demain*. Si l'on s'en tient aux photos de l'époque, on découvre un joli brun de ténébreux aux sourcils épais et parfaitement dessinés, nanti de traits réguliers et d'un regard d'ébène susceptible de convertir plus d'une indécise. Fernand Sardou niera toute aventure avec Piaf. Craignant de découvrir des « choses » qu'elle n'aurait guère appréciées, Jackie de son côté ne chercha jamais vraiment à en savoir davantage. Après le Royal, elle reverra Piaf, de loin, dans le Faubourg Saint-Martin, puis un peu plus souvent, quand Fernand retrouva la Môme après la guerre : « C'est elle qui lui a mis le pied à l'étrier en le prenant en vedette américaine dans son spectacle à l'Alhambra [septembre et octobre 1945]. Édith l'avait écouté des coulisses et à sa sortie de scène lui a lancé : "Alors qu'est-ce que je t'avais dit ?" Et c'était vrai qu'elle avait beaucoup encouragé et aidé Fernand de ses conseils, le persuadant qu'il réussirait. » Oui, mais voilà... « Ce n'était un secret pour personne qu'Édith et les hommes... et qu'avec les femmes des autres elle n'était pas tendre. Alors, pour ne pas être déçue dans mon admiration, je préférais garder mes distances. » À la fin des années quarante, Fernand Sardou écrivit pour sa femme un sketch parodique dont Jackie se saisit pour en faire une imitation de Piaf transformée en grosse dame et chantant avec les artistes du Liberty's campant les Compagnons de la Chanson. Un soir, Piaf vint voir le numéro, férocement satirique selon Danielle Bonel. Jackie Sardou : « Elle nous a écoutés d'un air pincé. À la fin du spectacle, elle est quand même venue me serrer la main, mais le compliment fut plutôt sec : "Bravo, madame !" Et rien de plus ! Cela n'enlève pourtant rien à mon admiration pour elle. Je ne la partage qu'avec un autre monument de la chanson : Fréhel. »

La grosse Fréhel qui continue de faire des siennes et déclare tout net, un soir, au cinéma Normandie, où un spectateur lui réclame *Le Chat qui miaule* : « Le mien, il y a longtemps qu'il ne miaule plus ! » Curieuse ambition que celle de cette Bretonne de souche, désireuse elle aussi de passer de l'autre côté du miroir et sans doute d'y rester. Voici plus de vingt ans que son étoile est apparue et elle ne veut rien changer à ses habitudes, refusant de s'adapter au système et au marché. Couverte de bijoux et d'hommages, coqueluche d'une grande-duchesse de la cour de Nicolas II, admise dans l'intimité de Marie de Roumanie, célébrée par l'étranger pendant près de dix ans et revenue exsangue de Constantinople, Fréhel a reçu à profusion sans jamais rien céder. Sans jamais rien garder. Sauvage et gainée de fierté, les concessions qui vous transforment en paillasson ou en viande publicitaire, la fille Boulch prit toute sa vie un plaisir rageur à s'asseoir dessus, un litron de rouge dans sa main levée à la santé de son *Grand frisé*. Dehors comme dedans, l'immense Fréhel n'est plus qu'une belle-de-nuit depuis longtemps refermée. Au contraire d'Édith, bourgeon tricard et mal repassé, qui ne demande qu'à s'ouvrir. La « grosse Bertha » peut bien se gausser, la Môme n'a-t-elle pas la vie des autres devant elle et celle de Fréhel derrière ? Entière, opiniâtre, bourrée de certitudes et de contradictions, parce qu'elle ne sait écrire amour qu'avec un « s » et chanter sans regarder sa montre, mademoiselle Giovanna Gassion est déjà la grande Piaf. Madame Piaf. Majuscule et plurielle. Un pied dans l'éternité, l'autre sur la route qui y conduit.

« Il y a des gens si égoïstes qu'ils traversent la vie sans faire le malheur de personne. »

O'Henry

IV

« Mère absente »

« Tu es mon ami, mon frère, ma fille, et je n'aime personne au-dessus de toi ! »

É. P.

Ce sera sans Cécelle... Transportée par son père, le 2 juillet 1935, la petite entre aux Enfants Malades, depuis peu « groupe hospitalier Necker-Enfants Malades[1] », une fusion effectuée en 1927 par mesure d'économie. Las, le nom même n'invite pas aux joies de l'esprit. Admise sous le matricule 6615, Cécelle est installée salle Parrot[2]. Momone a affirmé que, sitôt prévenue, Piaf avait accouru au chevet de sa fille. « Mère absente » stipule néanmoins le registre des entrées des Enfants Malades. Trop occupée à faire la fête, la Môme ? Le diagnostic prononcé par les médecins ne laisse d'emblée aucune chance à Cécelle : « méningite tuberculeuse ». Alors que Alexander Fleming piaffait d'impatience en attendant la reconnaissance officielle des vertus de sa pénicilline, de nouveaux remèdes venaient tout juste d'être élaborés, comme

1. Depuis 1724, ce vieil établissement fondé par le curé de Saint-Sulpice, grâce aux libéralités de plusieurs bienfaitrices, dont la reine Marie Leczinska, a changé plusieurs fois de noms et de fonctions. D'abord appelé Maison de l'Enfant-Jésus, puis Maison Royale de l'Enfant-Jésus, puis Maison Nationale des Orphelins sous la Révolution, les Enfants Malades prit en 1802 sa forme définitive d'hôpital affecté au traitement des jeunes patients par la volonté de Napoléon. Il devint le premier site en Europe exclusivement réservé à l'hospitalisation des enfants, sa capacité d'accueil doublant en un siècle pour arriver à une moyenne de sept cents lits en 1909.

2. Illustre professeur de clinique issu d'une grande lignée de médecins, mort cinquante ans plus tôt en laissant une foule d'articles et de mémoires dans différents journaux.

le Protonsil, en 1932, destructeur de streptocoques, et comme les sulfamides, efficaces, notamment, en cas de méningites et de pneumonies. D'autres petites Cécelle en bénéficieront. La nôtre ne se réveillera pas. Le 7 juillet, soit cinq jours après son admission, à 8 heures 45, elle rend son âme blanche à Dieu. « Conformément à l'article 80 du Code civil, dans le délai prescrit », le directeur des Enfants Malades déclare aussitôt son décès à l'officier de l'état civil du 15e arrondissement. Quatre heures et demi plus tard, dans le même service, un petit Gérard succombe lui aussi pour les mêmes raisons. Il était là depuis le 18 juin. Dans la nuit déjà, une autre petite fille était morte, à 1 heure 15, des suites d'une gastro-entérite. Quarante-neuf : c'est le nombre d'enfants décédés aux Enfants Malades pour le seul mois de juillet 1935. Dont sept cas de méningite, onze cas de broncho-pneumonie et douze cas de diarrhée.

Le petit corps malingre et décharné de Cécelle placé dans un cercueil à ses mesures, ses parents n'ont d'autre choix qu'un enterrement de dernière classe à Thiais, le cimetière des pauvres, en proche banlieue parisienne. Quoique « chômeur » à cette époque, ainsi que déclaré sur le registre des Enfants Malades, Louis Dupont régla les frais d'hôpital : vingt francs. Après la guerre, en Suède, Piaf raconta à Mireille Lancelot comment, à son arrivée à l'hôpital, un dragon faisant office d'infirmière lui indiqua sèchement que sa fille était morte et qu'elle trouverait son corps à tel endroit. « C'était une grande pièce avec plusieurs brancards d'enfants. Avant de retrouver le cadavre de sa petite fille, Édith eut à soulever plusieurs draps... Affreux ! » Simone Berteaut a clairement écrit que pour payer la bière, Piaf avait dû louer ses charmes. Pris de pitié, « l'homme » lui aurait alors laissé une pièce de dix francs avant de s'en aller sans avoir consommé. On connaît le talent de la fausse demi-sœur en matière d'affabulations. Sauf à préciser qu'elle se contenta cette fois de reprendre le récit fantaisiste livré en 1958 par Piaf elle-même à Jean Noli, un journaliste de *France Dimanche*, avec qui, lorsqu'elle était à court d'argent, la Môme s'amusait à concocter des histoires abracadabrantes. Un million d'anciens francs par article, ça vaut bien de se creuser un tantinet les méninges ! À force de simagrées, Noli était parvenu à s'insérer dans le sillage d'une Piaf en fin de vie, pour mieux piéger la moribonde, bénéficiant de la précieuse complicité de l'infirmière de Piaf. Nous reviendrons sur le pénible de cette situation.

La réalité est qu'il échut très certainement à P'tit Louis, aidé par sa mère, de payer les obsèques, comme il avait financé le séjour à l'hôpital. À Thiais, la tombe de Cécelle côtoya longtemps celle d'« Edgar de

Bourbon », prétendument fils naturel de François-Joseph d'Autriche et de sa « cousine » Alice de Bourbon (qui n'a jamais existé). Au vrai, un escroc notoire et un intrigant du nom de Carlo Lorioli qui, pendant quarante ans, parvint à duper le grand monde et à dépister toutes les polices d'Europe. Introduit dans le cercle de Mussolini, il termina assassiné le 16 août 1932, dans une modeste chambre d'hôtel à Vincennes. Chargé de l'enquête, le commissaire Guillaume (encore lui) déclara à son sujet : « Il était de ceux qui, dévorés par la soif d'aventures, peuvent devenir des saints ou des bandits, des flibustiers ou des faiseurs d'empires, des héros ou des souteneurs, destinés à finir sur un trône ou sur un échafaud. Que de fois dut-il rire sous cape de la crédulité humaine, qui atteint ses extrêmes lorsque la vanité est en jeu. » Plusieurs années durant, chaque 16 août, la tombe d'« Edgar de Bourbon » continua néanmoins à être magnifiquement fleurie. Moins de pétales pour la pauvre Cécelle... Momone a reconnu que Piaf oublia rapidement la mort de sa fille. Ne fallait-il pas, le chagrin avalé, envisager la suite des choses ? Le remords aura le temps de faire son chemin. Un remords sourd et personnel. En 1938, faisant part à Asso – resté à Paris, alors qu'elle se reposait à Chenevelles – de sa peur de la guerre, elle lui écrivit : « [...] toute ma vie sera remplie de remords, comme pour ma fille, comme pour tout le mal que j'ai fait... » Inconsciemment, Piaf avait reproduit le schéma de sa mère et cette seule pensée lui rendait insupportable ce pan de son passé.

Qu'en est-il alors de sa vie intime ? P'tit Louis n'est plus qu'un souvenir. Quid du nouveau ? « Avec son air malabar, faut pas être bachelier pour deviner son métier... »

Prosper, yop la boum !
C'est le chéri de ces dames
Prosper, yop la boum !
C'est le roi du macadam...

(*Prosper*,
Koger/Kelly/Scotto)

Dans le rôle du *Prosper* de Chevalier : Henri Valette, un sujet algérien né le 6 janvier 1912 à Constantinople. Une gueule basanée de parfait affranchi, à faire s'écharper toutes les filles de la Butte. C'est Édith qui l'a décroché. Et vice versa. « Quand on a une femme, ça veut dire qu'une femme vous a », disait Gavarni. Un dur, Valette. Toujours sapé à la dernière mode. Rien à voir avec Pt'it Louis. La folle a-t-elle gagné au change ? Lui aussi crèche au Régence et il n'a pas l'air de se faire de mousse quant au devenir de sa petite industrie.

Il existe un livre paru en 1970 dans le sillage du best-seller de Simone Berteaut : *Édith Piaf inconnue*, signé d'un certain Maurice Maillet, dont il est dit en quatrième de couverture que l'auteur, natif de Saint-Junien, monta à Paris en 1932 pour tenter sa chance au conservatoire Renée Maubel. Pour gagner sa vie, il devint garçon de café à la taverne Au Clair de lune. « C'est cette même année qu'Édith Gassion fit la connaissance d'Ali Baba et commença à habiter la Taverne – que Simone Berteaut situe à tort impasse des Beaux-Arts, actuellement rue André-Antoine, mais il est vrai que jamais l'auteur de ces souvenirs ne la vit au Clair de lune [1]. » Si, à l'instar de pratiquement tous ceux qui s'emparèrent du sujet Piaf, Maurice Maillet y va au bulldozer, avec des dates erronées et des anecdotes souvent inconcevables qui participent laborieusement à étoffer un récit d'à peine cent vingt pages, bâti sur des bribes de vécu, le Bourguignon n'a pas tout inventé. Certaines de ses indications dont on a laissé échapper l'importance se recoupent en effet avec les informations des journalistes qui traitèrent de l'affaire Leplée, en collaboration étroite avec la police. Par mesure de sécurité, dans son ouvrage paru seulement trente-cinq ans après les faits, à une époque où les truands qu'il évoque n'étaient âgés que d'une vingtaine d'années, Maillet affuble la plupart de ses personnages de pseudonymes. Ainsi, Henri Valette (dont il dévoile cependant les initiales au tournant d'une page) devient Ali Baba. Petit souteneur, Valette est alors le personnage central dans la vie de Piaf. Maillet le décrit comme un homme violent et méprisant envers les femmes, qui tenta brutalement mais vainement de mettre Piaf au turbin.

Momone de son côté reconnaît que le bonhomme les maquereautait toutes les deux, mais elle assure qu'il était « bath » et qu'il fut en outre l'un des rares à n'avoir jamais« dérouillé » Édith. Le point de vérité se situe très probablement entre les deux versions, car il est évident que par crainte de représailles, toujours, Simone Berteaut ne peut se permettre de tout révéler. Lorsque, par ailleurs, Maurice Maillet évoque la Taverne du Clair de lune que Momone amalgame avec « l'hôtel du Clair de lune », un hôtel n'ayant jamais existé, c'est encore lui qui a raison. Tous les anciens noctambules montmartrois se souviennent que cet établissement aujourd'hui disparu se situait place Pigalle et n'était

---

1. Ignorante de l'existence de ce livre, Marcelle Maillet m'a affirmé en décembre 2006 ne pas savoir grand-chose sur celui qui fut le père de feu son mari.

distant que de quelques mètres de l'hôtel Régence. Quand elle ne chantait pas ici ou là, accompagnée par Champo [1], un joueur de banjo « petit, malingre et voûté », Piaf tuait beaucoup de ses heures au Clair de lune, QG de Valette, au contact d'une faune de mauvais garçons et de filles de joie. Dans un tel environnement, que serait-il advenu d'elle si le sort n'en avait décidé autrement ? Son histoire avec Valette dut certainement se résumer à une valse de menaces stériles, de coups et de révoltes, sans grand rapport avec le chaud et le froid de la passion. Valette, lui, faisait sans doute son affaire comme personne, mais sa seule préoccupation était de compter la monnaie qu'elle ramenait le soir à l'hôtel. En échange d'une protection. Dans une interview vendue vers la fin de sa vie à *France Dimanche*, Piaf, précautionneuse, appelle son ancien maquereau : « Albert »...

> *Et le soir, tous les soirs, dans un coin d'ombre propice,*
> *Faut le voir, faut bien l'voir encaisser les bénéfices*
> *Il ramasse les billets*
> *Il leur laisse la monnaie*
> *Oh ! Quel sacrifice !*
> *En somme, c'est leur manager,*
> *Yop la boum ! Prosper...*

Avec Valette, Édith s'est-elle prêtée au « jeu » du rabattage, une méthode consistant à repérer les femmes à bijoux dans les dancings, aux fins de les jeter entre les griffes de ses macs ? En 1958, dans une édition de *France Dimanche*, toujours, elle donne à le croire.

Conservé aux Archives de la Police, un rapport très complet fait clairement état de l'existence de telles pratiques dans le monde interlope des cabarets parisiens de Pigalle et de Montmartre : « Une des branches les moins connues de l'activité des ténors du grand milieu est le chantage exercé à l'égard des femmes riches, mariées ou entretenues, des touristes ou des riches fêtards, qui se sont laissés tenter par une agréable rencontre. Les modalités du "travail" sont des plus variées et après le "levage", pratiqué soit par un danseur mondain, soit par une femme galante en puissance de souteneur, les "gangsters" arrivent facilement à leurs fins en menaçant d'avertir l'époux, l'amant riche ou l'épouse, ou en jouant même, le cas échéant, le rôle du conjoint outragé. Le séducteur ou les maîtres chanteurs sont généralement des compères, mais il

1. Interviewé par *L'Aurore*, en 1970, Maurice Maillet déclara avoir retrouvé peu après la sortie de son livre et Champo et Ali Baba. Le premier était devenu chauffeur de taxi, le second cafetier.

est rare que la victime puisse s'en douter, et encore plus rare qu'elle ose déposer une plainte. »

Piaf, qui n'était pas absente le jour où le Seigneur distribua le rire et la dérision, a-t-elle menti ? Danielle Bonel confirme que, pour sa patronne et amie, ce genre d'exercice avec la presse à scandales, qui l'amusait beaucoup, n'avait d'autre but que de renflouer son compte en banque : « Avec ce style de presse, plus c'est gros, plus ça passe, alors elle en rajoutait, de connivence avec ces journalistes qu'elle prenait pour ce qu'ils étaient. » La vivacité d'esprit de Piaf et sa promptitude dans la repartie faisaient le délice des Rouletabille. Grande professionnelle, elle avait appris à se servir des journalistes, parce qu'à juste titre elle s'en méfiait. Le faux et le vrai n'ont qu'une très vague importance pour une certaine catégorie de presse. Piaf le savait. De même qu'elle ne se faisait jamais prier dès lors qu'il s'agissait de casser du bourgeois et du snob, le seul sport qu'elle pratiquât jamais.

Simone Ducos a raconté une scène qui se déroule au mitan des années cinquante dans la salle d'attente d'un grand professeur de l'avenue Bugeaud, où la Môme devait subir un examen du foie. Un salon richement meublé de bergères de Broché « en satin turquoise » avec, au sol, des tapis iraniens et, suspendus sur les murs lambrissés de chêne clair, des tableaux de maîtres. Une patiente était déjà là lorsque Piaf et sa belle-sœur entrèrent. « Une dame d'un certain âge, et même d'un âge certain, d'allure très snob et couverte de bijoux. Elle se prit à dévisager Édith et à l'inspecter des pieds à la tête sans la moindre indulgence dans son regard, où l'on découvrait le plus profond mépris. » Piaf, tout soudain : « Mais j'y pense, Simone, je ne t'ai jamais raconté l'histoire de mon grand-père qui, avant 1914 avait agressé une vieille dame pour lui voler ses beaux bijoux ! Comme elle se débattait, il a trouvé plus simple de la tuer d'un coup de couteau et de détaler le plus rapidement possible avec son butin. Hélas, ce vieil imbécile se fit prendre, fut jeté en prison où il resta enfermé près de deux ans, pour être finalement exécuté à la guillotine. » On imagine l'épouvante de la vieille dame. Au grand satisfecit de Piaf, pliée de rire dans sa bergère. « Le froid récit d'Édith n'était que de la blague, ce qu'elle appelait ses “tours de cons” », précise Simone Ducos. Si tant est qu'elle soit réelle, cette anecdote démontre combien son passé de fille à maquereaux imprégnait Piaf et avec quelle aptitude elle laissait en certaines circonstances les remugles d'antan lui remonter à la gorge. Pour mieux les exorciser.

Changement de cavalier : voici Jean Rosay. Il a traversé l'histoire, au moins celle de Piaf, sous le surnom de « Jeannot le mataf ». Lui aussi a bel et bien existé. Grâce aux journalistes qui, au moment de l'affaire Leplée, braquèrent sur lui leurs projecteurs, nous savons avec exactitude à quoi ressemble ce nouveau Roméo, tout comme les photos qui parurent de Valette nous ont permis de nous faire un jugement. « Jean est précisément le petit ami qu'évoquent les chansons qu'on chante dans les cours, écrivent Robert François et Pierre Veber, dans *Paris-Soir* du 8 avril 1936. Il a 20 ans, il porte un chandail bleu arrondi autour du cou. Il est très pâle, il a les yeux clairs et une belle casquette posée de travers sur le front. Il est timide, un peu farouche, très épris. » Jeannot et Édith se sont installés dans un autre hôtel que le Régence, rue Pigalle, non loin de la pâtisserie où le jeune homme travaille en qualité d'apprenti. Comment Valette prend-il la chose ? Très mal, selon *L'Humanité* citant *Le Petit Parisien* (avril 1936) : « Puisque tu m'as pris mon pot de crème, il faut me donner du lait. » Telles auraient été les conditions de Valette. Rosay se serait alors acquitté de la somme conséquente de trois mille francs. Selon Maurice Maillet, ce fut une bagarre à l'avantage de Jeannot, qui aurait servi à trancher.

Or, voilà que, venant s'ajouter à l'ex et à l'actuel, un troisième lascar apparaît ! Connu sous le nom de Georges le spahi, il s'appelle en réalité Georges Calendras, domicilié, lui, dans un hôtel du cours de Vincennes. Pourquoi un tel surnom ? Georges a servi dans les spahis, avec un autre ancien spahi de ses amis : Gabriel Chastel. Libérés du service en 1935, ils se sont connus en Syrie. Comme dans la chanson d'Yvonne Printemps, Piaf a « deux amants ». Aucun des deux n'étant au courant de l'existence de l'autre (ils le seront bientôt lorsque la presse et la police jetteront la vie privée de la Môme Piaf en pâture), elle s'arrange pour ne faire souffrir personne.

Avec Georges, ce ne sont que des amours intermittentes. Il peut parfois s'écouler une quinzaine de jours sans que la chanteuse de rue et l'ex-baroudeur ne soient en mesure de s'étreindre. À l'instar de Valette, les deux rivaux lui ont-ils soutiré de l'argent ? En octobre 1936, soit six mois après le meurtre de Leplée pour lequel tous ces messieurs furent entendus et réentendus, depuis Lausanne, Piaf fit à Bourgeat la confession suivante, rendue dans son jus : « Je ne suis plus avec Jeannot, ni Georges, ni Marcel [!] ni Jacques [!]. Les "macrots" entre nous, je les ai bien pris pour des poires. Georges est un "salot", je t'expliquerai ce qu'il m'a fait, car c'est trop long sur une lettre. Jeannot est un brave petit gars et c'est lui que je regrette le plus. Les autres, on n'en parle pas, mais tu sais, je suis dégoûtée complètement. Mon pognon, je le garde pour moi, mon “macrot” ce sera mon père. J’ai tout scié car j’ai décidé d’être sérieuse et de travailler durement pour faire plaisir à mon vieux papa Leplée. Et quand je vais rentrer à Paris, je vais être toute seule et sage, je le jure sur les cendres de monsieur Leplée. »

Mais n’enterrons pas si vite ce bon papa Leplée...

« On est rarement l'artisan de son succès, mais on est celui de ses échecs. »

Édouard Bourdet

V

Tous au Gerny's !

« Il m'appelait sa petite plante... »

É. P.

Car le premier homme digne de ce nom, dans la vie de Piaf, c'est lui. Louis Leplée. Levier initial de sa gloire, il ne souhaita jamais pour elle d'autre trajectoire qu'un succès lié au sien. Nous avions laissé notre organisateur de plaisirs au Palace. Très vite, il émigra au Liberty's, puis s'établit à son compte rue du Port-Mahon, en y ouvrant un luxueux bar-cabaret, Chez Gerny's, aussitôt couru par les folâtres du Paris by night amateurs de bonnes soupes familiales et de refrains du Quartier Latin. Associé à Leplée : Bob Giguet, son complice du Palace, avec qui il avait créé la parodie de Bob et Bobette. Entre-temps, Giguet s'était associé au transformiste Jean d'Albret pour prendre la direction du Liberty's. Une brouille entre les deux hommes incita Giguet à rejoindre Leplée chez Gerny's. C'est là qu'un soir, un garçon de cent quatre-vingt-dix centimètres, fils d'immigré russe de noble souche, se fit remarquer pour la première fois à Paris. Venu en simple dîneur, il eut l'idée d'emprunter sa veste à l'un des serveurs qu'il avait longuement observé et se prit à le mimer en circulant de table en table, avant de jongler avec les assiettes des clients. Un talent. Amusé, Leplée engagea le jeune homme à recommencer son numéro chaque soir, en échange d'un repas gratuit et d'un cachet quotidien de soixante francs. Un maladroit très habile, ce Jacques Tatischeff. Chaque fois, au grand satisfecit d'une partie de la clientèle, outrée par les manières cavalières de ce maître d'hôtel si singulier, Leplée faisait mine de le renvoyer. Le futur Jacques Tati qui avait fait ses armes de mime burlesque dans les vestiaires de son club de rugby du Raincy, ne resterait pas longtemps sur le sable. Le tremplin Leplée devait le conduire à l'ABC. Un article élogieux de Colette dans *Le Journal* fit le reste : « Il invente quelque chose qui participe de la danse, du sport, de la satire et du tableau vivant. »

En 1934, changement de décor définitif pour Leplée : quittant les bas de Montmartre pour le carré d'or des Champs-Élysées, le plus Parisien des Bayonnais ouvrit un Gerny's bis, au 54 rue Pierre-Charron, dans le sous-sol de l'hôtel Château Frontenac dirigé par Jean Merlin, à cinquante mètres seulement de « la plus belle avenue du monde ». À la vérité, avant la guerre, les Champs-Élysées n'ont déjà plus de grandiose que la perspective. En un siècle, les Champs ont laissé abattre peu à peu, sans se défendre, leurs hôtels particuliers et leurs bosquets. Au bénéfice d'un conglomérat de banques du Nouveau Monde, d'agences bariolées, de boutiques multicolores d'un goût incertain et de thés aux enseignes non moins clinquantes, attirant comme des phalènes fanatiques du ragtime et inconditionnels du tango. L'avenue triomphale fait néanmoins toujours recette et du monde entier les paquebots et les express convergent pour en admirer la perspective.

Chaque soir, au Gerny's, aux environs de 23 heures, invariablement, sur la fin du dîner, Leplée donne le coup d'envoi de la fête, une succession de numéros et de divertissements inaugurés par l'interprétation d'une vieille et célèbre chanson à boire, *Les Moines de Saint-Bernardin*. Tandis que le patron déclame le premier couplet...

> *Nous sommes les moines de Saint-Bernardin* (bis)
> *Nous nous couchons tard et nous levons matin* (bis)
> *Voilà c'qu'est bon et bon et bon...*

Le refrain est repris en chœur par les musiciens de l'orchestre venus se ranger derrière lui, pour un défilé en file indienne à travers la salle, au contact direct des soupeurs :

> *Car c'est ça, la vie, la vie, la vie, la vie chérie, ah ! ah !*
> *Car c'est ça la vie que tous les moines font !*

Alors seulement, les différents artistes liés par contrat à l'établissement peuvent s'exprimer, chacun leur tour, sur l'estrade enveloppée de velours rouge du Gerny's.

À peu près tout le monde connaît l'image d'Épinal d'un Leplée découvrant au début de l'automne 1935, à l'angle de l'avenue Mac-Mahon et de la rue Troyon, une petite chanteuse des rues à la voix bouleversante, à qui il tend sa carte de visite en lui fixant rendez-vous pour le lendemain dans son cabaret. Cette version officielle ne fait cependant pas l'unanimité. À cet égard, un témoignage passé inaperçu, celui d'André Pasdoc, chanteur de profession (*Cocher, ralentis tes chevaux*) et cabaretier (après la guerre, à L'échanson, rue de Ponthieu, il fit débuter beaucoup de gens), mérite que l'on s'y arrête. Dans un livre de souvenirs, *Le cocher de la troïka*, publié en 1964, Pasdoc (Salkoff de son vrai nom), qui participa au giron artistique et homosexuel de l'époque – il enregistra en même temps que la Môme Piaf chez Polidor –, raconte qu'après s'être fâché avec Leplée, Bob Giguet racheta le Liberty's tout en gardant comme animateur Jean d'Albret, avec qui il se réconcilia. Giguet et d'Albret eurent ainsi à programmer Line Marsa dans leur cabaret. Selon Pasdoc, sa jeune fille Édith l'attendait sur le trottoir... Tout ce monde-là se connaissait donc parfaitement. D'après Pasdoc, toujours, Leplée aurait un jour rencontré Line Marsa accompagnée de sa fille du côté de Pigalle et l'engagement de la Môme au Gerny's se serait fait ainsi. D'autres, parmi les piafistes, s'accordent à dire que Piaf fut amenée chez Leplée par Line Marsa elle-même et par Fréhel, déjà à l'origine de la carrière d'une petite bouquetière qu'elle présenta à Bob Giguet et que celui-ci rebaptisa la Môme Moineau. La simple jugeote permet d'écarter l'incongruité d'une telle hypothèse. Comment une femme qui ne s'était jamais souciée de savoir si sa fille, cette parfaite étrangère, était vivante ou morte, aurait-elle pu manifester un retour d'affection aussi soudain que généreux, alors que sa propre carrière la confinait dans le marasme ?

Dans les lettres de Line Marsa, écrites entre 1940 et 1945 à sa « chère petite fille » devenue vedette, où elle lui réclame toujours plus d'argent, à aucun moment n'apparaît la trace du service prétendument rendu, à savoir l'engagement chez Leplée. Entendu la mentalité de la dame qui savait manier l'art du chantage affectif, c'eût été la première des choses qu'elle lui aurait rappelée. Quant à Fréhel, Simone Berteaut elle-même n'a-t-elle pas écrit que lorsque Piaf évoqua son rendez-vous avec Leplée, l'interprète de la *Coco* fit grise mine, mettant Édith en garde contre la traite des Blanches et lui conseillant de se méfier du patron du Gerny's ? Ce que Momone prit pour de la jalousie. Sans doute y eut-il beaucoup de cela. Mais pas seulement. Fréhel avait trop vécu pour ne pas être au fait de ce réel trafic pratiqué à Montmartre par la mafia. Chez Alexis, rue Notre-Dame-de-Lorette, exploitée par Alexis Pierlovisi, un Corse originaire d'Ajaccio, qui entretenait les meilleures relations avec de grands maîtres du Barreau, et encore l'Ange Rouge, une boîte de nuit de la rue Fontaine, tenue par plusieurs propriétaires de maisons de tolérance : voilà quelques-uns des endroits alors fréquentés par des spécialistes de la traite des Blanches. Le Gerny's ne pâtissait pas de cette réputation et sur les rapports conservés aux Archives de la Police, le nom de Leplée n'apparaît guère.

Autre hypothèse : celle d'une Piaf conduite chez Leplée par le Milieu. Elle fut évoquée par *Minute*, le jour des obsèques de la Môme au Père-Lachaise. « Cela n'enlève rien à la gloire d'Édith Piaf, au contraire, mais on ne vous a pas tout dit », commence le journaliste, qui a titré son article : « Pour les hommes, elle était Huguette. » Continuant comme suit, il écrit :

« Contrairement à la légende, ce n'est pas Louis Leplée, le propriétaire du célèbre Gerny's, qui découvrit "la Môme", mais une de ces pittoresques équipes de truands chers à Francis Carco. Autrement dit, le Milieu [...]. Ces messieurs revenaient d'Argentine et dépensaient joyeusement l'argent que leurs "femmes" avaient gagné en charmant les loisirs des gauchos. Pour le dîner au "champ", une boîte de la Madeleine, Chez Georgette, avait leur préférence. Des artistes comme Chevalier, Damia, Domergue, Alibert, des hommes politiques, des journalistes comme Robert Bré, y côtoyaient "les hommes". C'est là qu'un soir, Gégène le Chanteur [outre un beau filet de voix, il avait une spécialité acrobatique : le saut à pieds joints sur le comptoir] amena Huguette. "Une chanteuse sensationnelle", avait-il annoncé à ses amis. Pour être sensationnelle, Huguette l'était, au moins par sa mise : manteau rouge élimé, avec une queue-de-rat mitée autour du cou, chapeau cloche à plume fatiguée, chaussures sans âge, pieds en dedans, visage délibérément ingrat.

« – Dis donc, elle a pas l'air marrant, ta gonzesse, ricane l'un des "durs".

— Écrase ! fait brutalement Gégène, sa môme est en train de clamser à Lariboisière." [*sic*]

[...] Quand Huguette s'arrête, on crie d'enthousiasme et on s'entasse dans des voitures pour l'accompagner au Royal [...]. La quête est son seul cachet, mais les amis de Buenos Aires sont généreux. Ils savent aussi imposer silence à ceux qui seraient tentés de faire du bruit quand Huguette chante. C'est eux qui la lanceront et lui ouvriront le chemin du Gerny's, où Louis Leplée en fera "La Môme Piaf". Telle est la véritable histoire que Piaf elle-même ne racontait jamais. » À une erreur près, le schéma du journaliste de *Minute* tient la route, mais sans sources citées, il perd en crédit et c'est dommage. Du reste, Asso, qui connaissait le vrai parcours de sa muse, fait dire à une voix, à la fin de la chanson *Elle fréquentait la rue Pigalle*, dans laquelle Piaf est une prostituée d'abord sauvée par l'amour d'un homme et qui retombe dans son vice : « *Par ici, Mesdames et Messieurs, venez passer une bonne soirée au Royal, le seul endroit où l'on s'amuse...* »

Roland Gerbeau nous propose une autre version, plus proche de l'officielle, mais différente, quant au fond et à la forme. Écoutons-le : « L'un de mes amis, Louis Richard, un vieil homme merveilleux qui aimait mes chansons et que j'avais rencontré à Montmartre en 1970, à peu près, me fit un jour une confidence sensationnelle. Il me révéla en effet avoir été à l'origine de la découverte de Piaf, lorsqu'elle chantait dans les rues, au mitan des années trente. La scène se passait du côté de la rue La Bruyère, à l'angle de la rue Pigalle. Lui et son ami Louis Leplée, dont il ne partageait cependant pas les mœurs, se promenaient dans ce quartier que Leplée continuait à fréquenter assidûment, de jour comme de nuit, après son travail, lorsqu'une fille poussant la goualante sur le trottoir l'interpella. Séduit, il s'arrêta pour l'écouter. Leplée, lui, n'en avait rien à faire, il avait pressé le pas et c'est Richard, fine mouche, qui le ramena pour lui suggérer de s'intéresser plus avant à celle qu'on appelait déjà la Môme. C'est alors seulement que Leplée sortit sa carte de visite. Louis Richard était un type brillant, ami avec les plus grands escrocs. Jamais je ne l'ai vu payer une seule note lorsque nous allions prendre un verre au Plazza Athénée ou dans d'autres endroits tout aussi huppés. Malheureusement, il faisait des séjours réguliers en prison où il avait également pris ses habitudes. On l'appelait « le bedeau de la Santé ». Modiano, avec qui nous avons déjeuné un jour, chez Louis, voulait écrire un livre sur lui, qui n'a jamais abouti. Or, Louis Richard était tout sauf mythomane. Pour avoir très bien connu le milieu artistique dès cette époque et Piaf par la suite, je n'ai aucune raison de ne pas croire ferme à son récit. » Nous non plus.

Bien loin d'ajouter à la confusion, ce dernier témoignage se marie parfaitement avec celui, ô combien précieux et tout aussi inédit, de Claude Greciet. En mai 2008, peu après la remise « définitive » de mon manuscrit, la chance et le hasard associés me permirent de faire la connaissance de ce monsieur dont la tante, Marinette, née Tastet, sœur de sa mère et couturière de profession, fut amenée, nous verrons dans quelles circonstances, preuves à l'appui, à exécuter la première « robe de chant » de la Môme Piaf. Sur le chapitre de la rencontre Piaf/Leplée, les souvenirs transmis par Marinette – décédée en 2004 à l'âge de quatre-vingt quatorze ans – à Claude, son neveu, témoignent de ce que le patron du Gerny's connaissait déjà Édith pour l'avoir entendue chanter plusieurs fois dans la rue, à des endroits différents. Ainsi, la version officielle (la rue Troyon) et celle de Roland Gerbeau via Louis Richard et faisant état d'une rencontre à Pigalle ne se contredisent-elles pas et nous atteignons enfin à une vérité susceptible de faire autorité. Reste que, si captivante que fut la voix de la Môme, on peut désormais affirmer avec certitude que chez Leplée le déclic ne fut pas immédiat.

On a prétendu qu'Édith se présenta avec beaucoup de retard à son rendez-vous. Qu'elle s'était d'abord payé le luxe d'une énième cuite à Montmartre, à la suite de quoi elle aurait gravi les marches du Sacré-Cœur à genoux, en compagnie de Momone. Les diablesses en eussent-elles été capables, rien n'est avéré. La Môme est dans les murs du Gerny's, c'est ce qui importe. Leplée convient d'emblée avec elle d'un nom de scène. Elle s'appellera la Môme Piaf. Comme il y eut avant elle la Môme Pervenche (Fréhel) ou la Môme Moineau. Ça n'atteint pas des sommets de virtuosité, mais ça sonnera toujours mieux qu'Édith gueule de Vache et ainsi Leplée tiendrait son pied de nez face à Bob Giguet, avec qui il resta brouillé et qui, lui, avait lancé la Moineau [1].

Môme Moineau... Môme Piaf... Ne fera-t-on pas la confusion ? Aucun risque, la carrière artistique de la Moineau resta à jamais aussi maigre que son talent. Ce qui n'empêcha pas cette marchande de violettes de se faire épouser par un milliardaire sud-américain qui lui fit mener la vie de princesse à laquelle elle avait toujours aspiré. La Môme Piaf sera un jour son propre millionnaire. En attendant, il lui faut un nouveau répertoire. Leplée lui indique quelques titres de chansons seyant à son style. Ces refrains appartiennent à d'autres, mais ils ont fait leurs preuves. Parmi ceux-ci : *Toute petite,* une création de Mistinguett.

Je me fais petite, toute petite
On n'me voit pas, on ne sait pas que je suis là...

Édith fait la moue, le texte ne rentre pas. On restera donc sur *Nini peau de chien*, *La Valse brune* et surtout *Les Mômes de la cloche.*

C'est nous les mômes de la cloche,
Clochard's qui s'en vont sans un rond en poche
C'est nous les paumés
Les purées d' paumées
Qui sommes aimées un soir n'importe où...

La Miss la première chanta cette chanson écrite par l'acteur et auteur André Decaye et composée par Vincent Scotto. Miss l'avait répétée

1. Une nature, la Moineau ! Une gentille « allumée » que Roland Gerbeau a bien connue : « Elle et son mari possédaient entre autres somptueuses résidences à travers le monde une grande maison sur les hauteurs de Cannes. Lors de réceptions qu'elle y organisait, la Môme Moineau se faisait plaisir et jeu de se faire attendre par le gratin. D'un seul coup, on la voyait descendre de son ascenseur personnel, enveloppée dans un magnifique peignoir d'intérieur. Arrivée à hauteur de ses invités, elle lâchait devant soixante personnes : "Aaaah, j'ai bien chié !" Souvent, j'allais la voir, le matin, elle m'admettait dans sa chambre. Le rituel était toujours le même : une fois qu'elle eut pissé dans un pot en or massif, culotte baissée, elle mettait ses fesses à la fenêtre en criant : "Bonjour, Cannes !" »

entre La Scala et son domicile du 24 boulevard des Capucines, à l'arrière d'un taxi cinglant à vive allure, accompagnée par une vieille guitare sur laquelle le maître composa quelque cinq mille chansons parmi les plus marquantes du patrimoine français[1]. Une autre rengaine de Vincent Scotto, *Tout en rose* (paroles de Lucien Boyer), créée par Germaine Gallois et tombée depuis dans les oubliettes, *Quand on aime, on voit tout en rose/Pas besoin de chercher autre* chose, devait inspirer Piaf au moment de l'écriture de *La Vie en rose*.

Un après-midi, au cours d'une répétition, la chanteuse Yvonne Vallée, prévenue par Leplée, se présente dans un Gerny's encore désert, pour faire part à son ami de sa propre appréciation.

Séparée depuis peu de Maurice Chevalier, dont elle fut l'épouse, la belle et douce Yvonne conservera toute sa vie un souvenir vif et ému de sa rencontre avec la fille Gassion, à qui, Piaf l'a affirmé, elle aurait offert une écharpe de soie blanche destinée à dissimuler la manche manquante d'un pull-over tricoté à la hâte par la Môme pour son premier passage rue Pierre-Charron. Par la suite et jusqu'à la fin, les deux femmes devaient rester dans les meilleurs termes. En 1959, dévorée par la maladie, Piaf luttait intensément lorsqu'elle reçut une lettre d'Yvonne Vallée. Celle-ci lui proposait de venir passer sa convalescence chez elle, dans sa maison du Midi : « Je serais si heureuse de contribuer au retour de votre santé. Je voudrais tant que vous vous reposiez une fois pour refaire le plein de vos forces. Dans l'espoir de vous voir très bientôt, je vous embrasse affectueusement. »

Dans son intérêt lié à celui d'Édith, Leplée va tout faire pour que cette épreuve du toréador affrontant une arène inconnue ne soit pas pour la Môme une dernière. Il faut du monde et du meilleur. Des journalistes, et des plus référencés. Le journalisme, la seule force, le seul pouvoir sévissant en France sans contre-pouvoir. L'après-guerre a vu surgir une forme de presse, renouvelée des gazettes du XVIIIe siècle, très recherchée, provoquée peut-être, par un public alluvionnaire : les journaux à

---

1. Un jour, peu avant la guerre, Scotto, à qui Tino Rossi devait, entre autres, *Marinella* et *Tchi tchi*, demanda à celui-ci de l'accompagner au Palais de Justice. Maître Maurice Garçon, grand ami de Scotto, devait y plaider la cause d'un jeune homme inculpé de parricide. « Tu verras, Tino, Maurice est un avocat fantastique, prévint Scotto. Dans chacune de ses plaidoiries, il trouve toujours un truc différent pour apitoyer les jurés. » De fait, apercevant le Marseillais flanqué du Rossignol corse dans le public, en plein procès, au moment d'attaquer sa plaidoirie, Maurice Garçon entonna d'une voix qualifiée par Tino de « stentor » le refrain des *Mômes de la cloche*. Avant de lâcher avec le plus grand sérieux : « Que voulez-vous, Messieurs les jurés, qu'en écoutant des chansons pareilles qui donnent le mauvais exemple, nos jeunes ne deviennent pas des voyous, des voleurs et... des assassins ! »

racontars, gorgés d'échos, d'indiscrétions et de cancans. Telle allusion est mensongère, telle autre injuste ? Qu'importe, pourvu que cela fasse rire !

Dénigrer, ridiculiser, n'est-ce pas le procédé le plus sûr et le plus commode pour paraître supérieur ? *Tarte à la crème, morbleu ! Tarte à la crème !* Rétives à cette fange paperassière, de bonnes maisons préservent encore une certaine éthique. C'est le cas des *Nouvelles Littéraires*. Leplée y connaît un journaliste du nom de Serge. Il lui téléphone : « Je crois que j'ai découvert une future vedette, tu jugeras ! » Quelque quinze années plus tard, en 1950, à la faveur d'un spectacle de rentrée de Piaf à l'ABC, ayant été l'un des rares à avoir surpris la Môme en pleine répétition sur la scène du Gerny's, Serge devait retrouver, intactes, ses premières sensations. Tout au souvenir d'un « insecte à tête blafarde », il dira : « Quand j'aperçus ce petit bout de femme en robe plissée à la mode des filles des Halles et en chandail blanc, se faisant modestement appeler la Môme Piaf, je restai un peu interdit. Elle faisait songer à toutes ses sœurs du pavé de Paris. Avec de la gouaille au bout des lèvres, elle fredonnait des chansons du bitume. “Quelle découverte !”, annonça fièrement Leplée. La Môme chanta, puis s'installa à mon côté, sur une banquette, pour pleurer sur sa misère, son passé et ses espoirs. »

Personne n'aurait pu enseigner à Piaf l'art de la meilleure grimace, tant elle incarnait tous les rouages de l'humain. Dans un métier déjà très sale et que le faux-semblant obligatoire ne relève pas, cette farceuse qui rêve de perfection morale donne le change et sort ses violons. Son père ayant été son maître en la matière, elle sait appeler la pitié. Il y a ceux qu'on ne saurait prendre au sérieux et il y a Piaf : même nippée de vison, on sera toujours tenté de « la tailler en plein drame », selon l'expression de Françoise Giroud, qui dira encore de la Piaf 1951 ce qui vaut déjà pour celle de 1935 : « Ce n'est pas de sa faute si elle irradie la misère, si on l'imagine mieux sur un lit d'hôpital que dans du satin capitonné, si elle est marquée par tous les stigmates du malheur. Elle n'a pas le goût du malheur, c'est le malheur qui a du goût pour elle. » Nature gaie et enjouée, la Môme Piaf puis Édith Piaf se présenteront au public comme des pleureuses perpétuelles, chantant l'Amour et la Mort, revanches des faibles, celles qui les égalent à tous. Tous les humbles du monde deviendront ses frères. La grande mélancolique blanche et fragile : une marque de fabrique dont la fille Gassion, cette force de la nature, solide et infatigable sur ses deux jambes maigres, abusera. « Cendrillon, princesse triste », c'est pour les blaireaux. Or sa connaissance de l'humain ne lui demandera pas beaucoup d'efforts pour atteindre à cette terrible vérité qui émanera toujours d'elle en scène. Toute sa vie, l'artiste servit de paravent à la femme. Un contre-emploi confortable, qui permit à Édith de gravir les échelons.

La plus grande chanteuse du monde n'ayant jamais eu le culte de sa personne, nous ne connaissons pas la date exacte de son premier passage au Gerny's, un vendredi, semble-t-il. Nous savons seulement que devant une assemblée d'ombres compassées, adossée à une colonne, les mains derrière le dos, laissant éclater sa voix comme la trompette du jugement dernier et donnant tout ce qu'elle avait parce que l'épreuve est le stimulant des champions, elle passa la rampe. Non sans avoir douté jusqu'à l'ultime seconde. À l'écoute du récit, vrai ou apocryphe, que Piaf fit de cette soirée, à l'évocation de son « accident » de parcours (l'écharpe d'Yvonne Vallée qui serait tombée malencontreusement, au beau milieu d'une chanson, découvrant ainsi le pull-over inachevé), on a envie de s'émouvoir avec elle : « Je rougis de honte. Tous ces gens savaient maintenant que mon pull-over n'avait qu'une manche. Des larmes me vinrent aux yeux. Mon rêve s'achèverait en désastre. Quelqu'un allait éclater de rire et je regagnerais les coulisses sous les huées... Personne ne devait rire. Il y eut un long silence, un silence dont je ne saurais évaluer la durée, mais qui pour moi s'étira de façon interminable. Puis, tout à coup, des applaudissements claquèrent de partout. » Des bravos qui roulent aujourd'hui encore, de tous les continents, vers l'interprète de *La Foule*.

« Elle en a dans le ventre, la Môme ! », aurait lâché Maurice Chevalier, de toute sa hauteur, comme on se fait admirer en lançant une cacahuète au petit singe, avant même qu'Édith eût terminé sa chanson. Momo, si habile à dispenser des leçons à ses pairs, aurait dû savoir qu'il n'est rien de plus trompeur qu'un physique. C'est même chez les êtres le premier mensonge. Or, Chevalier n'était pas présent le soir de la première de Piaf au Gerny's. Nous l'y retrouverons plus tard, mais rectifions d'abord ce qui doit l'être, sur la foi des déclarations de l'homme au canotier, dans *France-Soir*, le 13 octobre 1963 : « [...] Alors, j'ai dit à Leplée : "Elle en a dans le ventre, cette petite, elle va faire des étincelles." » Si Chevalier ne brosse pas ici dans le sens de sa propre légende, il s'agit donc d'une simple confidence faite à Leplée et non d'un élan public que Piaf transforma en une scène de théâtre. Reste que la disproportion entre la voix de Piaf et son physique ne finira jamais de nourrir le débat. La voix de Piaf, prenante et profonde, au timbre presque inhumain à force de l'être. « Une voix de cuivre fourbi au jambon », au gré d'Audiberti. La voix, mais pas seulement. On en connaît d'autres qui font trembler les rideaux de scène mais devant lesquelles on doit se pincer jusqu'au sang pour ressentir une émotion qui n'existe que dans les stratégies commerciales de leur impresario. Le miracle de Piaf, car Piaf est un miracle, tient également dans sa présence. Une présence anesthésiante qui bouscule les conventions jusqu'à faire perdre tout sens critique à ceux qui décident de ne pas marcher dans la combine. Aucun artiste au monde, sans doute, n'aura possédé cette présence au même degré qu'elle. Voilà pourquoi elle est aujourd'hui encore considérée comme la plus grande. Parce qu'elle fut toujours en identité parfaite entre ce qu'elle chantait et ce qu'elle était. C'est là aussi que l'événement se produisait.

La petite a fait mouche. Leplée a toute raison de se montrer satisfait. Reste à populariser ce succès. Croire et laisser croire que l'on peut réussir à imposer un artiste, durablement entendons-nous, à coups de chèques et de bluff est un leurre, car en définitive c'est le public qui décide. En ce temps-là plus que jamais, où le matraquage radiophonique n'existe pas et où sans talent aucune grande carrière ne s'accomplit. On ne l'a jamais souligné, mais le trait de génie du Bayonnais fut de parler de la Môme à Marcel Bleustein-Blanchet, venu un soir souper au Gerny's avec quelques amis. Fortuné et plein d'allant, le jeune Bleustein est décrit comme droit, dynamique et ambitieux, mais il est surtout le propriétaire de la toute neuve Radio-Cité, qui fut un tremplin providentiel pour quantité d'artistes dont Rina Ketty, Tino Rossi et encore Jean Tranchant et Charles Trenet. Un soir, avant l'ouverture du spectacle, Leplée le prit à part et l'engagea à prêter toute son attention à une jeune chanteuse récemment découverte par lui. « Ne me livrant pas personnellement à la prospection de nouvelles vedettes, je n'accordai pas grande importance à cette intervention », consigne le futur directeur de Publicis dans ses mémoires. C'est donc avec scepticisme qu'il voit apparaître un petit personnage « visiblement sous-alimenté », aux « cheveux raides » et au « visage ingrat », celui que les contemporains de la Piaf de cette époque ne sont plus à décrire. Comme les autres, au premier son de voix, Bleustein se laisse prendre. « J'avoue avoir rarement ressenti une impression comparable. Je proposai aussitôt à Leplée d'amener le lendemain sa vedette au studio et de raconter lui-même aux auditeurs son histoire. » Le soir suivant, à l'heure fixée, 19 heures 30, Piaf chanta en direct sur les ondes de Radio-Cité, contre cinquante francs, le montant du cachet de déplacement estimé par Bleustein, qui assure : « Quelques minutes après le début de cette émission improvisée, notre standard était bloqué par des centaines d'appels téléphoniques d'admirateurs réclamant de nouvelles chansons. Leplée était ému aux larmes. »

Et ce n'est qu'un début ! Car si la « prospection de nouvelles vedettes » n'est pas le centre d'intérêt de Bleustein, il est celui de son directeur artistique à Radio-Cité, le parcimonieux Jacques Canetti qui, à défaut de lui vernir le compte en banque qu'elle n'a pas encore, va faire gagner des années à la Môme et lui permettre d'enregistrer ses premiers disques. Par acquit d'honnêteté, Canetti reconnaîtra volontiers qu'il n'a pas découvert Piaf : « On ne découvre pas quelqu'un... quelqu'un existe... comme une mine d'or, un puits de pétrole et quelqu'un le détecte, le révèle. » Quelqu'un a dit que Canetti est l'« ancêtre des producteurs ». Un autre a prétendu qu'il était « plus facile d'énumérer les artistes qu'il n'a pas découverts que ceux qu'il a contribué à révéler ». Le nom de Canetti n'est-il pas associé à ceux d'Henri Salvador, Patachou, Serge Reggiani, Philippe Clay, Juliette Gréco, Georges Brassens, Boris Vian, Jacques Brel, Guy Béart, Serge Gainsbourg ? Il est également de notoriété que c'est lui qui a eu l'étrange idée de pousser Jeanne Moreau à la rengaine. Voilà peu ou prou le portrait public et officiel généralement admis. Dix ans après la mort de cet émigré juif bulgare, né en 1909 et frère du Prix Nobel Élias Canetti, on vante encore son flair, son instinct et son oreille musicale d'homme de jazz averti.

Ce n'est pas l'avis de l'éminence de la critique de jazz, Hugues Panassié, intime de Louis Armstrong et de Duke Ellington et président fondateur du Hot-club en 1932. À l'époque de la Môme Piaf, Panassié eut souvent maille à partir avec Canetti qui, dès le début, tout en cherchant son aide, œuvra en douce à entraver ses efforts de président du Hot-club. Preuve à l'appui, dans *Douze années de Jazz (1927-1938)*, l'un de ses nombreux ouvrages sur le « vrai » jazz, paru en 1946, Panassié démonte les mécanismes de celui qu'il définit comme le « type du *minus habens* ». Canetti avait alors une situation chez Polydor-Brunswick où il avait pour tâche de sélectionner les disques de jazz américains destinés au marché français. Or, selon Panassié, « il ne connaissait rien au jazz, pas plus qu'à la musique en général, étant incapable de distinguer à l'oreille un instrument d'un autre, ni de reconnaître un morceau après l'avoir entendu une dizaine de fois ». Canetti se rendait constamment chez Panassié pour lui demander conseil sur les disques susceptibles d'être publiés en France. « Fallait-il qu'il eût peu de confiance en ses capacités ! Pensant servir la cause du jazz, je m'évertuais à lui donner une abondante documentation sur musiciens et orchestres. Je ne devais pas tarder à m'apercevoir que cela permettait à Canetti de se poser auprès des ignorants comme un connaisseur en matière de jazz, de se donner un crédit qu'il ne méritait aucunement. »

Depuis son poste pilote de la radio d'avant-guerre, Canetti joue néanmoins de toute son influence sur les ondes dans le domaine de la variété.

Ne laissant échapper personne, pas un seul talent, dans cette chasse continuelle au meilleur rapport qualité-prix. Prenant parfois les chemins de traverse, comme ce 23 juin 1937 où il fit poser clandestinement toute une installation dans les coulisses des Ambassadeurs, aux fins d'enregistrer en fraude l'orchestre du Cotton Club en tournée à Paris. Ce qui valut trois jours plus tard à « Canouilletti » un article sévère dans *Melody Maker*, titré : « La revue du Cotton Club victime d'une tentative de piraterie à Paris. » Flanquée d'un tel stratège, la Môme est-elle entre de bonnes mains ?

Si l'on se base sur l'expérience de Louis Armstrong, le pire est à craindre. En 1934, le Bulgare avait « mis le grappin » sur le chanteur et trompettiste américain, en lui faisant signer un contrat d'exclusivité – « Manager de Louis Armstrong pour le monde entier ». Conformément aux appréhensions de Panassié qui ne se sentit pas le droit moral de mettre Armstrong en garde contre « l'incompétence artistique » de Canetti, le résultat se révéla désastreux. À titre d'exemple, sans l'insistance d'Armstrong, la *Rhapsody in blue* aurait été supprimée de son répertoire par Canetti. Un détail sans rapport avec le grave différend qui survint plus tard entre le manager et son managé et qui poussa Canetti à répandre dans *Melody Maker*, une revue américaine dont il était le correspondant français, puis dans *Jazz-Tango*, un magazine français devenu son fief, de basses et ridicules allégations sur la vie et le caractère de Louis Armstrong, avilissant ainsi publiquement cet immense artiste qu'il alla jusqu'à qualifier de « sous-homme ». « Tout ce que j'ai à dire est que Canetti s'est bien montré le sale rat que tout le monde disait qu'il était », écrivit pour toute réponse Armstrong à Panassié.

Leplée ne s'est donc pas trompé, sa « petite plante » est entre de bonnes mains. Combien d'artistes n'ont-ils pas été révélés par Radio-Cité ! Les émissions ont lieu chaque soir et en public au cinéma Normandie, l'une des plus grandes et des plus belles salles de Paris, dotée d'une parfaite acoustique et des derniers perfectionnements techniques. « Pleyel étant souvent réservé à des concerts, nous avions dû louer le Normandie et nous y étions tout à fait chez nous entre les heures de représentation, soit de 18 heures 30 à 20 heures », précisera Bleustein. Au boulevard Haussmann, siège de Radio-Cité, Odette Cappietti, mariée à un preneur de son de l'entreprise, s'occupe de verser leur cachet aux vedettes. « Forcément, je les connaissais toutes ! » De la Môme Piaf ? « La première fois que je l'ai vue, elle était assise dans l'antichambre en train de tricoter. Une petite bonne femme, haute comme ça, et qui faisait aller ses doigts à toute allure, une maille après l'autre. Je lui ai demandé : "Mais qu'est-ce que vous faites ?" Elle m'a répondu : "Il faut que je me dépêche, je passe au Normandie ce soir !" Elle était en train de tricoter la deuxième manche du pull-over qu'elle devait porter sur scène ! » Piaf et sa science des aiguilles... Tout au long de sa vie, elle devait tricoter pour les uns et les autres, ses hommes en général, des pulls ou des gilets, sans presque jamais achever ses ouvrages qui duraient ce que durèrent ses histoires de cœur. Une autre femme employée par Bleustein : celle de Jacques Canetti. Une « charmante dame » que ses collègues secrètement surnomment « Radio-Atrocité »...

À la même époque, la Môme fait la connaissance de la jeune actrice Paulette Dubost et de sa maman, surnommée « la barrière des étoiles » dans le milieu du cinéma, en raison d'une attitude ultra-protectrice envers sa fille. « Édith, je l'ai connue dans la rue, ou presque, se souvient Paulette Dubost, dans ses mémoires. Ma mère aimait les boîtes de nuit à la folie. Elle fréquentait un restaurant de Pigalle où venaient les gangsters et les ministres ; elle y avait rencontré Leplée, le souteneur [*sic*] d'Édith. Un jour, nous étions toutes les deux avenue George V, chez le coiffeur, quand il nous aperçoit. Il tenait alors une boîte au sous-sol du Château Frontenac, l'hôtel. Il dit à ma mère : "Suzanne, faut que je te fasse entendre une gamine..." Nous le suivons. Jamais je n'oublierai. Elle a chanté une chanson, Édith, qui s'intitulait *Mon clebs*. [*La Fille et le chien*.] Elle était à genoux et faisait mine de caresser un chien pelé, elle ne savait même pas toutes les paroles mais on était en larmes. "Vous irez loin", lui a dit maman. Et elle : "Ah ! Paulette... Je vais voir tous vos films quand j'ai cinquante centimes..." Ça m'a frappée. » Chanteuse, Suzanne Dubost se produisait en saison au Touquet dans des revues menées par Victor Boucher et Jules Berry, tandis que Paulette dansait. À Paris, Suzanne chanta longtemps dans des cabarets et fréquenta la jet-set de l'époque. C'est elle qui orienta la carrière de sa fille vers le cinéma, la traînant de plateau en plateau. Une fois entrée dans l'intimité des Dubost, mère et fille, Piaf devait souvent venir écouter chanter Suzanne. « Elle lui posait des tas de questions sur sa carrière, s'étonnait qu'elle soit passée par le Conservatoire, parce qu'elle ne pouvait pas imaginer que chanter ça s'apprend, et quand maman lui affirmait qu'elle n'était pas restée longtemps au Conservatoire, [Édith] en était ravie. Dans sa jeunesse, maman allait chanter à Robinson, le dimanche, comme dans la chanson, et elle grimpait dans les arbres, et les gens s'extasiaient : "Oh ! Mais il y a un rossignol..." Toute môme, elle avait une voix en or. Comme Édith. »

La Radio de Bleustein n'a pas droit de cité dans toutes les régions de France, mais ici et là, dans le métier, on commence à savoir que la Môme Piaf existe. La machine est en marche. Au Gerny's, soir après soir, les dîneurs éthérés du Tout-Paris découvrent la dernière attraction de Leplée. Pourquoi celui-ci la laisse-t-il continuer à « s'avilir » en faisant la quête dès après la fin de son tour de chant ? Pourquoi ce nanti ne se mit-il pas en menus frais pour lui fournir un costume de scène décent, plutôt que de laisser la malheureuse s'échiner à tricoter un pull-over ? Jusque dans quelle mesure papa Leplée a-t-il été intègre avec sa « protégée » ? Des questions auxquelles un sbire du *Populaire*, journal d'obédience communiste, crut apporter des réponses, au lendemain de la mort du patron du Gerny's. Dénonçant vivement la subsistance arrogante d'un « monde, le tout petit monde où l'on s'amuse, où chaque nuit l'argent est jeté à pleines mains pour le plaisir d'un instant », le journaliste décrète : « Leplée connaissait les goûts de sa clientèle faisandée. Cette gosse du faubourg qu'il exhibait et faisait chanter de sa voix aigre sur la piste rouge du Gerny's, c'était le ragoût, le piment, le poivre, grâce auxquels les noceurs ataxiques se sentaient revivre. » Cela découle d'une telle évidence ! Quand même pourrait-on reprocher à des gens aux ordres de Moscou de faire feu de tout bois dès lors qu'il s'agit de diaboliser la société capitaliste, à l'heure même où dans l'Empire blanc le régime soviétique supprime des millions d'humains, suçant le cerveau des survivants, ici leur vision des choses ne manque pas de prix. Leplée est devenu un commerçant habile. Et lorsque lui-même pourvoit à son ravitaillement personnel, la nuit, dans les bouges de Montmartre, si distingué soit-il en apparence, il n'offre pas toujours le sentiment d'une grande magnanimité dans l'échange.

Après son assassinat, au cours d'une rafle policière opérée dans les milieux de la prostitution masculine parisienne, un journaliste de *Paris-Soir* recueillit les confidences de plusieurs gitons interpellés pour la forme et très vite relâchés. Elles nous ouvrent à l'autre personnalité de « Bob », facilement accessible, son nom et son numéro figurant à l'annuaire officiel des abonnés du téléphone, sous l'indice 64-39 : « Ce pauvrc Leplée, il avait le tort de lier trop facilement connaissance avec des jeunes gens peu recommandables, et afin de s'attacher plus rapidement leur amitié, de leur faire de trop belles promesses : "Je vais m'occuper de toi, assurait-il, je vais te sortir de la misère, tu vas voir... argent... auto... je vais te faire une situation". Leplée les abandonnait par la suite très rapidement. » Une pratique courante dans un monde en général et un métier en particulier, où le sexe fixe les règles et où les positions privilégiées autorisent tous les abus de pouvoir. Il y a Monsieur et monsieur. Reste que ce ne sont pas les communistes français qui contribuèrent à faire d'Édith Gassion ce qu'elle devint, mais bel et bien le « nabab » du Gerny's.

La part d'ombre de Louis Leplée n'a pour l'instant d'autre effet que d'éclairer la Môme Piaf sur la scène de son cabaret. Presque tous les amis du patron la connaissent déjà. Ils sont prestigieux. Voilà la grande Suzy Prim, une flambeuse portant sa quarantaine comme seule une fleur de la pellicule sait le faire. Ex-enfant prodige de Gaumont, au temps du muet, c'est le parlant qui a révélé ses dons étourdissants et son aptitude à tout jouer. Une grande amoureuse, Suzy. Elle a souvent prêté son cœur. À Max Dearly, créateur, avec Mistinguett, de la valse chaloupée, au Moulin-Rouge, un comédien dont Max Linder et Charlie Chaplin s'inspirèrent. À Jules Berry itou, avec qui elle a marqué l'époque de la comédie telle qu'on l'aime dans les années trente. Une histoire compliquée. « Moi qui les ai souvent vus sur scène, témoigne Danielle Bonel, je me souviens qu'ils sortaient parfois du texte pour régler leurs comptes personnels devant les spectateurs. » Suzy la généreuse, n'hésitant pas à recueillir deux enfants menacés d'Assistance Publique, dont la mère, une amie, est morte de tuberculose. À l'heure du Gerny's, Mademoiselle Prim se prépare à interpréter *Un de la Légion* devant les caméras de Christian-Jaque. Voici encore Philippe Hériat. Trente-sept ans. Un acteur associé aux plus grandes réussites des années vingt. Il fut le Salicetti d'Abel Gance, dans *Napoléon*. 1935 et *Lucrèce Borgia* (Gance, toujours) marquent la fin de sa carrière cinématographique. Hériat va devenir un écrivain qui compte, couronné par le Goncourt, puis un académicien qui nous a laissé l'excellent scénario du *Secret de Mayerling*. Un monsieur comme il faut, Philippe Hériat, dont les gens bien s'étonnent de le savoir ami avec Leplée. Ajoutons à ce brillant tableau la pétulante Edmonde Guy et l'on admettra qu'on est loin du petit monde des crasseux qui clochent Édith. La Môme se sent admise ici, et bien acceptée par l'ensemble du personnel : monsieur Pierson, dit « Charlot », l'associé de Leplée ; Jean Uremer, le pianiste ; Laure Jarny, une ancienne « Reine des Six jours », dont Leplée a fait sa « directrice ». Mettons, son hôtesse...

« Il mange comme un ogre, il boit comme un trou, il séduit les filles comme un Don Juan sans péché. Partout où il pousse une porte, les femmes chancellent et les hommes s'inclinent. Séduire sans être un séducteur, s'imposer sans écraser, quoi de plus difficile ? »

Claude Yelnick (sur Jean Mermoz)

VI

L'effet Mermoz

« Ça ne lui aurait pas coûté cher ! »

É. P.

Un beau soir, c'est une légende vivante qui franchit l'entrée du 54, rue Pierre Charron. La classe d'un prince du sang, le corps taillé à la Johnny Weissmuller et une gueule d'amour juste assez large pour répondre aux exigences viriles de ses trente-quatre ans : Mermoz. Jean Mermoz. L'aviateur. Un mec comme la Môme ne savait même pas qu'il pouvait en exister. Un solide, un vrai de vrai, un racé. Fidèle à son effigie sur les timbres-poste : le front volontaire, le regard droit et lumineux, tendre et gris, profond comme l'océan, chérissant sa mère plus que tout être sur terre. Fulgurant mélange de séduction et de force tranquille, Mermoz est de cette moisson d'hommes immuables qui toute sa vie feront friser l'œil de Piaf, jusque par-delà le raisonnable. Autres personnalités présentes dans la salle, ce soir-là : Maurice Chevalier, Mistinguett et Claude Dauphin. Or, Piaf n'a d'yeux que pour l'Archange. Ému aux larmes, celui-ci dévalise la bouquetière maison et en fait couvrir Édith après son tour de chant, en lui offrant de venir boire une coupe à sa table, avec ses amis : Joseph Kessel, le journaliste Jean-Gérard Fleury, Maurice Reine, mandataire aux Halles et frère de Marcel Reine, autre crack de l'Aéropostale.

Voici la Môme face au légendaire. Piaf et Mermoz, séparés seulement par une table nappée d'élégance et garnie de champagne. Que peuvent-ils bien se dire, elle, la cigale éthérée et lui, le « termite ailé », comptant tous deux presque autant d'heures de vol aux compteurs de leurs existences ? Si Édith avait su la réponse de son obligé à l'un des plus gros usiniers d'aviation qui lui proposait toujours plus de millions pour l'attirer dans sa société : « À dix de plus, je vous ouvre la figure ! », pour sûr elle se serait mise à aimer les fleurs, elle qui ne leur porte aucun intérêt ! Le geste simple et spontané du « Paladin de l'air » envers la petite chanteuse trahit superbement la belle âme de cet illustrissime envers les enfants du peuple dont il est issu. Présente encore dans son esprit, son enfance pauvre et besogneuse. Lui a-t-il raconté cette histoire vieille de quelques mois, qui s'est déroulée place Pigalle, l'adresse de la Môme, quand un groupe de jeunes communistes endoctrinés et dressés contre l'idée de nation française s'en prit à son automobile, « symbole d'orgie bourgeoise », garée sur le bord de la chaussée ? Fendant le groupe des émeutiers, sans se départir de son calme, Mermoz leur rappela que la construction de son auto avait au moins permis à des ouvriers de manger. Alors seulement l'un d'entre eux le reconnut :

— Tu es vraiment Mermoz ?

Mermoz, amusé :

— Je fais ce que je peux pour ça !

— Ça va, cria le garçon à ses camarades. Mermoz a tout le même le droit d'avoir une belle bagnole !

Ce mauvais sketch qui aurait pu mal tourner trouva son épilogue au bar du coin, devant un plateau de bières.

Blessé par son échec au baccalauréat qui le priva de devenir ingénieur, Mermoz s'était laissé convaincre par le chanteur d'opérette Max Delty, un ami de la famille, de devancer l'appel pour entrer dans l'aviation militaire avec un avenir de pilote à la clef. Ainsi débuta son épopée céleste. Dès lors, il connut le doute et le régime sec des glorieux d'avant gloire. Entre deux accès de désespoir, fussent-ils des gouffres sans lumière, nul n'aurait pu l'empêcher de croire à un autre destin, dans quelque coin de ciel, loin du tumulte et des photographes qu'il fuyait autant que les honneurs. Car rien ni personne ne stoppe un élu en route. Ces gens un peu bizarres sont d'abord tenus de se brûler, avant de pouvoir prétendre toucher l'horizon. Pour atteindre cette ligne, il leur faut surtout s'abstenir de regarder en arrière. Au contraire, avancer le regard fixe, vers ce que les autres ne voient pas. Pionnier de la liaison courrier entre la France et l'Amérique du Sud, victime de plus d'un accident aérien, miraculeusement réchappé dans le Sahara aux caravanes de Maures dissidents, des pillards réputés pour leur extrême cruauté, frôlant le drame en permanence par ses exploits maintes fois renouvelés et tenant tête à des gouvernements vendus à une finance internationale déterminée à affaiblir l'aviation française : Mermoz, ce héros ! « Dans le cœur solidement trempé d'un pilote de ligne, il n'existe pas cet effroi devant la mort qui fait aimer la vie terrestre au point que chacun de nous craigne de la risquer et de la perdre, dira-t-il.

L'accident, pour nous, c'est de mourir de maladie. » L'exacte vision de la destinée selon Piaf. Et encore : « L'aviation, comme toutes les grandes œuvres qui ont bouleversé le monde, est née d'une mystique. » Le grand mot est lâché, qui les rassemble et les relie par ces fils invisibles que sont les sens. Mystique et terrien tout à la fois, l'ami d'un soir, sans être vraiment de cette planète-ci, trop petite et inconfortable pour lui. Mermoz est marié depuis cinq ans avec Gilberte, rencontrée en Argentine, dont il apprécia d'emblée le modernisme sans l'esprit « garçonne » et la culture sans la pédanterie qui parfois gâte l'ensemble. Au vrai, trop accaparé par un métier passion dont il ne peut pas se laisser détourner, fût-ce pour le sourire d'un enfant qui pourrait être le sien, le splendide animal n'est pas construit pour les situations amoureuses durables.

« La beauté de Mermoz, la splendeur de son corps, s'accordaient avec lui et comptèrent à coup sûr parmi ses éléments essentiels », a écrit Kessel. Une perfection physique dont le godelureau fait largement profiter son entourage féminin. 1935 est l'année de son coup de foudre pour Suzy Solidor, « la femme sans hommes », archétype de la garçonne, à qui il a offert un cœur en diamant percé d'une flèche d'où sort une goutte de sang en rubis, que « l'oncle Solidor » porta à son cou jusqu'au dernier matin. Mermoz l'inattendu. Intrépide au cœur tendre, à l'esprit potache, mais soucieux du bien public. Auprès de ce cheval de convictions dont « la présence vous arrachait aux petitesses, aux intrigues, à la mesquinerie où nous pataugeons chaque jour », la paumée de Pigalle, qui ne disposait encore d'aucune autre arme que sa voix et son authenticité pour le séduire, eut-elle au moins conscience d'avoir gravi un degré dans l'exigence vis-à-vis des autres et d'elle-même ? Tandis qu'Édith avait regagné les coulisses, ce viveur de Kessel, également sous le charme de la Môme, délégua Fleury pour l'inviter à terminer la nuit en leur honorable compagnie. Mermoz, qui avait prévu de voler tôt le lendemain, manifesta son désir de rentrer se coucher. Piafou « repasserait pour le gaz », car c'est sans l'Archange qu'avec Kessel, Fleury, les frères Reine et Momone, elle se rendit au restaurant de La Cloche d'or. Faute de place, ils dînèrent à la table d'Henri Béraud, le truculent polémiste d'extrême gauche, « l'ami de Robespierre », sévissant au *Canard enchaîné*, compagnon de foire de Kessel et d'Henri Jeanson.

Dans son livre, rapportant les confessions de fille d'Édith, Simone Berteaut insiste sur la sensation organique éprouvée par sa « frangine » devant l'Apparition du Gerny's : « Ah ! Celui-là, il doit en faire rêver plus d'une... Momone, qu'il est beau !... Ça ne lui aurait pas coûté cher, je te le dis ! [...] Ce n'est pas encore pour moi... Mais ça viendra. T'entends, Momone ? L'amour, pour moi ça compte, j'aurai tous les gars que je voudrai... et beaucoup d'argent. » Les jours devaient couler sans que l'effet Mermoz ne se tarisse : « Dans notre chambre, elle en parlait encore de son Mermoz. Ça a duré des jours et des jours [...]. [Elle] n'arrêtait pas : "Il n'est pas seulement beau, Mermoz. Ce qu'il parle bien ! J'aurais pu l'écouter comme ça pendant des heures. Maurice [Chevalier], c'est un grand artiste, mais à côté de lui il a l'air de rien du tout. Il disparaît. Mermoz l'écrase. Des hommes comme Maurice, ça existe à Ménilmontant, à Belleville. Ce n'est pas plus que moi, il chante et après ? Des hommes comme Mermoz, il n'y en a qu'un dans le ciel de France." » Entre un Chevalier taxé d'« arriviste » par Fréhel et ce beau garçon sans affectation et horripilé par tout ce qui de près ou de loin ressemble à l'ostentation qu'est Jean Mermoz, ce héros contrarié, la comparaison n'a pas lieu d'être. Seul ou parmi des centaines, avec ou sans paillettes, de préférence sans, Mermoz existe et tient debout tout seul. Chevalier ne peut se concevoir que dans le regard admiratif des foules. Est-il bien raisonnable de ne vouloir vivre et dépendre que de l'admiration des autres ? Peu d'artistes y échappent.

À Pigalle, tous les acteurs de sa vie sont à leur tour informés du nouveau « penchant » de la Môme Piaf. Il n'en faut pas davantage pour déclencher chez Fréhel et chez ses petites sœurs de comptoir des railleries en cascade. On donne à Édith du « Madame Mermoz » et encore de la « Princesse Piaf »... Mermoz : non, mais elle s'est regardée, la crevette à matafs ! Pas suffisant pour empêcher la Môme de continuer à en pincer. Les souvenirs laissés par Simone Ducos nous confirment que des années après la mémorable rencontre, chez Piaf, la force de l'émotion était demeurée intacte : « En lui offrant le contenu du panier de la petite camarade marchande de fleurs de la maison, Mermoz l'appela "Mademoiselle" ! Quelle joie et quelle fierté aussi ce fut pour elle. Elle était restée muette d'admiration devant ce bel archange aux yeux bleus, pour lequel elle chanta *L'Étranger*. Pour elle, *L'Étranger*, c'était lui, le héros de cette belle chanson. »

À cet anachronisme près que la création de *L'Étranger* par la Môme Piaf, chez Leplée, fut postérieure à l'escale de Mermoz au Gerny's. Ce qui n'exclut pas que Piaf l'ait chantée, le cœur rivé à ses fantasmes, tant les paroles de cette chanson collent à son supposé dédicataire...

J'ai rêvé de l'Étranger
Et le cœur tout dérangé
Par les cigarettes,

Par l'alcool et le cafard,
Son souvenir chaque soir
M'a tourné la tête...

Très vite, la recrue de Leplée fut tenue de retirer ce refrain de son tour de chant, la manière dont la matoise fit tomber *L'Étranger* dans sa corbeille ayant fortement déplu à Annette Lajon, à qui l'exclusivité de la chanson avait été réservée et à qui Piaf la vola. Avec méthode, faut-il l'admettre. L'enregistrement de son premier disque chez Pathé datant de 1934, à trente-cinq ans, fraîche émoulue du classique qui fut sa vie jusque-là, mademoiselle Lajon était une nouvelle venue dans la variété. Avec déjà à son actif quelques triomphes à l'ABC, Bobino, l'Alhambra et à l'Européen. Cet après-midi-là, elle se trouvait faubourg Saint-Denis, au 28 rue Poissonnière, chez son ami l'éditeur Maurice Decruck, lorsqu'une « petite femme malingre », en quête de nouveautés, lui fut présentée par Decruck en personne. Les civilités d'usage expédiées, sans prêter plus d'attention que cela à la Môme Piaf, Annette Lajon donna sa tonalité au pianiste et aussitôt attaqua la répétition d'une nouvelle chanson écrite par Robert Malleron. La musique en avait été signée par deux inconnus : Marguerite Monnot et Robert Juel. La première serait un jour l'un des piliers du clan Piaf et l'artisan musical de ses plus grands standards. Le second deviendrait sous peu le premier accordéoniste en titre de la Môme...

Comme tous les malheureux,
Il croyait voir en mes yeux
La femme qu'on pleure...

Ah ! Cet *Étranger*... En musique comme en amour, Piaf n'a jamais eu besoin de renifler très longtemps avant de croquer. Cette chanson lui brûle le corps. Pire, elle la veut ! Mais comment s'y prendre, puisqu'à une autre elle est réservée, sinon se l'approprier par des chemins détournés qui passeraient d'abord par la voix de Lajon ?

— Cette interprétation, Madame ! Ce serait tellement bath si vous nous remettiez ça...

Comment Annette Lajon aurait-elle pu se douter des intentions dissimulées sous la frange huileuse de cette gamine un rien effrontée ? Flattez un artiste, il en restera toujours quelque chose. Édith-la-jactance fait sa putain ou son renard, louant le ramage pour décrocher le fromage. Et l'autre, sans y voir l'ombre d'une rouerie, de déclencher derechef son bel organe, une voix de mezzo qui fit les beaux soirs de l'Opéra-Comique et de la salle Pleyel.

— Oh, une dernière fois, s'il vous plaît...

Les paroles et la musique mémorisées, la Môme Piaf courut ensuite, bille en tête, le rire en gorge et fière de son coup, jusqu'au Gerny's pour imprégner à son tour Jean Uremer, le pianiste de Leplée, de sa fraîche trouvaille. Selon d'aucuns, prévenue par un ami et blessée dans son amour-propre, mademoiselle Lajon se serait défoulée sur la Môme en la giflant dans la salle du Gerny's. La fille Gassion n'aurait pas mérité meilleur traitement. Sans le confirmer ni le démentir, dans ses mémoires, Annette Lajon assure que Piaf fit acte de repentir auprès d'elle, bien des années après les faits, à la faveur d'une rencontre fortuite entre les deux chanteuses. « Pour avoir une chanson, j'aurais fait n'importe quoi », concédera Piaf a posteriori.

Le coup de *L'Étranger,* nous le verrons, ne resta pas pour elle un coup d'essai, mais la morale de toute mauvaise fable se faisant toujours au détriment de celui qui l'écrit, en dépit de ses efforts, Piaf ne devait guère parvenir à nous rendre cet *Étranger* plus familier. Ni Annette Lajon [1] au demeurant, qui reçut le Prix du disque 1936 précisément pour cette chanson. La faute à Damia, à sa présence surnaturelle, à son pouvoir d'émotion digne. Enfourchant *L'Étranger* avec une saine autorité, elle seule parvint à en tirer un parti.

---

1. Pendant quelques années encore, le nom d'Annette Lajon devait briller, avec à la clef de beaux succès tels que *J'ai perdu d'avance, Mon P'tit kaki*. En 1941, elle accepta de doubler Viviane Romance dans le film de Léon Malthot, *Cartacalha*, ce qui valut à sa *Chanson Gitane* de rester quelque temps dans les esprits. Une carrière à Radio-Paris, quelques menus services rendus sur le tard à la Résistance, insuffisants pour lui éviter de gros ennuis à la Libération : très vite, l'effet Lajon retomba. Un sursaut, en 1955, un spectacle sur la scène du Concert Pacra. Puis à nouveau l'oubli. Définitif.

« L'homme qui ne sait rien et qui s'en rend compte, c'est l'ignorant ; celui qui ne sait rien et qui ne s'en est pas rendu compte, c'est le sot. »

Proverbe kabyle

VII

« Vieux con » et sa « petite fille »

« J'ai hâte de te revoir ; qu'est-ce que je vais pouvoir t'engueuler ! »

É. P.

À peine la Môme a-t-elle risqué un pied hors d'une jungle que la voilà propulsée dans une autre. Si petite et si forte face à son destin. Ce que Piaf veut, tôt ou tard elle l'obtient. Avis à la concurrence. S'il en est un qui ne douta jamais, au grand jamais, de la victoire de cette fille qui chantait comme les enfants crient quand ils ont peur, Jacques Bourgeat est celui-là. Mentor, scoliaste, amoureux platonique, manière de père de substitution, enfant à charge à certaines heures, souffre-douleur de prédilection, il est l'ami fidèle d'une vie entière. « C'était un homme charmant, adorable, d'une gentillesse et d'une délicatesse extrêmes », nous renseigne Danielle Bonel qui assista au mariage tardif de Bourgeat avec Poucette, sa dernière épouse, au début des années soixante. Lui aussi est un vieux vin millésimé Gerny's. C'est là qu'il rencontre Édith, après qu'un de ses amis l'eut traîné rue Pierre-Charron pour y entendre la « prodigieuse découverte » de Louis Leplée. D'emblée, le « gros monsieur » aux petits yeux noirs en forme de boutons de guêtre s'éprend de ce petit échantillon d'humain dont, sous le rire et l'aplomb, il croit deviner la solitude intérieure. Le pouvoir d'émotion d'Édith joue à fond sur Bourgeat-la-mélancolie.

Tout à la fois insupportable et terriblement attachante, jusqu'à la fin Piaf devait rester l'un de ces êtres moteurs auxquels les autres s'accrochent pour se sentir soulevés. Une grande zone de tendresse dont elle était auréolée et qui, à une époque où elle n'avait rien d'autre à donner, n'en était que plus pure. La mort de Piafou devait laisser une « grosse carcasse » inconsolable. Souvent séparés par les frontières et les océans, tout au long de leurs existences, les dernières années exceptées, ils correspondront. Il saura tout d'elle. Il lui parlera souvent de lui, trop peut-être, de ses brûlures existentielles et de sa détresse financière. Dans une lettre datée du 1er mai 1955, adressée à sa « petite fille », le vieux confident, pourtant au fait de bien des événements liés aux débuts de Piaf, l'ami à qui elle continue de tout révéler sans aucune censure, lui écrira encore : « Quelle étrange petite bonne femme tu fais ! Je crois bien, depuis vingt ans que je te connais, n'avoir pas encore fait le tour de ta personne. D'où viens-tu ? Qui es-tu ? Il m'arrive, des fois, de chercher à percer le mystère qui t'entoure, d'en être angoissé et de penser que Dieu te fit de ses propres mains avec un soin particulier. Tu n'appartiens pas à la lignée commune des humains, ça c'est un fait, et je te dis cela sans que m'effleure la moindre pensée de flatterie. Je n'ai pas besoin de ce moyen souvent en usage autour de toi pour être un ami que je te sais aimer d'un amour particulier et qui me réchauffe, non, je te dis cela de Jacquot à Piafou, en toute simplicité, en toute amitié. » Car elle est son Piafou. Lui, son Jacquot.

Ce presque quinquagénaire, curieux de la vie sous toutes ses formes mais qui, paradoxalement, semble traîner la sienne comme un bagnard son boulet, a perdu sa vieille mère dans le courant de l'été. Son coup de foudre pour Piaf lui donne quelque raison d'y songer avec moins d'acuité. Très vite, Édith devient le seul atome « qui peut encore m'attacher à la chienne d'existence dont m'a affublé, dans sa divine magnificence, le Père Éternel ». Un personnage très imprégné de la poussière de Dieu, Jacques Bourgeat. Doublé d'un érudit, qui choisit ses mots et cisèle ses phrases avec le même soin qu'il prend à rappeler systématiquement son indéfectible attachement à la Môme. Il lui promet fidélité « aussi longtemps que mes yeux recevront la lumière ». L'ensemble de ses lettres tournent autour de ce puissant sentiment. « En dehors des livres et de l'étude, toutes mes joies ne me viennent que de toi. » Comme si rien d'autre ne comptait. Avec deux ou trois choses auxquelles il tient, les livres sont le garant de sa survie. Il leur a consacré un poème qui meurt ainsi :

> *« C'est à vous que je dois de garder ma candeur,*
> *Livres, doux conseillers aux heures de névrose,*
> *Et de pouvoir remettre à mon apothéose*
> *Mon âme d'autrefois en les mains du Seigneur... »*

Pourtant, il a deux fils et une épouse que Piaf semble apprécier. Érudit, Bourgeat, à force d'user ses fonds de pantalons sur les bancs de la Bibliothèque Nationale, rue de Richelieu, où cet ancien électricien passe le plus clair de ses journées, le nez plongé dans le mystère des vieux manuscrits, à la recherche de la connaissance absolue. De quoi vit-il ? De menus travaux historiques commandés ici et là, grâce au bouche à oreille. Devenu un parfait historien, un jour ce pur autodidacte officiera dans le très institutionnel *Historia,* collaborant parallèlement dans différentes revues et périodiques des mieux référencés. Véritable puits de science, il va communiquer son savoir à Piaf, en échange de quoi elle lui transfusera son énergie et sa jeunesse. Bonne fille, quoique crue, directe et relevant du cochon pour le caractère, Dieu sait qu'elle ne le ménage pas, son « vieux Jacquot » ! Sans elle il étouffe. Loin de lui elle s'ennuie. « J'ai hâte de te revoir ; qu'est-ce que je vais pouvoir t'engueuler ! » Tous les après-midi, ils se voient. « J'allais la trouver dans son hôtel Piccadilly, rue Pigalle, révéla Bourgeat, à la mort de Piaf, et j'attendais patiemment son réveil. Terribles, ses réveils. Ce n'était plus une enfant que j'avais devant moi, mais une tigresse, un fauve : c'étaient des colères, des cris. Elle se calmait d'ailleurs assez vite en avalant son petit déjeuner. Puis, elle passait sa robe de la veille – la même qu'elle portait quand elle chantait dans les rues –, mettait son petit béret marin sur la tête sans un regard à son miroir. Et nous partions faire la tournée des éditeurs. »

Les marchands de musique sont quasiment tous regroupés dans ce faubourg Saint-Denis, aujourd'hui paradis coloré des coiffeurs africains, que Miss, native d'Enghien, chanta avec tellement de foi et d'aplomb...

Je suis née dans le faubourg Saint-Denis.
Faut pas m'la faire, j'suis une gosse de Paris...

Quelle que soit la notoriété, ou la discipline, tout ce que le monde du spectacle compte d'entités se retrouve faubourg Saint-Denis. Auteurs, chorégraphes, chanteurs, compositeurs, metteurs en scène, directeurs de tournée. Au jour, on peut les voir déambuler entre le passage de l'Industrie et le boulevard de Strasbourg, les uns et les autres à la recherche d'une bonne affaire. Ou d'une « bonne salade ». Avant de se retrouver au gré de leurs affections au Batifol, une vaste brasserie-bureau de tabac, « meublée de tables et de banquettes de moleskine, avec au fond de la salle des billards disposés à côté d'autres tables où se disputent des parties de poker enragées ». Un endroit toujours plein à craquer, le Batifol, ouvert jour et nuit, et où à certaines heures il faut crier pour se faire entendre. « Aux heures plus creuses, apparaissaient les gens du quartier et surtout les anciennes et anciens du métier qui se racontaient leurs souvenirs devant un modeste café crème qu'ils faisaient durer le plus longtemps possible car ils n'étaient pas bien riches », consigne Jackie Sardou dans ses mémoires. Dans ce même établissement qu'elle fréquentait déjà assidûment du temps de ses tournées avec son père, Piaf avait dix ans lorsqu'une rencontre fortuite les mit tous deux en présence de Line Marsa. Louis Gassion à sa fille :

— Je te présente ta mère... la vraie !

« J'ai connu et visité régulièrement le père et la mère d'Édith, dira Raymond Asso. Quels parents lamentables ! » Puis plus rien. Plus de Line Marsa. Il y a beau temps qu'Édith en a pris son parti. À l'instar des autres artistes, les deux femmes ont traîné pour les mêmes raisons faubourg Saint-Denis. Un véritable parcours du combattant, la recherche d'une bonne chanson, pour qui n'a jamais fait ses preuves. Jour après jour, ébauche de vedette au Gerny's ou pas, Édith reste une « cloche », n'offrant aucune des garanties inhérentes aux grands de la chanson, ceux par qui l'argent arrive. Les rebuffades systématiques des loueurs de refrains, rétifs à l'idée de confier la destinée des œuvres qu'ils proposent à une inconnue, la Môme les subit de plein fouet. Cette frilosité relevant d'arguments commerciaux qu'elle ne comprenait pas alors, Piaf l'admettra a posteriori. Non sans rappeler en quelle estime elle tenait les éditeurs : « C'est souvent que j'ai eu envie de sortir de chez eux en claquant la porte. Je me dominais et, amère et navrée, j'allais confier mes déboires à Leplée. “Ils me découvriront quand je n'aurai plus besoin de personne !” »

Profitant de ses jours de repos, Bourgeat prend sa « petite fille » par la main et l'emmène en vallée de Chevreuse, à Saint-Lambert, dans une modeste auberge proche de l'abbaye de Port-Royal. Piafou lui a donné pour mission de l'extraire de son ignorance. Elle veut tout connaître. Tout savoir. Rattraper le temps perdu, si le temps se rattrape. « Il ne faut rien expliquer à une enfant, il faut l'ensorceler », écrivit un jour la Russe Marina Isvetaeva, en souvenir de ses premières années passées à accompagner une mère mourante qui emporta avec elle son rêve de devenir musicienne. Bourgeat n'a pas de baguette magique, mais il sait qu'il devra faire preuve de beaucoup de pédagogie. Il est toujours permis de penser à l'échelon le plus bas. Grâce à Bourgeat, Piaf crut possible la victoire de l'esprit sur la matière. Par lui et avec lui, son horizon s'élargit et les choses les plus insignifiantes prennent l'aspect de révélations. Pierre Charron, par exemple : pour Édith, ce n'est qu'un nom de rue, banal, dans laquelle elle « trace » tous les soirs pour se rendre au Gerny's. Rien d'autre. À présent qu'elle sait que cet illustre théologien français fut le prédicateur de Marguerite de Valois au XVIe siècle et un intime de Montaigne dont celui-ci s'inspira pour écrire *De la sagesse*, un chef-d'œuvre dans lequel il définit une sagesse humaine et philosophique (à distinguer de la sagesse mondaine), la Môme se montrera plus attentive au langage des siècles ! « Avec quelle monstruosité, c'est un vocable qui n'est pas à sa place mais qui veut bien dire ce que ça veut dire, avec quelle monstruosité elle veut devenir autre chose, analysera Henri Contet. Et tout ce qu'elle fait dans le but de s'élever socialement, de s'élever dans la culture, tout ce qu'elle fait, ça nous laisse tous pantois ! »

Dans ses souvenirs, Zaza, la tante de Piaf, a affirmé qu'à Bernay Édith avait fréquenté l'école Paul Bert. Ce qui, en l'absence de preuves, a été mis en doute par d'aucuns. Rappelons que la loi Jules Ferry, en vigueur depuis 1882, stipule que c'est l'instruction et non l'école qui est obligatoire. L'article L131-2 du code de l'éducation précise : « L'instruction obligatoire peut être donnée soit dans les établissements ou écoles publics, soit dans les familles par les parents, ou l'un d'entre eux, ou toute personne de leur choix. » Line Marsa n'ayant jamais été qu'un fantôme dans la vie de sa fille, on imagine mal Louis Gassion révéler à Édith les secrets de Pythagore ou les vices et vertus de la langue de Molière tels que l'Éducation nationale d'alors les concevait. Ce qui est patent, c'est qu'enfant, Piaf a reçu une instruction, si rudimentaire fut-elle. En témoigne la première lettre que nous possédions d'elle, datée de 1936. L'ensemble laisse à désirer mais le niveau n'équivaut pas moins à celui d'un lycéen d'aujourd'hui.

À Saint-Lambert, dans une chambre où le store défectueux qui se casse régulièrement la figure fait se boyauter la fille Gassion – le store de Saint-Lambert : elle en reparlera encore vingt ans après –, elle et lui sont seuls au monde. Bourgeat commence par le début et révèle à son élève les subtilités de la grammaire française, les accords, la syntaxe, l'harmonie des jolies phrases correctement ponctuées. Telle une plante jusque-là privée d'eau, Édith absorbe tout, mais elle préfère encore quand il lui lit les grands auteurs : Pascal, Racine... Et des extraits d'œuvres philosophiques. Ce jour-là, il choisit l'*Apologie de Socrate*, de Platon : « *Maintenant, l'heure est venue de nous quitter ; vous, pour vivre ; moi, pour mourir...* » Bourgeat : « Retenant son souffle, mon petit Piaf, les yeux écarquillés, m'écoutait le visage baigné de larmes ! » L'insolite de telles situations n'empêche pas Piafou et Jacquot de commencer à prendre leurs habitudes et leurs quartiers à Saint-Lambert. Beaucoup trop d'êtres traversent la vie sans en avoir la curiosité. Piaf a cherché à meubler le voyage. Eu égard à sa position de départ, elle ne pouvait que progresser. Oh, elle ne se montrera pas toujours d'une assiduité régulière, l'aspect rébarbatif de l'apprentissage aura quelquefois raison de sa soif de savoir, mais avec Bourgeat il est indéniable qu'elle s'est élevée. Pour mieux aider les autres à accéder à leur propre dimension. Ces hommes qu'elle marquera de son sceau. Ces mectons qu'elle secouera « comme ces drogues miraculeuses qui multiplient vos forces, aiguisent votre esprit et vous laissent ensuite prostré ». C'est elle alors qui donnera à découvrir, elle qui enseignera, elle qui fera lire ou lira pour autrui. Piaf, avec sa mauvaise mine presque chronique, n'a jamais aimé la nature. L'air pur, l'odeur des saisons, la vue du ciel et des choses vertes sont indifférents à cette fleur du pavé. Si nous osions, nous dirions, à la mode de Belleville, qu'elle « s'en bat les nougats » ! Or, nostalgiques de Saint-Lambert et de ces heures de communion privilégiée où le bonheur de transmettre rejoint celui de recevoir, jusque tard après la guerre Piaf et Bourgeat auront à cœur de retourner en ces lieux imprégnés de leur histoire, aux fins de se couper du monde et de retrouver loin du bruit le goût et le sens de la pureté. La pureté, l'une des obsessions de Piaf, qui revient de manière récurrente dans sa correspondance avec Bourgeat, longue de vingt-sept années. Séquestrée dans une vie de bâton de chaise, dont elle ne se défera jamais, Piaf se sent sale. Résolument croyante, elle culpabilise. Luttant de tout son possible contre sa nature. Prête un jour à se mortifier pour mieux fauter le lendemain.

« La crainte de Dieu est le commencement de la sagesse », dit-on en Kabylie. Toujours, Piaf cherchera à s'identifier à Bourgeat, son guide spirituel, dans ce qu'il a de meilleur. Jamais, contrairement à tous les autres, il ne la décevra. En 1946, alors au firmament, elle lui écrira : « Je veux être comme toi. Ne pas envier mon prochain. Ne pas courir après la gloire. Ni après l'argent. Je veux savoir comme toi profiter d'un soleil qui se lève et qui se couche, savoir jouir de ce que je mange, courir les antiquaires pour y trouver un beau meuble, flâner le long des quais pour y dégoter un beau livre, faire mon paradis sur terre comme toi tu l'as fait. Et surtout, t'avoir le plus longtemps possible. Tu iras droit au ciel. » Piaf la mystique. Une pécheresse sans cesse aux prises avec l'être spirituel dont la main gauche fustige ce que fait la droite. Sa conception de la gloire et de l'argent, illustrée dans ces quelques lignes, résume tout le paradoxe de sa vie. Bourgeat lui a-t-il donné à lire cette pensée de sainte Thérèse à son entrée au Carmel, consignée en 1925 dans un ouvrage du Révérend Père Petitot : « J'ai compris mieux que jamais ce qu'est la véritable gloire. Celui dont le royaume n'est pas de ce monde me montra que la royauté seule enviable consiste à vouloir être ignorée et comptée pour rien, à mettre toute joie dans le mépris de soi-même. »

C'est une chose de vouloir s'extraire de la boue, c'en est une autre de réussir à enlever la boue que l'on a sur soi. Or, sans la rue et les acteurs qui l'animent, Édith est un oiseau à qui il manque un bout d'aile. De retour à Paris, entourée de ses potes noctambules, elle continue de rire. Trop gras. Pas encore jaune. Elle rit aussi fort qu'elle boit sec. Le rire, l'alcool, les trempes. Jusque-là toute son existence a tenu dans ce triplet perdant. Comprend-elle seulement que la réussite ne se reçoit pas comme un tract syndical à la sortie d'une usine ? Cette gosse ne manque pas de réflexion ni de volonté de bien faire. Les fameuses bonnes résolutions d'Édith Piaf, dont sa vie entière elle tartinera de pleines pages de cahiers d'écolier, à la veille d'une échéance professionnelle importante. Chaque soir, la Môme chante. Chaque soir, la Môme boit. Mais la Môme chante. Et boit. Parfois sans soif. Souvent, même. Trop. Mal. Manne providentielle des n'importe qui l'entourant, avec lesquels elle fait n'importe quoi. S'envoyer des bières et s'essuyer ensuite le bec sur le revers de la manche. Parler de tout sans savoir rien. Rire du voisin sans la manière. Perdre son temps jusqu'au petit matin blême et lire l'heure dans les caniveaux où l'on gerbe tout ce que l'on sait, éclairé par les derniers becs de gaz chers à la Miss. « C'est du vin de Montmartre/Qui en boit pinte en pisse quatre » : un proverbe qui courait bien avant que Mac Orlan, Carco, Dorgelès ne chantent le bateau-lavoir, le château des Brouillards ou la rue Saint-Vincent, patron des vignerons. Le virus de la « vie libre », contracté par Édith du temps de ses tournées avec son père ? Liberté d'espérer, de rêver qu'on devient une grande dame de la chanson. Depuis qu'à la fin du siècle dernier, Paulus, l'interprète d'*En revenant de la revue,* Béranger et Bruant ont institué le statut du chanteur, inaugurant à eux trois l'ère du vedettariat, parallèle au développement du capitalisme, et que depuis tant d'autres leur ont emboîté le pas, l'espoir reste permis. Faut-il rappeler qu'Édith est maquée ? Combien sont-ils à présent à la harponner ? Quand on est à l'amende, on oublie de compter. Le comptable, c'est l'autre. Une bonne habitude à prendre. Et à garder. La racaille ne plaisante jamais en matière de flouze.

L'argent, Édith s'en cure les dents à défaut d'avoir appris à les brosser. Qu'elle le leur donne ou qu'ils le lui prennent, cela revient à peu près au même, puisque désormais le compte terrestre de sa petite fille est soldé. Cécelle ne réclamera plus son lait. Pour le reste, qui boit chante et qui chante existe. Et que la maison brûle, puisque Édith n'a pas de toit qui lui appartienne et qu'elle n'en veut pas. Jeannot, Georges et d'autres encore viennent parfois la voir chez Leplée. À la sortie, ils partent en bande faire la tournée des grands-ducs, en commençant par la brasserie qui fait face au Gerny's. Sourd au chahut de ces démons de la nuit, le gérant de *La Belle Ferronnerie* encaisse les additions parfois salées, dont Piaf s'acquitte, naturellement. La caution à ses souteneurs réglée, ainsi s'écoule pour partie sa paye du Gerny's. Il lui en resterait bien assez pour offrir une croûte à Bourgeat, dans le foutoir qui lui sert de chambre, au Piccadilly, s'il le désire, mais c'est que... « Une autre fois, peut-être. » Le « cher Jacquot » qui avouera à Édith, à tort ou à raison, ne pas toujours manger à sa faim, ne veut pas s'imposer. En revanche, il ne dédaigne pas se promener à Pigalle avec sa jeune amie : « Quand elle se baladait sur l'avenue de Clichy, un bibi sur la tête et un matelot ou un spahi pendu à son bras, je la priais de marcher cinquante mètres devant moi... »

Toujours mineure, la chanteuse depuis longtemps mène sa barque, mais beaucoup trop de crocodiles rôdent autour d'elle, qui nuisent à la croisière. Que fait Leplée ? Qu'y peut Bourgeat ? Piafou a beau donner du « papa » au premier, du « grosse carcasse » au second, ni l'un ni l'autre ne sont légalement responsables d'elle. De plus, aucun des deux n'a particulièrement envie d'aller se frotter aux petits tordus qui croient la tenir. Quoique pour Leplée... Le patron du Gerny's fréquente presque quotidiennement un grand établissement de bains, où il lie partie avec des petites frappes déguisées qui hantent aussi les promenoirs des music-halls et les lavabos des boîtes de nuit. « Bob » avoue un faible pour « les bruns à la peau mate, style espagnol », ainsi que le confiera la danseuse Hélène Sandé aux enquêteurs de police. À la cinquantaine bedonnante, l'on n'a plus d'autre argument qu'une liasse de billets de banque claquant à l'oreille et dûment épinglés pour espérer vibrer entre les cuisses d'un marlou à chair fraîche ou d'un mataf aux coups de reins productifs. Des petits gars candidats à ce genre de pirouettes, le triangle interdit Montmartre-Barbès-Pigalle n'en manque pas. Marché de l'offre et de la demande. Au besoin, Édith sert d'intermédiaire. Ainsi fonctionne le monde depuis la première nuit, les faibles se devant de servir de bilboquet aux puissants, tous sexes confondus. Souvent, vers quatre heures du matin, à la fermeture de son établissement de la rue Pierre-Charron, Leplée quitte les beaux quartiers et part traîner dans les coins sombres, à la recherche du plaisir. Un soir, à Belleville, il tombe nez à nez avec la Môme Piaf, venue arrondir son pécule dans un bouge de son ancien quartier. Fureur du père Leplée :

— Après tout ce que je fais pour toi, voilà les tours que tu me joues ! Tu ne sortiras jamais de ton ruisseau !

Leplée lui a-t-il signé un contrat d'exclusivité ? Sa réaction spontanée semble l'indiquer.

« Pour moi elle n'est jamais sortie du ruisseau, commentera Bourgeat. Elle ne s'est jamais arrachée de ce pavé qui était pour elle les couleurs, les cris de Paris. » Pour qui méconnaît la Môme Piaf, seul son talent peut lui servir d'intelligence. N'étaient sa discrétion et sa pudeur naturelles, Bourgeat s'ingénierait presque à marteler chez qui veut l'entendre que sa nouvelle amie recèle des chefs-d'œuvre de subtilité et que née en d'autres circonstances... Or, quand ce bon Jacquot glisse sur le registre de la morale et la rase de trop près, elle lui donne carrément du « vieux con » comme elle lui dirait « je t'aime ». Ce sont ses codes. À lui de s'y conformer en se mettant un peu à son école. Les livres et la poésie à deux, soit, mais les conserves ont toutes une date de péremption. La vie, c'est fraîche et juteuse qu'elle la préfère, Piafou. Parfois, Bourgeat vient la cueillir à la sortie du Gerny's et l'emmène à Pigalle prendre une soupe au *Sans-Souci*. Qui sort qui ? À une époque où la haute cuisine suscite un vif engouement, ni elle ni lui n'ont les moyens de s'offrir l'une de ces auberges guets-apens dites « Vieille France », où la chère est non moins artificielle que le décor « campagne et meubles paysans » et dont l'aristocratie du genre réside en L'Hostellerie [1], un établissement sachant pratiquer le coup de fusil comme nulle part ailleurs. Des grandes bouffes arrosées de bière et de Beaujolais, dans les restaurants, chez elle dans sa cuisine du boulevard Lannes ou lors de pique-niques en Amérique, Piaf allait en vivre quelques-unes, et de mémorables.

Rien n'est encore perdu puisqu'à travers les ondes de Marcel Bleustein-Blanchet la voix de la Môme Piaf court une grande partie du pays à la vitesse d'un Latécoère 300. Pas forcément incompatibles non plus, disions-nous, la chanson et la bamboula. Pour preuve, quelques semaines après son premier passage chez Leplée, Édith enregistre son premier 78 tours, chez Polydor. Le 18 décembre exactement (*Les Mômes de la cloche, La java de Cézigue, L'Étranger, Mon apéro...*). Un mois et demi plus tôt, le 5 novembre, sous la direction artistique de Jacques Canetti, elle faisait un essai pour le compte de la même maison, en présence de Louis Leplée. À l'écoute de ces disques, la Piaf tragique

1. Un jour, la note que l'on y présenta à Lucien Guitry lui parut si impressionnante qu'il fit appeler le patron. « Voilà une addition bien massive à l'égard d'un confrère », argua-t-il. « Mais, monsieur, j'ignorais... Je ne pouvais pas me douter... Puisqu'il en est ainsi, permettez-moi... » Et le patron de revenir avec une note sensiblement dessalée. S'étant acquitté de la somme, Guitry père se disposait à partir lorsque le patron, qui ne l'avait toujours pas reconnu, lui demanda : « Quel est donc le confrère que j'ai eu le plaisir de recevoir ? Où se trouve votre établissement ? » Guitry, dans le creux de son oreille : « Chut ! Je suis voleur, comme vous ! »

vibre déjà dans cette voix de gamine. En 1963, après la disparition de son « petit phénomène », Bourgeat se souviendra avec émotion de l'enthousiasme de Piafou, rare et rafraîchissant, lors d'une de leurs promenades boulevard de Strasbourg : « Elle voulait toujours s'arrêter devant les maisons où ses disques pouvaient être entendus dans les appareils à sous. Si petite, elle se dressait sur la pointe des pieds pour s'écouter. Repoussant son béret, elle fermait les yeux avec une sorte d'extase et me disait : "Oh ! Que c'est beau..." Tout son argent se changeait en pièces de vingt sous, et tout passait dans la machine. Lorsque sa fortune était épuisée, elle se tournait vers moi : "Donne un peu d'argent que je m'écoute encore." Si bien que nous sortions de là, l'un et l'autre, complètement démunis. » Ici, notre poète d'occasion flirte avec le pathos. La gêne financière de ce dilettante n'est pas tout à fait celle d'Édith qui, elle, a les moyens de fournir à son petit estomac ce qu'il lui réclame. Et il en reste. Pour les amis. Elle a certes connu des heures difficiles, au moment de son itinérance, avec son père notamment, mais il serait abusif de laisser croire qu'elle y a crevé la dalle. Ce ne fut ni Byzance ni Matignon, mais ce ne fut pas non plus Zola. Les photos en témoignent. Danielle Bonel le confirme : « On a beaucoup trop dramatisé, Édith ne manquait de rien. »

Momone, par exemple, fut beaucoup plus pauvre qu'elle. Ce sont ses biographes, avec leurs mots de bourgeois donnant dans la sombre poésie, qui ont appris à Piaf qu'elle avait eu une enfance et une adolescence misérables. Lorsque, après qu'elle eut quitté le foyer paternel, elle se retrouva seule face à ses responsabilités, c'est elle qui choisit de mener la vie de patachon qui lui convenait au moment où elle en avait envie. En chantant dans les rues selon sa lune, ses besoins et les besoins des autres, en se produisant dans des cabarets où l'on voulait bien d'elle, elle gagna sa vie autrement plus décemment qu'une ouvrière rivée à sa tâche douze ou quinze heures par jour. Elle en fit d'ailleurs l'avantageuse expérience au moment de ses différents engagements dans des sociétés où elle ne fit pas de vieux os. Résumons-nous : s'il y eut des chiens et loups avec la faim, ils ne furent pas une généralité. Non pas que tout fut servi à la Môme sur un plateau de nacre, loin de là, mais parce que la vie, cette vieille carne qui planque son or sous ses jupons, ne mérite rien d'autre que de se faire rageusement violer au premier coup de sifflet de la chance. Question de tempérament. Un instinct de survie, celui de tout le monde, qui, pour l'heure, reste chez Piaf supérieur à une inclination latente à l'autodestruction. La misère, c'est tout autre chose. Là encore, la vérité bat la légende. Si misère il y eut, chez Piaf, elle fut essentiellement morale. Eu égard à ses tares familiales et à la médiocrité de ses fréquentations. Car peu importe qu'on se lave les pieds qu'on a crasseux dans l'un des bassins de la Concorde, au nez des flics. Ou qu'une robe qui ne soit pas signée Jacques Fath soit passablement élimée ; pourvu que celle qui la porte s'y sente comme dans un vêtement de bal. Loulou de Belleville nous le dirait : « À 20 berges, t'as pas froid. Ni faim. C'est toi qui bouffes la vie ! » Au pire, qu'aurait valu le bruit acide et indélicat d'un estomac qui gargouille face au silence ravageur d'une mère indifférente au sort de son enfant ? « La femme est la racine, et l'homme est l'arbre, et celui-ci ne grandit que si la racine est forte. »

À vingt ans, Piaf sait depuis longtemps comment fonctionne le monde, mais sa confiance absolue en Dieu lui interdit de croire à une perversion totale de l'être. Trop pressée pour songer à rancune, trop fière pour pouvoir avoir publiquement tort, incapable de calculs autres que féminins, des préméditations de sale gamine pieusement roublarde (Annette Lajon), dépassée de surcroît par un cœur plus grand qu'elle et par une naïveté occultante, la vie lui apprend mais rien ne lui sert de leçon. Pas plus les trahisons que les erreurs de jugement. Ainsi en ira-t-il tout au long de son séjour terrestre. Après la pluie, le beau temps et vogue la galère, avec un costaud à la rame, qui la lavera du précédent et occasionnellement un goût rustique de vieille treille au fond du palais. Indispensables compagnons de bals pour mieux chanter l'amour. Avec, toujours à portée de main, un livre sans images, mais rempli de mots qui cognent. Parce qu'on ne peut pas être instruit et intelligent tout le temps et surtout pas avec n'importe qui. N'est-ce pas, cher Jacquot ?

Il a mal, Jacquot. Très mal. Sa femme, Danièle, vient de le quitter pour partir s'installer à Ceylan avec un riche marchand anglais. Aux papillons noirs qui dansent dans son cerveau, il répond par des vers, dans un poème exutoire qui deviendra une chanson : *Chant d'habits...*

Chant d'habits, garde les défroques
Que je te vendis, ce matin,
Mais rends-moi, de tout ce butin,
Mon pauvre triste cœur en loques.

Le 9 novembre 1935, dans son *Journal*, le scénariste et écrivain Carlo Rim consigne sa visite au Gerny's où le beau monde continue à affluer pour venir entendre la Môme Piaf : « Une petite bonne femme minable dans sa robe de quatre sous. L'air traqué de celle qui vient d'écoper une bonne dérouillée [...]. Sourde, comme étranglée de larmes, sa voix s'élève, monte, se déchire dans un cri interminable de bête blessée à mort, une voix presque inhumaine qui vous prend à la gorge, vous empoigne le cœur – une voix qui sent la misère ou l'émeute. Et, à ce moment-là, la Môme Piaf devient la plus belle fille du monde. »

À la Bastille, on aime bien Nini peau de chien.
Elle est si bonne et si gentille...

À la même époque, avec la permission de Leplée, le « petit monstre sympathique de la chanson » (*dixit* Serge) montre le bout de son talent sur une scène aux vastes proportions : le Vél' d'Hiv. Un passage remarqué, qui donne matière à la rédaction de quelques articles plutôt favorables. Le temps de s'acheminer doucettement vers la fin de cette année 1935 à marquer d'une pierre blanche. Pour les agapes de la Saint-Sylvestre, Leplée fait éditer des papillons publicitaires sur lesquels on peut lire : « Si vous réveillonnez, retenez votre table au Gerny's. Un programme éblouissant. De la gaîté, rien que de la gaîté. Avec la Môme PIAF. » Le menu proposé : « Consommé madrilène en tasse ; boudin de Bayonne à la purée de pommes ; dindonneau aux fruits du Périgord et aux marrons de France ; parfait de foie gras ; bombe Gerny's [etc.]. » Le tout pour la modique somme de cent francs. Sans les boissons s'entend. Le premier réveillon de Leplée en compagnie de sa « prodigieuse découverte ». Il envisage de l'emmener à Cannes, au bal des Petits Lits Blancs, au printemps prochain.

Cela n'a jamais été dit mais il fut également question d'un engagement au Casino de Paris. C'est Jacques Bourgeat qui nous l'indique, dans une lettre à André Mousquès, époux de Marinette, la couturière, que nous avons déjà croisée. Marinette a rencontré André en allant chercher de l'eau à une fontaine, à Biarritz, sa ville natale. André, lui, est bayonnais. Comme Leplée, un ami d'enfance qu'il a retrouvé à Paris où tous deux étaient montés pour chercher fortune. Fils d'un coiffeur de Bayonne, André a trouvé la sienne chez Rouzier, le très sélect restaurant de la place Saint-André-des-Arts. Il y officie en qualité de maître d'hôtel. Quant à Marinette, ex-première main chez mademoiselle Chanel, dont elle a gardé des souvenirs exotiques, la voici à présent installée à son compte. Le couple habite quai des Grands-Augustins. Ils déménageront bientôt place Saint-Michel, dans ce même quartier des bords de Seine, rivé à gauche. Bourgeat est intimement lié à ces provinciaux. À leur table, la part du pauvre lui est souvent réservée. Pour ne pas donner le sentiment de mendier, Jacquot remplace les bouquets de roses qu'il n'a pas les moyens d'offrir à la maîtresse de maison par des poésies de son cru. Des petits trésors d'élégance miraculeusement parvenus jusqu'à nous grâce au neveu de Marinette. Dans l'un d'eux, intitulé « Leur Maison », riche de onze strophes et daté de 1941, il écrit notamment ceci :

> *« Trop pauvre pour m'acheter rien*
> *Sans foyer et l'âme inquiète*
> *Je viens voir André et Marinette*
> *Et fais de leur bonheur le mien. »*

« C'était l'Occupation, témoigne Claude Greciet et il avait faim. Niché au 6e étage sans ascenseur, l'appartement de ma tante se réduisait à un deux-pièces cuisine, agrémenté d'une douchette sur le palier, mais comme tous les poètes, Jacquot enjolivait la réalité. »

L'usage du téléphone restant l'apanage d'une élite, Bourgeat entretient également une correspondance écrite avec ses amis. C'est dans l'une de ces missives qu'il réfère du Casino de Paris avec André Mousquès. Marinette et son époux ne connaissent encore d'Édith que ce que Jacquot leur en a dit. Voici cette lettre, datée du 11 janvier 1936 :

« Mon petit Mousquès,

Veuille avancer d'un quart d'heure l'horaire que je t'ai donné pour l'audition que doit donner la môme Piaf à Radio-Cité, demain dimanche. C'est à midi que nous passons. Ne manque pas d'en aviser ta petite Marinette qui sera contente d'entendre chanter la chanson de son vieil ami [*Chant d'habits*]. Piaf la chante à remuer les plus insensibles tripes, et puis, sans cela, vous connaissez la triste histoire de mon petit poème et cela suffira à vous le faire aimer.

» Je vais dîner, ce soir, chez les parents de la môme, à Belleville. Elle ne veut plus me quitter et me demande de la voir tous les jours. Ce petit oiseau s'est attaché comme un moineau à qui l'on émiette du pain. Elle a su découvrir, en sa petite tête, les qualités que mes vrais amis, des amis comme toi, surent y découvrir et la voilà apprivoisée.

» Je te la mènerai un soir, avec son petit béret à 6 francs et son manteau de confection. Le cadre Rouzier ne la servira pas, pauvre petite, mais il suffirait qu'elle y chante pour devenir une reine.

» Elle va partir, pour trois mois, au Casino de Paris, avec mon "Chant d'habits" en vedette. Elle l'enregistre mercredi prochain chez Polydor. [Dans leur discographie d'Édith Piaf, Pierre Duclos et Georges Martin fixent à tort cet enregistrement au 28 octobre 1936.] Tu vois, Dédé, cette fois c'est bien un grand "boom" que je vais faire et tu es content, je le sais, et Marinette, aussi, est contente car vous l'aimez bien, n'est-ce pas, votre vieux frérot déjà si vieux avec ses cheveux qui commencent à perdre leur couleur première. »

Les Organisateurs s'excusent de n'avoir pu arrêter l'ordre du spectacle à temps pour les nécessités de l'impression.
Ils tiennent à remercier tous les Artistes qui leur ont prêté leur concours et dont voici la liste, par ordre alphabétique.

PROGR

1. Fred ADISON et son Jazz Français
2. Jean AERTS
3. ALEX et PORTO
4. Les ARNAUD Brothers
5. BEBY et MAIS
6. Armand BERNARD
7. BORDAS
8. BOULICOT et RECORDIER
9. Georges CARPENTIER
10. Les Frères CARRÉ
11. Philippe CATTIAU
12. Maurice CHEVALIER
13. Lyne CLEVERS
14. COLLEANO
15. Jean CYRANO
16. Henri DEGLANE
17. Geo DORLIS
18. Marie DUBAS
19. FERNANDEL
20. Victor FRANCEN
21. Fredo GARDONI
22. Les 32 JUVENILES TZIGANES
23. Jules LADOUMÈGUE
24. René LEMOINE
25. LOEW

Le spectacle sera présenté par **RADIOLO (MARC**

Le progran
par Mesdemoiselles Rosi
Jeanne HELBLING, Wan
et M

Pianos de la M

AMME

26. Antonin MAGNE
27. MANETTI et RHUM
28. La "SHIRLEY" Française (Ginette MARBEUF-HOYET
29. Pierre MINGAND
30. MIREILLE
31. MISTINGUETT
32. Les MOLINOFF
33. NELLO and Partner
34. Marianne OSWALD
35. Raoul PAOLI
36. Charles PÉLISSIER
37. La Môme PIAF
38. Harry PILCER
39. Albert PRÉJEAN
40. André ROLET et Betty SEMSEY
41. Tino ROSSI
42. Germaine et Jean SABLON
43. Lily et Emmy SCHWARZ
44. SPADOLINI
45. STELLO
46. Édouard TENET
47. Marcel THIL
48. Jean TRANCHANT
49. YRA et OTARE
50. X... le Chanteur sans nom de Radio-Cité

APORTE) speaker de RADIO-CITÉ et M. LOYAL

st vendu
ÉAN, Alla DONNELL
EVILLE, Reine PAULET
IS.
MASSPACHER

Programme du spectacle donné à Medrano en faveur de la veuve du clown Antonet, le 17 février 1936.
(collection François Bellair)

Manifestement, Jacquot attend beaucoup de la Môme Piaf. Pour elle, bien sûr, parce qu'il l'aime sans honte, mais aussi pour lui-même, et il n'y faut rien voir de malvenu quand on sait par ailleurs la noblesse de son âme. Les fonctionnements de monsieur Jacques Bourgeat répondent à une mécanique propre à celle de tout être humain. Il a beau en appeler souvent à Montesquieu, « l'étude a été pour moi le souverain remède contre les dégoûts de la vie, n'ayant jamais eu de chagrin qu'une heure de lecture n'ait dissipé », son estomac n'a cure de ces musiques résistantes. À la faveur de l'audition à Radio-Cité dont il parle dans sa lettre, la Môme Piaf fut *in fine* présentée aux Mousquès, admise dans leur intimité et Marinette devint son habilleuse et couturière. Si cela pouvait servir l'Histoire, c'est donc à Marinette Mousquès qu'Édith Piaf doit sa toute première « robe de chant », ainsi que la Môme l'indique sur l'une des photos dédicacées par elle à la tante de Claude Greciet. La petite robe noire que nous connaissons tous. L'emblème mythique de La Piaf. Sa carte de visite et son drapeau. Les amis de Bourgeat étant ceux d'Édith, les Mousquès devinrent pour elle plus que des alliés sûrs, une famille. Fille de la rue, elle y sera reçue à hauteur de l'affection que le couple lui porte. Ici encore, l'ensorceleuse n'a aucun mal à séduire son monde. Marinette travailla pour elle jusqu'après la guerre, avec une interruption les premières années de l'Occupation, et jamais elle ne put oublier cet oiseau du trottoir qui, un temps, ajouta à l'illumination de sa vie auprès d'un mari aimé, Claude Greciet : « Quand je demandais à ma tante quelle était la première image qui lui revenait, au souvenir de la Môme Piaf, sa réponse fusait, prévisible, à force d'être spontanée : "Son rire ! Un rire puissant et mécanique. Elle n'était pas très propre, buvait comme un soldat et n'avait jamais vu un dentiste." Ce ne fut pas faute pour Bourgeat qui lui avait appris à se brosser les dents de l'inciter à s'y rendre. Ma tante me raconta qu'après l'une de ces séances chez le dentiste, la Môme en était revenue la bouche cousue, incapable de parler tant elle avait mal. » Marinette garda longtemps en mémoire le folklore des premiers essayages de Piaf. « Elle faisait des jeux avec ses seins, rapporte Claude Greciet. Dès qu'elle était prête, elle annonçait :

— Ça y est, j'ai fait remonter Cézigue [le sein droit] et Séraphin [le gauche] !

Enfant, j'ai moi-même assisté à des séances d'essayages chez ma tante. Piaf s'y promenait en petite culotte. »

Le 17 février 1936 marque une date clef dans la carrière de Piaf. Leplée l'a imposée à Médrano, dans un gala de bienfaisance très important donné au bénéfice de la veuve d'Antonet, « le clown des clowns », élève de Foollit et maître à penser de Grock, vaincu par un mal implacable, le 20 octobre précédent, à l'âge de soixante-trois ans. Né Umberto Guillaume à Brescia, l'auguste eut à croiser la dynastie des Gassion et le père d'Édith le révérait. La manifestation est patronnée par *L'Intransigeant* et Radio-Cité [1]. Sur la même affiche que la Môme Piaf : Mistinguett, Marie Dubas, Mireille, Marianne Oswald, Fernandel, Tino Rossi, Maurice Chevalier, Antonin Magne, Georges Carpentier, etc. Si seule et si petite sur l'immense piste de Médrano, face à deux mille huit cents personnes et passée à la loupe par les pointures du music-hall français. Dans *Toute ma vie*, « Mist », comme l'appelait Chevalier, ne réfère pas de cette soirée ni de celle qu'elle passa au Gerny's en compagnie de Momo précisément. André Vernon, l'un des derniers boys et amis de la créatrice de *C'est vrai*, m'a expliqué qu'à Médrano, Mistinguett s'était autorisée à chapitrer sa cadette. « Miss était peuple mais jamais vulgaire. Ayant surpris Piaf en train de débiter une grossièreté, du style "regarde-moi ces cons-là", elle lui avait expliqué qu'il fallait témoigner beaucoup plus d'égards envers ceux qui payent pour venir voir les artistes. »

Sauf notre tendresse pour Mistinguett et notre sympathie pour monsieur Vernon, chez la Miss le respect du public était assujetti à quelques *nota bene*, comme l'a formidablement raconté l'amie Arletty qui vouait à la « chérie de Paris » une admiration sans bornes (« Je la classe dans la catégorie A »). Un jour, après un déjeuner au Coucou, un restaurant à la mode, ces deux institutions se promènent près de l'avenue de l'Opéra, lorsqu'elles sont arrêtées par un premier admirateur : « Oh ! La Miss... Oh ! Quelle joie ! » Bonne joueuse, Arletty complimente sa camarade : « C'est merveilleux de voir qu'on vous aime comme ça ! » Cent mètres plus loin, un autre passant les interpelle : Oh ! Arletty... » Et Miss : « Quel con ! » Pauvre Jeanne Bourgeois, qui, elle aussi, termina si mal pour avoir eu la force et la faiblesse de croire que l'on peut impunément jouer toute une vie à mam'zelle Mistinguett.

1. Médrano fit le plein et *L'Intransigeant* du 6 mars 1936 nous apprend que la manifestation rapporta la substantielle somme de 45 954, 55 francs.

« Quand on veut savoir la vérité sur les grandes choses, il vaut mieux prendre de tout petits moyens. »

Paul Bourget

VIII

Leplée devait mourir

« Je vengerai papa Leplée ! »

É. P.

Avril 1936. De toute l'Europe, c'est vers Genève que les regards convergent. Face aux menaces bolchevique et nazie, la France y présente un plan de paix. Tant sur la question du Rhin qu'à propos de la guerre italo-abyssine, les thèses française et britannique ne cessent de se heurter, mais cela n'empêche pas la Tamise de couler et la tour Eiffel de lever plus haut encore la jambe. Paris s'amuse et se gaine de luxe. Mieux vaut rire de tout ce qui pourrait bientôt donner à frémir. François Coty n'a jamais si bien vendu ses esprits de parfums et ses poudres de riz. Louis Lumière peaufine son concept d'un cinéma en relief et Corot s'expose à l'Orangerie. Tandis qu'au Marigny, à une cadence de cinq séances par jour, Chaplin impose ses *Temps modernes*, ailleurs, du côté de la Butte, les ailes du Moulin continuent de tourner paisiblement sans faire d'ombre à Claude Dauphin qui sert Henry Bernstein dans *Espoir*, au Gymnase. Sans décoiffer non plus Elvire Popesco, la Anna de Louis Verneuil à l'Odéon (*Vive le roi !*). La Popesco dont cette ganache de Pauline Carton affirme que, sans son accent roumain, elle ne serait que Denise Grey. Au Gerny's, soupeurs et amateurs du dernier verre viennent de plus en plus nombreux éprouver la critique bienveillante de ce journaliste conquis par ce qu'il y a vu : « La Môme Piaf remporte actuellement un indiscutable succès. Sa voix chaude, aux accents des faubourgs, cette voix qui exprime si bien toute l'amertume de la vie, émeut chaque soir la clientèle sélectionnée, avide de sensations nouvelles, de ses nouveaux décors. Mince, fragile, un petit visage blême mangé par des yeux immenses, elle chante presque sans gestes, et cette simplicité triomphe de tout. »

Or, rue Pierre-Charron, la bonne humeur n'est plus que de façade. Dans la deuxième quinzaine de janvier, Louis Leplée s'est vu dans l'obligation de licencier une vingtaine de membres de son personnel. Le 4 mars, il s'en est ouvert à Philippe Hériat venu passer la soirée chez lui : « J'en avais assez de voir mon établissement au pillage. Ils sont capables de tout, c'est une véritable mafia ! Je suis dégoûté de l'existence, je ne veux plus rester dans le milieu dans lequel j'évolue. » Chercherait-on à mettre le patron du Gerny's en coupe réglée ? La confession de Leplée, vieille d'octobre 1935, à une jeune artiste engagée en même temps que la Môme Piaf, invite à le croire : « Les gangsters, je les connais. Ils sont venus me relancer ici plusieurs fois... Mais ça s'est toujours arrangé, je sais leur tenir tête. » Toujours est-il que depuis la mort de son ami Oscar Dufrenne, dans les conditions que l'on sait, le Bayonnais ne dort pas tranquille.

« Bob » loge en bordure presque immédiate du Bois de Boulogne, au sixième étage d'un immeuble de style haussmannien. Aujourd'hui disparu, il se situait 83, avenue de la Grande Armée, à l'emplacement des actuels bureaux de la firme Peugeot. Une entrée, une chambre, une salle de bains et un vaste living-room, décorés surtout de meubles anciens et d'objets rares savamment disposés. Ici, comme en son cabaret, le spectacle le rattrape puisque la fenêtre de son salon offre une vue sur le fameux Luna Park – sur les cendres duquel s'élèverait un jour le Palais des Congrès. Leplée a abandonné les destinées de son *sweet home* à une veuve, Piémontaise d'origine, et bonne de son état : Thérèse Secchi, elle-même maman d'une jeune fille de seize ans, Marie, employée dans une maison de mode, rue Jean Goujon, non loin du Gerny's. Mère et fille vivent ensemble à deux numéros de là, au 85 de l'avenue de la Grande Armée. Ce qui autorise Marie à venir prendre chaque matin, vers 8 heures, avant le travail, son petit déjeuner en compagnie de sa mère. Il va de soi qu'à un horaire aussi matinal, Monsieur dort encore. Parfois, en repartant, Marie croise dans l'escalier une sémillante trentenaire, mademoiselle Sannier, secrétaire générale à *Cinémonde*, qui vit juste au-dessus, au 7e étage, elle aussi avec sa maman.

Le dimanche 5 avril 1936, entre autres amis et personnalités, le Gerny's accueille Suzy Prim, Philippe Hériat et le compositeur Jean Tranchant, patron du cabaret La Croisière. Au cours de la soirée, ce dernier discute longuement avec « Bob », son complice de mœurs [1]. Un quart d'heure

---

1. Pour avoir pris amant parmi les officiers allemands, à la Libération, Jean Tranchant devint tellement tricard qu'il fut contraint de s'exiler. Lors d'une tournée en Amérique du Sud, Roland Gerbeau le retrouva dans un bar de São Paulo où l'auteur de

environ. Leplée semble soucieux, mais ne se livre à aucune confidence. Préoccupé, sans doute, à cause d'un coup de fil reçu au début du spectacle, émanant d'un certain Marcel, alors qu'il était près d'entamer *Les Moines de Saint-Bernardin* avec les musiciens. Le patron, qui ne se dérangeait jamais à cette étape de la soirée, prit cette fois la communication. À son retour dans la salle, son visage témoigna-t-il d'une certaine inquiétude, comme l'affirmera une employée du Gerny's ? Georges, le chasseur des lieux, devait garder le souvenir d'une soirée plutôt réussie. « Je n'ai rien remarqué d'anormal, s'épancha-t-il aux reporters de *Paris-Soir*, le journal de Jean Prouvost, au lendemain du drame. Monsieur Leplée paraissait au contraire de fort bonne humeur et c'est très gaiement qu'il s'en alla au moment de la fermeture, en compagnie de Jean Tranchant, de Suzy Prim et de la Môme Piaf. »

Embrassades avec Suzy et Jean Tranchant, sur le trottoir, au moment de se quitter. Puis Édith et Leplée montent dans un taxi. Direction : avenue de la Grande Armée. Le patron déposé devant son domicile, sur ses instructions, le chauffeur conduit la Môme place Pigalle. C'est elle qui règle la course. Il est un petit peu plus de 4 heures. Avant de la laisser, Leplée lui a conseillé de ne pas trop traîner car le lendemain elle doit déjeuner chez lui. Traître à sa promesse, jusqu'aux lueurs de l'aube, elle va faire la fête à Montmartre en compagnie de sa bande, à l'occasion du départ à l'armée de l'un d'entre eux.

Lundi 6 avril. Comme chaque matin, il est 8 heures lorsque Thérèse Secchi arrive au 83, avenue de la Grande Armée pour y prendre son service. N'ayant pas reçu de son employeur la consigne de le réveiller, elle prépare aussitôt le petit déjeuner de sa fille, qui la quitte à 8 heures 30. Restée seule, la veuve Secchi empoigne son plumeau et commence sans tarder sa chasse à la poussière d'un bout à l'autre de l'appartement, en prenant garde de ne pas faire de bruit. Deux heures plus tard, quatre individus pénètrent dans le hall de l'immeuble sous l'œil de la concierge. « Ils sont passés si vite mais d'une manière si naturelle, que je n'y ai pas prêté davantage attention », dira madame Buridant. Un quatuor de jeunes gens dont le premier, âgé de vingt-cinq ans tout au plus, mesure environ 1 m 70. Le cheveu châtain foncé, le teint très mat et l'œil sombre, il arbore un complet bleu marine à petites raies blanches assorti à un feutre beige. Signe particulier : il porte une serviette en maroquin fauve sous le bras. Le deuxième, de même corpulence

---

J'aime tes grands yeux, celui à propos duquel Brassens devait déclarer : « Sans Tranchant, il n'y aurait eu ni Brel, ni Brassens », s'était fait engager comme simple pianiste.

moyenne, semble plus jeune encore, vêtu, lui, d'un pardessus bleu marine et d'un pantalon gris très clair. Son teint est laiteux et sous son chapeau mou, gris foncé, son crâne est rasé. La même élégance est relevée par la concierge chez le troisième : pantalon marron à rayures claires, chapeau mou marron. Celui-là paraît être plus grand que les autres : vraisemblablement 1 m 75. Plus âgé aussi : entre vingt-huit et trente ans. Soit une dizaine d'années et de centimètres de plus que le quatrième et dernier élément du groupe, exclusivement habillé de gris, dont le visage est grêlé de traces de variole.

En très peu de temps, les jeunes gens accèdent ensemble et par l'escalier au palier de Leplée. Une fois devant la porte, ils ne sonnent pas mais frappent, conformément à un code secret institué par « Bob » avec ses intimes, afin de se préserver des mauvaises surprises. À peine la bonne a-t-elle ouvert que, sans lui laisser le temps de proférer un son, les quatre garçons la bousculent et investissent les lieux en refermant la porte derrière eux. « J'allais crier, lorsque l'un d'eux me mit son revolver sur la bouche. Je vous jure que lorsque l'on sent le froid d'un canon de revolver sur ses lèvres, on se tait. Ils me poussèrent ainsi jusque dans le salon et m'assirent de force sur un divan » (*dixit* Thérèse Secchi).

De la serviette en maroquin fauve (dont il sera prouvé qu'elle provient d'un vol), les malfaiteurs extraient aussitôt un savant attirail de circonstances, preuve que le coup avait été prémédité : un masque noir, une paire de ciseaux, des bouts de corde et deux bâillons, l'un composé d'un morceau de lustrine noire et d'un morceau de toile de lin découpé dans une chemise de femme, l'autre provenant d'une jambe de caleçon de laine imbibée d'eau. Madame Secchi, épouvantée, est ainsi doublement bâillonnée. « Alors, ils me ligotèrent pieds et mains. Quand ils m'eurent immobilisée, ils m'abandonnèrent. » Sans bruit, le gang au complet se dirige d'un même pas vers la chambre de Leplée, dont ils semblent connaître parfaitement la géographie puisque, une fois la porte ouverte, l'un d'eux glisse sa main sous une tapisserie où se trouve l'interrupteur. Que se passe-t-il ensuite ? Selon Thérèse Secchi, des bouts de phrases furent échangés entre Leplée et ses agresseurs : « On t'a eu !... Tu ne nous auras plus !... » À quoi Leplée aurait répondu en criant : « Ah ! Les salauds ! » Un coup de feu serait ensuite parti, qui provoqua la mort immédiate du patron du Gerny's. L'autopsie, pratiquée le 7 avril à l'Institut médico-légal par le docteur Paul, révéla que Leplée fut violemment frappé par ses assassins avant de recevoir effectivement une balle meurtrière dans l'œil droit : « La mort est due à un coup de feu tiré à bout portant, touchant au niveau de la paupière inférieure droite.

Le projectile du calibre 6 mm 35 a traversé le crâne de bas en haut. Traces multiples de bâillonnage à la face. D'autres traces à la face et à la jambe gauche ont été produites par un instrument à bouts régulièrement cylindriques. »

Leur forfait accompli, le sinistre quatuor se représente dans le salon qu'ils mettent sens dessus dessous, comme à la recherche d'un magot dont ils auraient appris l'existence. « Dis-nous où est l'argent ou on te brûle ! » ordonne l'un d'eux à la bonne, momentanément débâillonnée. « Je leur jurai sur tous les saints que l'argent n'était plus là et qu'il avait été mis à la banque... C'était faux car je savais très bien où il était... »

Cet argent représentait au juste une somme très importante perçue par Leplée en échange d'un service rendu à monsieur Lefranc, le directeur d'un grand café des Champs-Élysées, désireux de vendre au plus tôt un appartement qu'il possédait avenue de la Grande Armée. « Bob » ayant servi d'intermédiaire entre le vendeur et l'acquéreur, un certain monsieur Sanders, une commission de vingt mille francs lui fut remise. Prévue de dix mille francs au départ et doublée en raison de la rapidité avec laquelle l'affaire fut menée. Bien entendu, d'aucuns épiloguèrent longuement sur la provenance de cet argent. Les journaux communistes, principalement. « Des confidences [de qui ?] laissent entendre que Leplée ne vivait pas des bénéfices de son établissement, qui aurait fait cent cinquante mille francs de déficit l'an dernier, pourra-t-on lire dans *L'Humanité* du 9 avril 1936. Et la "coco" était peut-être bien le plus fructueux commerce de la maison. »

« Voyant que le temps passait et qu'ils ne trouvaient toujours pas l'argent qu'ils cherchaient, les bandits se décidèrent à partir », termina de témoigner Thérèse Secchi, interrogée par des journalistes de *Paris-Soir*, dans le salon de mademoiselle Sannier, la voisine du dessus. C'est elle qui recueillit la Piémontaise sur son palier après que celle-ci se fut libérée d'une partie de ses liens en frottant ses chevilles. Les mains toujours neutralisées, la bonne s'était rendue, chancelante, jusque dans la chambre de son employeur. Devant le spectacle du cadavre de Leplée, gisant en chemise sur le lit, une moitié de son dentier traînant sur la table de nuit, elle avait rassemblé ses forces pour aller chercher du secours. Poussant le loquet de la porte d'entrée avec sa tête, elle parvint à l'ouvrir. Trois jours avant le drame, sur le seuil du Gerny's, à un célèbre médecin légiste qui le remerciait de l'avoir raccompagné, Leplée avait tenu ces propos énigmatiques : « C'est ça, vous me remercierez avec un bon pour une autopsie. Ça ne saurait tarder. » Le 6 avril, lorsqu'ils arrivèrent au 83, avenue de la Grande Armée, les agents de

Police Secours ne purent rien faire, le corps de papa Leplée était déjà froid et rigide. Le docteur Jean Tarneaud, laryngologiste de l'hôpital Bellan et du Conservatoire National de Musique, fut alors appelé pour constater le décès. La proximité de sa résidence, 27 avenue de la Grande Armée, explique sûrement ce choix.

La nouvelle a fait le tour de Paris : tout le monde sait à présent que Louis Leplée a été assassiné. Tous, sauf la Môme Piaf. Où est-elle ? La police s'en inquiète. Il est 13 heures lorsqu'elle arrive devant l'immeuble de son protecteur, un sourire niais d'après nouba au coin des lèvres. Qu'y a-t-il ? demande-t-elle, étonnée par l'afflux de population. « Et brutalement elle fut mise au courant, écrit Leroux dans *Paris-Soir*. Sa peine alors n'eut plus de bornes. En proie à des crises de larmes et presque à une crise de nerfs, il fut infiniment difficile de lui arracher quelques mots ; elle ne savait que sangloter : "Mon patron, mon pauvre patron, c'était un peu comme un père pour moi." » Des sanglots et des mots à peu près identiques qui, filmés par les Actualités Gaumont à sa sortie du quai des Orfèvres, vont faire le tour de France pour revenir en boomerang au visage de la Môme Piaf, vedette malgré elle de ce que la presse n'appellera bientôt plus que « le crime de la Grande Armée ». Une « malpropre affaire » dont l'instruction est confiée à Pierre de Giroud, désigné par le Parquet pour ouvrir une information, le commissariat de Chaillot prenant de son côté la direction de l'enquête. Parmi les fins limiers délégués à cette tâche : le commissaire Guillaume, celui de l'affaire Landru. La partie n'est pas simple. Il va falloir passer au crible tous les potins de bars, tous les ragots de couloirs d'hôtels, toutes les petites médisances, toutes les suppositions, même les plus puériles, même les plus saugrenues, même les plus fantaisistes.

Les recherches pouvant être dirigées dans moult directions, il reviendra au commissaire Guillaume de tout vérifier sans pour cela à l'avance accorder un trop grand crédit aux indications qui pourront paraître les plus sérieuses. L'homme connaît son boulot et compte peu d'échecs. La première, Édith est passée au grill et elle ne se montre pas avare en confidences. La main courante conservée aux Archives de la Police fait foi de ce qu'elle donne l'un après l'autre le nom de tous ceux qui font partie de sa vie et dont certains, pour connaître Leplée, avaient de bonnes raisons de lui en vouloir. Dont Henri Valette. Persuadé de l'innocence de la petite chanteuse, Guillaume abandonne très vite sa toute première hypothèse, celle d'une vengeance exercée par les vingt employés licenciés par Leplée au mois de janvier. Resté dans son collimateur : Valette. Il le fait rechercher. Les journalistes de *Paris-Soir* retrouvent le zèbre à Montmartre, bien avant la police. « Alors que dans tout Paris des enquêteurs bénévoles étaient lancés à ses trousses, ses différents domiciles visités avec soin [son adresse officielle est alors 10, rue des Martyrs], Henri Valette déambulait hier soir [6 avril] place Pigalle, le plus tranquillement du monde. L'homme, habillé "en marron", qu'on avait un moment soupçonné, paraissait assez peu inquiet. Lorsqu'on l'aborda pour lui annoncer la nouvelle, il éclata d'un gros rire.

— Moi, meurtrier ? Mais j'ai la conscience parfaitement tranquille. On peut vérifier mon emploi du temps. Cela m'a tout l'air d'une plaisanterie. Il se peut que lors de ma séparation [d'avec Édith] j'en aie conçu quelque dépit, mais de là à...

Et comme un ami lui suggérait d'aller faire une déposition au commissariat, Valette répondit, sûr de lui-même :

— Ils n'ont qu'à venir me chercher. Je n'ai pas été avisé officiellement, pas vrai ? Quand ils auront besoin de moi, je serai à leur disposition.

Et tout en chantonnant, Valette prit la direction de la place Blanche, vers les cafés qu'il hantait d'ordinaire. En guise d'adieu, il nous jeta :

— Au revoir ! Si on me demande, je suis chez le coiffeur... »

Ayant préalablement déclaré à un sbire de *L'Humanité* qu'il n'avait vu Leplée qu'une seule fois, au mois de novembre de l'année précédente, et qu'il n'était pas en mauvais termes avec lui, Valette finit par se présenter de lui-même au quai des Orfèvres, le 7 avril, pas trop tôt, vers 15 heures, avec un solide alibi en poche. Le soir du crime, il est rentré chez lui à 2 heures du matin où il est resté couché jusqu'à 14 heures. « J'ai passé la soirée dans un cinéma en compagnie de ma maîtresse. » Valette semble crédible. Au demeurant, madame Secchi ne l'a pas reconnu sur la photographie que lui a montrée Guillaume et que la presse va reproduire. La Piémontaise n'identifiera aucun des assassins parmi tous les portraits qu'on lui soumettra. Peur des représailles ?

Valette écarté, c'est au tour de Jeannot le mataf de répondre de son emploi du temps le matin du 6 avril. On ne le retient pas longtemps quai des Orfèvres. Guillaume s'est rapidement rendu compte que Jeannot n'a rien à voir dans cette histoire. Enchaînant les interrogatoires, la PJ croule sous les dépositions. Celle de Laure Jarny. À l'en croire, Leplée ne comptait aucun ennemi et ses affaires marchaient très bien. Elle avoue en outre ignorer la vie privée de son patron. Un témoignage qui tranche avec celui d'un serveur du Gerny's : « Leplée se montrait très imprudent dans ses fréquentations. On ne lui connaissait aucune relation suivie, il cherchait plutôt l'aventure. » Viennent ensuite les déclarations de Thérèse Secchi et de sa fille. Les deux femmes ne font que répéter ce qu'elles ont déjà dit. Celle de la concierge, madame Buridant, qui, pas plus que la bonne, ne reconnaît les assassins sur les clichés des différents suspects qu'on lui présente. Celle de la chanteuse hongroise Hélène Sandé, engagée depuis un mois et demi au Gerny's, qui déclare que son employeur avait souvent des phases de découragement. Elle parle aussi d'une violente dispute de Leplée avec un chanteur espagnol que « Bob » ne laissa chanter qu'un soir tant cet artiste était mauvais. Celle de Jean Tranchant, lui-même victime d'une agression dans la nuit du 7 au 8, qui l'a poussé à fermer son établissement. À sa sortie, l'ex-modéliste de Paul Poiret a le moral en berne : « Les risques de ce métier sont devenus tels, nous sommes tellement menacés par les associations de bandits que j'hésite à poursuivre une carrière qui se révèle dangereuse. »

Philippe Hériat, à qui l'on reprochera de s'être défendu mollement contre la mitraille des appareils photographiques braqués sur sa talentueuse personnalité, lors de sa descente des marches de la PJ, est également entendu. Il insiste sur le fait que le personnel du Gerny's faisait « danser l'anse du panier » et il accuse ceux que Leplée a licenciés. Or, nous savons qu'ils furent unanimement mis hors de cause. La police retrouve également le chauffeur de taxi qui a reconduit Leplée chez lui pour la dernière fois. Son témoignage n'apporte rien. On va même jusqu'à auditionner le tailleur de « Bob » ; l'en-tête de son magasin (210 rue de Rivoli) figurait sur l'enveloppe renfermant les fameux vingt mille francs. Simple coïncidence, le tailleur n'a rien à voir dans cette affaire. C'est ensuite au tour de Camille Ribon de dire tout ce qu'il sait. Il apprend à Guillaume que le 7 avril, après sa virée nocturne à Montmartre, la Môme Piaf est venue chez lui, rue des Amandiers, vers 9 heures du matin, en compagnie d'une amie et d'un jeune homme. Il leur a offert le café et le trio est reparti vers onze heures. L'amie n'est autre que Momone. Quant au jeune homme, il s'agit de Jeannot le mataf qui tient là son propre alibi. Une centaine d'autres témoins défilent à leur tour quai des Orfèvres. Des confrontations ont lieu. Qui n'apportent aucune pierre à l'édifice.

Retenue même aux heures du déjeuner, tant on estimait avoir besoin d'elle pour de nouvelles confrontations avec d'autres suspects, la Môme Piaf est placée en garde à vue pendant deux jours, entre lesquels, contrairement à ce que l'on a dit, il lui est permis de rentrer dormir chez elle. Des journalistes ont affirmé que le lundi 6 au soir, elle se serait précipitée cours de Vincennes, chez Georges le spahi, en son hôtel. Georges le spahi, présenté par elle à Leplée, au début du mois de mars et qui, depuis la nouvelle, a disparu... Georges le spahi est le nouveau nom retenu par la presse, mais le garçon finit par se présenter de manière tout aussi spontanée que Valette. Affolé par le tohu-bohu, il avait dans un premier temps pris le train pour aller se réfugier à Saint-Étienne. Toutes les pistes lancées par la Môme Piaf seraient-elles vouées à s'effondrer ? Mais alors que le beau Georges est lui aussi blanchi, les journalistes, toujours aussi bien renseignés par la police, lancent le nom d'un nouveau présumé coupable : Vincent l'Espagnol, alias Vincent Corrizo ! Lui aussi comptait au nombre des relations de Leplée. Depuis le jour du meurtre, il n'a pas été revu à Montmartre. Et pour cause ! Arrêté pour divagation en état d'ivresse plusieurs heures avant le crime, il cuvait son vin dans une cellule à la prison de la Santé. Même le mystérieux Marcel, l'auteur du coup de téléphone à « Bob », la veille de son assassinat, n'intéresse plus les enquêteurs.

Qui a tué Louis Leplée ?

À Pigalle où elle s'est repliée, il va de soi qu'Édith suscite une grande curiosité. Pensez donc, elle est passée aux Actualités ! Des journalistes de *Paris-Soir* la poursuivent jusqu'au Piccadilly. Lorsqu'ils y arrivent, le 7 au soir, elle n'est pas encore rentrée à son hôtel, mais Jeannot est là, ainsi que Louis Gassion, qui l'attendent. Le contorsionniste est flanqué de sa nouvelle pépée : Juanita. Depuis que sa fille s'est fait un nom dans le tour de chant, noteront Robert François et Pierre Veber, papa Piaf qui ne veut pas ternir l'auréole de la famille s'est fiancé avec une artiste. Intervention de Juanita : « Si j'avais eu la chance de rencontrer un Louis Leplée, je serais aussi célèbre que la Môme Piaf. » Sèche réplique du père Gassion : « Mais toi, tu n'es pas la Môme Piaf !... » Particulièrement loquace, Louis Gassion, son petit mètre cinquante-quatre et ses grands gestes, commence par énumérer aux reporters les qualités de feu Louis Leplée, sa gentillesse, son flair, ainsi que toutes les attentions que le directeur de sa fille sut avoir pour le père de celle-ci. Avant de prévenir : « Je ne veux pas qu'on écrive que ma fille travaille dans un cabaret. Un cabaret est un bistrot fréquenté par des ouvriers. Ma fille travaille dans un établissement ! L'établissement de monsieur Leplée, où vont tous les gens de la haute. »

« Plantées dans le décor, écriront François et Veber, à la fois farouchement sincères et bizarrement artificieuses, quelques-unes de ces dames qui habitent l'hôtel et qu'on rencontre la nuit, fardées comme des idoles, sont là, enveloppées dans des peignoirs et affalées çà et là dans un fauteuil ou sur un radiateur, formant le chœur des pleureuses :

— C'est épouvantable !

— Elle perd sa chance avec lui !
— Un homme si fin, si doux, si distingué...
— Dans quels temps vivons-nous ! »

Survient enfin la Môme Piaf. Les paupières rougies par les larmes, elle n'est pas belle à voir. Sauf à l'entendre : « Papa Leplée... Papa Leplée qui disait que j'étais sa petite plante, qu'il soignait lui-même chaque matin et qui poussait, poussait, allait devenir très grande... Je ne reverrai plus papa Leplée. » Puis, le poing serré et la voix gonflée, elle s'arc-boute : « Je vengerai papa Leplée ! »

« À 8 heures du soir, la Môme Piaf disparut soudain, concluent les journalistes de *Paris-Soir*. Le bruit courut dans Montmartre, vers deux heures du matin, qu'elle avait été kidnappée. Elle avait seulement changé de chambre, pour chasser loin d'elle tous les opportuns. » Nos Rouletabille paraissent fort bien renseignés. Effectivement, Édith avait quitté sa chambre pour celle d'un voisin et ami logeant dans le même hôtel. Un certain Raymond Asso...

Tenace, Guillaume ne lâche pas prise. Il passe le jour de Pâques à son bureau d'où il décide de nouvelles interpellations dans les milieux de la prostitution masculine. Il y fait procéder par le commissaire Badin à de véritables rafles dans les 4e , 11e , 12e, 18e et 20e arrondissements de la capitale. Une vingtaine de « chevaliers de l'anneau » peuvent ainsi être appréhendés et ramenés dans le panier jusqu'au quai des Orfèvres. Le compte rendu de leur audition, dans *Le Populaire*, a le mérite d'apporter à cette ténébreuse affaire la touche de dérision qui lui manquait : « Avec des grâces maniérées et des effets de mouchoir, la "Môme Zizi", "Pomme d'amour", "Berthe aux grands pieds" et tant d'autres qui portent des noms de guerre tout aussi suggestifs se disculpèrent. Mis en présence de Mme Secchi, la gouvernante de Louis Leplée, de la concierge, d'autres témoins, ils ne furent pas reconnus. Finalement, on les relâcha tous. »

L'impuissance de la police fait jaser et d'autres journalistes se moquent plus ouvertement : « L'enquête se traîne dans le marasme précurseur des grands enterrements. On veut se donner l'illusion que l'on fait quelque chose, mais ce que l'on fait est si vain, si délibérément inutile, si absolument nul, que l'on se demande si la police n'aurait pas meilleur compte à reconnaître tout de suite et en toute honnêteté son impuissance en face de cette énigme insoluble. »

Insoluble est bien le mot qui revient avec le plus de fréquence, lancinant comme le ressac. Car, une semaine après le meurtre, Leplée reposant désormais à Saint-Ouen après avoir bénéficié de discrètes obsèques de première classe, le 11 avril 1936, à 11 heures, à Saint-Honoré-d'Eylau – le registre des décès de la paroisse indique qu'il fut le cinquante-cinquième défunt accepté en cette église depuis le début de l'année –, le mystère n'est toujours pas éclairci. Les seuls éléments positifs sont faiblards et les enquêteurs se heurtent au silence prudent de gens qui en savent plus long qu'ils ne veulent le dire.

Les pistes données par Piaf définitivement abandonnées, l'hypothèse d'une affaire de mœurs provisoirement écartée, Guillaume eut beau diligenter son enquête sur la théorie du racket, il n'obtint pas de meilleurs résultats. Un cuisant échec que celui qui mettait une coquetterie à se laisser surnommer « le Sherlock Holmes français » et dont l'opiniâtreté signait le caractère (« Je suis têtu, foncièrement têtu »), ne consignera même pas dans ses mémoires parus dans *Paris-Soir*, entre février et avril 1937, dans lesquels il réserve pourtant une place à ses différentes affaires manquées. En décembre 2006, je suis entré en contact avec la petite-fille du commissaire, détentrice des archives de son grand-père. Elle fut surprise d'apprendre qu'il avait tenu un rôle dans cette affaire Leplée qu'elle ne connaissait pas même de notoriété. Guillaume avait-il des choses à cacher ? Est-il des secrets auxquels le public ne doit pas avoir accès ? A-t-il raconté toute la vérité Leplée aux journalistes ? Peu avant la publication de ses mémoires, le commissaire, éprouvant le besoin de rectifier un chapitre, se rendit à l'imprimerie de *Paris-Soir* et tomba sur une correctrice hardie et pour le moins suspicieuse : « Il y a beaucoup d'erreurs, monsieur le Commissaire, dans vos mémoires. Vous prétendiez que vous n'étiez pas armé quand vous avez arrêté Victor Serge. Or, vous étiez armé.

— Comment pouvez-vous le savoir ?

— J'étais là. Je suis Rirette Maîtrejean ! »

Rirette Maîtrejean, célèbre anarchiste individualiste, était l'épouse de Victor Serge, un activiste pétri des mêmes idées que sa femme. Arrêtés tous deux pour avoir frayé avec la Bande à Bonnot, lui seul fut condamné en 1913 à cinq ans de prison. « Ainsi, trente ans après, le hasard, qui est quelqu'un de très bien organisé, voulut que Rirette Maîtrejean corrigeât les souvenirs de l'homme qui l'avait arrêtée et plus précisément le chapitre qui la mettait en cause », rapporte dans ses souvenirs Henri Jeanson, alors membre du bureau de *Paris-Soir*. Quelques jours plus tard, Rirette Maîtrejean lâcha ce cri dans *Confidences* : « Commissaire Guillaume, ne réveillez pas les morts ! »

Marcel Ludovic Guillaume prit sa retraite en février 1937, après que l'affaire Leplée fut classée par le parquet. Devenu détective privé, il s'associa à son fils Roger pour monter sa propre agence, à Paris, rue

Bergère. La dernière affaire qu'il y traita : la mort d'Adolf Hitler. À la demande expresse d'un journal, en 1945, il se rendit à Berlin pour y enquêter sur la fin du chancelier allemand et sur celle d'Eva Braun. Il en revint avec cette conclusion étonnante : « Je n'ai pas trouvé un seul témoin, un seul indice dignes de ces noms. Il n'y a aucune preuve matérielle de la fin du Führer. Les politiques se sont hâtés de conclure à sa mort, nous autres policiers aurions plus sagement conclu à sa disparition, ce qui n'est pas la même chose. »

Né à Épernay en 1873, le commissaire Guillaume mourut en 1963, la même année que Piaf, à Tribou, un petit village normand où il s'était retiré. La chronique nous apprend que cet excellent chasseur possédait un chien qu'il avait baptisé, non sans humour, « Perdreau », le surnom donné par les policiers aux mauvais garçons de Montmartre...

Deuxième partie

LE NOM

« Où le caractère n'est pas grand, il n'y a pas de grand homme.
Il n'y a que des idoles creuses pour la vile multitude. Le temps les détruit.
Peu nous importe le succès. Il s'agit d'être grand et non de le paraître. »

Romain Rolland

« Ce qui manque à la feuille d'or, c'est la couronne de Rachel. »

Gaston Paris

I

Asso pour la vie

« Je veux en sortir et j'en sortirai ! »

É. P.

Du Royal au Gerny's : quinze meurtres impunis en l'espace de dix-huit mois. Le 27 mai 1936, étonné qu'aucun règlement ne lui soit encore parvenu suite à sa vacation, le docteur Jean Tarneaud, qui constata le décès de Louis Leplée, se rappela au bon souvenir du commissaire Guillaume. Ce pauvre « Bob » avait bien fait de mourir ! Entre le feuilleton, une réclame pour la jouvence de l'abbé Soury et la rubrique des résultats sportifs, dans les journaux on parla quelque temps encore du « crime de l'avenue de la Grande Armée ». Puis, faute d'éléments nouveaux dans l'enquête policière, la chronique s'essouffla. On passa à autre chose.

Piaf prétendit avoir souffert d'une mauvaise presse après la mort de son protecteur. Or, nulle part on ne trouve de propos accusateurs, ou injurieux à son égard. Certes, elle fit la une des périodiques ; dans *Paris-Soir*, *Le Populaire* et *L'Humanité*, notamment, elle eut droit à sa photo en première page, mais aucun journaliste à aucun moment n'a laissé peser sur elle le moindre soupçon. C'est à quelques mauvais esprits qu'elle dut d'écoper çà et là des réflexions aussi cruelles que désobligeantes. Le commentaire fourni par un badaud à un reporter de *L'Humanité,* devant le quai des Orfèvres, le 7 avril 1936 (« Pensez donc, elle n'a plus qu'à retourner débiter ses goualantes au coin de la rue de Belleville ! »), faillit pour elle se révéler prémonitoire. Sauf qu'elle retrouva du travail et beaucoup plus vite que prévu, place Pigalle, chez O'dett, du nom de l'un des animateurs de ce cabaret appartenant à Raoul Favier. Robe blanche, mitaines noires et chapeau à plumes, par son langage vert, O'dett (René Goupil de son vrai nom) enchante les dames du meilleur monde en leur faisant l'irrésistible coup du : « Posez-le... là, votre joli petit cul, mon mignon baby d'amour ! »

Dans un décor d'Henri Mahé, où les blancs et les ors à la mode de 1900 tiennent une grande place, le spectacle procède davantage du music-hall que de la boîte de nuit. Aussi, Raoul Favier tient-il à ce que la Môme Piaf y apparaisse sous son meilleur jour. « Leplée cherchait à ce qu'elle soit sale, à ce qu'elle ne soit pas nette », dénonça Bruno Coquatrix, lors d'une émission en hommage à Édith Piaf, à laquelle participaient également Danielle et Marc Bonel. Le « pape de l'Olympia » révéla ce jour-là avoir fait signer à la Môme Piaf son contrat chez O'dett. Ce qui, pour scandaleusement inexact qu'il ait pu apparaître à Canetti, interrogé dans les années quatre-vingt par Martin et Duclos, nous semble, à nous, parfaitement plausible, entendu que ce bon Bruno était (Danielle Bonel l'a vécu) le directeur artistique de Favier. Coquatrix, toujours : « Il est évident qu'à cette époque-là, les deux hommes, celui qui dirigeait chez O'dett et celui qui dirigeait le Gerny's, étaient très différents. Très amis, mais très différents. Raoul Favier m'avait dit : "Je veux une fille qui soit impeccable, qui soit propre, qui soit très bien habillée, mais je ne veux pas qu'elle soit richement parée, parce que je sais bien qu'elle chante des chansons de rue. » Et Favier de lui indiquer prétendument l'adresse de Rosange, une couturière établie dans un hôtel particulier du parc Monceau.

C'est Coquatrix qui aurait choisi la couleur de la robe : du noir. « La couleur qui procurait le moins de risques. » Lui encore qui en aurait déterminé la forme : « On ne va pas lui faire une robe du soir ! On avait remarqué que Piaf chantait les jambes un tout petit peu écartées et qu'elle appuyait ses mains sur ses cuisses, pour être solide. Évidemment, ses mains sur sa jupe, ça n'était pas très joli. Après, elle a su s'en servir, on disait : "Les mains de Piaf, c'est merveilleux !", et c'était vrai. Mais, à cette époque-là, elle les plaquait simplement sur ses cuisses pour se tenir. Elle avait les épaules légèrement en avant, c'était le bulldozer qui fonçait. Alors, Rosange a eu une idée, elle a dit : "On lui fera une jupe qui aura des plis, et dans les plis on fera deux poches qui ne se verront pas et dans lesquelles elle pourra glisser ses mains." Elle n'en avait plus besoin, mais on avait fini par le faire, par habitude, probablement. » Danielle Bonel qui, à partir de 1951, et jusqu'à la fin, eut en main toutes les robes de Piaf, confirme les dires de Coquatrix sur ce point. « Toutes avaient de toutes petites poches discrètes. » Peut-être Rosange, dont le vrai prénom était Reine, fut-elle amenée à travailler pour Piaf dans des conditions que l'on ignore. Or ici Coquatrix s'attribue la part du lion en tissant sa légende sur le dos d'une morte. Car, nous l'avons vu et nous l'allons voir encore à travers des écrits inédits de Raymond Asso, Marinette Mousquès fut à cette époque et jusqu'après la guerre la couturière attitrée de la Môme Piaf, puis d'Édith Piaf. C'est elle et personne d'autre qui créa, ce, dès le Gerny's, la fameuse petite robe noire.

L'autre cabaret dans lequel la Môme Piaf rebondit après « l'Affaire », est l'Ange Rouge (ex-Palermo), 6 rue Fontaine. Curieux endroit encore que celui-ci. Il est de notoriété que cet établissement est, et a surtout été jusqu'au début de 1934, le rendez-vous notoire d'individus suspects appartenant au milieu des grands souteneurs, des tenanciers de maisons de tolérance, des trafiquants de stupéfiants, des spécialistes de la traite des Blanches et des habitués de cercles de jeux. Autrement dit, de la mafia. Avant 1934, le patron de l'Ange Rouge, un des lieux de prédilection du « gangster » Paul Carbone, fut précisément... Raoul Favier, associé à plusieurs propriétaires de maisons de tolérance. Un nettoyage a été effectué depuis lors, mais le cabaret garde une mauvaise réputation et, au regard de la police, l'Ange, ouvert de 16 heures jusqu'au matin, reste dans le rouge. « Depuis son ouverture qui remonte au mois de mai 1931, l'Ange Rouge est fréquenté par une clientèle fort mêlée et composée d'éléments douteux, est-il consigné dans un rapport confidentiel. On y remarque des individus sans profession définie, des habitués de bars de la place Pigalle et de la place Blanche, des femmes de mœurs légères. »

Prudence, la Môme !...

Or Canetti est là, qui ne la lâche pas, continuant, en accord avec Bleustein, à la programmer sur Radio-Cité où il fait tirer quelques portraits d'elle. En mai, la Môme Piaf est en position de pouvoir enregistrer d'autres chansons (*Mon amant de la coloniale*, *Les Deux ménétriers*), toujours chez Polydor. Car, en définitive et à son corps défendant, l'affaire Leplée lui apporta une publicité considérable. N'importe quel zozo ne passe pas aux Actualités Gaumont. Après avoir entendu, pour certains, son nom et sa voix à la radio, toute la France connaît à présent son visage. Sans oublier qu'Édith fit la couverture de *Détective*, un hebdomadaire fondé en 1928, dont Joseph Kessel fut le premier directeur-rédacteur, avec comme premiers collaborateurs : Jean Cocteau, Maurice Garçon, Pierre Mac Orlan, Albert Londres et Philippe Hériat. Une couverture suggestive qui nous montre la Môme Piaf conduisant le deuil de Leplée à Saint-Honoré-d'Eylau, avec trois autres femmes et un titre passablement équivoque : « Les quatre tueurs », mais une couverture quand même ! En revanche, autour d'elle le cercle des amis s'est notablement restreint. C'est que, comprenez-vous, blanchie ou pas... Rares sont-ils à ne pas l'avoir abandonnée : Jacques Bourgeat (quoique un peu plus discret), l'accordéoniste Juel, Canetti et la déjà fidèle Marguerite Monnot. Il y a aussi Yves Bizos, créateur et directeur d'une agence qui deviendra l'Office Parisien du Spectacle. En mai, il engage Édith dans l'une de ses productions, *Jeune chanson 1936*, un spectacle également présenté à l'Européen et promené ensuite dans l'Est et le Sud de la France, ainsi qu'en Suisse. En parallèle, des propositions parviennent à l'ex-protégée de Leplée. On l'a même demandée à Saint-Tropez. Ses conditions : « Nourrie, couchée, voyage payé et 250 francs par jour. » Elles seront refusées.

À maints égards, l'été 1936 est saison chaude. Tandis qu'en France, déterminés à jeter Marianne dans les bras du grand frère Ivan, après avoir poussé Blum dans le dos jusqu'à Matignon, les communistes paralysent le pays par des grèves sauvages et un peu partout, au-dessus des édifices publics, on voit descendre le drapeau tricolore au profit du drapeau rouge. La propagande gauchiste réussira à faire oublier qu'avant les congés payés du Front populaire, André Tardieu avait fait voter les assurances sociales. Édith est à Lausanne pendant cette période où la paix civile manque de basculer. Pleinement confiante et comme revigorée. Le 5 août, elle se fait joie de taquiner son « grand salaud » de « petit Jacquot chéri », par le truchement de quelques feuilles arrachées à un cahier d'écolier : « Alors, tu es grand-père d'une belle petite fille, gros veinard, seulement je plains cette pauvre petite si elle te ressemble, car quand tu as les cheveux rasés et sans ta pipe, je t'assure que tu n'es pas beau, enfin, si tu le crois... » Revenant ensuite sur une probable allusion de Bourgeat, elle se lance dans une diatribe plus amicale qu'injurieuse, qui prouve qu'à Pigalle la Môme vivait sur un meilleur pied que son mentor : « [...] Où je ne comprends pas, c'est que tu dises que tu vas au moins manger à ta faim. Car si tu n'as pas mangé tous les jours à ta faim c'est que tu l'as bien voulu, car chez moi tu avais ton couvert de mis quand tu voulais, mais brusquement je ne t'ai plus vu, alors... Enfin, tu mérites des trempes ! » En marge de ces « piaferies », elle lui annonce solennellement que désormais tout changerait. Elle parle d'aller enfin chez le dentiste, de faire de la culture physique. De l'influence inconsciente de Suzanne Lenglen, reine de Roland-Garros et modèle de la femme saine de l'époque ? Le regain d'intérêt pour la beauté corporelle se traduit dans l'entre-deux-guerres par la multiplication des instituts de beauté et par l'inscription dans l'horaire quotidien de l'effort physique. Défense pour les femmes de vieillir ! Elles se soignent, s'entraînent, se surveillent. Édith dit également vouloir apprendre à écrire dans un français non fautif. Avant de terminer par un feu de Bengale, une prose chenillesque, sans points ni presque de virgules : « [...] au revoir, mille millions de baisers sur tes grosses joues, mon rayon de soleil apprivoise ma fleur des champs sauvages, mon bébé cadum, ma seule raison de vivre, mon ciel enchanteur, tu vois y a pas que toi qui trouves des belles paroles a bientôt la grande joie de t'embrasser a la vie a la mort. » Elle lui dessine un oiseau portant une enveloppe dans le bec et signe « Didi ».

De retour à Paris, tout s'enchaîne assez bien pour elle. Grâce à Bizos, toujours dans le cadre de son spectacle, elle obtient des contrats, dont un au Trianon music-hall, enregistre quelques titres où elle s'assure les services d'un orchestre dirigé par Émile Stern. Puis elle reparaît chez O'dett. Ce n'est pas encore l'Amérique, mais tout pourrait aller dans le bon sens si de nouveau elle ne s'était acoquinée avec Simone Berteaut. Ensemble, elles refont les quatre cents coups et la carrière de la Môme Piaf va directement en pâtir. La bombe avec les copains, l'alcool, les retards, les rendez-vous manqués. Ce qu'Édith ramène au simple statut de « blagues » devient odieux aux yeux des décideurs et des patrons de cabarets qui refusent désormais d'accorder leur confiance à cette fille inapprivoisable et déroutante. Elle n'a pourtant aucune envie de redescendre dans la rue. Que veut-elle au juste ? La réussite lui ferait-elle peur ou bien ne croit-elle pas assez en elle pour s'accrocher une bonne fois à sa roue en travaillant enfin sérieusement ? Sans personne pour lui montrer le bon chemin, Édith est perdue. Que va-t-il advenir d'elle ? O'dett n'est pas le repos de toute une carrière...

Après le drame, Laure Jarny, ex-animatrice du Gerny's, se recasa moins petitement que la Môme, dans un établissement des Champs-Élysées : le Cappurcs Club, « sans aucun doute la boîte actuellement la plus chic de Paris », selon les indications de la police, qui continue à s'intéresser de très près à l'évolution de la situation dans le monde du spectacle. « Elle y reçoit ses clients avec courtoisie, dans un cadre de l'époque Charles X de la plus haute élégance et somptuosité. » Rue Pierre-Charron, le Gerny's, qui avait clos ses portes le jour de la mort de papa Leplée, a lui aussi retrouvé un second souffle, grâce à Jean Merlin, le directeur de l'hôtel Château Frontenac. Il a confié à son amie Joséphine Baker la responsabilité de ranimer les lieux. Partout dans le monde, la Baker avait pris l'habitude d'ouvrir un cabaret dans lequel elle se produisait après ses représentations. Pour l'argent, dont elle eut toujours besoin, pour la gloire, dont elle n'a jamais su se passer. Concurremment à son prodigieux triomphe aux Folies-Bergère dans la revue *En Super Folies,* la Vénus d'ébène inaugure un nouveau « Chez Joséphine Baker », où elle se montre plus capricieuse que jamais, disparaissant des jours entiers pour « filer, sans avoir prévenu personne, le parfait amour avec un jeune gigolo ». La police veille... Odette Merlin, épouse de Jean, a raconté à Jean-Claude Baker que « certains soirs, [Joséphine] venait, regardait la salle, toujours pleine à craquer, et si la tête des gens ne lui revenait pas, elle demandait à Jean d'appeler chez O'dett, le cabaret de Pigalle, pour que Piaf vienne chanter à sa place. Vous pensez bien que tout ce beau linge n'en revenait pas quand on la voyait arriver avec sa petite robe tachée et qu'à la fin, elle faisait le tour des tables en passant son béret noir ». Que l'Américaine ait songé à la Môme Piaf pour la remplacer « Chez Joséphine Baker », un établissement où les prix flambent plus que partout ailleurs, nous sommes heureux de l'apprendre, mais que celle-ci fut tenue d'y faire la quête, voilà qui tout de suite paraît plus difficile à croire. Le 5 août 1936, Piafou n'écrivit-elle pas dans sa lettre à Bourgeat, au moment où il fut question du contrat avorté à Saint-tropez : « Je ne suis pas libre avant le 25 septembre et puis je ne peux plus faire la quête et aller à Saint-Tropez, cela me ficherait le cafard » ?

Le spleen survenu à la disparition de Leplée, Édith l'éprouve maintenant pour d'autres raisons : le 6 décembre, l'avion de Mermoz s'est abîmé en mer, au large de Dakar. Elle est bouleversée. Comme elle, assoiffé de symboles, l'Archange aura donc payé cher sa chance et sa liberté. Que de bassesses n'a-t-on pas déployées pour tenter de détruire cet indépendant d'esprit dans les derniers mois de sa vie ! À la suite de sa nomination à la vice-présidence du Parti Social Français et de son adhésion aux Croix-de-Feu – un mouvement nationaliste se présentant comme opposé au bolchevisme, au fascisme et aux puissances occultes – Mermoz se retrouva soudainement propulsé dans la tourmente politique, lui que seules les questions sociales avaient jamais préoccupé. Convaincu que la hiérarchie des valeurs devait remplacer la hiérarchie sociale, il était en même temps du côté de la liberté et des ouvriers. Suffisant pour que l'on tente de salir son nom et qu'on le poursuive jusque dans son intimité en perquisitionnant chez lui et en mettant son téléphone sur écoute. La démocratie française sortie de la cuisse gauche de Marianne : les corps ne sont plus écartelés en place de Grève, mais l'on s'y entend pour tuer les esprits. Or, un premier sabotage de son appareil durant l'été 1936 avait fait comprendre à Mermoz que ses ennemis iraient jusqu'au bout de leur sectarisme fanatique.

En septembre, tandis qu'il goûtait quelque repos à la Grande Pointe, chez Adry de Carbuccia, en compagnie de Joseph Kessel, il fit cette confidence : « Mes adversaires politiques veulent ma peau ! » La disparition de *La Croix du Sud* n'ayant jamais été expliquée, la suite hélas lui donna raison. Un mois avant sa mort, Mermoz avait écrit à son ami Jacques Mortane une lettre que *Gringoire* publia le 11 décembre 1936, comme un dernier hommage à cet homme qui méritait de vivre, quand tant d'autres devraient envisager de se suicider : « Je voudrais bien un jour pouvoir travailler en paix, traverser les deux Atlantique, sans être obligé de me faire franc-maçon, radical-socialiste, bref d'être de droite ou de gauche pour agir. Je hais la politique... Et j'en fais, tant pis et tant mieux. Je prends mes responsabilités, seul le jugement de mes amis compte. J'aurais pu être député, mais je crache sur tout cela et n'ai qu'une ambition... Voler, travailler dans la paix à nos luttes à nous, et mourir comme Collinot, dans la mer, loin des politiciens, de leurs petits et mauvais arrivismes. Je n'ai pas besoin d'entrer dans une petite société secrète pour fiche le camp au ciel... Non ! » Sur la fantasmagorique « liste noire » de Piaf, Jean Mermoz est la première victime d'un accident d'avion, mais c'est Suzy Solidor qui, en 1983, se fera enterrer avec la photo de l'Archange sur le cœur.

Édith se débat dans une impasse ; il manque à sa carrière le grand déclic et à sa vie un poilu capable de lui faire exploser les veines. Et Asso fut ! Raymond Asso, l'homme qui a prétendu avoir enfanté Piaf. Celui qui lui a inculqué le goût, le sens et la nécessité du travail. Qui a permis à la Môme d'asseoir son personnage et d'atteindre sa personnalité scénique. Celui par qui tout est arrivé. Grace à qui les directeurs de théâtres consentirent enfin à payer le talent de cette fille pour le prix qu'il valait. Sans l'échange, toute vie devient vaine. Ces deux-là vont beaucoup troquer. Enfin... mettons qu'il va donner non sans arrière-pensées et qu'elle va prendre en toute inconscience. Tout et tout ! Il aurait dû avoir la force de se contenter de cela, attestant ainsi de la noblesse de sa « mission ». Aigri et vindicatif, longtemps, très longtemps, jusqu'à la fin, utilisant différents registres, celui du Pygmalion « trahi », celui de l'amoureux délaissé, du vieil ami dans le besoin, Asso exigea ce qu'il estimait être son dû, se laissant parfois aller à la tenue sans retenue de propos publics plus aigres que doux. Pygmalion assurément, mais le génie qui se nourrit du bien et du mal, du pire et du meilleur, est d'abord un exploit individuel. Ils sont rares à vouloir l'admettre. Asso n'est pas Rodin. Tout comme il est difficile de concevoir que nul n'appartient à personne. Même en amour. Surtout en amour. Quand amour il y a. Comptant parmi les grands de la chanson française, Asso se posa toujours en auteur à principes : « J'ai voulu me servir de la chanson pour exprimer un idéal. »

« Piaf la prémonitoire » et « Asso le rédempteur » se seraient déjà rencontrés, faubourg Saint-Denis, chez un éditeur, du temps de Leplée. Ne s'étant jamais vus, ils ne pouvaient se reconnaître. Le destin ne se devine pas. Asso, lui, en concevra une fable datée d'octobre 1935, selon laquelle, en l'entendant chanter, lui, effacé, dans un coin du studio, elle, debout au milieu de la pièce, « plus que négligée », tenant « justement à la main mon unique chanson », sans savoir qu'il en est l'auteur, elle lui aurait inspiré une pitié telle qu'il serait parti pour dissimuler ses larmes. Ensuite, ce serait elle qui, « poussée par une sorte de besoin inconscient », se serait mise à faire rechercher « un type maigre avec un grand nez, qui fait des chansons et habite le quartier », par « l'entremise d'un de ces guides bizarres qui mènent les touristes à travers Montmartre ». Elle l'aurait retrouvé : « Comme la nuit tombait sur Paris et que s'éclaire Pigalle, nous nous trouvons face à face, dans la petite chambre que j'occupe dans le quartier. » Que c'est beau ! Quand nous vous disions qu'Asso avait du talent.

Ce qui relève de la vérité pure est qu'à l'époque de Leplée, Piaf et Asso se virent de manière régulière. De l'association Monnot/Asso naquit, entre autres, *Mon Légionnaire.* Sceptique, Piaf aurait laissé filer la chanson à Marie Dubas. Légende, là encore ! Asso qui vivotait alors, présentait de temps à autre ses créations à Marie Dubas. Pas encore séduite par ses textes, mais sensible à sa situation, la créatrice de *Pedro* lui avait confié un emploi de secrétaire subalterne. En aucun cas Raymond Asso ne fut l'imprésario de mademoiselle Dubas comme il a pu être dit ici où là, puisque Paul Dubas, frère de la chanteuse, occupait cet emploi. Jusqu'à ce qu'Asso devienne le parolier effectif de la fantaisiste et tragédienne avec le fameux *Légionnaire.* Comment imaginer que Marie Dubas, l'une des stars les plus *bankables* de l'époque, accepte de chanter ce qu'une presque inconnue venait de refuser ? Comment penser que Raymond Asso, pétri d'ambition, puisse présenter cette chanson – déposée à la SACEM en février 1936 – à une autre que Marie Dubas pour qui il travaillait alors et qui était autrement mieux placée que la Môme Piaf pour générer d'éventuels succès ? Purement inconcevable ! Pour Édith, ce n'était que partie remise, puisqu'elle enregistra *Mon Légionnaire* le 28 janvier 1937, soit huit mois après Marie Dubas et après que celle-ci eut créé la chanson à Marseille, en avril 1936. Entre-temps, la chanteuse Jeanne Pierly en avait fait autant, sans grande réussite pour elle. *Mon Légionnaire* est incontestablement aujourd'hui l'un des grands succès de Piaf mais il faut rendre justice à Marie Dubas. C'est elle qui la première popularisa ce refrain fameux qui lui rappelait son mari en garnison en Afrique du Nord. Son triomphe fut tel qu'un metteur en scène, dont le fils de Marie, François Bellair, a oublié le nom, décida de réaliser un court-métrage destiné aux salles de cinéma. Ce que l'on appellerait plus tard un scopitone et ultérieurement un clip. En même temps que *Mon Légionnaire*, Monnot et Asso avaient présenté deux autres chansons du même tonneau à Marie Dubas : *Le Fanion de la Légion* et *Le Blédard*. Marie enregistra la première (avant Piaf, toujours) et travailla un temps sur la seconde pour finalement la délaisser. Environ quinze ans plus tard, Paul Péri, époux de Marguerite Monnot, ajouta ce titre à son répertoire.

Reste que Raymond Asso voit haut et grand pour Édith dont il s'est entiché. A-t-elle trouvé en lui quelque chose d'indéfini qui ressemble à de l'amour sans en être, un sentiment qui oscillerait entre la tendresse et le besoin de se sentir exister dans le regard d'un homme ? « Je ne sais pas ! J'aime bien être là, tranquille, à t'écouter. Ça me fait du bien ! Cherche pas à comprendre. » Asso a suffisamment de fierté pour ne pas se l'avouer, mais déjà il est sous l'emprise de cette ensorceleuse. Un jour, Piaf disparaît. Pour ne revenir qu'après la mort de papa Leplée, le fameux soir où les journalistes de *Paris-Soir* la retrouvèrent à l'hôtel Piccadilly pour l'interviewer, elle, Jeannot et son père. « Raymond, j'ai peur, lui aurait-elle dit. Terriblement peur. Il y a des nuits que je ne dors pas. Je voudrais me reposer et il n'y a qu'un endroit où je pourrais le faire. C'est ici, dans ta chambre. Garde-moi ! » En tout bien tout honneur. La tempête apaisée, elle se déclara prête à reprendre une collaboration. Certain de son potentiel, « Cyrano » (le sobriquet dont elle l'affuble) se donna alors pour mission de polir le diamant, dont il escomptait sans doute, en son for intérieur, retirer un jour le bénéfice. Dès lors, la distribution des rôles ne subira plus aucun changement : elle serait l'axe de son existence, lui le seul homme qui lui fera lourdement comprendre qu'elle lui devait peut-être quelque chose.

Or, derechef, Piaf bouscula le scénario déjà malmené par les événements, s'évaporant sans prévenir à l'été 1936, pour suivre la tournée d'Yves Bizos, réapparaissant un soir de décembre, à la gare de Lyon, le cœur aux abois : « Raymond... j'ai mis mes derniers sous dans l'appareil. J'ai plus d'engagements, on m'a virée de partout. J'ai fait des blagues et je ne sais pas où aller. Qu'est-ce que je fais, dis ? Y a que toi pour me sauver... ou la rue ! Qu'est-ce que je fais ? » En était-elle vraiment là ? Il est patent qu'ayant compris par où passent les voies de la réussite, la rue, Édith n'en voulait plus. « Sa voix tremblait, dira Asso. C'était la même voix que le soir où elle m'avait dit : "J'ai peur." » Il lui suggéra de prendre un taxi : « Je t'attends. » Il n'attendait même que cela : « Décidément, c'était mon sort. » Revoilà les bonnes fées ! Édith est-elle prête cette fois à se mettre du plomb dans la tête et à suivre son guide, sans coups bas ni fugues intempestives ? Oui ! Oui ! Oui ! Oui ! Oui ! Cent fois oui ! Elle fera tout ce qu'il dira. Acculée, elle n'a plus d'autre choix, puisque des couloirs incertains de la rue elle dit ne plus vouloir. Dès lors, la grande Piaf est en chantier. Asso a-t-il pris l'exacte mesure de la tâche ? « C'était une sauvageonne prête à griffer, à ruer dans tous les brancards du conformisme, ne connaissant aucune entrave à sa liberté, mais prête aussi, dans ses moments de lassitude, à subir l'emprise d'un dompteur », confiera-t-il, dans *Bonne Soirée*, en 1964.

Asso met sur pied ce qu'il appelle une « politique ». Il faut tout changer, tout gommer, tout reprendre. Tant au physique qu'au professionnel, la Môme doit faire peau neuve et se laver de ce qu'elle fut. Terminé le maquettage des petits gars du quartier ! Finies les virées nocturnes avec les gros nazes qui la « soignent au Beaujolais et au Cognac » ! Terminées les intrusions intempestives et maléfiques de la Momone ! Au rebut, les mauvaises habitudes apprises par cœur, qui ne mènent jamais nulle part ! En dépit de son éviction (provisoire), Simone Berteaut sut reconnaître la qualité du travail accompli et rendre à son artisan la part qui lui revenait : « C'est Leplée qui a découvert Édith, mais c'est Asso qui l'a fabriquée. Ça n'a pas été facile, quel boulot !... Le Raymond, c'était quelqu'un ! » Or, le seul hommage qui pût donner un sens à l'œuvre d'Asso ne pouvait venir que de Piaf elle-même. « Raymond m'a transformée. Il m'a appris à devenir un être humain. Il a fallu trois ans pour me guérir [...]. Trois ans pour m'apprendre à croire à l'amour, au bonheur, à ma chance. Pour devenir une femme et une vedette, au lieu d'un phénomène dont on écoutait la voix comme on montre un animal rare dans les stands forains. » Au contraire de Leplée qui avait conservé Édith dans son jus, parce que son propre intérêt de marchand d'excentricités le lui commandait, Asso passe au karcher celle qu'à présent il aime au grand jour, pour qu'il ne reste rien de ce qui, à ses yeux, freine son évolution : « Les bras et les mains sont inertes ou répètent sans cesse le même geste, le corps est raide, figé, sans vie, elle écorche les mots et dénature les consonances les plus élémentaires, elle chante magnifiquement des phrases dont elle ne comprend pas le sens. »

On a dit qu'Asso apprit à Piaf à mieux s'habiller, à parler avec moins de grumeaux dans le verbe – ce que lui avait déjà enseigné Jacques Bourgeat. Son rôle a surtout consisté à lui procurer une intelligence scénique. De manière à travailler plus sereinement, il l'arrache de

Pigalle pour l'emmener vivre avec lui avenue Junot, à l'hôtel Alsina, un coin plutôt tranquille de Montmartre. Là, le couple reçoit souvent le peintre Charles Kiffer grâce à qui Édith aurait bientôt droit à quelques beaux « fromages » sur les affiches. Elle n'a pas de répertoire propre, mais Asso vise déjà pour elle une scène convoitée par les plus grands : le populaire ABC, qui consacre les tours de chant et leur confère une note d'aristocratie. Juste un essai. Pour voir...

C'est compter sans le peu de sens social du très autoritaire Mitty Goldin (Goldenberg). Il oppose à Asso un refus net et catégorique : pas de débutants chez lui ! La chance que la France lui a donnée, ce Roumain d'origine s'obstinerait-il à ne pas vouloir l'accorder à la Bellevilloise ? Un inconnu nommé Tino Rossi a essuyé les plâtres de sa gloire à l'ABC, l'année de son ouverture, précisément, en 1934. L'argument du « pas de débutants » ne tient donc pas. À la vérité, comme beaucoup d'autres, Goldin, qui fut dans son pays un enfant prodige, est pétri de préjugés envers la Môme Piaf marquée par l'affaire Leplée mais aussi par sa mauvaise réputation. « Ingérable. » À douze ans, proche de la reine Marie, Goldin était premier ténor dans le chœur de l'église métropolitaine de Bucarest. La Première Guerre mondiale venait de se terminer. Arrivé en France pour y faire ses études de droit, il ne tarda pas à se laisser happer par le tourbillon doré du spectacle. D'abord organisateur de tournées pour Mistinguett notamment, il prit en 1934 la direction de l'ABC (ex-Plazza), en association avec Rottenberg et Robitscheck. À eux trois, faisant appel aux plus grandes vedettes du tour de chant, du cirque et du théâtre, ils parvinrent à transformer cet établissement planté au 11, boulevard Poissonnière, en un music-hall de premier rang et le public afflua. Ainsi, sur un plateau aux dimensions modestes, se produisirent tour à tour Cécile Sorel, Fernandel, Raimu, Arletty, Saturnin Fabre. Puis Tino Rossi, Damia, Marianne Oswald, Lys Gauty, Lucienne Boyer, qui s'y firent applaudir à côté de chansonniers (Noël Noël, Pierre Dac, Dorin).

Au début du mois de mars 1937, comme elle l'est souvent depuis 1934 et comme elle le sera tout aussi régulièrement jusqu'en 1939, Marie Dubas est affichée à l'ABC. Asso envoie Édith y apprendre son métier. Devant le jeu de cette grande prêtresse tour à tour insouciante, angoissée, troublée et troublante, passant avec une aisance déconcertante de l'émotion poétique à l'explosion comique et au sujet de laquelle le critique Jean Laurent a déclaré : « Derrière l'artiste l'œuvre s'efface », la Môme reçoit un choc. Au point de retourner voir le même spectacle plusieurs jours d'affilée. Par la suite, sans devenir des amies intimes, les deux femmes apprirent à mieux se connaître et à s'apprécier mutuellement mais jamais Piaf n'oublia les heures passées dans le noir à observer celle à qui elle estimait être redevable. Une interview très émouvante d'Édith, réalisée en 1960, par Europe I, au boulevard Lannes, nous rend intacts la chaleur de ces souvenirs et l'amour à la limite de la dévotion que Piaf portait à la Dubas : « Marie a beaucoup d'importance dans ma carrière. Je lui dois presque tout. Avant de voir Marie Dubas, je ne prenais pas mon métier très au sérieux. » Et d'évoquer sa première immersion dans l'univers de sa consœur : « On se serait cru dans une chapelle, tant les gens étaient émus. Ça m'a touchée. Quand Marie est arrivée, il y a eu un tel enthousiasme dans la salle que moi aussi j'ai eu envie d'être aimée comme ça. Marie me touchait surtout dans les chansons dramatiques, *Quand je danse avec lui* [un petit drame humain à la fois comique et douloureux], etc. J'allais l'écouter matinée et soirée. J'étais droguée de Marie Dubas. Je m'en remplissais le cœur, les yeux, l'âme. J'adore Marie et j'ai du mal à la tutoyer tant je la respecte. Si je suis devenue ce que je suis, je le dois à Marie. Elle m'a aidée à trouver ma voix. J'ai toujours pensé que Marie Dubas chante mieux *Mon Légionnaire* que moi. Quand j'écoute son disque et que j'écoute le mien, je mesure tout ce qu'il me restait encore à apprendre. »

Jusqu'en 1963, Édith et Marie eurent à se croiser parfois dans le cadre du métier. « Marie Dubas était une grande artiste et une femme exquise, témoigne Danielle Bonel. À la fin des années cinquante, elle vint rendre visite à Édith, en convalescence à Richebourg. Elle-même était déjà très malade. Je me souviens d'autre part être souvent allée la chercher à son domicile de la Grande Armée, avec le chauffeur, pour la conduire au boulevard Lannes où, avec Édith, elle bénéficiait des soins de Lucien Vaimber. Piaf tenait à ce que son chiropracteur s'occupe également de Marie. Au retour, celle-ci nous offrait le thé avec des petits gâteaux. L'admiration de l'une pour l'autre était réelle. »

Marie Dubas usa-t-elle d'influence auprès de Mitty Goldin, en ce mois de mars 1937, pour ramener le Roumain à plus de sollicitude envers la Môme, dont Asso lui avait parlé et avec qui elle avait partagé l'affiche à Médrano en février 1936 ? Marie n'a jamais fait de confidences qui aillent dans ce sens, ni à la presse ni à son fils, aujourd'hui garant de sa mémoire. Reste que devant l'insistance avérée de Raymond Asso, Goldin se laissa fléchir. Non sans avoir imposé ses conditions. « Je devais lui apporter, signé par Piaf, un contrat très spécial qui me faisait à la fois responsable d'elle et maître de ses engagements », expliqua Asso. Édith aurait signé avec les pieds s'il l'eut fallu ! Elle fera donc partie du nouveau programme de l'ABC, pour un cachet dérisoire, avec Félix Paquet et les duettistes Gilles et Julien, pour qui Asso a écrit *Browning* et *Le Contrebandier*, en souvenir du temps où cet instable chronique avait fait de la contrebande son métier le plus rentable.

La première a lieu le 26 mars 1937. Avec ses colonnades d'argent, son promenoir, ses deux balcons et ses mille deux cents fauteuils garnis d'autant de juges, la salle de l'ABC, « Comédie française du music-hall », a de quoi impressionner une Môme Piaf habituée à l'ambiance saloon des cabarets de seconde zone. Contrairement à ce que l'on a répandu, ce n'est pas sur elle que s'ouvrit le spectacle, après que le rideau, piqué d'or et de bleu vert, dont on pouvait jouer à volonté pour obtenir des effets saisissants, fut levé. Elle n'officia pas non plus en qualité de vedette américaine, mais en « supplément de programme », comme l'on disait alors. Rideau piqué d'or et colonnes strassées, soit, mais Piaf n'est pas Mistinguett et sa voix se passe de tout artifice. Du reste, Asso sera toujours contre l'emploi des subterfuges scéniques pour *sa* Piaf, contre les grands orchestres, les chœurs en coulisse, les jeux de lumière compliqués qui, à ses yeux, dénaturent complètement la forme d'émotion reçue par le spectateur. « Jamais elle ne fut aussi émouvante, sincère et grande, que lors des engagements qu'elle eut à remplir entre 1936 et 1939 dans des établissements où elle fut amenée à se produire sans orchestre, écrira-t-il. Piaf était faite pour le récital avec piano, je n'en démordrai pas. » « Cyrano » ne sera pas le seul à regretter ce dépouillement scénique plus tard provisoirement abandonné par la Môme au profit d'une sophistication aux ordres de la mode. Au soir fatidique du 26 mars 1937, il prit son monde à contre-pied en faisant envoyer la musique des *Mômes de la cloche,* jouée par un accordéoniste, tandis que Piaf arrivait sans l'aspect misérable qui la caractérisait et dans lequel on s'attendait à la retrouver. Au contraire, sa tenue était soignée, ses cheveux bien coiffés. Parfaite pour entamer la romance, une création sage écrite deux mois plus tôt par Asso et composée par Léon Poll (le père de Michel Polnareff) : *Un jeune homme chantait...*

> *Sur la route, la grand-route*
> *Un jeune homme va, chantant*
> *Sur la route, la grand-route*
> *Une fille va, rêvant...*

La salle marcha dans la combine et le fit savoir directement à l'interprète par des applaudissements nourris et quelques bravos. Quand elle enchaîna avec *Browning* et *Le Contrebandier*, pour terminer avec *Mon Légionnaire* à la demande du public, ce fut l'ovation. Marc Blanquet, alors secrétaire général de l'ABC, se souvint que n'ayant plus rien à interpréter, Édith sortait, revenait saluer, sortait à nouveau, puis revenait encore et encore, réclamée par la foule. « Un triomphe sans bavure, ponctué par des applaudissements prolongés qui étaient plus près de ceux que le public prodigue dans les concerts que de ceux, hachés, qui marquent en général les succès de music-hall. » Asso en pleurerait. Goldin se contente de jubiler : un débutant qui déclenche une telle osmose, c'est du pognon dans les chaussettes. Voilà qui nous ouvre des horizons ou des « illimites », selon le néologisme d'Apollinaire. Là-dessus, les critiques, unanimes, ne s'y trompent pas. Henri Jeanson, en tête de cortège : « Avez-vous entendu la Môme Piaf ? C'est la voix même de la révolte. La troubleuse d'ondes. Elle chantait l'autre jour une chanson sur la douane. On avait l'impression de passer la frontière. »

Journaliste, Henri Jeanson est le dialoguiste d'*Hôtel du Nord*. Arletty a dit de lui qu'à l'instar de Prévert il portait « la musique des acteurs ». Dans le métier, « l'affreux Jeanson » compte un autre grand complice, que Piaf servira après la guerre : Marcel Achard, un Lyonnais besogneux arrivé à Paris avec un brevet d'instituteur et pas mal d'illusions. Alors qu'il n'avait pas encore écrit *Jean de la Lune*, il s'était fait engager au Vieux-Colombier en qualité de souffleur et renvoyé aussi sec pour... trou de mémoire ! Il avait oublié la brochure. Achard sait ce qu'est le refus de reconnaissance. Mais tout ça, c'était hier. Scénariste de films et surtout auteur joué par les plus grands, de Jules Berry à Louis Jouvet, en passant par Michel Simon, Raimu, Gabin et Marie Bell, l'ancien gratte-papier qui mourra [septembre 1974] avec son épée d'académicien entre les dents, est devenu une valeur confirmée. À présent, le snob, c'est lui, qui tient salon en sa demeure, près de l'Assemblée Nationale, un petit comité où les grands noms du spectacle s'additionnent aux particules, les gens d'esprit aux piranhas en lamé.

Un soir, peu après l'ABC, Achard décide de faire un « coup fumant » destiné à distraire sa galerie. Prenant ses bons amis à témoin, il leur explique : « Je ne sais pas si ça prendra, mais c'est drôlement culotté. Comme je m'embêtais, j'ai téléphoné à Piaf et je lui ai dit : “Ma vieille, tu vas venir tout de suite, 3, place du Palais-Bourbon, au premier étage, avec ton pianiste et ton ami Asso, qui écrit tes chansons et que je présenterai. Il y a ici un très bon piano. Tu chanteras tout ton répertoire. Il n'y a que des gens du monde : des princesses, des duchesses, mais ne t'en fais pas et viens comme tu es. Même si tu es dégueulasse, ça n'a pas d'importance ! » Comprendre : surtout si tu es dégueulasse. Après que le maître de maison l'eut ainsi annoncée : « Vous serez les premiers à connaître l'existence d'une nouvelle grande vedette parisienne », Édith, « un peu timide, un peu insolente », fait son entrée avec Asso et le pianiste. « Elle a l'air d'une petite bonne, pas très propre, avec sa robe noire à deux sous et son col en piqué blanc, racontera Achard. Elle commence à chanter. Les membres du Tout-Paris étant les gens les plus mal élevés du monde, ils continuent de parler entre eux et personne ne lui accorde une grande attention. » Louise de Vilmorin vient alors au secours de Piaf en sommant l'assistance d'« écouter cette petite ». Dès la seconde chanson, le silence s'établit. Absolu. Au retentir du *Légionnaire,* les applaudissements crépitent de toutes parts pour vriller en un triomphe mondain à la fin de la prestation de la « petite bonne pas très propre ». « Nous nous consolons rarement des grandes humiliations ; nous les oublions », a affirmé Vauvenargues. Quand on a été humilié on a honte. Point. On a peur aussi. Point. Alors, on crâne. Alors, on gueule. Alors, on mord. Alors, on rit plus fort que les autres. Alors, on chante qu'on se fout du passé. À chaque acte de sa Divine comédie, Piaf portera en elle ses humiliations.

Ils peuvent bien rire, les bruyants inutiles, la Môme a pour elle les clameurs authentiques du populaire de l'ABC. Un soir, elle se présente en retard au théâtre, au risque de bouleverser la chronologie du spectacle. Indignation de Danielle Vigneau, une jeune soliste qui participe au programme. Venant du classique où l'ordre et la rigueur sont des lois, elle trouve inadmissible qu'un artiste négligent et irrespectueux puisse ainsi tout dérégler. « Je n'éprouvais déjà pas beaucoup d'estime pour la Môme Piaf que je trouvais à la fois vulgaire et grossière ; de ce jour, je me suis mise à la snober. » Un a priori sur lequel la future Danielle Bonel allait dûment revenir. Piaf est morte dans ses bras et, pour ainsi dire, elle et son mari n'ont vécu que pour elle. « Plus tard, j'ai fait des tournées avec l'ABC, dans le même programme qu'Édith. Elle était avec Meurisse, à cette époque, elle avait donc évolué. Un soir, à l'Opéra de Dijon, où nous passions, tout s'est décanté, elle m'a fait son grand numéro de charme. Là, j'ai vraiment commencé à la connaître. Donc à l'aimer. » Micheline Dax m'a assuré que lorsque Piaf avait décidé de séduire quelqu'un, « je dis bien homme ou femme », elle y parvenait sans difficulté. « Je ne sais pas qui pouvait résister quand elle faisait du charme, avec cet œil bleu... J'ai rarement vu quelqu'un regarder en face au point où elle regardait en face. Marlène Dietrich a dit sans rire : “Je n'ai connu qu'une vraie vamp, c'est Piaf.” Ce qui enchanta Édith, parce qu'alors ça, vamp, c'est quand même son rêve ! »

À dix-huit ans, issue de la bourgeoisie bordelaise, Danielle Vigneau déclarait déjà une longue et très riche carrière artistique entamée au cinéma, en Espagne, à l'âge de trois ans, dans *Violettes impériales*, avec, en vedette, Raquel Meller, aussi grande qu'oubliée. « On me paya cent francs par jour pour tenir le rôle d'un petit garçon. J'ai conservé mon contrat pour ce film ainsi que plusieurs photos. C'est mon oncle, un très bel homme qui fut, entre autres, chef des boys dans les revues de Mistinguett et de Joséphine Baker, qui m'avait trouvé cet engagement. Maman et moi avions quitté Bordeaux pour Paris, à la suite d'un grave différend entre mes parents. Nous habitions chez ma grand-mère. » Il y eut d'autres films (*Milord l'Arsouille*, *Le Loup-Garou*). Puis, Danielle apprit le chant, la comédie et la danse classique et à sept ans elle accéda au statut de professionnelle. Soliste, elle devint étoile du fameux Théâtre du Petit Monde, un théâtre pour enfants installé successivement au théâtre Comedia, puis aux Folies Wagram (futur Théâtre de l'Étoile). « Bien encadrés et royalement habillés par les maisons de couture, nous nous produisions à Paris, devant des salles archi-combles. » Elle ouvrit ainsi l'Exposition de l'Europe, devant Gaston Doumergue, joua du Franz Lehar à la Gaîté-Lyrique, incarna le rôle du prince impérial auprès de Maurice Chevalier et d'Yvonne Printemps, à l'Empire, dans une mise en scène de Jacques Charles, à l'occasion de la réouverture de la salle. Avec des pièces comme *La Sœur de Gribouille*, *Les Malheurs de Sophie*, ou *Le Malade imaginaire*, elle eut également le privilège de jouer pour les Cours d'Espagne et de Belgique, devant les souverains alors en place. « J'ai connu tous les artistes de l'époque. Côtoyé des personnages uniques, tel Poulbot qui m'a signé le programme de l'une de ses expositions montmartroises, où j'étais venue faire l'inauguration. »

En parallèle, Danielle est inscrite à l'École du spectacle. « Contrairement à ce que l'on pourrait penser au vu de la dénomination, l'École du spectacle ne dispensait aucun enseignement artistique, nous n'y apprenions que le français ou les mathématiques, seulement elle était réservée aux enfants de la balle qui s'y rendaient au hasard de leur calendrier. Charles Aznavour en a fait partie, c'est là que je l'ai connu, avant de le retrouver chez Piaf des années après. » Entre quatorze et quinze ans et demi, Danielle danse à Paris au Moulin-Rouge. Elle y est étoile. « C'était la première fois que j'intégrais un corps de ballet. Auparavant, j'étais soliste. Après mon départ du Moulin, j'ai repris ma carrière de soliste, à la Scala de Berlin, notamment. Je tournais avec deux numéros ; l'un, classique, avec les pointes, le tutu et tout ça ; l'autre était un numéro d'acrobatie. Le frère de Marie Dubas s'occupait de moi. Il faisait partie de la très importante agence montée par Goldin en association avec Rottenberg. Vers la fin de la guerre, un autre agent débutant vint me voir dans ma loge de Bobino pour me proposer ses services. Il était tout timide. "Quel est votre nom ?" lui ai-je demandé. C'était Louis Barrier. Notre irremplaçable Loulou, qui deviendrait l'imprésario et l'éminence blanche de Piaf et avec qui nous formerions une si belle famille autour de notre Édith. Celle-ci savait bien entendu que j'étais artiste puisque nous avions travaillé ensemble dès avant la guerre, mais je ne lui ai jamais parlé du détail de ma carrière. » Piaf et les Bonel : « À la vie à la mort », comme l'écrit la Môme dans sa première lettre à Bourgeat.

Par la grâce d'Asso et du fait de sa volonté propre, la Môme Piaf n'a plus les deux pieds dans la même chaussure, mais, sans répertoire personnel, tout chanteur reste un imitateur. L'étape suivante consiste donc pour « Cyrano » à lui en construire un qui soit susceptible de lui ouvrir les portes d'un grand music-hall, mais cette fois en vedette. Exclusif jusque dans l'aveu, Asso entend faire de sa compagne un produit Asso, dont il envisage de changer peu à peu le nom de scène, en supprimant la Môme Piaf au profit d'Édith Piaf. La fille Gassion ne devra chanter que du Asso et il n'écrira plus que pour elle. En d'autres termes, il la met sous cloche. « Ne me laisse jamais seule », l'aurait-elle conjuré. L'élève et le maître parlent encore le même langage. Ce qu'il pense être son objectif, Asso l'atteindra deux ans plus tard. Entre-temps, ils auront tout vécu ensemble : la tournée d'été 1937 avec Reda Caire ; les cinémas parisiens à la rentrée ; les séances d'enregistrement ; l'ABC à nouveau, avec Mireille, en novembre de la même année ; l'émission spéciale de trois quarts d'heure que lui consacre Bleustein à Radio-Cité, en janvier 1938 ; les tournées qui s'enchaînent, entre deux cabarets parisiens, dont une fois encore l'ABC, en vedette américaine de Charles Trenet en pleine ascension ; les bonnes critiques, les moins bonnes ; les rendez-vous de presse ; les photos ; les tournées derechef ; Paris encore, les cabarets, le soir, l'après-midi les cinémas ; la soif d'y arriver ; la peur de la gloire... On peut dire que la Môme Piaf est morte sous la sueur d'Édith Piaf. Car, sans l'effort, le don ne vaut rien. Peu de gens peuvent résister à un tel rythme de travail. Mais la voilà lancée. Plus rien n'arrêtera sa course. Avec ou sans « Cyrano »...

À la mort du père du *Légionnaire*, survenue en 1968, Bruno Coquatrix rappela qu'Asso disait souvent que « le monde est tellement injuste qu'on ne parle que des gens auxquels on a rendu justice ». Douce allusion à la marionnette qu'il pensait avoir créée de ses mains et qui lui échappa. Une opinion partagée par son ami Charles Kiffer : « Il faut absolument rendre cela à Asso : à une époque où Piaf pouvait encore virer aussi bien d'un côté que de l'autre, c'est lui qui l'a fait travailler. Il l'a mise sur les rails. » Mêler l'amour et les sentiments est rarement le marché le plus sûr. Ainsi le domptage de Piaf par Asso fut-il pour l'un comme pour l'autre une terrible épreuve. Au physique, Piaf était une petite chose dont on pouvait obtenir qu'elle atteigne des sommets de perfection, mais avec qui le partage d'instants de vie au quotidien relevait d'un tout autre exercice. Rien ne se fit sans cris et sans brûlures entre elle et son Pygmalion. Ils se sont tout fait. Tout dit. Elle ne gardera que le meilleur. Amoureux malgré lui et rempli de contradictions, il se souviendra trop longtemps du pire. Deux conceptions du donné/rendu radicalement opposées.

Le pire pourrait tenir dans cette lettre écrite en septembre 1938 à Chenevelles où Édith se repose, publiée par Asso après la mort de Piaf, dans laquelle elle se plaint de sa cruauté à son égard, tout en faisant repentance pour le mal qu'elle a pu lui faire : « Comme tu dois souffrir pour m'écrire d'aussi vilaines choses, mais tu as raison, je suis bête, je te l'ai toujours dit, c'est toi qui as voulu me convaincre que j'étais intelligente [...]. Il est bien temps de pleurer pour les êtres que j'ai rendus malheureux. Les gens bêtes sont toujours malheureux, ils s'aperçoivent toujours des gaffes qu'ils ont faites une fois qu'il est trop tard [...]. Ceux-là sont des êtres inutiles sur la terre, mais ils ne sont pas toujours fautifs, c'est la faute de leurs parents. Pourquoi quand les parents sont bêtes font-ils des enfants ? [...] Tu vas trop vite pour me dire toutes les choses que tu m'as dites et je me dégoûte, je n'ai plus confiance en moi, je ne suis rien en somme d'après ce que tu m'as écrit [...]. Tu m'as dit que je suis prétentieuse, que je ne suis pas digne de ton amour, que je n'ai aucune intelligence, etc. » Il avait beau l'insulter parce qu'il sentait qu'elle lui échappait, qu'était-il encore en mesure de lui apporter, maintenant que l'élève avait dépassé le maître ? Que pouvait-elle espérer de lui ? Au seuil de l'année 1939, Piaf est apte à présenter un tour de chant où l'aventure, le tragique, la tendresse et l'humour trouvent à s'harmoniser. Dans *Le Journal*, Marc Blanquet ne se force d'ailleurs pas pour accorder une note d'excellence à la fille Gassion : « La Môme Piaf est morte. Vive Édith Piaf ! Il y a beau temps déjà que le moineau de Paname méritait ce nom qu'aujourd'hui on lui donne. La Môme était charmante qui, de ses grands yeux tristes, des plis amers de sa bouche, savait tirer, comiques ou tragiques, des effets que chacun s'accordait à juger admirables. La Môme était charmante, certes, et son succès justifié... Mais Édith Piaf et le triomphal accueil que le grand public fait maintenant à chacune de ses chansons, c'est autre chose. C'est une artiste, une grande artiste qu'est devenu, à force de travail et d'intelligence, le petit phénomène applaudi voici quelques années dans une certaine boîte des Champs-Élysées, et dont on peut maintenant apprécier à sa juste valeur la gamme, toute la gamme de ses moyens, toutes les ressources de son magnifique talent. » Managée par Daniel Marouani, en remplacement de Mitty Goldin, elle tourne dans toute la France avant de revenir une énième fois à Paris et d'y triompher en avril à l'Européen, en vedette, et en mai à Bobino. Puis, de reprendre la route avec quelques détours par la Suisse et la Belgique.

De ces pérégrinations, il nous reste quelques lettres inédites de Raymond Asso, qui dormaient jusqu'ici dans des malles remplies de vieux souvenirs, léguées à son neveu Claude Gréciet, par Marinette Mousquès. Le 31 juillet 1938, Piaf et Asso sont à Deauville.

« Chère Marinette,

Je vous adresse ce petit mot pour vous demander d'envoyer la deuxième robe de chant d'Édith. Car nous partons jeudi dans la nuit pour La Baule et la sienne est sale. Gros succès ici, mais mauvais temps... ! Je vous enverrai de l'argent après vendredi. Amitiés à votre mari et à Jacques Bourgeat. Raymond Asso. »

Quatre jours plus tard, le 4 août précisément, suit une autre missive, rédigée depuis La Baule :

« Chère Marinette,

Bien reçu les robes... merci ! Voici 1000 francs, le reste suivra mais inutile de faire le manteau de voyage car nous ne saurions où le mettre. Bonnes vacances et mille amitiés pour vous, votre mari et Bourgeat. »

Toujours en avance d'une date, de manière à faciliter l'acheminement du courrier, « Cyrano » donne comme adresse la prochaine étape de la tournée : « Édith Piaf. Casino d'Ostende. Belgique. »

La dernière de ces lettres-témoignages est datée du 2 mars 1939. Nos pigeons voyageurs ont provisoirement déposé leurs valiscs à Cannes, à l'hôtel George V :

« Chère Marinette,

Nous ne vous avons pas donné beaucoup de nouvelles, mais vous savez ce que c'est : toujours rouler, travailler tard, etc. Je vous ai envoyé ce matin une des deux robes d'Édith. Je ne sais pas ce qu'il est arrivé mais je l'ai donnée à nettoyer à Nîmes et on me l'a rendue dans l'état où vous la voyez. Manches pendantes, col trop grand. L'autre a tenu le coup mais s'allonge beaucoup et il se forme des tas de petits trous dans l'étoffe. J'aimerais que vous arrangiez celle que je vous envoie, car nous rentrerons à Paris le 5 avril, juste l'avant-veille de passer à l'Européen. Je compte donc sur vous. Je voudrais aussi que sur le même modèle vous en fassiez une autre mais pas dans ce tissu : dans un crêpe marocain assez lourd ; car ce tissu-là est trop fragile et se distend terriblement. Nous sommes ici pour 7 jours, puis nous irons à Bordeaux. De là, je vous enverrai de l'argent, d'abord pour la robe en surplus, puis pour la fourrure d'Édith, de façon à ce qu'elle soit belle en rentrant à Paris les premiers jours d'avril.

Elle est en bonne santé et a beaucoup de succès partout. Elle vous écrira probablement un de ces jours si elle a du courage mais, en attendant, je vous transmets toute son amitié et son bon souvenir pour votre mari [Claude Greciet m'a laissé entendre que sa tante s'était séparée de Piaf parce que celle-ci papillonnait autour d'André, son époux]. À part cela, je joins mes sentiments les plus amicaux pour vous deux. Raymond Asso. »

À l'été 1939, les amants font encore cause commune, à la ville comme à la scène, ainsi qu'en témoigne un document très rare mis à notre disposition par Jean-Marc Gayard, collectionneur de la Môme depuis le mitan des années cinquante. Le 17 juillet qui précède l'orage, Piaf est l'hôte de la Belgique. Elle se produit à la station thermale de Chaudfontaine, dans la province de Liège (en wallon *Tchôfontinne*), pour un dîner dansant de gala. Le chef de l'établissement a tenu à lui rendre hommage en associant son nom à l'un des plats proposés ce soir-là : « Les délices de sole Édith Piaf. » À côté du « Bouillon Double Jo » (pour Jo Bouillon), de la « Bombe au succès Chevalier » et des « Exquises friandises Nita Raya ». Beaucoup pour lui-même, un peu pour Piaf, Asso écrit alors, sur le programme de la soirée : « [...] C'est ce quelque chose de miraculeux qui fit le miracle ; car c'en est un que de se mettre à 37 ans, sans préparation aucune, avec derrière soi un passé lourd et inutile, à écrire brusquement tout un lot de chansons dont elle fait des succès. Je sens Piaf. Elle m'inspire. Quand j'écris un poème, je sais le geste qu'elle fera à cet endroit, j'entends l'intonation qu'elle aura à tel autre, et elle a le geste attendu et elle a l'intonation voulue sans effort, sans étude, simplement parce qu'elle est Piaf, reflet vivant de tous les sentiments, de toutes les désespérances, de tous les amours, Piaf... génie de la chanson. » « Et Asso celui de Piaf », pourrait-on presque s'attendre à lire... Des projets de récitals en Amérique du Sud sont élaborés, que la déclaration de guerre va contrecarrer. Mobilisé, Asso dut quitter Paris. Rentrant suffisamment tard pour comprendre sans pouvoir s'y résoudre qu'entre Édith et lui le torchon avait brûlé. Il tenta de la retenir, la supplia de lui accorder encore une année, après quoi elle aurait été enfin « prête », mais elle ne l'entendait déjà plus. Aussi vrai qu'elle avançait, elle s'éloignait sur le chemin de sa liberté recouvrée. À Édith qui lui aurait avoué a posteriori son regret de l'avoir trompé, il aurait répondu : « Tu ne m'as pas trompé. Tu t'es trompée. » Face à tant de certitudes, il était grandement temps pour elle d'aller voir ailleurs si l'erreur existe.

Longtemps, les anciens amants se poursuivirent de leurs rancœurs. Par presse interposée. La presse étrangère, s'entend. Il y est toujours plus facile d'exposer ses états d'âme. En novembre 1943, en arrivant à Bruxelles, où elle était programmée au cabaret Sa Majesté, Piaf créa un esclandre. Elle avait passablement apprécié son portrait brossé par un journaliste de *Voilà,* peu avant sa venue, dans un reportage consacré à Raymond Asso. Le chroniqueur incriminé en entendit de drôles ! « Comment ! *Voilà* prétend qu'Asso a fait ceci ? Et cela ? Mais c'est archi-faux ! Voici la vérité vraie ! Ah ! Mais vous allez tout savoir ! » Son contrat terminé, la Môme regagna Paris, non sans avoir donné avec force véhémence sa propre version de sa relation amoureuse et professionnelle avec Asso. Peu après son départ, ce fut au tour d'Asso de visiter Bruxelles, où sa silhouette efflanquée n'échappa guère aux journalistes de *Voilà*. La bonne aubaine ; on allait pouvoir en remettre une louche... D'entrée, « Cyrano » planta le décor en faisant de Piaf une *glory victim* : « Rendez-vous compte qu'il faut beaucoup de raison, d'intelligence et d'équilibre pour supporter gloire et richesse quand rien ne vous a préparé à cela. » Il devenait dès lors plus facile pour lui de faire passer son point de vue : « Admettons que cela explique le besoin que Piaf éprouve de se créer des tas de légendes, d'ailleurs contradictoires suivant le lieu, l'heure et l'auditoire [selon Coquatrix, Asso était piqué du même syndrome]. Mais il n'est pas admissible qu'elle profite de l'hospitalité affectueuse d'un pays étranger et de l'admiration de ce public pour déverser fiel et rancœur. Je serai catégorique : je mets Édith Piaf au défi d'oser raconter dans son pays ce qu'elle a raconté ici. Notre véritable histoire est trop connue en France pour qu'un journaliste accepte, là-bas, les élucubrations qu'elle a fait accepter ici. » Alors, qui a lancé qui ? « Je n'ai jamais prétendu avoir lancé Piaf [mieux : Asso s'est vanté de l'avoir « faite »], je l'ai seulement soignée, gardée et éduquée de mon mieux. Et j'ai fait son répertoire de 1937 à 1940 [...]. Quant à savoir si c'est Piaf qui m'a lancé, écoutez bien : au début de 1937, précisément à Bruxelles, quand elle m'a demandé de m'occuper d'elle, il y avait un an déjà que Marie Dubas, Gilles et Julien, Andrée Turcy et d'autres, chantaient du Asso. Maintenant, je dois à la vérité de proclamer que si je dois un merci à Piaf pour avoir bien voulu se laisser diriger pendant trois ans, ma plus grande part de reconnaissance doit aller d'abord à Marie Dubas qui la première m'a chanté... Justement, ce fameux *Mon Légionnaire* dont jusqu'alors personne, y compris Piaf, n'avait voulu... » Le grand déballage est-il clos ? « Il y a encore un dernier détail que je voudrais mettre au point. D'après un passage de vos échos, on pourrait croire que je suis un de ces trafiquants de chansons, comme il y en a trop hélas ! dans notre corporation. Or, je pense être, sinon le seul, du moins un des rares qui se refusent à toute collaboration ou combinaison équivoque. Une espèce de toqué inachetable, dont les gens du métier disent : "Il n'arrivera à rien"... Commercialement s'entend ! Je tiens à ce titre de gloire, qu'on me le laisse. » Asso ne dérangeant personne, nul ne songerait jamais à le lui retirer. Il mourut un jour d'octobre 1968, fauché comme les blés, avec l'amertume pour seuls lauriers. Jusqu'au bout, il revendiquera son entière responsabilité dans la création du « produit » Piaf. Quelques jours avant de mourir, dans une dernière interview, accordée à *France-Soir*, depuis son lit d'hôpital, ne déclara-t-il pas : « Piaf, je l'ai un peu faite moi-même. J'ai accouché d'elle, souffrances comprises. Il ne faudrait jamais connaître les gens à leurs débuts... Je la suivais partout, à ses répétitions, au spectacle, à ses essayages. Je ne la quittais pas une minute pour lui éviter de faire des bêtises. »

En octobre 1963, dans *Arts*, Jean Monteaux tira une conclusion définitive sur le sujet : « Il ne peut pas être question d'un soupçon de fabrication dans le cas de Piaf. Tout ayant été contre elle au départ, personne ne peut revendiquer la plus minime part de son art, de sa personnalité ni de son succès. Elle n'appartient qu'à elle-même. Elle est la cristallisation d'un éternel humain. Elle est un cas et je le crois unique. » Nous le croyons aussi. Et des millions de gens avec nous. Phénomène social, Édith Piaf était un sortilège dont le ressort intérieur est un mystère qui dépassa Asso de mille têtes. Celui-ci prétendra que quelques semaines avant sa mort, la Môme lui télégraphia et qu'il lui rendit visite à Saint-Jean-Cap-Ferrat. Elle lui aurait alors dit : « Reprends-moi près de toi ! » (*France-Soir,* du 12 octobre 1968). Cinq ans plus tôt, dans *Les Lettres françaises* du 23 octobre 1963, relatant le même épisode, il avait déclaré : « Elle m'avait presque demandé de m'occuper d'elle comme jadis... » Un « presque » sujet à caution. Danielle Bonel conserve bien le souvenir d'une furtive apparition de « Cyrano » auprès d'une Piaf en fin de vie sur la Côte d'Azur, mais, selon elle, le but de sa visite consista principalement à taper Édith une énième fois. « Toute sa vie, il a essayé de lui soutirer de l'argent. C'est une des raisons pour lesquelles elle ne voulait plus le recevoir. Il lui en voulait terriblement. À sa décharge, Édith qui avait une faculté d'oubli extraordinaire l'avait laissé tomber. Sans vouloir juger, moi qui n'ai pas du tout la même conception de l'amitié et dont les amis sont les mêmes depuis des décennies, j'ai du mal à comprendre ce genre de comportement. Aussi, plutôt que de revenir sans cesse à la charge en se gâtant l'existence, Asso aurait-il dû en prendre son parti. Il avait suffisamment de talent pour ne pas se raccrocher toujours à Piaf. Comme beaucoup d'hommes, elle l'a marqué au fer rouge. La dernière fois, qu'il l'a vue, ce fut effectivement à Saint-Jean-Cap-Ferrat où Édith se reposait. Il était venu avec un ami et, bien entendu, il lui a demandé de l'argent et elle lui en a donné. » Le fait est confirmé dans son livre par le journaliste Jean Noli, de *France Dimanche*, présent ce jour-là pour les besoins d'un reportage.

Dans un éloge posthume (*Les Lettres Françaises* du 10 octobre 1968), Bruno Coquatrix salua la mémoire de Raymond Asso en ces termes : « La chanson est en deuil ! Le cercle s'est refermé, l'auteur s'en est allé retrouver son interprète [...]. Seule, parfois, une chanson débitée par la radio ou par un phono nous rappellera par la voix d'Édith, ce qu'il fut : un des plus grands créateurs que la chanson dramatique ait connus [...]. Car si Piaf le quitta, lui ne la quitta jamais. À chaque accident, elle le retrouvait à son chevet, disponible, prêt à tout pour l'aider à lutter, et disparaissant dès qu'elle était sur pied. » Danielle Bonel ne peut s'empêcher de réagir : « Jamais de la vie Asso ne fut présent auprès de Piaf dans les moments difficiles ! Elle savait ce qu'elle lui devait, elle l'a même écrit, mais il était sorti de son existence. Je le répète, chaque fois que nous entendions parler de lui, c'était pour des questions d'argent. J'ai connu Asso à l'époque de l'ABC, en 1937. Je ne pense pas qu'Édith était heureuse avec lui. Il était tellement taciturne et elle si demandeuse de vie. Il l'a menée à la dure, mais elle lui a donné du fil à retordre. Leur association fut surtout professionnelle. » Dans *Les Lettres Françaises*, Coquatrix souligne les qualités de Raymond Asso, mais il relate aussi son caractère dominé par l'amertume : « Qui ne se souvient pas de ses interventions tonitruantes à la SACEM, [Asso y fut administrateur] et ailleurs encore ! Et puis la colère passée, une sorte de philosophie souriante le conduisait calmement à une nouvelle explosion [...]. Sa longue révolte, sa longue lutte, le minaient chaque jour davantage. Les maladies y trouvaient un terrain propice et l'une des plus pernicieuses eut raison de ses dernières forces. »

Avant et pendant la guerre, Jean Richard fut l'imprésario de Raymond Asso qu'il intégra dans ses fameuses tournées en Allemagne.

L'interprète de Simenon nous apprend que la seule chanson qu'Asso avait définitivement reniée autant que bannie de son esprit, était, curieusement, *Le Fanion de la Légion* : « Cet hymne à l'armée avait dû lui échapper dans un moment de faiblesse idéologique. Quand on est anarchiste, on ne célèbre pas les mercenaires du colonialisme, n'est-ce pas ? Il aurait mieux fait d'écrire *Le Drapeau rouge*, mais c'était déjà pris... » Après que Piaf l'eut quitté, en 1940, Asso rencontra une jeune chanteuse connue sous le pseudonyme d'Hélène Sully, amie d'enfance de Danielle Bonel et, comme elle, membre du Théâtre du Petit Monde. Asso l'épousa et lui donna un fils, Michel, né à Genève en 1946. C'est là que « Cyrano » s'était réfugié à la Libération, pour tenter de faire oublier certains écrits malheureux. Voulut-il faire de son épouse une nouvelle Piaf ? Reste qu'Hélène Sully cessa assez rapidement sa carrière et qu'Asso l'abandonna un jour sans préavis, prétextant une course, l'achat d'un paquet de cigarettes, pour ne jamais revenir. L'âme donjuanesque, deux autres enfants, des filles, naquirent d'un autre lit. Longtemps, l'une d'entre elles conserva un magnifique portrait de son père en spahi. Avant que le cliché ne disparaisse. « Très égotique, mon père avait besoin de plaire et de se sentir aimé », précise Michel Asso, dont nous respectons la volonté de préserver certains secrets familiaux qui n'appartiennent qu'aux intéressés.

« Au nom d'un idéal humanitaire, le commun des hommes se livre des guerres cruelles. Au nom d'un même idéal, les artistes combattent sans répit. Les premiers croient sauver le monde en répandant la mort ; les autres rêvent de le sauver en répandant l'amour universel. »

Yvette Guilbert

II

Paul Meurisse dans le collimateur des Renseignements Généraux

« Mes amants me reviennent beaucoup trop cher ! »

É. P.

Septembre 1939 : la guerre est déclarée. Certains la sentaient monter au-dessus des jardins mouillés. D'autres la traitaient en Arlésienne. Tel ce boulanger parisien, parti en août en villégiature après avoir laissé sur la devanture de son magasin cette pancarte humoristique : « Fermeture pour cause de mobilisation annuelle. » « Paix, guerre, nous ne sortons pas de là, avait grondé Pie XI, en février de la même année, avant de rendre l'âme. Ne pas croire à la guerre, répéter qu'elle est inconcevable, matériellement impossible, croire mordicus à la paix, ou faire semblant, se duper ensuite... quel cauchemar cette époque ! » En France, depuis l'armistice de 1918, une quarantaine de gouvernements s'étaient succédé, en majorité de gauche, qui n'eurent de cesse de vouloir raboter le budget militaire et de réduire gravement les effectifs de l'armée, tant à sa base que parmi le corps des officiers d'active. Ce malgré l'opposition du Conseil supérieur de la guerre et les avertissements des élites militaires, dont le maréchal Pétain. Il faut bien se rendre à cette évidence : en 1939, le patriotisme borné est éteint et la France n'est plus la nation héroïque et debout qui terrassa l'Allemagne vingt ans plus tôt. « Un régime affaissé, des hommes nuls, des institutions vidées de leur substance... » (*dixit* François Mitterrand, 1940). L'annonce de la mobilisation a créé une onde de choc dans tout le pays. Devenue morne plaine, Paris semble comme entrée dans un coma profond pour une durée illimitée. Machinistes et accessoiristes ayant troqué leurs cottes bleues pour la vareuse et le pantalon kaki, tous les spectacles y ont été arrêtés, les cabarets, les cinémas et les théâtres fermés.

Or, très vite, les néons se rallument. Motif officiel : il faut soutenir le moral des troupes et celui de la population. Les artistes qui n'auront pas été appelés au front y pourvoiront. Le Concert Mayol, le premier, rouvre ses portes, bientôt imité par la Comédie-Française, où Marie Marquet et Madeleine Renaud donnent la réplique à Fernand Ledoux. Le Palais-Royal, les Folies-Bergère et les autres n'ont plus qu'à suivre le mouvement. Aux premières heures de la tragédie, Piaf se produisait à Deauville. De retour dans la capitale, après une période de flottement, à la fin octobre elle est à l'affiche de l'Européen. Un engagement d'une semaine. Depuis le premier du mois, chaque soir, elle retrouve au Night-Club le vrai public de cabaret. Elle y chante toujours Asso, alors sous l'uniforme et encore nourri d'illusions :

Ce n'est qu'une chanson des rues
Dont on ne connaît pas l'auteur
Depuis que je l'ai entendue
Elle chante et danse dans mon cœur...

(*Je n'en connais pas la fin,*
Asso-Monnot)

Dirigé par Arthur Lesser, le Night-Club se situe près de l'Étoile, dans la rue Arsène-Houssaye, célèbre par le nombre de ses établissements de nuit. Dans le souci d'équilibrer le spectacle, Lesser a engagé Irène Hilda, une jeune fantaisiste pleine de charme et d'entrain, issue comme Danielle Bonel du Théâtre du Petit Monde. À douze ans, Irène jouait aux Folies-Bergère. Fiancée à Émile Stern, elle a déjà enregistré quelques disques pour RCA. « Nous étions très copines, Édith et moi, se souvient-elle. Le soir, après le spectacle, on rentrait chez mes parents. Nous habitions au n° 1 de la rue Fontaine. Un bel appartement richement meublé et peuplé d'objets de valeur. Michel Gyarmathy, le directeur artistique des Folies-Bergère, en avait assuré la décoration. Cela était revenu très cher à mon papa qui était bijoutier : entre quatre-vingt et cent mille francs. Maman s'occupait de mon frère Bernard et de moi. En ce temps-là, la rue Fontaine était une rue très bien, à tout le moins différente de ce qu'elle est aujourd'hui. Édith aimait venir chez nous. On s'y retrouvait presque tous les soirs. Maman nous préparait des petits plats et nous mangions de bon cœur. À ce moment-là, elle était mignonne et très gentille. Je me souviens qu'un soir, nous sommes allées dîner chez Suzy Prim, dans son restaurant de la rue Sainte-Anne. “Irène, tu me montreras avec quels couverts il faut manger”, me demanda Édith, tout bas. Elle avait déjà énormément de succès à cette époque. Nous ne devions nous revoir qu'après la guerre. Entre-temps, les juifs n'étant plus en odeur de sainteté en Europe, j'avais émigré aux USA, après avoir fui avec mes parents dans le sud-ouest, puis sur la Côte d'Azur. »

Dans la même rue Arsène-Houssaye, un autre cabaret, l'Amiral, présente son propre programme de réjouissances. En vedette : Germaine Sablon, le « cœur qui chante » cher à Cocteau. Fille du compositeur Charles Sablon, elle est la sœur du séduisant Jean Sablon, dont les rengaines ont le don d'« horripiler nerveusement » Paul Colin. Aux heures graves, Germaine donnera une leçon de patriotisme au frérot, à l'abri aux Amériques. En attendant, elle se bat avec sa voix et sa présence, les seules armes dont elle dispose. Elles suffisent à écraser un jeune fantaisiste engagé en lever de torchon, un grand garçon de vingt-sept ans, au visage glabre, qui gesticule nerveusement en chantant *Je m'adore* et *Margot la ventouse*...

> *Étant une jeune fillette*
> *Elle perdit sa fleur virginale*
> *Quand elle devint la poulette*
> *D'un poseur de chauffage central...*

Nouveau venu et mal élu, Paul Meurisse cru 1939. « Je chantais faux, concédera-t-il vingt-cinq ans plus tard dans *Le Figaro littéraire*, une fois sa carrière d'acteur installée et son talent enfin reconnu. Heureusement, les chansonniers ne chantent pas vraiment. » Ajoutant avec un humour froid qui signe sa personnalité : « N'empêche que je suis l'un des seuls qu'Édith Piaf n'a pas réussi à faire chanter juste ! » Pourquoi Édith Piaf ? Parce que c'est précisément à la promiscuité géographique du Night-Club et de l'Amiral que les deux artistes doivent de s'être rencontrés à la fin de l'année 1939. « Elle n'était pas encore une immense vedette, dira-t-il après la mort de Piaf. Il y avait des vedettes plus importantes qu'elle, notamment Léo Marjane [surnommée Léo de Hurlements] qui était une vedette considérable à côté d'Édith Piaf. Et d'ailleurs, Édith Piaf la craignait beaucoup et ne l'aimait pas tellement. Mais Piaf était un personnage très fort. Surtout que les boîtes étaient envahies par les snobs, à ce moment-là. Elle s'en méfiait des snobs. Et je suis allé la voir chanter et j'ai compris pourquoi il y avait cet engouement du public. »

Quoi qu'en dise Meurisse, à cette époque Édith est déjà quelqu'un. Quant à lui...

Ce ne fut point faute d'originalité dans le parcours de ce Dunkerquois de naissance, fils de Théobald Fortuné Meurisse, directeur d'agence de la Société Générale, d'abord en poste à Bastia, où Paul passa les six premières années de son existence. Avant de préparer une licence en droit à Aix-en-Provence où il travailla comme clerc de notaire chez maître Roux. « Pour toute distraction, j'allais aux trois cinémas d'Aix et un jour je vis Josselin [un chanteur local très populaire] au Casino, a-t-il confessé dans *Actu*, en mars 1943. Ses chansons me plurent, je les commandai à Paris et je les appris [...]. Un de mes amis [camarade de lycée] était le fils du directeur du Casino d'Ajaccio [Monsieur Casanova]. Je partis pour la Corse pendant les vacances et fis mes débuts sous mon nouveau nom devant une salle complètement vide. Je n'eus aucun succès... naturellement. » Formidable pince-sans-rire qui n'amuse encore personne, Meurisse passe la vitesse supérieure et rompt avec le cercle familial pour tenter sa chance à Paris où il se fait d'abord engager à la Zurich, une compagnie d'assurances. Sans grande conviction. Artiste, sinon rien ! Petitement logé dans une chambre d'hôtel, au 51, boulevard Barbès, tout commence pour lui, sans que rien ne démarre, lors d'un « crochet » à l'Alhambra. Suit une audition à l'ABC où Mitty Goldin, après l'avoir entendu, le relègue dans la troupe des boys du Trianon. Une patience obstinée, le soutien moral de Damia et le hasard des rencontres font le reste et du Roi René à la Lune Rousse en passant par O'dett et l'Amiral, Meurisse aligne quelques modestes contrats qui l'encouragent à rompre avec la Zurich. C'est à Piaf qu'il doit la création de son personnage que les chroniqueurs appelleront le « Buster Keaton français ». À elle qu'il devra également d'être baptisé « le cheval triste », vis-à-vis du « cheval joyeux » (alias Fernandel). « Je lui dois tout, ou à peu près », témoigna-t-il dans *Ici Paris* en 1953. En le voyant s'agiter frénétiquement sur l'estrade de l'Amiral, Piaf, venue en voisine, l'avait percé à jour : « Ce n'est pas du tout votre genre. Vous êtes un flegmatique. Pas un geste ! Pas un seul sourire ! »

En Piaf, Meurisse, qui, à l'instar de Gabin ou de Chevalier, chercha longtemps son style, trouva le professeur idoine. Opiniâtre, il avait déjà frappé à d'autres portes avant que les deux battants de celle de la Môme ne s'ouvrent grands pour lui. Georges Tabet se souvint parfaitement de l'inconnu qui les convainquit, lui et Jacques Pills, de l'auditionner dans son imitation de Chevalier, un soir d'avant la guerre, à la sortie des artistes de l'Odéon, un cinéma-music-hall de la Canebière, où les célèbres duettistes venaient de triompher. La prestation de l'inconnu terminée, c'est à contrecœur que Tabet rendit son verdict : s'il désirait vraiment réussir, il était souhaitable que Meurisse (puisqu'il s'agissait de lui) n'imitât personne d'autre que lui-même. « Toujours impassible, il nous remercia, salua et disparut. Plus diplomate que moi, Pills me reprocha mon inutile franchise et j'oubliai bien vite cette soirée perdue. » Faut-il en vouloir pour résister à cela !

Toujours rien à signaler sur le front militaire. RAS. Sur les fronts artistiques, en revanche, les communiqués de presse font état d'une activité intense. Les prix ont augmenté de 20 % en quelques mois, les salaires ont été bloqués, mais Paris s'étourdit et les artistes en font leur graisse, qui ne sont jamais les plus mal lotis. Au moins ceux qui ne pointent pas à la Soupe Populaire. Ce n'est pas le cas d'O'dett ; grâce à ses imitations burlesques d'Adolf Hitler, le grand Goupil attire le Tout-Paris au Trône. On y rit, paraît-il, aux éclats. Pour d'aucuns, la « drôle de guerre » – la *sitzkrieg* (la « guerre assise ») pour les Allemands – en deviendrait presque salutaire. De leur côté, Piaf et Meurisse ne tardent pas à se mettre en ménage. Elle refusait d'aller habiter chez lui, rue de Douai, il ne souhaitait pas camper à l'hôtel Alsina, alors il a tranché en débusquant un appartement au 10 bis, rue Anatole-de-la-Forge, dans le 8e arrondissement, entre les avenues de la Grande Armée et Carnot. Le premier *home music home* de la cigale Piaf. « Visitant partout, elle est tombée sur le piano à queue, relatera Meurisse, un très grand piano et elle m'a dit ceci : “Eh bien, maintenant, ce n'est plus moi qui irai chez les compositeurs, ce sont les compositeurs qui viendront chez moi !” À vingt-quatre ans, c'est une femme qui n'avait absolument aucun doute sur son destin fabuleux. Elle en était certaine. Je n'ai vu, je n'ai même jamais fleuré un doute chez elle. Il n'était pas question pour elle que ça n'arrive pas. Peut-être ensuite a-t-elle eu des doutes, parce que lorsque la gloire arrive, le doute vient en même temps. Mais, à ce moment-là, elle n'avait aucun doute, elle avait la volonté d'être la première et il était immanquable qu'elle y parvienne. »

Aux vrais auteurs, aux bons, aux doués, la porte de Piaf sera toujours ouverte. C'est parce qu'elle aime les audacieux qu'elle n'a pas le temps de recevoir le dénommé Michel Emer qui lui téléphone un matin de janvier 1940 pour solliciter d'elle un rendez-vous. Ex-collaborateur du journal *Jazz-Tango* où il a signé des articles humoristiques, mais aussi pianiste de talent à l'Aéroport, une boîte de Montparnasse, où ce passionné de jazz singeait Fats Waller, son idole, Emer a déjà travaillé pour Jean Sablon (*J'ai le béguin pour la biguine)*, Lys Gauty (*Presque rien*) et Tino Rossi (*Mon âne*). Il tient une chanson écrite dans un dortoir militaire et qui, croit-il, devrait pouvoir intéresser Madame Piaf. C'est non. Il insiste, arguant de son retour imminent sur le front. Ça roule, qu'il vienne, mais qu'il se magne ! Elle ne le laissera plus repartir. « Je me sens en sécurité avec ses chansons, dira-t-elle des années plus tard, je suis sur la scène et j'ai l'impression que rien ne peut m'arriver. » Quant à lui : « Elle a été pour moi, auteur-compositeur, celle qui a chanté mes chansons... vingt-six chansons... j'ai composé pour elle vingt-six chansons... [*Bal dans ma rue* et *Monsieur Lenoble* furent écrites dans la loge du Versailles, à New York à moins de douze heures d'intervalle.] C'est une réussite, elle a marqué ma vie. » Premier « enfant » du couple Piaf/Emer : *L'Accordéoniste*, une chanson créée à Bobino le mois suivant, qui deviendra l'un des titres de gloire de la Môme. Elle raconte l'histoire d'une prostituée amoureuse d'un accordéoniste. Chaque jour, elle va l'entendre au bal musette. Elle ne danse pas. Elle le regarde. Puis il part à la guerre et il est tué. Folle de douleur, elle retourne au bal musette et pleure en écoutant la même musique. Et, là, elle se met à danser toute seule...

Arrêtez !
Arrêtez la musique...

Au début de 1940, amoureuse, Piaf est toute à Paul Meurisse. L'aime-t-il ? Tout en eux n'est que contrastes. « Les contraires s'attirent, les extrêmes se couchent », disait Willy, le mari de Colette. Elle est grande gueule ; c'est un taiseux chronique. Riant trop fort et hurlant à pierre fendre, elle se laisse facilement déborder par sa nature ; il campe les impénétrables à l'apparence muette, mâtinée d'une condescendance plus ou moins jouée. Une situation que Jean Cocteau [1] a tôt fait d'exploiter dans une œuvre spécialement écrite pour eux : *Le Bel indifférent*, une « version prolétarienne de *La Voix humaine* ». L'homme qui est à l'origine de cette pièce n'est autre que Robert Trébor, directeur des Bouffes Parisiens. Lui et Cocteau étaient allés ensemble entendre Piaf à Bobino, au début de l'année 1940. Comme Cocteau s'extasiait, Trébor lui demanda pourquoi il n'écrirait pas un acte pour elle. « J'en ai grande envie », répondit le poète, sous le charme. En quarante-huit heures, *Le Bel indifférent* était livré à Trébor et rendez-vous fut pris dans le capharnaüm qui servait de chambre à Cocteau en son hôtel. De l'aveu de Trébor à son ami journaliste Léon Treich, « les manches du veston retroussées à l'instar d'un prestidigitateur, [Cocteau] lut de sa voix vibrante cet acte où il renouvelait brillamment le procédé d'*Un Crâne sous une tempête*, d'Abraham Dreyfus ». L'emballement de Piaf à la fin de la lecture prouva à Trébor la pertinence de son initiative. Sautant au cou de Cocteau, elle s'écria : « Merci, Jean ! Merci. Tu me fais un

1. Piaf a fait sa connaissance par l'intermédiaire de madame Raoul Breton (la Marquise).

splendide cadeau. » *Le Bel indifférent* : un rôle de femme parlant seule, pendant que son partenaire n'ouvre pas la bouche. Indifférent, Meurisse ne l'est pas tant que ça, s'il faut accorder foi à un rapport éloquent émis le 6 juin 1944 par les Renseignements Généraux, qui remet tout en cause et sur lequel nous reviendrons au moment opportun. Mais laissons-la répéter son texte : « [...] Pardon, Émile, je serai sage, je ne me plaindrai pas, je me tairai, là, je me tairai ! Je te coucherai, je te borderai, tu dormiras et je te regarderai dormir. Et tu auras des rêves et dans les rêves tu iras où tu veux. Tu me tromperas avec qui tu veux. Mais reste ! Reste ! Reste ! Je mourrais s'il fallait t'attendre... » Laissons-la encore se ronger les sangs à cause de l'ordre de mobilisation que son homme vient de recevoir. Meurisse demande à sa maîtresse d'intervenir auprès de Daladier, afin de bénéficier d'un sursis. Accepté. Le « Taureau du Vaucluse », à qui l'on reprocha la signature des accords de Munich, racheté par Édith Piaf !

Le Bel indifférent est donné aux Bouffes Parisiens. Piaf (une fille de cabaret) en est le phare, Meurisse (son gigolo) la potiche, dont le seul travail consiste à écouter les récriminations de sa partenaire, planqué derrière un journal, impassible, au milieu d'un décor signé Bérard. « Ne rien faire sur scène, c'est ce qu'il y a de plus difficile », se défendra Meurisse, à juste titre, l'inaction se devant d'être compensée par une présence très forte. Ce que l'on sait moins, c'est que *Le Bel indifférent* fut présenté chaque soir en lever de rideau d'une autre pièce et laquelle ? *Les Monstres sacrés*, écrite à la même époque par le même auteur et jouée pour la première fois au théâtre Michel, en février 1940. Il arrive que Cocteau remplace Meurisse et Piaf l'une ou l'autre des interprètes des *Monstres sacrés.* « Ils formaient une grande famille polyvalente », nous renseigne Jean-Marc Gayard, un spécialiste de la Môme. Cocteau a d'ailleurs écrit une autre pièce de théâtre pour Piaf, beaucoup moins connue, *Le Fantôme de Marseille*, dont elle donna quelques représentations dans la cité phocéenne, pendant la guerre. « Un regard d'aveugle à qui Lourdes aurait rouvert les yeux, une détermination de poupée ayant conquis à force de saignements son statut de femme, Piaf vit littéralement son art ; à la bosse d'ange, aux petites jambes robustes et aux mains de cire croisées sur le ventre, s'ajoutent le front de Bonaparte et l'ardeur d'Anna de Noailles », écrit Cocteau en virtuose capable des plus géniales mystifications (*Paris-Midi* du 19 avril 1940). À grands coups de cette éloquence un rien vieille France qui le caractérisait, le poète célébrera toute sa vie la petite dame en noir. « Madame Édith Piaf a du génie. Elle est inimitable. Il n'y a jamais eu d'Édith Piaf, il n'y en aura plus jamais. Comme Yvette Guilbert ou Yvonne Georges, comme Rachel ou Réjane, elle est une étoile qui se dévore dans la solitude nocturne du ciel de France. C'est elle que contemplent les couples enlacés qui savent encore aimer, souffrir. Regardez cette étonnante petite personne, dont les mains sont celles du lézard des ruines. »

Piaf est-elle pour autant à la hauteur des prétentions que Cocteau, qualifié par d'aucuns de « Musset populiste », engrange pour deux ? Marcel Blistène : « C'est l'une des plus grandes, assurément, que j'ai eu le bonheur de diriger [...]. Elle était merveilleusement vraie, ce n'est pas un mauvais mot d'esprit que de dire qu'elle pigeait tout au quart de tour. Si nous n'avions pas été en France, ce royaume par excellence de la starlette et de la "révélation de l'année", Édith Piaf aurait dû faire à l'écran la carrière d'une Magnani, d'une Bette Davis ou d'une Katharyn Hepburn. » Si, surtout, elle avait été dirigée par un metteur en scène qui ne se fût pas appelé Marcel Blistène, dont l'œuvre est ainsi résumée par Jean Tulard, dans son *Dictionnaire du cinéma* : « Du *Curé d'Ars* à *Bibi Fricotin*, d'Édith Piaf à Gisèle Pascal, l'éventail des curiosités de cet ancien journaliste (ou son absence de curiosité) est large. »

« Quelle mauvaise comédienne elle était, quelle grande dame nous avons perdue ! » déclara Paul Meurisse, à la mort de la Môme, en totale contradiction avec Blistène. Jamais son opinion ne varia. Les Anglais de la BBC lui offrirent même le luxe de développer son analyse, quelques années plus tard... « Étant donné qu'elle m'a toujours considéré comme un très mauvais chanteur, je ne vois pas pourquoi je ne donnerais pas mon opinion de comédien sur la comédienne Piaf. Je peux vous dire que cette chanteuse de génie était une très mauvaise comédienne, n'est-ce pas ? D'ailleurs, si elle avait été une bonne comédienne, elle aurait joué la comédie. Cela dit, il est certain que cette mauvaise comédienne a joué très bien *Le Bel indifférent*. Certes, et je vous rétorque qu'on peut jouer très bien *Le Bel indifférent* et ne pas être une comédienne. Aussi bien que, si vous voulez, le général de Gaulle n'était pas un chanteur, mais il a très bien chanté *La Marseillaise*. » Qui a déjà entendu « vocaliser » le Général peut en tirer les conclusions qui s'imposent. « Mais vous voulez rire ; bien sûr que Piaf était bonne comédienne ! se récria Micheline Dax quand, au printemps 2007, je lui demandai de trancher entre la très bonne plaidoirie d'un piètre metteur en scène et le mauvais réquisitoire d'un brillant comédien. Une comédienne fabuleuse ! Il faut dire les choses comme elles sont : autant dans le privé elle a pu faire des choses affreuses, autant elle était intouchable au plan travail. »

Encore convient-il de distinguer les disciplines. Le théâtre étant l'aristocratie du métier de la scène, les acteurs qui ont la chance d'y passer la rampe sont tous assis à la table du génie. Au risque de céder à la caricature, aujourd'hui comme hier, pour peu qu'elle soit photogénique et qu'elle compte dans ses relations le 36e gigolo de celui qu'on appelle chez nous, avec une pompe empruntée à Hollywood, « l'agent des stars », traditionnellement une joyeuse tante décolorée, aux pulls tachés de sauce et de confiture, presque n'importe quelle fille peut s'improviser actrice de cinéma. Au théâtre, on paye de sa personne. Bon ou mauvais, la possibilité de tricher est nulle. Or, on sait qu'au théâtre, dans *Le Bel indifférent* et dans *La P'tite Lily*, Piaf se révéla éminemment convaincante. Serge Reggiani tourna un seul film avec elle, *Étoile sans lumières*, une œuvre sans consistance qui lui permit de juger des immenses possibilités de sa partenaire et de déplorer la mauvaise utilisation qu'en firent les metteurs en scène en général, Blistène en particulier : « C'était une excellente comédienne de cinéma... d'emblée, ce qui est plutôt rare [...]. Piaf était à l'aise tout de suite dans son rôle, elle comprenait d'instinct, elle était un génie de l'instinct en scène ! Elle voyait ce qui ne marchait pas, le disait elle-même au metteur en scène, sur le plateau, ou quand on visionnait les séquences [...]. Pourquoi de grands metteurs en scène ne sont-ils pas venus la chercher ? » Il fournit lui-même la réponse qui s'impose : « Si Piaf avait voulu tourner, elle aurait dû arrêter de chanter. Pourquoi l'aurait-elle fait ? Elle réussissait, c'était son élément. Elle avait l'étoffe d'une grande vedette de cinéma, mais la place était prise par la chanson. »

Avril 1940. *Match* consacre quatre pages à Édith : « La Môme Piaf, chanteuse des rues, est devenue vedette. » Son premier grand reportage. Au coude à coude avec Haakon de Norvège, la fille Gassion ! On l'y voit scruter Paname, du haut de la Butte. On la surprend dans le salon d'un grand couturier parisien. Sur une vilaine photo, Simone Berteaut dont le nom n'est pas cité pose en môme de la cloche à ses côtés. Souvenirs du temps passé pour mieux mesurer le trajet parcouru. Quand même la vie est belle et le printemps radieux cette année à Paris ! Sur les murs de la capitale, les affiches patriotiques fleurissent : « Nous vaincrons parce que nous sommes victorieux. » Un optimisme d'enfants de chœur, alors que tout a été fait pour mettre la France en position de défaite. Voilà huit mois que le gouvernement a déclaré la guerre à l'Allemagne pour l'empêcher d'envahir la Pologne et la Pologne a été envahie. Hitler et Staline se la sont partagée. C'est si loin, la Pologne... Et le ciel nous tomba sur la tête ! Le 10 mai, l'aviation allemande attaque « enfin », bombardant aérodromes, ponts, gares et voies ferrées hollandais, belges et français et écrasant nos avions au sol. Le 14, l'ennemi franchit la Meuse et enfonce le front français. En dépit de la reprise en main de l'armée par le général Weygand, en remplacement de Gamelin, toutes les grandes unités françaises disparaissent bientôt dans la bataille. La France est vaincue et le 12 juin, Weygand donne l'ordre de repli général. Favorable à un armistice qui permettrait de sauver le bassin occidental de la Méditerranée, mais ne voulant pas en endosser la responsabilité, Reynaud démissionne. Le général Weygand, en accord avec le maréchal Pétain supplié de rentrer de son ambassade madrilène par l'ensemble d'une classe politique aux abois, va s'en charger. Depuis Londres, où il a été envoyé en mission, le général de Gaulle manifeste son désaccord et prend seul l'initiative d'appeler à poursuivre massivement la lutte armée, entrant ainsi dans la querelle de personnes.

À l'image de Hitler et de ses généraux souillant les dalles sacrées de Notre-Dame, les « boches » sont devenus les rois du *Grosse* Paname. Sans la Môme pour trinquer à leur victoire. Elle aussi a déserté la capitale dans le flux de la débâcle. On la retrouve à Toulouse, où ce bon vieux Jacques Canetti lui a organisé une tournée dans les principales villes du sud de la France. Meurisse est de l'aventure. Son art se peaufine et en janvier 1943, à la faveur d'un passage à l'ABC – dirigé par le clown Bilboquet, en remplacement de Mitty Goldin, évincé par les lois raciales –, il se trouvera un Pierre Ducrocq pour écrire enfin : « En même temps qu'il s'affirme au cinéma l'un des plus originaux découverts cette année, il précise de plus en plus sa manière music-hall. Quelques gestes, mais d'une portée toujours efficace. Et avec quelle aisance il passe à la "vraie" chanson, avec ce chacal de Raymond Asso, dont il est le meilleur interprète. » Meurisse meilleur interprète d'Asso : en voilà une bien bonne pour Édith ! Un parti pris qui a au moins l'avantage de faire taire les rumeurs d'une féroce animosité entre l'ex et le nouveau.

Loin de Paname, la Môme cafarde. Paris qui semble comme enfermé dans une bulle sourde au tic-tac des horloges, où n'entreront plus ni les drames, ni les angoisses. Les files d'attente s'allongent de jour en jour devant les magasins d'alimentation, les appétits des uns aiguillonnés par la faim des autres, le marché noir s'intensifie, mais le vrai cœur français bat encore. « On ne dormait pas toutes les nuits, à cause des alertes et on n'était jamais sûr d'être encore vivant le lendemain, intervient madame Groffe, ancienne maquilleuse au cinéma, mais quand on est jeune on ne vit que d'espoirs. Et de l'espoir on en avait fait provision ! Quand je vois ce qui attend la jeunesse d'aujourd'hui, je me dis que nous étions plus chanceux qu'eux. » Les salles de spectacles sont les meilleurs réceptacles de cette étrange et nébuleuse effervescence parfois proche du syndrome de Stockholm. Toutes ont relevé le rideau et toutes font recette, à la plus grande satisfaction des différentes parties concernées. Dans les promenoirs, les uniformes allemands frôlent les plus beaux astrakans ; les fume-cigarette marqués au chiffre du fumeur distillent leur délicieux poison dans un imperceptible nuage de fumée et, comme « avant », les parfums les plus merveilleux font tourner les têtes du bon ou du mauvais côté. De simples apparences ? « Dès 1940, il fallait, à mon sens, que les Allemands eussent le spectacle d'une activité française formellement décidée à maintenir le prestige intellectuel de la nation en face de l'adversaire et de l'adversité, dira Sacha Guitry. Il convenait tout de suite de leur faire comprendre qu'ils n'auraient aucune illusion à se faire et que la culture française était assez forte, assez cohérente, en sa diversité même, pour se passer de directives et repousser toute influence. »

Piaf revient dans la capitale où elle fait sa rentrée à la salle Pleyel, haut lieu de la musique symphonique, le 28 septembre 1940. Un spectacle important. Une gageure pour un artiste de music-hall. D'autres avant elle y ont été sifflés. La peur au ventre mais la voix sûre, en quelques représentations jugées triomphales par la critique, elle fait tomber des pans entiers de préjugés. « Au music-hall, dira-t-elle, ils ont des masses de numéros pour les charmer, les spectateurs. Si la vedette flanche, ils ont la consolation de se rabattre sur le ventriloque au nombril sonore ou sur le danseur de corde en fil à fil. Mais, là, j'étais responsable entièrement de leur plaisir et cela me donnait la frousse à en vomir. Ils portaient leurs illusions sur moi, sans partage. Et ça m'épatait, et ça me chauffait, et ça me glaçait. » La publicité qui ne perd pas ses droits, même en temps de guerre, s'intéresse à la Môme et une manchette de *Paris-Soir* annonce un concours : « Voulez-vous déjeuner avec Édith Piaf ? Et faire une bonne œuvre ? Envoyez-nous une lettre en y joignant un timbre de un franc qui sera versé à la caisse de bienfaisance des œuvres sociales de *Paris-Soir*. Parmi les lettres que nous recevrons, Édith Piaf en tirera quatre au sort, lundi prochain. Les quatre gagnants seront invités par *Paris-Soir* à déjeuner chez Maxim's avec leur vedette préférée. » Le célèbre restaurant de la rue Royale réquisitionné par l'occupant, Louis Vaudable, patron des lieux, a été consigné dans ses appartements.

Après Pleyel, toujours flanquée de Meurisse, Piaf se produit dans différents cabarets et salles de spectacles, comme l'Aiglon, l'ABC, le

Concert Pacra, les Folies Belleville. Asso figure toujours à son répertoire et *L'Accordéoniste* récolte partout le même plébiscite. À noter aussi quelques nouveautés qui ne feront pas date, telle *Sans savoir comment*, de Jean-Marie Huart et Marguerite Monnot. Les critiques continuent à rendre au centuple à la Môme le don de soi qu'elle montre en scène. Si elle s'égare au cinéma en acceptant de tourner *Montmartre sur Seine*, réalisé par Georges Lacombe, un film musical avec Jean-Louis Barrault, Henri Vidal et Denise Grey – qui n'en parle pas dans ses souvenirs –, sans autre intérêt pour elle que d'y révéler la bouille du héros de ses nuits, Piaf sait que sa vérité est sur les planches. La promiscuité immédiate avec un public que l'on touche du bout des doigts, du bout du cœur et avec lequel on peut jouir comme sous le feu d'une caresse. D'autres salles les attendent, elle et Meurisse, à Paris et ailleurs, d'autres bravos. À Bobino, à l'Olympia de Bordeaux ou à l'Amiral, Édith travaille autant par passion que par nécessité financière. On la dit fauchée. Où diable passe l'argent de ses contrats ?

Été 1941. Le maquis s'organise et Hitler durcit le ton : « Si la France devient un élément de trouble, elle devra être complètement anéantie. » Dans l'incertitude de l'été finissant, avant peut-être, ou juste après, Piaf se réveille un matin avec un besoin de nouveauté et quelque envie d'ailleurs. Anticipant toujours le moment où il faut partir avant d'être quittée, chez elle le sentiment de spleen et d'inachevé qui accompagne généralement les ruptures sentimentales ne fut jamais un obstacle majeur à l'élaboration d'une nouvelle histoire, toujours plus rose et prometteuse que la précédente. Elle reviendra sur ses illusions de petite fille. Pour l'heure, elle croque dans le fruit de l'amour sans craindre de tacher son cœur. Cela s'appelle la jeunesse. Les jours de Meurisse sont comptés, déjà la silhouette de Norbert Glanzberg se profile. À moins que l'homme ne soit déjà dans la place. Il l'est puisque Piaf en fait son pianiste. Entre les deux hommes, le duel fut épique. Longtemps après, Glanzberg regardait la télévision en compagnie de son fils, Serge, lorsque Paul Meurisse apparut à l'écran. « Tu vois, il a le nez cassé ; c'est moi qui lui ai mis mon poing dans la figure ! » s'exclama-t-il fièrement. Serge Glanzberg m'a expliqué que son père, de nature bagarreuse, n'avait fait que se défendre d'une agression de Paul Meurisse, à la terrasse d'un café niçois. « Meurisse lui avait foncé dessus et mon père s'était défendu en lui assenant une droite. Sans toutefois savoir ce que lui reprochait Meurisse. » Ce n'est qu'après coup que le comédien reprocha au compositeur de lui avoir « piqué sa gonzesse ». Glanzberg tomba des nues.

Engagé sous un faux nom, à cause et en dépit des lois antisémites, Glanzberg remplace Louiguy – Louis Guglielmi, père de la chanteuse Maurane –, lauréat du Conservatoire de Paris, qui accompagnait Piaf jusque-là. En 1941, Louiguy a composé *Ça sent si bon la France* (paroles de Jacques Larue) pour Chevalier, une chanson poignante eu égard au contexte. Momo fait généreusement entendre sa voix sur Radio-Paris, une station sous contrôle allemand, dirigée par Herr Sussdorf, à laquelle collabore un certain Pierre Hiégel, assisté du tout jeune Lucien Trzesniewski, alias Lucien Morisse. Ceux qui ont gardé la foi en un dieu de leur choix, vivent avec la flamme de l'espoir au fond du ventre. Piaf, qui n'entend rien aux affaires du monde, est de ceux-là. « Toutes les religions ont le même sens du "plus être" et on sentait Édith Piaf, très ouverte vers ces choses-là, déclara, en 1973, Jean-Louis Barrault. Elle ne se cloisonnait pas dans une religion. Elle la dépassait. » Odette Laure a également relevé l'attirance de Piaf pour le religieux. Très amie avec Raymond Asso, celui-ci lui avait confié de très nombreuses lettres d'Édith, adressées du temps de leur collaboration. Odette Laure : « Dans cette bourrasque de sentiments, je suis frappée par une dominante, une note tenue et grave : *la prière d'Édith*. Sa conviction religieuse n'a d'autre fondement que son innocence. Sa prière est celle de la brebis égarée qui appelle le berger ; oui, l'Église est sa bergerie. Sa dévotion ne s'élève guère au-dessus de l'instinct de l'animal craintif [...]. Que d'angoisse chez cette bête traquée touchée par la grâce : toute tremblante, elle allait se jeter aux pieds du "grand Jésus sévère". » Dans une lettre datée du 15 septembre 1938, en vacances à Chenevelles, Piaf raconte à son Pygmalion resté à Paris le déroulement de l'office religieux auquel elle vient d'assister : « Tu attends avec impatience ma longue conversation avec Jésus, eh bien, tu vas l'avoir. J'ai pleuré d'abord [...] je lui ai dit, empêche cette guerre, oui, je l'ai tutoyé et puis j'ai regardé ses pieds, ses mains et sa figure remplie de souffrance. Enfin, j'ai pensé à ceux qui l'avaient cloué sur la Croix et à tout ce qu'il avait enduré sans en vouloir à personne et j'ai pensé que tu étais aussi bon que lui, que tu pardonnais toujours et j'ai encore pleuré et j'ai demandé pardon à Jésus d'avoir osé le tutoyer. »

Quel souvenir la pécheresse Édith Gassion garderait-elle de Paul Meurisse, dont on oublie trop souvent de rappeler qu'il fut lui aussi de l'écurie Piaf ? La légende autant que l'Histoire retiendront les bonnes manières inculquées par cet élégant. « Il ne faut pas me dire que je suis "Monsieur bonnes manières", se désistera-t-il, après la mort de Piaf. Je ne lui ai rien appris. Elle a regardé, elle a vu, elle a compris et elle l'a fait. Avec elle, il n'y avait pas besoin de lui expliquer : il faut manger de telle façon. Elle voyait les choses, comment ça se passait. Tout au plus, lui ai-je fait comprendre qu'il ne fallait pas confondre rince-doigts et trou normand, peut-être, mais c'est tout. » Un gentleman, Paul Meurisse ? À un journaliste de *Paris-Jour* qui, en 1969, s'était cru en devoir de le flatter : « Certains prétendent que vous êtes le gentleman du cinéma français », il fit cette réponse : « J'ignore la signification de ce nom. Les individus les plus exceptionnels cachent toujours des imperfections et les êtres les plus braves une certaine lâcheté. Un homme a ses faiblesses. Alors pourquoi parler de "gentleman", de noblesse et de grandeur d'âme ? » Ne sont-ce pas là paroles de gentleman ?

C'est le moment d'étudier le fameux compte rendu des Renseignements Généraux, daté du 6 juin 1944. Soit un peu plus de deux ans après que le cygne eut chanté pour les amants. À cette date, le « Buster Keaton français » a pris du galon dans le métier, mais il est encore très loin de la vedette qu'il deviendrait par la suite. Son nouvel amour a pour nom Michèle Alfa – née Joséphine Blanche Bassignat, en Gironde, en août 1915 –, une jeune première du cinéma de l'Occupation, lancée par une pièce à succès d'Irénée Mauget et décrite par Jean Tulard comme « un peu fade, très convenable, mais honnête comédienne ». Michèle et Paul se sont mariés à Paris, dans le 8e, le 22 mai 1942. Depuis lors, l'harmonie du couple souffre de quelques sérieux désaccords. C'est précisément ce qui attira l'attention des RG, pour amener ces agents très spéciaux à revenir, après enquête, sur le comportement de Paul Meurisse envers Édith Piaf.

Tout commence par une démarche de Paul Gustave Pierre Meurisse venu signaler au commissariat de Neuilly-sur-Seine l'abandon par sa femme du foyer conjugal, sis au 4 boulevard Julien Potin (Neuilly). « De l'avis d'intimes des deux époux, ce mariage est un non-sens, indique le rapport. Lui, garçon de moralité douteuse, plus enclin à s'encanailler qu'à rechercher les bonnes fréquentations, offrait trop de contrastes avec Michèle Alfa, au tempérament affectueux, sensible et passionné. Aussi, leur séparation n'a-t-elle étonné personne. Michèle Alfa est donc partie pour la seconde fois, mais sa décision serait aujourd'hui irrévocable, reprochant à son mari son inconduite notoire et son manque de scrupules de vivre entièrement à ses crochets. Provisoirement, elle se serait réfugiée chez sa mère, dont il n'a pas été possible de connaître l'adresse. » Après une brève évocation des débuts difficiles de Michèle Alfa et de sa carrière théâtrale et cinématographique, le rapport s'étend comme suit : « Très aimée comme artiste, elle l'est aussi comme camarade et ceux qui l'approchent n'ont qu'à se louer de sa gentillesse. » Seulement, voilà : « En revanche, on l'a dit assez volage. Son dernier ami connu est Lucien Viard, âgé de trente-cinq ans, producteur de la Hervia [?] films, dont il est aussi administrateur. Cette liaison, cependant, semble de la part de Michèle Alfa avoir été plus inspirée par le souci d'obtenir la vedette dans *L'Aventure est au coin de la rue* [Daniel-Norman], dont Lucien Viard est le producteur, que par une réelle attirance, car ces deux aventures se sont terminées ensemble... »

Pour ce qui relève de l'adultère, les époux semblent porter une part de responsabilité égale, mais les RG n'en démordent pas : « Paul Meurisse n'a pas le talent de sa femme. Il est considéré comme un artiste de seconde zone. En tant qu'artiste de cinéma, il est lié par contrat à la Continental films, mais son domaine est le cabaret où il se produisit dans quelques tours de chant [...]. Au privé, il n'est pas favorablement représenté. Avec juste raison, on lui reproche de verser dans le genre "maquereau" et sa liaison avec la nommée Gassion Édith, née le 19 décembre 1915 à Paris, dans le 20e, n'est un secret pour personne. D'elle, il tirait le maximum de profit avant son mariage. »

Roland Gerbeau qui parle d'une altercation particulièrement épique entre Piaf et Meurisse, à laquelle il assista, se souvient avoir entendu la même insulte, « maquereau », fuser de la bouche de Piaf. « Je chantais à l'époque au Chantilly, un beau cabaret de la rue Fontaine, aujourd'hui Théâtre Fontaine. Piaf et moi avions la même maison de disques, Polydor. Elle était la grande révélation de cette époque et j'avais pour elle une admiration sans bornes. Les autres ne m'intéressaient pas. Parfois, nous nous croisions chez Polydor, je sortais du studio d'enregistrement et elle me succédait. Il y avait toujours plein de gens autour d'elle. Elle n'était jamais seule. Très impressionné, je lui donnais du "Bonjour, Madame", puis je restais un peu pour l'entendre. En 1942, ou 1943, me semble-t-il, j'ai participé à un gala réunissant tous les artistes Polydor, à l'ABC. L'étoile de l'écurie, c'était elle, bien sûr. Elle chanta *Le Vagabond* en duo avec Yvon Jeanclaude. Mais je ne devais vraiment la connaître qu'un peu plus tard. Ce soir-là, je venais de quitter le Chantilly, où je chantais, pour rentrer chez moi, lorsque, traversant la place Pigalle, j'ai surpris Piaf en pleine agitation, devant le Chapiteau [ex-Abbaye de Thélème] d'où elle devait probablement sortir. Elle était en train d'invectiver copieusement Meurisse, impassible et hautain dans ses souliers en croco vernis, et je peux vous dire que pour ce qui est du vocabulaire choisi de la rue, Édith en connaissait un rayon ! Parmi les insultes proférées, je me souviens très bien d'un "petit maquereau !"

lancé avec beaucoup de conviction. Entre elle, petitement vêtue et lui, sapé comme un dandy, le contraste était pour le moins saisissant. » Le rapport des RG fait enfin allusion aux visites assidues de Meurisse à Piaf chez Billy, la tenancière d'une maison de prostitution clandestine où la Môme avait pris pension, alors que Meurisse était marié et que Piaf se partageait entre deux amants : Henri Contet et Yvon Jeanclaude. Aussi bien informés furent-ils, les policiers ignoraient manifestement que le mari de madame Billy, le chanteur Josselin, était le même qui avait encouragé le feu sacré de Meurisse en lui offrant son répertoire. Outre le fait que Piaf et Meurisse avaient conservé de bonnes relations, sans doute faut-il y voir une autre raison de ses fréquentes visites chez madame Billy. Et si cela ne suffisait pas, rappelons que l'endroit était un bordel et qu'en cela Meurisse tenait un motif légitime de s'y rendre !

Il eût été vulgaire et mesquin de ternir à titre posthume l'image d'un homme généralement décrit comme le gentleman qu'il se refusait d'être, mais à partir du moment où il existe, ce rapport de police ne pouvait être occulté. De même que le témoignage de madame Groffe, qui eut l'occasion de regarder vivre Paul Meurisse, peu après la guerre. Bachelière en 1939, la débâcle fut la providence de cette Parisienne contrainte d'arrêter ses études pour subvenir à ses besoins. À Moissac, « sous la mitraille des avions allemands », elle fit la connaissance de celui qui deviendrait son mari, Serge Groffe, maquilleur-posticheur à l'Opéra. « Nous sommes très vite remontés ensemble à Paris où Serge a travaillé pour la Continental. Il a notamment fait *Le Corbeau*. En 1946, considérant que la vie de bureau était pire que la guerre elle-même, j'ai bifurqué vers le cinéma pour être auprès de mon mari. Comptant y devenir scripte, je me suis retrouvée, moi aussi, à mettre de la poudre sur le nez des actrices et des acteurs. » Envoyée à Marseille aux studios Marcel Pagnol, madame Groffe y fit ses classes. « C'est là que j'ai connu Paul Meurisse. Je me souviens que, dans le studio, il y avait un bar où les maquereaux de Marseille venaient très souvent se ravitailler en jolies filles attirées par la vie facile. Meurisse était souvent en leur compagnie. C'était quelqu'un de très courtois mais il était très coureur et buvait pas mal. Je ne l'ai pas connu du temps où il était avec Édith Piaf que j'ai également eu l'occasion de côtoyer sur un plateau où mon mari travaillait. Je puis affirmer que c'était une bonne femme extraordinaire, toujours prête à aider quelqu'un. Je ne sais plus s'il s'agissait d'un film ou d'une sorte de documentaire destiné aux États-Unis, je me souviens seulement que Chevalier était présent et que Piaf, très fatiguée, sortait d'une opération. Les tournages étaient toujours très longs à l'époque et les lumières d'alors, au charbon, beaucoup plus fortes qu'aujourd'hui. Elles pouvaient parfois vous brûler la peau. Aussi, pour rendre service à Piaf, j'avais accepté de faire sa doublure plusieurs jours d'affilée. Un soir, j'ai demandé à mon mari de prendre ma place sous les projecteurs, il était tard et il fallait que je rentre à la maison m'occuper de notre bébé. Je suis sortie sur la pointe des pieds. "Où est la gamine ? Elle est partie ?" s'enquit Piaf au bout d'un moment, ne m'apercevant plus. La gamine : c'est ainsi qu'elle m'appelait. Mon mari lui expliqua la raison de mon départ. "Je suppose que tu vas la voir, ce soir ?" enchaîna-t-elle. À quoi Serge lui répondit par l'affirmative. "Tiens, tu lui donneras ça." Elle lui avait glissé mille francs dans la main. Tout ce qu'on raconte sur la prétendue antipathie de Piaf pour les jolies femmes n'est pas exact. Pour ma part, je préfère nettement la mentalité masculine. Belle ou pas, tout dépend du comportement que l'on adopte. Dieu sait si j'étais jolie et fraîche à l'époque ! J'ai trop vu de femmes actrices faire preuve à mon égard d'une jalousie exacerbée et propre aux "femelles". Autant Piaf fut avec moi d'une gentillesse et d'une simplicité qu'on a peine à imaginer dans ce métier, autant d'autres, telles que Françoise Christophe, me laissèrent un souvenir des plus amers. Dans le genre peau de vache, on trouvait surtout Pauline Carton ; voilà quelqu'un qui détesta âprement les femmes en général, les pas trop moches en particulier. Certains hommes n'étaient pas mieux ; la palme des mal embouchés croisés au cours de ma carrière revient à Jean Gabin. »

En janvier 1961, curieuse de savoir si, pour Piaf, l'exercice du métier d'artiste était plus difficile pour une femme, Michèle Manceaux, journaliste à *L'Express*, reçut de la Môme cette réponse sans nuances : « Oui, d'abord les hommes trouvent plus facilement leur public parmi les femmes. Ce sont elles qui achètent les disques, qui prennent les places pour le spectacle et ce sont elles, c'est bien normal, qui sont plutôt inconsciemment attirées par des voix d'hommes. Et puis, c'est aussi plus difficile parce que les femmes ont moins de force physique, de poids. Enfin, je ne sais pas exactement ce que c'est. Un peu dans le même ordre d'idées, on dit que les femmes conduisent moins bien que les hommes. On ne sait pas pourquoi, mais c'est vrai. »

« Je dormais et je rêvais que la vie est beauté ; je me réveille et je vis qu'elle est devoir. »

Kant

III

« C'était Édith Piaf ou Adolf Hitler ! »

« Je voudrais bien voir un lâche ! »

É. P.

L'entrée en guerre des États-Unis a exacerbé la nervosité de l'occupant. D'abord *correct* envers la population, le « fritz » devient plus intransigeant, plus suspicieux. Sa hantise du juif vire à l'obsession. Paradoxalement, Hitler a accepté l'engagement dans la Wehrmacht de quelque cent cinquante mille Allemands d'origine juive – enrôlement forcé, dans le souci de protéger leurs familles, ou volontaire (pur patriotisme) –, dont beaucoup ont atteint des grades élevés mais pour qui il a d'abord fallu obtenir l'autorisation personnelle du Führer, avant de pouvoir verser leur sang indigne pour la défense du Reich. L'humain face à ses contradictions. Dans le même temps, à Paname, les francs collabos reprochent violemment à Vichy de freiner les exigences allemandes. L'antisémitisme étant néanmoins devenu religion d'État, on mange du juif, comme autrefois les partisans du petit père Combes mangeaient du curé – ce qui ne les empêchait pas de faire secrètement baptiser leurs enfants. Où sont les braves épurateurs anticléricaux, en 1940 ? Parmi les rares voix à s'élever pour dénoncer le traitement réservé aux fils d'Israël, beaucoup appartiennent à des hommes d'Église. « France chevaleresque et généreuse, n'en doute pas, tu n'es pas responsable de ces horreurs. » Diffusé par la radio anglaise, le sermon du cardinal Saliège est porté à la connaissance du monde.

Sans mesurer réellement l'ampleur de ce qui se prépare, d'emblée Piaf se montre sensible à la cause juive. Nul ne pouvait exiger d'elle qu'elle arbore l'étoile jaune en guise de solidarité, ainsi que le firent de nombreux catholiques qui furent pour cela arrêtés et déportés, mais nous verrons que son implication dans le sauvetage d'un grand nombre de persécutés fut total et sans réserve. Norbert Glanzberg est juif, nous le savons. Une raison supplémentaire pour elle d'aimer cet homme marqué, avec peut-être plus de feu que les précédents. Accompagnée de neuf musiciens, dont son « Nono » au piano, elle sillonne la partie méridionale de la zone libre. Marseille, Nice, Monte-Carlo, Nîmes, Cannes, Toulon... Avec ici un décrochage à Genève, là une petite remontée sur Lyon. Chauffeur, cuisinier, secrétaire : la Môme voyage lourd. Elle a de l'argent mais ce sont les autres qui s'en rendent compte. Auxquels elle offre plus qu'ils n'en demandent. « Elle savait que la façon dont elle malmenait sa santé, qu'elle sacrifiait à sa carrière, ne lui laisserait pas beaucoup de temps pour jouir de l'argent qu'elle gagnait, aussi le dépensait-elle à pleines mains pendant qu'il en était encore temps », dira Glanzberg, prétextant par ailleurs que physiquement Piaf n'était pas sa tasse de thé, mais que dans sa situation d'homme traqué, il ne pouvait que difficilement résister aux assauts de sa protectrice : « Que pouvais-je faire, c'était Édith Piaf ou Adolf Hitler ! » En espérant qu'il ne s'agisse que d'un trait d'humour... juif.

Un jour, dans le train qui transporte la tournée de ville en ville, la chanteuse dépasse elle aussi la mesure et son inconscience manque de tourner au *requiem pour un feuj*. Ce jour-là, Édith fait la fête dans le wagon-restaurant. Hissée sur une table, avec une foule d'admirateurs à ses pieds, elle chante et danse, riant à pleine gorge, dans des volutes de fumées de cigarettes, un verre à la main. Alerté par le grabuge, Norbert, si prudent d'ordinaire, se risque dans le wagon. L'apercevant, un instant interdite, elle le désigne soudain : « Vous savez qui c'est, là-bas ? C'est mon pianiste. Norbert Glanzberg. Un juif ! » Glanzberg n'eut que le temps de faire demi-tour pour s'en aller, en sueur, se verrouiller dans son compartiment. Quelques heures plus tard, la Môme martelait sa porte de ses poings menus, l'enjoignant de lui ouvrir. Ivre cette fois de repentance, elle se jeta en pleurant aux pieds du lit de son amant, s'agenouilla devant lui, et battit sa coulpe : « Norbert, mon Norbert, qu'ai-je donc fait ? Mais qu'est-ce que j'ai donc fait ? Je t'en supplie, pardonne-moi ! »

« Elle aimait faire des blagues, tout prétexte lui était bon, expliquera la secrétaire Andrée Bigard, témoin de l'incident. Et pourtant c'était une fille d'une grande pureté. C'est avec elle que j'ai passé les dix meilleures années de ma vie, même s'il m'est arrivé d'errer au bord des larmes dans les rues à trois heures du matin. »

À Monte-Carlo, favorablement impressionné par la prestation de la chanteuse, un jeune correspondant local de *L'Éclaireur de Nice* signe de son nom une critique laudative. Il s'appelle Léo Ferré, « l'homme qui parle pour dans dix siècles ». A posteriori, mais dans des délais plus raisonnables, ces deux blocs de la chanson française seraient amenés à s'affronter chez la Môme, boulevard Lannes, dans des circonstances épiques, au début des années cinquante. Entré en trombe avec un énorme chien baveur aux pattes boueuses et dévastatrices, le poète compromit d'emblée ses chances de pouvoir vendre sa salade. Agacée par ses prétentions, mais aussi et surtout parce qu'ils ne parlaient pas le même langage musical, Piaf se fit un plaisir sadique d'humilier le grand Léo, dont elle avait pourtant déjà enregistré *Les Amants de Paris*, en 1948. Sa blessure d'amour-propre ravalée, Ferré témoigna toujours d'un respect déférent envers l'artiste. En 1968, écœuré par l'exploitation abusive du souvenir de la Môme par l'association Johnny Stark/Mireille Mathieu, il coucha sa gerbe sur une portée. Ainsi naquit *Lettre à une chanteuse morte*. La censure fut à la mesure de l'audace, mais les pouvoirs de l'argent et le terrorisme intellectuel ne pourront jamais que peu de chose contre les sangs d'un poète.

Marseille reste un temps le point de ralliement de Piaf et de Glanzberg. Ce choix n'est pas anodin ; les heureuses influences de Notre-Dame de la Garde, dont le regard plongé au loin protège les navires du naufrage, apaisent les doutes les plus secrets d'Édith, sa soif de vivre irraisonnée et son cœur de Française dans la tourmente. « Heureusement, j'crois en Dieu, confesse-t-elle à son amie la journaliste Caro Canaille. Lui, y juge les choses telles qu'elles sont. Y sait c'qui s'passe en moi, alors, tu sais, c'que disent les caves, j'm'en tamponne. Mais j'crois que maintenant je connais la tronche du bonheur. S'il passe, je le louperai pas. » Serait-ce à dire qu'entre elle et Norbert, ce ne serait pas La Vie en rose, du nom de ce cabaret de Pigalle où elle passera dans quelques mois ? Contrairement à ce qu'il a affirmé, Norbert est fou d'elle, mais un autre homme, marié et resté à Paris, occupe une partie des pensées de Piaf. Journaliste de profession, Henri Contet écumait le tournage de *Montmartre sur Seine,* pour le compte de *Paris-Midi*, lorsqu'ils se rencontrèrent. Il est à Paname avec sa femme, elle à Marseille auprès de Norbert, séparés par Charlotte Dauvia (chanteuse mais surtout épouse Contet) et par une ligne de démarcation : la situation est compliquée.

Caro Canaille avait eu à naviguer dans les bas-fonds de Marseille avec Carbone et Spirito et dans ceux du journalisme grâce à Roger Nimier. Elle fut un témoin privilégié de cette période de la vie de la Môme. Dans *Étoiles en pantoufles,* elle raconte que Piaf et Glanzberg habitaient alors au château de Montredon, chez la comtesse Lily Pastré.

Au vrai, seul Glanzberg y résidait. Marie-Louise Double de Saint-Lambert Pastré. Lily pour les intimes. Une femme amateur d'art et de sensations fortes, décrite comme « excentrique ». Au vrai, une femme libre et courageuse qui s'est donné pour mission de préserver ce qui pouvait encore l'être de l'élite de la race juive. Situé à six kilomètres de Marseille, son château du XIXe siècle est entouré d'un parc immense où courent de larges allées de mimosas, de magnolias et d'eucalyptus. Riche de nombreuses dépendances, le domaine est arrosé de canaux et d'étangs et, à quelque distance, la mer vient battre la grotte artificielle construite par le premier propriétaire. Dans ce petit paradis méridional, Louis Jouvet, Madeleine Ozeray, Bébé Bérard, Clara Haskil, Youra Guller et tant d'autres écoulent « des heures étranges de folie, de poésie, de drame ». La comtesse offre le gîte et tire même un jour Clara Haskil, musicienne juive d'origine roumaine, de la mort en lui permettant de bénéficier d'une intervention chirurgicale clandestine dans les sous-sols du château réaménagés pour l'occasion en bloc opératoire ; mais c'est Piaf qui finance le séjour de Youra Guller, de Bébé Bérard et, bien entendu, de Norbert Glanzberg. « Comme elle fit encore pour d'autres endroits où il trouva refuge », précise Astrid Freyeisen, biographe de Glanzberg. « La plupart du temps, je ne savais pas que c'était elle qui payait », dira celui-ci. Et qui d'autre l'aurait fait ?

Montredon devenant dangereux, car trop exposé, Édith déménage Norbert chez les parents d'Andrée Bigard, une petite maison des calanques de Cassis, où elle s'installe avec lui. Caro Canaille fut amenée à partager la vie du couple. « J'ai vécu dans un univers machiavélique d'invention, de jalousie, de passion, de disputes tragiques, d'intrigues, de réconciliations, de constants paroxysmes, dira-t-elle. Que de souvenirs inoubliables, de dissertations de psychologie matinale, vautrés sur des lits jamais faits, que de disques cassés, de concerts nocturnes. Édith ne supportait pas la moindre défaite. Depuis longtemps déjà, je faisais nu-pieds, chaque jour, les deux kilomètres qui séparaient la maison du port. J'étais protégée par un cal qui me permettait d'affronter les petites pierres pointues de la route. Édith ne pouvait accepter d'agir autrement. Et chaque jour, les pieds en sang, souffrant mille morts, elle parcourait les kilomètres sans jamais se plaindre. En arrivant au port, nous nous arrêtions dans chaque bistrot, les pêcheurs de Cassis la connaissaient tous.

— Dis, petite, tu nous chantes quelque chose ?

Elle chantait, devant nous, les filets d'argent sortaient de l'eau, grouillant de ces sardines qu'elle détestait et qui étaient à peu près notre seule nourriture. Chez "la Biquette", célèbre tenancière du tabac, elle a chanté tout son répertoire pour deux paquets de Baltos. Un soir, elle revient de Marseille avec une mine de conspirateur. Elle déballe un mystérieux paquet. C'était tout un attirail servant à la fabrication de cartes d'identité. Ses amis gangsters le lui avaient procuré... Et toute la nuit, elle étudia afin d'atteindre au parfait faussaire. » Une confession qui s'arrête brutalement et nous laisse sur notre faim. Piaf conspiratrice au service de ses compatriotes : vérité vraie ou fiction journalistique ? Des « amis » de la Môme, qui lui voulaient du bien, et même ses biographes les plus sérieux, penchèrent pour la seconde hypothèse. Or, sans précision de date, le rapport des Renseignements Généraux du 17 octobre 1944 atteste qu'Édith Piaf a été arrêtée au cours de la guerre, sous l'inculpation d'avoir favorisé le départ en Angleterre de jeunes Français et relâchée, faute de preuves.

Tandis qu'un grand nombre de juifs « bénissant l'armistice et croyant encore en Pétain » s'étaient fastueusement établis sur la Côte d'Azur, sirotant des cocktails aux terrasses des palaces de la Croisette – Cannes devrait maintenant s'appeler Khan, blague mélancoliquement Tristan Bernard –, Piaf fit davantage et bien plus que ce que l'on était en droit d'attendre d'une simple chanteuse. Les RG sont formels : « En outre, elle a aidé financièrement plusieurs juifs menacés de déportation. » On connaît les cas de Glanzberg et de Marcel Blistène (Blistein). Celui de Youra Guller est moins su. Cette merveilleuse pianiste, née en 1895 de parents russo-roumains, était entrée au Conservatoire à l'âge de neuf ans et fut unanimement célébrée à Londres, Paris, Vienne ou Manille pour son jeu tout en nuances, d'une rare force d'expression. Piaf lui évita d'aller grossir les troupes dans les camps de concentration et, naturellement, jamais Youra ne put l'oublier. Plusieurs lettres existent, conservées par Danielle Bonel, dans lesquelles, bien après la guerre, alors qu'elle avait mis sa carrière en stand-by, Youra Guller exprime à Piaf la flamme de son attachement. Dans une lettre envoyée de Cassis, un dimanche, elle lui dit : « Je suis encore sous l'impression de notre rencontre hier soir. Cela m'émeut tellement de te voir. Tu fais partie de ma vie. Mais quelle tristesse de te voir si peu ! [...] Quand se reverra-t-on ? Pourvu que je ne meure pas avant ! J'aimerais passer deux ou trois jours avec toi dans un coin tranquille, ou à New York, où cela peut revenir au même. Fais un effort, écris-moi [...]. Je t'embrasse avec toute ma tendresse, mon trésor. Youra. » La concertiste côtoya Cocteau, Gide et Menuhin, mais c'est à l'amitié de Piaf qu'elle attachait le plus de crédit. La Môme écrivant de moins en moins et à de moins en moins de monde, dans ces lettres Youra l'adjurait souvent de ne pas rompre le lien sacré qui les unissait depuis la guerre. « Je chercherai des nouvelles dans le courrier... et s'il n'y a rien, gare à toi, méchante ! [...] Il faut garder le contact. C'est si précieux une profonde amitié. » Youra Guller est morte à Genève en 1980. Ses enregistrements sont devenus rarissimes.

Dans le même sens, nous disposons de la confession de Michel Emer (juif, lui aussi), livrée à deux journalistes venus l'interviewer en 1973, à l'occasion du dixième anniversaire de la mort de Piaf. « Entré dans la Résistance, je compose des chansons que je lui envoie et Édith me fait parvenir de l'argent qui m'aide à vivre. Je me cache à Marseille, où la Résistance est pourchassée par les Italiens, puis par la Gestapo. Édith vient chanter à Marseille, nous nous rencontrons ; avec elle, est venu Roger Seiller, directeur des Éditions Paul Beuscher. Édith dit à Seiller : "Il écrit pour moi, donne-lui de l'argent pour ses chansons." Seiller me donna une somme considérable pour l'époque. » Et Michel Emer d'étayer l'évocation de cette période marseillaise par une anecdote significative : « Comme Édith m'avait emmené dans un restaurant où l'on mangeait de tout... acheté au marché noir... avec des prix en conséquence, je voulus l'inviter, maintenant que je me trouvais bien pourvu. Nous arrivons au restaurant ; la patronne prend un air catastrophé : "Vous tombez mal... ce soir, je n'ai pas grand-chose ; du fenouil et de la cancoillotte..." Édith, après ce repas maigrichon, m'apostrophe : "Eh bien, quand tu m'emmènes, on bouffe rien !" Quelques jours après, je passe au restaurant et la patronne me dit : "L'autre soir, j'avais de tout, mais Madame Piaf m'avait téléphoné..." C'était elle, du cœur et des attentions pour qu'on ne se doute de rien. »

Détail aussi coquet qu'invérifiable, Roger Peyrefitte affirme que, dans le contrat d'une tournée à Marseille, Piaf avait fait stipuler qu'on lui fournirait un marin chaque soir. Rien de tel qu'un bon mataf pour voyager à frais réduits. D'autres souvenirs se rattachent à la vacation de la Môme dans le sud de la France, pendant la guerre, qui nous sont parvenus grâce à Tabet, dans son nostalgique *Vivre deux fois*, paru en 1979, peu de temps avant sa disparition. Il s'y remémore l'ambiance qui régnait alors sur la Côte, à Nice notamment, où, d'un cabaret l'autre, « à coups de sourires et de refrains », les artistes de variétés se livraient des combats acharnés. Léo Marjane, Lucienne Boyer, Jacques Pills, Édith Piaf... Également présent à Nice, Maurice Chevalier parle de « boom extraordinaire » : « Surpeuplée de réfugiés ayant fui Paris et la zone occupée, toutes sortes d'affaires importantes et mystérieuses s'y traitent à chaque heure. Trafic d'or, de bijoux. Trafic de tout ce qu'on peut imaginer, de tout ce qui représente une valeur à peu près solide...

Les bars, restaurants, cabarets, regorgent de personnages ne regardant pas à la dépense. Un marché noir d'artistes naît entre les établissements concurrents qui s'arrachent la vedette de l'heure. Les directeurs de ces établissements ont la tête tournée par leur soudaine importance. Ils se prennent tous pour des Ziegfield et, pour eux, la place Masséna est devenue Times Square et Broadway. » La guerre source de profits pour ceux qui ne la font pas : un lieu commun. Un soir, à la sortie d'un tour de chant de Piaf, Tabet est abordé par une ancienne gommeuse nommée Méaly, créatrice avant 1900 de la valse intitulée *Frou-Frou*. « Je ne comprends plus rien, lui explique-t-elle. De mon temps les têtes d'affiche chantaient cinq chansons à tout casser. Maintenant, ces dames vous en filent une vingtaine ! » Tabet en profite pour lui demander ses impressions sur Piaf. « Je ne sais pas. Tout ce que je peux vous dire, c'est que moi, quand je chantais *Frou-Frou* à Parisiana, j'étais bien foutue ! »

Une autre fois, à Nice toujours, accompagnée de Glanzberg, Piaf se rend au Perroquet pour y féliciter Tabet engagé dans une carrière solo depuis sa séparation d'avec Pills. « Ce fut elle qui applaudit le plus fort. » Tabet en conçoit des soupçons. À la sortie, toujours très entourée, la Môme le pêche et lui propose d'aller boire un verre sur la place Masséna. L'ex-duettiste ne tarde pas à comprendre que l'anguille sous la roche a pour nom *La Légende du jazz*. « Cette chanson, je la veux ! » Flatté, Tabet l'est, sans conteste, mais plus ennuyé encore. Car si Piaf interprète sa chanson, il aura forcément l'air ensuite d'interpréter celle de Piaf. Puisant dans ses vieilles ruses, Édith obtient de lui qu'il lui chante au moins une fois encore sa salade, là, sous les étoiles, rien que pour ses beaux yeux...

Le jazz naquit un jour
Au fond d'une ruelle
C'est un gars des faubourgs
Négro...spirituel...

C'est bon, elle achète ! « Ce n'est pas une question d'argent, lui répond Tabet. J'ai aussi besoin de matériel, de chansons, plus que vous, qui avez à vos pieds tous les auteurs, tous les compositeurs » Piaf : « Voulez-vous que je me mette à genoux ? » La sentant prête à tout, il demande un délai de réflexion. Le lendemain, André Tabet[1], frère de Georges, sonne chez Piaf pour lui dire que finalement, décision prise,

1. Ils coécriront les scénarios de quelques-uns des plus grands films du cinéma français d'après-guerre.

pour *La Légende du jazz*, c'est non. Mais que ce cher André entre donc prendre le thé ! Et tant qu'il y est, qu'il récite une dernière fois les paroles de la chanson puisqu'elle n'aura jamais le bonheur de l'interpréter. « Mon frère les connaissait par cœur à force de me les entendre répéter, raconte Tabet. Derrière un paravent ou sous une table, à la manière du Tartuffe, une secrétaire avait pris le texte en sténo. De la même façon, Norbert Glanzberg avait noté la mélodie en dictée musicale, un soir au Perroquet... » Subtilisée à Tabet de la même façon que *L'Étranger* à Annette Lajon, *La Légende du jazz* ne portera pas chance à Piaf. Cette chanson taillée pour un autre n'était pas à sa mesure et elle eut très vite l'intelligence de le comprendre. Plus tard, Yves Montand tenta à son tour de la porter au succès, sans plus de résultat et pour les mêmes raisons. Néanmoins satisfaite de son coup, lorsqu'elle le rencontra à Paris l'année suivante, la Môme, goguenarde, nargua Tabet : « Hein, je vous ai possédé ! »

« Elle était menteuse, infidèle, tyrannique, jalouse », dira Henri Contet. Piaf fut tout et son contraire et tellement d'autres choses encore. Plus une machine est complexe, moins elle est fiable. Pour avoir été l'un des rares à la hauteur de leur histoire, Contet le savait plus qu'aucun autre. Piaf était femme. Piaf était Piaf. Monstrueusement culottée et ouverte à toutes les peurs. Une petite fille. Tantôt jouant à la princesse en danger dans sa tour. Tantôt à Calamity Jane. À l'instar de Napoléon, elle fut de ces « petits » qui firent trembler le monde et les mots ne seront jamais assez vains pour la définir. Voilà pourquoi on n'a pas terminé d'écrire sur elle. Charles Kiffer : « Piaf était une sorte de génie. On ne peut pas la discuter, on ne peut pas la critiquer, on la subissait. Cette petite chose, c'est inouï quand on y pense, cette petite chose presque minable, qui transformait tout, tellement, par sa voix, par tout... tout ce qu'elle exprimait... Sur scène, elle devenait une cathédrale ! » La scène : la seule vérité des artistes.

Glanzberg a-t-il été puni de son attitude déloyale vis-à-vis de Tabet ? Le fait est qu'à la même époque, son *Padam Padam* faillit tomber à jamais dans l'escarcelle de Charles Trenet. Celui-ci avait entendu la composition jouée au piano par Glanzberg, à la faveur de l'une des parties données à Nice par Édith, auxquelles il était régulièrement convié. Incapable de maîtriser la notation musicale, il la retint de mémoire, y ajouta des paroles et titra le refrain transposé : *Tournons, tournons, tournons*. Ne lui restait plus qu'à vendre sa « création » à l'éditeur Salabert. Lorsqu'Édith apprit le subterfuge, grande fut sa colère. Comment avait-il osé ! Elle poussa son « Nono » à réagir vigoureusement en s'adressant directement à Salabert. Ce qu'il fit. Hostile à prendre le moindre risque, l'éditeur renvoya Glanzberg et Trenet dos à dos. Le nœud fut dénoué quelque temps plus tard à Lyon, où Édith coinça le « Fou chantant » à son hôtel : « Qu'as-tu fait de la musique de Norbert ? Je vais te le dire : tu l'as volée et tu l'as vendue ! » Réponse de Trenet : « Oh, tu sais, une chanson de plus ou de moins, pour moi, c'est pas ça qui va empêcher la terre de tourner ! Si Norbert veut ravoir sa musique, qu'il la reprenne donc ! » Même si les deux hommes continuèrent à collaborer ensemble après la guerre, Astrid Freyeisen affirme clairement que Trenet profita de la vulnérabilité circonstancielle de Glanzberg. Son bon droit recouvré, celui-ci put signer un contrat avec Salabert, dans lequel il fut stipulé qu'Édith Piaf interpréterait *Padam Padam* en exclusivité. Ce qui ne survint qu'en 1951. Piaf avait demandé à Asso de plancher sur le texte mais, insatisfaite de son travail, ce fut finalement Henri Contet qui écrivit et signa les paroles de *Padam Padam*. Un standard universel au son duquel le général de Gaulle, en visite officielle chez Brejnev, fit son entrée au Kremlin, en juin 1966.

En octobre 1942, c'est tout naturellement en chansons que Piaf renoue avec Paris, sur la scène de l'ABC. Elle trouve son Paname changé. *Où sont-ils donc, mes copains ?* chante-t-elle le premier soir, dans un jeu de lumières bleu blanc rouge. Humour ou provocation ? La censure allemande exige une modulation de l'éclairage sous peine d'interdire carrément la chanson pour le reste de la durée du spectacle. La direction de l'ABC s'incline, permettant à Piaf de se produire à guichets fermés pendant quatre semaines. Loin de Glanzberg resté en zone libre, à qui elle fait partager ses triomphes : « Il faut renvoyer des gens tous les soirs, car tout est archi-plein ! Quel dommage que tu ne sois pas là, tu serais si heureux ! » Des lettres biquotidiennes auxquelles, hostile à la plume, Glanzberg ne répond pas. Piaf s'en inquiète d'autant plus qu'entre-temps, la ligne de démarcation a sauté et qu'en vingt-quatre heures, la France a été entièrement occupée : « Toujours rien de toi. Je commence à me faire du souci. Je travaille beaucoup ma voix et je chante toujours mieux. Je ne bois que de l'eau et du thé. Je me couche à minuit et je dors jusqu'au matin. Tout le monde dit que j'ai bonne mine, que je suis belle. Ce doit être l'amour qui fait ça ! »

Amoureuse, Piaf, mais de qui ? De Norbert, elle le lui jure : « Mon seul amour. » Mais pas seulement. À présent que la voilà de retour à Paris, plus rien ne la sépare d'Henri Contet. Plus rien, si ce n'est madame Contet à qui Henri entend bien rester marié. Qu'à cela ne tienne, ils s'aimeront l'après-midi, comme nombre de couples adultères. Sous la pression insistante de sa maîtresse, le journaliste de *Paris-Midi* s'improvise bientôt auteur. *C'était une histoire d'amour* devient ainsi la première chanson et le premier succès écrit par Henri Contet pour Édith Piaf. Un titre qu'elle intègre à son répertoire, lorsqu'en décembre, juste après l'ABC, elle trouve à chanter au Perroquet au nid, un cabaret de la rue de Ponthieu. Dans le même programme qu'elle : Georgette Plana. « Je vous le dis tout net, je n'aime pas Piaf ! m'avait averti la multimillionnaire de *Viva Espana*, lors de notre entretien téléphonique du mois de janvier 2007. Je n'ai jamais aimé les femmes qui passent d'un homme à l'autre en le volant parfois à leurs épouses. Ça n'est pas ma conception de l'amour et de la plénitude. Moi, j'ai fait tout le parcours avec le même homme. Soixante ans de bonheur ! Je n'espère plus qu'une chose : aller le rejoindre. Savez-vous ce qu'a fait Piaf, un soir où je récoltais un gros succès ? Elle est allée dans la salle et, au beau milieu d'une de mes chansons, elle a cassé un verre pour détourner l'attention du public. Véridique ! De même qu'elle n'a jamais daigné me saluer en me serrant la main... Elle était la vedette ! En revanche, je me félicite qu'elle ait porté au triomphe *De l'autre côté de la rue*, que Paul Beuscher m'avait demandé de chanter à la radio, Piaf se trouvant alors en zone libre. Je me fiche qu'on dise que je suis la créatrice de cette chanson. Piaf en a fait un succès et c'est ça l'important. Ce n'est pas moi qui me serais battue pour ce genre de choses. La gloire ne m'a jamais fait courir. J'ai une autre priorité dans la vie et cette priorité, c'est l'amour. Une chose encore à propos de Piaf : j'ai eu beaucoup de mal à accepter son comportement envers sa mère. Un soir, celle-ci est venue la voir dans sa loge au Perroquet au nid. Elle voulait que Piaf lui donne de l'argent : "Tu ne peux pas me laisser dormir dehors", la supplia-t-elle. Piaf ne céda pas. Je suis alors intervenue et j'ai donné à la malheureuse cinq cents francs de l'époque. »

Ignorante des tenants et des aboutissants de leur histoire commune, Georgette Plana ne pouvait porter d'autre jugement que celui qu'elle tient sur Piaf, « fille indigne ». Mêmement apitoyée par le spectre d'une femme dont la détresse physique aussi bien que morale devait paraître au moins insupportable, Arletty répandit contre Piaf des propos semblables à ceux de Georgette Plana. Réduites aux seules apparences, l'une comme l'autre semblaient manifestement fort mal renseignées.

Ainsi, attirée par la bonne fortune d'Édith, Line Marsa avait-elle refait surface. Piaf avait consenti à lui faire allouer une rente par sa secrétaire, irrégulière et à taux variable. Or, le spectacle dégradant de cette femme, une camée qui n'hésite pas à la vilipender à la sortie des théâtres, la plaçant de ce fait en position difficile, répugne à la Môme. De 1940 jusqu'à sa mort, Marsa va cumuler les séjours en prison. Pour trouble de la voie publique et usage de stupéfiants tout d'abord et à la fin pour des raisons beaucoup moins avouables qu'au moment venu, Danielle Bonel pour la première fois nous révélera. Dans leur livre, monsieur et madame Bonel n'ont publié qu'une infime partie des lettres de Line Marsa adressées à sa fille, la plupart écrites depuis les différentes maisons judiciaires où elle fut incarcérée. Il existe beaucoup d'autres précieux documents jamais utilisés, qui vont nous permettre de suivre son parcours chaotique de chanteuse ratée. À la date de l'altercation relatée par Georgette Plana, Line Marsa a déjà effectué un séjour à la Maison départementale de Nanterre. Enfermée pendant plusieurs semaines, elle avait envoyé un appel au secours à sa « petite fille » en lui demandant de la nourriture et toujours plus d'argent. Des lettres pleines de miel qui passeront chaque fois à côté de Piaf sans la leurrer, parce que la Môme n'a jamais été dupe de quiconque.

« La fermeture des maisons closes est un pléonasme. »
Arletty

IV

Le bordel de madame Billy

« Comme c'est difficile d'être pas trop moche ! »
É. P.

De l'automne 1942 date l'installation de Piaf chez madame Billy, 5 rue Villejust. Elle y débarque avec Andrée Bigard et Simone Berteaut, qu'elle a reprise sous sa coupe. Un soir, peu après leur arrivée, dans un souci de rédemption, la Môme s'offre entièrement nue à la fenêtre de son appartement, imitée par Momone. Scandalisés, les voisins s'en plaignent à madame Billy et l'histoire parvient aux oreilles de la police qui en tire ses propres conclusions. « La vie privée d'Édith Piaf est très mouvementée, peut-on lire dans le rapport des RG du 17 octobre 1944. En effet, il semblerait qu'entre ses nombreux amants, elle ne déteste pas de s'adonner de temps à autre au culte de Lesbos. Elle semble par ailleurs apprécier plus que de raison le champagne et l'alcool et il lui arrive très souvent de se trouver en état d'ébriété. » Roland Gerbeau : « Encore une fois, avec Piaf tout était possible. S'il était avéré qu'elle a goûté à ça, je pense que la journaliste Françoise Holbane avec qui je la voyais très souvent, bras dessus, bras dessous, n'est pas étrangère à l'affaire. Mais Piaf lesbienne, ce n'est pas mon intime conviction. » Consœur d'Henri Contet à *Paris-Midi* et auteur de nombreux articles élogieux sur la Môme, Françoise Holbane est la première à avoir parlé d'un « style Piaf ».

On est loin des maisons calamiteuses de Pigalle chez madame Billy, dont l'accent bourguignon prononcé rappelle celui de Colette. Elle a obtenu sa licence avant la guerre, grâce à un ami du préfet Chiappe. Toutes ses chambres ne sont pas réservées aux filles, puisque madame Billy loge aussi courageusement des locataires juifs. Piaf a pris un appartement au dernier étage. Très vite, elle lie connaissance avec les habitués des lieux et, d'abord, avec Paul Carbone et Manouche, sa maîtresse, un personnage haut en couleur resté dans les mémoires de la chronique parisienne. Roi de la pègre marseillaise, Carbone avait été interné par Pétain, avec son compagnon Spirito. Les Allemands leur ayant fait comprendre que de leur collaboration avec la Gestapo dépendrait leur libération, Carbone et Spirito entrèrent dans la section VI, chargée du renseignement politique, faisant du même coup main basse sur la prostitution parisienne. Dans une conjoncture où chacun, toutes confessions confondues, tentait de préserver ses intérêts, Carbone utilisa l'ambiguïté de sa situation pour pratiquer le double jeu de manière à intervenir autant que permis en faveur des victimes du régime nazi. À Marseille, il offrit pendant plusieurs mois le gîte et le couvert à des artistes en détresse, dont Pierre Brasseur, ainsi qu'à des hommes politiques. À Paris, les fêtes de Manouche devinrent également très courues. O'dett, changeant de cible, y faisait des imitations de Pétain, et Tino Rossi, très lié à Carbone [1], y chantait *L'Ajaccienne.*

Tino vient souvent se détendre chez madame Billy. Sortant de chez son ami Paul Valéry qui habite la même rue – la rue Villejust est aujourd'hui la rue Paul Valéry –, Cocteau n'hésite pas lui non plus à y rejoindre Piaf lorsqu'elle n'est pas en tournée. Pour l'amitié. Pour la table également, soignée par Chang, un cuisinier indochinois que la Môme débaucha par la suite. « Ces repas, où poètes, truands, chanteurs, juifs, collaborateurs et résistants étaient au coude à coude avec de jolies filles, respiraient la bonne humeur et la confiance, lorsqu'il n'y avait pas de visiteurs suspects », écrit Roger Peyrefitte dans *Manouche.* Bien entendu, les officiers allemands ont également accès à la maison de madame Billy. Pour d'autres raisons que des perquisitions impromptues, très rares et toujours sans conséquence, grâce aux relations de la tenancière. Piaf a-t-elle assisté à la terrible altercation qui survint un soir entre Cocteau et Robert Brasillach et que Manouche rapporta à Peyrefitte :

« – Ah ! te voilà, tonna Brasillach en apercevant Cocteau. Tu es à ta place dans cette maison.

---

1. Paul Carbone sera tué dans le rapide de nuit Marseille-Paris saboté par les maquisards, avant que Manouche ne mette au monde leur enfant. Fils de tigre devant naître rayé, conformément au proverbe africain, Jean-Paul, doté d'une beauté peu commune, devait à son tour étayer la chronique au début des années 60, en gratifiant d'abord Johnny Hallyday d'un mémorable œil au beurre noir, en semant ensuite la discorde dans la famille de Charles Aznavour, dont la fille Patricia tomba sous le charme de ce play-boy dont le « génie con » de Piaf ne voulait pas. À son baptême, Jean-Paul Carbone avait reçu Mistinguett pour marraine et Louis Gérardin pour parrain. Gérardin : futur grand béguin de Piaf.

— Tu y es aussi, répondit Cocteau.

— Moi, je n'y viens ni baiser ni bâfrer : j'y viens contempler la pourriture de mon pays, et je ne m'étonne pas de ta présence.

— Tu es le montreur du guignol parisien. Toi, l'anticonformiste, qui n'es jamais à contre-courant, tu t'es frotté pendant quatre ans à nos amis Epting [directeur de l'institut allemand à Paris], Abetz et Breker, et tu te frotteras demain à tes amis les Ricains, les nègres et les juifs.

— Calme-toi, on ne se parle pas ainsi entre poètes.

— Tu n'es qu'un pitre, moi je suis un idéaliste.

— Je te pardonne tes injures, car tu es un idéaliste qui voit l'écroulement de son idéal. »

Quand même la Môme eût-elle été présente elle n'aurait compris goutte à ces aboiements fratricides. À cette guerre dans la guerre. Le chant est sa seule politique et l'amour son unique tambour. Sous sa baguette, un petit nouveau : Yvon Jeanclaude, un chanteur au physique avantageux, qui doit la partager avec Henri Contet, toujours en course. Seulement, voilà, Yvon a une sœur qui s'affiche sans complexes aux bras d'un personnage particulièrement compromettant : Lafont [1], le chef de la sinistre « Gestapache » de la rue Lauriston voisine. C'est lui qui s'occupe des arrestations et des perquisitions et des bruits courent que sa baignoire déborde de sang. Associé à Bony, Lafont est au sommet de sa toute-puissance. « L'unique Français à pouvoir sauver n'importe qui », à qui l'on doit l'arrestation de Geneviève de Gaulle. Une situation inconfortable pour Piaf. Il faut laisser ici aux RG la responsabilité de prendre le relais. Rapport du 17 octobre 1944 [suite] : « [...] Cependant elle avait pris pour autre [autre que Contet] amant [gigolo fut d'abord écrit, puis effacé] Yvon Jeanclaude, un jeune artiste qu'elle a lancé et entretenu jusqu'à ces derniers mois. C'est ainsi qu'elle est entrée en relation avec Annie Jeanclaude, sœur de ce dernier. Cette jeune artiste était reçue chez Édith Piaf comme une véritable belle-sœur. Elle y prenait la plupart de ses repas et y couchait même très fréquemment. Édith Gassion habitant alors rue Villejust, près de la rue Lauriston, il paraît certain qu'Annie Jeanclaude se rendait très fréquemment dans la maison où Bony et Lafont régnaient en maîtres, au sortir de chez la maîtresse de son frère. »

---

1. C'est à lui que Maurice Chevalier s'adressa pour obtenir la survie de la chanteuse et actrice Nita Raya, sa compagne israélite. Un demi-siècle plus tard, Régine devait déclarer dans *Mes P'tits papiers* : « Elle [Nita Raya] s'est fait arrêter, déporter et elle a disparu, il [Maurice Chevalier] n'a jamais manifesté le moindre remords. » En 2003, Nita Raya, qui avait poursuivi sa carrière bien après la guerre, s'exclama devant moi, dans son appartement parisien tapissé de souvenirs de Chevalier : « La voilà, la morte ! Vous direz à Régine, si vous la voyez, que c'est une c... ! »

Soulignant la droiture du comportement de Piaf, les RG ne lui reconnaissent aucune connivence d'aucune nature avec l'occupant. « Certains prétendent qu'Édith Piaf avait été la maîtresse d'un officier allemand, mais il n'a pas été possible d'obtenir le moindre renseignement tendant à confirmer ce bruit qui, d'ailleurs, semble être sans fondement[1]. » Dans le même rapport, les soucis financiers de la chanteuse sont passés au crible : « Très généreuse, elle distribue sans compter l'argent qu'elle gagne avec beaucoup de facilité, puisqu'elle touche de vingt mille à vingt-cinq mille francs par cachet. Ce sont ses familiers qui se chargent de dépenser une grande partie des sommes importantes qu'elle a ainsi à sa disposition. Elle aide en outre sa famille à vivre et se trouve très souvent dans une situation difficile. » Un état de choses qui ne variera jamais. Une autre note des Renseignements Généraux, rédigée, celle-ci, le 13 juin 1944, et qui dénonce une « situation financière très obérée », paraît encore plus stupéfiante : « Malgré ses cachets généralement élevés, son déficit serait actuellement de l'ordre de six cent mille francs. La cause de cette impécuniosité est imputable à sa faiblesse, ou à son bon cœur, qui ne sait rien refuser aux solliciteurs. Parmi ceux-ci, il faut en premier lieu citer ses amants et "gigolos". Harcelée par ses créanciers, Édith Piaf a décidé, pour pallier sa gêne actuelle, de donner en privé quelques tours de chant, devant un auditoire composé d'amis, lesquels verseraient la somme de cent francs. À cet effet, Édith Piaf est actuellement en quête d'un local qui pourrait lui être généreusement prêté, en vue d'y donner des auditions strictement privées, voire clandestines, pour éviter le prélèvement du droit des pauvres, habituellement perçu sur les spectacles. Son intention serait de donner au moins deux de ces récitals par semaine et de rétablir ainsi l'équilibre actuellement compromis de son budget. » De l'avis de Paul Meurisse, le passage de l'aisance à la fortune avait laissé Piaf parfaitement indifférente. « Ça correspondait à un personnage. Il est impensable d'imaginer Piaf faisant des économies, se retirant des affaires... Pour son personnage, c'était essentiel et je suis sûr qu'elle y a pensé. »

Où Piaf « gagne »-t-elle sa vie en ce premier semestre 1943 ? Un peu partout. Aux Folies Pigalle, d'abord. Au Casino de Paris, ensuite. Un premier passage en février, puis un second d'avril à mai. Sans plumes ni falbalas, emblèmes du Paris martyrisé, elle y demeure telle quelle et chante Contet pour mieux enterrer Asso. A-t-elle bien été interdite de

1. Dans une interview datant des années 70, Simone Margantin reporte cette accusation sur Simone Berteaut.

scène par la *Propagandastaffel*, à cause de *L'Accordéoniste* de Michel Emer, comme on l'a supposé ? Depuis le début de la guerre, face à la pression nazie, Henri Varna (soupçonné d'être juif) était confronté aux mêmes problèmes d'éthique que les autres directeurs de théâtre : comment continuer à faire tourner la boutique sans donner aux Allemands le sentiment d'être à leur botte ? Son Casino fermé, faute de budget, puis rouvert, Varna tentait désespérément de créer du neuf avec de l'ancien. Sous la menace de l'importation de meneuses de revues allemandes, il fit l'impossible et grâce à Chevalier, à Piaf et à Mistinguett, il parvint à éviter ce sacrilège. Contet a expliqué que l'engagement « aussi bizarre que paradoxal » de Piaf au Casino fut possible grâce à et malgré Henri Varna : « Il voulait la faire chanter au milieu des girls, dans des décors invraisemblables. » Piaf n'aimera jamais Varna. On ne sait pourquoi mais elle le redoutait. À Danielle Bonel, elle confiera que cet homme lui portait la poisse. « Vite, on se débine ! » s'exclamait-elle chaque fois que, dans la rue, Varna arrivait en face d'elle sur le même trottoir. Un soir, au Casino, juste avant qu'elle n'entre en scène, Contet fait à sa maîtresse le pari de lui écrire une chanson en une demi-heure, le temps de son tour de chant. « Elle revient. Je lui dis : "Ça y est !

— Tu te fous de moi !

— Non, la chanson est faite.

— Fais voir... Y'a des tas de trucs à retoucher, là-dedans !

— Si tu veux, mais moi j'en vois pas tellement.

— Ah ! ah ! il est marrant, lui, il croit qu'on peut faire une chanson en une demi-heure et puis qu'il n'y a rien à retoucher ! Tu viens à la maison, on voit ça."

On arrive là-bas. On revoit *Y'a pas de printemps*. Elle commence à le dire en poème...

"— Oh, mais c'est vrai qu'il n'y a rien à changer ! Mais, quand même, c'est un peu vache ça, tu te rends compte de ce que t'écris-là ? Peut-être que je ne suis pas assez jolie, mais je suis pas tellement moche, quand même ! Tu pourrais pas le changer, ça ?"

— Écoute, Édith : "Peut-être que je ne suis pas assez jolie", ça veut pas dire que tu es moche. Ça veut dire que t'es pas une vamp, mais ça veut pas dire que tu es laide.

— Quand je me regarde dans la glace, il y en a de plus moches que moi, quand même !

— Bien sûr, Édith, que tu es mignonne, t'as un joli petit nez, une jolie petite bouche. Mais il faut garder ça, tu sais, c'est très bon.

— T'as raison, Henri, faut le garder, p't'être que j'suis pas jolie jolie... C'est bon, il faut le garder." »

Avec Contet et Marguerite Monnot, Piaf forme alors une extraordinaire trilogie gagnante. « Édith-Marguerite : je vous jure qu'il y a de quoi se flinguer, dira Contet. Parce que deux passionnées pareilles sur la question du boulot, c'est fou et c'est merveilleux. C'est merveilleux, y a pas de doute ! » Marguerite Monnot, la sœur de création de Piaf, son double musical, que nous n'avons jusque-là que trop peu évoquée. Plus âgée qu'Édith de douze ans et fille de musiciens, Marguerite Angèle Monnot est venue au monde sur une portée. Féru de Bach, Marius, son père, aveugle de naissance, était organiste et compositeur. À l'âge de vingt-sept mois, la Guite posait ses mains sur le clavier et à 3 ans elle créait sa première composition : *Bluette*. Son entourage avait bricolé un système ingénieux pour que l'enfant puisse accéder aux pédales du grand piano familial. Car Maman Monnot était également pianiste et dispensait des cours. Élève de Cortot à onze ans, Marguerite commença une carrière de pianiste soliste, servant avec maestria Liszt et Chopin. Quatre ans plus tard, son père l'emmena chez des amis, à Paris. Consciente de son génie, la célèbre musicienne et pédagogue Nadia Boulanger la prit aussitôt sous son aile, résolue à faire d'elle le prochain Prix de Rome, dont Lili Boulanger, sœur de Nadia, morte prématurément en 1924, avait été la première femme lauréate.

Effrayée par la stricte obédience du classique, Marguerite n'alla pas si loin et, en 1935, bifurqua vers la variété. Pour bientôt entrer en religion avec Piaf qu'elle connut sous l'ère Leplée. La Guite, éternelle amoureuse, l'esprit toujours en partance vers des latitudes ignorées des agences de voyages. Il suffit de l'écouter parler pour comprendre combien Édith et elle se rejoignaient sur le fil de l'amour pur : « Pour moi, Piaf, c'est avant tout cette chose merveilleuse, un être totalement libre. Et puis, chez elle il y a le refus complet de la médiocrité. Que ce soit dans l'amour, dans l'amitié, dans l'art. Il faut aussi un grand courage pour être entièrement libre et elle est extrêmement courageuse. Enfin, je l'admire pour tout ça. Elle ne veut pas chanter l'amour sur un mode ironique, parce qu'elle y croit. Pour elle, l'amour ça doit être totalement sincère. Totalement vrai. Elle dit très justement qu'on ne peut pas être une grande vedette si on ne chante pas l'amour ou si on ironise sur l'amour. Le public aime chanter l'amour, l'amour sincère, l'amour vrai, ce qu'il a dans le secret de son cœur et que quelquefois il n'aime pas avouer, mais enfin qu'il aime entendre. Comme elle le dit elle-même, il y a beaucoup d'amour dans le cœur des hommes. Elle a été très aimée, car elle a un potentiel de charme extraordinaire qui attire et retient les hommes, et ça se comprend très bien. Mais comme elle est d'une lucidité assez effrayante, si elle ne se trouve pas devant un amour d'une authenticité totale, ça ne peut pas durer longtemps, c'est tout. » Quant à Piaf, sur Marguerite Monnot : « Quelle extraordinaire bonne femme ! [Marguerite] n'habite pas sur la terre, elle loge ailleurs, dans un monde plein de bleu, de choses propres et belles. Tiens, les anges, je les vois comme la Guite ! [...] Elle est ma meilleure amie et la femme que j'aime le plus au monde. »

Une séance de travail entre Édith, Monnot et Contet va rarement sans anicroches ou éclats de voix. On s'invective comme on s'aime et on se réconcilie autour d'une œuvre achevée et portée à la perfection. À la faveur d'une reconstitution historique datant de 1983, Henri Contet nous mène au vif de ces éminents sommets de création musicale : « Il n'y a pas une journée qui se passe sans qu'il y ait cinq ou six heures de travail avec Édith. Ça consiste à quoi faire ? Ça consiste à discuter autour d'un texte. On s'engueule ou on ne s'engueule pas, mais on discute. Ça consiste à cavaler à toutes pompes chez Marguerite Monnot. "Dis donc, Guite, Henri a fait un texte formidable, j'arrive !" On cavale chez Marguerite. Marguerite se met au piano. Elle trouve ou elle ne trouve pas : "Écoute, Édith, tu m'énerves, me bouscule pas comme ça !" "Mais, écoute, regarde ça, c'est beau, non ? Allez !" Quelquefois, elle trouve. Édith : "Non, là il faut faire autre chose, tu changes ton rythme, tu changes ça !" Ça dure une heure. Ou deux heures. Ou trois heures. Ou quatre heures. Ou une demi-heure. Au bout de laquelle Marguerite dit : "Je suis pas en forme, ce soir, je suis amoureuse, d'abord." Marguerite est toujours amoureuse, c'est bien connu. Quand elle est libérée, quand elle est en forme, quand elle ne veut pas parler de son nouveau béguin, Marguerite sur le piano c'est une tornade, dans le genre d'Édith. Elle joue les yeux fermés, la tête en arrière, avec une passion, c'est extraordinaire. »

Micheline Dax portait à Marguerite Monnot la même amitié qu'à Piaf. Elle a une manière très personnelle de planter la personnalité de l'épouse de Paul Péri : « J'ai assisté un jour à une chose inouïe. J'étais chez Édith, le téléphone sonne et c'est Marguerite à l'autre bout qui, de sa voix flûtée et haut perchée, lui dit :

"— Mon petit poulet, je viens de terminer une chanson, j'arrive !"

Édith lui répond :

"— Ben, on t'attend, on est là avec Micheline."

En raccrochant, elle me dit : "Je te préviens tout de suite, il est probable qu'elle ne viendra pas, parce qu'elle a déjà oublié." Elle n'est pas venue. Trois jours après, j'étais de nouveau avec Édith et Marguerite est venue. Sans prévenir, évidemment. Édith me regarde en douce et elle me dit : “Tu vas voir...” Puis elle se tourne vers Marguerite :

“— Alors, Marguerite, alors, mon petit poulet, ça va bien ?

— Oui.

— Et la chanson ?

— Quelle chanson ?

— Eh bien, la chanson que t’as faite pour moi !

— Ah, non, j’ai pas fait de chansons ces temps-ci.

— Marguerite, tu m’as téléphoné et tu m’as dit que tu avais fini une chanson.

— Mais qu’est-ce que tu me dis... j’ai fini une chanson ? ? ? Ah ! mais t’as raison, tiens, attends, je l’ai là...”

Elle fouille dans un cabas informe, elle sort un véritable torchon. Elle va au piano, elle pose une partition, enfin, un morceau de papier à musique et elle commence à jouer et à chanter avec une voix délirante. Chauvigny était présent. Il regarda la partition en disant à Marguerite :

“— Marguerite, excusez-moi, mais votre partition est à l’envers.”

Et avec quelle ingénuité désarmante, elle dit :

“— Ça ne fait rien, ce n’est pas ça que je joue !” »

Qui n’a pas son anecdote sur les virées lunaires de la Guite, personnage diaphane, éthéré, presque irréel, mi-professeur Nimbus, mi-Mary Poppins ? Annette Lajon, Damia, Marie Bizet, Joséphine Baker, Marie Dubas, Suzy Solidor, Yves Montand, Philippe Clay, Colette Renard : nombreux furent-ils à s’exprimer sur des musiques de Marguerite Monnot. « Elle écrivait à partir de ce que le peuple lui envoyait d’inspiration », dira Moustaki, à genoux devant elle. Éternelle rêveuse, la Guite pouvait grimper par distraction dans une auto qui n’était pas la sienne, se tromper systématiquement de jour, d’heure et de rendez-vous, mais elle n’a jamais été à côté de ses notes. Dans la carrière de Piaf, elle est une rencontre majeure. Voire déterminante. Essentielle. Unique. Ces deux maîtresses femmes furent de l’école de Simenon qui disait : « L’écriture d’un roman doit tuer le romancier. S’il en reste quelque chose, c’est qu’il n’a pas assez travaillé. » Piaf et Monnot : deux monstres de perfection par le travail sans qui le don reste un grand infirme.

Norbert Glanzberg est moins à la joie. Arrêté sur dénonciation en mai 1943 pour « détention de faux papiers », il croupit à la prison de Nice. Il a peur. La faim le tenaille. Son esprit divague. Le monde bascule. Glanzberg ignore que la comtesse Lily Pastré a alerté Piaf et que celle-ci va passer à l'action, résolue à sauver vaille que vaille *son* « Nono ». Dans un premier temps, elle règle l'amende, sévère, infligée à son protégé. Ensuite, elle se débrouille pour le faire placer en résidence surveillée à partir du 2 août. « Ne t'en fais pas, le rassure-t-elle, ce n'est pas drôle, je sais, mais c'est toujours mieux que le reste. » Enfin, elle s'accorde avec Salabert pour qu'il perçoive une rente mensuelle de six mille francs, le temps que durera son séjour en résidence surveillée. Tino Rossi – à une étape de la guerre, Glanzberg fut son pianiste occasionnel, sous le faux nom de « Pierre Minet » – intervenant à son tour auprès de Marie Bell, maîtresse de Durafour, préfet des Alpes-Maritimes, la chaîne de solidarité mise en place par la Môme fonctionne à plein et un jour Glanzberg est conduit dans la voiture de Durafour jusque chez le compositeur Georges Auric, à Antibes. Il y resta caché jusqu'en avril 1944. Piaf, qui l'incitait par lettres à continuer de composer pour elle, poussa le risque jusqu'à lui rendre visite. Incognito, s'entend. Après que Mistinguett l'eut caché à son tour, dans sa villa d'Antibes, Norbert gagna Toulouse où il attendit la Libération. « Je ne m'étonne pas de ce que Mistinguett a fait pour toi, lui écrira la Môme. Ce n'est un secret pour personne qu'elle a un cœur d'or et qu'elle n'est pas le moins du monde intéressée. Elle a de la classe. C'est une femme comme on en voit rarement. »

Piaf avait le don de deviner ce que les autres ne perçoivent pas. Miss grippe-sous et cleptomane, qui, tel Harpagon, changeait sans cesse ses lingots de cachette dans son jardin de Bougival et en appelait à la charité publique sur la scène du Casino ; Miss tant brocardée et qui sera stupidement blâmée à la Libération : cette Miss-là, au moment de la débâcle, avait offert les clefs de sa maison à Whily-Tell, un homme de couleur d'origine guyanaise, dont Paul Derval avait fait son régisseur aux Folies-Bergère. Un Noir, ramené par la théorie nazie à l'état de race inférieure. À l'instar du juif Norbert Glanzberg, de qui Miss vint également au secours. Personne ne sait cela. Comme tout un chacun ignore sans doute aussi que les Allemands n'ont jamais interdit officiellement aux Noirs de jouer, à Paris, pendant la guerre. Dans un livre publié à compte d'auteur en 1953 (*Je suis un civilisé*) et tiré à très peu d'exemplaires, Whily-Tell prend l'exemple de ses deux nièces créoles engagées par Varna, avec l'approbation de la *Propagandastaffel*. Ceci pour expliquer que si beaucoup de *coloured artists* parisiens furent remisés dans l'ombre, la faute en incomba à ces directeurs de théâtre qui s'abritèrent derrière le svastika pour appliquer leur ségrégation maison.

Côté scène, en juin et juillet Piaf est de retour à l'ABC. L'amie Françoise Holbane s'enflamme : « Quelle est la leçon de cette heureuse série de représentations : qu'Édith Piaf, grande vedette du disque et de la scène, est décidément la reine de la chanson ? Nous le savions déjà. Mais c'est toujours bien attachant et bouleversant à constater. Elle rencontre ici l'un des plus absolus triomphes de sa carrière. La salle trépigne, claque des mains et crie, gonflée d'une émotion contagieuse. Aux chutes du rideau, ce sont des hurlements [...]. Dame ! Elle mérite bien ça. D'abord, par son rayonnement, son talent, sa forte présence, son espèce de génie de l'accent et du geste, sa grande voix déchirante et chaude. Et par l'enragée qualité de ce qu'elle chante, cet extraordinaire acharnement qu'elle apporte à refuser l'effet facile, à imposer le mérite, l'effort, la classe. La musicalité de son "tour" est de premier ordre. Quant au contenu de ses chansons, il place définitivement au premier plan Henri Contet qui est vraiment un "homme de la chanson" et un poète encore. Nous lui devons l'humble et pathétique montée au ciel de *Monsieur Saint-Pierre* et la tragédie quotidienne et incisive du *Brun et le blond...* » Roland Gerbeau fait partie du même spectacle avec une flopée d'autres artistes, dont Pierre Hiégel et ses « poèmes pathétiques ». Piaf exceptée, Roland est le seul à sortir blanchi du doux tribunal de Françoise Holbane : « Nanti de la place la plus difficile du programme – après Édith Piaf et après l'entracte –, il la supporte avec une étonnante solidité. Juvénile et point mièvre, ardent, mais sobre, avec une bonne voix parfaitement conduite, beaucoup de goût, de fraîcheur et de ferveur, il mérite bien son succès. Il n'a plus qu'à aller cueillir ses grands lauriers de chanteur de charme. » *Le Brun et le blond* a toujours beaucoup amusé Roland Gerbeau. « Je reste persuadé qu'Édith, amoureuse à la fois d'Henri Contet et d'Yvon Jeanclaude, ne fut pas étrangère à la naissance de cette chanson et que ce fut elle qui en donna l'idée à Henri Contet. Contet était blond, Yvon Jeanclaude brun. Quel clin d'œil ! C'était bien là le style d'Édith... »

Dans ma p'tite vie, y'a deux garçons
Y'en a un brun, y'en a un blond
Je crois que c'est le blond que j'aime...

Mais voilà que la « mère qui pense tout le temps à toi » réoccupe le devant de la scène. Le 1er juillet, Line Marsa est à nouveau derrière les barreaux. Même avec une voix à renverser le ciel, on ne sort pas si facilement de la mauvaise vie. Ce ne fut pas faute pourtant d'avoir essayé. Le 20 février, l'ancienne chanteuse aux abois avait écrit à sa

« Didou chérie » une lettre pleine d'optimisme et d'allant, par laquelle elle lui faisait savoir qu'elle était bien allée voir un certain Tito (probablement quelque auteur de fortune), mais que celui-ci, avant d'entreprendre quoi que ce fût pour elle, avait émis le souhait de rencontrer Piaf. En attendant, la Marsa semblait exulter à l'idée de renouer avec son métier de chanteuse de rue. « Dans douze jours, chérie, je travaille, non, mais tu te rends compte ! Je suis heureuse, mais heureuse... tout plein. » Seulement ? « Seulement, il me faut mes dents. Je te fais de grosses bises sur tes bonnes petites joues que j'aime. » Elle lui avait fait part d'une lettre qu'elle avait envoyée à « Bébert » (le frère d'Édith), et dont il lui dirait des nouvelles... Mère et fils étaient, semble-t-il, fâchés. Line Marsa logeait alors dans un hôtel sur la Butte, au 42, rue Véron. Elle avait laissé un téléphone : « Montmartre 05-55. Au revoir, mon tout petit que j'aime. Ta vieille maman. »

Même optimisme dans la lettre suivante. « Je suis si contente de travailler que rien ne me sera pénible. Je compte sur toi pour que tu voies Tito et que tu me prépares mes belles chansons. Mille grosses bises de la part de ta maman qui t'aime. Je n'ai plus qu'un enfant, maintenant. Je l'aimerai pour deux, tant pis pour l'autre ! Au revoir, mon Didou. » Manque de bol, peu après Line Marsa s'était fait « emballer » par la police pour avoir chanté dans la rue. C'est du moins ce qu'elle avait tenté d'expliquer à Édith, dans son courrier du 9 mai 1943. « J'ai vendu bien des choses pour me faire un peu d'argent et j'ai voulu vendre des fleurs, le lendemain du premier mai. C'était encore défendu et remballage. Avec l'argent des choses que j'ai vendues j'ai payé ma chambre et j'ai vécu quelques jours. Seulement, c'est le troisième jour et je te le jure sur ma vie que je ne mange que du pain dans du café. » Le désespoir de Line Marsa, son découragement et son vice inavoué la conduisirent ainsi jusqu'aux mornes cellules de la Petite Roquette, son nouveau temple existentiel. Elle y est incarcérée sous le matricule N° 2720 (atelier 2).

Dès le 1er juillet, de sa plume la plus élégante, qui signe une certaine éducation, elle pourvoit à ses affaires et prend contact avec Maître Cuchet-Cheruzel, avocat à la Cour, demeurant au 132 boulevard de Courcelles, dans le 17e arrondissement. Elle lui fait demander des cigarettes à sa fille, du papier à lettres, ainsi qu'un colis. Quoi d'autre ? « Dites-lui aussi que vos honoraires sont de cinq mille francs. Courtoisement à vous. Jacqueline Maillard. » Le 16, nouvelle sollicitation : « J'ai encore oublié de vous dire quelques petites choses au sujet du colis. Soyez assez aimable pour transmettre dans les plus brefs délais les renseignements nécessaires qui suivent à la secrétaire de ma fille.

Voici : n'ayant pas de carte d'alimentation au greffe, je ne puis recevoir de colis en mon nom. Aussi, une cellulaire m'a prêté son numéro et son nom. Donc, que l'on me l'expédie au nom suivant : madame Alindo. N° 3118. Atelier 2. Son jour est le vendredi de 1 heure à 3 heures et demi. En vous remerciant, recevez, cher Maître... P-S. : Je joins le bon que l'on remettra au guichet en même temps que le colis. »

Le 22, Maître Cuchet-Cheruzel se signale à Édith Piaf pour l'informer qu'il a interrogé le juge d'instruction pour une date de comparution, et que celui-ci lui donnera une réponse sous deux ou trois jours : « Je vous téléphonerai. » Line Marsa a remis le nez dans la poudre et cette fois Piaf est furieuse après elle. La mère indigne en a conscience, son avocat le lui dit. Mais la malheureuse a plus faim que honte et dans un courrier daté du 31, elle réclame à son « tout petit » quelques vêtements dont elle n'aurait plus l'usage, « une paire de chaussures de bois » et des bas, « parce qu'avec la chaleur mes pieds sont gonflés », une brosse à dents et du savon pour sa toilette et surtout de quoi manger, du chocolat, de la confiture et « un gros pain de quatre livres ». Sa nouvelle carte d'alimentation lui permet désormais de recevoir à son nom autant de colis que permis. Des colis qui peuvent peser jusqu'à 20 kilos. « À condition qu'ils soient portés le mercredi. »

Line Marsa n'en fait pas état, mais la veille, le 30 juillet 1943, l'avorteuse clandestine Marie-Louise Giraud a été guillotinée dans la cour de la Petite Roquette[1]. Une loi d'avant-guerre interdisant les exécutions capitales en public, la Petite Roquette figura dès 1939 sur la liste des prisons susceptibles d'accueillir la « Veuve ». Or la machine ne servit

1. Au milieu des pierres de l'ancien Couvent des Hospitalières fermé à la Révolution française, une petite plante poussée à la sauvage et appelée roquette (*Eruca sativa* en termes savants) détermina le nom de la prison pour jeunes délinquants, construite sous Charles X en 1826 sur les terrains de l'ancien couvent. En face de cette nouvelle maison carcérale venue, s'ajouter aux douze autres existant déjà à Paris, s'édifia bientôt, par la grâce de Louis-Philippe, une autre prison destinée à recevoir les condamnés à mort et les futurs bagnards en attente de déportation vers l'île de Ré, Nouméa ou Cayenne. Pour marquer la différence entre les prisons jumelles, séparées par la rue de... la Roquette, *Le Parisien* leur attribua des surnoms en fonction de la gravité des actes commis par leurs occupants respectifs. Logés à la « Petite Roquette » : les vauriens. À la « Grande Roquette » : les assassins. C'est précisément devant la Grande Roquette que pour des raisons pratiques la guillotine fut installée en 1851. Jusqu'à la fermeture, en 1899, sous la pression d'intellectuels, de ce que l'on appela encore le « Dépôt des Condamnés », soixante-neuf personnes y furent publiquement raccourcies. L'année suivante, la Grande Roquette était démolie et faute d'avoir pu vendre les dalles de la guillotine au musée Carnavalet qui les refusa, l'ancien directeur les fit remettre à leur emplacement initial, à l'intersection des rues de la Croix-Faubin et de la Roquette, où l'on peut encore les voir aujourd'hui. À partir de 1900, la Petite Roquette resta donc seule en activité et devint une prison pour femmes à la fin des années 20.

que deux fois, la première en février 1942 pour une mère infanticide. Voilà de quoi donner à méditer à notre maman modèle... Le 20 août, date de sa comparution devant la 14e Chambre correctionnelle, elle apprend le prix de sa condamnation : six mois de prison ferme. On lui attribue un nouveau numéro de matricule (8806) et on la transfère à l'atelier 4. Elle aura tout le loisir d'y écrire à sa fille prodigue pour la remercier d'avoir réalisé ses fantasmes de confitures et de chocolat...

Dès le 14 août, Piaf a quitté la France. Direction : l'Allemagne hitlérienne. Nombreux furent-ils à avoir accepté de chanter dans des camps de travailleurs français déportés outre-Rhin ou pour nos prisonniers. Une noble et courageuse entreprise que d'aucuns voudront dénaturer à la Libération. Le sens de la mission n'a pas échappé à Line Marsa : « Tu pars, ma chérie, tu t'es décidée à partir, tu vas chanter pour nos prisonniers, tu vas leur porter un peu d'air de France. Tu as un bien joli rôle à remplir, qui sera encore à ton avantage. » Tous les travailleurs français en Allemagne ne furent pas des volontaires. À partir de janvier et février 1943, les déportations devinrent même de plus en plus massives. De quoi ôter tout problème de conscience aux artistes les plus réticents. « Il semble d'après les renseignements recueillis qu'elle [Édith Piaf] détestait les Boches », stipule le rapport des RG du 17 octobre 1943. Eussions-nous été envahis par les Arabes ou par les Sioux, le réflexe de la Môme aurait été identique. L'envahisseur est celui qui à grands coups de crosse ou de salamalecs force la porte de votre salon pour vous signifier que désormais vous aurez son hymne et sa culture. Ses coutumes et son histoire. Sa religion et son drapeau. Et qui vous promet le pire si vous ne lui dites pas merci dans sa langue. Il se trouve que l'envahisseur de l'époque était allemand. Les Bellevillois ont toujours témoigné d'une résistance active contre toutes les formes d'asservissement[1].

---

1. Sous le Second Empire, un Bellevillois sur dix était un indigent et de nombreuses familles campaient dans des dépôts de chiffons, des écuries ou dans des poulaillers. Organisateurs de la révolte contre la misère, Gustave Flourens et le peintre Pierre Ranvier (le « Christ de Belleville ») luttèrent jusqu'à obtenir de premiers acquis comme la liberté de réunion. Un moindre progrès qui ne régla rien. Des barricades furent dressées. Napoléon III, qui avait écarté l'emploi des Bellevillois dans la Garde Nationale, de peur qu'ils ne retournassent les armes contre lui, envoya la troupe. Le sang coula. Après la défaite de l'empereur à Sedan, ils se transportèrent en masse et en liesse à l'Hôtel de Ville et participèrent activement aux menées de la Commune. Vaincus par Adolphe Thiers, les fédérés bellevillois déclarèrent des milliers de victimes. « Le sol est jonché de leurs cadavres, ce spectacle affreux leur servira de leçon », proclama le futur deuxième Président de la IIIe République au perchoir de l'Assemblée. En dépit des massacres et des déportations dans les bagnes de Nouvelle-Calédonie, les Bellevillois poursuivirent le combat sur le terrain corporatif et social, par l'entraide mutuelle, l'asso-

Forte de cet atavisme et en dépit de son antipathie déclarée pour ceux que son père avait cru terrasser à jamais en 1918, Édith traverse le Rhin. À la rencontre des milliers de Français en souffrance loin de leur terre et de leurs familles, tenus de haïr des geôliers dont ils partagent le même ADN européen. « Être seul en Allemagne, écrira Jean Guitton, emprisonné cinq années durant à la forteresse de Colditz, c'est pour un esprit français une condition favorable pour penser, par le secours d'une immense différence. Mystère, cette attirance des génies germaniques comme Goethe, comme Heidegger, vers la culture française. Inversement, qui a fait dire à Renan que l'Allemagne était son temple, à Sartre qu'Husserl était son maître ? » La Môme n'est pas partie seule. Charles Trénet est du périple, ainsi que Fred Adison. Ils ne se sont pas décidés sur un coup de tête. Il leur a d'abord fallu se mettre en rapport avec le service français de liaison auprès des prisonniers, qui a rendu compte de la demande à l'ambassade d'Allemagne, seule accréditée pour délivrer les autorisations. Rendue à quai, on imagine facilement les échanges entre la fille de Belleville et tous ces gars, dont un ou plusieurs devaient bien être du même village qu'elle...

« — Alors, comme ça t'es de Belleville ?

— Je veux, M'dame Piaf !

— Quelle rue ?

— Place Gambetta, M'dame Piaf !

— Viens là, que j'te bise ! »

Triomphe à chaud. En une heure et quelques chansons, tous ces hommes qui sont les siens redeviennent des enfants de France. L'espoir pousse à nouveau dans leurs yeux. Qu'elle chante encore et que la nuit les emporte ! Surveiller ses propos ; dans le nombre, des espions pourraient s'être glissés. Prudence, camarades, la Gestapo guette, derrière chaque homme, à l'affût du moindre propos suspect. Piaf se marre. Vas-tu te taire, Édith, bon sang !

Dans le rapport des Renseignements Généraux du 17 octobre 1944, on apprend qu'au cours de la guerre, la Môme eut « plusieurs altercations avec des Allemands qu'elle traitait même vertement, surtout après

---

ciation et le syndicat. Prélude à d'autres affrontements musclés et à des luttes armées avec les autorités en place. Jusqu'à l'avènement de la Grande Guerre au cours de laquelle on vit les mômes de Belleville défier les bombardiers allemands : « Eh, descends donc, grand lâche ! » Ce qui n'empêcha pas les bombes de faire des moissons de cadavres. À leur retour, les poilus confrontés à la flambée du prix des denrées et des loyers, particulièrement épique à Belleville, reprirent le flambeau de l'insurrection et fomentèrent des grèves très sévèrement réprimées. Vaincus, mais jamais soumis, ils résistèrent encore et tant qu'ils le purent au travail obligatoire en Allemagne et à la chasse à l'homme organisée dans Paris par l'occupant.

boire, ce qui lui arrive très fréquemment. Il semble qu'elle doive à son renom de n'avoir pas été poursuivie ». Édith a endossé bien d'autres risques, nous l'allons voir. Entre son retour en France (fin de septembre 1943) et son second voyage en Allemagne (février 1944), elle va reprendre le rythme effréné des tournées, des enregistrements, des galas philanthropiques et des salles parisiennes aussi diverses que variées. Elle doit en outre subir les jérémiades et la sollicitude incessantes de Line Marsa, qui ne la lâche plus.

Transférée en petite prison, à Château-Thierry, « madame mère » prépare sa sortie et réclame encore et encore. Le 17 octobre, oublieuse de ses vieux « mille mercis pour ton colis, tu penses à moi chaque mercredi, c'est vraiment chic de ta part », elle joue les mères délaissées et elle écrit : « Six mois sans nouvelles, sans visites, sans colis, tu sais, c'est long et pénible. Enfin, ce n'est pas pour me plaindre que je t'écris. Mais il faut bien te dire que je vais sortir sans un sou et que je suis loin de Paris. Je ne puis pourtant pas rentrer à pied et les premiers jours être de la cloche. Je pense avoir assez souffert et assez payé une faute bien petite. Bref, si tu veux bien m'envoyer un mandat pour ma sortie, je t'en remercierai profondément. Je te quitte en attendant de tes nouvelles, cela me ferait plaisir. Je t'embrasse bien fort. Ta maman qui t'aime. » Line Marsa a indiqué son adresse : « 54 avenue de Soissons. Maison d'arrêt de Château-Thierry » ; mais rien ne vient. Quelques jours plus tard, elle remet sur le métier et se fait insistante : « Je viens te redemander ce que je t'ai déjà demandé pour sortir ! Que tu aies la bonté de m'envoyer un mandat [...]. » Reçut-elle jamais ce mandat ? Une fois dehors – elle fut libérée le 2 décembre –, elle devait recommencer à taper sa fille en lui servant la litanie de la vieille dame désireuse de sortir de l'impasse. À condition, naturellement, qu'on lui verse six mille ou dix mille francs pour lui permettre de se retrouver. Ou de l'argent frais pour les dealers et les bistrotiers de Pigalle... Joyeux Noël, ma petite fille chérie ! Une fête de la Nativité que Line Marsa prétend avoir passé toute seule : « À neuf heures, j'étais couchée. » Que fait-elle à longueur de journée, dans un Paris qui ressemble à une poudrière, avec des files d'attente toujours plus longues devant les magasins ? Paraît-il qu'elle est redevenue sérieuse et qu'elle chante dans les rues, « mais les gens sont rétifs, c'est-à-dire que je ne fais rien ou presque ». Elle affirme vivre comme une clocharde. Son rêve : ouvrir un petit commerce pour y jouer à la marchande de violettes. Comme Mistinguett dans sa chanson. La « petite fille chérie » devra y aller de son pèze et pour cela il la faut bien léchouiller...

Le 9 mai 1944, localisée dans un hôtel, au 11 de la rue Coustou, près de la place Blanche, Line Marsa s'y emploie : « Je viens te remercier comme d'habitude de ton envoi [...]. J'apprends que tu es en tournée. Il est inutile que je te souhaite du succès, car je sais, et j'en suis heureuse, que tu en auras beaucoup. Qui ne pourrait aimer et tes chansons si intelligentes, et ta voix, sans compter ta façon d'interpréter. Maintenant, mon petit, voilà bien longtemps que je ne t'ai vue, et si en rentrant tu m'autorises à venir t'embrasser, cela me ferait un bien grand plaisir. Tu sais que je ne m'impose pas et j'attends que tu me dises de venir. Voilà plus d'un an que je ne t'ai vue et ne serait-ce que quelques instants, le temps seulement de t'embrasser, je n'en demanderai pas plus. Mes jambes, avec les beaux jours, vont un peu mieux. Et ta santé ? Comment vas-tu ? Bien, je l'espère de tout mon cœur. Car enfin je suis toute seule. Je n'ai plus que toi et Bébert. Et lui, qui sait quand nous le reverrons. Si nous le revoyons un jour. Tu sais peut-être qu'il est en Allemagne, ils l'ont fait partir d'autorité. Où ? Je l'ignore. Tout ce que j'ai pu avoir comme renseignements est qu'il se trouve entre Hanovre et Berlin et il paraît que ça tourne terriblement. Enfin, à la grâce de Dieu. "Mektoub" [c'était écrit]. » Drôle de résignation de la part d'une « maman » dont l'enfant joue son sort à des milliers de kilomètres d'elle. Pas une seule fois dans ses lettres à sa fille, Line Marsa ne laisse deviner l'ombre d'un regret quant à ses manquements à son métier de mère. Suite à cette lettre, Piaf lui adressa un câble : elle avait la permission de venir l'embrasser. Avoir un enfant est une douce chose. Or, ce serait pour une autre fois... « Moi qui me faisais une joie d'aller t'embrasser ! Malheureusement, je suis empoisonnée comme jamais je ne l'ai été au sujet de mes papiers et je crois que je ne pourrai pas toucher mes tickets ce mois-ci ! Tu sais, pour te l'avoir déjà dit, que je n'avais pas de papiers et que c'était ton pauvre papa qui possédait l'acte de divorce qu'il me faudrait maintenant pour me faire faire une carte d'identité et un acte de notoriété. Je suis donc constamment appelée au commissariat [...]. Tu vois dans quel pétrin, je me trouve, car là il n'y a aucune question d'argent qui tienne. J'ai écrit dans le pays où je suis née, c'est-à-dire à Livourne, et je n'ai rien reçu depuis trois semaines, à Sens où je me suis mariée, et toujours rien. Enfin, je suis bien ennuyée, car sans cartes je ne sais comment je ferai et surtout aller et venir dans Paris sans papiers c'est plutôt dangereux. Je t'explique tout cela pour te faire voir que si je ne suis pas venue t'embrasser, c'est vraiment que je ne le puis, étant donné que toutes les courses se font le matin, à l'heure où je pourrais venir te voir. Aussi, sois assurée que sitôt que je serai débarrassée de ces soucis, je viendrai t'embrasser avec joie. J'espère que ce sera bientôt puisque je n'ai plus que la fin du mois comme délai [...]. J'en serai, je te le jure, vraiment, vraiment heureuse.

Tu es ma petite fille quand même, tu sais. Tu es tout ce qui me reste sur la terre. Je ne parle pas de ton frère qui ne donne aucun signe de vie. Est-il vivant ? Est-il malade ? Cela appartient au domaine du mystère. Je vais te quitter, ma petite chérie, en te serrant bien fort dans mes bras et en t'embrassant comme je t'aime, c'est-à-dire très fort. Ta maman qui pense beaucoup à toi et qui ne t'oublie pas. »

Sans doute Piaf eût-elle souhaité qu'elle y pensât moins. Aux navrants serinages de cette mauvaise comédienne qui a usurpé le rôle de sa mère, la Môme préfère les mots d'Henri Contet, qui courent et glissent sur les partitions rythmées de Marguerite Monnot. Peu à peu, la Môme s'est démarquée de ses premières créations et les journalistes belges en rendent compte avant les autres. « Il serait exagéré de prétendre qu'Édith Piaf est une chanteuse de jazz, mais pour tous ceux qui ont suivi son évolution depuis quelques années, l'influence progressive de la musique rythmique américaine sur son répertoire est frappante. Nous sommes loin aujourd'hui des compositions de Raymond Asso, dont la substance ne différait en rien de ce qui avait été fait avant lui, ni des premières chansons de Marguerite Monnot, qui avaient été traitées dans le même style. Chez Marguerite Monnot, l'influence de la musique rythmique américaine n'a fait que croître et les dernières musiques, écrites sur les paroles d'Henri Contet, en font foi. *On me suit dans la rue* ; *Le Brun et le blond* ; *Le Chasseur de l'hôtel* ; *J'ai dansé avec l'amour*, sont, en réalité, des chansons de jazz. Personne cependant ne pourrait nier qu'elles soient strictement d'inspiration européenne et qu'elles n'ont rien de commun – sinon la forme – avec les chansons de jazz d'Amérique. De même, les chansons de Johnny Hess, et notamment *Monsieur Saint-Pierre*, écrite pour Édith Piaf. De même, certaines chansons de Daniel White, chantées par Édith Piaf et par Martha Love. » Le mois précédent, en février 1944, Piaf avait été admise au concours d'entrée de la SACEM.

Dans le même hebdomadaire belge, un article choc laisse présager des pugilats à venir... « On sait que Sacha Guitry, Raimu, Tino Rossi, Dullin et Arletty sont couchés sur les listes noires d'Alger. Un reporter parisien est allé dernièrement les interviewer. Chacun a répondu qu'il ne comprenait absolument rien de ce qui lui arrivait, puisqu'il s'était toujours gardé de faire de la politique. Ni l'un ni l'autre ne voyait donc pourquoi il était promis à la pendaison ou à la balle dans la nuque. Arletty a ajouté que du reste elle s'en moquait éperdument. Quant à Édith Piaf qui, elle aussi, est condamnée à mort, elle n'a pas eu un mot mais un geste. Comme elle soupçonne qu'on lui reproche un tour de chant dans les stalags, elle a planté là tous les engagements qui lui étaient proposés et a décidé de repartir pour une nouvelle tournée dans les camps d'outre-Rhin. Mais elle a spécifié qu'elle n'accepterait aucun cachet ! » D'autres journaux attestent que Piaf est partie de son plein gré, au mépris des conseils de prudence de ses amis. Qu'en est-il exactement ? Sans être cette fois catégorique, dans leur rapport du 17 octobre 1944, les RG donnent leur sentiment : « [...]. D'autre part, elle aurait, dit-on, différé à plusieurs reprises son départ en tournée dans les camps de prisonniers d'Allemagne et n'aurait finalement accepté que devant des menaces précises. Au cours de ce voyage, on assure qu'elle a distribué des faux papiers à plusieurs prisonniers, ce qui aurait facilité leur évasion, notamment au mari de sa secrétaire, revenu à Paris peu après le retour de la tournée. »

La secrétaire désignée est Andrée Bigard. Piaf multipliait les secrétaires à la mode de Bretagne, nommant ainsi ceux qui eurent l'insigne honneur de lui avoir tapé une lettre ou servi un café, mais seules Danielle Bigard et Danielle Bonel ont véritablement occupé cet emploi. Avant elles, il y eut bien Suzanne Flon, mais pour un temps relativement court, sous le règne de Raymond Asso. « J'ai très bien connu Suzanne à cette époque, se souvient Roland Gerbeau. Elle habitait dans le même immeuble que moi, rue Frochot, à Pigalle. Moi, je débutais et elle, elle prenait des cours de comédie. Nous parlions souvent ensemble. C'est comme ça qu'elle m'apprit qu'elle s'était fait engager par Piaf pour gagner sa vie. »

Quid de ces affaires de faux papiers auxquelles les RG font allusion ? Les allégations de la police en octobre 1944, soit quelques mois après les faits, correspondent aux déclarations plus tardives d'Andrée Bigard. Celle-ci faisait partie de la Résistance, sans que Piaf ne le sache. « Je dois dire qu'avec son instinct infaillible, elle a vite découvert que je tramais quelque chose derrière son dos, dira-t-elle. Elle s'est révélé être une collaboratrice très efficace. Parce qu'elle réagit vite, elle nous a tirés d'affaire, naturellement aussi parce que c'était Édith Piaf. » Les deux femmes mirent au point un stratagème consistant en premier lieu à obtenir des autorités allemandes d'être photographiées au milieu des prisonniers (pour le souvenir). Une fois à Paris, elles s'employèrent à faire agrandir ces clichés, où chaque tête de prisonnier fut isolée, découpée et collée par des spécialistes sur de fausses cartes d'identité distribuées lors du second voyage.

Robert Dalban participa au dernier périple de Piaf en Allemagne. Il se souvint des révoltes de la Môme contre l'autorité nazie, tout au long de leur séjour, plaçant parfois en grande difficulté l'ensemble du groupe. Elle aurait, par exemple, refusé d'aller chanter dans les usines allemandes comme le lui demanda un jour le directeur de la KDF berlinoise. Une audace qui pouvait alors coûter très cher mais, toujours selon Dalban, la chanteuse française bénéficiait de la protection de l'un de ses admirateurs, le général Wechter, un subalterne de Goebbels au ministère de la Propagande. « Il faut être passé par cette tournée de 1943, interrompue à cause des bombardements, pour mesurer ce dont Édith Piaf était capable : c'était quelqu'un d'exceptionnel, de monstrueux, faisant des choses... Ça me rappelle les tours qu'elle m'a joués encore pendant la guerre. » Piaf qui chantait à Bruxelles avait demandé à Dalban de venir la rejoindre en lui indiquant le nom d'un passeur à la frontière franco-belge. Ce qui évita à Dalban les pénibles démarches pour l'obtention d'un laissez-passer. Une fois à Bruxelles, Dalban raconta à Piaf comment, contrôlé par la *polizei*, il était parvenu à inventer une histoire pour se tirer d'un mauvais pas. Hilare, la Môme l'invita le soir même au restaurant. « Au dessert, on apporte des pommes et je déteste les pommes.

— Tu ne manges pas de pommes ?

— Non, je déteste.

— Allons, mange une pomme.

— Non, te dis-je !

Alors, Édith, à voix haute :

— Tu as la tête de quelqu'un qui a passé la frontière sans laissez-passer.

À la table voisine, des officiers allemands dressaient la tête... je mangeai la pomme. »

Que cette jouisseuse de l'existence qui ne devait rien à la société ait agi pour se « fendre la pipe », ou que ses actes aient été responsables, en qualité de Marraine du Stalag III D, Piaf a bel et bien réussi à faire sortir du monde d'Allemagne. Dont le mari d'Andrée Bigard. Et qu'importe qu'il s'agisse d'un ou de cent prisonniers ! Encore une fois, les RG avaient bien travaillé. La Seconde Guerre mondiale nous l'a prouvé par l'engagement héroïque de nombreuses femmes dans le renseignement, tant du côté allemand que français : Mata Hari n'est pas morte dans les fossés de Vincennes. Mais parce que Piaf se fichait éperdument de ceindre quelque couronne de lauriers, elle a laissé mettre en doute l'authenticité de ses faits de guerre, si modestes furent-ils. Danielle Bonel se souvient que dans les années cinquante, chaque fois que la Môme chantait à Marseille, elle recevait des gerbes de fleurs nouées par un ruban bleu blanc rouge, envoyées par d'anciens prisonniers, en remerciement de ce qu'elle avait fait pour eux. « Du reste, au cimetière du Père-Lachaise, quand on a placé le cercueil d'Édith dans le caveau, entre autres objets, j'ai jeté plusieurs rubans qu'elle avait précieusement conservés. » En revanche, le nom d'Édith Piaf n'apparaît pas sur la liste secrète des soixante-sept personnalités jugées « dangereuses » par les nazis, qui en réclamèrent la tête à Laval, en décembre 1943 et que celui-ci parvint à sauver par la ruse. Parmi ces indésirables, cadres, politiques et artistes confondus : Georges Duhamel, médecin, écrivain et membre de l'Académie française. Motif : « Auteur de divers ouvrages hostiles à l'Allemagne, continue à intriguer contre les intérêts allemands. » Jean Chevrier figurait également en bonne place. Son crime : « Gaulliste ». Beaucoup de préfets favorables à de Gaulle dans cette liste. Également, nombre de gens de l'entourage de Pétain. Ménétrel, médecin personnel du Maréchal en tête. L'envahisseur lui reprochait ses activités de « chef secret du mouvement de la Résistance française ».

Les Renseignements Généraux ayant reconnu une légitimité à l'action d'Édith Piaf, l'Histoire n'a qu'à bien se tenir. On n'en attendait pas moins de la Môme, patriote dans l'âme. Toute sa vie elle a donné, il n'y avait pas de raison pour qu'aux heures graves son cœur devienne étanche. Donner. À toutes sortes de gens, pour toutes sortes de causes, la plupart du temps sans raison, sans prétexte. Mais ses charités ne furent jamais ni organisées, ni ostentatoires. Elle laissait ça à de plus fréquentables, des « femmes au grand cœur » avec un photographe dans le sac à main, plus douées que la Môme pour ces savants tours de passe-passe. Des dames obnubilées par leur image, à laquelle toute atteinte peut leur rapporter autant, sinon plus, que les recettes de leurs films ou les royalties des disques qu'elles ne vendent plus. Il y a des façons d'offrir qui sont pires que le manque de tout. Les somptueux dîners médiatiques et super "hupch-much" donnés en faveur de la faim dans le monde, de l'enfance malheureuse, du sida, où des incroyables et des merveilleuses au cou retendu et paré de bijoux hors de prix trempent dans un luxe écœurant et croient donner à ceux qui crèvent de douleur et de misère, n'étaient pas un procédé qui excitait la Môme. La misère humaine est une notion par trop abstraite pour qu'elle s'en fût préoccupée de manière militante, mais chaque fois qu'elle l'a croisée sur son chemin, à sa mesure, souvent au-delà de ses moyens, elle s'efforça de l'écraser avec le talon de son chéquier. « Je ne sais dire que ce mot en parlant d'Édith : la tendresse, a témoigné Henri Contet. Et la générosité. Nous mangions parfois dans un restaurant rue Grammont. Le patron ne voulait pas qu'on fume en mangeant. Il était très sévère. Nous avions appelé son restaurant : Le Général. Il a eu un jour des difficultés financières, il a été mis à la porte et il a disparu. Et, un beau jour, nous l'avons retrouvé aux Champs-Élysées, il vendait misérablement des billets de la Loterie Nationale. Édith l'a pris à part, lui a donné tout ce qu'elle avait sur elle. Elle lui a demandé de venir la voir le lendemain. Elle lui a loué un appartement et lui a donné une mensualité. »

Avec Rina Ketty également, la Môme fut magnifique. Les deux femmes s'étaient connues avant Louis Leplée, au Lapin Agile, à l'époque bal musette de Piaf. L'une et l'autre s'y disputaient le même amant, l'accordéoniste Jean Vayssade. « Elles ont failli se fâcher sérieusement à cause de lui », nous dit Danielle Bonel. Devenues célèbres, Piaf et Rina Ketty eurent à se croiser parfois. Dans la deuxième partie des années cinquante, elles se retrouvèrent au Canada. « Les affaires de Rina Ketty n'étaient alors pas très brillantes, rapporte Danielle. Édith l'a beaucoup aidée matériellement, mais aussi spirituellement en la dirigeant vers les Rose-Croix, dont mon mari lui avait parlé. Un peu plus tard, Rina lui a offert une petite croix en cristal, que j'ai laissée boulevard Lannes, dans une boîte à bijoux dont j'ignore le destin. » À la fin de sa vie, Rina Ketty bénéficia du précieux secours de *La Roue tourne*, la célèbre association fondée par Paul Azaïs, avec l'aide de Fernandel et de quelques autres, destinée à secourir les artistes en détresse. La Môme fut une fidèle de cette œuvre et Danielle Bonel a conservé sa carte d'adhérente pour l'année 1961. En dehors de cela, il reste peu de chose des prodigalités sauvages et désordonnées de Piaf. Sinon un faisceau de lettres sagement conservées par l'ex-secrétaire, où les remerciements suivent les requêtes les plus incongrues, toutes honorées, reproduites ici et là dans ce livre. En laissant son nom à une maison de retraite pour les vieux artistes en difficulté, projet louable s'il en est, le père Chevalier avait mieux préparé son grand virage.

Président d'Honneur : FERNANDEL
Fondateur : Paul AZAÏS

LA ROUE TOURNE

ASSOCIATION D'ENTR'AIDE DU SPECTACLE
POUR LES ARTISTES ET TECHNICIENS ACCIDENTÉS
Déclarée conformément à la loi de 1901
sous le n° 57-534

Siège Social : 2, Rue Gervex — PARIS-XVIIe
Tél. : GALvani 61-31 — C.C.P. 15.598.05 Paris

Edith Piaf

est une AMIE
DU FOYER DE LA ROUE TOURNE
56, rue Legendre - PARIS-XVIIe

PARRAINS DU FOYER :
MICHÈLE MORGAN
et
JEAN MARAIS

Année 1961
N° F 35

Le Président : Le Titulaire :

(collection Danielle Bonel)

Le bel Indifférent
Ecrit pour
MADEMOISELLE ÉDITH PIAF

Avec l'aimable autorisation de Pierre Bergé.

(collection Jean-Marc Gayard)

« Les foules sont anthropomorphiques, elles n'analysent jamais les causes multiples et lointaines d'un événement. Elles accumulent tous les mérites et toutes les fautes sur une seule tête qu'elles héroïsent, quitte ensuite à la décapiter. »

Louis Rougier

V

Les faveurs du Grand Charles

« Regardez les dictateurs, ils ont tout le monde contre eux. Ça ne les empêche pas de faire une carrière, et quelle carrière, certains ! »

É. P.

Selon Napoléon, la réussite serait « l'art d'être tantôt très audacieux et tantôt très prudent ». Puissance et génie, Piaf la grande se satisfait d'être. Le sort se vengera. Pour l'heure il s'incline. À mesure que l'aigle hitlérien courbe la tête. En août 1944, deux mois après le débarquement de Normandie, c'est un officier allemand qui contribue à sauver Paris de la destruction, mais c'est un royaliste français qui lui apporte les clefs de sa délivrance. Von Choltitz et Philippe-Marie de Hauteclocque, dit Leclerc.

Or, les cloches de la Libération ne vont pas sonner pour tout le monde de la même façon. Une nouvelle ère s'ouvre, celle du châtiment, sur fond de vieilles querelles entre Bourguignons et Armagnacs. L'une des pages les plus traumatisantes de l'Histoire de France. Quelques astucieux [1] parviennent à sauver leurs marrons du feu revanchard de l'épuration. D'autres, qui chantaient hier, vont à présent danser. Car dans le chahut païen qui succède à l'humiliation d'un peuple, les dieux du spectacle sont les premiers à qui l'on exige de rendre des comptes. Piégés par les Allemands désireux « d'absorber la culture française dans un

1. Dans son *Encyclopédie politique française*, Emmanuel Ratier affirme que ce fut le cas de Christine Gouze (dite Gouze-Rénal), grande admiratrice d'Édith Piaf et future épouse de Roger Hanin, dont le père fut sauvé par Laval. Devenue en 1942 chef du secrétariat particulier du directeur du cinéma d'occupation, Louis Galey, nommé par Vichy, la sœur de Danièle Mitterrand aurait dû à un retournement de veste opportun de se retrouver à la Libération parachutée codirectrice de l'Institut des hautes études cinématographiques (IDHEC). Dans les archives de Danielle Bonel, cette carte, non datée, de Christine Gouze-Rénal à la Môme : « Édith, c'est merveilleux, j'ai passé une savoureuse et très riche soirée. Je comprends qu'on vous aime et j'ai envie de vous voir. Christine. »

ensemble européen afin d'anéantir son rayonnement », certains s'en relèveront péniblement. Le cas de Sacha Guitry, arraché de son domicile par des FFI du mois de septembre et couvert de glaires par des grappes huileuses de concierges dont beaucoup ne vécurent que de délations domestiques et de marché noir, et encore celui d'Arletty, tondue, sous les huées du public, par des gens hier encore fiers de se pavaner avec la croix gammée sur leurs brassards, passent pour les plus éloquents. Il n'est pas jusqu'à la pauvre Fréhel qui ne connaisse quelque souci pour être allée réconforter les prisonniers français en Allemagne. À côté de cela, on oublie curieusement que Sartre a donné à applaudir *Les Mouches* et *Huis clos* aux nazis. Est-ce là le retour à la devise « Liberté, égalité, fraternité » ?

Selon la source d'Adrien Texier, ministre de l'Intérieur des deuxième et troisième gouvernements de Gaulle, cent cinq mille personnes furent sommairement exécutées entre 1944 et février 1945. Le colonel Rémy s'indigne : « Ces bandits de droit commun, sur les arrières d'un ennemi qu'ils n'avaient jamais contribué à mettre en fuite, ont fait tout ce qu'il fallait pour déshonorer, en le souillant de leurs crimes (dont je ne serais pas étonné que le nombre dépasse celui des patriotes fusillés par les nazis), le beau et pur visage de la Résistance. » Il parle d'esprit de basse vengeance, de meurtres, de viols, de pillages et de conquêtes de préfectures au bénéfice du parti. Peut-on par ailleurs compter sur la pitié des hommes quand ils peuvent se donner l'importance de punir ? Le moins que l'on puisse avouer est que, fort des pouvoirs qui lui furent conférés, un certain abbé Pierre, alors juré de la Haute Cour de Justice, ne pratiqua pas l'absolution. « [Il] était plus dur, plus exigeant, plus énervé que je ne l'étais ; il aurait été plus intransigeant que moi », dira du père d'Emmaüs le garde des sceaux de l'époque, Pierre-Henri Teitgen, qui se vantait pourtant d'avoir fait tuer plus de monde que Robespierre. Les arguments de l'abbé Pierre dont Piaf, nous le verrons, devait emporter le plus mauvais souvenir : « Le pardon doit intervenir, mais si l'on veut que la nation continue à vivre, il ne faut pas supprimer la distinction entre le crime et l'héroïsme. » Que devient la religion sans le pardon ?

Non moins grand résistant, le Révérend Père Dillard est mort à Dachau, où beaucoup de pétainistes furent également déportés, en croyant devoir accorder l'absolution aux SS qui l'avaient torturé. Envoyé secrètement en mission en Allemagne par le Maréchal, dont il était le conseiller, afin d'y remonter le moral des ouvriers du STO, il fut vendu à la Gestapo par un communiste français : « Ne voyez-vous pas quc sous cc blcu dc chauffc sc cachc unc soutanc ! » Lcs cocos qui, au début de la guerre, mêlèrent leur faucille à la svastika en appelant à la collaboration (édition clandestine de *L'Humanité* du 26 août 1940), sont à présent les plus vindicatifs. Ils en viendraient presque à chanter *La Marseillaise* et à hisser le drapeau tricolore ! À Paris, au mur des Fédérés, ils ont obligé Maurice Chevalier à entonner *L'Internationale*. Écœurée par toutes ces tartarinades, Piaf finit par céder à la provocation : « Vous ne savez pas ce que je voudrais ? Je voudrais bien voir un lâche ! » Elle-même eut à éponger quelques sueurs, car à l'heure de la vengeance on chercha à faire tomber l'ancienne locataire de madame Billy. De guerre lasse, devant l'évidence des preuves avancées, nos justes daignèrent *in fine* la décharger, et même un peu plus : « Pas de sanctions et félicitations. » Merci, les gars, voilà trop d'honneur ! Ou le début d'une formidable mystification des faits doublée d'une dictature morale, la valeur intrinsèque d'un être, fût-il né en 2010, ne dépendant plus que de son attitude pendant la guerre. Comme si l'histoire de l'humanité commençait et s'arrêtait là. Comme si nous avions dû attendre l'ère 1939-45 pour savoir de manière sûre que le premier homme est un singe devenu fou.

Au-dessus de la mêlée de sang : Charles de Gaulle, le nouveau prophète. Aussi prompt à faire exécuter des innocents qu'à laisser emprisonner d'excellents serviteurs de la patrie et des résistants émérites, « l'homme du 18 juin » (une expression qu'il honnissait) proclame à la face du pays le traître communiste Maurice Thorez « bon Français ». Des tractations occultes et des dénis de justice commandés par l'ambition d'un seul et très mal compris par ceux qui en furent les victimes. Si Arletty se revendique « gauloise mais pas gaulliste », de la Libération date néanmoins l'admiration de la Môme pour le grand homme. « Personne n'existe à côté de Piaf », aurait un jour écrit de Gaulle. À la Fondation éponyme, on ne peut garantir l'authenticité de ce mot, manuscrit et signé, circulant en cercle restreint, mais s'il ne s'agit pas d'un faux, combien de chanteuses ne se seraient-elles pas laissé crucifier en échange d'un tel honneur ? À diverses occasions, dans sa carrière, le Général fit allusion au répertoire de Piaf, prouvant ainsi que dans une certaine mesure il en était imprégné. Installé à l'Élysée depuis quatre ans, le 14 janvier 1963, il profita d'une conférence de presse historique, jouée à guichets fermés dans les anciens salons de la Pompadour, pour annoncer la fermeture des portes du Marché commun à la Grande-Bretagne, accusée de préférer « le grand large » – les États-Unis – à l'Europe. Les conditions posées par les Anglais avaient été jugées inacceptables par de Gaulle qui reçut peu après la visite de Harold Macmillan, le premier ministre britannique. « Il est venu me faire une scène, confiera ultérieurement le Général à Alain Peyrefitte, qui le rapporte dans *De Gaulle m'a dit*. Il en était mélancolique et moi aussi. Nous préférons la Grande-Bretagne de MacMillan à celle des travaillistes, et nous aimerions bien l'aider à rester au pouvoir. Mais que pouvais-je faire ? Sinon lui chanter la chanson d'Édith Piaf : "Ne pleurez pas, Milord !" »

Au cours d'un cocktail à la Fondation portant le nom de son père, l'amiral Philippe de Gaulle aurait laissé entendre que sa mère n'appréciait pas la vie privée d'Édith Piaf. Ce qui n'a rien de surprenant. Admiratif de la chanteuse, de Gaulle prenait la Môme comme un tout et « Tante Yvonne » en prendrait son parti. Dans *De Gaulle, Mon père*, l'amiral explique qu'à la Boisserie, l'unique poste de télévision se situait dans la bibliothèque et que le soir, le Général « ne l'allumait que si le programme lui plaisait ou si ma mère était intéressée par une émission qu'on lui avait signalée. Sinon il demeurait éteint. Parfois, il s'attardait à regarder un match de football. Plus rarement une émission de variétés, avec Bourvil ou Noël Noël... ». Est-ce tout ? Et là, attention : « Ou bien quelque numéro de chanteurs tels que Gilbert Bécaud, Yves Montand ou Édith Piaf, autant d'artistes de talent qui, jugeait-il, faisaient honneur à la France. » La voilà la consécration de Piaf ! En octobre 1963, De Gaulle et son épouse s'apprêtaient à partir en visite officielle en Iran lorsque la nouvelle de la mort de la Môme tomba sur les téléscripteurs. Il n'y a aucune trace d'un quelconque télégramme adressé à Théo Sarapo ou d'une dépêche officielle. À cette époque, le show-biz et la politique étaient deux mondes séparés et les présidents de la République, hors concours esthétiques, ne mettaient pas les artistes dans leur moteur. Le 2 mai 1970, néanmoins, au crépuscule de sa vie, alors qu'il terminait la rédaction du premier volet de ses *Mémoires d'espoir* et tandis qu'André Chamson, directeur général des Archives de France, à sa demande, œuvrait à classer ses archives personnelles, dans une lettre à sa belle-sœur, épouse du député Jacques Vendroux, frère de « Tante Yvonne », de Gaulle référa une nouvelle et dernière fois de la Môme. « Ma chère Cada, comme le chantait Édith Piaf, "Je ne regrette rien" ! Mais votre pensée ne m'en touche pas moins [...]. Yvonne et moi, vous adressons, ma chère Cada, ainsi qu'à Jacques, toutes nos meilleures affections. Votre frère. » Six mois plus tard, le géant décédait. « Elle aurait tellement aimé le rencontrer, regrette Danielle Bonel. L'occasion ne s'est jamais présentée et c'est dommage. »

Les mêmes causes produisant les mêmes effets, le 7 juillet 1944, l'incurable Line Marsa avait de nouveau été embastillée, chargeant son nouvel avocat de se mettre en rapport avec la tirelire qui lui servait de fille : « Madame Maillard, qui est actuellement détenue à la Roquette, m'a demandé d'assurer sa défense et de vous prier de m'adresser à titre de provision le montant des mensualités que vous voulez bien lui faire parvenir, écrit Maître Blondeau, également avocat à la Cour de Paris, le 18 juillet. Elle vous serait reconnaissante de m'adresser dès maintenant les mois de juillet et août, soit six mille francs. Si vous désirez m'entretenir de madame votre Mère, je suis à votre disposition pour fixer un rendez-vous et vous prie à cet effet de me téléphoner. Veuillez recevoir, madame... » Condamnée à trois mois d'emprisonnement, la prévenue Jacqueline Maillard fut libérée le 29 octobre 1944. Deux jours plus tard, le 31, elle prit une chambre rue des Trois Frères, à l'hôtel de l'Europe, un petit établissement tenu par madame Chevalier, laquelle en attesta le 4 novembre dans un certificat de domicile. Dès lors, Line Marsa ne mit plus aucun frein à sa déchéance. Selon une confidence de Piaf à Danielle Bonel, la mère Maillard sombra dans le proxénétisme : « Elle mettait des gamines sur le trottoir. Édith était dégoûtée. À la fin, elle a fini lesbienne. » Lesbienne et camée au-delà du raisonnable. Hospitalisée à Bichat, la Marsa fut transférée à l'hôpital Henri-Rousselle, un centre psychiatrique où elle séjourna entre le 6 et le 18 janvier 1945. Coût du séjour : mille six cent soixante-huit francs, que la Recette des Asiles publics d'aliénés du département de la Seine (2, rue Lobau) ne manqua pas de réclamer à Édith Piaf, par courrier du 9 février 1945. Une somme dont la Môme s'acquitta sans délai, par chèque postal, mais qui lui valut quatre semaines après, le 9 mars, de recevoir un pli « très urgent » dans lequel le Receveur des Asiles publics d'aliénés de la Seine la sommait de s'expliquer sur l'origine et la nature de ladite somme de mille six cent soixante-huit francs. L'administration française dans ses hautes œuvres !

À cette date, Line Marsa avait passé l'arme à gauche depuis plus d'un mois. Elle ne cessa jamais d'écrire à sa fille. Sa dernière lettre est poignante : « Je vais m'acheter une canne, c'est triste à mon âge, quoique c'est le commencement de la vieillesse. Je n'ai rien à dire. Il faut y passer enfin. Je suis dans mon lit et je ne me lève que pour aller manger et je mets une heure pour faire trente mètres. Si tu as un petit moment et que tu puisses m'écrire, cela me ferait tant plaisir et me ferait supporter mon infirmité en patience. Je prie chaque jour pour toi, que tu gardes ta belle santé. Je t'embrasse tendrement. Ta maman. »

Le 6 février 1945, à 4 heures 40, Jacqueline Anetta Maillard fut déclarée morte à l'hôpital Bichat où elle venait d'être transportée après avoir été retrouvée agonisante près d'une poubelle, du côté de Pigalle.

2 bis

m'acheter un carnet
c'est tente a mon âge
quoique c'est le
commencement de la
vieillesse - je n'ai rien a
dire - il faut y passer
enfin -
Je suis dans mon lit
et je me lève que pour
aller manger et je mets
une heure pour faire
trente mètres -
Si tu as un petit moment
et que tu pourras m'écrire
cela me ferait tant
plaisir et me ferais supporter mon
infirmitée en patience.
Je prie chaque jours pour toi
que tu gardes ta belle santé.
Je t'embrasse tendrement
ta maman

J. Maillard

P.S. Je ne peut même pas demenager alors
que j'en avais tant envie pour le gaz.

La dernière lettre de la mère d'Édith Piaf à sa fille.

(collection Danielle Bonel)

Déposée là par un jeune homosexuel devenu son compagnon de came. À sa sortie de l'hôpital, l'hôtel de l'Europe affichant complet, Line Marsa n'avait plu su où aller dormir. Madame Chevalier s'en ouvrit à Piaf dans une lettre où elle lui explique qu'en attendant de retrouver un domicile fixe sa mère lui avait demandé de recevoir ses mandats pour elle. « J'ai eu la visite d'un policier il y a deux jours. J'ai appris la triste fin de votre mère par ce monsieur. C'était fatal qu'elle meure de ses piqûres, elle était pourtant bien à sa sortie de l'hôpital. Je n'aurais pas cru qu'elle aurait retombé [...]. Dans le fond je regrette de n'avoir rien eu à louer à votre mère quand elle est venue. Sa fin aurait été moins pénible. » Line Marsa avait souvent demandé à sa fille de lui offrir la sécurité du logement, mais outre le différend insurmontable qui séparait les deux femmes, on sait dans quels problèmes financiers la Môme se débattait à cette époque. Peut-être aurait-elle pu privilégier sa mère au détriment des parasites qui la cernaient, mais Piaf n'ayant pas de maman, n'en ayant jamais eu, ceci appelle un autre débat[1].

Le décès de son père, passé le 3 mars 1944, en son domicile du 84, rue Rebeval, dans le 19e arrondissement de Paris, fut, pour elle, autrement plus traumatisant. « Je ne t'ai pas écrit plus tôt, parce que je n'étais pas en état de le faire, avait-elle informé Norbert Glanzberg, à l'époque. Je suis en grand deuil à cause de mon père qui est mort. Je l'ai beaucoup aimé. Je suis triste à mourir et c'est affreux d'être mise brusquement devant ce qu'on ne peut pas changer. » C'est pour Louis Gassion qu'elle entreprit de faire construire le tombeau du Père-Lachaise. « Elle voulait une sépulture digne de cet homme qui avait tant compté pour elle », soutient Danielle Bonel. Et là, il convient de tordre le cou à une autre légende qui veut qu'à l'heure de sa mort, la Môme, imprévoyante et dépourvue, n'aurait pas eu de lieu de sépulture sans la sollicitude de quelques amis. Nous verrons que, non seulement Piaf n'est pas morte pauvre et criblée de dettes, mais grâce aux archives de Danielle Bonel, nous sommes en mesure de suivre chacune des étapes de l'achat du fameux caveau qui prêta à tant de conjectures.

---

1. Clin d'œil amusant, je terminais l'écriture de ce chapitre lorsque, dans le supplément d'*Art et décoration* de juillet-août 2007, une photo attira mon attention, une porte en bois posée dans un mas provençal, avec, sous la photo, cette légende : « Associée à un mur de pierres apparentes, cette porte a été récupérée dans l'ancienne prison de la Roquette à Paris. Avec son système de verrouillage et son judas, elle met désormais en relation le bureau et le séjour. » La porte de la cellule de Line Marsa ? Aujourd'hui, en lieu et place de la Petite Roquette, démolie en 1975, se trouvent un square et une salle de spectacle en sous-sol, la salle Olympe de Gouges, où Jacqueline Boyer chanta Piaf en novembre 2007. Seules deux guérites, vestiges du portail d'entrée de la prison, vieilles de cent soixante-quinze ans, témoignent encore du lourd tribut payé à la société par des milliers d'êtres humains.

Vu le décret du 23 prairial an XII, vu les lois des 24 juillet 1867, 3 janvier 1924 et 10 avril 1926, vu enfin la délibération du Conseil municipal de Paris, en date du 26 juin 1926 et l'arrêté préfectoral du 24 novembre 1910, portant règlement général sur les cimetières de la ville de Paris, la demande de concession de mademoiselle Gassion Édith, dite Édith Piaf, fut signée par le Directeur des Affaires municipales et du Contentieux, pour le Préfet de la Seine, le 19 mai 1944 et enregistrée par le bureau des Actes administratifs le 6 juin suivant. Pour l'enregistrement seul, Piaf dut s'acquitter de la somme de deux mille cent francs. Auxquels s'ajoutèrent onze mille deux cents francs, part de la Ville de Paris et deux mille huit cents francs qui revinrent à l'Assistance publique. Le tout réglé le 6 mars 1944, trois jours après le décès de Louis Gassion. Ses obsèques eurent lieu le 8 mars à 10 heures en l'église Saint-Jean-Baptiste de Belleville, où Édith fut baptisée. Le 7 mars, la maison Roblot avait fait parvenir à la chanteuse un premier montant du solde de la facture du convoi : cinquante-deux mille trois cents francs. Le 9, au lendemain de la cérémonie à laquelle la Môme assista, les mêmes Pompes funèbres lui adressèrent le « détail des frais funéraires » établis suivant les tarifs de la tristement célèbre maison. Pour un enterrement de quatrième classe, avec un corbillard de quatrième classe et quatre porteurs, une tenture avec écusson sur la façade du 84, rue Rebeval, un « cercueil en chêne extra-fort verni à panneaux, garniture étanche, trois frettes, quatre poignées de luxe et neuf vis tirefond argentées » + une « indemnité de mise en cercueil » + trois vacations du commissaire de police et une autorisation préfectorale + la livraison du cercueil : la facture s'éleva à cinq mille huit cent vingt-deux francs, taxes comprises. Sans le service religieux, s'entend, un service de deuxième classe, avec grand orgue, chants et instruments (violon et contrebasse), pour lequel il fallut compter douze mille sept cent soixante-six francs, gratifications et redevance incluses. Le coup de bambou est réservé aux « papiers timbrés et timbres, frais de démarches, gratifications à tout le personnel, concession perpétuelle au cimetière du Père-Lachaise, honoraires forfaitaires » : vingt-trois mille six cent quatre-vingt-seize francs et vingt centimes. Soit, au total : quarante-deux mille trois cent quarante et un francs et vingt centimes.

En attendant sa sépulture définitive, le cercueil de Louis Gassion fut déposé dans un caveau provisoire appartenant à la « Marbrerie en tout genre » de Charles Tayssèdre-Authenac et situé dans la 85e Division du Père-Lachaise, case nº 2, à hauteur de vingt francs par jour. La surface de la concession demandée par Piaf et obtenue ayant d'abord été estimée à deux mètres (payés seize mille cent vingt-neuf francs), un mètre soixante plus tard, un supplément de dix-sept mille cinq cent quatre-vingt-quinze francs lui fut réclamé par la société Tayssèdre-Authenac, conductrice des travaux. Le 24 mars 1945, soit un an après le décès de Louis Gassion, ceux-ci non encore terminés, le directeur de la marbrerie s'autorisa à envoyer à Mademoiselle Piaf une facture prévisionnelle, dans son détail. La Môme avait compté faire rapatrier du cimetière de Thiais le corps de Cécelle, ce qui, ajouté à la fouille et à l'enlèvement aux décharges publiques, à l'inhumation de Louis Gassion et à son transfert dans le caveau familial, au prix des travaux en eux-mêmes et aux menus frais administratifs, lui coûterait la nouvelle bagatelle de cent quarante-sept mille cinq cent quatre-vingt-quinze francs. Sachant qu'en dehors de la partie sanitaire obligatoire, les deux cases pourraient accueillir quatre cercueils. En outre, le modèle du monument retenu, un granit de Bretagne taillé, serait simple mais soigné. Les travaux furent longs. Très longs. Ce n'est que le 26 avril 1946, à 8 heures du matin, que l'exhumation de Cécelle put enfin avoir lieu au cimetière de Thiais, et celle de Louis Gassion le même jour, une heure plus tard, au Père-Lachaise. La maison Tayssèdre-Authenac en avait avisé Édith dès le 11 avril, en lui demandant s'il leur fallait prévenir Denise Gassion de la date des exhumations. Ce jour-là, en effet, la demi-sœur de la Môme avait rendu visite au directeur de la marbrerie. Le 22 juillet suivant, ce monsieur réclamait « sous huitaine » les soixante-six mille et quatre-vingts francs dont Piaf lui était encore redevable. « Passé ce délai, je me verrai dans la pénible obligation de faire poursuivre le recouvrement de la dite facture par ministère d'huissier avec frais à votre charge. » La Môme paya rubis sur ongle. Or, le trépas génère de grandes boutiques où les rayons sont sans fins. Le 7 juillet 1947, Raymond Tayssèdre eut donc l'honneur d'informer Piaf : « Monsieur le conservateur du cimetière du Père-Lachaise me signale que le numéro de concession n'est pas gravé sur la sépulture que vous possédez et me demande de faire le nécessaire auprès de vous pour que vous me donniez des ordres pour la gravure de ce dit numéro. » La gravure d'un numéro étant obligatoire sur tout terrain acquis, la Môme allait-elle une nouvelle fois devoir passer à la caisse ? Le 10, Andrée Bigard se mit en peine de téléphoner à Raymond Teyssèdre pour s'enquérir de la suite à donner à cette affaire. Rien de plus simple : pour deux mille deux cent cinquante-quatre francs (majorés par excès de deux francs à l'arrivée), la marbrerie Teyssèdre s'acquitterait de poser la borne réglementaire, en pierre, et d'y graver le numéro attribué à la concession de mademoiselle Piaf, soit onze lettres au prix de trente-quatre francs et soixante-quinze centimes l'une. « Toujours dévoué à vos ordres... »

Line Marsa demeura à Thiais. Même dans la mort, surtout dans la mort, Piaf voulait se souvenir que le bonheur simple et domestique de pouvoir prononcer fût-ce une seule fois le mot maman lui avait été refusé. Quatre pipes : c'est le seul héritage laissé par le contorsionniste-antipodiste de naguère à sa fille. « Comme beaucoup d'autres choses, Édith me les avait confiées et je les ai gardées en souvenir, révèle Danielle Bonel. Son père, c'était son père. » Le vieux Bellevillois ne demandait rien tant que de pouvoir continuer à vivre selon ses vœux : simplement et entouré d'amis. C'est ainsi qu'il mourut. Grâce à sa fille qui lui permit de s'éteindre chez lui. Simplement, et entouré d'amis. La douleur de l'adieu et le poids du souvenir seraient pour elle. À la fin de sa courte existence, percluse de douleur et fermée aux bruits du monde extérieur mais toujours à l'écoute des tam-tams de son cœur, la Môme continuait à recevoir chaque jour un abondant courrier. Des lettres qu'elle ne lisait pas, mais dont parfois quelques-unes, signalées par Danielle Bonel, pouvaient encore la toucher. Celle de cette vieille dame, par exemple, qui lui raconte qu'elle l'a connue jeune fille, avec son père Louis Gassion, puis à l'époque de Cécelle. La plume est faible et tourmentée, le papier jaune et délavé... « Madame. Cette lettre, vous ne la lirez peut-être jamais, mais tant pis, il y a trop longtemps que j'aurais voulu vous l'écrire. Vous ne vous souvenez certainement pas de moi car je vous ai vue très jeune si ma vieille mémoire est fidèle. J'ai 78 ans, la dernière fois que je vous ai vue, c'est avec votre Père, avec votre bébé sur les bras. Votre père était un grand ami de mon mari. Nous avons souvent travaillé ensemble et avec Naussier [?] que vous devez connaître, nous donnions des soirées dans les casernes et les hôpitaux de Paris, de Versailles, etc. Bien souvent nous nous associions avec Louis Gassion. Mon mari est mort il y a onze ans. En souvenir de tout cela, j'ai été très affectée de tous les malheurs qui se sont abattus sur vous et si j'avais été valide, j'aurais été heureuse d'aller vous embrasser en souvenir de votre Papa. Aussi, par cette lettre je viens de tout cœur vous souhaiter que tout cela finisse et que je puisse à nouveau vous entendre souvent à la radio. Et si vous vouliez être très gentille, et je sais que vous l'êtes, eh bien, vous m'enverriez une photo de vous avec une petite dédicace, bien sûr, cela me rappellerait mes années d'artiste, métier que je regrette, vous vous en doutez. Merci d'avance. Permettez à une vieille grand-mère de vous embrasser de tout mon cœur et de vous souhaiter tout le bonheur possible. » Hostile à s'appesantir sur les fantômes du passé, Piaf demanda à sa « douce Danielle » d'exaucer le vœu de cette dame et de glisser un billet dans l'enveloppe.

Collection Jean-Marc Gayard

Jacqueline Maillard, dite Line Marsa. Cette lithographie inédite prouve que la mère de Piaf fut davantage qu'une chanteuse des rues.

Photo Bibliothèque nationale

Carton publicitaire présentant la jeune Édith Gassion comme un « phénomène vocal » à l'époque où elle tourne sur les routes de France avec son père.

Louis Gassion, le papa et le complice, probablement l'homme qu'Édith aima avec le plus de constance.

Henri Valette, l'un des amants et maquereaux d'Édith à Pigalle, entre 1934 et 1936.

À la même époque, au temps de la cloche, Édith et Momone (Simone Berteaut).

Collection Jean-Marc Gayard

Édith Piaf enceinte de Louis Dupont. Ici avec une amie.

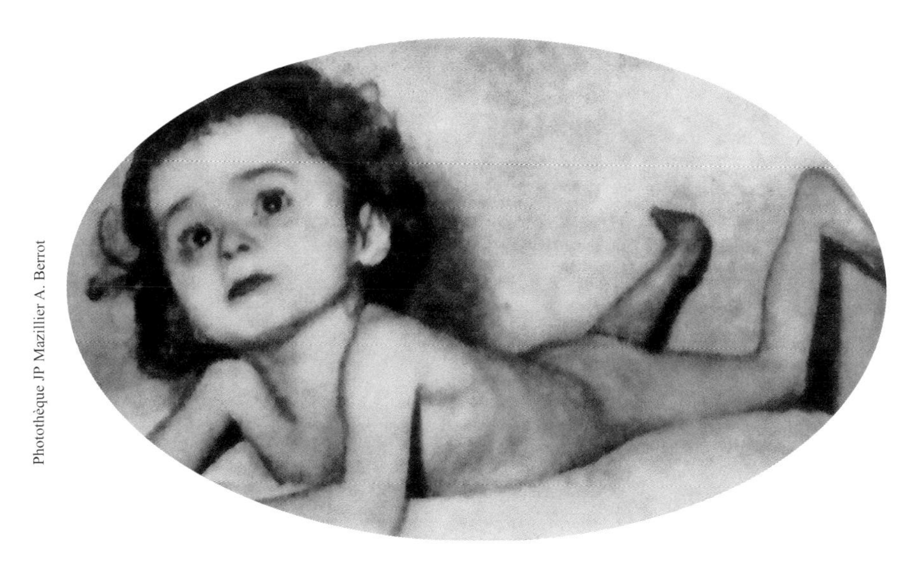

Photothèque JP Mazillier A. Berrot

Marcelle Dupont, morte le 7 juillet 1935, à deux ans et demi, d'une méningite tuberculeuse. Piaf n'a jamais montré cette photo.

Collection Claude Greciet

Jacques Bourgeat, le « vieux con » de sa « Piafou ». Il montre à Édith les chemins du savoir. Piaf le considérait comme un second père.

Collection Claude Greciet

Marinette Mousquès et son mari André. C'est elle qui crée la fameuse robe noire d'Édith Piaf.

Photothèque JP Mazillier A. Berrot

Le providentiel Louis Leplée, levier initial de la gloire de la môme Piaf.

Collection Claude Greciet

Pour Marinette qui
m'a fait
robe de

TEDDY
PIAZ
122
Champs-Elysées
PARIS

Sur la recommandation de Louis Leplée, Marcel Bleustein-Blanchet donne sa chance à la môme Piaf en la programmant à Radio-Cité à l'automne 1935.

Médrano, février 1936 : premier grand gala pour Édith. Elle y paraît aux côtés de Mistinguett et de Tino Rossi qui deviendra son ami.

Raymond Asso et Édith Piaf. Ils firent équipe pendant trois ans. Pygmalion ne pardonna jamais à sa Galatée son émancipation.

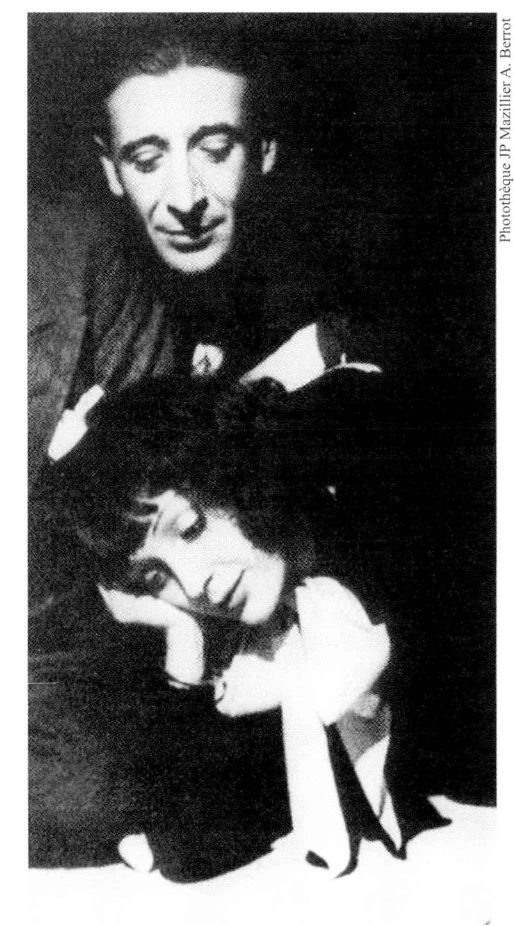
Photothèque JP Mazillier A. Berrot

Sous la férule d'Asso, la môme Piaf devient Édith Piaf.

Marguerite Monnot, la « meilleure amie », la sœur de cœur, un personnage clé dans la carrière de Piaf.

Photothèque JP Mazillier A. Berrot

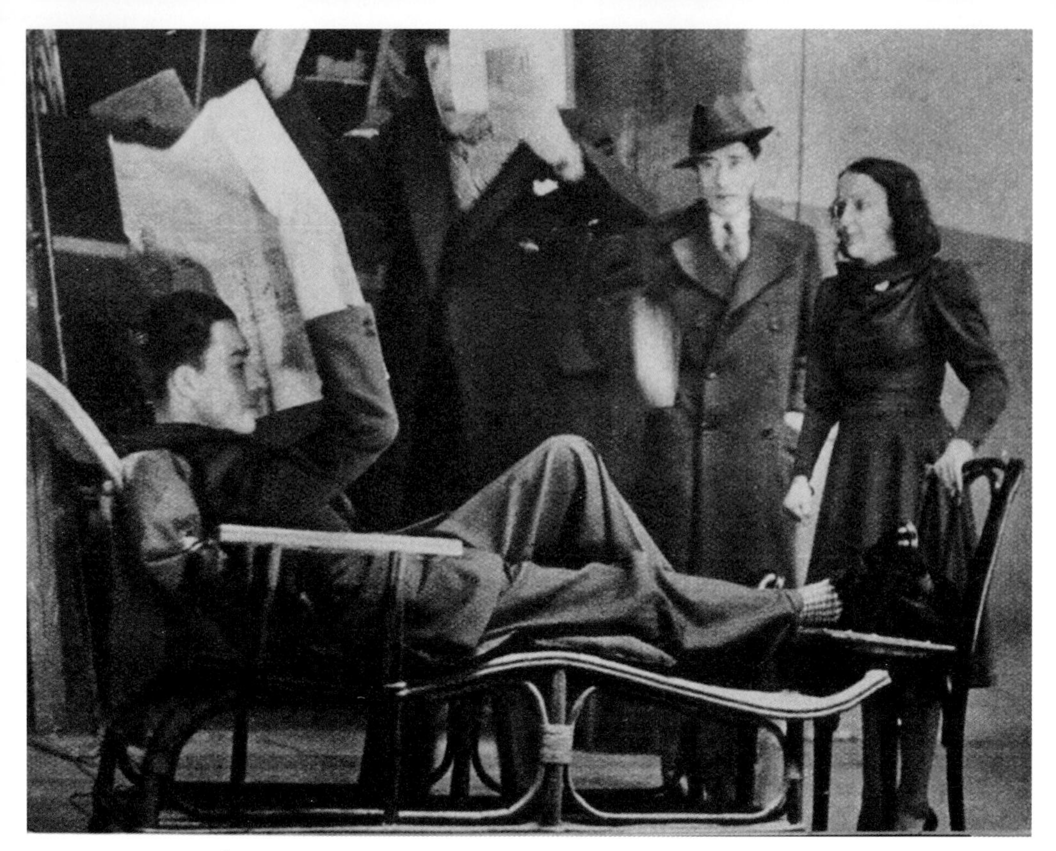

Édith Piaf, Jean Cocteau et Paul Meurisse lors d'une répétition du *Bel indifférent*, en 1940.

Piaf et Yvon Jeanclaude, l'un de ses amants, dont la sœur faillit causer de graves ennuis pendant la guerre.

La Môme, en compagnie de Charles Trenet, au cours d'un voyage en Allemagne où les deux artistes sont allés réconforter les prisonniers français.

« Au théâtre, on a des partenaires ; au music-hall, on a des concurrents. Il faut les écraser. On est environné de tigres. »

Paul Meurisse

VI

Madame et son cow-boy

« On ne se sert pas d'une femme que l'on aime ! »

É. P.

Quelques semaines avant la Libération, Piaf a quitté la rue Villejust pour l'avenue Marceau. « Au 71 », précisent les Renseignements Généraux. Changement de quartier et d'amoureux. Il s'appelle Yves Montand. Un nom de scène. Il est son « grand », elle sa « petite puce ». Quoi ! Déjà ? Quid alors d'Henri Contet ? « Rirou » voue à Piaf l'amour le plus pur qui soit : l'admiration. Elle pourra donc toujours compter sur lui pour compter sur elle.

D'où viens-tu, Montand ? À cette question, Jean-René La Playne, ancien patron du *Provençal*, a accepté de répondre : « Marseille était alors une ville de music-hall (Rellys, Scotto, Alibert). Le samedi soir, tous les cinémas se transformaient en music-halls. J'avais un ami, un chanteur local, qui s'appelait Jean Calvi, un Corse originaire de Balagne. C'est lui qui me présenta Montand. Nous nous fréquentâmes, avec nos amies respectives de l'époque. Montand sortait avec une coiffeuse de Notre-Dame-des-Limites, un quartier nord de Marseille. Yves et Jean passaient tous deux à l'Alcazar. Quand l'un ne chantait pas, il allait faire la claque pour l'autre. L'Alcazar de Robert Trébor était le temple du music-hall marseillais, mais le public s'y montrait redoutable et les artistes étaient terrorisés. En cinq minutes, un chanteur confirmé pouvait être descendu en flammes. Chevalier lui-même m'avait dit un jour que l'Alcazar était pour un artiste le plus haut lieu d'examen. Y réussir équivalait à Bac +10.

Fils d'immigrés italiens, Montand était arrivé en France avec sa mère et sa sœur. Relativement pauvres, ils vivaient à la Cabucelle, un autre quartier nord de Marseille. Communiste affiché, le père avait préféré les faire partir. D'abord coiffeur dans un salon, avec sa sœur, Montand fut également docker, mais son grand plaisir restait la scène pour laquelle il nourrissait ce qui s'appelle une ambition démesurée. À l'Alcazar, il se livrait principalement à des imitations de cow-boys du Far West. Il imitait aussi Chevalier et surtout Popeye et là il était irrésistible. Il avait acquis une certaine notoriété à Marseille. Je peux même dire qu'il récoltait un très gros succès. Il prit alors un imprésario, François T, un vrai personnage qu'on appelait Berlingot, tout simplement parce que dans la journée il vendait des berlingots dans la rue, sur un étalage. Berlingot lui fit apprendre les claquettes. Puis Montand changea de fiancée pour sortir avec Mado Francelli, une fille charmante mais un peu effacée, qui vivait seule avec sa mère. Deux avantages à cette liaison : Mado jouait du piano et pouvait donc le faire répéter et chez madame Francelli la table pour Yves était toujours ouverte. Il y prenait ses repas. »

Yves écrivit à Mado une certaine quantité de lettres sentimentales, dans un français approximatif, dont il craignit, une fois célèbre, qu'elles ne le gênassent dans sa carrière. Soucieux de récupérer ces écrits avant qu'un journal du cœur ne s'en emparât, Montand usa d'un stratagème machiavélique en envoyant chez son ex de faux journalistes prétendument délégués par lui pour évoquer leurs amours mortes. Confiante, Mado leur donna les lettres qu'ils lui demandèrent. Quand elle s'aperçut de la duperie, il était trop tard. Colère et blessée dans son amour-propre, elle s'en plaignit à son ami Jean-René La Playne. « L'origine du nom de scène d'Yves est assez amusante, termine celui-ci. Elle vient de ce que sa mère, qui ne parlait pas très bien le français, lui criait tout le temps : “Yvo, monto !” quand il jouait dans la rue avec les enfants du quartier. J'ai chez moi un journal de l'époque, le *Massalia,* qui relate un succès de Montand à l'Alcazar, où le nom s'écrit encore avec un “t” à la fin. C'était avant qu'il ne décide de prendre sa valise et de monter à Paris, au début de l'année 1944, avec dans ses bagages son inséparable porte-bonheur : un petit chausson de bébé trouvé pendant la guerre, à l'époque des Chantiers de Jeunesse, une sorte de scoutisme d'État mis en place par Vichy et que Montand effectua à Hyères. »

Ayant troqué sa veste extravagante, claire à quadrillé noir, style zazou, contre une chemise marron, plus sobre, le Toscan de Marseille devenu parisien à son corps défendant décroche un prime contrat à l'ABC. Son style endimanché et ses « cow-boyeries » texanes y font recette auprès d'un public ultra populaire. Son énorme présence reste sa carte maîtresse. Une personnalité qui, dans le métier, commence à aiguiser les langues. Les plus mauvaises disent et répètent que Reda Caire, « tapette notoire » selon la fine expression de l'époque et petit ami officiel de Gaston Gabaroche (*Les beaux dimanches de printemps*, *Rigolboche*), a donné un sérieux coup de... pouce à ce beau garçon que beaucoup mettraient bien dans leur lit. Et ceci et cela. Montand dérange. C'est bon signe. À la fin de son engagement à l'ABC, les Folies Belleville le réclament bientôt. Puis Bobino, où il figure dans le même programme que Roland Gerbeau... « Il venait d'arriver à Paris pour y gagner du galon lorsque je l'ai retrouvé. Je l'avais déjà rencontré à Marseille, en 1942. J'étais alors en tournée avec Charles Trenet et il était venu me voir à l'entracte. Je savais que Montand était déjà une vedette locale. Il m'apparut comme très sympathique. Deux ans plus tard, nous nous sommes donc retrouvés à Paris. Nous avons fait ensemble la première partie de l'Européen, puis celle de Bobino, deux music-halls parisiens très populaires, dont les patrons étaient les frères Castille. Jules Berry était la vedette du spectacle, l'incomparable Jules Berry, dont le seul nom suffisait à remplir la salle. Montand néanmoins obtenait chaque soir un franc succès. »

Lui et moi, à l'Européen comme à Bobino, partagions la même loge. Yves, qui à l'époque ne roulait pas sur l'or, me demandait toujours à moi, qui me démenais pour faire vivre ma mère et ma sœur, s'il pouvait se servir de ma poudre et de mes produits de maquillage. Demander est un grand mot ; passant sur scène avant moi, puisqu'il était vedette anglaise et moi vedette américaine, il se servait lui-même. C'était chez lui une mauvaise habitude, mais j'étais d'accord. Un drôle de zèbre, Montand ! Il connaissait toute la pègre marseillaise avec qui il traînait à Paris. Il vivait d'ailleurs rue Fontaine dans un hôtel de macs. J'aimais bien ce garçon, mais certains aspects de sa personnalité me dérangeaient. Pendant toute l'occupation, j'ai fréquenté (en tout bien tout honneur) une fille très belle, une véritable bombe, très excitante, de confession israélite, dont le mari, juif lui aussi, se livrait à un trafic d'or avec la Suisse. Il eut du reste des ennuis à la Libération, à cause d'un inspecteur du nom de Benhamou. Cette fille, qui s'appelait Rose-Marie K. et que l'on appelait Rosette, était tout le temps avec moi, elle me suivait dans les cabarets et aux enregistrements de Radio-Paris. Une très grande amie. Montand eut l'occasion de la connaître en 1944, à l'époque de l'Européen et de Bobino. La scène que je vais maintenant raconter se déroule après la guerre. Montand avait déjà largement accédé au grand vedettariat. Avec Rosette, j'étais allé applaudir Eddie Constantine au Café de la Paix, rue Jean Mermoz. Montand s'y trouvait aussi, accoudé au bar, tandis que Rosette et moi étions attablés. À un moment donné, Rosette se lève et va se repoudrer le nez aux toilettes. Lorsqu'elle en ressort, Montand l'accoste et une conversation s'engage entre eux, à l'issue de laquelle Rosette revient vers moi, aux cent coups : "Tu ne sais pas ce qu'il vient de me faire : il m'a sorti son sexe, en me disant que je ne savais pas ce que je perdais !" J'étais moi-même outré d'une telle goujaterie. Il avait dû boire quelques whiskies de trop. "Quel con !" ai-je dit à Rosette en signe de solidarité. Cependant, craignant les fréquentations de Montand, je n'ai pas osé créer d'histoire. » Longtemps, le « Papet » tira fierté de son joujou extra. L'épouse d'un patron de music-hall parisien très célèbre, qui fut sa maîtresse, a attesté en privé des dimensions sauvages de la bête. Le témoignage de Manouche, sous la plume de Roger Peyrefitte, nous révèle un Montand gentil garçon, mais sans beaucoup plus de finesse. Après la guerre et la mort de Carbone, ses aventures suivant leurs cours, Manouche avait ouvert un bar à la mode, rue Chambiges, « un lieu tout indiqué pour d'utiles rencontres, puisque les gens du monde, les grands industriels et les artistes compromis de la collaboration aimaient à s'y retrouver ». Montand vint souvent y dîner. « Il entrait avec violence, le chapeau enfoncé, braquant deux pistolets à l'eau et criant : "Haut les mains !" dira Roger Peyrefitte. La plaisanterie n'était pas de très bon goût, mais Manouche avait de l'indulgence pour un artiste qu'elle avait apprécié chez madame Billy, dans le sillage de Piaf. »

Empêtré dans ses lourdeurs mais riche d'un potentiel dont il se porte garant, Montand en veut. Piaf va lui en donner. Sa rencontre avec elle a été maintes fois relatée. De manière souvent fantaisiste. Roland Gerbeau fut un témoin visuel direct des premières vibrations entre « la puce » et son « grand ». Il raconte : « Après Bobino et l'Européen, je fus engagé au Moulin-Rouge, en covedette avec Rellys. Les programmes de l'époque duraient environ deux semaines. Nous donnions trois représentations par jour, dont deux l'après-midi, à toit ouvert, faute d'électricité, avec seulement quelques projecteurs mobiles pour la forme. Derrière Reylis et moi, Piaf devait prendre la relève. Vers la fin de mon engagement, deux jours avant, je crois, elle vint répéter. Ce devait être avant les deux représentations de l'après-midi. Je savais qu'Édith avait demandé le fantaisiste Roger Dann comme vedette américaine. Roger n'étant pas disponible, on lui avait conseillé de prendre Montand. Yves était sur la scène en train de répéter. Piaf et moi nous trouvions dans la salle, qui l'écoutions.

— Tu le connais ? ai-je demandé à Édith.

— J'en ai entendu parler par les frères Audiffred.

— Il était il y a deux semaines avec moi à Bobino et je peux te dire qu'il plaît beaucoup !

Puis ce fut le tour d'Édith de grimper sur la scène pour ses propres répétitions. Montand se trouvait juste derrière moi dans la salle. Il l'a écoutée. Quand elle a eu fini de chanter, il a pris sa veste et s'est dirigé vers la sortie. Depuis la scène, Édith le harangua :

— Monsieur Montand, ne partez pas, je voudrais vous parler. Je termine d'abord ma chanson.

» Quand elle est descendue, Montand lui a dit toute l'admiration qu'il avait pour elle. De son côté, rayonnante, elle le félicita. Puis, lui prenant le bras, elle l'entraîna dans le brouhaha de la place Blanche vers des amours qui devaient durer longtemps et vers des succès retentissants. » Plus tard, dans une émission de radio, la Môme devait se rappeler de son émerveillement : « La seule chose que je n'aimais pas chez lui, c'était son répertoire. » Son répertoire et sa diction. Celle du Marseillais est au moins épouvantable. En tournée avec Pills dans la cité phocéenne, en 1940, Georges Tabet avait eu l'occasion d'aller le voir sur la scène du cinéma Odéon. Bluffé par la prestance extraordinaire de ce grand garçon dont la seule apparition déclenchait les bravos, il avait cependant tiqué sur un point : « On n'avait rien compris. Pas un mot. La diction d'Yves Montand était défectueuse à un degré inimaginable, sans toutefois lui faire le moindre tort. Je me disais : "Voilà une bonne leçon pour les paroliers !" » Or, en même temps que la mise en action du verbe, la diction est l'analyse du texte enrichie de sa composition expressive, de son sens extériorisé, « visible », peint, sculpté, rendu vivant. La Môme enseigne tout cela à son Texan méridional, le forçant à vocaliser des heures entières un crayon entre les dents. Mais encore lui faut-il chanter de bonnes chansons et, s'il veut durer, se créer une véritable personnalité. « Il m'a dit oui oui, mais la conviction n'y était pas. Il n'avait jamais entendu une chanteuse. » Elle lui demande de prendre le temps d'écouter au moins une fois son tour de chant dans son intégralité. « Subjugué, il était décidé à faire tout ce que je lui dirais. »

Fier et un rien macho, Montand ne consentira que du bout des lèvres à admettre a posteriori l'immensité de ce qu'il devait à Piaf : « Elle m'a beaucoup aidé. Non pas qu'elle m'ait lancé, comme on a voulu le raconter. Mais elle m'a fait gagner du temps, et ça, ça n'a pas de prix [...]. À la longue, j'aurais changé moi-même. Mais elle m'a conseillé de franchir cette étape vite. » Pareil animal aurait sans doute percé avec ou sans une « puce » pour le cornaquer, mais, en lui indiquant les pièges du métier, en corrigeant ses défauts, en l'obligeant à travailler comme une bête de somme, en lui offrant la vedette américaine de son spectacle de tournée, puis au théâtre de l'Étoile, en février 1945, pour la grande rentrée de Piaf à Paris, en lui présentant Loulou Gasté, Jean Guigo, Norbert Glanzberg et en lui « prêtant » Contet – d'une jalousie maladive, Montand le détestait – pour lui composer un répertoire (*Battling Joe* ; *Gilet rayé* ; *Ce monsieur-là* ; *Luna Park* ; *La Grande ville ; Les grands boulevards*), en l'imposant enfin au cinéma, avec elle, dans *Étoiles sans lumières*, de Marcel Blistène, puis seul, dans *Les Portes de la nuit,* de Carné, Piaf fit bien plus que faire gagner six mois à Montand, sans en tirer de gloire personnelle. Or tout ne s'apprend pas et sur scène Montand resta toujours un technicien exigeant privé cependant du pouvoir d'émotion.

C'est la Môme qui, pendant la guerre, dans le sud de la France, avait inspiré le scénario *d'Étoiles sans lumières* à Blistène. « Quelques semaines avant le tournage, elle m'a téléphoné pour me demander d'ajouter un rôle pour un de ses amis, dira le réalisateur. J'ai beaucoup vu Montand sur le plateau, beaucoup plus que ne l'exigeait son emploi, qui était très secondaire. Il accompagnait Édith qui le subjuguait complètement. » Quant aux *Portes de la nuit,* en dépit des déclarations de Montand, selon qui le film de Carné lui aurait fait perdre vingt ans de sa carrière, c'est encore Piaf qui fut à l'origine de l'engagement de son amant. Marcel Carné devait révéler qu'une semaine avant le début des essais, Piaf avait agi de même qu'avec Blistène, l'assaillant de coups de fil intempestifs pour lui « recommander chaleureusement » Montand. La Môme avouera plus tard à Maurice Chevalier qu'engageant un pari avec elle-même, elle avait fait le vœu de ne plus boire que de l'eau pendant deux ans, si le rôle du jeune premier des *Portes de la nuit* était dévolu à son protégé. « Elle tint parole, dira Momo. Je trouve qu'elle a prouvé ainsi sa grande intelligence intuitive puisqu'elle a cru aider l'homme de son cœur en même temps qu'elle s'obligeait elle-même à rejeter vins et alcools, dont la rumeur assure qu'elle faisait un usage immodéré et menaçant pour sa chétive personne. » *Les Portes de la nuit* fut un flop. « Les portes de l'ennui », raillèrent les critiques. Carné expliquera ainsi le dépit de Montand provoqué par l'insuccès du film : « Il était handicapé par son physique, alors assez mou, et par son accent singulier qui le faisait parler, aurait-on dit, la bouche à demi pleine. » Avoir la chance d'être servi par Carné à la réalisation et par Prévert pour les dialogues, quand on n'est encore rien ni personne et que le cinéma ne vous connaît ni d'Ève ni d'Adam, ce, sur simple recommandation, cela s'appelle bénéficier d'un piston et d'une promotion monstrueuse. Elle était Piaf, il n'était pas encore tout à fait Montand.

« Sans rien dire des textes qu'elle lui a donnés et qui sont devenus des standards, insiste Roland Gerbeau. Tel Pygmalion, Édith transforma Montand à son image pour en faire un artiste exemplaire, avec un look qu'il ne devait plus quitter et qui le conduisit à la gloire. Elle lui a fait comprendre que son style cow-boy serait vite dépassé, que l'arrivée des vrais, ceux d'Amérique, le déclasserait. Elle lui a écrit les chansons qu'elle avait rêvées pour lui : *Mais qu'est-ce que j'ai* ; *La Grande Cité* ; *Le Balayeur* ; *Sophie* ; *Il fait des* et surtout *Elle a... Elle a des yeux, c'est merveilleux/Et puis des mains pour mes matins...* Car n'oublions pas que la Piaf avait un grand talent de parolière mélodiste et que, bien souvent, ses idées d'auteur étaient la clef de voûte de ses énormes succès. Elle les puisait au fond de sa mémoire de chanteuse réaliste qui profitait à certains de ces faiseurs de chansons peu scrupuleux [1]. »

Ce n'est donc pas médire que de reconnaître qu'avant de devenir lui-même, Montand fut d'abord monsieur Piaf. Roland Gerbeau, toujours : « Une fois, je me trouvais à la terrasse d'un café parisien avec Maurice Chevalier et Moïses, le patron du Bœuf sur le toit, lorsque ce dernier demanda à Chevalier :

"— Qu'est-ce que tu penses du nouveau mec de Piaf ?

— Il me plaît assez, répondit Chevalier. Il me convient, ce gars-là. Je le vois bien me remplacer un jour."

Chevalier n'allait pas n'importe où, mais il voulait toujours être au courant de tout. Il se considérait comme le patron de notre métier. » On ne remplace jamais quelqu'un. Or, le grand Maurice n'avait sûrement pas pris la mesure de son propos le jour où il prononça ces mots. L'exceptionnelle ascension de Montand devait un jour lui procurer bien des

1. Sans tenir compte des versions alternatives, Édith Piaf a enregistré environ trois cent cinquante chansons, dont quatre-vingts qu'elle a signées. Cela est moins su mais, en dehors d'Yves Montand, elle a également écrit pour une foule d'autres chanteurs et chanteuses. Quelques exemples exhaustifs, en vrac et dans le désordre : *Rue sans issue* (pour Yvon Jeanclaude) ; *J'ai qu'à le regarder* (pour André Claveau) ; *Mon amour vient de finir* ; *Le Diable est près de moi* (pour Damia) ; *Le Vagabond* (pour Marthe Héricard) ; *Il y a des amours* (pour Mona Goya) ; *Ce matin même* (pour Tino Rossi dans le film *L'Exilé*) ; *Encore un verre* (pour Paul Péri) ; *T'en as une belle cravate* (pour Félix Marten) ; *C'est toi ; Dans tes yeux ; Tous mes rêves passés* (pour Eddie Constantine) ; *Les yeux de ma mère* (pour les Compagnons de la chanson) ; *Avec l'allure que j'ai* ; *Les amants du dimanche* ; *Le Menteur* (pour Claude Figus) ; *La fille qui pleurait dans la rue* (pour Charles Dumont) ; *Moi, j'aime l'amour* ; *Il est jaloux* (pour Nita Raya) ; *Et ça gueule ça, madame* ; *Pour qu'elle soit jolie ma chanson* ; *Un grand amour qui s'achève* (pour Jacques Pills) ; *Chanson d'amour pour aujourd'hui* ; *Sabine* ; *Bluff* ; *Les enfants de la mode* ; *À l'aube* ; *Les mains* ; *Un dimanche à Londres* (pour Théo Sarapo) ; *Hymne à l'amour* (pour Yvette Giraud) ; *Dany* (pour Simone Alma), etc... La Môme reprit quelques-uns de ces titres à son actif.

Tu m'laiss' parler
J'te connais bien tu m'fais marcher
Moi ça n'fait rien tu peux y aller
Mais maintenant ça va
Et dis moi pourquoi
Tu fais cett' tête là
Comme ça

Mais regarde moi
T'as les yeux gonflés
Je t'ai réveillé ?
Ah non t'écrivais
A ta bien aimée
Qu'est c'que cach's là
Là dans ton tiroir
Tu voulais m'fair' peur
Non c'que t'es blagueur

Quell' chanc' que t'as
D'avoir Lucien
Un vieux copain
Comm' moi
Moi j'te connais mieux que
personne

Paroles de chansons écrites de la main d'Édith Piaf

(collection Danielle Bonel)

tourments. « Heureusement qu'il n'a pas réussi aussi bien que moi en Amérique, sinon j'aurais eu une vieillesse bien malheureuse », devait-il se consoler avec Georges Tabet venu le visiter en son repaire de Marnes-la-Coquette, quelque temps avant sa disparition. La Miss itou avait su reconnaître en Montand la valeur sûre de l'après-guerre. « Ceux d'aujourd'hui, c'est tout de la crotte de bique, déclare-t-elle dans *Paris-Soir*. Il n'y en a qu'un seul à comparer avec nous autres : c'est ce grand jeune homme de Marseille... Vous savez bien, Yves Montand ! »

Pari réussi pour Piaf. La reconversion artistique de son amant, sous sa stricte férule, est une révolution. Bien qu'elle ne convainque pas tout le monde. Pendant longtemps encore, on tentera de démonter l'ancien cow-boy. En 1947, se fiant à une rumeur de son départ pour Hollywood, un critique du magazine *L'Étoile* ricana franchement : « Sa tête a grossi. À force d'entendre parler de lui, Yves Montand a fini par se prendre pour monsieur Montand. C'est-à-dire très au sérieux. Et il part pour Hollywood. Mais les Américains n'ont pas vu *La Grande cité* et *Les Portes de la nuit*. Ceci explique peut-être cela. Il n'est pas impossible qu'après ses tentatives au cinéma et ses petites facéties personnelles, monsieur Montand commence à redescendre aussi vite qu'il est monté. » Un simple précepte oriental suffirait à traduire la pensée des anti-Montand : « L'âne aura beau se vêtir de soie, on ne continuera pas moins à l'appeler un âne. »

La Môme sait que son homme a les mensurations requises pour se maintenir au niveau auquel, grâce à elle, il s'est hissé. « Quand il est passé pour la première fois en vedette américaine avec moi, c'était loin d'être du tout cuit, avouera-t-elle. Il est l'exemple même du gars qui s'est battu contre tout ce qu'on a pu écrire sur lui. Il s'est battu comme personne et personne ne s'est battu comme lui. J'ai vu des publics se retourner contre lui parce qu'il avait changé de genre. » Piaf est une donneuse, et si l'on pouvait utiliser la métaphore du rhésus sanguin, nous dirions une donneuse universelle : « J'aime beaucoup aider les jeunes. Car nous avons besoin de vedettes. Plus nous aurons besoin de vedettes, mieux le music-hall se portera.

Mais je dois faire un tout petit reproche à certains jeunes à qui on répète trop souvent qu'ils ont du génie et auxquels on accorde une grande importance beaucoup trop vite. Notre métier est difficile. L'un des plus difficiles. Il peut paraître facile quand on a la possibilité de grimper vite, mais il faut savoir se maintenir tout là-haut. Pour cela, il faut des épaules solides et beaucoup de métier. Il arrive souvent une chose affreuse : on redescend aussi vite qu'on a grimpé. J'ai eu le plus grand mal pour arriver à ce que je voulais. J'ai commencé par ouvrir les spectacles. Je suis passée en numéro deux, trois, quatre, cinq... J'ai attendu des heures dans les bureaux des impresarii. Je voudrais répéter aux jeunes de ne pas se griser et de travailler pour arriver. »

Des yeux qui font baisser les miens
Un rire qui se perd sur sa bouche...

Des paroles entrées dans la légende. Celle de *La Vie en rose.* « The Vie en wose », dont les Américains se sont emparés. Que cela soit su : Piaf est l'auteur et le compositeur de cette chanson. « Elle en avait écrit les paroles pendant la guerre, nous explique Roland Gerbeau, et elle en avait trouvé la musique. Musique que Marguerite Monnot s'était chargée de transcrire. Honnête femme, Monnot voulait attendre que Piaf soit inscrite à la SACEM en qualité de compositeur, afin qu'elle signe sa musique. On attendit longtemps... Un après-midi de 1946, je me promenais sur les Champs-Élysées, du côté des numéros pairs, lorsqu'un peu plus haut que le Fouquet's, au croisement des Champs et de la rue Bassano, je rencontrai Piaf, bras dessus bras dessous avec Françoise Holbane, qui sortait de chez la chanteuse Marianne Michel. Celle-ci disposait d'un cabaret dans le haut des Champs-Élysées, juste avant le Drugstore. Édith m'expliqua qu'elle avait écrit une chanson un peu tarte à son goût, un peu trop meringuée. Elle m'a dit que si ça m'intéressait je pouvais passer chez Marguerite Monnot où la chanson se trouvait. Ce que je fis. Marguerite m'ayant appris *La Vie en rose,* j'ai créé la chanson à la radio, avec un orchestre dirigé par Richard Blareau. Une chanson qui n'était toujours pas déclarée à la SACEM... C'était avant que Marianne Michel ne l'enregistre et que Piaf ne se décide à l'imiter pour faire culminer sa *Vie en rose* aux altitudes que l'on sait. »

Comment Louiguy fut-il amené à signer l'œuvre de Piaf ? « Cela s'est passé de la manière suivante et tout ce que l'on pourra vous dire d'autre est faux, prévient Roland Gerbeau. Il se trouve que Louiguy, qui avait déjà accompagné Édith pendant la guerre, remplaça à nouveau exceptionnellement son pianiste et qu'à cette occasion ils répétèrent ensemble une trentaine de chansons. Au cours de cette séance de travail, Louiguy demanda à Piaf si elle ne cachait pas quelque création. La Môme lui parla alors de *La Vie en rose* en lui précisant que la chanson n'était toujours pas déclarée à la SACEM. Qu'à cela ne tienne ! Puisque Édith en était l'auteur, il en serait le compositeur et c'est ainsi qu'il signa la musique de ce standard qui lui rapporta des fortunes. Louiguy qui n'offrit même pas un bouquet de fleurs à Édith... C'était vache pour Marguerite Monnot qui avait participé à la retranscription, mais les artistes se foutent de ce genre de détails. Au contraire de Marguerite qui conservait les œuvres qu'on pouvait aller lui demander, Édith était une fille bohème, sans aucun sens de l'organisation. Vous lui confiiez un papier important ou une partition précieuse, elle était capable de se torcher avec. Elle faisait un truc, elle l'oubliait aussi sec. »

Que Gerbeau, créateur de *La Vie en rose* – comme il le fut pour *La Mer* et *Douce France*, sans que Trenet ne consente jamais à le reconnaître –, n'a-t-il donc jamais enregistré la chanson sur disque ? « L'histoire est compliquée, mais elle vaut la peine qu'on la raconte. Il faut savoir qu'à peu près à la même époque, Loulou Gasté venait de me donner *Ma Cabane au Canada*. J'y croyais plus qu'à *La Vie en rose*. C'était du reste l'avis du public. En plus de l'avoir interprétée à la radio, j'ai donc enregistré *Ma Cabane au Canada* dans une petite maison de disques qui s'appelait Sofradi, dirigée par messieurs Bûcheron et Fulton. Je n'eus pas le temps d'attendre les épreuves, car cela pouvait prendre un mois à l'époque et je devais partir deux jours plus tard en tournée en Amérique avec Joséphine Baker et Jo Bouillon. Là-bas, ça n'a pas marché comme nous l'espérions. Après un semi-bide à Boston, les théâtres new-yorkais se montrèrent réticents à engager Joséphine. Nous avions donc décidé de patienter quelques semaines à New York. Puis Jo et Jo rentrèrent en France. Sans moi. Je préférais attendre la sortie parisienne de *Ma Cabane au Canada*, ce disque auquel je croyais tant. J'ai donc accepté un contrat à Montréal où, bien sûr, je chantai *Ma Cabane*, dont, je le répète, je suis le créateur. Ce qui me valut entre autres critiques, la remarque d'un journaliste canadien qui pensait que j'essayais de ridiculiser ses compatriotes en laissant croire qu'ils vivaient tous dans des cabanes. Rien de bien méchant, le succès fut au rendez-vous. Or, j'attendais toujours que mon disque sorte en France. Lorsque je lui téléphonais, ma mère me disait qu'il n'y avait toujours rien pour moi, pas de disque, pas d'épreuves... Un jour, six ou sept mois après mon départ, elle m'appelle et je sens à sa voix que quelque chose ne va pas : “Ta chanson a été enregistrée par une chanteuse qui imite Anny Gould, une certaine Line Renaud, et elle fait un malheur !” Quant à Sofradi, ma maison de disques, elle avait curieusement soudain fait faillite. J'étais effondré. “Tu t'es fait doubler, mon pauvre Roland, voilà tout”, m'asséna pour toute consolation un ami du métier qui me voulait du bien. Je n'ai aucune preuve qu'il y eut magouille et que le naufrage de Sofradi ne fut pas le fruit du hasard mais lorsque, bien plus tard, après que j'eus passé de longues années en Amérique et à Cuba, je téléphonai à Jacques Fulton pour connaître la vérité, il me raccrocha au nez. Quant à Loulou Gasté, un type au demeurant sympathique et que j'ai si souvent côtoyé par la suite chez Pathé, où j'ai travaillé pendant 15 ans en qualité de *public relation*, grâce à mon ami Franck Pourcel, je n'ai jamais cherché à lui soutirer quelque explication. Estimant à tort qu'il y avait prescription, je me suis contenté de recueillir ses étonnantes confidences sur sa vie sexuelle... » Infortuné Roland Gerbeau, également lésé par Léo Marjane qui lui subtilisa *Je suis seul ce soir*.

Comédienne efficace à la ville comme à la scène, en 2004, dans *Suzie Berton*, un téléfilm réalisé par Bernard Stora, Line Renaud (Suzie) claque cette soudaine réplique à André Dussolier (inspecteur Ferrand) qui œuvre à la cuisiner dans le huis clos d'un commissariat : « C'est quoi, ça, une chanson d'Édith Piaf : ce que vous êtes vieux jeu ! » Une allusion coupable à ce que Line avait déjà formulé en 1989 dans *Les Brumes d'où je viens*. À l'en croire, supposément jalouse des quelques prix que lui avaient attribués les industriels du spectacle lors d'une soirée à laquelle les deux chanteuses participaient, Piaf aurait monté contre elle une cabale aux fins de l'évincer de chez Pathé Marconi. Des rigodons sur lesquels l'ex-meneuse de revue ne finit plus de danser, à la télévision [1] comme dans la presse. Roland Gerbeau qui travailla longtemps chez Pathé n'a jamais ouï dire d'une pareille intrigue. Interrogés de leur côté par Martin et Duclos, Henri Contet et Louis Barrier démentirent « par aveu d'ignorance ». « Édith était capable d'attaquer pour se défendre, devait admettre Contet, mais pas de cette manière. » Philippe-Gérard aime bien Line Renaud pour laquelle il a travaillé (*Le Jupon de Lison*, etc.). Or, ici il tombe des nues. Selon lui, cette histoire dont il n'a jamais eu vent tient de la fable : « Ce n'était pas du tout le genre d'Édith. » « Il faut qu'elle arrête ses c..., s'emporta de son côté une célèbre chanteuse d'origine israélienne lorsque, dans les coulisses du Zénith, en octobre 2007, je m'enquérais de son opinion sur ce "scoop planétaire". Piaf était tout entière accaparée par son travail, elle n'avait sûrement pas de temps à gaspiller avec ce genre de choses. »

Piaf, envieuse des joujoux de Line Renaud ? Danielle Bonel : « Édith se moquait éperdument de tout ce qui de près ou de loin pouvait ressembler aux honneurs et aux statuettes d'excellence. Quand on lui remettait une récompense, elle me disait : "Fous-moi ça en l'air !" Elle n'était pas du style à en remplir ses étagères. Comme je n'osais pas les jeter, la plupart du temps, quand ils ne disparaissaient pas, ses prix croupissaient dans les profondeurs d'une armoire dans laquelle personne ne mettait jamais le nez. » Une conception aux antipodes de celle de la « demoiselle d'Armentières » qui, chacun le sait, lorsqu'elle joue à Paris, aime tapisser les murs de sa loge avec des photos la représentant

1. *Une histoire de France,* un documentaire réalisé par Philippe Kohly en 2006.

aux côtés des illustres de ce monde. Dans le cas de Piaf, ce sont les illustres qui se collaient à elle pour le « *hype cheese* » de fonction. « La vérité sur cette histoire de complot est tout autre et beaucoup plus simple, révèle aujourd'hui Danielle Bonel. C'est Pierre Hiégel qui voulait se débarrasser de Loulou Gasté et de la pauvre Line Renaud. Je le tiens d'Yvette Giraud, très amie de Hiégel : Pierre détestait cordialement les Gasté mais il n'a voulu endosser aucune responsabilité. Il a collé ça sur le dos d'Édith qui ne l'a jamais su. Auquel cas elle aurait remis les pendules à l'heure. Moi-même je n'avais jamais entendu parler de cette histoire jusqu'à ce qu'Yvette Giraud, bien des années après, ne me la rapporte. Édith n'avait aucune raison de craindre Line Renaud ou de la haïr. D'un point de vue artistique, je ne crois pas médire en affirmant qu'il n'y avait aucune rivalité possible entre les deux. Édith ne se méfiait que de ce qui lui faisait peur et dans ce domaine elle n'avait peur de rien. Irrémédiablement tournée vers l'avenir, elle ne perdait pas son temps avec ce que je considère comme des histoires de bonnes femmes. »

« Boulevard Lannes, lors de séances bon enfant improvisées, quelqu'un lançait un nom au hasard et chacun y allait de sa petite phase vacharde, se souvient Jacqueline Boyer. Édith excellait à ce jeu dont elle retirait beaucoup d'amusement. Avouons que Line Renaud était un nom qui revenait souvent sur le tapis, mais en aucune façon il ne peut s'agir de haine. » La Môme ne fut pas la dernière à gloser de la manière dont le « produit » Line Renaud aurait été fabriqué et imposé. Á commencer par Jacques Charles, docteur es-music-hall, inventeur du fameux escalier, à qui nous devons les plus belles revues du Casino et du Moulin. En 1955, date à laquelle Line situe approximativement le « complot », il écrit dans *Cent ans de Music-hall* : « Line Renaud jouit à l'heure actuelle d'une cote extraordinaire auprès du public. Je me suis demandé si cette vogue était due plus à son talent qu'à l'habile publicité de son manager, son mari le compositeur Loulou Gasté. Je ne connais que la publicité de Martine Carol pour rivaliser avec celle de Line Renaud. » L'avenir nous dira si l'incriminée a laissé le même impact qu'Edith Piaf mais, parce qu'à bien d'autres égards elle a su rentabiliser la confiance mise en elle, aujourd'hui l'ambiguïté est levée. Indépendamment de cela, si elle avait réellement été la victime de la Môme, comme elle n'aura plus lieu de le croire à présent, Line aurait eu toute latitude pour le mentionner dans sa première biographie, *Bonsoir mes souvenirs*, parue du vivant de Piaf. D'autant que celle qui jette la pierre à une femme aujourd'hui inapte à se défendre a tôt fait d'oublier l'époque où elle s'appliquait à exclure Sylvie Vartan de son cercle d'influence. Celle-ci s'en était plainte publiquement dans *magazine N° 1* (juin 1986). Mieux dans *Le Show bizz... si vous saviez*, publié chez Pascal Petiot en mai 2008, le célèbre attaché de presse Robert Toutan, ex-secrétaire particulier de Line Renaud, révèle qu'à la fin des années 50, « malade de jalousie » envers Gloria Lasso alors en tête des ventes de disques chez Pathé-Marconi, « Sainte Line », en perte de vitesse, menaçait les directeurs de la firme de « les faire virer les uns après les autres », insinuant qu'ils favorisaient délibérément sa belle rivale espagnole.

Assise au même tribunal que Line Renaud, Juliette Gréco, elle aussi, a accusé Piaf d'avoir détruit la carrière de jeunes chanteuses. Des noms ? Des preuves ? La muse de Saint-Germain, était au garde-à-vous devant la Môme et sanglotait à pierre fendre en l'écoutant chanter. Comme en ce jour de printemps 1956, à l'Olympia, où elle tint à aller féliciter celle dont elle venait de recevoir « la plus grande leçon de ma vie ». « Après mon tour de chant, Juliette Gréco est venue dans ma loge, déclare Piaf, le 14 juin 1956, dans *France Dimanche*. Elle pleurait. Je n'en connais pas beaucoup qui auraient été capables de dire quelque chose d'aussi noble. Quel bonheur ! » L'anecdote est confirmée par Danielle Bonel. À ses débuts, Édith a pu maudire le talent et le succès de pointures telles que Kiki de Montparnasse, mais une fois installée, elle n'a plus eu peur de personne. Elle savait qui elle était et ce qu'elle représentait. Une seule artiste a pu un temps la gêner : Renée Lebas qui, elle, jalousait férocement la Môme. « Elle n'aimait pas être comparée à Piaf, rapporte non sans ironie Astrid Freyeisen. Cela la rendait même folle furieuse : sans même parler du physique, il fallait avouer que cette Édith Piaf ne lui arrivait pas à la cheville, musicalement parlant ! Pourquoi ne se rendait-on pas compte qu'elle, Renée Lebas, prononçait chaque syllabe, chaque mot distinctement dans ses chansons, qu'on la comprenait, tout le contraire de la Piaf ! Ah, que le monde était injuste ! C'est pour cela qu'elle en voulait à Norbert [Glanzberg composa entre autres *Tout le long des rues* et *Entre nous*, pour Renée Lebas], même si elle s'amusait bien avec lui. S'il avait trouvé grâce auprès d'elle, c'est parce qu'il composait aussi pour Édith Piaf, mais il fallait le reconnaître, on ne pouvait pas avoir de respect pour quelqu'un qui ne faisait pas la différence ! Édith Piaf pestait de son côté de voir combien sa concurrente pouvait lui voler son compositeur. Ce à quoi Renée Lebas rétorquait qu'elle n'en était pas réduite à voler quoi que ce soit à cette Piaf. »

Loulou Barrier a témoigné de ce que l'on pouvait présenter une très bonne chanson à Édith, voire un « tube » potentiel, sans qu'elle l'accepte pour autant si elle décrétait qu'elle ne pouvait rien en faire. En revanche, elle ne laissait jamais tomber une chanson qu'elle estimait faite pour elle dans une autre corbeille que la sienne. A-t-on jamais vu quiconque accomplir une grande carrière en pensant d'abord aux autres ? Que celle qui refile sa meilleure salade à la concurrence se lève ! « On ne pouvait chanter que ce dont Piaf ne voulait pas », a déclaré Colette Renard, dans un documentaire de campagne consacré à Marguerite Monnot. Mesdames, il vous fallait être Piaf ou rien ! ELLE devant, et toutes derrière. Très loin. Trop loin. Irrattrapable. La perpétuité de la Môme sera toujours ce qui pourra arriver de pire à toutes celles qui ont le malheur d'en souffrir.

« Édith a aidé un nombre inconsidéré de personnes dans ce métier, plaide Philippe-Gérard en connaissance de cause. Et pas seulement des gens arrivés, mais également beaucoup de jeunes débutants, dans tous les domaines. Tout le monde voulait la rencontrer car, du jour au lendemain, Piaf pouvait changer votre destin. Ça a été mon cas et celui de tellement d'autres. Quand un jeune auteur qui venait d'écrire une pièce de théâtre parvenait jusqu'à elle, elle décrochait son téléphone et elle demandait à Cocteau de le recevoir et éventuellement de lui donner un coup de pouce si la pièce était bien. Même chose s'il s'agissait d'un opéra, elle appelait alors Georges Auric, etc. Toutes les portes s'ouvraient grâce à elle, elle avait un pouvoir miraculeux. » Un pouvoir utilisé à doses non homéopathiques et qui parfois pouvait être mal perçu par ceux qui n'en bénéficiaient pas. C'est bien connu, le peuple n'aime que les fêtes auxquelles il participe. Ainsi, selon la confidence de monsieur Merveilleux, légataire testamentaire de Jack Hélian, le chef d'orchestre estimait que l'emprise de la Môme sur la profession était trop grande. Pierre Doris se souvient également d'un abus de pouvoir dont il aurait été la victime, Piaf, avec qui il travaillait alors dans un cabaret dont il a oublié le nom, ayant décrété qu'il ne passerait qu'en matinée et non plus en soirée avec elle. « C'était une Star ! Je ne devais pas plaire à Madame ! » m'a confié le fantaisiste avec aigreur et sans explications claires, en octobre 2007. Je crus comprendre qu'il se serait enhardi à envoyer la Môme promener. Fut-ce la raison pour laquelle elle le sanctionna ou bien se rebiffa-t-il après qu'elle lui eut supprimé ses soirées ? Le détail est d'importance, mais la mémoire humaine a ses limites et Pierre Doris aujourd'hui a l'âge de ses faiblesses.

Piaf, dévoreuse de chanteuses ? En sus de la lettre de la Môme à Marie Dubas, reproduite ici en fac-similé, deux nouveaux exemples parmi tant d'autres suffiraient à nous convaincre du contraire. Deux artistes femmes et non des moindres, à qui elle a tendu la main sans rien attendre en retour. La première est Maria Candido (*Donne du rhum à ton homme* ; *Les cloches de Lisbonne*). On ne sait au juste quels services elle lui rendit, mais il existe une lettre de Paul Durand, ami et collaborateur de Maria,

Edith Piaf
Statler Hotel
Washington D.C.
U.S.A

Québec le 1er juin 1955

Ma chère Marie

Vous ne pouvez savoir la joie
que vous m'avez donnée avec
vos deux lettres, j'étais si émue
que tout comme vous j'ai pleuré.
Je suis heureuse que mon disque
vous ai plût, j'ai tellement mis
tout mon cœur et tout ce que vous
m'avez inspirée !
Je reçois quelques journaux de
Paris et j'ai lu les critiques
vous concernant, je suis contente
de voir que la vérité finit toujours
par gagner et que cette folie
collective de faire des vedettes en

qui crois va mourir aussi rapidement
qu'elle est née, vous êtes si grande
Marie que rien ne doit vous atteindre,
j'ai une telle confiance en vous et si
je pouvais vous parler comme je le
voudrais vous verriez que personne
ne vous arrive à la cheville et
surtout n'écoutez jamais ceux qui
vous font du mal, ceux-là ne méritent
pas que vous les écoutiez !
J'ai parlé de vous au Canada et
quelqu'un va vous écrire (Bertrand
ou Marion), vous êtes ici le crack et
ne vous laissez pas avoir, d'ailleurs sur
ce terrain-là votre frère fera le nécessaire
si vous le permettez je vous donnerai
quelques indications sur le Pays que
je connais bien !
Marie, je vous embrasse de toute mon
affection qui est bien plus grande qu'elle
que vous pouvez supposer ! aussi longtemps
que vous me donnerez la joie de vous donner
et vous prouver mon amitié vous ferez une bonne action. Édith

Une lettre d'Édith Piaf à Marie Dubas.

(collection François Bellair)

criante de gratitude envers Piaf. « Ma très chère Édith. Je veux vous dire un très grand merci. Je sais combien votre gentillesse et votre sollicitude ont été déterminantes dans les débuts de Maria à Bobino. Si je savais manier le compliment comme la baguette, je vous comblerais de tout ce que je ressens. Je signe avec mon cœur reconnaissant. » On doit à Paul Durand la musique de standards tels que *Je suis seule ce soir* ; *Aujourd'hui peut-être* ; *Un air d'accordéon*... Piaf et lui s'étaient connus pendant la guerre au Casino de Paris, où Durand avait pris la direction de l'orchestre, à la demande de Henri Varna.

Le second exemple est celui de Dalida. Nul besoin de la présenter. « La petite, elle est comme moi, c'est une gagneuse ! » aurait lancé la Môme, à l'Olympia, un soir de janvier 1961, lorsqu'elle vint encourager la jeune chanteuse en proie à une cabale montée contre elle par Lucien Morisse, furieux de s'être vu publiquement cocufié par sa fraîche épousée. Charles Dumont qui a signé l'une des premières chansons de Dalida, affirme qu'Édith reconnaissait une très grosse personnalité à la Calabraise. « Ça, elle respectait. En revanche, à la guerre comme à la guerre... Je me souviens avoir fait un jour écouter une chanson de mon cru à Piaf [*Fallait-il*, paroles de Michel Vaucaire], en lui disant pour la taquiner que je la réservais à Dalida. Emballée et par le texte et par la musique, elle fit ressort : “Si tu ne me la donnes pas, ce n'est plus la peine de remettre les pieds chez moi !” » Nous n'y reviendrons pas. Quid de l'appréciation de la Môme sur Dalida artiste ? André Schoeller lui avait posé la question, sans obtenir de réponse. Philippe-Gérard : « Mettons qu'Édith n'avait aucune antipathie pour Dalida, mais elle n'était absolument pas enthousiasmée par elle, parce qu'elle chantait des chansons qui n'étaient pas du tout le genre de chansons qu'elle aimait. » En 1958, interrogée par Jacqueline Joubert dans l'émission *Rendez-vous avec*, Dalida déclara que Piaf était venue la voir dans sa loge à Bobino en lui disant qu'elle demanderait à Georges Moustaki et à Marguerite Monnot de lui écrire une chanson. Et *La fille aux pieds nus* fut. La vérité de Moustaki, une confidence faite à l'auteur en novembre 2007, diffère quelque peu : « Dalida, en compagnie de son mari [Lucien Morisse], est venue boulevard Lannes me demander de lui écrire une chanson et comme j'étais réticent, Édith Piaf a dû insister pour que je le fasse. » La preuve que Piaf accordait à sa cadette l'estime des légitimes à ceux dont le talent ne leur porte pas ombrage. Moustaki, sur la reprise de *Milord* (en anglais et en allemand) par Dalida : « Ah non ! [Elle] était charmante, je l'aimais vraiment beaucoup, mais je n'ai jamais été un de ses admirateurs. Je ne comprends pas cet engouement. En revanche, je l'adorais comme compatriote et consœur d'Égypte. Pour moi, c'était une copine avant tout. »

« En amour, celui qui est guéri le premier est toujours le mieux guéri. »

La Rochefoucauld

VII

Montand n'a pas tout dit...

« J'ai horreur des télégrammes, ils ne font tous qu'annoncer la mort ou parler d'affaires. »

É. P.

« On a fermé les bordels en France, à l'exception du plus grand d'entre eux : la chambre des députés ! » Telle fut la réaction de Pierre Poujade à l'annonce de la fermeture massive de quelque mille cinq cents lupanars, dont cent soixante-dix-sept à Paris. Centres de vie et de survie, Piaf trouva toujours dans les maisons de tolérance une chaleur et une qualité d'écoute que l'on ne sert pas ailleurs. Depuis que la « mère pudeur » a éteint dans tout le pays les lanternes rouges et alors que « là-haut » la lutte d'influence qui opposait les Corses aux Arabes vient de tourner à la faveur de ces derniers, Pigalle tire la gueule. Roland Gerbeau : « Ce quartier est toujours resté pour Édith un lieu privilégié. À toutes les époques de sa vie, quand elle était seule et qu'elle avait le blues, un petit tour à Pigalle suffisait à lui remonter le moral. Un soir, au début de la guerre, vers 18 heures, tout à fait par hasard, je l'ai aperçue dans un taxi, du côté de la place Pigalle, précisément. Son regard ayant accroché deux pompons rouges de matelots qui traversaient la rue, elle sortit de son sac une liasse de billets de banque, baissa la vitre et leur cria : "Allez, venez les gars, on va faire la fête !" Édith était un sacré personnage ! » [« Avec toutes les monstruosités envoûtantes qui s'attachent à ce genre de personnage », ajustera Meurisse].

« Une autre fois, poursuit Roland, beaucoup plus tard, vers 1954/55, je me trouvais en transit à Paris, entre deux voyages en Amérique du Sud et j'en avais profité pour aller faire un tour au café du Clair de lune, place Pigalle, toujours, en compagnie de mon amie Juliette, de la chanteuse Paulette Poupard et du mari de celle-ci. Je savais que Piaf avait laissé quelques souvenirs dans cet établissement aujourd'hui disparu. Elle aimait beaucoup l'endroit, car c'est ici que depuis toujours le comique blagueur Champi se donnait en spectacle avec des histoires d'une grivoiserie peu commune. Et comme Piaf, c'est bien connu, adorait rire aux éclats... Lorsqu'elle entra ce soir-là au Clair de lune et qu'elle nous vit attablés autour de chopes de bière, elle s'écria : "Ah, vous voilà ! Moi aussi je boirais bien un galopin." Elle était légèrement éméchée, pour ne pas dire complètement imbibée. Quelques instants après, elle fit savoir à Juliette qu'elle avait envie de pisser. "Veux-tu venir avec moi ?" lui demanda-t-elle. Prévenante, Juliette accepta de l'accompagner dans l'espèce de réduit W-C du Clair de lune, un siège à la turque. S'exécutant, Piaf pissa sur les chaussures en satin de ma Juliette, qui une fois revenue près de moi ne put s'empêcher de pester : "Tu te rends compte, elle a pissé sur mes godasses !" Elle n'était pas heureuse, mais Édith, parfaitement décontractée, nous proposa de terminer la nuit à la charcuterie de Pigalle. À 5 heures du matin, nous nous sommes surpris à arpenter le boulevard en avalant des sandwiches à la choucroute. Quelle nuit ! »

Il y a de l'amour dans l'air et des jeux de jambes en ombres chinoises dans cette France mal recomposée qui prépare au baby-boom. Piaf n'est pas en reste d'exercices de danse dans les boîtes de nuit et de roucoulades, mais Montand depuis longtemps n'en profite plus. « On ne reprise pas un amour, on le stoppe », disait Pierre Balmain. Pour autant, la rupture entre les amants ne fut pas franche. On a longtemps cru qu'il l'avait quittée une fois ses ambitions réalisées. Jusqu'à ce que Montand démente, le 20 mai 1969, chez Jacques Chancel, dans un Radioscopie : « Ce n'est pas moi qui suis parti, c'est elle qui m'a laissé tomber. Moi, je ne suis pas parti du tout. J'ai eu même du mal. J'ai mis deux ans à m'en remettre. C'était la première vraie histoire d'amour que j'ai eue dans ma vie. Je ne crois pas qu'on puisse avoir des kilos de vraies histoires comme ça. Et puis Piaf était ainsi. Elle avait ce côté merveilleux, tendre, dévoué, total, mais elle pouvait être terriblement cruelle à la minute où elle laissait choir quelqu'un. Car elle laissait choir les gens. Elle les a tous laissés choir. Pour deux raisons. La première, c'est qu'elle avait l'impression qu'il était plus intelligent de casser que de se détruire. Et la deuxième, c'est que, inconsciemment, c'était pour elle la seule façon de chanter formidablement. Elle chantait merveilleusement quand elle était amoureuse, et elle chantait merveilleusement quand elle était déchirée. Parce que cela lui faisait de la peine de quitter quelqu'un : après on devenait copains. Six ou huit mois après, mais au départ, elle était très stricte et très cruelle. Mais alors elle chantait et c'était fabuleux. » Évoquant Simone Signoret avec Françoise Giroud, en 1955, Montand déclara : « Elle est belle, hein ? Au début, elle m'impressionnait... C'est vrai, ça m'impressionne les vedettes... Elle me dit qu'elle est méchante. Ce n'est pas vrai... Elle est cruelle... voilà... Cruelle... Un peu comme Édith... »

Selon Danielle Bonel, Piaf et Montand surent conserver de bonnes relations : « J'avais côtoyé le couple à la fin de la guerre. Nous étions toute une petite bande d'artistes à nous retrouver dans des repas organisés soit chez Paulette Poupard, soit chez Mona Goya, soit chez Henry Bry et d'autres encore. Bien plus tard, j'ai eu l'occasion de travailler à Lyon dans le même programme de music-hall que Montand. Simone Signoret qui tournait un film, *Casque d'Or* me semble-t-il, venait souvent le rejoindre. Après le travail, nous nous retrouvions tous ensemble à dîner dans un bouchon, derrière la place des Célestins. Devant Simone qui ne bronchait pas, Yves n'avait de cesse de parler d'Édith. Si longtemps après leur séparation, il restait encore très imprégné d'elle, parlant sans retenue de *son* Édith, de sa “petite puce”, de la douceur de sa peau et autres doux mérites qui nous mettaient tous très mal à l'aise vis-à-vis de Simone. »

Montand victime de Piaf, qui aurait fait de lui un désespéré de plus dans le Styx des amours inachevées ? Ce serait occulter l'existence d'un télégramme du cow-boy adressé à Édith alors en tournée en Belgique. Bien avant leur séparation officielle dont, c'est exact, elle prit l'initiative, Montand avait une première fois tenté d'évincer la « puce » de son cœur. « Quelle considération et quelle conception de l'amour ! s'épancha Piaf, écœurée, auprès de Jacques Bourgeat, avec qui, la guerre terminée, la correspondance avait repris son cours. C'est drôle un télégramme, remarque, c'est beaucoup plus facile qu'une lettre, une lettre c'est trop long, un télégramme on le dicte... » Un télégramme daté d'octobre 1945 et ainsi libellé : « Chère Édith. Ai eu entrevue avec Briac [un célèbre agent de l'époque]. M'a expliqué moindre détail tournée Belgique, ainsi que soirée chez Dieudonné [Marcel Dieudonné, artiste fantaisiste, ami de Piaf]. Te supplie ne plus me revoir. Tu as peut-être raison. Suis trop jeune pour toi. Te souhaite de tout mon cœur le bonheur que tu mérites. Prends bien soin de ta santé. Sache que tu restes dans mon cœur ma grande puce. Ma grande Édith. »

Montand qui, aux dires de Simone Berteaut, trompait Piaf de manière éhontée...

« Tout cela pour des ragots et de qui... je préfère sourire, poursuit la Môme dans sa lettre à Bourgeat. Ma parole, le jour où on lui dira que je suis une négresse, il le croira sans seulement vérifier. Mais s'il croit que je vais le supplier ou bien m'excuser, il se trompe. Puisqu'il a décidé que c'est fini, eh bien, c'est fini ! » Mauvaise foi ou stratégie de défense, elle ajoute : « D'ailleurs, j'ai soif de liberté et de gentillesse, alors ça tombe bien. Je t'en supplie, n'essaie surtout pas de le défendre, car tu ne sais rien de nous et les apparences ne suffisent pas, les faits comptent beaucoup plus pour moi. Je rentre à Paris samedi et je te mettrai un pneu pour te donner ma nouvelle adresse [ayant quitté le 71, avenue Marceau pour retourner au 39 avenue Junot, à l'hôtel Alsina, avec Montand, Piaf allait désormais vivre au 26 de la rue de Berri, près de l'Étoile], mais pour l'amour du ciel, garde cette lettre pour toi et reste mon ami sans discuter, je t'expliquerai certaines choses qui t'épateront, et tu sais, mon Jacques, que je sais reconnaître mes torts. »

Marc Bonel, l'accordéoniste de Piaf, qui entra à son service précisément en 1946, avait gardé le souvenir d'une patronne n'aimant point être contredite et à qui il ne fallait surtout pas s'adresser en ayant l'air de lui en remontrer. Pauline Carton, actrice fétiche de Sacha Guitry, s'était un jour permis de discuter avec le maître d'un détail dans la mise en scène. Guitry l'avait recadrée à la Guitry : « Mais je ne me souviens pas de vous avoir donné l'ordre de me donner des ordres ! » Moins d'art et de faconde chez la Môme, quand il s'agit de dire basta, les jours où elle n'a pas envie d'avoir tort. *Il Duce a sempre ragione* : la formule inscrite au pochoir sur les murs de l'Italie fasciste n'était pas une manifestation de supériorité, mais un aveu de secrète faiblesse, l'aveu d'un complexe d'infériorité qui conduit à écarter toute contradiction, parce qu'on ne se sent pas en mesure de la soutenir. En clair, l'obstination est signe de bêtise, mais Piaf est trop intelligente pour ne pas reconnaître ses torts lorsqu'elle en a. Danielle Bonel : « Elle admettait volontiers que pour avoir raison, elle aurait tué père et mère. Surtout quand elle était mal lunée... Mais elle finissait souvent, presque toujours, par se rendre à la bonne foi. »

Piaf conclut ainsi sa lettre à Bourgeat : « Décidément, que ce soit moral, physique ou pécuniaire, mes amants me reviennent beaucoup trop cher ! Je voudrais, Jacques, que tu me comprennes bien, que tu cesses, pour une fois, de me voir comme un petit phénomène curieux, mais [comme] une femme qui a beaucoup de peine et qui se sent bien seule sans personne pour la comprendre. J'aimerais qu'au milieu de tous, tu sois le seul à bien me comprendre et que tu saches que si on ne me faisait pas de mal je n'en ferais pas. »

La solitude de l'âme, encore et toujours, contre laquelle aucun vaccin n'a encore été inventé. Comprendre et aimer : deux talents siamois si souvent opposés. Ami de cœur libéré de tout lien charnel, Bourgeat peut se permettre de regarder Piafou dans la lumière crue du petit matin, il aura toujours le beau rôle et presque tous les avantages. S'impliquer dans la vie d'un être au point d'accepter de perdre de son identité relève d'un autre exploit. Ce qui ne fait pas pour autant de Piaf le modèle français de Joan Crawford. « Nul n'est méchant parce qu'il le veut », la défend Platon. « Pauvre Édith que peu de personnes connurent réellement, abusées par les légendes et les malveillances qui couraient sur son compte, qui en faisaient une femme impudique et légère, une femme qui ne se complaisait que dans les excès et les désordres, alors qu'elle n'était qu'un être fragile et pitoyable. Le grand public, lui, ne se laissa pas abuser. Il comprit que cette voix qui chantait l'amour d'une façon aussi déchirante ne pouvait pas appartenir à une femme amorale, mais à une femme désespérée. Et solitaire. » Ici, c'est Tino Rossi qui s'exprime, dont une poignée d'imbéciles s'attachèrent longtemps à faire croire qu'il était des leurs. « Toni Sirop » qui fut l'un des rares à décrypter le mal dont Piaf était atteinte : la solitude. Pour avoir vécu auprès d'elle et en elle, Raymond Asso souscrivait à ce diagnostic. Après la mort d'Édith, dans la préface qu'on lui réclama à l'occasion de la sortie d'un coffret chez Philips, il écrit : « Il y eut l'époque de la naïveté côtoyant le vice, l'apprentissage de la misère et de la liberté, l'époque de la rue où le pitoyable s'associait à l'insouciance, l'époque du désarroi et celle de l'enthousiasme, l'époque de la peur des hommes et l'expérience difficile de la pureté, la crainte et l'envie d'accéder à la gloire... et, une fois cette gloire atteinte, l'effarante et tragique découverte d'une solitude que rien jamais ne comblerait. Car n'en déplaise aux minables plumitifs de journaux spécialisés dans le scandale qui, à travers tous ces visages différents, trouvèrent facilement matière à fabriquer du mensonge à partir de demi-vérités, aucun n'a jamais su deviner que le grand drame de Piaf résidait dans cette immense solitude. »

Asso comme Tino avaient compris que Piaf n'était pas une fille qui s'accroche par vice à tous les robinets qui passent. Les carences affectives et le vide existentiel qui nous frappent tous jusque dans notre difficulté à les admettre parfois, la Môme avait tenté de les exorciser par le chant et la magie noire de l'amour. Avec la musique, elle semblait n'avoir besoin de rien d'autre. Tino y avait ajouté des ménagères en argent et des œuvres de maîtres qu'il clouait bien en vue sur les murs de son salon. Toutes ces velléités terrestres que la postérité se charge d'éparpiller aux quatre vents. Piaf, croqueuse d'hommes ? Midinette est un terme qui lui conviendrait mieux. Midinette et catcheuse à la fois. Catcheuse de l'amour. Les deux se font du tort mais sans se contredire.

Parce qu'elle attend tout de Cupidon, Édith lui prend tout. « Tout lui était permis et elle se permettait tout car elle n'avait rien à perdre », relate Tino dans ses mémoires. Et l'empereur du disque d'évoquer un souper élégant chez Carrère, où Piaf, sa voisine de table, tenta de lui faire du gringue. « Pour la taquiner, je lui avais dit :

"— Dans le fond, à part Maurice Chevalier et moi, tu as eu tous les autres.

— Toi, tu n'en as pas eu besoin ", me répondit-elle.»

En effet, elle n'ignorait pas que bien des artistes lui devaient beaucoup. Je dois admettre que tous avaient du talent, car sinon elle ne se serait pas intéressée à eux. Les gens médiocres l'horripilaient. »

Combat donc que l'amour. Amants terribles, Piaf et Montand auront vécu le chaud et le froid de la passion. Avec des baffes et des coups de sang propres aux guerriers sans repos. Christian R., célèbre dans le milieu du théâtre parisien, avait un oncle dont le compagnon fréquentait assidûment le gratin du spectacle d'après-guerre. Il m'a confié que cet « oncle » sans alliance avait un jour assisté à une mémorable algarade entre Piaf et Montand, dans les coulisses de l'Olympia, au comptoir du bar de la fameuse Marie-Line. « Elle l'insultait de toute sa verdeur, et il lui répondait en conséquence. » Ils ont surtout beaucoup ri. Édith disparue, chez Jacques Chancel Montand mit un point d'honneur à le rappeler : « Ce qui est joli avec Piaf, ce n'est pas du tout ce qu'on essaie de nous faire croire : le côté tout à fait morbide de la chose, le côté bouffeur de cadavres ; ça me fatigue beaucoup, ça, je n'aime pas ça du tout. Piaf, c'était une fille extrêmement drôle, qui aimait vraiment se marrer. Nous avons vécu deux ans ensemble, formidablement, on s'est marrés. On a vraiment vécu merveilleusement. On a multiplié les fous rires [...]. Ce dont je me souviens surtout, c'est qu'on s'est vraiment marrés... C'est ce qui m'est resté. Il arrivait qu'on ne puisse pas entrer en scène tellement on avait le fou rire, on était obligés d'attendre pour frapper les trois coups et lever le rideau. Et on ne se marrait pas pour des choses énormes en soi, mais des choses tout à fait anodines. Elle adorait la mystification, comme moi, et... on a ri, quoi ! »

Le « papet » a aussi beaucoup pleuré si l'on en croit Mireille Lancelot, à qui Piaf a montré les nombreuses lettres envoyées par Montand, où il la supplie de le reprendre parce qu'il ne supporte plus la vie sans elle. « À la différence de certains autres, Montand a passionnément aimé Piaf, affirme avec force madame Lancelot. Il dit vrai quand il raconte qu'il a atrocement souffert de leur séparation. Or Édith était passée à autre chose, la page était tournée et elle n'était pas du style à avoir des états d'âme, elle était cruelle. » Au point de commenter ainsi les lettres de son ex : « Regarde-moi ce grand imbécile, il fait une faute presque à chaque mot ! » Il fallut attendre octobre 1969 et la parution du best-seller de Simone Berteaut pour que Montand, dans une interview accordée à *France-Soir*, se résolve à aller plus loin en versant au crédit de l'Histoire ce que l'on n'a pas d'autre choix que de considérer comme la vraie version de sa séparation d'avec la Môme : « Quand Édith est revenue de sa tournée d'Alsace, je lui ai téléphoné. La secrétaire avait un ton bizarre. Je suis allé chez elle. Elle m'a fait comprendre à demi-mot qu'Édith était revenue. Pas seule... » Montand rentra alors chez lui, sans frapper toute une nuit à la porte de Piaf, comme le raconte Momone. « D'ailleurs, cela se passait le jour. » C'est Édith qui le rappela. Huit jours plus tard. Ils convinrent alors d'un rendez-vous. « Nous avons dîné, fait le tour de Paris en fiacre, très romantique. Je l'ai déposée à sa porte en lui disant : "Je t'attends à l'hôtel." Il a éclaté sur Paris un orage épouvantable. Pas un chat dehors. Édith ni personne n'aurait mis un pied dehors. Après, le moment était passé. » Cette confession de Piaf à Henri Spade, rapportée par celui-ci à Edgard Schneider dans *France-Soir* (5 août 1977), exprime assez bien ce que cette séparation coûta à Montand autant qu'à la Môme, en dépit de sa crânerie : « Que veux-tu, on ne peut garder son soleil pour soi toute seule, dans la vie. »

« Parmi tous les animaux, l'homme est le seul à connaître le rire, alors qu'il est celui qui a le plus de raison de ne pas en avoir envie. »

Somerset Maugham

VIII

Les Compagnons de *sa* chanson

« Les gens ici sont si curieux, si loin de Socrate et de la Grèce antique... »

É. P.

Du fait de la neutralité de la Confédération et parce que dès la fin d'août 1939 ils avaient contingenté à dessein plusieurs articles, de manière à ne pas épuiser leurs stocks de produits de première nécessité, les Helvètes traversèrent la guerre sans connaître la rigueur de restrictions trop sévères. Suisse de nationalité, Gilles (alias Jean Villard), le duettiste séparé de Julien, était revenu se mettre à l'abri des bombes dans son pays natal. Pour mémoire, les deux garçons avaient figuré dans le même programme que la Môme Piaf à l'ABC en mars 1937. Installé à Lausanne avec Évelyne, sa compagne, Gilles y avait ouvert un cabaret. Après la guerre, le « plus Parisien des Suisses » avait continué à recevoir chez lui le gotha de la chanson. Lorsque le 22 février 1946 Piaf débarque au Coup de soleil, flanquée de Loulou Barrier, son tout nouvel imprésario, la jeune fantaisiste Odette Laure termine son engagement. « J'aime ce que vous faites, c'est formidable ! », lui jure la Môme. « Il fallait se méfier des compliments de Piaf, prévient Roland Gerbeau, elle était capable de vous encenser et par-derrière : "Quel con !" » Édith insiste pour qu'Odette prolonge son contrat. « Je débute ici demain, il y aurait vous et moi. » En accord avec Gilles, Odette accepte et la Môme s'ouvre à une nouvelle amitié. « On ne pouvait pas refuser d'être l'amie de Piaf, pas plus, me semble-t-il, qu'un homme ne pouvait refuser d'être son amant quand elle l'avait décidé. » Le début d'une histoire appelée à durer ou un intermède professionnel et une complicité entre filles loin du pays, favorable aux confidences et aux rapprochements autorisés par la nature ? « Que serait devenu ce lien envoûtant si j'avais souscrit à sa proposition de vivre auprès d'elle, s'interrogea Odette Laure. Sans doute aurais-je subi ? comme tant d'autres, les rigueurs de ses caprices. »

À Paris, les deux femmes devaient néanmoins se fréquenter assidûment. Sans que Piaf ne le sache, un souvenir ancien la liait à Odette, elle aussi bellevilloise de naissance. Un jour, la comédienne demande à Édith de l'ôter d'un doute : adolescente, tous les dimanches, de sa fenêtre, elle lançait la pièce à une chanteuse des rues « perchée sur des talons aiguilles qui lui donnaient une démarche incertaine. Elle avançait comme un automate. Coulée dans une robe de satin noir qui lui moulait la poitrine, elle se plantait sur la chaussée, accrochée au sol comme un petit épouvantail et poussait ses romances. Elle était toujours suivie d'un jeune “Apache”, pattes-d'éléphant, casquette à carreaux, rouflaquettes taillées en pointe à la mode du “milieu”. L'“Apache” poussait devant lui une voiture d'enfant. Pouvait-elle abriter un bébé ? Du tablier de toile cirée noire dépassaient les goulots de bouteilles de vin ». Se pouvait-il que... « Et ça, qu'en penses-tu ? » la stoppa Édith, jusque-là muette d'amusement. Joignant le geste à la parole, elle tendit à Odette Laure, visiblement la plus émue des deux, un vieux portefeuille en faux maroquin contenant quelques photos jaunies. Tout était conforme et l'enfant dans la carriole était bien la petite Cécelle que Piaf allaitait alors, ce qui lui configurait cette poitrine avantageuse restituée par la photo. « Tu pourras te vanter d'être la seule artiste à avoir jeté des sous à Édith Piaf quand elle chantait dans les rues ! » crâna la Môme.

À Lausanne, en dehors des heures de travail, seule dans sa chambre, Piafou s'évade à travers les livres prêtés par Jacques Bourgeat. Depuis Saint-Moritz, où elle a fait un saut de « puce », dans une lettre de six pages qui peint son âme, elle témoigne de sa reconnaissance à son « gros Jacquot » : « Tes bouquins sont merveilleux et je te remercie de me donner une joie à chaque nouvelle histoire [...]. Je suis reçue par le Consul, l'Ambassadeur et la presse et c'est pour ça que je n'ai plus le droit d'être ignorante. On me prend au sérieux, eh bien, moi aussi il faut que je m'y prenne et pour cela je compte sur toi [...]. Si tu pouvais voir comme c'est beau ici, des montagnes de neige et un grand silence, je vais bientôt savoir avec qui la neige s'est mariée... Je suis en plein dans la mythologie et je trouve ça formidable. Quand je pense que j'aurais pu ignorer tout ça si je ne t'avais pas connu ! » L'année précédente, 1945, en sus des tournées française, belge et suisse qui la promenèrent sur les routes d'une Europe « libérée », elle a été à l'affiche de plusieurs music-halls parisiens. « Été voir chanter Édith Piaf à l'Étoile, consigne Maurice Chevalier dans ses Carnets. Cas unique. Petit phénomène, à tripes d'acier. Minuscule splendeur professionnelle. Habitée à chaque étage de son petit corps [...]. Encore impressionné du travail de Piaf. Ce que cette môme peut constamment se perfectionner est inconcevable. »

Une partie de son succès tient dans la volonté qu'elle met à redevenir chaque soir une débutante et à éprouver ce sentiment bizarre entre le plongeon en pleine mer, le verdict de mort en cour d'assises et le rendez-vous d'amour. Des sensations qu'elle aura tôt fait de transmettre aux Compagnons de la chanson comme précédemment à Paul Meurisse, Yvon Jeanclaude et Yves Montand. Car, 1946 sera pour la Môme l'année de son « étrange mariage » avec huit jeunes garçons, bientôt neuf. « Je les ai vus la première fois, dans un gala à la Comédie-Française. Il y avait eu alerte et pendant l'alerte ils avaient chanté une ou deux chansons et j'ai essayé de les connaître. » Ils s'appelaient encore les Compagnons de la musique et c'est Marie Bell qui les avait demandés, sur la recommandation de Louis Seigner. Celui-ci avait remarqué les jeunes gens à Lyon, lors d'un spectacle amateur. Les Compagnons se produisaient alors sur les places publiques, dans les granges et les vignes, au moment des vendanges, avec des chansons du Moyen Âge. À leur tête, un ancien maître de chapelle à la cathédrale de Dijon : Louis Liébard. Le concept du groupe n'était alors pas très éloigné de celui des Petits Chanteurs à la Croix de bois, fondés en 1907 par un groupe d'étudiants de la rive gauche, passionnés de musique religieuse et désireux de révéler les splendeurs peu connues du chant grégorien et de la musique palestrinienne. Si les Petits Chanteurs à la Croix de bois de l'abbé Maillet – devenus bellevillois lors du rattachement de la Manécanterie à Saint-Jean-Baptiste de Belleville – survolèrent les années et les générations en suivant la route directrice qui leur avait été tracée, il n'en fut pas de même des Compagnons de la musique, au sein desquels Piaf sema la révolution du jour où elle leur communiqua le virus du music-hall. Seuls quelques Compagnons restèrent fidèles à Liébard. Les autres, Hubert Lancelot, Marc Herrand, Fred Mella, Guy Bourguignon, Jean Albert, Jo Frachon et Gérard Sabat décrochèrent pour suivre la Môme, dans le sillage de Jean-Louis Jaubert, le chef désigné de ce qui devint alors les Compagnons de la chanson. Paul Buissonneau intégra l'équipe ultérieurement.

Durant la première quinzaine d'avril 1946, Édith Piaf arrose avec eux l'Est de la France et l'Allemagne, à l'initiative de Jean Richard, l'un des impresarii parisiens les plus actifs et l'organisateur de tous les spectacles d'artistes français outre-Rhin, dans les villes bombardées et occupées par les troupes françaises. On ne recense pas moins de dix mille cinq cents Allemandes violées par les soldats alliés, contre trois mille cinq cents Françaises victimes du même crime par les mêmes agresseurs. À un journaliste munichois qui, un peu plus tard, devait demander à Jacques Tati ce qu'il pensait du peuple allemand, celui-ci lui répondit qu'il le trouvait travailleur et volontaire, mais que « lorsque toutes vos maisons et toutes vos routes seront reconstruites, que vous n'aurez plus rien à faire, je vous en prie, ne redevenez pas troufions » !

Rentrés à Paris, Édith et les Compagnons se produisent ensemble au Club des Cinq. Ils y créent *Les Trois cloches*, une chanson offerte à la Môme par Gilles et dont la sonorité a été réglée par Marc Herrand. Jean Cocteau : « C'est un plaisir de les entendre et de l'entendre, elle, mêlée à eux, coulée dans la cloche de bronze et d'or comme une veine d'agate. » Non sans mal, elle a convaincu ces boy-scouts attardés de s'extraire de leur registre folklorique, mais c'est nantis d'un répertoire dépoussiéré qu'ils iront vers leur propre destinée. Du 26 avril jusqu'au 10 juillet, avec une semaine d'interruption du 6 au 18 juin, au cours de laquelle elle chante à Nice, Édith fait les beaux soirs du Club des Cinq. Qui peut bien être le mystérieux chevalier qui fait de nouveau battre son cœur et dont elle rebat les oreilles de Jacques Bourgeat ? Dans une note où ils réfèrent des ennuis d'argent de la chanteuse, les Renseignements Généraux pensent avoir trouvé la réponse. 11 juillet 1946 : « Les anciens du Stalag III organisent ce soir au Club des Cinq, rue du Faubourg Montmartre, un gala au bénéfice de leur colonie. Édith Piaf, marraine de ce stalag, prêtera son concours avec Yves Montand, Pierre Dudan et les Compagnons de la Musique (*sic*). Édith Piaf n'a donné son acceptation qu'à contrecœur et devant la menace de rendre publique la dette qu'elle a envers la caisse du groupement, soit trois cent cinquante mille francs. Bien qu'elle gagne près d'un million par mois, Édith Piaf dépense sans compter et entretient les neuf Compagnons de la Musique, dont l'un, Jaubert, est son amant en titre et les autres ses amants occasionnels. Les demandes d'argent de ses neuf “amis” vont sans cesse croissant et mettent l'artiste dans une situation pécuniaire difficile. Dans les milieux du spectacle, on a surnommé ce gala “la soirée des anciens” ; en effet, Yves Montand et Pierre Dudan ont été, en leur temps, les amants d'Édith Piaf. »

Contrairement à ce qu'avancent Duclos et Martin dans leur livre, l'initiative de ce gala ne fut donc pas du ressort de Piaf. Pour ce qui regarde Pierre Dudan, le programme de l'époque n'indique pas sa participation. Pour Jaubert, en revanche, les RG voient clair. Quant aux huit autres « amants occasionnels », Georgette Plana m'a fait des confidences qui vont dans ce sens. Ce qui amuse Danielle Bonel qui, elle, a bien connu les Compagnons et qui m'a affirmé qu'ils étaient tous plus ou moins amoureux d'Édith, sans que celle-ci ne se soit pour autant autorisée à mordre dans chaque fruit. L'on ne prête qu'aux riches et les secrets n'appartiennent qu'à ceux qui les partagent. Or, Jaubert est dans la place et il va y rester. Le temps pour Piaf d'entreprendre la confection d'un pull-over. Le termina-t-elle ?

Le 15 août 1946, la Môme est à Cannes où elle chante au stade des Hespérides, dans le cadre de la « Nuit des vedettes ». Une soirée très importante, la première organisée par un jeune imprésario du nom de Johnny Stark. « Saisi par le démon du spectacle, je me prends pour Cecil B. De Mille, je repeins les fauteuils en jaune, en vert, en rouge, se rappellera celui-ci. Je réunis Édith Piaf, Lily Fayol, Reda Caire, Marie Bizet, Johnny Hess ; je convaincs Marcel Cerdan – que j'avais connu au Maroc pendant la guerre – de venir me donner un coup de main. J'appâte d'autres sportifs avec le nom de Cerdan : Robert Charron, Laurent Dauthuille acceptent. C'est le plus beau plateau du monde. Mais je perds un million de francs. De l'époque. » Marcel Cerdan... C'est la toute première rencontre entre la chanteuse et le boxeur.

« — Bonsoir, madame.

— Bonsoir, monsieur. »

Rien de plus. Mais le contact est établi et Piaf a de la suite dans les idées. Stark a omis de mentionner la participation d'Yves Montand, rémunéré ce soir-là à hauteur de quarante mille anciens francs, alors que Lily Fayol perçut cinquante mille francs et que le cachet de Piaf s'éleva à soixante-dix mille francs. Montand est alors managé par Stark, domicilié à Cannes. Le plus doué des impresarii français ne possédait pas encore le téléphone, mais il avait investi dans un triporteur et parcourait ainsi les rues en collant lui-même les affiches. Ému et séduit à la fois par la volonté et l'efficacité du jeune homme, Loulou Gasté lui demandera bientôt de devenir l'imprésario de Line Renaud, peu après la participation de celle-ci au Tour de France 1949.

En septembre, Barrier exile Piaf à Athènes ; il lui a trouvé un contrat au Miami, un cabaret de plein air. Jean-Louis occupe toutes les pensées de la Môme, mais c'est avec le comédien Takis Horn qu'elle visite les vestiges de la cité. « Un amour platonique, mais follement romantique qui lui laissa longtemps un souvenir ébloui », dira Marc Bonel. Doux euphémisme. Cette rencontre, on peut le dire à présent, fut un véritable coup de foudre, une passion fulgurante, comme Piaf était capable d'en éprouver. Danielle Bonel : « Takis était un être charmant. Ils ont correspondu un certain temps. Très peu. En gage d'amour, Édith lui offrit une médaille de sainte Thérèse qu'elle portait depuis l'enfance. En 1958, la sachant malade, Takis lui témoigna sa fidélité en la lui renvoyant, douze ans après. "J'ai suivi avec angoisse les nouvelles de ta santé, lui écrivit-il. Je me suis souvenu alors de cette petite médaille que tu m'avais donnée et que j'avais gardée comme un précieux souvenir. Aujourd'hui, je te la rends avec l'espoir qu'elle t'apportera le même soulagement que dans ton enfance. Je t'embrasse. Takis Horn." La médaille était épinglée, en haut, à gauche de la carte du comédien grec... »

Or, la distance qui sépare le Parthénon de Notre-Dame déprime la Môme : « Je ne m'habitue pas au climat, à la chaleur, à la mentalité des gens, à leur façon de manger, leur cuisine grasse et la saleté des colonies, écrit-elle à Bourgeat. Je n'ai ni ta sagesse, ni celle de Platon ou Socrate pour m'adapter à un certain genre de vie. Peut-être si tu étais là, avec ta façon de faire vivre les anciens personnages, peut-être cela serait-il moins pénible pour moi. Mais toi-même ne serais-tu pas déçu par cette Grèce que tes livres et ton imagination de poète ont bâtie, je me le demande. Les gens ici sont si curieux, si loin de nous et surtout si loin de Socrate et de la Grèce antique... » Athènes, la ville où la pensée humaine, la beauté, la sagesse atteignirent leur apogée pour ensuite sombrer dans le chaos. Le séjour de Piaf dans la péninsule hellénique n'est même pas récompensé par une réussite professionnelle. N'aimant ni la Grèce ni les Grecs, à l'exception d'un seul, elle n'a pas atteint leurs cœurs. Et inversement. Sa hâte est grande de rejoindre son amoureux. L'autre. À Bourgeat, toujours :

« Un tendre amour est né dans le cœur de Jean-Louis et je crois qu'il va me rendre très heureuse. Je l'aime tant et tant et voudrais tellement être ce que je suis tout au fond de mon cœur. Ce serait si bête de passer à côté d'un si grand et bel amour. Depuis que je crois qu'il m'aime, je l'en aime doublement. Je sens quelque chose de pur couler et dans mon cœur et dans mon âme. Vois-tu, je ne l'ai pas encore trompé, ni même une pensée de ce genre ne m'a effleurée. Et je ne veux pas que quelque chose de semblable arrive. Ne trouves-tu pas, mon Jacquot, que c'est merveilleux que ta petite soit propre de partout, aussi bien en dedans qu'en dehors, que plus personne ne puisse la salir ? Et tout cela, je lui dois. C'est qu'il en vaut la peine. Sinon, Dieu n'aurait pas voulu que je l'aime aussi fort. »

Ce vieux singe de Bourgeat n'est dupe de rien, mais loin de la freiner dans son idéalisme, lui qui supporte si difficilement le poids de l'existence, il l'encourage : « Prends-le donc, ce bonheur, entretiens le feu sacré, vis intensément ce moment. » L'idée d'une Piaf heureuse ramène toujours plus intensément le poète vers son amour pour la petite fille rencontrée chez Leplée : « Comme tu écris bien, mon Piafou ! Comme elles sont bouleversantes, ces phrases qui, sans un respect soutenu pour la syntaxe – quoique tu fasses des progrès qui m'enchantent et m'honorent –, tu alignes en écoutant ton cœur. Cher petit être ! Ma sensitive ! Mon amie ! Comment ne veux-tu pas remuer les foules qui t'écoutent et devant lesquelles, à chaque chanson que tu chantes, tu ouvres un cœur limpide comme ton âme, clair comme ton langage. Sachant que venant de moi cet hommage n'est pas calculé. Il sort de mon cœur, et je te l'écris, et je t'aime ! »

Dans le même courrier, il apprend à Piaf qu'ayant eu vent de ses « humbles travaux historiques », Philippe de Rothschild l'invite à assister aux vendanges de Mouton-Rothschild. « Ainsi vont se trouver en présence l'homme le plus riche et l'homme le plus pauvre. » C'est, pour Bourgeat, le prélude à une carrière d'archiviste auprès de la célèbre famille de banquiers, qui ne l'enrichira pas pour autant. Pour les coups durs, il y a Piafou.

Pour les corvées également... « Un jour, raconte Marc Bonel, dans un texte partiellement inédit qui servit à son livre, notre vieil ami Jacques Bourgeat s'approcha d'Édith et lui dit : "Ma petite fille, j'ai un service à te demander : accepterais-tu de venir chanter quelques chansons pour l'anniversaire de la fille d'un ami ?" Pour faire plaisir à Jacquot, Édith accepta. En réalité, cet ami n'était autre qu'un milliardaire mondialement connu [un Rothschild de la branche française] et Jacques Bourgeat, l'éminent écrivain poète étant son maître à penser, avait promis de lui amener sa grande amie Édith Piaf. Donc, un soir, à Paris, nous arrivons devant un hôtel particulier plus que somptueux [celui des Rothschild, rue Saint-Honoré], les fleurs nous accueillaient sur le trottoir. Nous rentrons. Édith est reçue chaleureusement, puis, après avoir été présentés, nous nous dirigeons vers le piano. Édith annonça sa première chanson. À la deuxième, elle ne paraissait pas très à l'aise ; l'ambiance pompeuse était triste, sombre et le silence glacial. À la troisième chanson, vu l'enthousiasme des invités qui applaudissaient le nez en l'air et du bout des doigts, Édith en nous regardant se tapa discrètement sur le ventre en réajustant sa ceinture. Puis, s'approchant de Robert [Chauvigny], elle lui dit : "Encore deux et on se débine !" Après son tour de chant, on baisa la main d'Édith et en la félicitant on lui offrit le champagne. Puis le sommelier se dirigea vers nous et, d'un geste élégant, nous servit les fonds de bouteilles. Sans hésiter, je demandai au larbin endimanché de bien vouloir nous en offrir une pour nous. Rapidement Édith prit congé. Après avoir quitté tout ce beau monde, elle n'était pas à prendre avec des pincettes.

» Quelque temps après, elle eut la surprise de recevoir du maître de maison un envoi contenant des flacons de vins de son cru personnel et fameux. Elle répondit en envoyant sa carte. « Monsieur, mes musiciens ont été très sensibles à votre geste et vous remercient. » Et Marc Bonel d'établir une différence entre la soirée chez les Rothschild et celle donnée à Hollywood, par un roi du pétrole américain, en 1956. « Il avait loué le restaurant *Romanoff* qu'il avait fait décorer spécialement pour une seule soirée, dans le style *My Fair Lady*. Les invités étaient habillés en tenue d'époque, qui n'étaient autres que toutes les grandes vedettes du cinéma américain. Ça dépassait l'entendement de penser qu'un homme puisse avec des dollars réunir autant de vedettes ensemble et pour lui tout seul. Toutes étaient magnifiques, Clark Gable extraordinaire. Ce soir-là, Édith, en chantant pour ce milliardaire et pour tous ces rois de l'écran, toucha à l'époque le fabuleux cachet de cinq mille dollars pour cinq chansons, soit cinq cent mille anciens francs par titre. »

Piaf ne fut jamais rien d'autre qu'une artiste face à son public, mais chez les Rothschild, elle se crut revenue vingt ans en arrière. Les gens qui croient pouvoir tout s'acheter, aussi bien la Rolls dernier modèle que la dignité des êtres, la Môme avait donné. Or, contrairement aux allégations de Ginette Richer, non seulement Piaf n'a pas fait retourner leur cadeau aux Rothschild, mais Danielle Bonel nous apprend que chaque année, à Noël, le baron lui envoyait une caisse de ses meilleurs vins. Outre celui de l'argent, les Rothschild ont toujours eu le culte de la courtoisie. Jacquot aurait donc tort de bouder le prestige de ses nouvelles fonctions. Si seulement cela pouvait suffire à tranquilliser la petite fille... Comme le ressac, perpétuel et lancinant, sous la plume du gros homme revient son inguérissable guerre des nerfs avec l'argent. En post-scriptum de sa lettre à Piaf, il ajoute : « Je viens de m'acheter deux paires de chaussettes. Oh ! Je sais bien, va, que c'est une folie et que je vais en avoir pour quelques mois à me relever, mais cela me faisait envie et je n'ai pas pu résister à ce caprice qui depuis des années me hante. J'entends d'ici le rire que va provoquer ma confidence. » Au contact des grands de ce monde, Jacquot se serait-il éloigné de la vue de Paul Fort : « La première qualité d'un poète est d'avoir un tout petit appétit » ? Le temps et les événements démontrèrent que Bourgeat n'attendait rien de Piaf. « Il vivait chichement et s'en contentait », confirme Danielle.

Les lettres suivantes témoignent chez Piafou, toujours athénienne, d'un sentiment de félicité croissante. La voilà réembarquée pour Cythère ! C'est sûr, cette fois : Jaubert est le premier, Jaubert est le dernier. N'a-t-il pas toutes les qualités requises ? Dieu même s'en est mêlé. Alors !... Les occasions vont lui être données de profiter de son Compagnon. Avec lui et les huit autres, en France et hors frontières, les spectacles communs s'enchaînent. Parfois, elle fait un décrochage et part chanter seule, tandis que de leur côté ils assurent ici et là des galas sans elle. Depuis plusieurs mois, le pianiste Robert Chauvigny et l'accordéoniste Marc Bonel suivent le mouvement. « Chauvigny était un grand seigneur, jamais Édith ne l'a tutoyé », dira Marc Bonel, qui doit à l'insistance du pianiste son engagement par la Môme, très rétive au départ. Elle trouvait Marcel Boniface aussi laid que son nom. « Enfin, ça n'accrochait pas. » Après qu'il eut finalement rejoint l'équipe, elle le rebaptisa Marc Bonel et n'entendit plus s'en séparer. Pour Bonel, attaché à sa patronne comme à son instrument, l'aventure ne prendra fin qu'en octobre 1963, devant « le cercueil d'enfant ». À Levallois, Boniface avait été un gosse de la zone. La vraie. « Un bouge où les comptes se réglaient au couteau, habitant un taudis dans une cour des miracles, sans eau ni électricité. » Il se souvenait avoir dormi « dans un lit-cage sous un toit crevé, respirant l'odeur de la fumée des vieux camions Pierce-Harrow du garage délabré qui clôturait notre cour infecte, dépavée, abominable ». Le témoignage que Bonel a laissé de son père, décrit comme un monstre de machisme, n'est guère plus engageant : « À midi, si la soupe était trop chaude ou pas assez épaisse, il crachait au visage de ma mère, jetait un verre de vin rouge dans son corsage, retournait la table par un pied et claquait la porte [...]. Ça se passait comme ça chez les pauvres gens : c'était en 1920. » Aussi la rencontre avec la Môme fut-elle pour lui régénérante. « Elle m'a donné la vie. Elle m'a ouvert les yeux. » Or, c'est la Miss qui, la première, offrit sa chance à ce peintre d'enseigne épris d'accordéon. En 1945, à l'Alhambra. Après que le jeune Boniface, autodidacte et ignorant du solfège, eut promené sa jeunesse et son instrument dans les bistrots, les cinémas de quartier, les maisons closes, devant les portes d'usines, l'entrée des cimetières, jouant encore dans les mariages, les baptêmes et les communions.

Barrier, Bonel, Chauvigny : la Maison Piaf prend de la hauteur.

« Les fortes amitiés se nouent avec les points faibles de deux amis. »

Muriel Reed

IX

Pour l'amour de Boubouroche

« Tu ne peux pas savoir comme j'aimerais m'étendre sur un lit, entourée d'un silence qui ferait tant de bien à ma tête... »

É. P.

Sitôt revenue de Grèce, Édith Piaf enchaîne une tournée française qui la conduit jusqu'à l'Étoile où, avec les Compagnons, elle tient l'affiche durant six semaines. Pour repartir dès novembre sur les routes, après quelques représentations parisiennes du *Bel indifférent*, avec Paul Meurisse. Elle est à Marseille lorsque, par lettre, Bourgeat lui expose sa colère. Quoi ! Le gros Jacquot serait-il donc capable de révolte ? Plus que cela, même : on a voulu porter atteinte à sa petite fille et ça, ça ne passe pas. On ? Des journalistes de *Ciné Vogue*, venus chez lui, soi-disant de la part de Piaf, pour lui soutirer des renseignements. Soupçonneux, Bourgeat fit la seule chose séante en pareil cas, il téléphona à Piafou pour s'enquérir de la bonne foi de ces messieurs. « Ce sont des mensonges ! » lui confirma Édith. Les journaleux s'en retournèrent bredouilles et la plume basse, pour mieux revenir avec un nouveau stratagème. Un ami de Montand, attaché à leur journal, était en train d'écrire le souvenir du grand Yves sur une idée de celui-ci et il ne manquait plus qu'un épilogue à cette histoire : la vérité sur la rupture entre la Môme et son ancien amant. Un secret monnayable, bien sûr. On montra à Bourgeat l'essentiel de ce qui avait déjà été rédigé et qui constituait l'article sous sa forme définitive. Une fois encore, ils se trompèrent de porte et de personne. En homme bien élevé, Jacquot argua de ce que les histoires d'amour de Piaf ne faisaient plus l'objet de leurs entretiens et qu'à Saint-Lambert, il leur arrivait à tous deux de passer des journées entières sans parler. À Édith, il jura qu'il aurait préféré « crever de faim », plutôt que se perdre « dans ce marché infâme ». Citant Beaumarchais, il qualifia les journalistes de « pauvres diables à la page » :

« C'est ça leur journalisme ? Et c'est cette littérature qu'on offre en pâture au peuple ? Et de ces propos qu'on attend le relèvement du moral français ? Eh bien, merde, comme disait ma grand-mère, personne fort respectable et à cheval sur le bien parler. » L'article de *Ciné Vogue* parut cependant, avec, circonstances aggravantes, la caution d'un mystérieux « Monsieur Barjoux » (ressemblant à Bourgeat comme père et mère), que l'on fait assister à un spectacle de Piaf au Moulin-Rouge. Bourgeat qui n'avait pas remis les pieds au Moulin depuis 1906 ! Choqué par ces manières et marri à l'idée que Piafou aurait pu finir par le soupçonner, il parla d'aller « engueuler son monde à *Ciné Vogue* et au besoin d'y "faire le coup de poing" ». Avant de signer « Barjoux, entrepreneur des Ponts et Chaussées », Jacquot termina ainsi sa lettre à la Môme : « Ton estime m'est trop précieuse pour que je ne m'emploie pas à mettre au pas ceux qui, par bêtise, risqueraient de m'en priver. »

Une bonne occasion pour Piaf de se marrer de bon cœur avant sa grande tournée européenne avec les Compagnons, qui débute en mars par la Suisse et la Belgique. Les duettistes Aznavour et Roche se greffent au reste de l'équipe, jusqu'au départ pour la Scandinavie, qui se fait sans eux. Pour Aznavour, alors inconnu et besogneux, le temps de l'apprentissage auprès de la grande Piaf est commencé. Ces deux-là vont se revoir.

Ginette, l'épouse de Guy Bourguignon, ainsi que Mireille, celle d'Hubert Lancelot, sont également du voyage. « Autant Édith eut un coup de foudre pour Ginette, autant avec moi ce ne fut pas gagné d'avance, raconte Mireille Lancelot. Drôle, percutante, très belle, Ginette avait eu beaucoup de difficultés existentielles et Édith s'était retrouvée en elle. Elle admirait son physique, car on ne peut pas imaginer ce que Ginette a pu être ravissante. Édith ne comprenait pas pourquoi elle s'était mariée avec Bourguignon. "La belle et la bête", les appelait-elle. Moi, elle ne m'a pas acceptée tout de suite. Je peux même dire qu'elle ne pouvait pas me blairer. J'étais blonde, bourgeoise, tout ce qu'elle détestait. En outre, Jean-Louis, avec qui j'avais à peine flirté avant de tomber folle amoureuse d'Hubert, lui avait fait croire que je lui avais brisé le cœur. Je ne sais pas pourquoi il lui avait raconté ça. Une femme briseuse de cœurs, Édith ne supportait pas ! Elle s'opposa tout d'abord à ce que j'accompagne mon mari en tournée. Pour moi, il n'était pas question que je reste sur le quai de la gare. Je ne mettrais pas les pieds en coulisse, mais je tenais à suivre Hubert. Elle m'a finalement donné sa permission et, en apprenant à nous connaître, nous nous sommes rapprochées. Forcément, nous vivions tous les uns sur les autres. Le déclic de notre amitié survint un jour où Édith pestait contre une absence de Jaubert qui, selon elle, était allé "jouer au tennis avec une belle Suédoise". J'ai pris la défense de Jean-Louis en disant à Édith que la Suédoise s'appelait Hubert Lancelot puisque je les savais ensemble. Elle me fixa quelques secondes, puis : "Mais, vous êtes gentille, vous ?" Je lui ai répondu que je n'avais jamais été méchante. Là, son comportement vis-à-vis de moi s'est complètement inversé. J'avais gagné son respect. Le plus beau geste qu'elle ait eu envers moi est un télégramme qu'elle m'envoya du fin fond de l'Amérique, en 1954, au moment de la mort de ma petite fille. Elle m'écrivit des mots d'une sensibilité frémissante en me disant qu'elle savait la douleur de l'épreuve par laquelle je passais, l'ayant elle-même vécue avec Cécelle. Ce sont des choses qui ne s'oublient pas. Même quand elle me battait froid, j'admirais énormément cette fille qui aimait tellement la vie. Dieu sait si elle en a traversé, mais elle a toujours positivé les choses. Par le rire, notamment. Elle adorait placer les gens en situation inconfortable. J'avais grandi avec des étudiants en médecine, je savais donc déjà pas mal de choses, mais lorsque les Compagnons racontaient des histoires grasses, ils me demandaient de sortir. Piaf au contraire se faisait un plaisir de me faire rougir.

» Une fois, à New York, au Waldorf Astoria, elle nous avait demandé à tous de nous mettre sur notre trente et un pour une réception qui devait avoir lieu dans l'un des salons de l'hôtel. Je me suis donc apprêtée et, au moment où j'apparus au bras de mon mari, Édith, minuscule au milieu du gratin, me pointa du doigt et se mit à hurler : "Regardez, elle s'est faite belle comme une bite !" Ajoutant : "Vous allez voir, elle va devenir rouge comme une tomate." Ce qui advint. Je serais rentrée sous terre ! "Ne fais pas attention", me rassura mon mari, plus habitué que moi à ce genre de choses. Elle adorait dire des énormités pour le bonheur puéril de voir mon visage s'empourprer. Cela dit, elle n'était pas vulgaire et nous ne nous sommes jamais tutoyées. Une autre fois, au Versailles, un chanteur français qui passait après elle venait de terminer son tour, lorsqu'elle l'invita à la table où j'étais assise en compagnie de Ginette Richer. Non sans arrière-pensées... "On va lui faire croire que vous êtes américaines et que vous ne comprenez pas un mot de français, nous annonça-t-elle avant que le chanteur ne nous rejoigne. Je lui dirai de vous balancer des horreurs et vous lui répondrez chaque fois : "Oh, yes !" Pendant un quart d'heure, le chanteur en question, très excité par la situation, nous a ainsi copieusement arrosées de grossièretés, Ginette et moi, sans se départir de son sourire le plus courtois. Et nous : "Oh, yes !" À un moment donné, Ginette s'est dévoilée :

“Ah, non, cette fois, Monsieur, c’est un peu trop !” Le gars faillit en avaler sa langue. Et Ginette, très manipulatrice, de continuer : “Vous comprenez, Monsieur, ce ne sont pas des choses qui se font !” Heureuse de sa réussite, Édith riait en se tapant sur les cuisses. Violet de confusion, le chanteur tenta de se rattraper en nous couvrant de compliments. »

Du 8 au 28 avril, Piaf et son staff sont à Oslo. La ville est triste, sans aucune distraction. La Norvège a terriblement souffert des affres de la guerre. Mettant à profit l’immobilisme auquel le peu d’attrait des lieux et le climat (« un jour de beau temps, un jour de neige ») confinent les Piaf’s boys, Robert Chauvigny et Marc Herrand, chef de musique des Compagnons, décident de mettre leur monde au solfège, Édith comprise. Dans une lettre à ses parents, Bonel explique que loin de regimber, la Môme « assaisonne celui qui tire au flanc ». Il ajoute : « Gros succès d’Édith, chaque soir, au théâtre de l’Ederkopen, pourtant personne ne comprend ses textes. » Un formidable accueil confirmé par Piaf dans sa correspondance avec Jacquot. Elle nage en pleine euphorie et, quoiqu’on « mange très mal » à Oslo et qu’il y fasse rudement froid, les gens « sont terriblement sympathiques et gentils ». Il y a du Jaubert là-dessous... « Plus je vais, plus mon bonheur va grandissant. Jean-Louis est de plus en plus gentil avec moi et j’ai enfin trouvé la quiétude que tu rêvais pour moi. Sois sûr que je ferai tout mon possible pour garder ce bonheur le plus longtemps possible [...]. Que devient Racine ? Si tu le vois, dis-lui que décidément je trouve que son petit chemin n’est pas si mauvais que ça... » Un code entre elle et son « vieux con ». Le dernier jour, à Oslo, un spectateur audacieux monte sur la scène pour remercier la Française. Le lendemain, à la gare, dans un pays qui manque encore de tout, des jeunes filles lui offrent un flamboyant bouquet de fleurs. « Tu ne peux pas savoir comme c’est émouvant pour moi ! » s’émeut Piaf avec Bourgeat. L’étape suivante est la Suède. Quinze jours au China. Et là on atteint au délire. Bien entendu, ce cher Jacquot en est le premier avisé. « Nous faisons une révolution à Stockholm, ça marche du tonnerre de Dieu ! Il paraît que jamais personne n’a eu de critiques comme nous. » Notons qu’elle ne dit pas « moi », mais « nous ». La Suède ayant choisi la neutralité, le contraste économique et social avec la Norvège est saisissant. Sans doute y a-t-il un rapport de cause à effet, car à Stockholm les gens sont bien moins chaleureux qu’à Oslo.

Pour cause de succès, le contrat au China est prolongé de 15 jours. Piaf en profite pour aller applaudir Grock. Sous sa trogne écarlate, le célèbre clown abrite un bien curieux secret. Dans ses mémoires, il affirme en effet avoir rencontré Landru, bien vivant, en Argentine, plusieurs années après son exécution. Le directeur de la police argentine avait alors confié à Grock que l'affaire fut montée par le gouvernement français soucieux de détourner l'opinion des difficultés nationales. Le condamné guillotiné à la place de Landru se serait appelé Pierre Royère. Pourquoi ne pas y croire, anges que nous sommes ? Les raisons d'État ont leurs raisons que les Droits de l'Homme ignorent. Le commissaire Guillaume devait en savoir long sur la question. Or, il s'est tu, comme il passe sous silence les circonstances de la mort de Louis Leplée, dans ses souvenirs de guerre.

« Chaque jour qui passe me fait aimer Jean-Louis davantage », écrit la Môme depuis Stockholm. Sans rien renier de ce qui la lie à Bourgeat, son « second papa ». Elle attend avec impatience l'avènement du mois d'août pour se retrouver enfin seule avec Jacquot, dans un coin perdu, à Saint-Lambert, peut-être, ou à Bormes-les-Mimosas, une ville dont il voudrait lui faire apprécier le charme. « Mais est-ce qu'on y mange bien, hein ? » Heureuse ou en peine, elle a toujours paré son ami de toutes les plumes de la vertu. Elle aimerait ressembler à cet homme pur et bon qui l'a extraite de sa médiocrité en l'ouvrant à des dimensions inconnues. « Un jour, pas très loin, ma mission remplie, c'est-à-dire mettre les Compagnons là où je veux qu'ils soient, je te dirai : "Viens, mon Jacquot, cherchons-nous un gentil appartement où tu auras ta chambre, moi la mienne, un beau bureau pour toi, un pour moi, un salon et une cuisine." Il faut qu'il se trouve sur les quais. Je travaille dix jours par mois, le reste du temps, je vivrai. C'est pas une vie que de la passer dans une loge. Je n'aurai plus besoin de trois secrétaires. Nous nous suffirons tous les deux et je suis sûre que je serai la femme la plus heureuse du monde. C'est peut-être idiot tout ce que je t'écris, mais vraiment je le pense. » Des fantasmes bourgeois que ni sa nature bohème, ni sa fidélité dans les sentiments ne lui permettront de réaliser. Piaf a toujours fait le contraire de ce que lui commandait sa bonne conscience. En ce domaine, elle fut sa meilleure ennemie. Danielle Bonel : « Elle était capable d'écrire des lettres enflammées, sincères sur l'instant, mais sans continuité dans les sentiments. Elle a beaucoup négligé Bourgeat, dans les dernières années. Il en souffrit, le malheureux. Un homme si bon, si gentil et pétri d'amour pour sa "petite fille". Elle lui tenait de beaux discours quand elle était à l'étranger, aux États-Unis surtout, parce qu'elle avait le mal de Paris et qu'elle se raccrochait à ses bons souvenirs, mais une fois en France elle avait oublié tous les beaux projets qu'elle avait prévus pour eux deux, histoire de "rattraper le temps perdu", comme elle disait. »

Piaf & co rentrent à Paris à la fin du mois de juin, après un long séjour à Göteborg, au Concert Hallen et un « tour de con » joué à Fred Mella. « J'avais mis beaucoup de temps à m'offrir une belle valise en cuir où j'avais collé les étiquettes des grands hôtels dans lesquels nous descendions, m'a raconté celui-ci. C'était tellement nouveau pour nous ! Un jour, dans le train, Édith a décollé soigneusement les étiquettes pour les remplacer par d'autres : des étiquettes de boîtes de sardines, de petits pois et autres conserves. Je ne m'en suis pas aperçu tout de suite, mais lorsque je me suis retrouvé dans la rue avec ma valise redécorée, les gens me regardaient en souriant... J'ai vite compris. Par la suite, Édith m'a rendu mes étiquettes. Elle était tellement drôle ! Nous avons vécu une époque de plénitude extraordinaire. »

En Suède, Piaf a rencontré quelques problèmes de santé. Ses yeux. Une réminiscence de sa kératite contractée à Bernay ? « Un jour mes yeux vont bien, le lendemain ça ne va pas, a-t-elle écrit à Bourgeat. Ça me fait un peu peur, je verrai avec joie ton spécialiste et j'espère qu'il me rassurera ! » Danielle Bonel n'a connu qu'une Piaf à la vue correcte : « Ses yeux étaient fragiles, l'un surtout, mais elle lisait très bien. Elle écrivait sans lunettes. Elle n'a jamais porté de lunettes. Pourquoi en aurait-elle porté ? Lorsqu'elle entrait en scène, évidemment, elle était éblouie par les projecteurs, ce qui explique qu'elle faisait de tout petits pas. Pour qu'elle s'y retrouve, je lui avais installé une petite lampe bleue dans la rampe, qui restait allumée pendant son tour de chant. Autrement, elle aurait eu des vertiges. » Pour pallier ces sortes de trous noirs qu'elle avait parfois, Piaf, qui de surcroît n'avait pas une très bonne stabilité, serait un jour amenée à prendre du Gardénal. Si l'on remarque bien, le pied de son micro était toujours placé assez loin de l'avant-scène. À cause aussi de sa difficulté à évaluer les distances. Avec Jacquot, Piafou s'est également plainte de fatigue : « Tu ne peux pas savoir comme j'ai envie de m'étendre sur un lit et de ne rien avoir à penser, entourée d'un silence qui ferait tant de bien à ma tête. Seulement ta voix qui me récitera *Boubouroche*, *Les Frères Siamois* ou autre chef-d'œuvre de ta connaissance. Je veux aussi que tu me lises Molière. Enfin, tu as une tâche à remplir... celle de me calmer et de m'apprendre tout ce que j'ignore [...]. Peux-tu m'envoyer *Boubouroche*, *Les Frères Siamois*, et le poème qui se termine par : "Oh, petite, pourquoi me fais-tu tant de peine ?" ? Tu vois ce que je veux dire... »

Elle tient ferme à son *Boubouroche* ! Héros d'un vaudeville en deux actes écrit par Georges Courteline à la fin du XIXe siècle, Boubouroche est un homme sincère, incapable de penser à mal, généreux, sensible et convaincu de la fidélité de sa compagne, Adèle. Un personnage qui ne peut qu'éveiller la sympathie du lecteur. Mais voici qu'un voisin lui révèle bientôt, preuves à l'appui, que depuis sept ans Adèle reçoit une visite coupable à chacune des absences de l'infortuné... Sacha Guitry, qui reconnaissait à son ami Courteline un génie propre ne devant rien à l'humour anglo-saxon, ni même à Jean-Baptiste Poquelin, a écrit à propos de cette nouvelle : « Mais j'imagine que Molière doit se demander comment Courteline a bien pu s'y prendre pour écrire *Boubouroche* après *L'École des Femmes.* » Réponse après la lecture, car *Boubouroche* est devenu le nouveau livre de chevet de la Môme. Sera-t-elle fidèle à son engagement d'offrir à Bourgeat et à sa compagne un séjour d'une semaine à Bormes, en juillet ? « Cela me fera l'effet d'offrir des vacances à mon père. » Elle prévoyait de se retrouver ensuite seule avec Jacquot, à Saint-Lambert, pendant un mois et demi. Les exigences du calendrier tenu par Barrier en décidèrent autrement. Dès la mi-juillet, et jusqu'à son spectacle de rentrée à l'Étoile, en septembre, Piaf sillonna les routes françaises avec les Compagnons.

L'avant-première de ce périple estival fut donnée le 24 juin. Ce soir-là, après huit années d'exil cannois, renaît à l'Opéra de Paris le Bal des Petits Lits Blancs. Souvenons-nous que Leplée avait prévu d'emmener Piaf à Cannes pour participer à l'édition 1936 de cette manifestation philanthropique dirigée avec beaucoup de dévouement par la baronne Seillières. Le fameux Pont d'Argent sur lequel les plus grandes vedettes d'avant-guerre firent leur grand numéro avait été caché sous l'occupation. On le retrouva et il fut remonté. En 1947, à la demande de Pierre Lazareff, Alain Duchemin reprend en main la propagande du Bal des Petits Lits Blancs, succédant ainsi au journaliste Léon Bailby, son fondateur. Concurremment promu au rang de commissaire général adjoint de l'événement, pour sa première au cœur d'une époque de privations, Duchemin ne fait pas les choses à demi. À commencer par le programme de la soirée, un pavé de deux cents pages réunissant des textes originaux sur le thème de l'enfant, préparés par Cocteau, Fargue, Mauriac, Vercors et illustrés par des dessins tout aussi originaux signés Yves Brayer, Savignac et surtout Christian Bérard, que Piaf apprécie depuis leur rencontre sur le plateau du *Bel indifférent.* Bérard en fut le décorateur. Un original, Bérard, mort trop tôt, en 1949, qui peignait toujours en savates, nu sous un épais sac de jute noué autour de la taille, en guise de tablier. La barbe maculée de taches de couleurs, il impressionnait ses visiteurs. Piaf comme les autres l'appelait « Bébé ».

Il était impossible pour Duchemin de ne pas penser à la Môme pour le grand retour des Petits Lits Blancs à l'Opéra. Elle s'y produit avec

Yves Montand, Roland Petit et les ballets des Champs-Élysées, la Toumanova, Ludmilla Tchérina, Martha Eggerth et Jean Kiepura et Gilda en chair et en os (alias Rita Hayworth). Le tout servi par les huit meilleurs orchestres de la capitale. Le Paris huppé n'a jamais cessé de s'habiller pendant les heures grises mais, ce soir-là, sous les lustres du palais Garnier l'assistance rivalisa de luxe et l'accueil réservé aux vedettes présentées par Gisèle Pascal et Claude Dauphin fut prodigieux. La coiffure et la haute couture françaises entraient dans leur âge d'or. Contrairement aux autres années, le bénéfice de la soirée du 24 juin 1947 fut reversé aux œuvres des Orphelins de la Résistance. L'année suivante, le nom d'Alain Duchemin allait être associé à la fameuse *Kermesse aux Étoiles*, inaugurée par François Mitterrand, alors ministre des Anciens Combattants et organisée chaque été, pendant huit années, dans les Jardins des Tuileries. Une manifestation populaire monstre qui impressionna l'Américain John Steinbeck. Les centaines de vedettes de la variété, du cinéma, du sport ou des Arts que l'on installait dans des stands où leur seule fonction était de sourire à la foule et de vendre des carnets d'autographes au profit des œuvres sociales de la 2e DB, une initiative de la maréchale Leclerc. C'est dans le cadre de la *Kermesse aux étoiles* qu'en juin et juillet 1953 fut tourné un film dans lequel Piaf tint l'un des rôles distribués par le réalisateur Maurice de Canonge. Jacques Pills, Robert Pizani, Martine Carol, Gary Cooper, Annie Cordy, Juliette Gréco, Mick Micheyl et Charles Trenet figurent parmi les autres interprètes de *Boum sur Paris*, une comédie essentiellement commerciale. Le thème : lancé à la poursuite d'un flacon de parfum renfermant un puissant explosif et engagé par erreur au jardin des Tuileries, à la *Kermesse aux Étoiles*, pour y être roi en loterie, le neveu de l'inventeur réussit, après maintes tribulations, à récupérer le flacon non sans avoir troublé au passage les tours de chant de plusieurs vedettes de la chanson.

Changement d'écurie et de maquignons : la Môme a quitté Polydor pour entrer chez Pathé Marconi. Piaf qui roule n'amasse pas mousse, mais le sillon tracé par Édith, du jour où Marcel Bleustein-Blanchet lui permit de s'exprimer sur les ondes de Radio-Cité, a gagné en luminosité. Il est loin le temps de l'exposition de foire au Gerny's ! Le nom de Piaf a encore grandi après la guerre et, en France, elle est à présent une immense vedette. Star ? Ce mot tellement galvaudé lui sied si mal que nous ne l'utiliserons pas. Car il ne suffit pas d'avoir une grosse voiture, des lunettes noires et un téléphone blanc, d'occuper la une des magazines et de rivaliser de caprices pour être admis dans le cercle restreint des géants. Piaf respire déjà à l'étage des mythes. Même sans beaucoup de nouvelles créations (*Monsieur X*), son passage à l'Étoile, avec ses inséparables Compagnons, se révèle forcément un triomphe. Roche et Aznavour sont du programme et, depuis la coulisse, ils comptent les rappels. « C'est la chanteuse du XXe siècle, pour les humbles, peut-on lire dans *Noir et Blanc*. Aussi pour les riches, mais ils ne veulent pas l'admettre à la face des autres, dans les salons. Elle ne porte pas de robe longue et voyante, ne minaude pas près d'un piano, avec des poses d'artiste sophistiquée. Elle ne prend au sérieux que ses personnages. » Les journalistes notent l'intérêt presque maternel d'Édith pour les Compagnons : « Avant leur numéro, elle veille à leurs affaires ; après, elle éponge les visages tachés par la lumière, la chaleur, l'effort. Elle les conseille et critique leur tour de chant. »

Avec son engagement à l'Étoile, Piaf a pris celui de tourner *Neuf garçons, un cœur*, aux studios de Boulogne-Billancourt, sous la direction de Georges Freedland, auteur du scénario et coauteur des dialogues. Aussi, le soir, après le spectacle, s'enferme-t-elle avec Freedland et ses neuf protégés au bar de l'Étoile, pour travailler aux scènes du lendemain. Dans le métier depuis 1929, Freedland a collaboré entre autres avec L'Herbier et Litvak. *Neuf garçons, un cœur* est sa première grande réalisation. Cette gentille comptine musicale, faite sur mesure pour la Môme, relate l'histoire d'une certaine Édith Piaf, petite chanteuse boudée par le succès. Un soir de Noël, alors qu'elle a très faim, elle rêve d'un paradis qui serait une somptueuse boîte de nuit. Comme Dieu le père (le directeur du cabaret) est un monsieur charmant, il engage la chanteuse. Le bonheur se multiplie rapidement par neuf puisque les Compagnons (qui eux aussi ramaient sur terre) auront itou beaucoup de succès au ciel. Pour s'imprégner de l'atmosphère du film, la Môme est allée au cinéma voir et revoir *Une question de vie ou de mort* (*A matter of Life and Death* [1]).

L'ambiance règne sur le tournage de *Neuf garçons, un cœur*. Tant devant la caméra que derrière. Une sorte de grande colonie de vacances entre gosses attardés. Une règle a été instituée : chaque fois que l'un des Compagnons trouvera une idée productive pour le scénario, le réalisateur lui octroiera la somme de deux francs. Si l'idée se révèle mauvaise, c'est ledit Compagnon qui devra débourser la même somme.

1. Destiné à réhabiliter les relations entre les troupes d'occupation anglaises et américaines, ce film britannique, réalisé par Michael Powell et Emeric Pressburger, avec David Niven dans le rôle principal, participa d'une commande. L'action se passe au paradis des aviateurs, pendant la Seconde Guerre mondiale.

Jean-Louis Jaubert, le chef de clique surnommé « Lolotte », se chargeant, lui, d'infliger des amendes à ses condisciples lorsqu'ils s'attardent trop au bar.

— Vous me ferez huit jours !

— Bien, mon capitaine !

Ou la vie à l'endroit.

Le 20 septembre 1947, Piaf convie Maurice Chevalier à dîner. Dans « l'un des meilleurs restaurants des Champs-Élysées », précise le fantaisiste dans ses mémoires, soulagé de ne pas être l'invitant. « Les choses ont été faites on ne peut mieux, ainsi qu'il se devait entre gens de notre monde. Piaf voulait me régaler et lorsque je lui ai dit que mon docteur me permettait un verre de bordeaux au repas, elle a insisté pour que le sommelier nous propose le meilleur bordeaux disponible. “Rien de trop bon pour le grand Momo”, a-t-elle dit sans plaisanter. » Et sans qu'il n'en doute un seul instant. « La soirée d'hier me l'a fait découvrir et j'ai pu apercevoir des charmes inconnus de ceux qui ne l'approchent pas », conclut doctement le grand Momo. Un verdict que ne démentirait pas Jaubert, présent lui aussi à ces agapes et toujours dans les partitions de Madame Piaf. Leur tandem amoureux résistera-t-il à la traversée de l'océan ? Car elle offre l'Amérique aux Compagnons ! Ceux-ci témoignent d'une foi inébranlable : « Nous avons chanté devant des Américains en France, je crois qu'ils étaient très contents, déclare Jaubert à une journaliste radio. Je touche du bois, je crois que les Américains d'Amérique auront la même réaction. » Au même micro, Piaf continue à ne vouloir jurer que par eux : « On n'a jamais vu une équipe devenir un gros numéro de vedette. En principe, c'est toujours le tour de chant, une seule personne, comme André Claveau, comme Guétary, comme Chevalier, mais jamais un groupe. Ça me ferait plaisir de gagner dans cette partie-là, surtout qu'ils le méritent... »

Troisième partie

L'AMÉRIQUE

« En France, tout le monde se croit Napoléon ;
ici, tout le monde pense qu'il est le Christ. »

Francis Scott Fitzgerald

« Tout le problème de la question sexuelle est de tenir compte de l'animalité et de la spiritualité. Il ne faut sacrifier ni l'une ni l'autre, ni l'animalité par une sotte pudeur, ni la spiritualité pour d'autres motifs. »

Abbé Mugnier

I

Jean-Louis, John et Marcel : le tiercé des hommes

« J'en voudrais un bien. Un seul. Un propre. Si je les trompe, c'est de leur faute. »

É. P.

Depuis environ une année, l'Amérique chantait dans la tête de Piaf. Sans date précise, le projet d'une tournée chez l'oncle Sam s'élaborait et Barrier avait mis Édith à l'apprentissage de l'anglais. Assidue comme en toute chose lorsque la nouveauté joue de ses attraits, depuis Stockholm, elle avait fait profiter Bourgeat de ses acquis shakespeariens : « *How are you ? Me, I am very well. My husband is also well. I love him more and more ! I speak really very well and I write with the paper of cahier, because I have not d'autre* (...) P.-S. : Je t'ai acheté une pipe et un rasoir *very beautiful* ! »

Les contrats dûment signés par Barrier, les clefs de sa location de la rue de Berri rendues au propriétaire, le 10 octobre 1947 Piaf embarque en Angleterre sur le *Queen Mary*. Non sans avoir auparavant envoyé de Newhaven une dernière carte postale à Jacquot, par laquelle elle lui signifie l'imminence du départ. Édith et Jean-Louis sont installés en 1ère classe, les autres voyagent en seconde. « Elle nous a fait aligner sur le pont et devant tous les passagers, en riant, elle nous a filé chacun une paire de claques », se souvint Hubert Lancelot. C'est leur punition pour avoir longtemps refusé de croire au rêve américain qu'elle leur promettait depuis le début. Tout le monde est quitte. Direction : New York...

Un artiste européen ne saute pas l'Atlantique à pieds joints. Nos rares amazones de la scène française à être un jour allées là-bas voir si leur talent s'y trouvait, en savent toutes quelque chose. Rien n'est gagné pour Piaf. Le plus dur reste même sûrement à venir. Mais comment diable Barrier s'y est-il pris pour décrocher l'Amérique, autrement dit la lune ? Au départ est Fischer. Clifford Fischer. « Un Américain pittoresque d'une insolence proverbiale », dont « l'injure la plus méprisante est : *I piss against your leg !* (Je pisse contre votre jambe !) ». Le tableau est signé Georges Tabet ; avant la guerre, il eut à travailler avec ce grand impresario. À cette époque, employé par la William Morris Agency de New York, Fischer était l'un des trois représentants de la firme à Paris. La succursale française de la William Morris Agency se trouvait alors sur les Champs-Élysées. C'est dire si notre Clifford en connaît long sur la baguette et le béret ! Or, la première fois qu'il auditionna Piaf, quai Conti, chez une amie d'Édith, courant 1946, il fut pris de hoquet : « Je n'ai jamais entendu ça ! » Marc Bonel était présent et se souvint des valses-hésitations de l'Américain. « Il demandait un temps de réflexion. Il voulait à nouveau voir et écouter Édith. Il est revenu huit jours plus tard. Cette fois fut la bonne. »

Les artistes femmes étrangères, françaises par surcroît, les Américains les voulaient telles qu'ils se les imaginaient, glamoureuses et strassées à plaisir. Elles acquéraient alors le droit de pouvoir montrer ce dont ils les supposaient capables. À preuve, le cas d'Irène Bordoni. Toute la carrière de cette « petite femme de Paris », parfaitement inconnue en France, se fit à New York où l'on avait fini par la surnommer *The toast of New York.* Dès 1922, parfaitement admise en qualité de poupée exotique mariée à un prince russe en exil, elle avait même créé des chansons de Gershwin, d'un genre gentiment grivois, indépendamment des revues dans lesquelles elle avait joué. C'est elle qui porta au succès le fameux *Do it again*, auquel Marilyn Monroe devait conférer plus tard sa propre touche de sensualité. Tous les artistes français de passage à New York étaient reçus chez la Goldoni, en son fastueux hôtel particulier proche de Park Avenue. Grandiose par sa façade. Délabré à l'intérieur. Avant que la mode et les faveurs ne se reportassent sur Lucienne Boyer, unique chanteuse française à avoir eu un pied de notoriété de chaque côté de l'Atlantique. Il n'était pas dans le tempérament artistique de Lucienne de caracoler sur scène, drapée dans d'interminables manteaux en renard rose, des paillettes cousues au menton.

Au mitan des *thirties*, son charme féminin, son élégance toute parisienne et ses robes signées Jeanne Lanvin, toutes exclusivement bleues, avaient suffi à séduire New York où son portrait trônait dans les vitrines des luxueux magasins de la 5e Avenue. Simple, disponible, généreuse, au Versailles, à chaque interprétation de *Parlez-moi d'amour,* Grand Prix du disque français 1931, la « Dame en bleu » était acclamée. En proie à la confusion avec les mots *french friends* (amis français) et *french fried* (pommes frites), un soir de 1936 elle se fit joie et devoir d'y présenter des duettistes français fraîchement débarqués sur les traces de Jean Sablon : Jacques Pills, son futur mari et Georges Tabet. Dans le petit confort de son succès new-yorkais, miss Boyer repoussa à maintes reprises les ponts d'or d'Ernst Lubitsch, qui dirigea Maurice Chevalier dans *Parade d'amour*. Grand bien fasse à Chevalier son goût puissant pour le paraître et les dollars[1]. Lucienne refusait de tomber dans les combinaisons des ploutocrates d'Hollywood, telles que les décrit F.S. Fitzgerald dans *The Last Tycoon* (*Le Nabab d'Hollywood*). Elle ne faisait qu'un vœu : rentrer à Paris pour y ouvrir une guinguette destinée à relancer la tradition du café chantant. Une grande dame, Lucienne Boyer. Ou une inconsciente[2] !

Piaf fera-t-elle aussi bien que son aînée ? Qu'en sera-t-il d'elle au pays des cow-boys, avec sa petite robe noire et son apparence de mater dolorosa ? Jacques Tati était d'avis que les Américains ont besoin de l'esprit de Paris. « Je l'ai constaté à plusieurs occasions. Pour eux, comme pour beaucoup d'étrangers, la France symbolise la défense de l'individualisme et de la personnalité et il faudrait tirer parti des bonnes intentions qu'on nous manifeste. » Confiante, la fille de Belleville découvre les lumières de New York, cité du bruit. Jour et nuit, klaxons, sirènes, sifflets, timbres rugissent, mugissent, glapissent inlassablement. Hourvari effroyable et démesuré, sans pitié pour les nerfs, qui n'a d'égal que le reflet brutal des phares d'autos, dont les rayons balaient les rues dès le crépuscule. Un cocktail de discipline et d'anarchie. À l'image d'un pays obsédé par la propreté la plus méticuleuse et par la sauvegarde de l'intégrité de la race blanche. Un pays jeune où tout se mêle étrangement et où les contrastes s'amalgament d'une manière inextricable : le très neuf et le désuet, styles anciens et styles *up to date*, mœurs puritaines et allures très libres, richesse et pauvreté, sensibilité et dureté, affaires et plaisirs, qui ne peuvent que surprendre l'observateur posté sur les promontoires de la vieille Europe. Ainsi, dans une même rue new-yorkaise, une demeure de riches bourgeois peut jouxter

---

1. Une enquête fiscale réalisée à Hollywood par *Le Figaro*, en 1936, révèle que pour la seule année 1934, Maurice Chevalier a fièrement déclaré au fisc la somme de deux millions cinq cent mille francs. Contre un million quatre cent dix-neuf mille francs pour Clark Gable. *My Chevalier is rich !*

2. Vers 1960, elle inaugura à Paris, avenue Junot, un vieux café chantant. Vendant pour cela la superbe maison de maître qu'elle possédait sur les hauteurs de Saint-Cloud. Une affaire désastreuse où, selon Georges Tabet, elle perdit trois cents millions.

sans choquer un immeuble de rapport loué à de très modestes humanités. Park Avenue semble une exception, qui offre de splendides résidences à l'aristocratie de l'argent. Là sont situés les hôtels les plus opulents. Innombrables. Piaf est descendue à l'Ambassador. Bluffée, la Piafou ! Loin de ses bistrots et des parfums de la Seine, le dépaysement est absolu. Sa première lettre à Bourgeat, datée du 25 octobre 1947, respire son exaltation : « Quel pays merveilleux ! Et que les gens sont donc gentils... Il faut absolument que tu connaisses ce pays. New York est une ville vivante, les gens saisissent la vie par tous les bouts. » Elle ajoute : « Je débute dans six jours (le 30) [au Playhouse]. Je chante trois chansons en anglais. Cinq en français. Je voudrais toucher leur cœur, parce que je les aime bien... » Pour terminer par sa profession de foi habituelle : « Tu es mon ami, mon frère, ma fille et je n'aime personne au-dessus de toi ! » Plus que six jours avant l'échéance... L'artiste ne vit plus, mais son cœur continue de battre. Pour qui ? Elle ne sait plus trop. Jaubert, qu'elle somme de l'épouser, pratique la politique de l'autruche sans lui donner la raison de son attitude. Déçue, frustrée, en manque de tendresse et d'idéal, Piaf reporte secrètement ses espoirs sur un homme qu'elle a rencontré à Paris, un an avant son départ pour l'Amérique. Un boxeur de très haut niveau, arrivé depuis peu à New York : Marcel Cerdan...

Souvenons-nous, nous avions assisté de très loin à leur première furtive rencontre, à Cannes, au stade des Hespérides, lors de « La Nuit des vedettes », le 15 août 1946. Piaf n'avait pu que loucher sur lui, mais trois mois plus tard, occasion lui fut donnée de l'examiner de plus près, à Paris, au Club des Cinq, où la Môme se produisait alors. Cerdan se trouvait dans la salle en compagnie de madame X, sa maîtresse du moment, une belle femme richement mariée à un homme d'affaires. Follement amoureux, le « bombardier » se laissait enseigner les belles manières et inculquer quelques notions d'instruction. Très amie avec cette madame X, Danielle Bonel accompagnait le couple adultérin ce soir-là. Mondain par plaisir autant que par obligation, Cerdan manifesta son désir d'être présenté à la Môme. Il voulait lui dire enfin toute son admiration. Celle d'Édith lui étant acquise par avance, rien ne laissait présumer la naissance d'une idylle. Leur histoire ne commença qu'après la fin de celle de Cerdan avec madame X. Un épisode douloureux pour le champion. Enceinte de lui, sans que le mari trompé y voie goutte et sans que Cerdan lui-même le sache, madame X refusa de se faire avorter, mais elle mit un terme brutal à son adultère. Quelques mois plus tard, l'enfant naquit et, bien entendu, il porta le nom de son père, puisque ni vu ni connu. « Quand on voyait le petit, il n'avait pas du tout le type breton du papa et de la maman ! sourit Danielle Bonel. Marcel conçut énormément de souffrance de cette séparation. Il continuait à rôder dans la rue de sa bien-aimée, effectuant les cent pas sous son balcon. » Or, « Roxane » demeura inflexible.

Nous verrons plus loin que Cerdan avait déjà un enfant naturel et que Marinette, l'épouse du boxeur, a tenu dans la presse beaucoup trop de propos contradictoires pour demeurer crédible lorsqu'elle affirme qu'elle ignorait ce qui se tramait entre Piaf et son mari. « Bien sûr que Marinette savait », confirme Danielle Bonel. Il est patent que madame Cerdan sut toujours à quoi s'en tenir quant aux exploits extra-conjugaux de son époux. De même que Piaf fut bien loin d'être la harpie désireuse d'arracher vaille que vaille un homme à sa femme et à ses enfants. *Madame X* : un bon titre de chanson pour Piaf et un joli sujet. La dame en question fut le témoin de Danielle Bonel à son mariage.

Marcel Cerdan naît en Algérie, à Sidi-Bel-Abbès, en juillet 1916. Il y passe ses premières années, avant qu'Antonio, son père, ne déménage toute la famille au Maroc, à Casablanca. L'enfant est passionné de football. Un bel avenir s'offrait à lui dans ce sport, puisque dans l'intermède de la guerre, en 1941 et 1942, il fut international marocain. Mais, très tôt, Antonio le détourne du foot pour le diriger vers le « noble art », comme il avait agi avec ses deux autres fils. La carrière officielle de Marcel Cerdan commence en 1934, à Meknès, avec sa victoire aux points sur Marcel Bucchanieri. La première d'une longue série si l'on songe qu'en cent treize combats, il fut battu seulement quatre fois et s'offrit la bagatelle de soixante-six victoires par KO. La puissance de Marcel Cerdan et sa vitesse d'exécution sont étonnantes. Son courage orgueilleux et ses qualités physiques exceptionnelles font de lui un monstre de volonté. Des atouts décelés par son entraîneur Lucien Roupp, qui va les porter à la perfection. « Marcel Cerdan était né boxeur par sa mère, dira-t-il après la mort de son poulain. Parce que je considère une chose : on ne fabrique pas un boxeur, c'est d'abord la mère qui le fait. Et dans tous les sports, c'est pareil. Elle vous fait un être exceptionnel. Elle vous fait un gars avec un battement de pouls de 55 à 60 à la minute. Là est le champion. C'est donc d'abord à la mère qu'on doit d'avoir un champion. Après, on façonne, on fait travailler. C'est long, très long. On répète mille fois la même parole : "Mets pas ton pied comme ça, fais pas ci, fais pas ça, baisse le menton, lève ton épaule"... »

À la fin de 1937, Cerdan traverse la Méditerranée et gagne Paris pour y préparer le championnat de France des welters, qu'il remporte en

1938. L'année suivante, il est sacré champion d'Europe. Paré pour entrer de son vivant dans la légende, la guerre coupe son élan. Mobilisé dans la marine en Afrique du Nord, après l'armistice il revient à Casa où il épouse Marinette Lopez, en janvier 1942. Trois garçons naissent de cette union : Marcel junior, René et Paul. En 1945, la guerre terminée, Cerdan reprend de la graine et s'impose comme champion d'Europe des poids moyens. L'objectif suprême est désormais à sa portée : le titre de champion du monde détenu par les Américains en la personne de Tony Zale. Il s'y attaque de front. Ce, dès le 6 décembre 1946 où il commence par battre Georgie Abrams à New York. Puis Harold Green, en mars 1947, à New York toujours (son centième combat). Puis Billy Walker, foudroyé en une reprise, le 7 octobre suivant, à Montréal. Le prochain obstacle avant d'accéder jusqu'à Zale : l'Estonien Anton Raadik, que Cerdan devra rencontrer à Chicago. À un jour près, la date retenue pour le combat coïncide avec celle de la première de Piaf au Playhouse.

Contrairement à ce qui a été dit, dès octobre 1947, la relation Piaf/-Cerdan est déjà sérieusement amorcée. Au moins dans l'esprit de la Môme. Car si sincère soit-il dans l'instant, Cerdan est marié, père de famille de surcroît et les jonglages de sa vie extra-conjugale lui réclament déjà beaucoup de temps et de dextérité. Secrètement, Piaf s'accroche. Roland Gerbeau : « De retour de Boston, après le flop du show Baker au Majestic Theater de Boston (devant la famille Kennedy au premier rang, dont John, le futur président, qui vint saluer Joséphine dans sa loge à la fin du spectacle), j'étais resté six mois à New York, guettant la sortie en France de mon disque, *Ma Cabane au Canada.* Vous connaissez la suite de cette histoire... En attendant, j'avais trouvé du travail dans un cabaret de la 46e rue : le Bal Tabarin. Déjà très éprise de Cerdan, Piaf se languissait de lui, parti combattre à Chicago. Dans ses soirées de solitude, je lui téléphonais souvent, la nuit, après le boulot, vers 3 ou 4 heures du matin, et elle me demandait de venir la voir dans son appartement de la 5e avenue. J'y ai retrouvé Irène de Trébert qui avait fait le voyage de France avec elle. En plus des lamentations d'Édith, j'avais droit aux larmes de la pauvre Irène en plein marasme affectif avec Raymond Legrand. Je crois même me souvenir qu'ils venaient de rompre ou qu'ils étaient en passe de le faire. “Va te mettre dans son lit”, me conseillait Édith. Très mélancolique, la Môme me parlait de Cerdan, dont j'avais fait moi aussi la connaissance à Paris, au Club des Cinq. Nous nous étions ensuite revus dans la rue. Il m'avait accompagné un long moment, puis il m'avait invité à déjeuner dans un restaurant marocain du 17e arrondissement, appartenant à un parent de sa femme. Il y avait ses habitudes. Ce jour-là, j'ai décliné l'offre par manque de temps, mais la semaine suivante nous nous y sommes retrouvés devant un couscous et là j'ai appris à mieux connaître ce monstre de puissance dont la simplicité n'avait d'égale que la gentillesse. Devant boxer à Chicago, Cerdan s'entraînait dans l'Amérique profonde et la Piaf me lisait des poèmes de Lamartine et de Baudelaire, voire des lettres de Madame de Sévigné, tout en buvant de l'eau minérale. Vers les 6 ou 7 heures, on allait se coucher, moi du côté de Times Square et elle dans son lit, le cœur gros, en pensant à Marcel qui n'avait pas téléphoné de la soirée. »

Il était à prévoir que ce roc de Raadik ne se laisserait pas facilement impressionner par le « frenchie ». Le visage en sang, les mains endolories, envoyé par trois fois au tapis, Cerdan dut aller jusqu'au bout de ses forces pour lui arracher la victoire, évitant la catastrophe de justesse. À New York, le guerrier retrouve sa Pénélope et pendant une semaine ils se voient avec les précautions d'usage. Jo Longman, le manager de Cerdan, et Lucien Roupp n'envisagent pas cette relation d'un très bon œil. Piaf n'en a cure. Marcel a le mérite et l'avantage d'être physiquement et moralement présent à ses côtés, quand d'autres semblent vouloir quitter le navire. Par-delà le fait qu'il n'est qu'une roue de secours et elle une maîtresse de plus, c'est tout ce qui compte. À mesure qu'elle le jauge, il la fascine. De son côté, ce petit diable de femme est loin de laisser indifférent ce solide gaillard d'une douceur émouvante, le cœur et le sourire toujours aux lèvres. L'admiration joue des deux côtés. Avec ce petit plus où les histoires d'amour puisent leur eau. Journaliste sportif au *Parisien Libéré* dont il sera un jour le directeur, Félix Lévitan, ami du couple Piaf/Cerdan, parlera d'« éblouissement mutuel » : « On ne pouvait pas ne pas aimer Piaf interprète et on ne pouvait pas l'aimer et l'admirer dans la vie. On peut en penser ce que l'on veut, mais elle avait une manière de forcer la sympathie extraordinaire. Si elle a subjugué des foules et des foules, ce n'est pas sans raison. On trouvait la même chose chez Marcel. C'était un être prodigieux. D'abord c'était un homme beau, souriant, d'une gentillesse extrême, et c'était un monsieur qui n'avait pas besoin d'Édith. »

Bientôt, Marcel doit repartir chez lui, à Casablanca, via Paris. Dans l'avion qui les ramène en France, Cerdan se confie à son entraîneur : « Ah ! Édith m'avait bien prévenu ! Elle m'avait dit :

"— Tu sais, mon petit Marcel, faut pas que tu t'attendes à être toujours vainqueur dans la vie. Un jour, il arrivera quelque chose. Il faut que tu te prépares à ça." »

« Je le gonflais et puis elle me le dégonflait, devait se plaindre Lucien Roupp, en octobre 1969, dans *France-Soir*. Elle ne me le dégonflait peut-être pas mais elle le préparait à la défaite, ce qui revient au même. Mais elle le faisait dans un bon but, pensait-elle. »

C'est le moment que choisit Jaubert pour retrouver ses ardeurs et dévoiler enfin ses batteries : « Maintenant, il dit qu'il veut m'épouser, écrit Piaf à Jacques Bourgeat. Il paraît qu'il a fait le serment à sa mère de ne jamais se marier avec une catholique [1]. Mais comme il a aussi fait celui de ne jamais me faire de peine, alors il fait sauter l'autre serment. Mais tout ça, c'est du sacrifice et je n'en veux pas. Tu sais, Jacquot, je suis un peu déroutée. Une lettre est impossible pour expliquer des choses aussi graves. Jean-Louis m'a tant déçue. Je t'ai caché tant de choses pour ne pas te faire de la peine, mais je n'en peux plus, mon Jacquot. Je ne lui en veux pas, mais j'ai passé des nuits à pleurer, tant j'étais désemparée. Maintenant, c'est fini et je n'ai plus qu'une grande tristesse. » Fini fini ? Cerdan est loin d'elle à présent, mais tellement là par la pensée qu'elle se sent assez forte pour tout révéler à Jean-Louis. « Pense que, même sous menace de séparation, il menace de m'épouser, confie-t-elle à Bourgeat. J'en ai marre, je vaux mieux que lui. Depuis que je suis avec lui, je ne l'ai jamais trompé, mais maintenant, c'est fait. Je l'ai averti loyalement de ce qui allait arriver, il en a pris la responsabilité. Tant pis pour lui. »

« Elle voulait croire à cette histoire avec Jaubert, pense Danielle Bonel, mais leur relation n'a pas laissé à Édith un souvenir impérissable. Dans ses lettres à Bourgeat, quand elle parle de nuits passées à pleurer à cause de Jaubert, elle joue du violon... » Une autre femme a mieux connu encore Jean-Louis Jaubert, puisqu'elle eut un enfant de lui et qu'elle faillit l'épouser : Madeleine Robinson. Ils s'étaient rencontrés un soir, dans un restaurant parisien, où Madeleine était allée dîner avec Andrée Bigard. Dans ses souvenirs, la comédienne laisse du Compagnon l'image d'un « aimable commensal qui se tenait bien partout » : « Il aimait me donner le bras dans des cocktails, des premières et des festivals, et les présentations aux officiels le flattaient : "Vous connaissez ma femme..." » Coquet jusqu'à l'ostentation, Jaubert, qui collectionnait les costumes et dont la conception de la voiture personnelle, selon Robinson, passait par les « tilbury, carrosse et équipage à ses armes », présentait quelques-uns des symptômes du gentil parvenu. « Il était charmant, mais son côté enfant gâté contrariait mon

1. Juif de confession, Jaubert finira par épouser une catholique, mais seulement après la mort de sa mère. La disparition de sa jeune femme, à l'âge de trente-huit ans, faillit briser sa vie.

amour violent de la simplicité, ma nature rebelle et sauvage », regrette la comédienne. Mireille Lancelot témoigne de ce que Jaubert et Robinson surent toujours garder des relations extrêmement complices. « Elle nous répétait souvent que si elle avait dû épouser un autre homme, c'eût été Jean-Louis. Délicat, très drôle et bien élevé, il avait tout pour plaire aux femmes. D'ailleurs, il leur a beaucoup plu... Il était charmant avec elles. Il nous avait avoué qu'il s'était toujours débrouillé pour ne pas virer une femme, préférant être viré. Édith a beaucoup aimé Jean-Louis, car justement il ne s'affichait pas avec elle. Pour vous dire en quel respect il tenait Édith, un jour, devant mon mari qui manifestait sa tristesse de devoir me laisser pour partir en tournée, Jaubert eut cette réflexion mâtinée de reproche : "Tu tiens beaucoup plus à Mimi qu'à Édith !" Ce à quoi mon mari répondit par l'affirmative, car sa femme passait avant tout. »

Jaubert est mort, vive Cerdan. Le boxeur prend désormais toute la place. À Paris, Bourgeat est le premier à entrer dans le secret. Dès le 4 novembre, après avoir rappelé à son « second papa » combien elle l'aime de manière sûre et irréversible (« tout le reste n'est que du passage et rien de solide ; il n'y a que le vide et moi »), elle lui écrit : « Je t'envoie Marcel Cerdan, je voudrais que tu l'aimes autant que je l'aime. C'est un garçon tellement droit et qui m'aime tellement sincèrement, sans calcul, comme ça, avec son cœur tout propre et il a besoin de toi, de moi. Je voudrais que tu lui montres la route de l'évolution, car il en a très envie. D'ailleurs, quand tu auras parlé un peu avec lui, il te touchera comme il m'a touchée. Avant ses matchs, il fait le signe de croix, il est épatant ! [...] Si tu savais combien Marcel m'aime, combien il est sensible et près de nous. Tu comprends, c'est un gars du peuple, un électricien, un gars qui s'est fait tout seul et qui reconnaît qu'il lui manque des tas de choses. Invite-le à manger très souvent, parle-lui. Essaie de lui apporter ce qu'il cherche [...]. Il faut lui apprendre les belles choses que tu sais, mais vas-y doucement car il est d'une sensibilité extrême et souffre de ne pas savoir. Alors, ne lui dis pas tout de suite des machins compliqués. Commence par lui parler de moi, beaucoup, de nous, enfin de ce que tu appelles mon évolution. Je voudrais aller avec lui à Saint-Lambert et toi au milieu de nous deux. Tu verras quelle belle âme il a [...]. Je suis heureuse, Jacquot, heureuse qu'un homme me respecte, un homme qui n'a pas besoin de moi, mais moi besoin de lui. Un homme qui me protège de toute sa force. Aime-le, Jacquot, quand tu le connaîtras, tu l'adoreras [...]. Marcel va devenir champion du monde, il l'est déjà d'Europe. Et c'est un ami à avoir dans les mauvaises occasions, ou le contraire. Ne le contrarie surtout pas, ne va pas lui parler de tennis, tu le vexerais ! P.-S. : Écris-moi, au nom d'Irène de Trébert, sans mentionner le mien et fais faire l'adresse de l'enveloppe par quelqu'un d'autre. » Les temps sont revenus à la conspiration amoureuse et Pygmalion tire ses plans sur la comète. Il est curieux et peut-être pas si paradoxal que cela de constater à quel point les femmes privées d'instinct maternel peuvent devenir des mères abusives avec les gens qu'elles choisissent d'aimer.

Sept semaines après son arrivée à New York et un mois après ses débuts, l'optimisme de la Môme semble retomber comme un mauvais soufflé préparé avec les bons ingrédients. Cerdan n'est pas en cause. Ni même Jaubert, toujours en course, malgré les récriminations de sa compagne. Le mal vient de ce qu'au Playhouse, la Française n'a pas soulevé l'enthousiasme du public et celle-là, depuis l'ABC en 1937, personne ne la lui avait encore jamais faite ! Si l'on excepte les Grecs, mais en Grèce on mange mal... « Le premier jour, elle a fait un succès parce qu'il y avait des gens évolués dans la salle, nous renseigne Danielle Bonel, des artistes, des intellectuels, etc. Mais après, ça n'a plus été pareil, elle n'a pas accroché. En plus, elle ne chantait qu'en français. Et lorsqu'elle s'est mise à l'anglais, on a cru qu'elle chantait en italien. » Micheline Dax : « Quand elle est arrivée là-bas, ils l'ont annoncée ainsi : “En France et à Paris, il y a la Tour Eiffel et Édith Piaf”. C'est dur à porter pour des gens qui sont des touristes-nés et qui rapportent toujours une Tour Eiffel. Ils n'ont rien compris. Elle est rentrée, c'est là où je l'admire, c'est sa bonne foi. J'en connais beaucoup qui sont allées en Amérique, qui ont fait le même bide et qui jamais n'en conviendront. »

Piaf devait rentrer mais pas avant d'avoir digéré son échec et pris sa revanche. Or, l'affront est d'autant plus insupportable que les Compagnons qui assurent sa première partie (vedettes américaines, c'est le cas de le dire), ont raflé tous les suffrages à son nez et à sa barbe, déchaînant un enthousiasme dont elle ne ramasse même pas les éclats ! Il n'y en a que pour eux. « Eux aussi chantaient en français, mais c'était beaucoup plus scénique, c'était nouveau, explique Danielle Bonel. Entre autres numéros, ils faisaient une parodie d'*Au clair de la lune* et chantaient une chanson de Charles Trenet : *L'Ours...* »

Dans notre village autrefois,
Un ours énorme dévastait le bois
Il faisait peur aux bûcherons...

(...)
Le maire et Monsieur le curé dirent en colère
Cela ne peut durer.

Un tableau très *Blanche-Neige et les sept nains* qui convenait parfaitement au public américain. Parenthèse amusante : Piaf devint très amie avec la chanteuse Élyane Célis, la voix française de *Blanche-Neige* dans *Un jour, mon Prince viendra*. Danielle Bonel a gardé les lettres d'Élyane Célis adressées à la « patronne ».

Piaf n'admettra l'évidence de l'échec qu'une fois la vapeur inversée. Dans ses lettres à Bourgeat, elle commence par tout nier en bloc : « J'ai reçu les journaux de France qui disent que je me suis cassé la figure. Tu peux m'en croire, ça n'est pas vrai et je souhaite à tout le monde de se la casser comme moi. Mais que les gens sont donc méchants ! [...] Ne t'inquiète pas de ce que racontent les journaux. Il faut bien qu'ils racontent quelque chose, sinon leurs sales feuilles de chou ne se vendraient pas. Ils ont besoin de tremper leur sale plume dans la boue et c'est ce qu'ils appellent écrire ! [...] Il est évident qu'il est plus facile pour les Compagnons que pour moi d'avoir la réaction qu'ils ont eue. Et puis pourquoi parler de tout ça, ça n'en vaut pas la peine ! »

À Paris, on pense le contraire et le métier se délecte du four de la Môme, dont Simone de Beauvoir réfère de manière moins primitive dans une lettre à Nelson Algren : « Vous m'avez interrogée sur Édith Piaf. Précisément je reçois une lettre d'amie française de New York qui vient d'assister à un de ses concerts ; eh bien, les chanteurs qui l'accompagnent, qui n'ont pas la moitié de son talent, ont remporté infiniment plus de succès qu'elle. » La compagne de Jean-Paul Sartre s'était renseignée sur ce paradoxe auprès de son amie. « D'après elle, les Américains, confrontés avec la réalité française, réagissent exactement comme nous en France par rapport aux réalités américaines : ils apprécient ce qui, à leurs yeux, a *l'air français*. Les chanteurs en question, qui interprètent de vieilles chansons françaises, ils les ont compris et aimés. Mais les vrais phénomènes français n'ont pas l'air à ce point français, ils ne sont que nouveaux ; en France, nous les goûtons parce qu'ils sont différents des vieilleries françaises. Par analogie, je perçois très bien que ce qui m'a d'abord attirée en Amérique a été ce qui à mes yeux *paraissait* typiquement américain. À présent que j'en sais un peu plus, les faits importants chez vous ne me paraissent plus si ouvertement américains, vous voyez ce que je veux dire ? Édith Piaf dans sa robe noire, avec sa voix enrouée et son visage ingrat, n'a guère l'apparence française, les Américains ne savent que trouver en elle, et restent froids.

À nous, ici, elle nous plaît, nous la jugeons extraordinaire et étrange, de cette étrangeté qui naît quand beauté et laideur se rencontrent. Or, vous m'avez dit vous-même que vos compatriotes goûtent peu ce genre de mélange. Et puis, quand elle touche son cou, le tour de son cou, en un geste bizarrement sensuel et angoissé, le public n'aime pas ça : c'est l'endroit où les hommes souffrent de la gueule de bois le lendemain, c'est la place où les femmes frustrées désirent sentir les lèvres d'un homme et ne les sentent pas, si bien que tout le monde est mal à l'aise. »

Piaf est déçue, mais fière plus encore. Faisant amende honorable dans son autobiographie, elle avouera : « Mon premier contact avec New York m'avait laissée "catastrophée" et, pour la première fois de ma carrière, je doutais de moi. » Il fut même question pour elle de reprendre le bateau. Toujours dans *Au bal de la chance*, un livre qu'elle a signé sans l'avoir écrit, elle attribue le gros de son découragement à « un Français fixé aux USA depuis plusieurs années, que je ne nommerai pas et ce sera sa punition, car il est assez friand de publicité ». Livré à un travail de sape, le mystérieux personnage lui aurait déclaré sans élégance : « C'était à prévoir, ma pauvre Édith ! [...] Pourquoi vous êtes-vous lancée dans cette aventure ? » « Et il continuait sur ce ton, sans se rendre compte qu'il me torturait et me vidait du peu d'énergie qu'il pouvait encore me rester. » Quid de ce faux ami ? Chevalier *of course* ! Le seul chanteur français à s'être véritablement imposé en Amérique depuis avant la guerre et qui était de retour à New York précisément en octobre 1947. Sur le *De Grasse*, le p'tit gars de Ménilmuche se fit une fierté mondaine de danser avec l'épouse de Charles Lindbergh. Quelque peu déformé quant au fond et à la forme, le rapport de Momo, dans ses mémoires, relatif à cette période, ne permet plus le doute : « Édith Piaf et les Compagnons de la chanson ont fait leurs débuts à Broadway, accueillis très sympathiquement par la presse. Les recettes initiales, néanmoins, ne leur donnent pas complète assurance d'une réussite confirmée par le public. Il faut attendre, car, au fond, c'est au public à décider s'il aime ou n'aime pas la marchandise offerte. Ils sont venus me voir, inquiétés de cette retenue. J'ai conseillé l'humilité dans la ténacité. »

Le spectacle de Piaf et des Compagnons au Playhouse s'arrête le 6 novembre, mais il n'est plus question pour la chanteuse de rentrer au pays. Elle vient en effet de signer un contrat, « pour moi seule », de huit semaines avec Nicolas Prunis et Arnold Rossfield, les directeurs du cabaret-restaurant le Versailles, à raison de trois mille dollars la semaine. Ce coup de force de Barrier est tout bonnement miraculeux.

Piaf ignore que c'est à ses propres risques et périls. Car il faudra compter avec le public, ou bien alors rembourser le trop-perçu. Pas fous, ces Amerloques ! D'où vient que Prunis et Rossfield aient accepté de programmer une artiste étrangère boudée par les New-Yorkais, huit semaines durant ? Danielle Bonel : « Robert, le maître d'hôtel, très important au Versailles qui commençait à décliner, était un Italien parlant parfaitement le français. Il avait vu Piaf au Playhouse et il était enthousiasmé. Il avait dit à ses directeurs : "Ne passez surtout pas à côté de ça, c'est vraiment quelqu'un d'époustouflant ! Elle va vous remonter. » Là-dessus, Virgil Thomson, un critique très suivi outre-Atlantique, rédigea un article qui allait bouleverser la donne. D'ordinaire, Thomson n'écrivait pas sur les artistes de music-hall, sa spécialité restant le classique. Il fit exception pour la Française. Édith Piaf : « Il consacra deux colonnes à mon sujet, où il expliquait au public américain qu'il était regrettable qu'on ne m'ait pas comprise chez eux. Il disait aussi que si je repartais, c'était le public américain qui perdait et non pas moi. Le lendemain, tout le monde me téléphona et on m'expliqua que je ne me rendais sans doute pas compte que cette critique suffisait à remettre les choses en place. »

Et ça va marcher ! Quelques lignes dans un journal décidèrent de l'internationalisme de Piaf. Car lorsqu'on a vaincu l'Amérique, sans coup férir le monde vient à soi. Pendant huit semaines, l'élite du Tout-New York afflua au Versailles, spécialement transformé en l'honneur de la Môme, pour s'y suspendre aux lèvres de miss Piaf. Elle eut droit soudain à tous les qualificatifs que procure la gloire : « *Great !* » ; « *Gorgeous !* » ; « *Fabulous* » ; « *Marvellous !* ». « Son succès a été considérable, confirme Roland Gerbeau. Elle avait travaillé dur ses chansons et avait appris suffisamment d'anglais pour pouvoir les présenter elle-même. Dans le métier, on appelle ça faire ses "chapeaux". Alors qu'auparavant c'était un *master of ceremony* qui en était chargé, ce qui créait un temps mort entre chaque titre. Avant de partir à Hollywood, j'avais tenu à aller à sa première chez Prunis. Dans la salle, tout le gotha new-yorkais était présent. Il y avait des stars à toutes les tables. »

Est-il exact que du creux de sa vague au Playhouse, Piaf ait pu en venir à jalouser les Compagnons, leur reprochant indirectement leur succès, ainsi qu'on a pu le lire ici ou là ? Dans une lettre à Bourgeat, elle estime que ce sont eux qui prirent la grosse tête : « Les Compagnons n'ont pas été très bien eux non plus. Tous plus ou moins grisés et prenant des airs protecteurs. » Marc Bonel, qui partagea un temps sa chambre d'hôtel avec Fred Mella, confirmera que les Compagnons ne furent pas « très réguliers » avec la patronne : « Le succès et l'argent sont dangereux, car ici les dollars se gagnent facilement mais se dépensent aussi vite. » Le triomphe modeste est une vertu rare. Tandis que Bonel et Barrier se contentent de repas pris sur le pouce, dans leur chambre d'hôtel, par mesure d'économie, les Compagnons, eux, toujours selon Bonel, « mènent la grande vie, ils achètent de tout maintenant que l'argent rentre. Ils sont jeunes, ils se laissent entraîner ». Dans sa lettre à Bourgeat, Piaf assène au passage un nouveau coup de louche à Jaubert : « Et puis Jean-Louis m'a le plus déçue, en fait je me suis trouvée seule, heureusement que Loulou était là. C'est un vrai, lui ! » Le triomphe de ses boy-scouts était le sien, elle y avait œuvré, il n'y avait donc pas de raison pour qu'elle les renie une fois le but en voie d'être atteint. Bien au contraire. « Je pense que la confusion est venue d'une lettre envoyée par Guy Bourguignon à Ginette Richer, tient à rétablir Mireille Lancelot. Guy y racontait leur succès d'une manière trop désinvolte. Contrairement à mon mari qui fit preuve d'une plus grande délicatesse, en me disant sa joie mais également son chagrin pour Édith. Piaf était le Dieu des Compagnons. Ils savaient tous ce qu'ils lui devaient. Avec le recul, Fred Mella se souvient également que lui et ses camarades éprouvèrent beaucoup de peine devant l'échec de Piaf. »

Au début du mois de janvier 1948, avant donc qu'elle ne recouvre au Versailles sa dignité d'artiste et que ne s'ébauche son prestige américain, c'est d'abord à eux qu'elle pense, qui viennent d'être engagés au Latin Quarter. « Pour le moment, il n'est pas question de me séparer des Compagnons, écrit-elle à Bourgeat. Nous travaillons ici séparément, pour la raison suivante, c'est qu'il est impossible de travailler à deux dans un cabaret si l'on veut gagner de l'argent et qu'en plus il faut que je fasse mon nom toute seule ici, et qu'eux fassent le leur puisqu'ils le peuvent. Mais, en France, pour le moment, nous travaillerons toujours ensemble jusqu'au jour où je les mettrai en vedette. Il faut bien que ça arrive un jour, surtout qu'ils sont neuf et qu'il leur sera toujours difficile de s'en sortir bien. »

Pour autant, le 14 janvier, le jour même de sa première au Versailles, ce n'est pas seulement le trac qui rongeait Piaf. Rien ne pouvait l'extirper de ses avatars amoureux, pas même les séances de cinéma avec Marc Bonel. Tout était gris dehors, la neige tombait à gros flocons. Cerdan était loin et rien n'était encore réglé avec Jaubert, parti à Miami avec les Compagnons « en quête d'aventures et de dollars » après leur échec au Latin Quarter, et ne rentrant que le 23. Plus affamé que jamais, le cœur de Piafou pleurait misère, comme un nourrisson hurle pour réclamer son lait. Le 14 janvier, l'émotion qu'elle met dans ses confidences à Bourgeat gagne en intensité. Il s'agit d'une lettre capitale pour la compréhension du caractère de celle que l'on a coulée avec un peu trop de hardiesse dans le moule de la « mangeuse d'hommes ». Gourmande, elle le fut, certes, pas plus que d'autres, mais dans le tréfonds de son âme, la petite fille de Saint-Lambert appelait au secours et réclamait ce qu'elle savait ne jamais pouvoir obtenir ou donner : une histoire à deux places avec un homme sincère, toujours le même. Un état de grâce d'autant plus difficile à atteindre, du fait de son statut de grande vedette et des rêves de gloire et d'argent que provoque la réussite chez les mâles ambitieux. « Tu sais, Jacquot, je suis désemparée. Tous ces hommes qui passent leur temps à me décevoir, à me faire du mal et de la peine me dégoûtent. Qu'ont-ils donc dans la peau ? Parfois je doute que tu sois un homme. Il n'est pas possible que tu sois si bon, ou alors c'est parce que tu es d'une autre époque, mais vraiment ils sont décevants. Tu ne peux pas savoir comme j'ai soif de calme, de douceur. Je ne suis pas faite pour avoir des tas d'amants, j'en ressors à chaque fois plus écœurée que jamais. J'en voudrais un seul, un bien, un propre. Si je les trompe, c'est de leur faute. Je ne les respecte pas parce qu'ils ne me respectent pas eux-mêmes. Ils ont toujours besoin de moi. Comment puis-je croire à leur amour ? On ne se sert pas d'une femme que l'on aime ! » Lucide, Piafou...

Elle n'en voudrait qu'un seul, elle le dit, elle l'écrit, au besoin elle le chante. Comme elle ne le trouve pas, elle complique le jeu et rajoute un troisième figurant, dont elle parle à Bourgeat en ces termes : « J'ai fait la connaissance d'un grand garçon, tu sais, ne ris pas, c'est vrai ce que je vais te dire. Je l'aime vraiment, c'est mon grand amour, je n'aimerai plus comme je l'aime, lui. Mais, hélas, il est marié et a deux gosses, mais je m'en fous, ça m'est égal, je l'aime trop et je veux bien vivre dans son ombre. Je ne veux rien que le voir de temps en temps. C'est une histoire très longue à raconter, mais tu verras, tu comprendras pourquoi je l'aime. Ça fait huit ans que je le connais, et huit ans que j'attends le moment de le rencontrer. C'est un peu pour lui que je suis venue en Amérique, mais je t'expliquerai tout cela en détail. Quand il vient ici me voir, je suis au moins sûre que c'est pour moi, puisque c'est une des premières vedettes d'Hollywood et il est fait sur mesure pour moi. Tu ne peux pas savoir comment il est moi-même. Je l'aime comme une folle et ça je ne te l'ai pas dit, mais vois-tu, pour lui je quitterais tout. J'accepterais de ne plus croire, rien que pour lui. Oh, Jacques, je suis à la fois la plus heureuse et la plus malheureuse. Ne ris pas de ce que je viens de t'écrire, car toi tu me connais et tu sais qu'à toi je ne mentirais pas. Je l'aime de toute mon âme ! Je t'aime, mon Jacquot, avec mon petit cœur bouleversé et chaviré. »

Le mystérieux n'est autre que le « facteur » qui « sonne toujours deux fois », le rôle le plus marquant de Julius Garfinkel, alias John Garfield, fils d'un modeste tailleur juif des taudis de Brooklyn. Né en 1913, il commença sa carrière au cinéma en 1938, date à laquelle Piaf le découvrit sur les écrans parisiens, à une époque où les USA produisaient 80 % des films distribués dans le monde, contre 20 % de blé. Devenue à la seule force de sa volonté l'une des plus grandes pointures de la Warner et tournant sous la direction d'éminences (Litvak, Hawks, Fleming, Kazan, Polonsky), Garfield servit abondamment dans les emplois de héros meurtris par la société. « Les créations de Garfield sont à l'opposé des personnages de Bogart, Flynn ou Cooper : il se définissait lui-même comme le Gabin du Bronx, entendons le Gabin des films d'avant-guerre, celui de Renoir, de Carné, du Duvivier de *La Belle équipe* », spécifie Jean Tulard, dans son *Dictionnaire du cinéma*.

Ne manquait plus que l'entrée en scène d'un surhomme pour parfaire le Marivaux : cet entrelacs ! Comment a-t-elle pu oublier Cerdan au point de parler du nouveau venu comme du seul homme qu'elle ait jamais aimé avec autant de force, au point de vouloir tout quitter pour lui ? Au vrai, Piaf se sent perdue et lance mille bouteilles à la mer, attendant fébrilement le premier qui lui rapportera l'assurance d'un bonheur vrai et durable, comme si l'amour était à classer sans suite dans la catégorie des denrées non périssables. Selon Roland Gerbeau, la rencontre avec Garfield daterait de l'époque du Versailles. Précisément du soir de la première : « À la fin du spectacle, les célébrités se sont précipitées dans sa loge pour la féliciter. Édith était rayonnante. Marlène Dietrich et moi-même nous trouvions près d'elle, lorsque soudain John Garfield fit son apparition. Il avait un petit air de ressemblance avec Marcel Cerdan. Lui aussi la félicita et après moult congratulations, il se retira. À peine avait-il disparu dans l'encadrement de la porte qu'Édith, prenant Marlène à témoin, balança : "Quel beau mec ! Je me le ferais bien..." C'était spontané, tout à fait Piaf quand elle repérait un beau gars. » Sauf à souligner que, dans la journée du 14 janvier, Piaf évoquait déjà Garfield dans sa lettre à Bourgeat. Partant, leur rencontre est antérieure à la première au Versailles et il y a tout lieu de croire que ce soir-là, les deux amants jouèrent un jeu en faisant mine de se rencontrer pour la première fois. La lettre de Piaf à Bourgeat, au lendemain de cette soirée, fait mieux que nous le confirmer : « Il y avait une salle formidable et mon succès n'est pas loin de valoir une première à l'Étoile ! [...] Il était bien là, c'est le principal. D'ailleurs, on nous a pris en photo et elles vont, je crois, paraître dans les journaux français. Alors, tu le verras, il est magnifique. Mais hélas je sais que c'est sans espoir... Ça me fait tout de même un beau rêve. Et puis il baise bien ! ! ! À propos, peut-être vas-tu voir mon boxeur ? Jean-Louis s'est enfin réveillé et il m'aime, mais hélas c'est trop tard, il m'a tellement fait pleurer et je lui ai tant donné que mon cœur est blessé profondément. Tu ne peux pas savoir, à une époque, surtout le premier mois en Amérique, combien j'ai souffert. » Elle termine sur une note plus familière en disant à Bourgeat sa joie de « revoir ta sale gueule ». Car il est question de faire venir son Jacquot en Amérique. Piaf devant rentrer plus tôt que prévu, le projet est reporté *sine die*, mais déjà elle salive à cette perspective : « La femme de mon accordéoniste vient aussi au début février et je pense te faire venir avec elle pour que tu ne t'ennuies pas pendant le voyage. Je me marre en pensant aux emmerdements que tu vas avoir pour venir ici, surtout si tu viens avec [elle] ! » Marc Bonel était alors marié à une dame de la même corpulence que ce pauvre « gros Jacquot ». D'où l'émoustillement de l'impénitente Piafou.

Savourant son intermède new-yorkais, Roland Gerbeau a plaisir à retrouver parfois Édith à l'heure du thé, au Waldorf Astoria, en compagnie de Marlène, Coco, Lucienne et Joséphine. Ou encore Piaf, Dietrich, Chanel, Boyer et Baker. L'un des plus beaux castings du siècle. Baker déteste Dietrich qui, elle, la méprise cordialement. Les bonnes dispositions de l'*Ange bleu* vont à Piaf. Une amitié de papier ou des sentiments forts et sincères ? Danielle Bonel : « On a beaucoup exagéré. Marlène fut une passade. Piaf était comme ça. » Marlène itou, selon Louis Bozon qui fut le seul à pouvoir supporter celle que l'impossible Baker taxait de « chleue » ou de « vache allemande » : « Marlène était capable de prouver à quelqu'un un attachement profond et, dans la minute suivante, de manifester à son égard une indifférence cruelle, écrit-il dans *La Femme de ma vie*. Je crois qu'elle a agi ainsi avec tous ceux qui l'ont approchée, tous ceux qu'elle a aimés. » Les relations entre les deux femmes iraient d'ailleurs s'étiolant. « Marlène était fascinée par ce mélange de fragilité et de force, par cette aptitude à la passion, par cette façon de boire la vie à plein goulot. Il y avait chez la chanteuse d'*Hymne à l'amour* une forme d'irrationalité qui fascinait la logique allemande de Marlène [...]. Mais elle coupa les ponts lorsque Piaf commença à se droguer [...]. La discipline et la maîtrise de soi étaient pour Marlène deux mots d'ordre impératifs ; les tranquillisants, à la rigueur, mais la drogue... » La même Dietrich qui, par l'intermédiaire du même Bozon, fournissait de manière illicite Romy Schneider en drogues médicamenteuses de toutes sortes, interdites en France[1].

L'on ignore l'opinion de Coco sur la Môme, mais dans les *Mémoires de Joséphine Baker*, Marcel Sauvage, son « nègre », fait dire à « l'Oiseau des îles » : « Édith Piaf a eu le cri de la chair, le cri de la Môme Piaf. Je ne suis peut-être pas admise pour parler de ce qui fait l'originalité de son art. Je ne suis pas assez française de formation pour apprécier toute la portée de son accent. Je ne suis pas née dans les faubourgs de Paris. Mais c'est bien la plus *femme* de nos chanteuses, Édith Piaf. Nous avons déjeuné ensemble, dans son cabaret d'Amérique. Je la voyais pour la première fois en privé. La femme, restée simple, sensible, directe, m'a séduite. Elle est bonne ; pour autant qu'une longue conversation me l'ait prouvé. » Des biscuits distribués au public pour qu'il vous achète le paquet entier ? Selon Maryse Bouillon, dans l'intimité le jugement de Baker sur Piaf relevait d'une autre saveur. « À part elle-même, je crois que ma tante n'a jamais aimé personne. Elle ne détestait pas Piaf autant qu'elle a pu haïr Juliette Gréco, par exemple, mais elle la trouvait peuple et vulgaire. Une année où Piaf était malade, elle projeta cependant de l'aller visiter à l'hôpital. "Pour quoi faire, puisque tu ne l'aimes pas ?" me suis-je permise. Sa réponse n'appela aucune réplique : "Je suis Joséphine Baker !" » Danielle Bonel possède une lettre de Joséphine et de Jo Bouillon, datée du 24 septembre 1959 et adressée à l'hôpital américain de Neuilly, où la Môme, revenue de loin, avait manqué une énième fois glisser au pays des ombres. « Ma chère Édith. Jo et moi avons eu un choc en apprenant que vous êtes de nouveau souffrante. Nous sommes navrés, mais nous avons confiance, et vous en sortirez très bien étant plus forte que jamais. Peut-être fallait-il justement cette nouvelle intervention pour en terminer avec vos souffrances passées. Nous ne voulons pas vous fatiguer par une longue lettre, mais simplement vous embrasser bien fort avec toute notre affection. Jo et Joséphine. »

Imprévisible Joe, étonnant et détonnant personnage, entre l'ensorceleuse et la dresseuse de serpents, pétrie de bons principes toujours valables pour les autres. De ces figures éminemment complexes qui font les artistes exceptionnels. Il est vrai qu'ennemie naturelle de ce qu'elle pouvait prendre pour de la vulgarité, elle savait se montrer méprisante envers ce qui lui rappelait sa prime condition. Or, une fois le vernis retiré, ses bonnes manières apprises à son arrivée en France sautaient à l'avenant et, là, on ne trichait plus. Le crachat au visage de

1. *La véritable Romy Schneider*, Emmanuel Bonini, 2001, Pygmalion.

Jo Bouillon, dans la rue, devant une partie de leurs adoptés reste encore le plus avouable. Mais ce n'est pas l'image qu'il faut garder de cette femme attachante, essentiellement malheureuse car en quête perpétuelle d'amour. Au cours de l'hiver 1932, en marge de « rencontres saphiques avec de jeunes danseuses, rondes de préférence, qui se limitaient à quelques attouchements auxquels elle se livrait parfois même devant moi, dans les coulisses, comme quand on a un petit creux et qu'on consomme un amuse-gueule, du bout des doigts » (Tabet, dans son livre, *Vivre deux fois*), une fulgurante passion avec Jacques Pills, son partenaire au Casino, l'avait profondément marquée. Follement éprise et ivre de reconnaissance sociale, Baker, qui ne couchait qu'avec des Blancs, aurait souhaité que Pills l'épousât, mais l'ardent duettiste la délaissa au profit de Simone Simon, une autre de ses nombreuses aventures sans lendemain, avec qui il joua l'année suivante dans *Toi, c'est moi*, d'Offenbach, aux Bouffes Parisiens. Après Boyer, Piaf avait sans doute plus d'atouts dans son jeu pour décrocher l'insaisissable. Notamment sa conquête de l'Amérique, le plus grand échec professionnel de Baker, pénalisée par ses engagements politiques. De bonnes raisons pour engranger les amertumes, sans que le discours public n'en porte témoignage. « Nous avions reçu Joséphine à déjeuner au Château Marmont, à Hollywood, sur le Sunset Boulevard, raconte Danielle Bonel. Pendant tout le repas, elle ne parla que de ses bagarres en faveur des Noirs. Elle tonitruait et faisait de grands gestes. Je garde le souvenir d'une femme certainement très courageuse, mais beaucoup trop agitée. » Comment ne le serait-elle pas : elle qui se vantait avec Jacques Abtey, son chef de guerre et son amant, de n'avoir jamais convié un Noir à sa table avant 1940, se voyait refuser l'accès des palaces américains à cause de la couleur de sa peau. De son côté, Piaf a reçu l'interdiction formelle d'interpréter *Qu'as-tu fait, John ?* sur le territoire de la confédération.

Qu'as-tu fait, John ? Qu'as-tu fait ?
Faut pas toucher aux femmes blanches.
Qu'as-tu fait, John ? Qu'as-tu fait ?
T'as l'air fin au bout d'une branche...

(Michel Emer)

Or, la Môme est aux antipodes de ces problèmes essentiels dans lesquels Baker, fourbue de paradoxes, s'élève et s'enfonce. *Le Grand voyage du pauvre nègre* (Raymond Asso/R. Cloërec), une chanson dénonçant le colonialisme, que Piaf a enregistrée en octobre 1938 et donnée à entendre sur scène, relatait pourtant avec force la douleur de l'esclavage. L'Amérique ségrégationniste a désormais pour elle les yeux de Chimène. Les portes s'ouvrent devant sa petite personne, et les tapis se déroulent. Les dollars assaisonnés de bravos traduisibles en cherokee et que l'on boit comme de l'hydromel réchauffent-ils pour autant ? Entre le 15 et le 22 janvier Marc Bonel et Loulou Barrier sont alertés en pleine nuit. La patronne est au plus mal. Les deux hommes accourent. Le spectacle qu'elle leur offre est poignant : « Nous l'avons trouvée dans un état épouvantable, témoigna Marc Bonel. Elle nous a dit qu'elle allait mourir, que plus personne ne l'aimait, qu'elle n'avait plus de papa, plus de fille, plus d'amis, que Louis et moi. Mais elle n'avait pas l'air de nous reconnaître [...]. La nuit de son appel, j'ai compris qu'il y avait une deuxième femme en elle. Une femme déboussolée par le succès, par l'argent, une femme qui s'impose par son talent, et, d'un autre côté, une pauvre malheureuse, un pauvre petit oiseau, une enfant privée de tendresse. »

23 janvier 1948. Jaubert doit rentrer aujourd'hui de Miami. Où en est Édith avec ses hommes ? « Chaque fois que je reçois de tes nouvelles, ça me fait de plus en plus d'effet ; et si c'était toi l'homme que j'aime ! », taquine-t-elle Bourgeat, dans une lettre rédigée quelques heures avant les retrouvailles avec Jaubert. Au vrai, son cœur lui fait mal. Garfield, encore lui... À nouveau, elle est dans l'impasse : « Il est venu hier, mais je crois qu'à chaque fois ça me rend plus triste, car je me rends compte de ce qui nous sépare et je vois bien que c'est une chose impossible. Mille raisons sont entre nous. La première, importante : lui Américain et moi Française. Il se méfie de moi, il a peur, je le sens, et cela me rend malheureuse. Mais comment lui faire comprendre que je l'aime, sans m'abaisser ? Je l'ai aimé si vite qu'il ne pourrait comprendre et qu'il me prendrait bien pour une folle. Car je l'effraie... Quoi faire ? Quoi dire ? J'espère et j'attends et je me fais une philosophie. Ce qui doit arriver arrive, tout en faisant mon possible pour que justement ça arrive [...]. Jean-Louis revient aujourd'hui. Quelle sera ma réaction ? J'ai tant souffert et tant pleuré que je m'inquiète, mais nous verrons bien... »

Veni vedi vici, pourrait chanter Jaubert sur l'air de *Padam Padam Padam*. Car les retrouvailles font mentir les appréhensions de Piaf à qui le galant homme offre un manteau de castor. Un de ces affreux cimetières animaliers qu'elle ne portera pas longtemps, puisque, victorieux de Giovanni Manca et de Yanek Walzack, vers la fin de février Cerdan est de retour à New York. Longman et Roupp ont prévu de lui faire rencontrer Lavern Roach, un jeune poids moyen classé numéro 5 mondial. Notre Compagnon ne l'attendait pas. Ce voyage est également une surprise pour Piaf, ravie, qui n'espérait pas davantage son champion. Au début de février, elle avait mis fin à sa liaison avec John Garfield. Le 7, elle s'en était ouverte à Bourgeat : « L'histoire dont je t'ai parlé est terminée et c'est mieux ainsi, cela ne pouvait m'apporter que des larmes et je préfère le garder en rêve, bien profond dans mon cœur. Ma vie est ainsi faite et l'on ne peut pas tout avoir. C'est déjà merveilleux que Dieu m'ait accordé tout ce que j'ai ! » Piaf enfin raisonnable ?

Il faut croire en tout cas qu'elle porte chance à son sportif, car le 12 mars 1948, au Madison Square Garden, Cerdan terrasse Lavern Roach en huit rounds. Quelques mois plus tard, conséquences de ces huit reprises pour lui éprouvantes, l'Américain rendra l'âme après un dernier combat contre Georges Small. Attention, boxeur dangereux ! « Marcel était l'être le plus adorable qui soit, dira Félix Lévitan, dans une émission de radio, après la mort du boxeur. C'était un être tout à fait différent lorsqu'il franchissait les cordes du ring. Ce n'était plus le même. D'abord, il y avait cette espèce de concentration extraordinaire. Il devenait sur le ring d'une pâleur cadavérique, c'était stupéfiant cette transformation. Lui qui avait le regard très doux, qui souriait volontiers, il avait un regard fulgurant, les lèvres pincées, les narines pincées également. Il y avait une transformation physique fantastique. J'ai essayé une fois de l'interroger, il n'a pas pu me dire ce qu'il ressentait. C'était un autre lui-même. Un autre homme. Avec un désir d'en finir. Il foudroyait ses adversaires. Il arrivait qu'il les assomme littéralement. C'était Jupiter ! »

Tout l'enjeu de la boxe repose sur l'art de donner des coups sans en recevoir et Cerdan avait horreur d'en prendre. « Il nous disait que pour les éviter, il frappait toujours le premier », témoigne Danielle Bonel. Piaf et Cerdan luttaient chacun pour demeurer les meilleurs dans leur discipline. Des métiers différents mais tout aussi impitoyables, où le coup pour coup, voire le coup avant le coup, est une obligation. Quant à la transformation physique dont parle Félix Lévitan au sujet de Cerdan, elle sera également propre à Piaf, usée jusqu'à la corde et ne tenant debout que par la force du miracle, mais transcendée dès son entrée en scène, au moment d'ouvrir la bouche pour libérer son cri. Sa prière. Car le chant de Piaf était une prière. « Lavern Roach avait tout pour lui, dira Cerdan après sa victoire. La jeunesse, la vitesse. Peut-être manquait-il un peu d'expérience. Enfin, il faisait quand même un peu mal !... »

« Ah, là... là !... Cerdan a proprement puni, écrasé, surclassé le petit ambitieux, écrit par ailleurs Maurice Chevalier, dans *Par-ci-Par-là*, le quatrième tome de ses mémoires. Il n'y a jamais de mal à essayer.

Seulement... il reste encore le principal à faire... réussir. Cerdan a gagné l'estime des Américains, aura-t-il le titre ? Ç'aura été son combat le plus facile depuis qu'il est en Amérique, et pourtant, sa victoire lui vaut plus d'enthousiasme de la foule. Absolument la même aventure qu'un artiste qui a la bonne fortune de tomber sur une bonne chanson, un bon film, une bonne pièce. On le trouve soudainement supérieur à lui-même. Erreur. La chance l'a aidé. La tâche était plus aisée. » Sans cesse à naviguer entre la France et l'Amérique, en mars 1947, Chevalier avait fait la traversée avec Marcel, Marinette et leurs enfants, à bord du *Queen Elizabeth*. La Cerdan *family* avait été modestement logée à Long Island, où le « bombardier » subissait l'entraînement de Roupp. Lui-même ancien boxeur amateur, à New York Chevalier n'avait pas résisté à la tentation de s'afficher avec le champion d'Europe devant les caméras des actualités cinématographiques : « Propagande française éminemment populaire. »

Pour ce qui regarde Garfield, bientôt soupçonné de menées communistes, la question fut rapidement expédiée. Victime en 1951 des foudres de l'épuration maccarthyste, l'année suivante, l'homme, sa vie et son œuvre basculèrent dans le chaos, à la suite d'une crise cardiaque fatale, avec la forte probabilité de l'existence d'un lien entre les deux événements.

« En amour, méfiez-vous plus de la femme qui simule que de celle qui dissimule. »

Albert Husson

II

Vie publique, vie privée

« Garde ce secret pour toi, because les gentils journalistes ! »

É. P.

Le 17 mars 1948, Édith et Marcel débarquent ensemble à l'aéroport d'Orly, nimbés chacun de leur couronne de lauriers américains. On les photographie, on les presse de questions. Elle parle de lui, lui d'elle. Avec tact et prudence. Aux yeux du monde, ils doivent apparaître comme deux amis, les meilleurs qui soient. Sans plus. Piaf, à propos du combat de Cerdan contre Roach : « C'était bouleversant et merveilleux, seulement c'est terrible quand on a un copain, de le voir se battre comme ça, c'est épouvantable. » Cerdan, évoquant Piaf : « Elle est formidable, cette petite bonne femme ! Surtout à l'étranger : lever une salle américaine, c'est formidable ! » Irène Hilda, alors vedette au Club des Cinq et aux Ambassadeurs, où Aimé Barelli l'accompagne chaque soir, est également présente sur le tarmac de l'aéroport. Sa mission : ramener Piaf dans la Buick blanche décapotable, offerte par son mari. Un coup de pub imaginé par Georges Blanès, le patron des Ambassadeurs où la Môme doit relayer Irène. Depuis la fin de la guerre, en France, Irène Hilda avait pris du galon et l'on commençait à la surnommer la « Folle chantante ». Ce qui ne fut jamais du goût de Trenet. « "Tu iras chercher Piaf et Cerdan à Orly, avec les photographes", m'avait gentiment commandé Blanès. J'y suis donc allée. Quand Édith m'a vue, elle est devenue folle de rage :

"— De quel droit viens-tu nous chercher !

— On m'a donné un ordre. On m'a dit que ce serait bien, vu que tu vas commencer aux Ambassadeurs et que moi je termine.

— Blanès n'avait pas le droit, il aurait dû me le demander d'abord !

— Écoute, je ne fais qu'obéir."

» Elle m'a presque insultée. Je suis tout de même arrivée aux Ambassadeurs avec Piaf et Cerdan à bord de ma Buick, mais je me souviens qu'une fois au théâtre, je me suis mise à pleurer, tant elle m'avait fait de peine. Elle a été odieuse. Si je suis vulgaire, vous m'excuserez, mais elle a été une vraie pouffiasse ! Tellement c'était horrible. Elle n'acceptait pas que je sois devenue Irène Hilda. Irène de Trébert, par exemple, était une très bonne artiste, elle a préféré la prendre comme secrétaire. Pour elle, les femmes, c'était à mettre de côté. Incroyable ! Elle détestait les femmes à un point inimaginable. Il fallait que tout le monde soit en dessous d'elle. Et elle était petite ! J'ai dit à Georges Blanès : Comment as-tu pu me faire ça, avec une vraie salope comme ça ! Il était navré, le pauvre. Il avait pensé que c'était une bonne chose. Cerdan, lui, fut merveilleux. »

Pour un simple mouvement d'humeur et quelques mots de trop, voici la bonne copine de 1939, « mignonne et gentille », reléguée sans préavis au statut de « pouffiasse » tous terrains. Nous vous le disions, il n'est jamais facile d'être la première. Non, Piaf ne détestait pas aveuglément les femmes. Nous en aurons suffisamment donné d'exemples. Quand même lui serait-il arrivé de ne pas apprécier Irène Hilda, ce qui ne fut pas le cas, il est toujours risqué de tirer des généralités à partir d'une expérience personnelle. À la décharge d'Irène, mais aussi de Piaf, la première ne pouvait pas savoir qu'en mars 1948, pour sceller ses retrouvailles avec Paname, la seconde avait envisagé une autre arrivée que celle charivaresque qui lui fut imposée. De fait, inquiète de ne plus recevoir de nouvelles de Jacques Bourgeat, en dépit de plusieurs lettres et télégrammes restés sans réponses, dès le 6 mars elle avait avisé Jacquot de la date de son retour, en lui précisant : « Mon retour est à toi. Personne ne passe avant toi ! Je suis heureuse de rentrer, je l'ai décidé d'un seul coup ! » La veille de son départ d'Amérique, le silence de Bourgeat persistant, elle avait envoyé un dernier câble : « Un mois sans lettre – Stop – Suis triste à mourir – Stop – Arrive le 17 mars à Orly 7 heures du matin – Stop – Fais impossible pour venir – Stop – Toute journée pour toi – Stop – Retiens chambre deux lits avec autre communicante un lit Hôtel Louvois – Stop – Fais préparer petit déjeuner rue Vivienne [l'adresse de Bourgeat] – Stop – Meurs envie t'embrasser – Stop – Quitte Jean-Louis – Raconterai tout. » L'interventionnisme d'un marchand de vedettes avait bouleversé les plans de Piafou et son humeur s'en était ressentie. Voici donc reconstitué le puzzle de cette histoire. Il manquait des pièces à Irène Hilda, pour qui, on l'espère, l'incident d'Orly n'a pas servi de révélateur.

Comme elle a prévu de le faire, la Môme remonte sur scène avec les Compagnons pour installer définitivement leur succès en France. Ainsi, pendant un mois, jusque vers la fin d'avril 1948, va-t-on les revoir ensemble aux Ambassadeurs. Puis à l'ABC, jusqu'au 26 mai.

Un temps logée au Claridge, Piaf pend sa nouvelle crémaillère 7 rue Leconte-de-Lisle, dans le quartier chic d'Auteuil. Dans sa cuve à sangria : le pyjama de Cerdan. Peu à peu, son Marcel s'enracine et elle veut y voir une revanche sur les hommes et sur la médiocrité de ses amours passées. Cette fois, c'est sûr : c'est LUI ! Classique. Leur complicité est évidente, mais combien de fois n'a-t-elle pas éprouvé la même assurance à l'orée d'une nouvelle histoire ? Le fait qu'il appartienne à une autre pourrait pimenter le jeu, sauf que bientôt, face à une situation de plus en plus mal vécue, Piaf en aura la gorge brûlée. Pour l'heure, conformément à son habitude lors de tout nouvel arrivage, elle ressort ses vieux pensums et personne ne s'en étonne plus. Marcel est tellement différent des autres ! Il est le plus grand (1 mètre 70). Le plus beau. Le plus fort. Va pour le plus fort. Le plus intelligent et le plus cultivé ? *No soucy*, Jacquot a déjà commencé à y pourvoir, qu'elle remet à contribution, tout à sa joie de pouvoir enfin écraser autant de baisers que permis sur sa « sale gueule » de « vieux salaud ».

Témoin direct des grandes heures de la saga Piaf/Cerdan, Marc Bonel, passionné de boxe depuis son plus jeune âge, était très ami avec Marcel. Le champion, dont il était aussi le complice, lui avait offert, entre autres reliques, plusieurs cravates dédicacées que Danielle a gardées. L'accordéoniste reconnaissait sans difficulté que son autoritaire patronne savait manœuvrer avec son boxeur. « Quand elle se fâchait, elle n'allait jamais trop loin, a-t-il raconté dans son livre. Elle s'arrêtait avant qu'il ne perde patience. De la patience, il en avait pourtant, Marcel Cerdan. Il était doux et gentil, mais il ne fallait pas le chercher. » Un jour, les deux hommes déjeunent dans un restaurant lorsque, à la table voisine, une paire de marioles n'ayant pas reconnu le champion se mettent à le houspiller. D'une voix douce, « presque la voix d'une femme qui s'exprime sur le ton de la confidence », à plusieurs reprises Cerdan, d'une nature très timide, leur demande poliment de le laisser tranquille : « Non, s'il vous plaît, n'insistez pas, ça ne se fait pas, pas ici, s'il vous plaît. » En dépit de ses mises en garde, presque de ses supplications, les inconscients persévèrent. Encore et encore. Jusqu'à l'insulte. Bonel assista alors à la métamorphose soudaine et dantesque de l'ange de patience : « Son visage devint pâle, jusqu'à ses lèvres qui se crispèrent. Ensuite, je n'ai rien vu. Pas le temps. J'ai entendu deux coups secs, brefs. Les deux types étaient allongés sur le sol. Les bras en croix. »

Une semaine après son retour d'Amérique, Cerdan avait ajouté une nouvelle victoire à son palmarès, contre Lucien Krawczyk, à Casablanca. Longman et Roupp récoltent les fruits de leur enseignement, mais la relation entre leur managé et cette Piaf a pris un tour qui leur plaît de moins en moins. Non sans quelques raisons, ils reprochent à la chanteuse de détourner Cerdan de son objectif en lui faisant mener un rythme de vie contraire à celui auquel doit s'astreindre un sportif de haut niveau. De plus, les « amis » de la presse sont aux aguets et le secret jusque-là préservé risque de ne plus en être un pour très longtemps. Macache ! Le combat du Heysel de Bruxelles semble leur donner bientôt raison. Le 23 mai 1948, non seulement le « bombardier marocain » perd son titre de champion d'Europe des moyens face à Cyrille Delannoit, mais encore un reporter de *France-Dimanche* tente-t-il de trahir son intimité en commettant un papier équivoque sobrement intitulé : « Piaf porte malheur à Cerdan ! » Aïe...

L'époque n'étant plus aux duels et le fleuret n'ayant jamais été l'arme du peuple, Cerdan cogna Georges Cravenne, tandis que Longman et Roupp se réservèrent le droit d'astiquer des journalistes de *France-Dimanche*. Des gestes que bien des artistes en proie au harcèlement auraient aimé accomplir. L'année précédente, Frank Sinatra s'était autorisé à faire boxer par trois de ses hommes un journaliste américain depuis trop longtemps dans son collimateur. Le gars porta plainte mais Sinatra, idole des « bobby soxers », gagna encore en estime auprès de ces garçons de quatorze ans et plus. Maurice Chevalier se demanda, pour la forme, si le crooner avait eu raison. « Une semblable affaire était arrivée, il y a une quinzaine d'années, à Hollywood, lorsque Al Jolson avait crocheté Walter Winchell à la mâchoire pour un article qui l'avait froissé [...]. J'ai souvent eu envie d'en faire de même envers des journalistes qui me poursuivaient de leur haine, et puis, je me suis calmé, abstenu. »

Quoi qu'il advienne désormais, le fatum de Cerdan est lié à celui de Piaf et c'est ensemble qu'ils repartent aux États-Unis. À seulement quelques dizaines d'heures d'intervalle. Une précaution prise par Roupp et Longman. Cette fois, l'enjeu est capital, Cerdan arrive au bout de son objectif : sa rencontre avec Tony Zale. S'il l'emporte, il sera champion du Monde. Piaf qui, tout l'été, a engrangé les bravos sur les routes de France, n'a rien d'autre à défendre que l'assurance d'un nouveau succès au Versailles, où elle chantera à partir du 22 septembre. Dès le 31 août, dix jours après avoir débarqué sur le sol américain, elle console Bourgeat. Il ne doit pas être triste de cette nouvelle séparation, car lorsqu'elle reviendra, elle aura suffisamment d'argent pour acheter « une belle ferme, où une belle chambre te sera réservée pour finir tes vieux jours et où la mission de me faire une bibliothèque te reviendra » ! Bourgeat aura toujours su à quoi s'en tenir. Les puits de pétrole de la Môme sont ailleurs. Sa Piafou est présentement si heureuse qu'il ne lui viendrait nullement à l'esprit de ne pas faire sienne cette nouvelle plénitude. « C'est la première fois que je sens le bonheur, le vrai, au fond de mon cœur », lui écrit-elle. Le fait que Cerdan ne soit pas libre commence cependant à lui peser. « Quel merveilleux bonheur j'aurais eu là ! Hélas, il faut se contenter de ce que l'on a et tu sais très bien que jamais je n'essaierai de détruire quoi que ce soit dans ma vie. Je suis arrivée trop tard dans la sienne, c'est donc à moi de me sacrifier et d'essayer de ne faire de peine à personne, là est mon seul but. » C'est la chrétienne qui parle ici et se fait violence. Les garde-fous de l'amoureuse sont plus fragiles. « Pouvons-nous continuer à cacher plus longtemps notre bonheur ? Cela devient de plus en plus difficile et je crains chaque jour que tout s'écroule. Peut-être que Dieu en voyant que mon seul but est de rendre heureux m'aidera-t-il comme il l'a fait jusqu'à présent ? » En mettant en exergue sa souffrance, Piaf se place en martyre et prévient de ce qui pourrait advenir si la douleur devenait par trop insupportable. « Mon Jacquot, par moments, je voudrais hurler de joie et à d'autres mon cœur crève de chagrin. Et je dois toujours lui cacher aussi bien l'un que l'autre. C'est parfois difficile et par moments le courage me manque. De vilains mots s'échappent ou bien de vilaines pensées que je regrette ensuite, mais qui me diminuent moralement. Comme c'est difficile d'être pas trop moche ! »

Piafou a caché à Jacquot que, contrairement à l'en-tête de sa lettre, le 31 août, elle ne se trouve pas à New York, mais à Hurleyville, à cent cinquante kilomètres de là, dans un petit motel. Momone est avec elle. La raison de ce séjour secret si loin de la grande civilisation est la présence de Cerdan à Loch Sheldrake, une localité voisine, où le boxeur s'entraîne, soumis à l'étroite surveillance de Roupp et de Longman. Un entraînement de trois semaines, commencé en douceur, avec des footings matinaux et des exercices de respiration dans les bois. Au bout de quelques jours seulement, survient le travail des gants, léger. Puis, la dernière semaine, Roupp pousse son poulain au maximum. Des journées de douze rounds, qui vont decrescendo. Huit rounds. Cinq rounds. Trois rounds. Jusqu'à la veille du combat. Pendant ce temps, tout le jour, Piaf se morfond et compte les heures qui la séparent de leurs retrouvailles. En octobre 1969, dans *France-Soir* toujours, Lucien Roupp rendit hommage à la Môme : « Elle a su se montrer dans cette affaire une grande bonne femme. Elle resta toujours parfaitement correcte avec moi, sans chercher à imposer sa volonté et c'est elle qui, la première, tint à ce que Marcel respectât scrupuleusement les règles d'un entraînement sévère et partageât toujours ma chambre et non la sienne. Quand Marcel rencontrait Édith, c'était l'après-midi et nous faisions à quatre de longues parties de rami. »

« Je l'attends, il va venir, quand je le verrai, tout ira bien de nouveau et je volerai encore un peu de bonheur », précise Piafou à Bourgeat en étant sûre d'être comprise et pardonnée. Deux jours avant l'échéance, Cerdan reçoit la visite de Pierre de Gaulle, président du Conseil municipal de Paris, qui lui exprime les vœux de sa bonne ville et des Parisiens : « Vous savez avec quelle passion nous suivrons les événements du combat sensationnel où vous devrez triompher. » « Je pense me battre avec tout mon cœur, avec toutes mes forces », répond timidement le champion. « Marcel n'a jamais été mieux qu'il n'est aujourd'hui », s'interpose Roupp.

Au début de septembre, Piaf honore un contrat de quelques jours à Montréal, avec les Compagnons. Elle y retrouve Irène Hilda, également en tournée au Canada, où Fernandel vient de lui proposer un rôle dans *Ignace*, version théâtre. Mademoiselle Hilda :

« "— Écoute, m'avait dit Édith, ce qui serait bien, ce serait que l'on puisse déjeuner ensemble, parce que j'ai quelque chose à te dire.

— D'accord, d'accord..."

Or elle était entourée d'une vingtaine de personnes, dont les Compagnons, ce n'était pas comme ça que nous allions pouvoir parler.

"— Reviens demain, me dit-elle.

— Entendu."

Le lendemain, je reviens et nous pouvons enfin déjeuner en tête-à-tête. Et là, elle me sort un truc complètement invraisemblable. Elle me dit comme ça, à brûle-pourpoint :

"— Pourquoi tu t'es mariée ?"

J'avais effectivement rencontré mon mari aux USA et nous avions uni nos destinées.

"— Ça ne va pas, lui ai-je répondu, ce ne sont pas tes oignons. Je suis très heureuse, moi !

— Mais ce n'est pas pour toi, le mariage. Tu auras les mains liées, tu ne pourras plus faire ce que tu dois faire. Ça y est, tu t'enfermes avec un mari ! Nous, les artistes, on ne se marie pas !

— De quel droit te permets-tu de me dire ça, tu as un sacré toupet !"

Son baratin était ridicule et inutile. Surtout que, quelques années après, elle s'est mariée avec Jacques Pills, que je connaissais bien pour avoir joué *Les Pieds Nickelés* avec lui, les Frères Jacques et Armand Mestral. Je suis convaincue que Piaf ne voulait pas bâtir. Elle changeait trop souvent. Ils y passaient tous ! »

C'est plutôt que Piaf était incapable de bâtir et là, Irène Hilda n'a pas tout à fait tort. « Édith s'y connaissait en hommes, certifie Paulette Dubost qui devait posséder la même science pour pouvoir en juger. Une fois, comme ça, en regardant dans mon portefeuille, elle tombe sur une photo de mon cousin Serge en tenue de méhariste, avec la grande cape. Elle me demande :

"— Qui c'est, ce gars-là ?

— Serge, mon petit cousin.

— Y'm'le faut ! Y'm'le faut !"

C'était vraiment une amoureuse... »

Quel regard la Môme posait-elle sur le terme « amoureuse » ? Il semble qu'il n'ait pas été le même que celui d'Irène Hilda et de Paulette Dubost. « L'amour pour Piaf était quelque chose de cérébral, me confia Danielle Bonel en juillet 2007, sans vouloir d'abord s'avancer davantage. C'était une midinette, une fleur bleue. C'était le prince charmant. Elle sublimait. Ensuite, le soufflé retombait et il fallait qu'elle passe à un autre. Et toujours avec l'admiration. Il fallait qu'elle admire. » Ce qui m'incita à interroger madame Bonel sur une éventuelle frigidité de Piaf. Car, enfin, l'appréciation sur Garfield : « Et en plus il baise bien ! » ne signifie pas pour autant : il me donne du plaisir. Colloque sur le sujet, avec Danielle Bonel :

"— Est-ce plausible ?

— Ah oui, oui, oui, ça, c'est possible !

— Vous en êtes presque sûre ?

— (Sourire...) Ce ne sont pas des choses à écrire.

— C'est un drame qui explique bien des choses, non ?

— Ce qui prouve qu'Édith était une cérébrale et que sa conception de l'amour était d'autant plus pure. L'amour, elle le faisait avec son public. Elle aimait avoir un homme à ses côtés, dont elle pouvait être fière. Peut-être parce qu'elle avait été souvent négligée quand elle était jeune. »

Dans ses *Souvenirs*, Simone Ducos écrit que la vie sexuelle d'Édith (avec Pills, au moins) était des plus simples, que tout se passait dans sa tête. « L'acte d'amour seul lui suffisait. Elle avait horreur des "hors-d'œuvre", disait-elle. Elle consommait l'amour, vêtue d'une chemise de nuit fermée de la tête aux pieds. Les hommes en étaient donc pour leurs frais, car elle ne se présentait jamais nue. » Quand je lui ai demandé si cela se passait ainsi avec tous les hommes, Danielle Bonel m'a répondu en riant : « Avec tous ! »

Une question se pose : Piaf a-t-elle subi des sévices dans son enfance, qui lui auraient définitivement ôté le goût du jeu sexuel ? Danielle Bonel n'en dira pas davantage, mais elle tient de Piaf qu'enfant, celle-ci avait une peur bleue d'un ami de son père. De même, Momone n'a certainement pas tout raconté sur la vie des deux « frangines » à Pigalle. Est-il possible que, sous la menace de ses macs, la Môme ait été un temps contrainte de se prostituer ? Ce n'est pas notre conviction. Or, la prostitution n'est que le reflet de la société humaine où tout s'achète et tout se vend. « Pour trois fois moins que rien, nous sommes toutes des putains », chante Patricia Kaas, un temps présentée comme l'héritière de Piaf. On sait au moins qu'Henri Valette, pour ne citer que lui, tenta de mettre Édith au turbin. À la force des poings, s'il faut en croire Maurice Maillet, le garçon du Clair de lune. Sans succès, selon lui. La frigidité de Piaf a néanmoins dû survenir à la suite de graves traumatismes. Son comportement amoureux, sa propension à s'approprier tous les beaux gosses croisés sur sa route, fussent-ils engagés ailleurs ou pas, elle pour qui le sexe n'était que très secondaire, trouvent une explication dans sa frigidité. Et inversement. Sans doute aussi ses humeurs changeantes et son caractère aussi despotique que fleur bleue. Et sa peur. Cette peur qui lui faisait redouter le noir de la nuit... « Je ne sais pas ce qu'elle redoutait, mais lorsque nous passions à Lille, surtout à Lille, elle nous demandait de la protéger, de ne pas la laisser seule », révèle Danielle Bonel. La fille Gassion fut-elle maquée même après être devenue Édith Piaf ?

Au témoignage de Jean-Paul Mazillier, un piafiste convaincu, il y aurait tout lieu de ne pas l'exclure. Jean-Paul avait treize ans, lorsqu'en 1965, à Marseille, il fit la connaissance de « Cricri », une ancienne danseuse parisienne (elle fut notamment girl de Mistinguett) qui connut Piaf à l'époque où celle-ci était vendeuse dans une crémerie de l'avenue Victor Hugo, juste avant de descendre chanter dans la rue avec Momone. « J'étais allé voir un film dans un cinéma de la Canebière, raconte Jean-Paul : le Cinéac. À l'entracte, je suis sorti dans le hall fumer une cigarette. Je cherchais des allumettes dans mon portefeuille, lorsqu'une photo de Piaf, dont j'étais déjà fan, en tomba. C'est la dame pipi du cinéma qui la ramassa en me disant : "Oh ! Édith ! Vous pensez si je l'ai connue !" Cette dame, Christiane Teres de son vrai nom, me raconta une anecdote troublante qui eut pour cadre le cabaret du Drap d'or, à Paris, où elle travaillait alors et où Édith se produisait [Piaf a chanté deux fois au Drap d'or : en mars 1950 et en mai 1952]. Un soir, à la fin du tour de chant de Piaf, des hommes se présentèrent dans sa loge, exigeant la recette. "Ne cherche pas à comprendre et donne-leur ce qu'ils demandent", aurait ordonné Piaf à Barrier. Les hommes prirent l'argent, mais avant de disparaître, ils assurèrent la Môme que désormais ils la laisseraient tranquille. Pour preuve, ils lui auraient remis une mèche de cheveux de Cécelle. Quel intérêt Cricri aurait-elle eu à me raconter des histoires ? »

À Tino Rossi, Édith avait confié qu'elle avait « peur du noir, peur du sommeil qui ressemble à la mort ». « Elle reculait le plus possible le moment d'aller se coucher, confirme Danielle Bonel, elle appréhendait. C'est pour ça qu'elle prenait des pilules pour s'endormir. Si ça ne faisait pas d'effet, le docteur venait lui faire des piqûres d'Imenoctal. Quand elle se réveillait, il ne fallait pas lui parler. J'étais à peu près la seule à pouvoir la réveiller, je connaissais tellement par cœur ses modes de fonctionnement. Elle se réveillait vers 14 heures. J'étais là depuis 9 ou 10 heures. »

Nous sommes le 21 septembre 1948. Demain, Piaf fera sa rentrée américaine au Versailles, mais ce soir c'est sur Marcel Cerdan que les projecteurs du monde entier sont braqués : il affronte Tony Zale, « l'homme d'acier », au Roosevelt Stadium de Jersey City. La Môme ne manquera ça pour rien au monde. Quelques heures avant la rencontre, Cerdan dîne chez elle, à New York, avec notamment Roupp, Longman et Marc Bonel. Dans son livre, celui-ci se souvient qu'après avoir avalé un énorme steak, le boxeur prit congé de l'assistance : « Sa petite valise à la main, il nous a fait un sourire et il est parti en compagnie de Lucien Roupp et de Jo Longman, comme s'il partait pour une promenade. Il semblait avoir tout son temps. Il n'avait pas peur. » Peu après, c'est au tour de Piaf et de Bonel de gagner le Roosevelt Stadium où des places d'honneur leur ont été réservées. Dans son petit tailleur clair, Édith rayonne. Marc Bonel : « Il faut avoir connu les USA à cette époque pour savoir ce que représentait un championnat du monde de boxe poids moyens. Toute l'Amérique des affaires, de la politique, des arts et du sport était là. » Relégué dans les hauteurs du stadium, l'accordéoniste se lève et se met au garde-à-vous au moment où Cerdan fait son entrée dans la salle au son de *La Marseillaise*. « Le match commence. Sonné dès la première reprise, Zale, pourtant donné favori, s'accroche et au cinquième round, c'est à son tour de toucher Cerdan de plein fouet. Mais, peu à peu, le combat redevient celui du Français et au onzième round un crochet du droit suivi d'un direct du gauche permet au "bombardier marocain" de marquer définitivement sa différence. Saoulé de coups, l'Américain ne put répondre à l'appel du douzième round. Tony Zale est à terre comme une poupée de chiffon au pied d'un roc. » La foule envahit le ring ; les photographes américains plongent tête-bêche dans la mêlée. La police doit intervenir pour protéger le vainqueur. Fou de joie, Marc Bonel parvient non sans mal à rejoindre Édith, au milieu d'un public en délire : « Jamais, je ne l'avais vue dans cet état, a-t-il écrit. Elle sautait de joie. Déchaînée, elle me frappait la poitrine à coups de poing. De petits poings de rien du tout. Et elle m'embrassait et elle hurlait : "Marcel est champion du monde ! Tu te rends compte ? Il est le champion du monde ! Marcel est champion du monde !" »[1]

Une fête intime fut ensuite donnée dans l'appartement de Piaf. Soignant au mieux l'accueil du héros, Marc Bonel avait confectionné des banderoles : « Honneur à Marcel Cerdan » ; « Gloire à Marcel Cerdan » ; « Vive notre champion du monde ! »... Un tapis d'honneur avait été conçu, grâce à des centaines de roses rouges jetées au sol. « À son arrivée, Marcel reçut le coup le plus dur de sa journée. Devant les fleurs, il a fondu en larmes. Cette nuit-là, il fut à nous seuls. » Conservées par l'accordéoniste, les banderoles existent toujours.

En dépit des coups tordus de la mafia, Marcel Cerdan est donc champion du monde. Dès le lendemain de sa victoire, au contact des badauds new-yorkais, il peut mesurer l'étendue de sa nouvelle popularité. Dans Broadway où il est allé se promener au bras d'Édith et en compagnie de Marc Bonel, les automobiles ralentissent à son passage. On klaxonne. On le salue. Les chauffeurs de taxis l'interpellent : « Hello, Marcel ! How are you ? » « Marcel is fine », pourrait répondre Édith, en guise d'entraînement pour sa première au Versailles. Elle y est accueillie comme la reine que les Américains n'ont jamais eue. Tout est bonheur à la Môme. « On ne peut être heureux que dix minutes par jour », dira-t-elle plus tard. Or, Marcel doit repartir. Dans une France où cocos et poujadistes en herbe s'entendent à faire fleurir les pancartes « *Us go home !* » (« Amérique, rentre chez toi ! »), le retentissement d'une telle victoire prend une double signification. Les Parisiens en liesse, le président Auriol à leur tête, attendent Cerdan pour le fêter comme on ne célèbre que les héros de guerre[2]. Les grands sportifs

---

1. Dans *Édith Piaf, le temps d'une vie*, Marc Bonel.

2. De son propre aveu, c'est l'accueil mémorable des Ajacciens qui impressionna le plus Macel Cerdan. Un accueil à la romaine organisé par Jean Marcucci, créateur de l'Olympique Boxing Club et ami personnel du tombeur de Tony Zale. Cette visite contribua grandement au développement de la boxe à Ajaccio et dans toute la Corse. « Je reviendrai dès que je rentre d'Amérique », promit Cerdan, bluffé, qui comptait beaucoup d'amis dans la cité impériale, dont le directeur de l'agence Air France. Au

d'alors ne sont pas encore devenus des jackpots publicitaires, mais déjà différents objets voués au culte du champion sont en cours de confection. On y trouve des bustes en bronze, en plâtre ou en terre cuite, des épinglettes (ancêtres du pin's), une ligne de mouchoirs en soie, une série de lunettes vendues avec un carton publicitaire et deux cartes postales, sur lesquelles on lit : « La lunette incassable Marcel Cerdan, la lunette qui n'a pas peur des coups. » Un 78 tours où Cerdan raconte son combat contre Zale est en phase de préparation.

Le 1er octobre, au lendemain du départ de Cerdan pour la France, Piaf en pleurs et désespérée se jette à distance dans les bras de Bourgeat. Elle ne lui avait pas écrit depuis le 31 août : « Tu as dû croire que je t'oubliais, mais je ne voulais pas perdre une minute de mon Marcel. Je l'aime tant que quand il n'est pas près de moi, je n'ai plus envie de vivre, je fixe devant moi sans pouvoir réagir, une espèce de désespoir s'empare de moi et il me faut tous ceux que j'aime pour m'empêcher de faire des bêtises. Dès que je le vois, je ne sais que le regarder, l'admirer et je n'ose regarder ailleurs, de peur de perdre une seconde qui m'est précieuse. Plus je le vois et plus je l'aime. J'ai l'impression d'être endormie. Je n'ai envie que de lui. Je l'aime à en devenir folle ! Jamais de ma vie je n'ai aimé avec autant de force et je donnerais volontiers ma vie pour son bonheur. Je n'arrive pas à retrouver mon calme. Tout me semble atroce sans lui. Je me demande comment je vais vivre aussi longtemps loin de lui. La vie, le temps, la distance, me font peur. Je doute de tout. Je tremble à chaque mot qu'il va dire.

» Quand je lis ses lettres, j'en suis à être bouleversée pour une ponctuation. Oh, c'est merveilleux et c'est atroce d'aimer ainsi. Des fois, j'ai envie de tout quitter pour vivre près de lui, dans son ombre, et à d'autres moments j'ai envie de le quitter parce que je m'imagine que je lui fais du mal ou bien qu'il ne m'aime pas comme moi je l'aime. » Parce qu'elle n'est pas de la fête, elle devient jalouse du triomphe réservé à son amour par Paname. « Je sais que Paris lui a fait un accueil extraordinaire, et je ne sais si tu peux comprendre cela, mais ça me fait souffrir. J'ai mal de penser qu'il peut être heureux sans moi, alors que je suis malheureuse sans lui, de penser qu'il aime d'autres que moi. Je ne savais pas que l'amour pouvait être égoïste et pourtant je me réjouis de son bonheur. Comment peux-tu expliquer qu'on puisse être heureux et malheureux d'être heureux ? Je trouve tout ce que je fais ici insipide et inintéressant. Je n'ai qu'une idée fixe et je n'en sors pas. »

---

cours de son séjour, il avait fait la connaissance d'Étiennette Padovani, « la plus belle fille d'Ajaccio »...

Séquestrée dans ses sentiments, Piaf ne vit plus. Les lettres suivantes nous la révèlent tour à tour torturée, confiante, déçue, euphorique, perdue, exaltée, triste à nouveau. Le 8 octobre, alors que son spectacle au Versailles bat son plein et que l'on afflue toujours autant pour l'entendre, elle fait part à Bourgeat de ses cruelles désillusions. À l'en croire, elle serait sortie des pensées de son boxeur. « Ce que je craignais arrive. Il est à Casa et il m'oublie. Il ne m'écrit pas et j'en ai la confirmation aujourd'hui par un télégramme de lui où il s'excuse de ne pas m'avoir écrit. Loin des yeux loin du cœur et c'est bien triste. Mais alors, s'il m'oublie aussi facilement, si en vingt-quatre heures il n'éprouve pas le besoin d'être seul avec moi en m'écrivant, c'est qu'il peut se passer de moi, c'est qu'il a des choses qui comptent plus que moi. Je comprends très bien que sa femme et ses enfants passent avant moi, mais alors qu'il ne dise pas qu'il n'aime que moi, les autres lui suffisent [...]. Tu ne peux pas savoir les larmes que je lui dois. Il n'a pas le droit de m'oublier, même une minute. Il ne m'aime pas avec son cœur. Son cœur, c'est sa femme et ses gosses qui l'ont. Oh, Jacquot, j'ai mal !... Ta petite a de la peine, tu sais. Il connaît la valeur d'une lettre pour moi. Je lui avais demandé de m'envoyer un télégramme dès son arrivée à Casa, j'ai si peur quand il prend l'avion. Je prie tant pour lui... eh bien, même ça je ne l'ai pas eu. Ce n'est pas difficile d'envoyer un télégramme. Il le sait que ça me rend malade. Il y a des moments où j'ai envie de tout plaquer et de partir n'importe où. Je te dis tout ça parce que je crois que tu me comprends, mais pour l'amour du ciel, ne fais pas comme les autres, ne lui trouve pas des excuses : lui seul a le droit de ci ou de ça, il est extraordinaire, tout lui est permis et surtout le droit de me faire de la peine. Dis donc, peux-tu me dire où se trouve le bonheur ? »

Quatre jours plus tard, le 12 octobre, il n'y paraît plus ; Cerdan a enfin daigné se manifester. « J'ai reçu ta lettre en même temps qu'un merveilleux coup de téléphone de mon Marcel. Tu ne peux pas savoir la joie qui s'est emparée de moi. Je réalise chaque jour avec quelle force je l'aime. Je suis littéralement obsédée, je le vois partout, je n'en dors plus. Adieu ma pauvre tranquillité et viennent mes tourments. Alors, bien sûr, je vois la vie autrement, je trouve la figure des gens sympathique, je trouve que le soleil a de bien beaux rayons, que la pluie est agréable, que Momone est la plus gentille fille du monde, etc. [...] Je ne connais pas un être qui soit plus gentil que lui et plus simple. Je pense que Dieu l'a mis sur ma route pour le rendre heureux. C'est une mission dont il m'a chargée et sois sûr que je vais bien l'exécuter ! »

En dehors des heures consacrées à sa correspondance, Piaf travaille énormément. L'apprentissage de l'anglais courant lui donne beaucoup de difficultés. De plus, elle s'est remise à l'étude du piano. Ce qui, avec ses deux tours de chant, chaque soir, ne lui laisse guère ni le loisir de boire, ni celui de visiter les musées, ce dont elle a horreur. Pourtant, Paname continue de lui manquer : « Malgré les grèves, j'ai le cafard de Paris. Un petit peu de capitale de temps en temps ne fait pas de mal. » Le 1er novembre, elle annonce à Bourgeat l'arrivée à New York de Cerdan, prévue pour le 15, le temps de quelques matches d'exhibition. Naturellement, elle exulte : « Je suis très heureuse au fond de moi-même, puisque j'ai confiance en lui. » Elle confie également à Jacquot qu'elle ne pense pas revenir en Amérique l'hiver prochain, « puisqu'en principe je dois jouer la pièce de Marcel Achard [*La P'tite Lily*]... À moins qu'une petite guerre éclate et je trouve au fond que ce siècle est passionnant. Tu sais, du temps des Romains ou de Napoléon, ça ne devait pas être très drôle non plus ! » Le dimanche 15, à trois jours de la date effective de l'arrivée de Marcel, elle ne se tient plus d'aise. Cerdan est déjà en elle. « Aujourd'hui, ce n'est pas un rayon de soleil que j'ai dans mon cœur, mais le soleil lui-même ! Pense que mon Marcel va arriver peut-être mercredi et je ne vis plus. Je vais l'avoir à moi toute seule et j'aime autant te dire que je vais en profiter. Je vais m'en mettre jusque-là du Cerdan, matin, midi et soir ! Je vais prendre des réserves. Dommage que je ne l'aie pas connu avant ! Comme j'aurais aimé l'avoir pour mari ! » Bourgeat bénéficie de cette bonne humeur dûment circonstanciée : « Dans quatre semaines, je vais pouvoir embrasser ta sale gueule et te faire quelques vacheries ! Il faudrait que je trouve un store comme à Saint-Lambert... »

À quoi s'occupe Simone Berteaut pendant son séjour new-yorkais ? Depuis qu'Édith s'est fait une place au soleil, elle se contente de subir les bravos qu'elle ne recueille pas et les louanges qui ne lui sont jamais adressées. Elle aussi aurait bien aimé être une reine. Pour un soir briller sous les feux de l'actualité, autrement que par personne interposée. Ne plus vivre la gloire de Piaf par procuration. L'arrivée de Cerdan va lui en fournir le navrant prétexte. Ivre une fois de plus, d'alcool et de jalousie, un soir, elle menace Édith et Marcel de créer un scandale en livrant à la presse la vérité sur leur liaison, détails à l'appui. Cerdan tente de la raisonner, mais la jeune femme est dans un tel état de nervosité, proche de l'hystérie, qu'il n'y a rien d'autre à faire que de la neutraliser physiquement. Avant de la renvoyer sur Paris, dans le premier avion. Dans une lettre à Bourgeat, datée du 2 décembre, Piaf s'en explique : « J'ai dû me séparer de Momone, elle s'est remise à boire et a manqué nous faire avoir un scandale. Je l'ai donc renvoyée à Paris et cette fois-ci, c'est vraiment fini ! Elle est plus à plaindre qu'autre chose et je ne lui en veux pas, mais pour moi c'est fini. Je n'ai plus aucune amitié pour elle. Suffit pour elle ! » Elle ajoute : « Nous rentrons le 16 [décembre], mais garde bien ce secret pour toi. Je fais croire à tout le monde que je rentre le 20, because les gentils journalistes ! »

Après son retour forcé à Paname, Simone Berteaut s'est saisie d'un avocat, Maître René Floriot, et deux mois plus tard, en janvier 1949, elle déballe l'affaire sur la place publique, en portant plainte contre Piaf et Cerdan pour « coups et blessures avec séquestration ». « Je me disputais avec Marcel, raconte-t-elle dans un journal du soir ; il avait peur que je ne dévoile partout qu'Édith et lui vivaient ensemble à New York. Cela aurait été un désastre pour lui. Il me dit : "Quand tu as bu, tu parles à tort et à travers." Puis il se mit à me battre, je voulus m'enfuir. Il me rattrapa. Il me frappa à nouveau. Et avec Édith il me ligota pour m'empêcher de partir. Cela dura cinq jours. Jusqu'au 25. Édith et lui me gardèrent prisonnière pendant qu'ils retenaient une place sur l'avion. Le 25, ils m'embarquèrent sous bonne garde sur le Constellation. » De fait, ce furent Barrier et Bonel qui conduisirent Momone à l'aéroport. Celle-ci accuse « deux amis de Cerdan » d'avoir voulu acheter son silence contre la somme de cent mille francs. Or, à l'issue de la confrontation qui eut lieu entre Piaf, Cerdan et Berteaut, le 20 janvier, à Paris, dans les bureaux du commissaire Denis, de la première brigade mobile, et qui dura une heure et demie, Momone décida soudainement de retirer sa plainte. « Tout s'est certainement très bien passé rue de Bassano, rapporta un échotier, puisque, à la sortie du cabinet du commissaire, Édith Piaf était réconciliée avec madame Berteaut. Le match n'aura pas lieu » ; mais la presse, qui parle du « cent onzième KO de Cerdan », ne s'en tient pas là, elle veut des biscuits et Édith doit se défendre contre les primes affirmations de Momone. Rien ne doit transpirer au sujet d'elle et de Marcel. Aussi accorde-t-elle autant d'interviews qu'il est possible d'en donner et chaque fois il n'est question que d'amitié entre deux compatriotes expatriés. L'alerte a été chaude, mais une fois de plus, la « frangine » est pardonnée. Momone, c'est tout le passé d'Édith. N'a-t-elle pas envoyé deux lettres d'excuses, l'une à la « frangine », l'autre à Marcel ? Elle a surtout reçu une grosse contrepartie financière ! Jusqu'à la prochaine crasse... « Un ami est un type qu'on connaît bien et qu'on aime quand même », a dit un jour Champi.

À la mi-janvier 1949, Piaf est à Pleyel. Son histoire avec Cerdan est déjà vieille de deux années, si l'on tient compte du jonglage de départ avec Jean-Louis Jaubert et John Garfield. Durera ? Durera pas ? Entre Piaf et Cupidon, le scénario n'est jamais écrit à l'avance. Le boxeur pourrait fort bien se retrouver botté en touche sans préavis. Piaf l'accuserait alors d'avoir la rage. La Môme à Tino Rossi : « Quand je m'aperçois qu'un homme est trop amoureux ou devient trop accaparant, je le quitte... pour un autre. » Tino : « C'est la raison sans doute qui fit que bien qu'entourée, elle ne fut au fond qu'une femme seule, qu'une pauvre femme. Un être imprévisible et difficilement compréhensible, dont l'humeur alternait bizarrement, passant tout à coup de la plus folle gaieté au désespoir le plus inconsolable. »

Alors, quand ils ne vont pas écouter l'accordéoniste Marcel Azzola – il remplacera exceptionnellement Marc Bonel lors de l'enregistrement de *Sous le ciel de Paris* – au Corsaire, un cabaret de la rue Marigny, Piaf et Cerdan revoient Bourgeat. De bonnes conversations avec Jacquot, rien de tel pour s'extraire des bandes dessinées qui sont les seuls livres de chevet du boxeur. « Je passais à l'ABC quand elle vint un soir, escortée de Marcel Cerdan, de retour des USA où il avait décroché le titre mondial des poids moyens, raconte Tino Rossi dans ses Mémoires. J'avais interrompu mon tour de chant pour les saluer et pour féliciter le champion. Après le spectacle, je m'étais retrouvé avec eux, chez elle, pour un souper improvisé, à la bonne franquette, dans sa cuisine. Pendant tout le repas, elle n'avait d'yeux que pour Cerdan. Ensuite une scène à laquelle nous n'aurions jamais osé songer, Lilia et moi, se déroula sous nos yeux. Nous étions encore à table, attendant les cafés, quand Édith s'adressant à Cerdan qui se tenait silencieux et gentil, à sa droite, lui intima : “Marcel, récite à Tino et à sa femme ce que je t'ai appris cet après-midi.” Cerdan, cette force de la nature, que les meilleurs boxeurs du monde redoutaient tant sa force de frappe était terrifiante et implacable, Cerdan baissa la tête. Et rougit. “Allez, Marcel, allez”, insistait Édith. Cerdan se leva. Il se concentra un court moment, puis, à notre grande surprise, nous déclama, tel un bon élève, une longue séquence du *Britannicus* de Racine. Quand il eut terminé sa tirade, Édith, et nous tous d'ailleurs, l'applaudîmes sincèrement, car il avait très bien interprété le rôle. “Il apprend bien, hein ? fit Édith admirative. Je lui ai déjà fait apprendre Montaigne, Rabelais et Voltaire. Après Racine, on va passer aux philosophes grecs.

— Tu les connais, Édith ? demanda un invité.

— Moi ? Non.” »

Lucien Roupp s'est toujours refusé à admettre que Piaf avait contribué à élever Cerdan. « Finalement, je ne pense pas qu'Édith ait pu apporter quelque chose à Marcel, dira-t-il en octobre 1969. Même sur le plan de la lecture. S'il lisait "Corps et âme", c'était pour lui faire plaisir parce qu'il ne savait pas dire non. Mais qu'est-ce qu'il devait s'embêter ! » Néanmoins, l'ancien entraîneur du « bombardier » eut l'honnêteté de rapporter cet aveu de son poulain, lors d'une conversation au-dessus de l'Atlantique :

« — Si tu savais ce que je dois à cette femme !

— Marinette ?

— Non, pas Marinette, Édith ! »

Roupp resta néanmoins convaincu qu'en voulant transformer Cerdan, Piaf lui avait fait « ÉNORMÉMENT [*sic*] de mal » et qu'elle le mena « là où il est ». Comprendre : au tombeau.

Un peu plus de six mois séparent Piaf de son prochain séjour en Amérique. Le troisième depuis octobre 1947. Dans l'intervalle, elle voyage utile. L'Égypte, tout d'abord. Elle s'y produit en soirée au Ewart Memorial Hall, réservant ses journées à des balades à dos de chameau aux pieds des pyramides. La légende – soutenue par Arletty à qui la Miss avait envoyé une carte postale pour lui conter l'anecdote – veut que l'un de ces chameaux, préalablement baptisé « Cécile Sorel » par la grande tragédienne en visite au Caire, fut rebaptisé « Mistinguett » par Miss elle-même. Or, l'animal, manifestement très courtisé, reçut pour nom « Édith Piaf » après le passage de la Môme. Marc Bonel filmait la scène. Il a rapporté à Danielle qu'il s'agissait au juste d'une plaisanterie d'Édith ; celle-ci trouvant à l'animal un air de ressemblance avec Miss, au niveau de la dentition surtout, elle l'avait surnommé « Mistinguett ». Après Le Caire, la tournée se poursuit à Alexandrie. Puis, le Liban, « perle de l'Orient », accueille Piaf. Opulence, élégance, beauté du site : l'influence française est toujours très forte dans la région et la guerre civile n'y a encore commis aucun ravage. À Beyrouth, la Môme chante au Kit-Kat. Elle y prend froid. Lorsqu'elle rentre en France, le 11 mars, elle doit annuler, ou plutôt reporter un gala à Reims. Elle enchaîne avec d'autres villes, mais jusqu'au début du mois de mai, sa voix lui joue des tours. À Paris, après cinq semaines de représentations, Yves Montand doit la remplacer sur la scène de l'ABC.

Le 6 avril 1949, soucieuse du bien-être de son papa endormi, Édith Piaf se rend personnellement chez Lecreux frères, des marbriers funéraires installés au 37 du boulevard de Ménilmontant. Elle y passe commande d'un certain nombre de travaux d'accomplissement, comme la pose de parpaings de rehaussement de 120 x 200, avec chanfrein,

قاعـــــة يـورت التــــــذكارية

EWART MEMORIAL HALL

3 GRANDES PREMIERES 3

MARDI 22, MERCREDI 23, et JEUDI 24

FÉVRIER 1949 en SOIRÉE à 9 h. 30

ايـديت بيــاف

EDITH PIAF

la Vedette Mondiale du disque et de la chanson

ORCHESTRE de 12 Musiciens sous la Direction de

ROBERT CHAUVIGNY (PIANO)

à l'accordéon

MARC BONNELL

PRIX DES PLACES (Taxes Comprises)

Fauteuils d'Orchestre	P. T.	124.5
» de Centre	»	87.5
» de Stalle	»	50.5
Fauteuils de Balcon "A"	»	87.5
» » "B"	»	50.5
» » "C"	»	25.5

Location chez J. LUMBROSO 19, Soliman Pacha-Tél. 54189

MEDAWAR PRESS

(collection Emmanuel Bonini)

épousant la grandeur et la grande pente du terrain de sa concession au Père-Lachaise. Elle demande en outre la pose d'une nouvelle pierre tombale « dos-d'âne » en granit gris bleu, « le plus clair possible et entièrement poli, avec une croix en relief de 180 x 80 et un Christ en bronze patiné médaille, de 0,57 mètre de hauteur ». Enfin, elle choisit de belles gravures dorées, à charge à Lecreux frères de les répartir comme suit : « Famille Gassion-Piaf (devant la tombale) ; Marcelle Dupont 1933-1935 (champ gauche de la tombale, en avant) ; Louis Gassion 1881-1944 (champ droit de la tombale, en avant). » Prix, TVA de 2,60 % comprise : deux cent trente-six mille et trois cent huit francs. Le 27 avril, tout est prêt. « Il nous serait agréable à l'occasion, de vous présenter votre monument, lui écrit la direction de Lecreux frères. Veuillez, lors de votre venue, être assez aimable de nous téléphoner afin que nous soyons personnellement présents. » Le 16 mai suivant, accusant réception du solde du paiement avec des accents raffinés, la proposition des marbriers de se rendre avec Piaf au Père-Lachaise est reformulée : « Pour vous présenter notre travail et vous donner des renseignements sur la possibilité de faire placer un dallage sur le chemin, devant votre sépulture. » Nos amis les morts...

Le 15 juin, c'est une bonne vivante qui débute au Copacabana (l'ancien Baulieu de Paris), dans un décor de place de village brésilien reconstituée. Piaf y reste trois semaines. Puis repart à nouveau, avec Chauvigny et Bonel, pour une tournée d'été dans l'est de la France et hors des frontières, en Afrique du Nord. À Casablanca, elle donne un récital au cabaret La Guinguette. « Le plus souvent, Marcel Cerdan l'accompagne », note Marc Bonel, dans son calepin. À la fin de l'année 1948, peu après leur retour d'Amérique, Barrier avait dégoté à Piaf un contrat qui la rapproche de l'aimé, afin que les fêtes revêtent pour elle aussi un peu de cette saveur particulière qu'il fait bon partager en famille. Sa famille, c'est Cerdan. Il lui fallait sentir sa peau. Bonel filme la ferme du boxeur, où, bien entendu, Piaf ne s'est pas invitée. En juillet 1949, c'est Oran qui reçoit Piaf en son Théâtre de Verdure. Puis Alger, au Casino de la Corniche. La tournée se termine par quelques dates françaises.

Le mois suivant, remise à l'heure américaine, la Môme quitte le vieux monde en quête de nouvelles aventures au pays de l'*ice-cream* et des méchants Indiens. Elle raffole des westerns ; avec les mariages royaux, c'est peu ou prou le seul programme qu'elle regarde à la télévision. « Il fallait qu'il y ait des histoires entre les cow-boys et les Indiens, que ça tire dans tous les sens, précise Danielle Bonel. Elle écarquillait alors les yeux comme une enfant. Qu'est-ce qu'on a pu avaler comme westerns avec Édith ! »

« Les rêves ne sont si beaux que parce qu'ils ne durent pas. »

Henry Bordeaux

III

Le dernier round n'aura pas lieu

« Si un jour ses gosses reçoivent une bonne éducation, ce sera grâce à moi ! »

É. P.

Deux mois auparavant, Cerdan était retourné sans son irrégulière en Amérique. Parti à Detroit remettre en jeu son titre de champion du monde des poids moyens contre le « taureau du Bronx », Jack La Motta, un Italo-Américain que l'on soupçonnait de faire une carrière conduite par la mafia. Le 16 juin 1949, au Briggs Stadium, un complexe de plein air, le Français fut déstabilisé d'entrée de jeu par la précipitation avec laquelle on anticipa le début du match, préalablement annulé pour cause de mauvais temps. Cerdan avait l'habitude de s'échauffer longuement. Réduit à jouer au jacquet, l'une de ses passions, en attendant qu'une décision soit prise, on ne lui en laissa guère le temps, il lui fallut monter sur le ring à froid. Encore une combine de la mafia internationale, soucieuse de ne pas voir lui échapper une si belle source de revenus. « Cette insouciance des responsables de sa suite laisse rêveur », font mine de s'étonner Sam André et Nat Fleischer, dans leur ouvrage, *Les Rois du Ring*. Ce qui devait arriver advint. Chutant dès le premier round, Cerdan se blessa à l'épaule et au bras gauche et termina le combat avec un seul poing. « Au onzième round, les larmes aux yeux et la rage au cœur, il dut renoncer. » Une certaine presse recommença à écrire que Piaf portait malheur au boxeur français. « À Detroit, elle n'était pas là, on ne peut donc pas dire qu'elle avait une influence néfaste sur lui », rectifia Félix Lévitan. La vérité est que Cerdan accusait une certaine fragilité des poings. Ses mains, qu'il avait petites, se brisaient souvent étant donné la puissance de sa frappe. De même on prétendit que Piaf s'était remise à boire. « C'est scandaleux de parler d'alcool, s'offusqua Lévitan. Au moins, pendant cette période avec

Cerdan, Édith ne buvait pas. Édith était merveilleuse de santé. Édith était belle, radieuse. Elle était heureuse, elle chantait. C'est la plus belle période de sa vie de chanteuse. »

Officiellement séparé de Roupp, Cerdan n'est plus champion du monde des poids moyens, mais ce n'est que partie remise. Le 28 septembre est la première date retenue pour son match de revanche contre La Motta. À cette fin, il s'entraîne de nouveau à Loch Sheldrake. En attendant ses répétitions et sa première au Versailles, qui aura lieu le 14, Édith l'y rejoint, accompagnée de son amie Geneviève Lévitan, épouse de Félix. « Heureuse, heureuse à en mourir », la Môme ! Or, le temps et la distance qui lui ont toujours fait si peur vont jouer une fois encore contre elle. Cerdan lui explique que La Motta, au prétexte d'une « maladie aussi douteuse que ses victoires », s'étant désisté, la rencontre entre les deux hommes est reportée au 2 décembre. Ce qui veut dire que Marcel va devoir rentrer chez lui. Piaf se jette à ses genoux en l'implorant de rester. Sourd à ses supplications, le boxeur suit le cours de ses résolutions et met le cap sur Casa, via la France.

Battue, Édith joue les filles maudites et prend Jacques Bourgeat à témoin : « Je suis déçue, terriblement déçue. Je croyais que Marcel m'aimait par-dessus tout et je m'aperçois que je ne suis que la maîtresse. C'est tout ce que je représente pour lui. Il pourrait rester avec moi trois mois sans avoir aucun ennui dans son ménage et l'envie d'aller chez lui a été plus forte que tout. Ce temps qui nous tombait gratuitement du ciel, il l'a laissé passer. Peut-on passer à côté de son bonheur sans en prendre toutes les responsabilités ? Il était au plus mal avec sa femme, c'est moi qui ai tout fait pour qu'il se remette bien avec elle et dès que cela marchait mieux, il n'avait plus qu'une hâte : retourner chez lui. Il m'a vue presque crever devant lui, mais rien n'y a fait. Il devait rester quinze jours avec moi, mais tout s'est envolé et lui avec [...]. Plus jamais nous n'aurons la chance de vivre trois mois ensemble sans faire de peine à personne. Il avait cent raisons de rester près de moi, et quand il va revenir, ce n'est pas pour moi, mais pour son combat. Je passe toujours en dernier. S'il y a de la place, alors on pense à moi. J'en déduis une chose : c'est que Marcel a besoin et est très heureux près des siens et que je n'ai pas le droit de détruire ça. Aussi, je vais disparaître tout doucement de sa vie. Les séparations qui me font tant souffrir, je vais les provoquer plus souvent et surtout plus longtemps, ainsi je n'aurai rien brisé et je suis tranquille, puisque je sais que Marcel est heureux chez lui... Folle que j'étais, je croyais qu'il souffrait loin de moi et le jour de son départ il chantait à tue-tête dans la salle de bains. Quelle pauvre gourde je fais ! Tu sais, Jacquot, je n'ai jamais aimé avec autant de force. Je suis prête à tout pour Marcel et tu ne peux pas savoir quel déchirement j'éprouve en mon cœur. Je ne sais pas comment je fais pour vivre. N'est-ce pas que j'ai raison de m'effacer, puisque je sens qu'il est possible pour lui d'être heureux chez lui ? Je deviens folle, j'ai envie de hurler. Conseille-moi et surtout n'essaye pas de me prouver le contraire, je sais que Marcel est parti cette fois-ci, parce qu'il en avait envie. Réponds-moi vite. »

Auteur de *La Voyante*, en 1963, André Roussin porta à la bouche d'Elvire Popesco cette réplique teintée de Roumanie, qui chaque soir emballait les salles : « Tous les hommes marrrriés sont des salauds ! » Piaf y associerait bien leurs femmes. Désemparée, sans plus aucun repère, elle remet son âme au bon discernement de Jacquot. Mais « surtout » qu'il ne lui dise rien de ce qu'elle ne veut pas entendre ! Il contrevient à sa mise en garde. Elle encaisse mal et le lui fait savoir. C'est la première fois qu'elle s'adresse à lui sur un ton aussi cinglant : « Je crois qu'à l'avenir j'éviterai de te parler de mon amour, parce qu'au lieu de me remonter, tu me fous complètement par terre ! Tu viens me parler des enfants, des larmes que l'on fait verser. Est-ce que cette femme mérite d'être heureuse ? Elle n'est même pas capable d'élever ses gosses, c'est lui qui les conduit chez le docteur quand il y en a un de malade. Et puis, est-ce que jusqu'alors j'ai enlevé quoi que ce soit à ces gosses ? Pour phraser, te voilà parti avec des phrases toutes faites, communes : On ne bâtit pas le bonheur sur le bonheur des autres. T'avais un beau sujet, alors, allez donc ! Et toi-même, tu n'as pas fait couler des larmes quand il s'agissait de ton égoïsme d'homme ? Alors, ne joue pas les prêtres ou redresseurs de torts, ça ne te va pas bien. Je croyais que tu me répondrais des mots réconfortants et, total, tu me juges. Que chaque femme fasse son devoir comme moi, elles n'auront pas beaucoup de choses à se reprocher. Car si un jour ses gosses reçoivent une bonne éducation, ce sera grâce à moi et non à elle, qui les élève comme il n'est pas permis. Si c'est toute la récompense que tu me donnes, merci ! Perds un peu ton habitude, Jacquot, de prendre ta littérature au sérieux. Ne relis pas tes écrits. On ne corrige pas les élans du cœur pour faire une jolie phrase. Ceci dit, n'en parlons plus. Nous voyons la vie différemment, toi tu ne veux pas lire la vérité sur la vie et laisserais crever tout le monde. Tandis que moi je lis la vérité et j'essaie de faire du bien autour de moi. De nous deux, c'est peut-être moi qui ferais le moins de peine. Pourquoi parles-tu toujours quand Dieu te rappellera à lui ? C'est pour faire de la peine et c'est de la sensiblerie. Il est toujours temps de réaliser cette chose pénible sans que tu m'en parles dans chaque lettre. Si vraiment tu pouvais m'éviter des peines, tu commencerais d'abord à ne jamais parler de ces choses-là ! » Enfin Piaf se résout-elle à remettre Bourgeat à sa place. Il était temps qu'elle lui demande d'en finir avec ses plaintes lancinantes et ses envies de mort récurrentes et discourtoises. Ce qu'elle lui dit sur son goût pour les lieux communs est également de bon aloi. « On ne corrige pas les élans de son cœur pour faire une jolie phrase. »

Que c'est beau ! Que c'est juste ! La classe de la Môme, et sa grande âme, se peignent dans ses lettres. Impossible de voir en elle une once de méchanceté. Si elle souffre, c'est qu'elle fait trop cas des autres. Une faiblesse que beaucoup de ses hommes ont su utiliser. En fin de lettre, elle daigne cependant se calmer : « Bon, n'en parlons plus, je t'adore tout de même et tu es toujours mon Jacquot. Mais ne me fais pas le truc des petits enfants malheureux, crois-moi, tu es en plein à côté ! Je t'embrasse et je crèverai peut-être avant toi, si je me suicide. Ah ! Tu vois ? Je t'adore et attends de toi une belle lettre gaie, écrite avec ton cœur, pas avec les bouquins de ta bibliothèque. Le bonjour à Renée [la nouvelle compagne de Bourgeat] et toi je t'embrasse, vieux con ! »

Son métier lui apporte d'autres satisfactions. À New York, avec ses tables nappées, son podium, son décor vert et noir peuplé de candélabres, son balcon où loge le projecteur, le Versailles est devenu le cabaret à la mode. « Il faut réserver sa table huit jours à l'avance ou porter un nom célèbre pour pénétrer dans l'établissement de la 50e Rue, dont les propriétaires réalisent une fortune grâce à cette petite Française moulée de noir, dont le visage tour à tour tragique ou souriant a conquis l'Amérique entière grâce à la télévision », écrit le 7 octobre 1949 Félix Lévitan, dans *Le Parisien Libéré*. Le Versailles n'avait pas réalisé pareilles recettes depuis plus de quinze ans. Piaf gagne quatre mille dollars par semaine, soit cinq millions d'anciens francs par mois. Mais les États-Unis lui ponctionnent 30 % de cette somme et Édith doit déduire 15 % de ce qui lui reste pour rémunérer son staff. Au final, elle a quatre millions de frais mensuels. Et Lévitan de rappeler qu'en 1947, Piaf avait dérouté les Américains, que l'année suivante elle les avait intéressés, tandis qu'en 1949, « elle les emballe littéralement ». Avec seulement huit chansons qu'elle interprète deux fois dans la même soirée : un premier passage à 22 heures, un second programmé à 1 heure du matin. Parmi lesquelles *L'Accordéoniste* ; *Le Fanion de la Légion* ; *La Vie en rose* et *Monsieur Saint-Pierre*. Plus un titre qu'elle a écrit pour Yvette Giraud à la demande de celle-ci lors d'une rencontre au Liban et que les Français ne connaissent pas encore : *Hymne à l'amour* (musique de Marguerite Monnot)...

J'irai jusqu'au bout du monde
Je me ferai teindre en blonde
Si tu me le demandais
J'irai décrocher la lune
J'irai voler la fortune,
Si tu me le demandais...

La première semaine, les personnalités se sont bousculées au Versailles. On y a vu Barbara Stanwick, Elliot Roosevelt, Rex Harrison, Lilli Palmer, madame et monsieur Henry Ford, les ambassadeurs de France (Henri Bonnet) et d'Argentine, Claudette Colbert, Jane Wyman, Faye Emerson, Irène Rich. Du beau monde relayé par une presse aux petits soins pour la grande Édith. « Plus grande que jamais », appuie Earl Wilson, dans le *New York Post*. « Elle est plus grande que Sarah Bernhardt ! », surenchérit Ward Morehouse, dans le *New York Sun*. Lee Mortimer, du *Daily Mirror*, n'est pas en reste : « Piaf a conquis New York en ouragan ! » Et encore : « Parmi les artistes de cabaret, c'est Piaf qui a le plus de charme » (Abel Green, pour *Variety*). Danton Walker, du *Daily News*, sacre la Française « vedette de l'année ».

Du Cerdan « matin, midi et soir », la Môme va pouvoir s'en remettre : il arrive ! Il reprendra son titre à Zale, volera ensuite au Versailles l'entendre lui chanter *Hymne à l'amour* les yeux dans les yeux et tout redeviendra permis. Qu'il prenne l'avion, il sera là plus vite ! Elle a assez attendu...

Orly, 27 octobre 1949. Dans le hall de l'aéroport parisien, photographes et journalistes se pressent autour de Marcel Cerdan et de Jo Longman en instance de départ pour le vol AF n° FBA ZN, à destination de NY. Il est environ 20 heures. Le nom de Ginette Neveu figurant sur la liste des passagers, les photographes insistent pour que Marcel pose à ses côtés. Il hésite ; les méthodes de la presse, capable des pires extrapolations, l'ont rendu prudent. D'autant qu'une rumeur court sur la jeune violoniste, due à son physique masculin... Mais la voilà qui dégaine son archet pour lui jouer quelques notes. Les journalistes sont ravis, la photo est dans la boîte. Ginette Neveu fut comme Marguerite Monnot une enfant prodige. Dirigée par sa mère, à neuf ans elle avait déjà à son répertoire des œuvres majeures pour violon, telles que le très difficile *Concerto en sol mineur* de Max Bruch et le *Rondo capriccioso* de Saint-Saëns, qu'elle maîtrisait avec une parfaite autorité. Premier prix du Conservatoire de Paris trois ans plus tard, à quinze ans elle rafla au Russe David Oïstrakh le premier prix du Concours international

Wieniawski de Varsovie. Une sommité dans un domaine très élitiste, Ginette Neveu, âgée d'à peine trente ans. Bertrand Boutet de Monvel, un peintre apprécié par la bonne société américaine, est également du nombre des inscrits sur le Paris-New York du 27 octobre. De même que Guy Jasmin, un journaliste canadien qu'accompagne son épouse, directrice des studios Walt Disney. Au total, quarante-huit personnes, équipage compris, qui s'envolent dans un ciel parsemé d'étoiles. Celle de Cerdan est en bout de vol...

Le Constellation d'Air France n'ira pas en droite ligne puisque deux escales sont prévues avant d'atteindre New York. La première aux Açores, la seconde à Terre-Neuve. À 3 heures 50, heure de Paris, le commandant Jean de la Noue signale à la tour de contrôle de Santa Maria son atterrissage imminent : « Sommes à 1000 mètres. Dans cinq minutes, atterrissons. » À la même heure, à New York, Piaf, qui ne va pas tarder à se mettre au lit, demande à ce qu'on la réveille dès que Marcel sera là. Danielle Bonel : « Marc et Loulou Barrier s'étaient levés de bonne heure pour aller chercher Cerdan à l'aéroport. Sur le chemin, Loulou entra dans un drugstore pour acheter des films. Il avait une petite caméra. Il faut dire que Marc l'avait tellement tanné pour que lui aussi fasse du cinéma ! Dans le drugstore, Loulou entend à la radio qu'un avion a disparu sur la ligne Paris-New York. Il ne comprenait pas trop l'anglais, mais il ressortit anxieux du magasin. Avec Marc, ils ont poursuivi leur route jusqu'à La Guardia. Là, ils ont dû attendre un long moment avant d'apprendre de manière sûre qu'un avion avait bel et bien disparu et que c'était celui de Cerdan. "Dans le ciel bleu et triste, nous cherchions désespérément l'apparition d'un Constellation", m'a dit mon mari. » L'oiseau de feu dont Bonel et Barrier entrevoyaient la silhouette dans le flou de leurs illusions s'était écrasé aux Açores, sur le pic Algarvia, au nord-est de São Miguel, avant de s'embraser. À Orly, sur la brèche toute la nuit, le chef pilote Daurat, le vieux complice de Mermoz, du temps de l'Aéropostale, voulut croire à l'optimisme du premier télégramme en provenance de São Miguel, qui parlait de possibles survivants, mais très vite l'on dut se rendre à l'évidence : les quarante-huit personnes du vol FBA ZN avaient toutes péri dans la catastrophe.

À 11 heures, Bonel et Barrier sont de retour chez la patronne. Assommés par le choc. Comment vont-ils pouvoir lui annoncer la nouvelle ? Personne n'ose entreprendre la démarche. Court répit. À 14 heures moins un quart, voilà Piaf qui sort de sa chambre, à demi endormie. Au vu de l'heure, elle s'enquiert de savoir pourquoi on ne l'a pas réveillée plus tôt. « Elle avait encore son masque relevé sur le front, reprend Danielle Bonel, car elle dormait toujours avec un masque comme ceux que l'on donne dans les avions, pour lutter contre la lumière. Pensant que Marcel était là et qu'on lui faisait une blague, elle a dit : "Marcel, pourquoi tu te caches ?" » Or, les mines de désolation affichées par l'assistance réunie dans son salon lui indiquent très vite que quelque chose ne va pas. Chauvigny, Bonel, Barrier, les époux Lévitan, les époux Burston, patrons du Madison Square Garden : nul ne trouve la force de lui avouer la vérité. Danielle Bonel : « C'est Geneviève Lévitan qui devait s'en charger, mais elle n'en a pas eu le courage. » La mort dans l'âme, Barrier se désigne. « Elle n'a pas hurlé sa douleur, elle a crié sa peine », dira Marc Bonel.

Le soir même, Piaf remonte sur scène. Dans l'Amérique puritaine, il était inconcevable qu'un homme marié puisse tromper sa femme ; aussi, pour sauvegarder les apparences, la presse avait-elle préservé le secret. Un secret de polichinelle. Instinctif, le public accourut en masse au Versailles, pour réclamer sa part de douleur Au début du spectacle, la Française prévient qu'elle ne chantera que pour Marcel Cerdan. Bonel et Chauvigny entament *La Vie en rose,* des larmes plein les yeux. Va-t-elle tenir ? La Môme a toujours payé de sa personne. À l'issue de quelques chansons, la cinquième ou la sixième, *Hymne à l'amour,* peut-être, elle s'effondre. On doit fermer le rideau. Il ne se relève que trois jours plus tard, cette fois-ci, sans incident notoire.

Si un jour la vie t'arrache à moi
Si tu meurs, que tu sois loin de moi
Peu m'importe si tu m'aimes
Car moi je mourrai aussi...

Piaf résiste, mais Édith souffre pour deux. Elle pleure. Toute la journée, elle pleure. Le sommeil la fuit, qu'elle rattrape à coups de somnifères. Elle ne mange plus, car plus rien ne semble vouloir passer dans son frêle œsophage. Autour d'elle, toutes les précautions sont prises pour lui éviter de commettre une bêtise. Prunis, qui l'adore et qu'elle appelle « papa Prunis », lui apporte régulièrement du bouillon ; il faut au moins qu'elle avale quelque chose. « À l'annonce de la mort de Cerdan, l'ensemble de son métabolisme a accusé le choc, témoigne Danielle Bonel, dont le mari vécut le drame, minute par minute. Les problèmes de rhumatismes déformants d'Édith remontent à cette époque. C'est là qu'on a commencé à lui administrer des drogues médicamenteuses. Avec les conséquences que l'on sait. » La chanteuse Germaine Ricord m'a rapporté une confidence de Loulou Barrier selon laquelle Piaf ne mangeait pas dans la journée mais elle se rattrapait la nuit. « Loulou voulait en avoir le cœur net et il s'était posté de manière à la surprendre. » Germaine Ricord tend à laisser entendre que Piaf en faisait beaucoup. Or la Môme ne triche pas, la douleur est réelle. L'explication de ces gavages nocturnes s'explique par le fait, connu, que certains somnifères déclenchent des fringales somnanbuliques, qui ne laissent aucun souvenir le lendemain.

Le 31, Piafou couche son désespoir sur le papier à en-tête de sa résidence new-yorkaise. Ses premières pensées vont à son cher Jacquot. « Je devrais être la femme la plus heureuse et je suis la plus malheureuse. Je n'ai vraiment qu'une idée en tête : aller le rejoindre ! Pourquoi toutes ces souffrances ? Pourquoi cette injustice ? Si nous avions fauté, il y avait mille manières de nous punir, perdre ma voix ou bien encore perdre son championnat du monde, mais ça ! Et si nous devions être punis, pourquoi ses enfants, sa femme ? Je n'ai plus aucun but dans la vie. Chanter ? C'était pour lui que je chantais. Mon répertoire sentait l'amour et pense que maintenant je chanterai mon histoire dans mon tour de chant. De plus, chaque chanson me rappelle un geste de lui, une parole de lui, tout me rappelle lui, c'était vraiment la première fois que j'étais heureuse, je ne vivais que pour lui, ma raison était pour lui, la voiture, mes robes, le printemps, c'était pour lui. Crois-tu que ce soit humain de me demander de vivre ? Non, c'est de la cruauté et de l'égoïsme. Jacquot, si tu m'aimes, tu dois prier pour que je puisse aller le rejoindre. Là, seulement, je peux être heureuse avec lui pour toujours ! Vivre pour qui ? Pourquoi ? Penses-tu que la vie ne soit pas assez cruelle ? Que je n'ai pas suffisamment souffert ? La vie, c'est l'enfer et mourir, c'est le repos ! Prie, Jacquot, pour que je meure, prie pour que je ne souffre plus. Prie, Jacquot. Aie pitié de moi. Ma douleur est incroyable. »

Même cassée, une Piaf est au-dessus de ces poupées rattrapées par le scénario de leurs chansons et qui finissent dans la mare aux suicides. Une Piaf ne se tue par pour un amant n° X. Car Piaf la mystique sublime son amour pour Cerdan. Elle n'a pas eu le dernier mot et elle ne le supporte pas. Heureusement, il y a de l'orgueil dans son désarroi. « Celui qui n'a pas d'orgueil est plus infirme qu'un bossu, arguait Sacha Guitry. L'orgueil nous préserve des maux les plus grands. Sans son secours, nous connaîtrions l'envie, la colère, le désir de nous venger, l'amertume et l'ennui. » Elle s'accroche à cette histoire inachevée, à cet homme qu'elle n'avait pas fini d'aimer et que Dieu lui a fauché de la manière la plus brutale. Pour justifier de l'échec de ses amours passées, Piaf fait de Cerdan l'Irremplaçable. Paul Meurisse : « Une mort en pleine gloire et en plein ciel... Piaf s'est engouffrée dans ce rêve. La sentimentalité s'est nourrie de sa mort. » Sans doute Édith a-t-elle aimé son boxeur avec une intensité rarement atteinte, mais au baromètre de son cœur, tôt ou tard ce bon Marcel serait retombé. De toute sa hauteur. Danielle Bonel n'accorde même pas à Piaf le bénéfice du doute : « Il lui serait sorti de la tête comme les autres. Même si nous aurions bien aimé que cette histoire dure, on en aurait reparlé un an plus tard du "grand amour". Très vite, elle n'a d'ailleurs plus parlé de Cerdan, elle était passée à un autre chapitre. » « Les mauvaises choses, je les oublie, concéda Piaf à la fin de sa vie. J'ai une faculté d'oubli dont je bénis le ciel. »

Quant à Cerdan, jamais il n'aurait consenti à divorcer pour les beaux yeux de sa maîtresse. Félix Lévitan : « Toutes ses conversations tournaient autour de l'avenir de ses enfants. En aucun cas, et il était formel là-dessus, il ne voulait pas qu'ils deviennent boxeurs. "Je souhaite que mes fils aient une éducation soignée, disait-il. Je veux qu'ils aient ce qui me manque, qu'ils aient une formation." Marcel était très intelligent et je crois qu'à aucun moment il n'a pensé à abandonner son foyer, ses enfants. » « On a dit beaucoup de choses fausses au moment de la mort de Cerdan, complète Danielle Bonel. Comme par exemple Aznavour, qui n'était pas là et qui a raconté qu'à l'annonce de la catastrophe, Édith s'était aussitôt enfermée dans sa salle de bains pour mutiler sa chevelure. Elle n'a voulu changer de tête en coupant ses cheveux que plusieurs semaines après. »

Or, même sous l'action des drogues, Piaf ne parvient pas à maîtriser sa douleur. L'après-Cerdan est un cauchemar. Au point que Jacques Bourgeat a rejoint sa « petite fille ». Une bien triste occasion pour lui de découvrir enfin New York, où il se lie d'une grande amitié avec Prunis. « C'est l'un des rares braves hommes que j'ai rencontrés dans ma vie », dira-t-il au sujet du directeur du Versailles. Momone elle aussi a été appelée à la rescousse, mais elle incite Édith à reprendre les bonnes vieilles mauvaises habitudes. L'alcool, bien sûr, qui ne résout rien et décuple les causes de malaise. S'ouvre alors l'ère du spiritisme. Un guéridon à trois pieds est acheté à cet effet, censé permettre d'établir la communication avec l'esprit de Marcel Cerdan. « Marcel dit que tu dois continuer à te nourrir. » Mais encore : « Marcel dit que tu dois donner cinq mille francs à Simone... » « Marcel dit que tu dois acheter un vison à une telle... » « Marcel dit que tu dois offrir une Citroën à tel autre... » En état de complète vulnérabilité affective, Piaf, candide, se prête au jeu de ce « Jacques a dit » transposé et malheur à qui tente de la dissuader que tout ceci n'est que supercherie ! « Nous en avons vu pas mal en dix-huit ans, a écrit Marc Bonel, mais là, le coup était inimaginable. Indécent, scandaleux ! Honteux de voir Édith, si malheureuse, implorer son amour perdu devant cette table sans pitié qui frappait tellement fort [...]. Transformé en machine à sous-dictateur, Marcel Cerdan devait avoir envie de sortir de sa tombe et, muni de ses gants de boxe, de casser la gueule à tout ce beau monde. Il les aurait pulvérisés. Il en aurait fait de la charpie. Je l'aurais aidé à coups de lance-flammes. »

Momone n'est pas la seule à exploiter le filon et le spiritisme n'est pas né du guéridon de Piaf. Au XIXe siècle, la reine Victoria y avait eu recours après la disparition prématurée de son bien-aimé Albert, ce par l'intermédiaire de John Brown, son domestique et son amant. On sait également que dans son exil de Guernesey Victor Hugo invoquait l'esprit de sa fille en faisant tourner les tables et qu'en Russie, désespérée de ne pouvoir donner un héritier à la couronne, l'épouse de Nicolas II s'en était remise à des occultes. Le spiritisme restait cependant l'apanage d'une élite. Les expériences d'Élisabeth-Marie, fille de l'archiduc Rodolphe, dûment contrôlées par des savants et des éminences des sciences occultes, tel le baron Schrenck-Notzing, médecin, parapsychologue de renom et ami de Freud, sont restées fameuses. Ce n'est qu'au moment de la Grande Guerre que l'exercice spirite se démocratisa en Europe, avec l'apparition soudaine d'un fort mouvement. Les amoureux séparés, les veuves, les mères désespérées formaient des cercles pour communiquer avec les âmes et employer tous les moyens possibles pour entrer en contact avec les morts. On voulait les entendre, leur parler, se convaincre que sous une forme différente et dans un autre espace ils étaient encore vivants. Rien de louable, ni de très scientifique, dans les intentions des potes à la Môme, un ersatz de Bande à Bonnot. Pour avoir osé se mettre entre elle et son Marcel, plusieurs des proches de Piaf vont connaître une disgrâce temporaire : Aznavour, Chauvigny, Michel Emer, Henri Contet, Marc Bonel... Un jour, raison recouvrée, Édith chassera à jamais Momone et ses stipendiés. En février 1950, date du retour de la chanteuse en France, ils ont encore quelques beaux jours devant eux, la complainte du guéridon n'en est pas à son dernier couplet.

Le corps de Cerdan put être identifié, grâce à l'une des trois montres qu'il avait toujours sur lui, l'une à l'heure de Paris, l'autre à celle de Casablanca et la troisième à l'heure de New York. Ainsi se sentait-il plus proche des gens qu'il aimait. Marcel Cerdan junior devait porter à son poignet la montre retrouvée, sans en faire réparer le verre brisé. Il avait fallu plus d'une demi-journée d'efforts à la première équipe de sauveteurs pour atteindre l'épave du Constellation d'Air France, qui gisait au pied d'un précipice, sur les pentes du mont Redondo. Munie d'appareils radio portatifs, cette équipe put décrire au monde le spectacle dantesque qui s'était alors offert à sa vue : des corps mutilés et carbonisés, éparpillés sur plus de six cents mètres, à plus de seize kilomètres du premier village. Le corps de Ginette Neveu fut également identifié. À l'annonce de la disparition de la violoniste, l'une de ses admiratrices, une libraire autrichienne résidant à Vienne, se donna la mort par le gaz dans son appartement. On retrouva dans son corsage un journal relatant la catastrophe. Il n'a jamais pu être officiellement prouvé que l'avion de Cerdan fut la cible d'un sabotage, mais de lourds soupçons pesèrent sur la mafia et sur La Motta. Quand on sait que ces gens mettent en place des présidents aux États-Unis qu'ils sont capables d'abattre ensuite, on mesure combien la vie d'un boxeur qui élevait des cochons dans un bled d'Afrique du Nord comptait peu dans la balance. En septembre 1950, Laurent Dauthuille, qui avait déjà battu La Motta en dix rounds, faillit venger le « bombardier », à Detroit, au cours d'un combat qu'il domina largement, mais qui subitement tourna à l'avantage de l'Américain. Au quinzième round, Dauthuille s'écroula sur une droite en contre, dans des conditions également bien étranges.

En France, la disparition de Cerdan créa une onde de choc émotionnelle intense [1]. Alain Delon et d'autres se souviennent que dans les lycées, les professeurs firent observer une minute de silence avant de poursuivre les cours. Disparu en pleine jeunesse et au faîte de sa gloire, Marcel Cerdan passa du statut de légende à celui de mythe. Avec ce qu'il faut d'objets de collection pour le cultiver. Des dizaines d'années après sa mort, des paires de gants « ayant appartenu à Marcel Cerdan » apparaissent tous azimuts, mais d'autres objets cultes et authentifiés sont partis en salle des ventes pour des sommes très importantes.

Notamment le short modèle Benlee, maculé de sang, que le boxeur portait lors du championnat du Monde de 1948, qui fut adjugé à plus de cinq mille euros. Mais surtout la ceinture du championnat du

1. Jean Marais était un ami de Cerdan. L'annonce de sa mort marqua pour lui un double événement. Ce jour-là, son célèbre chien Moulouk – il fut son partenaire au cinéma, mais également la mascotte des soldats de la Division Leclerc où Marais s'était engagé, après la Libération de Paris – tomba gravement malade. À cette époque, Marais jouait *Chéri* au théâtre de la Madeleine. En l'absence de vétérinaires, il eut recours à un médecin qui, d'entrée, lui fit part de son étonnement : « Je ne savais pas que la mort de Cerdan pouvait vous affecter à ce point ! – Il ne s'agit pas de moi, mais de mon chien, docteur. »

Monde, de la même année, vendue par la famille, et qui trouva preneur à plus de trente-trois mille euros, chez Tajan, en 1998. L'Association des Amis d'Édith Piaf se défit de son côté d'un peignoir qu'aurait offert Cerdan à la Môme, ainsi que d'un short porté par le champion du monde, en 1948, toujours. Trois timbres à l'effigie de Marcel Cerdan ont été édités depuis sa mort, dont deux en France. Mais les collectionneurs s'arrachent surtout ses affiches de cinéma. Les deux dernières années de sa vie, le boxeur apparut en vedette au générique de trois films. *L'Homme aux mains d'argile* fut le premier. Tourné aux studios d'Épinay, Cerdan y tient son propre rôle. Le résultat n'obtint pas beaucoup de succès, mais les quatre affiches promotionnelles de ce long-métrage sont aujourd'hui très prisées par les spécialistes. Tout comme celles de *Au diable la célébrité*, réalisé quelque temps après, et celles de *Entre deux combats*, une fiction documentaire traitée sur le mode humoristique, montrant Cerdan en pleine préparation pour sa revanche contre La Motta, durant l'été 1949.

Marcel Cerdan fut-il le plus grand boxeur français, toutes époques confondues ? Ce serait oublier Georges Carpentier. En 1969, un hommage télévisé fut rendu au « bombardier marocain », à l'occasion du vingtième anniversaire de sa disparition. Maurice Chevalier, qui était devant son poste ce soir-là, déplora que les intervenants, sans doute trop jeunes, se soient satisfaits de ne parler que de ce qu'ils connaissaient. « Des témoignages par des amis artistes et journalistes sportifs prônèrent avec raison les indéniables qualités de Marcel, le plus spectaculaire poids moyen que la France avait produit au cours des années 1935 à 1940. Qu'il ait été le meilleur poids moyen français de sa génération ne peut être mis en doute. Carpentier ne boxait plus depuis 1922. Mais au milieu des dithyrambes nommant Cerdan "le plus grand de tous les temps", une seule fois le nom de Georges Carpentier fut timidement accolé au sien avec un "et peut-être Georges Carpentier...". Il fallait déjà avoir vingt ans en 1908 et quarante en 1928 pour voir et savoir. » Le rappel historique du prodigieux parcours de Carpentier établi, Chevalier termine ainsi : « En tant qu'admirateur et ami, je devais le rappeler à ceux dont la mémoire vacille et l'apprendre aux jeunes qui ne peuvent tout de même tout savoir. »

Qu'ils le veuillent ou non, tous les hommes de Piaf, à quelques rares exceptions près, n'ont existé qu'à travers elle. Sans elle, ils n'étaient rien. Cerdan, lui, n'avait pas besoin de la chanteuse pour s'établir dans l'imagerie populaire, mais si la postérité a retenu son nom, la Môme y aura contribué. À la fin des années quatre-vingt-dix, exhumé du cimetière de Casablanca, le corps du héros fut transféré à Perpignan. Une décision de la famille. Lui qui avait souvent répété à Marc Bonel que quoi qu'il advienne, il voudrait reposer auprès de ses parents, dans le caveau de Casa... Tout Cerdan tient dans ce portrait esquissé par le dissident Jean-Édern Hallier, « éliminé », lui aussi, parce qu'il était grand et qu'il dérangeait : « Cerdan, c'était d'abord le punch. C'est-à-dire l'équivalent du style en littérature ; le bon mot, la boutade, l'esprit. La fulgurance en d'autres termes. C'est-à-dire l'éclair de Zeus. De Dieu. Il avait ça dans les poings, comme d'autres l'ont dans la tête. »

Quatrième partie

LE RÈGNE

« Le silence des peuples est la leçon des rois. »

Mirabeau

« Ce que le cambrioleur a bien voulu te laisser deviendra la proie des tribunaux ou des cartomanciennes, si tu t'adresses à eux pour retrouver ton bien. »

Pensée arabe

I

« La putain de papa ! »

« Vous êtes tous des cons ! »

É. P.

De l'avis de Marc Bonel et de ceux qui vécurent le drame Cerdan dans la proximité de Piaf, dès 1950 la Môme ne fut plus la même femme. Il y avait l'avant Cerdan. Il y aura l'après. Au printemps, elle rencontre pour la première fois à Casablanca la veuve de son amant défunt. Les conditions ne sont pas optimales, mais l'entrevue se déroule avec un tel naturel qu'il ne faut pas longtemps pour que Marinette et ses enfants soient à leur tour cordialement invités à Paris. L'été suivant, les voilà qui investissent le nouvel hôtel particulier d'Édith, au Bois de Boulogne. « Tata Édith » couvre Marinette de cadeaux et pare les petits de vêtements achetés chez de grands couturiers. « C'est la maison du Bon Dieu, ici ! », s'abandonne madame Cerdan devant le journaliste de *Pour tous*, envoyé en reportage au domicile de la chanteuse. À leur retour au Maroc, les valises sont pleines. Marinette a placé ses jalons et Piaf n'a pas fini d'entendre parler d'elle et de sa famille. Danielle Bonel se souvient avoir passé des après-midi entiers à acheter avec Piaf des cadeaux de Noël pour les petits Cerdan. « À New York, elle dévalisait les magasins. Une caméra pour l'un, une bicyclette pour l'autre. J'ai du reste une lettre adorable où l'un d'entre eux, René, remercie Édith. Contrairement à ce que l'on pense, des trois enfants, le préféré d'Édith n'était pas Marcel junior, mais Popaul. Il était très doux avec elle, très attentionné et elle aimait beaucoup parler avec lui. »

En sus de la veuve et des trois garçons, Piaf prend en charge la jeune Thérèse, une adolescente de quatorze ans, née d'une relation avant mariage entre Cerdan et une demoiselle Garcia. Simone Ducos la mentionne dans ses *Souvenirs*. « Marinette était au courant de beaucoup de choses, révèle Danielle Bonel, mais elle faisait semblant de ne rien savoir. » À la mort de Piaf, pendant vingt ans, Marinette raconta ses souvenirs à la presse du cœur. Un jour, elle clamait que Piaf était la plus grande, qu'elle les avait beaucoup aidés. Le mois suivant, elle disait exactement le contraire : « Édith m'a volé mon mari, j'ai vécu l'enfer. » Danielle Bonel a le souvenir que lorsque Piaf était à l'étranger et que la famille Cerdan s'installait boulevard Lannes pour y vivre confortablement, entre eux les enfants parlaient de tante Édith en disant : « La putain de papa ! » « Ce sont les employés qui me l'ont répété, atteste Danielle Bonel. Bien entendu, Édith ne l'a jamais su. Du reste, elle n'avait pas une entière confiance en Marinette. Elle avait engagé Marcel Tombereau pour contrôler tout ce petit monde, lorsque nous étions absents. Suzanne, la femme de chambre, qui devait devenir cuisinière, m'a appris qu'au cours de l'un de nos séjours en Amérique, alors que la famille Cerdan se trouvait boulevard Lannes, une malle fut volée dans la cave, où se trouvaient des effets de Marcel Cerdan, des lettres et tout un tas de souvenirs. Suzanne, qui n'était pas toujours là, a supposé que ce devait être le fait de Tombereau, puisqu'il était le seul à avoir accès à la cave : il avait d'ailleurs les clefs et il pouvait aller partout. »

Comment Tombereau, vendeur au *Bon Marché*, fut-il introduit boulevard Lannes ? « Grâce à Rudy Heydel qui était son amant et qui l'avait placé chez Piaf. Rudy était un secrétaire trilingue que nous avions emmené avec nous en Amérique, parce que notre anglais devenait insuffisant pour étudier les contrats. Piaf l'avait connu au début de la guerre avec Dédée Bigard. Elle l'avait déjà employé à cette époque. Un très gentil garçon, Rudy, un peu inexistant, qui aimait beaucoup la drague et qui a raconté beaucoup de billevesées, comme Pierre Hiégel, comme Bruno Coquatrix, comme tant d'autres, comme le chauffeur Robert Bourlet qui, non content d'avoir inventé des horreurs sur Édith, s'est fabriqué une importance qu'il n'avait aucunement. » Les effets de Cerdan volés boulevard Lannes réapparurent un jour, longtemps après la mort de Piaf, dans les salles de ventes. Des lettres également refirent surface en différents endroits. D'autres, prétendument écrites par Cerdan ou par Piaf, sont en revanche d'une origine beaucoup plus douteuse. En milieux autorisés, on murmure que des faussaires furent recrutés par des fans de la Môme pour exécuter un travail de falsification à des fins lucratives. « Un jour, après la mort de Piaf, j'ai reçu une lettre infâme signée "Édith", raconte Danielle Bonel. J'étais stupéfaite, l'écriture était exactement celle d'Édith ! »

Après un premier passage à Pleyel, Piaf redevenue française est de nouveau affichée à l'ABC, le temple de ses débuts. « Avec ses cheveux plus courts et bouclés, elle semble plus petite encore, plus menue que jamais, remarque Claude Hervin, dans *Paris-Presse* des 9 et 10 avril 1950. On ne voit que ses mains, immenses et lumineuses, telles de gigantesques fleurs blanches. » Des mains que Charles Trenet appelait « les blanches colombes du faubourg ».

« Cette finale, ça sent le gaz ! » exulte Henri Vidal, le soir de la première, croyant ainsi résumer l'extraordinaire puissance de suggestion à laquelle atteint Piaf, aux derniers mots, au dernier geste d'une de ses chansons, celle qui compte la fin pitoyable de *Monsieur Lenoble*...

T'as pas su la rendre heureuse
Tu avais trop de confiance...
Trop de confiance... trop de confiance...
Confiance... confiance...

(Michel Emer)

« Piaf est un monstre sacré, et des plus grands, écrit Lucien Viéville dans *Le Populaire*. Quand elle paraît sous le feu des projecteurs, sobre et belle, une simple croix d'or brillant à son cou, les joues roses, elle doit un long, un très long moment, attendre que cessent les flux d'applaudissements. Cette confiance aveugle, la foule, ignorant encore le plaisir qu'elle va connaître, ne l'accorde pas aisément. On compte sur les doigts d'une main les artistes français qui l'obtiennent, et aucun sans doute au degré d'Édith Piaf. Chaque jour, à l'ABC, elle bat son record de rappels. » Or, tout le monde ne tombe pas sous le coup du génie parfait. Resté sur le doux souvenir de « la Môme » qui pleurait sans chiqué et chantait d'un tout autre cœur des ritournelles de quatre sous, dans *Les Nouvelles littéraires,* Serge, le journaliste des débuts chez papa Leplée, déplore que Piaf, « avec ses cruautés, son visage de pleureuse perpétuelle », ne doive plus ses émotions qu'à un automatisme. Tout aussi gênant, l'envoyé de *Combat* a détecté dans la salle la présence de quelques « sadiques du music-hall », ceux « qui, n'aimant point la vedette d'un spectacle, tiennent malgré cela à venir l'écouter, à souffrir en apparence, et, ce qui est plus grave, à faire souffrir leurs voisins ». Il prend l'exemple d'un couple de spectateurs « d'aspect humain » : « Tout au long du tour de chant de Piaf, ils n'ont cessé de moquer sur un ton majeur l'extérieur de la chanteuse, ses manières, sans prêter un seul instant d'attention à la voix de celle-ci ou à la valeur de telle ou telle chanson. "Je ne comprends pas, disait la femme, les lèvres arrondies, que cette fille ait autant de succès."

Et le partenaire, alors que toute la salle gardait un silence ému pendant *Hymne à l'amour* et *Monsieur Lenoble*, s'apercevait soudain que la robe d'Édith Piaf était bien quelconque... »

« Le public... Le public... Combien faut-il de sots pour faire un public ! » (*dixit* l'écrivain Chamfort).

Or, le public n'a jamais tort et le devoir d'un artiste est de satisfaire sa clientèle. Aussi, à la faveur de ce spectacle de rentrée, la Môme recueillit-elle l'un des articles les plus esthétiques de sa carrière. Il émane du Suisse Michel Braspart (*La Réforme*) : « [...] Dans la bouche de Piaf, les mots les plus fatigués, parfois les plus vulgaires, les mots que nous traînons, du réveil au sommeil, comme de vieilles savates, sonnent neufs, se chargent d'être des étiquettes. Du gémissement et de la plainte au cri, il n'est pas une modulation humaine qu'Édith Piaf ne sauve de la banalité. Ce cri, c'est peut-être le dernier. Je voudrais bien, s'il doit survivre un cri de notre temps qu'il nous soit donné d'entendre dans le Royaume, que ce soit le cri d'Édith Piaf. »

La Môme donne le meilleur parce qu'elle est amoureuse. Qui est le nouvel homme de sa vie ? Les journalistes s'inquiètent de le savoir. « C'est le grand truc, révèle-t-elle à ceux de *L'Aurore*. Il est intelligent, je ne m'ennuie jamais avec lui et pourtant il m'amuse. En plus, il a tout pour lui ! C'est le seul homme pour lequel j'aurais volontiers sacrifié ma carrière ! » Les paroles d'un vieil air déjà entendu, prouvant si besoin était encore que Piaf est une amoureuse éprise de l'amour et qu'importe celui qui lui donnera la réplique. Elle aime. Point. Les journalistes de *L'Aurore* ne sont pas dupes :

« — Vous avez déjà eu ces intonations-là, non ?

— Jamais ! Jamais !

— Pourtant, voici peu de temps, untel... ?

— Untel ? C'était un commis voyageur adroit et retenu un instant. C'était une erreur. »

Un « commis voyageur » qui, au vu de la chronologie, ne peut être que... Marcel Cerdan !

La presse reste encore discrète sur l'identité de celui qui a réussi un tel tour de force. Piaf l'a connu dans un cabaret des Champs-Élysées où ce chanteur américain venu tenter sa chance à Paris a fait le forcing pour entrer dans le cercle magique de la chanteuse française. *What's name ?* Eddie Constantine...

Après une tournée dans l'Hexagone, en septembre 1950, voici Piaf et sa robe noire de retour en Amérique. À nouveau New York et le Versailles. En sus de Constantine, Charles Aznavour, séparé de Pierre

Roche, est du voyage. Il œuvrera en qualité d'homme à tout faire de Madame Piaf. Édith et Eddie ne se quittent plus, mais « le nouveau » déplaît fortement à l'entourage de la patronne. À Marc Bonel, surtout, qui lui mettrait volontiers son poing sur la figure depuis qu'il a découvert la lettre qu'Eddie a écrite à sa femme, où il lui demande d'être patiente et de ne pas s'inquiéter ; dès qu'il sera arrivé, grâce à Piaf, là où il le souhaite, tout rentrera dans l'ordre et elle pourra venir le rejoindre en France, avec leur petite fille. Aveuglée comme toujours, chaque fois que d'amour il est question, Piaf persiste à trouver du confort dans la compagnie de son homme. Parce qu'il est le plus beau, le plus fort, le plus intelligent, etc. « Eddie est un être merveilleux pour moi, heureusement que je l'ai rencontré », rassure-t-elle Bourgeat.

Ce quatrième séjour américain cause à la Môme quelques soucis de santé suffisamment inquiétants pour qu'elle accepte d'en informer Jacquot. « Figure-toi que j'ai 77 % d'anémie du sang, lui écrit-elle, le 23 octobre 1950. C'est-à-dire qu'à 100, on meurt. Tu te rends compte ! Heureusement, Eddie m'a emmenée chez son docteur qui est magnifique. Il me fait un traitement énergique et je me sens un peu mieux depuis trois jours. Quand je chantais, je sentais mes jambes se dérober sous moi. Il était temps que je réagisse enfin. Ne dis rien à Momone pour ne pas l'inquiéter. » Piaf ne se fait plus d'illusions sur la « frangine », mais elle veut encore croire que les êtres peuvent un jour devenir ce qu'elle voudrait qu'ils soient. Sans songer un instant que les autres souhaiteraient peut-être voir chez elle certaines choses se transformer. Bourgeat a remis sa « petite fille » à l'ouvrage et elle agrée à nouveau volontiers à cette entreprise d'élévation : « Je suis en train de lire *L'Iliade* d'Homère, et je trouve ça merveilleux. Je l'ai, traduit par Leconte de Lisle. Ensuite, je vais lire *L'Odyssée* et je lis en même temps la mythologie grecque, c'est passionnant et ça me donne un moral de fer. Par qui Homère a-t-il été le mieux traduit ? »

Avec Constantine, ce n'est pas le bonheur fou, mais le fantôme de Cerdan s'éloigne, sans pour autant la quitter : « Dans cinq jours, je vais avoir beaucoup de peine, il y aura un an que j'ai perdu Marcel, pense fort à moi, j'en aurai besoin », écrit-elle à Jacquot. Le 26 octobre, elle fait dire une messe anniversaire à Saint-Vincent-de-Paul. « J'y étais, témoigne Danielle Bonel. Constantine aussi. Il s'était mis en retrait de manière à laisser Édith seule au premier rang. Sans plus de manières, elle l'a appelé à la rejoindre : “Viens !” » Danielle Bonel se souvient qu'à Paris, les messes anniversaires à la mémoire de Cerdan étaient dites à l'église d'Auteuil. « À midi, précise Simone Ducos. Toute la maisonnée, y compris les domestiques, devait accompagner Édith. L'organiste était prié de jouer *La Toccata* de Bach et des mélodies de Gabriel Fauré. » Piaf mêle Dieu à tout, mais le Très-Haut ne se permet aucune intervention dans les problèmes de couple survenant bientôt entre la Môme et son Américain. Danielle Bonel : « Elle l'engueulait comme un gosse. Aussi franc qu'un cheval qui recule, Constantine ne disait rien. Pour donner le change, subissant la grêle, il déchirait nerveusement en mille morceaux des petits bouts de papier, mais il ne bronchait pas. Lorsque, le matin, on retrouvait le cendrier encombré de confettis, on savait qu'il avait écopé d'un sérieux savon pour x raisons. "Qu'est-ce qu'il a encore dû prendre hier soir !" plaisantait mon mari avec Barrier. J'avais connu Eddie à Paris, dans le cadre strict du travail ; Suzy Solidor nous avait engagés lui et moi en son cabaret. Je ne pensais pas que je serai amenée à le revoir en de telles circonstances. »

Retour à Paris. Nous sommes le 6 janvier 1951. Dans la poche gauche d'Édith : Eddie Constantine et la clé du Beverley de New York, emportée par mégarde. Dans la droite : un disque magnifique enregistré « là-bas », en anglais – *Autumn leaves* (Les Feuilles mortes) ; *I Shouldn't care* (J'm'en fous pas mal). À Orly, où son avion se pose vers 13 heures 15, l'attendent Michel Emer, les Compagnons de la chanson au grand complet, Marguerite Monnot et Paul Péri, Félix Lévitan, Charles Aznavour – avec un nez tout neuf offert pour partie par Piaf qui lui avait conseillé l'opération –, Marcel Achard[1], sa femme Juliette, et l'éditeur Raoul Breton encombré d'une gigantesque galette des Rois.
« — Attention, a tôt fait de prévenir la Môme, j'trimballe un rhume tout'c'qu'il y a d'plus américain !
— Sois tranquille, répond Achard, nous avons déjà la grippe espagnole ! »
Dans le hall de l'aéroport, elle croise Orson Welles, en partance pour Rome où il doit tourner les derniers raccords d'*Othello*. « OK, I'm glad to see you », lui lance Édith, avant de se tourner vers Achard : « T'as entendu comme je jaspine l'english ? » Puis la Môme embarque le gros de ses amateurs de léchouille. Direction Boulogne. Elle les y régale de la dinde aux marrons préparée par Chang, le cuisinier qui la suit depuis l'époque de madame Billy. En faisant retenir une douzaine de places à l'ABC pour aller applaudir les Compagnons, elle signale son intention de s'amuser. Qu'à cela ne tienne, mais Achard insiste pour que La Guite leur fasse d'abord entendre au piano quelques airs de *La P'tite Lily*...

1. Ce dernier faillit convoler avec la cousine germaine de Marc Bonel, mais elle lui préféra l'auteur dramatique Steve Passeur.

Voilà beau temps que Piaf pressait le créateur de *Voulez-vous jouer avec moâ ?* de lui écrire une comédie musicale qui serait jouée à l'ABC, chez Mitty Goldin. Voilà beau temps qu'il promettait d'y réfléchir. Au début de novembre 1950, il s'était retiré à Beaugency, dans un ancien établissement religieux, aux fins de donner forme à ce qu'il avait déjà intitulé *La P'tite Lily,* titre dont Piaf a déjà fait référence dans une lettre à Bourgeat. Quand il en revint, rien n'était encore bouclé. Édith en Amérique et le succès de son *Harvey* (une adaptation d'une pièce anglaise) ne poussant pas à l'urgence, Achard s'était un peu endormi. Dès son retour, Piaf le réveille : elle veut sa comédie musicale terminée le plus rapidement possible !

Un mois et demi plus tard, il n'est toujours pas en mesure de lui fournir une trame complète. La première devant avoir lieu le 10 mars, les répétitions commencent néanmoins au théâtre des Capucines, dont Goldin est également le propriétaire. D'un commun accord, on a choisi Raymond Rouleau pour la mise en scène et Lila De Nobili pour les décors. Un choix que les uns et les autres regretteraient. Marcel Achard a dit pis que pendre sur les méthodes de travail de Rouleau : « Le théâtre français se meurt aussi à cause de ses metteurs en scène, qui sont la honte et l'abjection de la scène [...]. Raymond Rouleau est le plus dangereux de tous. » Or, peu à peu, au milieu du chahut qui précède généralement à l'accouchement d'une œuvre, *La P'tite Lily* prend sa forme définitive. Il s'agit d'une pièce en deux actes et sept tableaux. Le sujet : arpète chez le couturier Patrick, Lily est le boute-en-train et la coqueluche de l'atelier. Mario, le portier très galonné de la maison, est amoureux d'elle, encore que déjà sérieusement engagé avec une de ses compagnes, Martine. Ce jour-là, il se décide à avouer son amour. Mais indirectement. Malheureusement, le portrait qu'il fait d'elle-même à Lily est tellement embelli qu'elle ne se reconnaît pas et de là découlent toutes leurs infortunes. Lily fait la connaissance d'une riche cliente de chez Patrick, madame Arcos. Celle-ci lui prédit une vie d'amour intense, une vie « comme une de ces chansons des rues où l'amour et la mort se donnent la main ». Elle lui prédit encore qu'elle prendra du poison et recevra des coups de revolver. Lily rencontre Spencer... Et tout se passe selon les prédictions de madame Arcos, poison et revolver compris. Jusqu'à ce que Lily, après des aventures plus comiques que tragiques, puisse enfin atteindre au bonheur.

Quel partenaire fallait-il donner à Piaf? Le choix d'Achard s'était préalablement porté sur Pierre Destailles. Devant la lenteur des opérations, celui-ci prit d'autres engagements. Édith proposa alors un jeune comédien n'ayant jamais servi au théâtre, mais qu'elle trouvait singulièrement drôle : Robert Lamoureux. Goldin ne créa aucune difficulté. Par ailleurs, depuis New York, la Môme avait prévenu le vieux directeur qu'elle ramenait une « perle », pour lequel elle exigeait un rôle. Il s'agit bien sûr d'Eddie Constantine. Or, jugeant sur pièces, Goldin refuse ferme d'engager « ce grand garçon à l'accent épouvantable » qui « se dandine comme un ours » ! Soutenue par Juliette Achard qui lui trouve au contraire « une voix magnifique », Piaf use de menaces : « Je ne jouerai pas sans lui ! » Grâce à l'intervention conjuguée d'Achard et de Rouleau, elle obtient gain de cause ; mais Constantine est engagé au minimum syndical dans un rôle très secondaire, où sa part de répliques a été réduite à sa plus simple expression. N'importe, elle paiera la différence pour lui laisser sa fierté. L'important est qu'il joue et que Paris le voie. Prévenante, à la pause de cinq heures, elle lui fait réserver tous les sandwiches apportés par un employé du théâtre, avec le thé et les brioches. Aussi, lorsque Goldin lui apprend que son Américain point ne chantera, elle explose : « Vous me prenez pour une idiote ? Vous êtes tous des cons ! Votre saloperie me débecte. Vous profitez qu'Eddie comprend mal le français pour lui réduire son rôle à zéro. Il jouera, il chantera ou on arrête tout. Je suis prête à payer le dédit ! »

Encore une fois, tout s'arrange. *In fine*, Constantine interprétera quatre chansons, dont deux en duo avec Édith. Presque autant que la vedette. Ses chansons à elle sont signées Michel Emer, Marcel Achard et Charles Aznavour, sur des musiques de Marguerite Monnot. Piaf a produit deux titres, paroles et musique. « N'oubliez pas que les trois quarts de ses chansons sont d'elle, spécifie Marcel Achard, au début du mois de mars, au moment de présenter sa pièce à un journaliste de *Combat*. Comme compositeur, bien sûr, elle n'est pas une grande harmoniste mais à l'instinct, comme Scotto. »

Donnée en soirée – « à 20 heures 45 précises », est-il spécifié sur le carton d'invitation reçu par Jacques Bourgeat –, la première du 10 mars fait florès. Le très redouté critique dramatique Jean-Jacques Gautier, si difficile à impressionner, se laisse prendre au charme de Piaf chanteuse et comédienne : « Édith Piaf interprète ses chansons avec une puissance, une aisance qui coupent le souffle des gens du métier. Elle qui d'habitude bouge si peu sur les scènes où elle donne ses récitals, elle semble s'abandonner, elle dit avec naturel des répliques "nature", elle vit son rôle, elle s'assied, se laisse aller en arrière, chante dans les bras de son partenaire, s'étire, s'allonge, chante toujours, se renverse tout à fait : elle est couchée, elle chante encore à pleine voix sans effort visible. Miracle de facilité, penseront les spectateurs, non ! Comble d'art. Et ce n'est pas tout ! On peut parler bien, bien chanter et, dans le cours de la scène, passer péniblement de l'un à l'autre. Elle, au contraire, embraye sur les chansons avec une souplesse à peu près insensible à force de moelleux. Venue du music-hall, Édith Piaf a réussi du premier coup au théâtre. » Émanant de Gautier, cela équivaut à un sacre ! « Il existe à Paris une bonne centaine de gens qui rêvent de l'étrangler de leurs propres mains », dit de lui Christian Millau, dans sa chronique des années cinquante, *Paris m'a dit*. Et de citer Henri Jeanson : « La bêtise, on le sait, n'ose pas dire son nom. Alors, elle prend un pseudonyme et signe "Jean-Jacques Gautier". » Faut-il avouer qu'avant de mettre de l'eau dans son vin, le critique avait éreinté plus d'un auteur. Il termina en 1972 à l'Académie française, reçu par... Marcel Achard.

De l'avis général, *La P'tite Lily* semble avoir tout d'une grande, mais Guy Verdot, un enchaîné du *Canard*, se montre un rien plus mesuré que son confrère du *Figaro*. « Piaf devenue "une des plus grandes comédiennes du moment", après tout pourquoi pas ? Que l'on pare la Piaf des plumes de la paonne, l'essentiel est qu'elle les porte bien. Et pas au derrière, comme tant d'autres... » Un grand succès populaire, *La P'tite Lily*. Les premières représentations se donnent à guichets fermés mais, le 20 mars, la pièce s'arrête subitement. Malade, Édith est mise au repos forcé jusqu'au 4 avril. Une infection intestinale. Sitôt rétablie, elle retrouve son rôle. Son absence a porté un coup dur au personnel du théâtre. Juliette Achard demande à la chanteuse d'avoir un geste envers les bouvreuses. Piaf l'envoie sur les roses : « Qu'elles fassent comme moi : qu'elles travaillent ! Moi, quand j'étais dans la misère, personne ne m'a aidée ! » Réponse de l'épouse Achard : « Tu nous casses les pieds avec ta misère ! Tu t'en es sortie assez vite, tout de même : tu étais encore toute jeune au moment de tes premiers succès. Si tu n'as pas d'argent maintenant, c'est parce que tu donnes tout aux maquereaux ! Mais tu n'en manques pas et tu pourrais être un peu plus généreuse ! »

Sur la théorie d'une Piaf pingre envers les ouvreuses, Juliette Achard avait quelques données de retard. Dans tous les théâtres où la Môme est passée, les ouvreuses ont gardé d'elle le souvenir d'un véritable Père Noël. Chez Coquatrix, par exemple ; quand Édith Piaf y était à l'affiche, les ouvreuses se frottaient les mains. Non seulement elles recevaient des pourboires mirobolants, mais encore Piaf leur refilait-elle tous les cadeaux qu'on lui offrait, quelle qu'en fût la valeur, ainsi que toutes les fleurs qui arrivaient sur la scène et dans sa loge par corbeilles entières. Piaf n'a jamais aimé que le mimosa. S'il lui arrivait de ramener parfois d'autres fleurs boulevard Lannes, c'était uniquement en prévision d'un reportage journalistique prévu pour le lendemain. Dans les archives de Danielle Bonel, ce télégramme adressé à Piaf le 17 septembre 1962 par les ouvreuses de l'Olympia : « Très heureuses de travailler avec vous pour la sixième fois. Nous vous disons toutes le terme traditionnel. » Elles ne l'ont jamais fait pour aucun autre artiste.

Piaf s'est également occupé d'une ouvreuse de la Comédie des Champs-Élysées, Mamie Berg, pour qui la chanteuse était devenue la seule raison de vivre. Elle lui a fait verser une pension jusqu'à la fin de sa vie. Madame Bonel a conservé des lettres de Mamie Berg. Dont celle-ci, datée du 20 juin 1954. Piaf est une nouvelle fois en Amérique et son chevalier servant du moment est Jacques Liébrard... « Ma petite fille bien-aimée. Mes chers enfants. Merci, merci, encore merci de ta lettre, si affectueuse, de votre carte. Je ne peux pas vous exprimer le bien que vous me faites. Vous m'aidez à vous attendre. Je vais compter les jours et les heures au bout desquels j'aurai le grand bonheur de vous serrer dans mes bras. Mon Édith chérie, dis-toi bien que je n'ai que toi dans ma vie, uniquement toi. J'ai eu tant et tant de désillusions avec mes soi-disant amis. Aussi, prends bien la résolution de ne pas me laisser trop longtemps quand tu seras rentrée. Je m'empresse de te dire que je sais parfaitement que tu seras de nouveau "happée" par une foule ! ! !... et je comprendrai toujours quand tu travailleras que tu ne puisses venir. Tu enverras Jacques me donner de tes nouvelles, n'est-ce pas, mon petit Jacques, que vous viendrez faire un petit saut et m'embrasser de sa part ? Je vous en serai si reconnaissante [...]. Depuis huit jours, il fait une chaleur torride et ça n'arrange pas mon cœur et j'ai des malaises, mais ce n'est pas grave, j'en ai vu bien d'autres [Mamie Berg, de confession juive, fait notamment référence à la guerre]. D'ailleurs, je me dorlote en vue de ton retour. Je veux que tu me trouves à peu près présentable, pas trop moche, enfin le moins possible. Je suis très maigre, j'ai presque une taille de guêpe... Tu vois, j'ai le moral. J'ai tant, tant de joie à la pensée que bientôt tu seras là, près de moi et que je pourrai t'embrasser de vrai et non pas de loin, comme je le fais, ma petite fille chérie, par ma pensée toute de tendresse. Ta vieille qui t'aime de tout son vieux cœur. »

Et encore celle-ci, datée du 4 juillet de la même année : « Mes petits enfants chéris. Ma petite fille à moi. Je reçois ta gentille lettre de San Francisco et je veux t'envoyer un petit mot de suite pour te dire que je suis dans l'euphorie la plus complète. Chaque heure qui passe me rapproche de toi, de vous. J'ai reçu un mot de ton grand. Il commence à m'adopter et il a raison, car tout ce qui me vient de toi est si précieux pour moi. Ici, ma chérie, c'est intenable. 30° à l'ombre. Les pauvres coureurs du Tour de France, qu'est-ce qu'ils prennent ! Cent vingt au départ il y a huit jours, ils ne sont plus que soixante-dix-neuf. Petite fille aimée, je voudrais m'endormir et ne me réveiller qu'au matin de votre retour. Enfin, j'occupe mes pensées, en attendant la minute où tu seras là, tout près. Oh ! Chérie ! Chérie ! Quel grand bonheur ! Votre vieille mamie vous aime de tout son cœur et ne peut pas te chérir, mon Édith, plus qu'elle ne le fait. Je vous bise cent fois. Mamie. »

Les représentations de *La P'tite Lily* n'outrepassèrent pas la date du 10 juillet et l'aventure se termina en eau de boudin. En dépit d'un succès continu de la pièce, Piaf avait voulu reprendre sa liberté. Au grand désespoir de Goldin et d'Achard, qui la firent un temps doubler par Joan Danniel. Mais Goldin ayant refusé à Constantine et à Lamoureux l'augmentation légitime réclamée par les deux hommes, ceux-ci larguèrent également les amarres. Après sept mois de succès, le rideau se referma sur cette aventure. Un an plus tard, presque jour pour jour, Praline, le célèbre mannequin de Balmain, engagée par Achard pour le rôle de « la riche Américaine couverte de bijoux », décéda dans un accident de la route. En 1957, poussé par Léon Ledoux, Achard envisagea de reprendre sa pièce à l'ABC, avec Annie Cordy dans le rôle phare. La même comédie musicale avec de nouvelles chansons et un titre réadapté : *La P'tite Nini*... Eddie Constantine aurait été le partenaire principal d'Annie, jadis tenu par Lamoureux auprès de Piaf. Un projet sans lendemain. À l'enseigne de la *love story* entre Piaf et Constantine...

« Un jour, comme il l'avait prévu, la femme d'Eddie est venue le rejoindre en France, rapporte Danielle Bonel. Nous l'avons vue débarquer un après-midi, à l'ABC, au moment de *La P'tite Lily*. Piaf savait que Constantine était marié et qu'il avait une fille, mais il lui avait menti en lui disant qu'il était séparé de sa femme. Il a donc utilisé Édith pour arriver à se faire un nom. Quand il a estimé qu'il était monté assez haut, il a fait venir son épouse et sa fille d'Amérique. Ce fut terminé pour Édith. Elle a compris. Mais, au fond, elle s'en fichait de lui, il lui avait permis de passer le temps, en attendant autre chose. Par la suite, Constantine s'est d'ailleurs servi d'une autre femme, une journaliste dont je ne me souviens plus du nom, pour gravir d'autres échelons et se faire ouvrir les portes du cinéma. Il jouait les durs à l'écran, alors que dans la vie il était pleutre comme ce n'est pas permis. Un jour, il avait dit des trucs sur Chauvigny, c'était lors d'un gala au Théâtre des Champs-Élysées, je me souviens. Robert était vert de rage, il a prit Constantine à part pour lui signifier son mécontentement. Nous avions suivi Robert. Et Constantine qui lui disait : "T'as raison, Robert, j'suis un dégueulasse... Frappe-moi, Robert, frappe-moi !" Il était tellement pleutre que ça a désarmé Chauvigny. Quand on l'a vu par la suite incarner Lemmy Caution, Dieu, que nous avons ri !" »

Saint Jean de la Croix a écrit que « les personnes dont l'esprit est purifié, ont une grande facilité, l'une plus que l'autre, à pénétrer naturellement le cœur de l'esprit inférieur, à saisir les inclinations et talents d'autrui, et cela par les moindres indices extérieurs, parfois à peine perceptibles, comme sont les propos, gestes, mouvements et autres manières d'être ». Or, si pointue fut-elle, l'intuition de Piaf et son instinct animal ne lui servaient à rien lorsqu'elle était amoureuse. Elle qui d'ordinaire voyait à travers les êtres se retrouvait soudainement les yeux obstrués d'étoiles. Parce qu'elle avait un besoin vital d'absolu et de pureté. Constantine et tant d'autres, nous l'avons vu et nous l'allons voir, y ont puisé leur chance. « On n'osait plus la mettre en garde, regrette Danielle Bonel. Elle ne l'aurait pas permis. Obnubilée, elle n'entendait rien. Jusqu'à ce qu'elle se rende compte de son erreur. Elle congédiait aussi sec celui qui, la veille encore, était un héros et qui pour le coup devenait un minable. » Monstre de mauvaise foi, la Môme reprochait alors à ceux qui s'étaient tus de ne pas lui avoir ouvert les yeux plus tôt. L'enfer ! Seule Danielle Bonel y a survécu.

Un témoignage « exclusif », comme disent ces messieurs de la télévision, émanant d'un compositeur de la Môme, qui fut aussi l'un de ceux de Constantine et qui de ce fait a tenu a gardé l'anonymat, nous montre jusqu'où le crooner fut capable d'aller pour décrocher la timbale. « J'ai très bien connu Eddie, et pour cause, je lui ai écrit un nombre incalculable de chansons. C'était quelqu'un d'assez antipathique. Il ne pensait qu'à lui et à sa propre réussite. Le plus grave, c'est qu'il a participé aux fameuses séances avec le guéridon, après la mort de Cerdan, quand Édith a commencé à perdre pied. Il s'était arrangé pour faire parler la table, comme si c'était Cerdan. Cerdan disait ainsi à Piaf : "Je comprends que tu sois si malheureuse, c'est un drame que nous soyons séparés, mais il y a quelqu'un qui te console, je te conseille de rester avec lui, cet homme s'appelle Eddie." C'est comme ça que Constantine a réussi à devenir monsieur Piaf. Au moins un certain temps... Édith n'a jamais connu son implication dans cette affaire de guéridon. Nous avons tout fait pour qu'il en soit ainsi. Ça valait mieux pour tout le monde. »

La participation de Constantine dans la sinistre histoire du guéridon est confirmée par Henri Spade, un bon copain de Piaf : « Pour la consoler, [Constantine] lui avait mis en tête de faire tourner les tables, afin d'entrer en contact avec le disparu. Autant pour lui faire plaisir que pour gagner sa confiance, il frappait les coups en cachette » (*France-Soir* du 5 août 1977).

« Je résiste à tout, sauf à la tentation. »
Oscar Wilde

II

La route qui va trop loin...

« Il est terrible, ce gars ! »
É. P.

Le 5 juillet 1950, une note est éditée par les Renseignements Généraux : « On apprend que l'artiste Édith Piaf hébergerait actuellement Roland Avellis qui connut, avant et au début de la guerre, une certaine notoriété sous le pseudonyme de "Chanteur sans nom". Sorti récemment de prison [1], celui-ci serait dans une situation très difficile et Édith Piaf serait disposée à le lancer à nouveau dans la carrière artistique. » Les RG disent juste. Piaf et Roland Avellis se sont connus dans les bals musette d'avant-guerre. Avellis y interprétait les standards de l'époque. Dès lors, il emprunta le pseudonyme de « Chanteur sans nom » et s'affubla d'un masque sur le visage. En cela il ne fit que s'inspirer du rôle tenu par Lucien Muratore, en 1932, dans *Le chanteur inconnu*, un long-métrage réalisé par Victor Tourjansky, avec également Simone Cerdan et Simone Simon – à ne pas confondre avec *Le chanteur inconnu* d'André Cayatte, tourné en 1946. Dans ce film, Muratore chante un tango, *Puisque je t'aime*, le visage caché sous un loup. Avellis fit œuvre de facilité mais son personnage était créé. Après les chaudes ambiances de bals musette, la Môme et lui se retrouvèrent à Radio-Cité, avant de se perdre à nouveau de vue. Puis de se retrouver, vers la fin des années quarante. Par la force des choses, Avellis en savait beaucoup sur le passé d'Édith. Trop, peut-être...

On a souvent glosé sur la bouffonnerie du personnage, sur son rôle néfaste dans la vie de Piaf et sur la manière dont il l'a exploitée. Dans

1. Sans plus de précisions, Danielle Bonel nous indique que les ennuis de Roland Avellis avec la justice proviennent de « certains trafics » auxquels il se livrait.

ce domaine, le bougre ne faisait que participer à une ronde qui commença avant lui pour se poursuivre après. Or, le propre de Roland Avellis, un homme jugé par Loulou Barrier comme « un de ces gars qui ne font jamais rien de sérieux dans la vie », était précisément de vivre exclusivement aux crochets d'autrui. En même temps, dans les années quatre-vingt, à la radio, l'imprésario devait reconnaître qu'à l'instar de tous les monstres de music-hall, Piaf avait besoin d'une cour qui l'encense : « Ça la dopait. » « Elle avait aussi besoin du contraire », glissa subtilement Georges Moustaki, présent lui aussi sur le plateau.

La Môme était tout indiquée pour satisfaire aux calculs d'Avellis. « Édith qui avait besoin de rire, avait trouvé son bouffon, explique Danielle Bonel. Loulou, Chauvigny, mon mari et moi représentions l'aspect sérieux des choses, nous étions la partie travail. Avec Avellis, elle se détendait, il lui était devenu nécessaire et elle le payait pour qu'il la fasse rire. » Un emploi comme un autre. Sauf que, de nuisible et encombrant, Avellis finit par devenir tout à fait dangereux. Quand elle consentit à s'en apercevoir, la Môme le congédia, mais le règne du « Chanteur sans nom » dans la maison Piaf avait duré quelques années. « Avec lui, elle en a eu pour son argent », estima Barrier, avec Martin et Duclos. Et vice versa, aurait-il pu ajouter.

Dans ses Notes, Simone Ducos nous laisse un portrait sans tabou de Roland Avellis, né le 4 février 1910 à Montreuil et aussitôt abandonné. Le personnage y est restitué dans tout son folklore : « Très malin, hypocrite, menteur, très style "brosse à reluire", ce garçon faisait la pluie et le beau temps dans la maison. Malhonnête hors du commun, il avait trouvé chez Édith la bonne planque. Gros buveur, gros mangeur, gros fumeur, il n'avait aucun scrupule à imiter la signature d'Édith à s'y méprendre. Il commença d'abord par des photos dédicacées pour des demandes d'admirateurs ; jusque-là, rien à dire. Puis, ce fut plus sérieux lorsqu'il se mit plus tard à remplir largement les propres chèques d'Édith. Pourquoi se gêner, puisqu'elle ne le savait pas ! [...] Physiquement, il était l'envers de sa jolie voix de "Minet". Imaginez un gros bonhomme, débordant de ses costumes mal ajustés, sans le moindre chic. Son visage n'était pas laid, les traits réguliers, sauf le nez crochu ; de beaux yeux bleus et un joli sourire dont il savait se servir adroitement. Tout ceci cachait bien le côté machiavélique de cet énergumène, car si on ne le connaissait pas vraiment à fond, on pouvait penser qu'il méritait le Bon Dieu sans confession. Il adorait mettre la pagaille partout, en inventant des histoires incroyables. Intermédiaire parfait dans ce domaine pour amener chez Édith des hommes capables de démolir les ménages, aussi bien pour elle que pour ses amies. » Bon mourant, comme le sont tous les « bons vivants », Avellis ne faisait aucun cas de son diabète. Piaf le faisait souvent hospitaliser. Il y laissa quelques orteils.

Un malheureux, Roland Avellis, qui trouva plus malheureux que lui et sut en tirer conséquences et profits. Donnant le change, Piaf s'amuse encore au bal de ceux qui croient faire illusion. Ils la distraient, une bonne raison suffisante de les laisser la piller. Ce dont ils ne se privent pas. D'autres le feraient à leur place, d'aucuns l'ont fait avant eux. La « vieille » n'emportera rien avec elle. En échange, il faut se résigner à subir les appâts de ce petit soldat aux mensurations de fillette, exclusive et vampirisante, drôle et fascinante, ne souffrant aucun retard dans l'exécution du moindre de ses désirs. C'est l'apanage des reines. Intransigeante pour elle comme pour les autres, parce qu'elle est humaine et qu'ils y puisent leur fortune, Piaf peut se montrer impitoyable. Par amour, peut-être. Car chez elle tout part du cœur, épicentre de sa vie. Tout y revient. Nous verrons plus loin, dans une lettre à Bourgeat, en quelle estime, depuis le début, guêpe mais pas folle, la Môme tenait son ancien camarade de bals musette. Pour l'heure, Avellis est en cour et participe à la tournée d'été de 1951, en qualité de présentateur. Micheline Dax et Charles Aznavour, qui, soir après soir, enchaînent les bides, assurent la première partie du spectacle.

Avec Micheline, c'est la naissance d'une amitié. Exclusive, comme toutes celles que Piaf se sent capable d'entretenir. « Le rire, c'était 80 % de sa vie, se souvient aujourd'hui la comédienne. Elle n'aimait rien tant que ça. Rire et chanter, bien sûr. » Quel pourcentage pour la mauvaise foi ? Et l'inoubliable doublure française de Miss Piggy de nous inviter dans le salon de Madame Piaf, à la faveur d'une séance de répétitions : « C'était juste avant la tournée d'été. Il y avait Robert Chauvigny, Charles Aznavour, Marguerite Monnot, Michel Emer et d'autres encore. Édith, qui était d'une humeur de bouledogue, cherchait des poux à tout le monde. C'est alors qu'Andrée Bigard, sa secrétaire de l'époque, lui annonça que le reporter de *Paris-Match* que nous attendions était arrivé. Édith explosa littéralement et se lança dans une série d'expressions argotiques dont je vous épargne le détail. La pauvre secrétaire se permettait d'insister avec plus ou moins de réussite... “Mais enfin, Édith, c'est vous-même qui aviez donné votre accord...” Et elle : “Je me fous de *Paris-Match*, je ne veux voir personne quand je travaille !” Elle était dans une colère noire. “Oui, mais...”, persévéra courageusement Andrée Bigard, qui n'en menait pas large. Au moment où Édith lui répondait : “Le photographe, qu'il aille se faire...”, la silhouette de Jean-Pierre Pedrazzini s'encadra timidement dans la porte du salon. Un garçon d'une beauté à faire se damner toutes les saintes ! Bien sûr, il avait entendu. Stoppant net son flot de jurons, Édith le pria d'entrer et le mit tout à fait à son aise. Elle était transfigurée par cette apparition. "Tu vois ce que je vois ?" s'oublia-t-elle à mi-voix, en me gratifiant d'un clin d'œil. L'ambiance ayant radicalement changé, elle agréa à toutes les demandes du bellâtre, alors que dix secondes avant qu'il n'entre elle n'était que rage et tonnerre ! »

Micheline Dax aime aussi relater l'épisode d'une Piaf éméchée arrivant très en retard à un spectacle et livrant une prestation lamentable. Pour comprendre l'histoire, il faut savoir qu'à cette époque, la Môme avait établi un rituel selon lequel, à la fin de son tour de chant, après qu'elle eut salué, elle faisait applaudir son pianiste qui devait alors se lever et venir lui baiser la main. Scandalisé, Robert Chauvigny quitta ce soir-là la scène sans même regarder la patronne. En coulisses, furieuse, Piaf exigea des comptes. Chauvigny répondit qu'il avait eu honte. Elle l'insulta, sans pour autant reconnaître qu'elle avait bu. « Le lendemain, elle était sobre et chanta divinement, explique Micheline. Au terme du concert, elle tendit le bras en direction de Robert qui s'inclina sur sa main et j'entendis Édith lui murmurer : "Alors, on s'humanise ?" Extraordinaire !... »

Comme Odette Laure, Paulette Dubost, Geneviève Lévitan ou Irène de Trébert, en dépit d'un amour total et d'une immense admiration pour Piaf, Micheline Dax n'accepta pas de se laisser vampiriser. Doucement, elle prit ses distances. Des amitiés de rechange, Piaf n'en manquait pas. Madeleine Robinson combla un temps la solitude de la Reine. Il faut situer leur première rencontre à l'hiver 1939-1940, à l'époque du *Bel indifférent*, première version. Aux Bouffes Parisiens, Piaf et Meurisse levaient le rideau chaque soir, tandis que Madeleine reprenait le flambeau avec *Les Monstres sacrés*. À la fin de la guerre, elles se revirent et s'adoptèrent. Madeleine devint la « petite sœur ». « Elle m'a prise en affection et, pendant trois mois, j'ai fait partie de sa "famille". Nous étions rarement seules et nous nous épargnions les bavardages. Nous nous comprenions du regard et elle me signifiait qu'elle souhaitait ma présence. On a beaucoup glosé sur ses "virées", le mélange du bourgeois et du truand où on ne sait plus qui encanaille l'autre. Quand on invite tout le monde, quand on réunit des tables de quinze, vingt convives, il est naturel que la faune parasitaire s'y glisse et qu'on vous prête le goût des fréquentations qu'on ne recherche pas. Distinguons entre ceux qu'elle voulait avoir à ses côtés et tous les autres qui s'invitaient et tentaient de se faire prendre en charge un soir ou une saison. »

Robert

Musique Jacques, surtout les nouvelles ! —

Répétition lundi huit heures —

Chanson bleue trop long la fin

Premier ~~refrain~~ ligne de je n'en connais pas la fin trop lent

Instructions d'Édith Piaf à Robert Chauvigny

(collection Danielle Bonel)

La classe de Madeleine Robinson poussait parfois la Môme à lui demander des conseils pour s'habiller, pour la lecture aussi. Ce dont Jacques Bourgeat s'acquittait déjà fort bien. « Je lui avais parlé avec enthousiasme du livre *Des souris et des hommes*. Elle a voulu juger par elle-même et elle a dévoré le bouquin. À partir de ce jour, elle m'a chargée de lui recommander des romans contemporains. »

La tournée d'été 1951 est marquée par deux accidents de la route, à bord du même véhicule, une 15 CV Citroën appartenant à Piaf, successivement pilotée par Charles Aznavour et André Pousse. Le premier accident se produit en juillet, dans l'Yonne. Le second a lieu dans le sud de la France, près de Sainte-Anne de Tarascon. Il vaut à Piaf une méchante fracture de l'humérus. On l'opère à Paris. L'intervention chirurgicale n'ayant qu'à moitié réussi, elle refuse de se refaire toucher et gardera à vie le bras gauche tordu. Une infirmité disgracieuse que ses couturiers, Jacques Heim notamment, auraient à pallier en cousant de la mousse dans la manche. Ce bras déformé n'eût été qu'un détail si les douleurs insupportables engendrées par cette fracture n'avaient obligé les médecins à placer momentanément la chanteuse sous morphine. Une drogue médicamenteuse, traître et redoutable, à laquelle elle allait devenir « accro ». Un petit peu plus tard, en 1957, Martine Carol fut elle aussi victime d'un terrible accident, sur le tournage de *Nathalie*. Sa douleur fut telle que, dans les semaines et les mois qui suivirent, elle dut avoir recours aux piqûres de morphine, les autres analgésiques ne lui apportant aucun soulagement. Ce qui était prévisible advint, dans son cas comme dans celui de Piaf : l'accoutumance. Dont l'une et l'autre ne se débarrassèrent jamais vraiment.

C'est entre la fin de *La P'tite Lily* et le début de la tournée d'été qu'il nous faut intercaler le rendez-vous de Jean-Louis Tristan chez Édith Piaf. Un savoureux morceau d'anthologie ! Jean-Louis Tristan fut surtout connu en France pour avoir avantageusement remplacé pendant plus de cinq ans, au sein du grand orchestre de Jack Hélian, le chanteur Jean Marco, tué par un chauffard. Auparavant, son style crooner à la Sinatra et ses imitations de Chevalier et de Montand lui avaient valu un beau succès au Canada où Montand était alors un inconnu. Tristan s'était expatrié sur les conseils avisés de son ami Charles Aznavour (« un petit mec avec un grand pif »). Au théâtre, il fut Anselmo, le muletier de *L'Homme de la Mancha*, aux côtés de Jacques Brel ; au cinéma, il tourna notamment sous la direction d'Yves Boisset. Boris Vian a dit de lui : « Sa carrière est à l'opposé de celles de tant d'autres vedettes dont l'arrivée tient de la génération spontanée... et dont la durée est celle de l'éphémère. »

En 1951, Jean-Louis est rentré du Canada et André Pousse s'occupe de ses affaires. À Paris, il se produit dans des cabarets haut de gamme, tel le Night-Club, que nous connaissons bien. « C'est là qu'un soir, Loulou Barrier est venu me voir. Il me confia qu'il aimait ce que je faisais mais qu'il ne pouvait pas me prendre en main, parce qu'il était le manager de Piaf, ce qui n'était déjà pas une mince affaire. Il m'a dit qu'il ne pouvait rien faire sans son avis. À moins de rentrer dans le fief... “Ah, oui, comme Montand !” fis-je. Ce qu'il voulait dire, c'est qu'il fallait que je fréquente Édith Piaf et que je fasse comme tous les autres, quoi ! C'est vrai qu'elle a lancé des mecs inlançables, et là je pense à... comment s'appelle-t-il déjà ?... Mouskouri ?... non, Moustaki ! Et moi je n'avais pas trop envie de passer par là, parce que j'avais ouï dire que ça finissait toujours très mal. Barrier m'a procuré quelques engagements, à droite et à gauche. Jusqu'au jour où il me téléphone sur le coup de midi en me disant qu'il allait me présenter à Piaf. “Voilà l'adresse : pointe-toi tout de suite !" Il y a des mecs qui auraient trouvé ça merveilleux, mais pas moi. Les journaux avaient assez parlé des histoires de Piaf. Il a insisté, en me prévenant : "Attention, avec elle ça se joue sur le fil du rasoir. Elle va te parler, fais pas le con, fais pas ton petit bourgeois." J'y suis donc allé avec mon pianiste, Jean-Pierre Mottier.

» À l'époque, elle habitait Boulogne. On m'a fait entrer dans une grande pièce où il y avait un piano et quarante personnes : l'accordéoniste d'Édith, des compositeurs, des paroliers que je connaissais, dont Michel Emer, et qui tous devaient se demander ce que je foutais là. Pousse était présent, ainsi que Marguerite Monnot et Micheline Dax, une fille adorable. Barrier m'a dit de me mettre dans un coin, en attendant que. Qu'est-ce qu'elle a pu débiter comme vacheries en quelques minutes ! À un moment donné, le téléphone a sonné. Quelqu'un a annoncé Montand au bout du fil. Et elle : "Ah, le grand con ! Bon, ben, ça va, allez, hop !" Arrive le moment des présentations. Et là, Piaf regarde Loulou et lui sort : "C'est Tristan ? Marrant, Loulou, comme il vous ressemble !" Beaucoup de personnes me l'avaient déjà dit. Puis : "Allez, on vous écoute, qu'est-ce que vous allez nous faire ?" Et là, Jean-Pierre Mottier se permet de lancer tout haut : "Si, si, il interprète très bien *Le Soutier*, il la chante tous les soirs au cabaret !..." Je lui ai jeté un œil furibard. Quel con ! C'était une chanson que chantait Paul Péri, le compagnon de Marguerite Monnot. Pour moi, il était l'ami de Piaf et je ne voulais pas qu'elle commette d'amalgame. "Tu vois, fait Piaf, s'adressant à Marguerite Monnot, il chante la chanson de ton mari." J'ignorais alors qu'elle n'aimait pas particulièrement Paul Péri, absent ce jour-là. Ne voulant pas faire de manières, j'ai donc attaqué *Le Soutier*, une chanson qui raconte l'histoire d'un mec qui trime comme un forçat dans la soute d'un bateau, mais qui arrive ensuite aux îles Hawaï et là, le soleil, la mer, les gonzesses et tout ça. C'était très beau. Dans le tempo, il y avait le passage rapide, très fort, très Piaf... tan tan-tan tan-tan tan. Et puis...

Mais, quand j'arrive aux Hawaï
Ti la li la la...

» Pendant que je chante, elle se tape sur la cuisse : "Ah, c'est autre chose qu'avec l'autre !" Loulou me faisait des signes d'approbation : tout allait dans le bon sens. À la fin de la chanson, me voilà assis sur une chaise, au milieu de la piste, Madame Piaf en face de moi. Elle commence : "Vous êtes marié ?" Je l'attendais, celle-là ! Il n'y avait pas trente-six poids, trente-six mesures : si je disais que j'étais marié, ce qui était le cas, j'étais un con. Ça a vite tourné dans ma tête et puis j'ai dit "oui", avec un demi-sourire. Elle poursuit : "Vous trompez votre femme ?" Le piège. La garce, me dis-je, elle va jusqu'au bout ! Je me suis alors décontracté et j'ai placé mes jambes dans une certaine position, j'avais vu faire ça à Cary Grant : "Oh, de temps en temps, comme ça, quoi, il faut bien que jeunesse se passe..." Tout le monde s'est marré. Là, elle se retape sur la cuisse : "Il est terrible, ce gars !" Loulou qui était derrière elle me décoche un clin d'œil. Sur ce, le téléphone sonne à nouveau. Cette fois, c'était Eddie Constantine. "Il commence à m'faire chier, ce con !" Et moi qui croyais qu'il était son amant et qu'elle était gentille avec lui ; pas du tout, elle le méprisait ! Elle est ensuite passée à autre chose. Pour moi l'épreuve était terminée. Loulou m'a dit : "Tu tiens le bon bout." "Oui, mais elle est pas tendre, hein !" "T'occupe pas de ça, t'occupe pas de ça !" Je suis retourné dans mon coin, mais je ne savais plus quoi faire. J'ai fait savoir à Loulou que je voulais partir. Finalement, je suis allé dire au revoir à Piaf.

"— Ah ! Alors, on va se revoir bientôt ? me dit-elle.

— Oui, Madame Piaf.

— C'était très bien, on va vous trouver des chansons."

» Une fois dehors, Jean-Pierre Mottier m'a serré la main en me disant : "Mon pote, je salue une vedette !" Quand j'ai téléphoné à Loulou, le soir, vers 20 heures, il m'a assuré que j'avais bien misé, qu'il m'avait admiré et que si j'avais dit le contraire de ce que j'ai dit, je serais passé pour un con. Il m'a également appris que Piaf m'avait trouvé sympathique, décontracté, élégant, qu'elle aimait beaucoup ma voix. Bref, je lui avais plu. "Si tu m'écoutes, avec le talent que tu as... Parce que tu sais, si tu ne lui avais pas plu, les qualités elle n'en a rien à faire !" Il fut convenu que je rejoindrais Piaf pendant quinze jours en tournée, avant d'envisager une rentrée parisienne avec elle, en première partie. C'est là qu'elle a eu son accident avec cet imbécile de Dédé Pousse qui m'a tout gâché. Ils se sont farcis une bagnole et elle s'est retrouvée à l'hôpital. Plus de nouvelles. Quand j'ai revu Loulou qui m'aimait beaucoup, il m'a demandé pourquoi je n'avais pas pris le train pour aller la voir à l'hôpital. "Il fallait venir, elle t'a attendu." J'avais rencontré Madame Piaf une journée, elle m'avait dit des choses gentilles, mais en qualité de quoi aurais-je dû aller la voir ? Je n'avais pas le sens du ridicule, je n'étais pas son amant, je n'étais rien du tout. »

En définitive, Jean-Louis Tristan serait-il allé jusqu'à se prostituer pour réussir, comme tant d'autres avant et après lui ? « Elle était vache parce qu'elle a insisté pour me faire dire ce qu'elle voulait, mais moi aussi j'ai agi comme un salaud. Bon, d'accord, j'avais un peu trompé ma femme, mais j'aurais été plus distingué en disant : "Non, je n'aime pas tromper ma femme." Je l'ai dit par la suite, à Loulou. Il m'a répondu : "Non, tu as agi intelligemment." Sincèrement, connaissant le métier aujourd'hui, je crois que j'aurais couché avec elle. Ça n'aurait emmerdé personne. »

Jean-Louis Tristan n'a jamais aimé tricher avec sa nature. La nature s'est vengée. Autre apprenti candidat au métier de vedette : Charles Aznavour. Lui a partagé son talent avec beaucoup plus de monde parce qu'il en avait la volonté et que la chance le lui a permis. En cela, il a mieux réussi que Tristan. L'Arménien a beaucoup écrit sur « ses amis, ses amours, ses emmerdes ». Sur ses débuts de chanteur raté, quand personne ne voulait de lui et qu'il subissait en rongeant son frein tous les affronts, toutes les rebuffades. Évelyne Pessis, son ex-femme – ils se sont mariés le 28 octobre 1955 –, s'est chargée de faire le reste, en 1959, dans un livre absolument introuvable aujourd'hui : *Notre histoire* (Éditions La Palatine). Elle-même artiste, Évelyne a partagé avec Aznavour la partie sombre du voyage. Témoin des humiliations et des complexes de son petit homme, selon ses propres dires elle serait par la suite devenue un élément gênant.

Dans ce livre, qui sent le règlement de comptes, elle décrit un Charles Aznavour touchant au début, sensible et très sentimental. Pour illustration, elle divulgue quelques-unes des lettres d'amour qu'il a pu lui écrire. Nous découvrons un homme en perpétuelle création, vivant avec son temps, et très préoccupé par les nouvelles inventions. En Amérique, par exemple, Aznavour adorait les Monoprix. Dans les rayons « arts ménagers », les innovations en « ouvre-boîtes, mixers et rôtissoires » le captivaient. Mais, au fil du temps, Évelyne sentit Aznavour se durcir en s'affirmant dans la réussite. « Je suis peut-être prétentieux, mais je serai un jour une grande vedette et contrairement à ce qu'on pense, je me maintiendrai », lui avoua-t-il un jour. Et Évelyne Pessis, fraîchement divorcée, de publier d'autres lettres dans lesquelles son ex se décrit lui-même comme un arriviste égoïste, prêt à tout pour réussir. Quand on ne porte pas cette mentalité en soi, mieux vaut effectivement réviser ses ambitions à la baisse. Piaf, Aznavour, Trenet, Baker, Chevalier et consorts : tous ces gens-là n'ont pas culminé par hasard. Et que l'on ne nous parle pas uniquement talent ! Le talent n'est que la partie visible d'un iceberg prompt à faire couler tous les navires. La chance ? Elle joue un rôle, évidemment. Un rôle prépondérant. Mais la chance est une putain. La plus belle fille du trottoir. Pour l'avoir, il faut passer à la caisse. Sans une volonté meurtrière, on ne peut prétendre à cette mare de larmes et de sang, ou à ce grand service après-vente qu'est le Parnasse des immortels.

Danielle Bonel : « Édith avait tenu à emmener Charles en Amérique. Au début, il logeait à l'hôtel avec elle, gratuitement. Le couvert lui était également assuré. Puis, il a voulu faire venir Évelyne. Ne pouvant la souffrir, Édith a dit à Charles : "Tu vas partir à l'hôtel Longwell avec les autres, Loulou, Marc, et je te donnerai cinquante dollars par semaine." Avec ça, il n'allait pas loin. Il a donc pris une petite chambre au Longwell, au troisième étage parce que ça coûtait moins cher. Nous, nous étions au douzième où nous avions une suite, avec une petite kitchenette pour faire notre cuisine, car nous restions tout de même longtemps en Amérique. Nous invitions souvent Charles et Évelyne et ils nous invitaient également. Charles faisait sa tambouille sur un petit réchaud électrique posé sur la cuvette des waters. C'était rigolo. Il continuait à faire les lumières d'Édith au Versailles. À ce moment-là, je dansais encore et j'avais trouvé un engagement dans un cabaret de New York. À la fin de mon travail, je rejoignais Marc et les autres au Versailles. Ce jour-là, Charles avait dû louper un noir parce qu'il devait être en train de lire ou d'écrire une chanson, je ne sais pas. Bref, il y avait eu un loupé. Qu'est-ce qu'il s'est fait engueuler ! Édith l'a traité de tous les noms. En rentrant à pied vers l'hôtel, accessible en une dizaine de minutes seulement, il était en pétard. Je me souviens d'un truc par terre, qu'il lançait du pied sans arrêt devant lui, en répétant inlassablement : "Je m'en fous ! Je m'en fous, un jour je gagnerai beaucoup de pognon ! Et puis j'achèterai une maison à ma mère !" C'était le soir de ses 25 ans. » Aznavour s'est depuis bien rattrapé. « Nous nous sommes retrouvés un jour dans une émission, plusieurs années après la mort d'Édith. Nous avons parlé très longuement et, à un moment, Charles a dit à Marc :

"— Tu te souviens que tu me répétais toujours : 'Quand tu gagneras de l'argent, surtout achète-toi une maison, pense à l'avenir !'

— Bien sûr, répondit mon mari.

— Maintenant, j'ai tellement de maisons que je ne les connais pas toutes !" »

En 1946, à Lausanne, entre autres images Marc Bonel avait rentré dans sa caméra celles d'un débutant nommé Charles Aznavour s'abandonnant à mille pitreries. En 1964, lors d'une émission en hommage à Piaf, dans *Cinq colonnes à la une*, Pierre Desgraupes utilisa ces images, ce qui déplut fortement à Aznavour, car on l'y voyait avec son ancien nez. Aussi, les Bonel qui en adressèrent une copie à Aznavour, demandèrent-ils à l'INA de ne plus les diffuser à l'avenir. C'est Charles qui, quarante ans après, dans le cadre de *Secrets d'actualité* (octobre 2007), décida d'exploiter le film de Marc Bonel. « Charles est un gentil garçon, assure Danielle Bonel, mais il raconte beaucoup d'histoires dans ses souvenirs, il brode, il mélange les éléments. Il adorait Piaf, sans toutefois lui avoir jamais tapé dans le dos. C'était elle la patronne ! Il a été très marqué par Piaf, plus sûrement qu'elle par lui. Édith a néanmoins été très gentille avec Charles. Elle l'appelait son "génie con", ou son "petit con", ce qui chez elle partait d'un sentiment très affectueux. Seulement, quand il y avait quelque chose qui n'allait pas, elle se mettait en colère après lui. Elle croyait en lui, mais il était trop en avance. De plus il chantait mal, faut-il avouer, à l'époque. Surtout pour nous qui étions habitués à avoir des voix. La sienne était très éraillée. Bien sûr, il a fait un progrès immense, il n'a plus du tout la même voix. » Aux dires de Mireille Lancelot, Piaf aurait pris ombrage du talent d'Aznavour : « Elle ne l'a jamais aidé parce qu'elle savait qu'il n'avait pas besoin d'elle et ça, quelque part, ça l'agaçait. C'est la raison pour laquelle elle le mettait un peu à l'écart. »

L'interprète de *Je me voyais déjà* a toujours eu un sens de l'analyse très développé. Ainsi, Piaf vue par Aznavour, sur la BBC, dans les années quatre-vingt : « Un enfant dictateur. Toute personne qui a une personnalité est un dictateur. Même sans rien faire. Quand on en impose, c'est déjà une forme de dictature. En dehors de ça, c'était un être qui avait des réactions totalement infantiles. » Danielle Bonel a connu la Môme avec beaucoup plus de constance qu'Aznavour qui ne fut qu'un passager parmi tant d'autres sur le vaisseau Piaf. Elle estime que « l'enfant dictateur » ce fut surtout effectif du temps du « génie con ». « Piaf n'était pas désagréable avec le personnel. Elle parlait très gentiment, "ma petite Suzanne"... "ma petite Danielle". Parfois, bien sûr, elle avait ses humeurs et cherchait chicane. Elle avait horreur des glandeurs et il fallait toujours lui montrer qu'on était occupé. Souvent, quand elle me voyait derrière ma machine, elle croyait que je tapais des contrats, alors que j'écrivais des lettres d'amour à Marc. Comme ça elle me fichait la paix. » D'une nature ouverte et très tolérante, Danielle portait à Piaf un sentiment maternel. À ses yeux, les abus d'autorité de la Môme ne sont que des « gamineries ».

Aznavour participa-t-il du vivier amoureux de Piaf ? La légende l'interdit. Doudou Morizot, le régisseur de Coquatrix à l'Olympia, qui connut parfaitement et Piaf et Aznavour, me raconta avoir un jour surpris la Môme en train d'embrasser fougueusement un garçon qui ressemblait à Charles Aznavour, dans une voiture, à Montmartre, vers la fin des années quarante. « Quand plus tard je lui en ai parlé, Charles m'a répondu : "Oublie ça !" témoigne Doudou. J'en ai conclu que j'avais dû me tromper. » Danielle Bonel : « De toute manière, ils ne se fréquentèrent plus trop par la suite. Ils ne se sont revus qu'en coup de vent. Un jour, la dernière année, Charles est venu à Cap-Ferrat, présenter Ulla à Édith, alors convalescente. Un petit moment, très court. Nous ne l'avons plus revu. Il avait un énorme respect pour elle. Pauvre Charles, avec qui elle poussait parfois. Quoi qu'il en soit, il lui fallait toujours une tête de Turc pour passer ses nerfs. À Paris, elle avait le choix, mais à l'étranger, il n'y avait souvent plus que Loulou Barrier, mon mari et moi. Nous écopions chacun à tour de rôle. Moi, ce n'était pas grave. Elle me disait : "Tu fais tout trop bien. C'est tout de même emmerdant de ne pas pouvoir engueuler les personnes qu'on paye !" Avec une rage, parfois ! Mais ça ne durait jamais longtemps. La connaissant et l'aimant surtout, nous attendions que la tempête s'estompe. Loulou Barrier a dit à juste titre que lorsqu'on savait s'y prendre, on la retournait comme une crêpe. »

Passé un certain cap, l'obstination devient de la stupidité. Trop intelligente et parfaitement lucide, Piaf ne peut pas refuser d'en convenir. Aussi, la crise passée, offre-t-elle facilement son *mea culpa* à ceux qu'elle a offensés. « Tu sais bien que pour avoir raison, je tuerai père et mère » : son bouclier. Une attitude de croyante. « Une fois, dans la loge du Versailles, poursuit Danielle, elle était encore d'humeur querelleuse et chercha des crosses à mon mari. C'est la seule fois où Marc faillit perdre son sang-froid. C'était un homme extrêmement calme, mais il avait le même gabarit que Cerdan et j'ai bien vu à la façon dont son visage devint blême qu'il était prêt à la passer par la fenêtre. Édith s'est rendu compte qu'elle avait exagéré, qu'elle avait poussé le bouchon trop loin. D'un seul coup, elle s'est radoucie : "Tu comprends, mon lapin..." Bla bla bla. La colère était redescendue. Personnellement, je représentais quelque chose de trop sage pour elle. Tellement sage que ça l'impressionnait. J'étais son contraire et elle le savait. » Très pudique, les assauts de tendresse de Piaf étaient rares. « Un jour de 1956, j'ai retrouvé ce mot sur mon bureau : "Ma douce Danielle. Je ne m'épanche pas très souvent, mais je tiens à te dire que je t'admire en tant que femme et que j'ai très souvent des envies furieuses de t'embrasser, mais qu'une pudeur stupide me paralyse. Aussi, une fois pour toutes, sache que je t'aime profondément et que je suis heureuse quand je te sens heureuse." » Mireille Lancelot m'a confié que Piaf aimait souvent rabaisser Marc Bonel parce qu'elle savait que celui-ci ne répondait jamais. Christiane Guizo, femme de chambre chez Piaf, a raconté qu'un jour Roland Avellis se trouvait boulevard Lannes lorsqu'un camion à bestiaux fut accidenté devant le 67 bis boulevard Lannes. « Il alla chercher un petit veau, le fit entrer dans le salon et dit à Édith :

— Tiens, v'là ton accordéoniste !

Elle était écroulée de rire. Le plus difficile fut de faire ressortir le veau qui refusait obstinément de descendre les marches du palier. »

Cela est forcément moins su, mais Piaf voulut également offrir sa chance à Jean René La Playne, l'ami de jeunesse de Montand. Il raconte : « Elle venait souvent passer les fêtes de fin d'année à Marseille où elle donnait des récitals entre Noël et Jour de l'an. J'étais encore critique de music-hall à *La Marseillaise*. Après le passage des artistes sur scène, Tony Raymond, le patron à Marseille des Variétés et du Gymnase, avait l'habitude d'organiser des cocktails. Un soir, à la faveur de l'un d'entre eux, Tony me présenta à Édith Piaf en lui disant, entre autres choses, que j'écrivais des chansons. Elle ne retint que cela et prit la balle au bond : “Vous écrivez donc des chansons ? Laissez-les-moi demain à la réception, je voudrais les lire.” Elle était descendue au Grand Hôtel. Croyant que la grande Piaf avait voulu s'acquitter d'une politesse, je n'avais donné aucune suite à sa demande. Le lendemain, on m'apprit qu'elle avait déjà téléphoné deux fois et qu'elle voulait me parler. Quand je l'ai eue au bout du fil, d'un ton charmeur, elle me reprocha de l'avoir oubliée : “Le concierge de l'hôtel m'a dit qu'il n'y avait rien pour moi de votre part, ce n'est pas très gentil.” Le jour suivant, je lui fis parvenir une soixantaine de textes de mon cru. Ce devait être un vendredi. Le dimanche, vers 9 heures du matin, je suis chez moi, lorsqu'on sonne à la porte : Roland Avellis ! Il m'explique que Piaf désire me voir illico presto. “Mais je ne suis même pas rasé !” “Rase-toi, pendant que je prendrai un café, je t'attends.” Elle l'avait chargé de me ramener jusqu'au Grand Hôtel. Lorsque nous y arrivons, Piaf me reçoit dans sa chambre. Elle est encore au lit et à présent me tutoie. “Quel bonheur ! J'ai découvert ce que tu as fait, il faut que tu montes à Paris. Après les Variétés, je quitte Marseille pour aller me reposer quelques jours à la neige, après quoi je serai de retour à Paname à la fin janvier. Monte me voir à ce moment-là, voici mon numéro. Dès que tu arrives à la gare, appelle-moi. Roland viendra te chercher.” Un 28 janvier, je débarque à Paris et téléphone au numéro indiqué. C'est elle-même qui me répond : “Prends un café, je t'envoie Roland !” Boulevard Lannes, Piaf, qui était alors avec Pills, tint à m'offrir le gîte pendant plusieurs jours et je rencontrai chez elle le gratin des auteurs et des compositeurs parisiens qui me regardaient d'un sale œil. Peur sans doute que le Provençal ne vienne manger leur pain. Piaf, elle, était un amour, une femme d'une extrême gentillesse. Sensible à toute la misère du monde, je l'ai vue donner, donner d'une manière inconsidérée, sans chercher à savoir si on l'abusait ou si les appels au secours qu'on lui lançait d'un petit peu partout correspondaient à un réel besoin. Elle préférait être dupée plutôt que de passer à côté d'une détresse. Je la revois encore en train de picorer dans une assiette de fruits secs, elle adorait ça, il y en avait partout sur la table. Tel que je connaissais Montand, ça m'avait étonné qu'il se soit pris de passion pour Piaf, mais je n'ai jamais dit à Édith que j'avais bien connu Yves à Marseille, nous n'étions pas assez intimes pour cela et il existe des limites qu'on doit se garder de franchir. Curieusement, elle ne prit aucun de mes textes, tout en continuant à me dire qu'elle croyait en moi. Un jour, elle me lance : “À partir d'après-demain, tu viens me chercher pour aller à l'Olympia.” Elle devait répéter son prochain tour de chant. C'est ainsi que j'ai eu la primeur d'assister en spectateur unique et privilégié à un récital de Piaf, boulevard des Capucines. “Qu'est-ce que t'en penses ?” s'enquit-elle ensuite auprès de ma modeste personne. Ce que j'en pensais !... Le soir de la première, elle me fit placer au premier rang en me demandant de venir la rejoindre dans sa loge dès que le rideau tomberait. Elle tenait à me présenter au Tout-Paris et plus exactement au Tout-métier, dont beaucoup d'éditeurs de musique, me recommandant à l'un et à l'autre. Deux occasions me furent ainsi offertes, un choix cornélien : soit gagner de l'argent tout de suite et de manière régulière en signant un contrat de cinq ans avec Ray Ventura ; soit collaborer avec un éditeur à l'écriture d'une chanson dont la musique était déjà faite, avec tout ce que cela comporte de risques. Ventura, c'était du sûr et de l'immédiat, je choisis donc Ventura. J'ai eu tort, l'autre projet devint la chanson de *La Strada*, le film de Fellini... »

La musique de *La Strada* fut composée par Nino Rota, l'Italien qui écrivit les partitions de presque tous les films de Fellini. Amoureuse de cette musique, Piaf reprocha à son ami éditeur Pierre Ribert de ne pas lui avoir proposé les chansons de Rota, écrites pour *La Strada*. La Môme se trouvant alors à l'étranger, Ribert avait confié le projet à Lucienne Delyle à qui un contrat moral le liait. « Édith a très bien compris et aucune ombre n'est venue ternir notre amicale complicité », dira Ribert. Quant à Nino Rota, à qui l'on doit encore la musique de *Guerre et Paix*, du *Parrain* et celle, merveilleuse, du *Guépard*, qui émeut toujours autant Alain Delon et Claudia Cardinale, il n'aurait pas dédaigné servir le talent universel de la Môme, sans que jamais l'occasion ne s'en présentât. Piaf appréciait énormément le travail de Rota et elle le fit savoir. « Les paroles si gentilles qu'elle a dites me procurent une immense joie, répondit le compositeur fétiche de Fellini, via les médias. Je n'ai pas le bonheur de la connaître, mais j'aime son talent et ses chansons... Une autre fois, on pourra prendre ma musique rien que pour elle, ce sera pour moi un honneur inestimable. »

Piaf et Fellini, le magicien de *La Dolce Vita*, qui ne savait créer que dans le bruit et l'improvisation, entretinrent une amitié, certes moins médiatisée que celle avec Marlène Dietrich, mais non moins réelle. Danielle Bonel : « Elle aimait le réalisateur et elle aimait l'homme. De son côté, il avait pour elle beaucoup d'affection, il lui vouait une admiration fervente. Mais ils étaient amis sans se voir tellement. Comment l'auraient-ils pu, dans un métier où chacun est appelé à bouger continuellement ? Aussi, quand des artistes qui s'affectionnent se revoient au hasard d'une tournée, les sentiments s'exacerbent. Avec Mariano, par exemple, on ne se voyait pas souvent, mais alors, quand on se voyait, qu'est-ce qu'on riait ! Édith a beaucoup ri avec lui. Il racontait des histoires et elle riait... elle riait ; il était si vivant, si plein d'esprit et d'une telle drôlerie ! Un type adorable. Nous l'avons revu en Amérique, au début du Versailles où Carmen Torrès avait précédé Édith. Carmen était au mieux avec Mariano, avec qui elle avait fait ses études musicales, à Bordeaux. À une époque, on avait même monté une histoire de mariage publicitaire entre eux. Carmen, une fille charmante, était d'ailleurs devenue très amie avec Édith, ainsi qu'avec moi. Pour ce qui est de Fellini, j'ai conservé une de ses lettres adressées à Piaf. Il lui écrit de Rome, en français, le 8 juillet 1961 : "Ma chère Édith. Excuse-moi si je t'écris à la machine, mais j'ai une graphie presque illisible. J'aurais voulu t'envoyer plus tôt mon billet, mais je ne connaissais pas ton adresse. Je voulais seulement te faire bien des souhaits, et te dire que de temps en temps il m'arrive de songer à toi avec le naturel attachement que l'on a pour une petite sœur. J'espère que je pourrai me trouver de nouveau à Paris pour la fin d'août, et alors j'aimerais beaucoup rester un peu avec toi, venir chez toi, ou bien aller dîner ensemble quelque part. Porte-toi bien au plus tôt, ma chère Édith, et prends un petit baiser qui t'apporte du bonheur. »

« Un sentimental continue à sonner du cor, quand bien même il ne va plus à la chasse. »

Paul Fort

III

Ciel, un mari !

« Cette fois-ci, j'ai vraiment découvert l'ange tant attendu ! »

É. P.

1951 marque la disparition de Fréhel, morte dans un état de détresse physique, morale et financière incommensurable. Arletty lui rend hommage : « Elle faisait honneur au cap dont elle portait le nom. Imbattable dans la chanson réaliste. En perdant sa beauté, son talent grandissait. Généralement c'est le contraire. » Ce naufrage fait-il méditer la Môme ? En juin 1951, elle est Grand Prix du Disque de l'Académie Charles Cros, grâce à une chanson dont son ami M. Philippe-Gérard a signé la musique : *Le Chevalier de Paris*. M. Philippe-Gérard a travaillé avec les plus grands et jusque pour les Chœurs de l'Armée rouge. Entamé au début des années vingt, lorsque son père, sorti major de promotion de l'École de chimie de Lyon, fut chargé par la maison mère de Rhône-Poulenc de créer une succursale à São Paulo, où il naquit, son parcours relève du roman d'aventures. « J'ai passé les douze premières années de ma vie au Brésil, mais je revenais souvent à Paris. À l'âge de deux ans, je pianotais déjà. Aussi, mon père et ma mère jugèrent-ils bon de commencer à me faire suivre des cours et je suis entré au Conservatoire de Paris. À titre exceptionnel, Maurice Ravel, qui était l'ami d'amis des parents, guida mes premiers pas musicaux. Mon domaine était la musique classique pure, j'ignorais alors qui était Tino Rossi, ou Charles Trenet, Édith Piaf, ou Maurice Chevalier. »

Pendant la guerre, Philippe est à Lyon où il rend quelques services à la Résistance en faisant passer des messages codés. Un jour, l'un de ses compagnons de clandestinité se fait arrêter par la Gestapo avec la liste complète de ses affidés sur lui. Facilement retrouvé, Philippe-Gérard, de confession juive qui plus est, est arrêté à son tour. Son sort est scellé : il sera envoyé aux mines de sel en Silésie. « Je savais que je n'en reviendrais pas vivant. Le jour du départ, à la gare de Lyon, avec un compagnon de captivité, nous avons joué le tout pour le tout en trompant la vigilance des Allemands pour courir vers le train de Lausanne au moment où celui-ci démarrait. Les Allemands n'ont rien pu faire d'autre que de tirer en l'air, sans cela ils auraient tué au moins une vingtaine de personnes tant il y avait de monde sur le quai. » Ayant sauté du train à un endroit bien précis grâce aux conseils amicaux d'un contrôleur, Philippe-Gérard arriva à Genève, où il fit la connaissance de Marie Dubas, de Renée Lebas et de Germaine Montéro. Sans moyens de subsistance, il fut envoyé dans un camp de travail, conformément à la réglementation. « Les Suisses ont profité de la guerre pour faire construire pour pratiquement rien des remonte-pentes dans leurs stations de sports d'hiver. En ce qui me concerne, j'ai participé à la construction d'écluses sur le Rhône. Nous avions de l'eau jusqu'aux cuisses, dans un fleuve qui charriait des glaçons et j'étais très peu couvert. Moi qui avais été élevé dans le coton par des parents aisés appelant le docteur dès que j'éternuais, je n'ai pas été malade une seule fois ! On travaillait très, très dur, mais on était aussi bien nourris que les soldats suisses. »

Un mémorable défi éthylique lancé par le chef du camp, au café de la gare du village, que Philippe-Gérard releva, permit le rapprochement des deux hommes. Apprenant que le Français était musicien, le chef du camp lui fit obtenir de la *Zentral Leitung* de Zurich (l'organisme central de tous les réfugiés) une sorte de laissez-passer valable sur l'ensemble du territoire suisse, qui permit à Philippe-Gérard d'effectuer des tournées artistiques pour les réfugiés. « Avec cette carte, sans aucune somme d'argent je pouvais aller dans les grands restaurants, descendre dans les plus grands hôtels, commander des complets chez le tailleur, on ne me demandait rien. Partout j'étais *persona grata*. J'ai même pu boire du whisky avec l'Aga Khan (quarante francs suisses le verre, à l'époque). Cette vie dorée n'a pas duré longtemps : cinq ou six mois tout au plus. On m'a remercié en me donnant un permis de travail et j'ai pu rentrer à Radio-Genève où j'ai eu mon émission et mon propre orchestre. Grâce à Gilles et Julien, j'ai découvert en Suisse la chanson française, Prévert et Kosma, Charles Trenet... Ce fut pour moi un bouleversement extraordinaire. Carco est arrivé à ce moment-là à Genève et il m'a confié des poèmes à mettre en musique pour les artistes que j'accompagnais, dont Marie Dubas et Renée Lebas. Mes premières chansons, je les ai faites avec Carco. Il y en avait une, *Le Voyageur sans bagages*, chantée par Renée Lebas, que je tenais à montrer à Édith

Piaf. J'ai dû patienter jusqu'à la Libération de Paris. Juste après je suis rentré et j'ai cherché à la rencontrer. En téléphonant chez elle, je suis tombé sur Henri Contet, son amant de cœur du moment, qui lui avait écrit tant de chefs-d'œuvre. Contet me fixa un rendez-vous et il me présenta à Piaf en lui expliquant que j'étais un jeune compositeur, etc. Elle me recommanda de venir la voir souvent, mais elle ne me chantait que... dans sa salle de bains ! Elle a attendu quelque chose comme quatre ou cinq ans avant de créer publiquement une de mes chansons : *Pour moi toute seule*, qu'elle a enregistrée en février 1949 et qui fut un moment son indicatif d'entrée en scène.

» J'ai ensuite commencé à travailler de manière continue pour elle. J'étais presque toujours chez elle. On a dû vous le dire, Piaf était exclusive au dernier degré. Il fallait qu'on soit à sa disposition tout le temps. Il fallait qu'on mange avec elle, il fallait qu'elle nous voie dès qu'elle se réveillait et que l'on reste avec elle jusqu'à ce qu'elle aille se coucher. Ce qui compliquait d'ailleurs beaucoup la vie privée. J'étais marié et j'avais des enfants et j'abandonnais complètement mon foyer pour venir chez elle. Comme elle n'aimait pas beaucoup les femmes, même si elle a eu quelques amies comptées sur les doigts d'une main, il n'était pas question qu'on puisse emmener nos épouses chez elle, elle n'aurait pas aimé. J'ai donc été amené à déserter le foyer conjugal pour être à la disposition d'Édith. Elle avait le don de créer des ambiances moitié travail, moitié amitié, toujours propices à la création. Les uns, les autres, on allait au piano et on disait à Édith : "Qu'est-ce que tu penses de ça ?"... "Ah, oui, tu devrais travailler ça", répondait-elle. Ou bien : "Non, ce n'est pas ce qu'il faut, trouve autre chose." Bref, elle provoquait et relançait la création. C'est Édith qui m'a imposé auprès d'Yves Montand pour qui j'ai écrit trente-trois chansons. La veille de sa mort, il me téléphonait encore pour me demander si je n'avais rien pour lui. Pour Yves, ce que disait Piaf était parole d'évangile.

» Édith ne m'a chanté qu'une douzaine de chansons, mais je lui dois tout, grâce notamment au *Chevalier de Paris* qui lui a permis de remporter le Grand Prix du Disque et à moi de vivre une aventure fabuleuse, sur laquelle je vis encore matériellement. Cette chanson a une drôle d'histoire. Elle commence avec une poétesse bretonne, Angèle Vannier, aveugle de naissance, qui vivait en forêt de Brocéliande, la forêt dans laquelle évoluaient Merlin l'enchanteur et la fée Viviane. Cette femme travaillait dans une radio locale, Radio Rennes, me semble-t-il. Un jour, elle est venue me voir, si je puis dire, en me demandant de mettre ses poèmes en musique. Même quand on apprécie une poésie, il est toujours très difficile de trouver une musique susceptible de mettre le texte en valeur. Je m'y suis cependant risqué. Parmi ces poèmes mis en musique par mes soins, il y en avait un, sublime, qui s'appelait *La Fille aveugle*. Je crois qu'Édith l'a chantée sans l'enregistrer. L'exact contraire de ce qu'elle a fait avec *Le Chevalier de Paris*. Quand je lui ai montré pour la première fois cette chanson, j'ai vu des larmes couler sur son visage. Elle était bouleversée : "Je n'ai jamais entendu quelque chose d'aussi beau !" Elle me l'a fait reprendre trois fois, quatre fois, puis elle l'a chantée avec moi. Elle a ensuite appelé Robert Chauvigny, son pianiste, puis Loulou Barrier, son imprésario, en lui demandant de lui trouver le plus vite possible un studio de libre chez Pathé. Huit jours plus tard [20 juin 1950], elle enregistrait *Le Chevalier de Paris*, en en faisant quelque chose de sublime... »

(...) Je n'ai pas peur des loups
Chantonnait la belle
Ils ne sont pas méchants
Avec les enfants
Qu'ont le cœur fidèle
Et les genoux blancs...

Piaf n'interpréta jamais cette chanson sur scène. « Ce ne sont pas des paroles habituelles explique Philippe-Gérard. En outre, il y avait trois couplets et elle ne se serait jamais souvenue du texte dans son intégralité. À l'époque, le téléprompteur n'existait pas. Ce qui fait que la chanson a obtenu un succès d'estime, les gens la connaissaient, mais ce n'est pas devenu un tube. En France, tout au moins. Car, et c'est là que tout devient fabuleux et Piaf une magicienne, à la même époque débarque à Paris Bing Crosby. Il existait alors dans la capitale une dizaine d'endroits que l'on appelait des kermesses, sortes d'établissements où l'on vendait des petits formats de chansons et où il était possible d'écouter des disques dans des appareils en hauteur, en suivant les paroles sur les petits formats comportant également la photo de l'interprète. Deux espèces de tuyaux permettaient d'écouter la chanson à deux et l'on pouvait même chanter. C'était l'ancêtre du karaoké. Bing Crosby a ainsi entendu *Le Chevalier de Paris,* par Miss Édith Piaf, à la kermesse de Richelieu-Drouot. Il en a ramené le petit format à New York et il l'a donné à Tony Mercer, auteur de nombreuses comédies musicales hollywoodiennes et considéré comme la référence américaine dans le domaine de la variété. Les paroles étaient hermétiques, mais elles avaient quand même un parfum de Paris. Mercer garda cette ambiance pour faire du *Chevalier de Paris* l'un des plus grands standards de tous les temps, sous le titre de *When the world was young* (Quand le monde était jeune).

» À ce jour, deux cent soixante-dix chanteurs américains l'ont repris et ça continue. En France, quand un artiste crée une chanson, il est tout à fait opposé à ce qu'un autre chanteur la chante aussi. Au contraire des Américains qui, lorsqu'ils tiennent un grand succès, appellent eux-mêmes d'autres chanteurs en les incitant à enregistrer la même chanson. Ils ont raison car ça ne gêne pas du tout la vente de leurs propres disques et ça donne encore plus d'ampleur au succès de la chanson. Ainsi, Crosby, qui a écoulé quatre millions d'exemplaires de *When the world was young*, a appelé Sinatra, qui a contacté Nat King Cole, etc. Tout ça, grâce à Édith. *Le Chevalier de Paris* m'a permis de rencontrer le seul être au monde que je rêvais de rencontrer : Fred Astaire. Dans le parking d'un grand restaurant d'Hollywood, il a fredonné rien que pour moi l'air de ma chanson en me disant : "*My pleasure !...*" Marlène Dietrich, également interprète de *When the world was young*, s'est mise à genoux un jour devant moi et m'a embrassé la main devant trois cents personnes, dans les salons d'une ambassade à Paris, après que ma femme, fière pour deux, eut appris à Marlène, qui me chantait sans me connaître, que j'étais l'auteur de cette chanson. Dietrich m'avoua qu'elle n'avait jamais rien chanté d'aussi beau. D'un naturel timide, je devins rouge comme une pivoine ! Dès lors, Marlène me demanda de travailler pour elle. Marlène, l'amie d'Édith. Tout se rejoint. Moi-même, Édith m'appelait son "meilleur ami"... "Alors, comment vas-tu, mon meilleur ami ?" me disait-elle chaque fois qu'on se voyait. Moustaki, avec qui je travaille souvent, m'a fait le bonheur de m'apprendre que la chanson préférée de Piaf, parmi toutes celles qu'elle avait interprétées, était une chanson que je lui avais écrite en 1956 : *Marie la Française*, dont elle fit un succès. Paraît-il qu'elle ne chantait que ça dans sa salle de bains. » Ce n'est pas un hasard si, en 2007, dans *La Môme,* Dahan amène la trame de son film par une chanson de Philippe-Gérard : *Heaven have mercy* (*Miséricorde*, en français).

À la fin d'octobre 1951, la lauréate du Grand Prix du Disque Charles Cros revient à l'ABC et marie son accordéoniste. Depuis un certain temps déjà, Danielle Bonel (encore Vigneau) s'arrangeait pour trouver des contrats qui coïncident avec les dates et les lieux de tournée de Piaf. Entre elle et Marc Bonel, une idylle était née, que la Môme, bonne marieuse, porta à la concrétisation : « Une fille comme ça, tu n'en retrouveras pas deux ; tu ne devrais pas la laisser passer », avait-elle prévenu son « lapin ». Marc étant divorcé, une cérémonie civile eut lieu le 9 octobre 1951. Piaf, le bras dans une écharpe, servit de témoin à Marc et en profita pour demander à Danielle d'entrer à son service. Dans la foulée, Danielle Bonel devient secrétaire, en lieu et place d'Andrée Bigard. « Secrétaire n'a jamais été mon métier, mais j'ai dû m'y mettre pour reprendre le flambeau de Dédée, confesse-t-elle. Je l'ai du reste très bien connue. » Eurent-elles le même rôle ? « Pas tout à fait. J'avais, moi, en plus, une fonction artistique puisque je faisais les lumières d'Édith. Il ne fallait surtout pas rater un noir ! Mais j'avais la rigueur du classique, ce n'était pas difficile. Du temps de Bigard, la technique était moins sophistiquée, les micros n'étaient pas au même point. Andrée Bigard, elle, a été uniquement secrétaire et une bonne secrétaire. En arrivant, j'ai vu la façon dont elle avait archivé les documents de l'époque, c'était vraiment du bon travail. Elle était gentille, Dédée Bigard. Elle était bien. »

On ne voit jamais les autres qu'au travers de ce que nous sommes. Hostile aux histoires, Danielle Bonel est une adepte de la pensée positive. Un verre d'eau à moitié vide vaudra toujours pour elle un verre à demi plein. Quand Piaf lui demanda expressément d'entrer à son service, parce qu'une danseuse « ça ne danse pas toute sa vie », mais surtout parce qu'elle avait besoin d'une personne de confiance auprès d'elle, Danielle, qui ne demandait pas mieux que de pouvoir se rapprocher définitivement de Marc, a dû mettre de côté son ego d'artiste. Seuls ceux qui se sont déjà shooté à l'odeur des planches, peuvent comprendre la signification de ce sacrifice. Piaf n'a pas toujours été tendre avec Danielle. Mais Danielle a toujours passé outre. « Selon l'homme ou les circonstances, elle se montrait autoritaire, attachante, etc. Mais elle n'était pas manipulatrice. Elle était sans malice. C'était pur. Piaf était une séductrice, on ne pouvait pas ne pas succomber à son charme. Elle avait conscience de ce pouvoir, elle savait qu'elle pouvait être irrésistible. Sans se mettre en valeur, elle attirait. Un charme indéfinissable. Mon mari a dit qu'il fallait faire partie d'elle pour faire du bon travail, pour qu'elle vous garde. Et Dieu sait si on n'avait pas envie de décevoir cette enfant. Car c'était une enfant ! Moi qui n'ai pas eu la chance d'être mère, j'avais pour elle des sentiments maternels, protecteurs. J'étais plus forte qu'elle, plus équilibrée. Elle me demandait des conseils, sur le choix d'une chanson, sur un vêtement, sur ci ou sur ça. Il fallait être prudent dans les conseils, surtout quand elle était amoureuse, donc aveuglée. Des gens ont affirmé avoir eu de l'influence sur elle, d'un point de vue artistique. Ils se sont leurrés ! Piaf demandait conseil pour la forme, mais elle n'en a jamais fait qu'à sa tête, sûre de son instinct infaillible dans ce domaine. On l'a rarement vue pleurer.

Sauf pour Cerdan, peut-être. Je l'ai vue apprendre des nouvelles terribles, mais sans pleurs. Elle avait versé trop de larmes. Elle était très évoluée et il était toujours très intéressant de parler avec elle. Comment savoir qui était la vraie Édith Piaf ? Elle a joué tellement de rôles ! C'était un caméléon. Elle prenait le climat de l'homme du moment. Elle ne savait pas rester elle-même tout le temps. Je l'ai connue sous toutes ses formes. La vraie Édith était celle qui se retrouvait face à elle-même, quand elle n'avait plus de rôle à jouer et qu'elle se posait la question : "Qui suis-je ?" Elle se posait beaucoup de questions, du reste : la mort, l'ésotérisme. Intriguée par l'au-delà auquel elle croyait, elle demandait parfois : "Lequel de nous partira le premier ? Pauvre petite Édith..." Elle se forçait à être heureuse et à y croire. Ses plus grandes joies furent des joies de scène. Une salle qui l'acclamait... »

Fine, jolie, intelligente, consciencieuse, d'humeur joyeuse, et surtout très heureuse en amour, Danielle Bonel était de cette race d'êtres indestructibles. Elle l'est toujours, en dépit d'une grande sensibilité. Son engouement pour la vie est resté le même. La présence de telles personnes autour de soi est un dopant. Contrairement à ces « amis » qui ont pris le large quand Piaf a commencé à sombrer, Danielle et Marc sont restés jusqu'à la fin. « Je lui ai apporté le plus que j'ai pu, dans la vie ou sur la scène. Elle nous a apporté énormément, à commencer par des joies artistiques. Je me souviens que lorsqu'il lui venait une idée de chanson, il fallait que j'attrape aussitôt une enveloppe et que j'écrive ce qu'elle me dictait. Elle n'était pas instrumentiste, mais elle était musicienne d'instinct, avec une oreille musicale très développée. Ça allait vite. Je la reverrai toujours assise sur le tabouret de Marc avant d'entrer en scène. Superstitieuse, elle touchait le sol, faisait le signe de Croix, elle embrassait Marc et Chauvigny, puis elle se lançait. »

Qu'advint-il des rapports de Piaf avec Andrée Bigard ? « Elles n'étaient plus du tout en contact. Par conséquent, on n'a plus revu Dédée. Il y avait eu une histoire vaseuse. À l'époque, on en parlait entre nous, mais on n'en a jamais su le fin mot. Il y a eu des questions d'argent. De plus, Dédée, à un moment, a outrepassé ses fonctions, se croyant devenue le manager d'Édith et ça a créé des frictions. » En 1945, probablement sous l'impulsion de Jacques Bourgeat, Piaf avait résolu de tenir elle-même ses comptes, dans un cahier récupéré par Jacquot et reversé aux Archives Nationales. Pourquoi s'être substituée au travail de la secrétaire ? À la page du mois de décembre, Piaf qui indiquait les entrées – « rien » pour ce mois-là – et les sorties d'argent, avait ajouté ce commentaire : « Tout bien réfléchi, je vais arrondir les angles avant de commencer ce mois de décembre : je vais donner cent mille francs de plus à Dédée, comme ça je ne lui dois plus qu'un million... une bagatelle, quoi !... » Une phrase sibylline et qui, sans données supplémentaires, peut prêter à diverses interprétations. Piaf qui rétribuait sa secrétaire à hauteur de quinze mille francs mensuels, ce qui était énorme, fit-elle de l'ironie ou bien devait-elle réellement une telle somme, soit un million, à Andrée Bigard ? Au vu des comptes des mois précédents, ceux de juillet à novembre à tout le moins, les seuls que nous possédions, où il est stipulé à chaque fois que « Dédée » a bien perçu son salaire, tout invite à penser que la Môme donne dans la dérision vis-à-vis d'éventuelles revendications d'une employée déjà grassement rémunérée.

André Pousse, évoqué plus haut par Jean-Louis Tristan, ne fut qu'un bref intermède dans la vie de la chanteuse. Pousse en a fait un roman. « Je lui ai demandé un jour si tout ce qu'il racontait était vrai, confie Tristan. Il m'a dit : "À 90 %." J'avais du mal à croire qu'il avait enfermé Piaf dans le jardin, à poil sous la neige, un soir de Noël et que, devant elle, il aurait balancé par la fenêtre la montre en or qu'elle lui avait offerte. Dédé était plus nature que vrai. » Selon Danielle Bonel, l'ancien cycliste voulait jouer les gros bras avec la Môme, mais sans beaucoup de chances de gagner. « Les gifles et tout le reste, c'est du pipeau ! »

André Schoeller, lui aussi, a bien connu André Pousse et plus intimement encore Édith Piaf, nous le verrons. Il a la même vision du personnage. « Pousse était un gentil qui voulait jouer les voyous. Un soir, il me téléphona pour m'inviter à La Lorraine. "Sape-toi bien, me dit-il : costume marine, gilet, chemise blanche, cravate noire." Il s'était habillé de la même manière, avec en plus l'épingle, la perlouse et la canne qui vont bien. Une fois à table, nous commandons deux douzaines d'huîtres qui tardent à nous être servies. Histoire de râler un peu, Pousse appelle le maître d'hôtel pour lui rappeler que ça fait une demi-heure que nous patientons. Celui-ci promet qu'il va faire le nécessaire mais, juste après, nous l'entendons dire à un autre serveur : "Les deux chieurs, là-bas, il faut vite leur servir leurs huîtres." Dédé se lève, sort un gros flingue et fond sur le maître d'hôtel : "Répétez ce que vous venez de dire ! – Mais, monsieur, j'ai rien dit."

» J'étais plutôt emmerdé car j'étais connu de la maison. Pousse rentra son arme et prit le garçon par le col en lui disant qu'il allait lui botter le cul. Sur ce, il l'attrapa par le bras pour le diriger vers les cuisines. Finalement, des clients reconnurent l'acteur André Pousse qui se mit à les baratiner et ça s'est arrangé. Le flingue était au vrai un truc factice. Une vedette, Dédé ! Il a toujours pensé qu'il était du milieu. »

Pousse en racontait beaucoup. Suffisamment pour que nous passions sans tarder à son successeur et ami, le temps d'un tour de roue. Car, à l'instar de Pousse, Louis Gérardin, dit « Toto », est lui aussi frappé par le virus du cyclisme. Sauf à spécifier que, dans son cas, ce ne sont pas quelques apparitions à l'écran qui lui permirent de garnir et son compte en banque et ses étagères, mais son mollet, qu'il avait vigoureux. Le palmarès de ce sportif né en 1912 est impressionnant : lauréat pendant plusieurs années quasi consécutives du championnat de France de vitesse amateur, il fut champion du monde en 1930 dans la même discipline, frôlant par la suite à trois reprises le titre mondial, en 1936, 1946 et 1947. Un rapide, Toto. Pas moins que la Môme... « L'essentiel du cerveau de Gérardin tenait dans ses jambes », insinue un observateur. En voilà un devant qui Édith n'aura pas de complexes ! Elle l'aime, son Toto, jusqu'à en badigeonner ses photos de traces de rouge à lèvres. Mais Toto n'est pas libre, loin s'en faut, puisque sa femme n'a pas l'intention de jouer les doublures. Cette relation intense mais discrète éclate au grand jour, à la lumière d'une histoire bancale de vieilles fourrures, de quelques bijoux et de dix-huit lingots d'or soi-disant volés au domicile des Gérardin, et dont madame rend Édith Piaf, maîtresse de son mari, entièrement responsable. Une plainte est déposée, suivie de perquisitions au domicile de la chanteuse et à celui d'Andrée Bigard, sa secrétaire. Le commentaire de Piaf à la presse : « Cette affaire devient amusante. » La Môme n'a peur de rien et surtout pas d'être soupçonnée d'un fric-frac qu'elle n'aurait jamais eu l'idée de commettre autrement que pour l'un de ces « tours de cons » qu'elle affectionne. Devant le ridicule effectif de la situation, madame Gérardin retire sa plainte et récupère fourrures, lingots, bijoux et mari. Il semble que ce soit Toto qui ait apporté ces breloques chez Piaf et que l'affaire se soit arrangée à l'amiable. Les fourrures qu'elle s'offrait, Piaf s'en servait de tapis de sol ; les bijoux, elle les préférait sur les autres. Ce qui lui fait mal, très mal, c'est le départ de Toto. Encore un pendu qui trompe sa femme d'abord et qui réfléchit ensuite.

Les illusions qu'elle perd avec ses hommes, Piaf les retrouve auprès de ses admirateurs, pour peu qu'ils sachent se tenir. Elle n'a finalement vécu que pour eux. « L'amour, elle ne l'a jamais vraiment fait qu'avec son public », réitère Danielle Bonel. Cependant, très peu d'entre eux sont admis dans la loge de Piaf. Pratiquement aucun. Piaf en a peur. Philippe est l'une des rares identités anonymes à avoir pu crever l'abcès fantasmagorique de la Môme. « Parce qu'il était sain, lui, elle l'aimait bien », nous dit Danielle Bonel, qui a retrouvé Philippe en 2007, à

Marseille, cinquante ans après l'avoir perdu de vue. La première rencontre remonte à 1942, à Marseille, d'où Philippe est originaire et où il vit encore. « Je n'oublierai jamais le jour où j'ai vu Piaf pour la première fois, en chair et en os, dit-il. C'était le 31 août 1942, dans la rue Mazagran, à proximité de l'hôtel des Beaux-Arts et du Léman, où elle logeait et où, m'a-t-on dit plus tard, elle cachait Michel Emer. J'avais douze ans et le cœur battant je lui ai demandé un autographe. Elle s'est montrée très aimable avec moi. Malheureusement, ce document s'est perdu dans un déménagement à Florence où j'ai été coiffeur pendant des années. Ses cheveux étaient teints en roux, avec une raie au milieu, et je me souviens parfaitement de la façon dont elle était habillée : une jupe mille fleurs et une chemisette blanche. Ses talons étaient très hauts et en bois, on appelait cela des sabots. C'est ma tante qui m'avait communiqué le virus Piaf en m'emmenant au cinéma voir *Montmartre sur Seine*, l'année précédente. Depuis, chaque fois qu'elle passait à Marseille, j'allais l'applaudir. Et elle y passait souvent ! En février 1952, elle était à l'affiche aux *Variétés*. Je me suis présenté dans sa loge par l'entrée des artistes, rue Thubaneau. Elle m'a signé encore une fois très gentiment un cahier de coupures de presse que je lui avais consacré. À cette époque, Danielle Bonel travaillait déjà pour Piaf en qualité de secrétaire, elle faisait également les lumières d'Édith. Avec eux se trouvait également Ginette Richer. “Si vous aimez vraiment Piaf, je vais faire quelque chose pour vous”, m'avait dit Ginette. C'est ainsi que nous nous sommes retrouvés, Piaf, Ginette, deux de mes copains et moi, dans un salon du Grand Hôtel, autour d'un verre. Il faut dire qu'à l'époque j'étais beau gosse ! Je ne me rappelle plus de ce que nous avons bu, mais personne n'a pris d'alcool. Toute la soirée nous avons parlé chansons. Nous avons également évoqué Notre-Dame de la Garde, projetant de nous y rendre tous ensemble.

» Le lendemain, à l'heure dite, Piaf nous a donné rendez-vous au Grand Hôtel. De là, nous avons pris un taxi, mais en chemin, quelqu'un a dit à Piaf qu'il fallait faire le pèlerinage à pied. Elle a alors ordonné au chauffeur de faire demi-tour et nous sommes repartis. À pied, cette fois. Édith désirant à tout prix éviter la foule de la Canebière, nous lui avons fait emprunter le cours Lieutaud, puis la rue Dragon. La pauvre avait déjà des problèmes pour marcher. Nous étions six : Piaf, Ginette Richer, Danielle et Marc Bonel, un copain et moi. Édith était très simple, très attachante, elle me tenait par la main et me donnait des conseils : “Si des amis te demandent de leur prêter de l'argent, ne leur en donne pas, tu ne reverrais pas tes sous !” Quel que fût l'itinéraire emprunté, Édith Piaf restant Édith Piaf, des passants la reconnurent et se mirent à l'applaudir.

» Arrivés à Notre-Dame de la Garde, elle a fait ses dévotions d'une manière très discrète. Quelle merveilleuse journée ! Heureusement, Marc Bonel avait sa caméra avec lui et il m'a immortalisé au bras d'Édith. En redescendant, nous sommes passés devant la vitrine d'un marchand de tissus, rue Sainte-Ferréol. Il y avait notamment, je me souviens, un très beau tissu écossais. "Avec un seul de ces carreaux, on pourrait m'habiller !" s'est exclamée Édith en riant. Puis elle est repartie à Paris. Non sans nous avoir promis à mon copain et à moi de nous appeler chaque dimanche au Grand Hôtel. Une promesse qu'elle a tenue. Ce, jusqu'au mois de mai de la même année, date à laquelle je l'ai retrouvée à Paris, boulevard Pereire, où elle me reçut, mon copain et moi. Elle passait au Drap d'or, à ce moment-là. Nous sommes allés la voir, et ensuite elle nous a invités à la Cloche d'or. Elle nous convia également au tournage d'une émission de télévision, dont je ne me souviens plus du titre, mais ce fut pour moi impossible d'y assister, Ginette Richer m'ayant demandé de rester avec elle à Péreire pour y attendre l'un de ses "amis". L'une des plus grandes émotions de ce séjour, je l'ai reçue un soir chez Piaf. Il y avait là Marguerite Monnot et Paul Péri, Michel Emer, Danielle et Marc Bonel. Édith tenait à nous faire écouter une nouvelle chanson : *Je t'ai dans la peau*. Depuis son accident de l'année précédente, elle avait encore mal à son bras. Aussi l'a-t-elle posé sur le marbre de la cheminée. Elle s'est surpassée et j'ai alors vu la plus grande Piaf du monde ! Il faut dire qu'elle venait de rencontrer Jacques Pills, auteur de la chanson et présent lui aussi, lors de cette soirée mémorable. » En février, à Marseille, Piaf avait envoyé Philippe acheter des fruits secs pour André Pouce, son compagnon du moment. Trois mois plus tard, elle avait changé de cavalier.

Sans se presser, il est arrivé. René Victor Ducos, dit Jacques Pills. « Monsieur Pilule », comme on l'appelle aux USA, où on lui applique la traduction littérale, depuis 1935. Quatre ans plus tard, le 12 septembre 1939, Pills épousa Lucienne Boyer, dont il est à présent divorcé et avec qui il a eu une fille, Jacqueline. Pills était le nom d'une grand-mère autrichienne des Ducos. Ceci expliquant cela. Du temps où il était boy de Mistinguett au Moulin-Rouge, il avait cependant hésité entre René Guélis et Jacques Pills. Fils de médecin-colonel, René Victor était issu d'un milieu petit-bourgeois, mais l'une de ses tantes avait introduit le ver dans la famille : Yvonne Legeay, née en 1892 et décédée en 1980. Elle fut une comédienne de second rôle, très connue, employée à partir des années vingt, par René Clair notamment, et jusque dans les années 70, par Jean-Claude Brialy, réalisateur, qui la sollicita dans *Églantine*, puis dans *L'Oiseau rare*, avec Barbara, Jacqueline Maillan et Tonie Marshall. Voilà pour la tante.

Qui était Jacques Pills le séducteur, dont Jean Sablon révéla à Jean-Claude Baker que « la nature l'avait doté d'un objet très fiable » ? Quelle personnalité véritable habitait cet homme toujours affublé du même sourire public rayonnant ? « Jacques souriait tout le temps, mais pour savoir ce qu'il pensait, tu pouvais toujours te l'accrocher ! » s'était plainte un jour Lucienne Boyer. Hormis Simone Ducos, sa sœur, qu'il aima plus que tout au monde, seul Georges Tabet, avec qui Pills forma des années durant un duo plutôt bien accordé à la scène comme à la ville, se trouvait en mesure de nous parler en toute légitimité de cet homme insondable, dont il connaissait sinon la nature profonde, du moins les aspirations secrètes. « Un physique superbe, une jolie voix, un charme irrésistible, une bonne musicalité, mais malgré tous ces bienfaits dus à la nature, Pills demeurait souvent sombre, ne parlant pas pendant des jours entiers. Il supportait mal de n'être qu'un duettiste, ayant tout à partager avec un frère professionnel qui, pourtant, partageait tout avec lui aussi. Il rêvait d'indépendance et n'allait pas tarder à devenir libre, mais quand il eut acquis cette liberté tant désirée, il la qualifia de solitude. » Selon Tabet, et on peut l'en croire, en dépit du succès engrangé avec son partenaire, Pills estimait être passé à côté de sa chance, avoir raté sa vie professionnelle. Cet état de choses, lentement, l'avait rongé de l'intérieur. « Il souffrait de n'être pas une vedette à part entière comme Gabin, se trouvant des ressemblances faubouriennes avec lui [...]. Il se morfondait véritablement, se demandant pourquoi le public ne l'avait pas sacré seul grande vedette. Toute sa vie fut conditionnée par l'espoir d'une rencontre qui le conduirait au sommet de son ambition. Or, il n'a jamais trouvé cet imprésario, ce lanceur de vedettes, cet auteur, cet homme ou cette femme qui, en se vouant à lui, le pousserait à la situation de star de première grandeur. Il était grande vedette, mais à deux. » Quand il rencontra Piaf, il était trop tard.

Après un périple professionnel de deux années aux États-Unis et au Brésil, avec Gilbert Bécaud comme accompagnateur – ils s'étaient rencontrés chez Marie Bizet pour qui Bécaud travaillait alors –, Pills était rentré à Paris, avec une chanson dont il avait écrit les paroles et Bécaud composé la musique : *Je t'ai dans la peau*. Ils pensèrent d'abord présenter leur œuvre à Juliette Gréco ou à Catherine Sauvage. Simone Ducos les aurait convaincus de n'en rien faire : « C'est à Édith Piaf qu'il faut la donner, mon étonnement serait grand si elle la refusait ! » Pills argua de l'inaccessibilité de la chanteuse, mais un rendez-vous fut rapidement pris et obtenu. Bécaud installé au piano, l'ex de Lucienne Boyer fit entendre leur création...

> *Je t'ai dans la peau*
> *Y'a rien à faire, tu es partout*
> *Sur mon corps, j'ai froid, j'ai chaud*
> *Je sens la fièvre sur ma peau...*

Piaf est séduite. Elle prend. Que ces messieurs reviennent dès demain pour les répétitions. Le lendemain, à l'issue d'un après-midi de travail, Piaf retint Pills à dîner. Nous étions au printemps 1952, dans l'appartement du boulevard Pereire. Entre l'hôtel particulier de Boulogne et le boulevard Lannes, la Môme y était provisoirement en transit, chez l'acteur Constant Rémy qu'elle fit engager dans *Si Versailles m'était conté*. Le 29 juillet suivant, en vertu de la loi française, Édith Giovanna Gassion et René Victor Ducos étaient officiellement déclarés mari et femme à la mairie du 16e arrondissement de Paris. Un mois et demi plus tard, à New York, le 15 septembre, eut lieu une autre cérémonie civile, suivie cinq jours plus tard d'une cérémonie religieuse. Danielle Bonel y assistait : « Édith avait voulu une robe bleue, de la même couleur que la mienne lors de mon mariage, pour lui porter bonheur. Nous nous sommes d'abord rendus à l'église Saint-Vincent-de-Paul, avant d'aller prendre une coupe de champagne au Versailles. Là, Marlène Dietrich qui était le témoin d'Édith nous a quittés pour rentrer dans son appartement se ravaler. Toutes les deux heures, il lui fallait refaire son maquillage. Elle nous a rejoints au restaurant. Nous étions une douzaine, dont Prunis, Marlène, Aznavour, Ginette Richer, Loulou Barrier, les mariés, bien sûr, Marc et moi. J'avais été placée face à Marlène, ce qui nous a permis de beaucoup parler. Charmante, elle a fait preuve de la plus grande simplicité. Puis nous avons tous regagné l'hôtel à pied, filmés par mon mari. Dans la rue, personne ne faisait attention à nous, personne ne se retournait sur Édith ou sur Marlène, on nous laissait tranquilles. Une petite anecdote amusante : sur le registre, Jacques Pills avait triché quant à son âge, en se rajeunissant de plusieurs années. Il avait déclaré 1914 comme année de naissance, alors qu'il était de 1906... » Danielle a conservé la robe de mariée d'Édith, choisie par Marlène chez Sachs, un grand couturier de la 5e Avenue. De même que les accessoires assortis à la couleur de la robe : un petit chapeau et un sac à main qui contient encore les cartes de félicitations. Dont celle de Jean Marais : « Mon Édith chérie, je te souhaite tout le bonheur que tu mérites. Je t'aime et je t'embrasse. Jeannot (Marais). »

Ce mariage s'était décidé sur un pari.

— Chiche ?

— Chiche !

Lucienne Boyer tint-elle rigueur à Piaf de cette union ? Il n'y avait aucune raison qu'il en soit ainsi, puisque, au moment de sa rencontre avec Édith, Pills était séparé de Lucienne depuis longtemps. Cependant, la Môme en aurait conçu quelques scrupules et la légende signée Pascal Sevran, dans *La Dame en Bleu*, veut qu'elle ait demandé avec insistance à Lucienne : « Dis, Lulutte, je t'ai pas volé ton homme, hein ? » Selon Gérard Doulssane qui connut mieux encore la créatrice de *Parlez-moi d'amour* à la fin de sa vie, celle-ci considérait que Piaf lui avait effectivement piqué son mari. « Elle n'aimait pas Piaf pour cela (et, d'après elle, c'était réciproque), mais aussi pour d'autres raisons, d'ordre professionnel. Lucienne me disait que Piaf n'avait aucune envergure internationale et qu'elle n'avait jamais fait trembler l'Amérique, comme elle, Lucienne Boyer. » Les confidences au feu de l'amertume en disent souvent bien plus long que les photos sur lesquelles on se dit : « Je t'aime ma chérie, tu es la plus grande », les soirs de première.

La timbale revint donc à Pills, mais Gilbert Bécaud ne fut pas lésé pour autant, car s'il repartit de chez Piaf sans la bague au doigt, il obtint la promesse sacrée d'un rendez-vous avec Louis Amade, qu'il aspirait à rencontrer. « Ce gars-là veut faire des chansons avec toi et il me harcèle pour que je te le présente, expliqua Piaf à Amade au téléphone. Il a beaucoup de talent. Veux-tu le recevoir ? » Ignorant encore que « Monsieur 100 000 volts » deviendrait le grand amour platonique de sa vie, Amade nota dans son agenda : « 10 h. Gilbert Béco [*sic*] », suivi du nom d'Édith. Piaf fit plus encore pour le jeune Bécaud, en lui prêtant son magnétophone, l'un des premiers sur la place de Paris, avec celui d'Amade. Sa récompense tient dans cet aveu posthume et hors micro de Bécaud à M.V., un journaliste de FR3 : « C'était une salope ! » L'un des compositeurs de la Môme, qui n'a pas souhaité signer sa déclaration, nous révèle que Piaf, qui avait horreur de l'hypocrisie, détestait Bécaud pour cette raison. « Au contraire d'Amade, très gentil garçon, Gilbert n'était pas du tout homosexuel, mais il était prêt à tout pour réussir. Un jour, je l'ai même vu se mettre à genoux devant Édith. »

Louis Amade avait pour Piaf une tout autre considération. Sa présentation à la chanteuse eut lieu chez l'éditeur Raoul Breton, peu après l'arrivée d'Amade à Paris. « Nous nous portâmes aussitôt que nous nous connûmes une grande affection réciproque. J'adorais ce feu brûlant de soleil et de flammes infernales. Souvent, après un récital, nous allions, quelques-uns d'entre nous, ses amis, à son domicile et là, après une sorte de réveillon où voisinaient toutes sortes de mets, nous improvisions des poèmes et des musiques. C'étaient des moments de grand délire où, à l'instant le plus inattendu, descendait le génie sur nos têtes comme le Saint-Esprit. J'ai vu naître là les œuvres les plus mémorables du répertoire d'Édith [...]. Un soir de ces funambulesques veillées, Édith, au milieu de nos amis, s'agenouilla devant moi. Elle prit mes mains, y posa ses lèvres. "Regardez, vous tous, ce que je fais par respect et par affection à Louis Amade." J'eus de la peine à la faire relever. Je l'embrassai et repartis dans la nuit de Paris, bouleversé. » Piaf et Amade croyaient aux mêmes choses et souvent leurs conversations roulaient sur la mort. Ils en avaient une vision semblable, qu'ils partageaient avec Cocteau, leur ami commun. « On passe au travers d'un miroir, puis hop ! c'est fait [...]. Ma conviction, celle de Jean et celle d'Édith rejoignaient la mienne. C'est que nous sommes dirigés depuis la naissance jusqu'à la fin du parcours par des forces inconnues qui nous conduisent malgré nous. Certains d'entre les hommes sont plus conduits que d'autres et ils en ont conscience. Ce sont les prédestinés [...]. Jean Cocteau est-il mort au sens d'un néant définitif ? Je ne le crois pas, pas plus que n'est morte Édith Piaf. De toute façon, ils eurent l'un comme l'autre la divination des relais interdits et, en fait, ils ne cessèrent d'attendre la mort. Jean la décrivit en long et en large à sa manière, Piaf la chanta, la transformant en un quasi-éblouissement. Il était écrit qu'il ne pouvait finalement en être autrement, qu'ils mourraient tous deux à quelques heures d'intervalle. » En octobre 1963, les obsèques parisiennes d'Édith Piaf furent réglées au cordeau par Louis Amade, auteur à succès, concurremment préfet de Police à Paris. D'où son surnom : le « préfet au chant ».

La Môme est aux États-Unis pour plusieurs mois. Pills l'accompagne en qualité de mari et d'artiste, puisqu'elle se produit à nouveau jusqu'à la fin de novembre au Versailles et lui à La Vie en rose. « Je suis pleinement heureuse, écrit-elle à Bourgeat, le 23 septembre 1952. Plus je connais Jacques et plus je l'apprécie. C'est un amour et cette fois-ci, j'ai vraiment découvert l'ange tant attendu ! Jacques veille sur moi de tout son cœur et je suis si bien près de lui. Toi qui as tellement souhaité me voir calme, eh bien, je le suis. » Elle lui demande de lui faire parvenir quelques livres, dont *Les Clés du Royaume*, de Cronin, *Éloge de la folie*, d'Érasme, *Le Rire*, de Bergson. « Je suis avide de lecture, d'apprendre, en un mot, la vie est belle ! Jacques se joint à moi pour t'embrasser de toute la force de notre amour. Attention, tu vas tomber ! »

Un mois et demi plus tard, le ton est à la plainte : « En Amérique, on se sent fatigué dès la minute où l'on se réveille. De plus, je ne dors pas, alors je n'ai aucun courage et je remets toujours au lendemain ce que je devrais faire sur le moment. » Plaintive mais le cœur étoilé, la Piafou. Elle rayonne auprès d'un mari toujours aussi « gentil avec moi », doublé d'un artiste aux dons multiples : « Je me sens bien, bien, bien... Jacques a un grand talent de peintre. Si tu voyais les choses magnifiques qu'il a faites, tu serais sidéré ! » La peinture était effectivement le violon d'Ingres de Pills. Il a laissé une centaine de tableaux, dont deux portraits réussis d'Édith Piaf et de Lucienne Boyer.

Le 26 novembre, la Môme prend le ciel à témoin : « J'ai juré qu'à partir du premier décembre 1952 au 30 novembre 1953, je ne boirai aucune boisson alcoolisée, de plus, de suivre un régime pour maigrir, du premier décembre jusqu'à la fin du Mocambo. Que Dieu me punisse si je manque à mon serment ! » Voire ! En décembre, elle est à Montréal avec Pills. La tournée les emmène ensuite sur la Côte Ouest. À Hollywood, « The Piaf » se fait applaudir au Mocambo. En février, Miami les accueille. Descendue à l'hôtel Biltmore, la petite fille de Saint-Lambert reprend sa correspondance avec son mentor. Le 28, elle lui fait part d'une importante fatigue physique « due à un trop grand surmenage ». Mais, dès son retour, promis, elle l'emmènera à Saint Lambert ! « Je ne sais pas ce que tu as fait à Jacques, mais il t'adore, il est absolument ébloui par toi et veut te connaître à fond. Il a pour toi la même admiration qu'avant Marcel, et ça me touche profondément. Ça prouve qu'il est intelligent s'il t'a deviné à ce point, car je sais tout ce que tu vaux en dehors de ton amitié qui m'est si précieuse. » Elle conclut en annonçant son retour à Paris pour le 12 mars.

À cette date, monsieur et madame Ducos prennent véritablement possession de leur nouvel appartement du boulevard Lannes. Une location. Un petit coin de passage de deux cent soixante-quatre mètres carrés, sans l'apparat qui sied en général aux appartements de « stars ». « J'adore mon chez-moi, à condition d'avoir l'impression d'y camper », déclare Piaf à *Presse magazine* (18.6.55). « Le petit oiseau qui fait son nid au fond des forêts n'a besoin que d'une branche et quand la taupe boit dans le fleuve, elle ne boit que ce dont son corps a besoin » (Confucius). Piaf n'a pas besoin des oripeaux de la gloire. Les bijoux, les fourrures, les beaux meubles et le luxe ostentatoire n'ont jamais été sa technique existentielle et elle n'entend pas se renier. Son histoire et sa personnalité hors dimensions se passent de ces Aubusson et de ces Lalique qui, dès qu'abîmés ou ébréchés, ne valent plus rien. Or, Piaf possédait le sens du beau. Elle n'avait cure des présents qu'on pouvait lui offrir, mais lorsqu'on lui en faisait un, il ne fallait pas se payer sa tête. Un jour, Rudloff, son tailleur, et Jean Bouquet, l'un de ses paroliers, décidèrent de lui faire un cadeau de « prestige ». Rudloff avait un ami qui tenait une maison de perles. Avec Bouquet ils y choisirent un collier de perles blanches, puis se présentèrent boulevard Lannes. Édith a remercié, mais une fois les deux hommes partis, elle a sèchement claqué : « Avec l'argent que je leur fais gagner l'un et l'autre, ils ont trouvé le moyen de se mettre à deux pour me faire un cadeau. J'en veux pas de leur collier ! » Piaf donna le bijou à Danielle Bonel, qui le porte encore aujourd'hui en certaines occasions. Comme celle de sa rencontre avec l'auteur, le 18 juillet 2007, en gare de Caussade...

En avril 1953, Édith Piaf et Jacques Pills sont affichés à Marigny. Un spectacle original, composé d'une première partie musicale, Piaf et Pills chantant à tour de rôle, et d'un épilogue théâtral, avec une nouvelle version du *Bel indifférent*. Pills successeur et remplaçant de Paul Meurisse arrache à Cocteau, auteur de la pièce, cette réflexion : « *Le Bel indifférent* est un magnifique gigolo au bord de ne plus l'être... » La mise en scène est signée Raymond Rouleau et les décors, luxueux, Lilia De Nobili, l'équipe gagnante de *La P'tite Lily*. De Nobili a créé pour Piaf une chambre d'hôtel à roulettes que l'on peut faire disparaître en dix secondes. Un mécanisme coûteux, auquel Georges Lerminier, du *Parisien libéré*, oppose la misère du théâtre d'art. Une autre variante, par rapport à l'époque de Meurisse : Piaf ne joue pas son propre personnage, celui de la Môme Piaf faisant une scène à son homme ; en accord avec Cocteau, Raymond Rouleau a supprimé les allusions au métier de l'héroïne.

Le Carré Marigny est un endroit chargé d'Histoire mêlée à celle de la famille Gassion. Le théâtre où la Môme va se produire n'est autre que le vieux cirque des Champs-Élysées, transformé, qui fut construit en 1840 et où triomphèrent les gloires de la piste, du clown Auriol au maître de l'équitation, Adolphe Franconi, que le grand-père de Piaf connut personnellement. La première a lieu le 22 avril et laquelle ! Le Tout-Paris et le Tout-Gotha se sont déplacés pour cette soirée donnée au profit des œuvres sociales de la Fédération nationale de la presse française. On aperçoit Jean Marais, Jacques Charron, Lucienne Boyer, et encore la princesse Eugénie de Grèce, le prince de Caraman-Chimay, le comte et la comtesse de Montesquieu, la princesse Amédée de Broglie, le duc de Brissac, les ambassadeurs du Danemark et de Hongrie... La plupart sont venus pour disséquer la muse du trottoir. À preuve, les différentes réflexions du duc de Brissac au reporter de *L'Aurore* : « La langue française possède vingt-cinq mille mots. Quel dommage que ce spectacle peu distingué pour le théâtre Marigny n'en utilise que cent cinquante. » Accusé Cocteau, levez-vous ! Et encore : « Avons-nous l'habitude de nous jeter à la tête de la vaisselle et des torchons, comme le font les héros de toutes les chansons réalistes ? Quand les gens du monde ont une scène de ménage, ils utilisent le papier bleu. » Assorti à la couleur de notre sang ! « Et rien n'était plus plaisant que le touchant malentendu qui leur permettait de croire qu'ils se gorgeaient d'audacieuses chansons réalistes au cours d'une sorte de tournée des grands-ducs », ponctue Éric Vullermoz, amusé par ce spectacle dans le spectacle. Autant qu'affligé. Le même : « Réaliste, Édith Piaf ? Quelle erreur ! Tout cela est du romantisme pur, à peine camouflé. Peuple, on te trompe ! Piaf cultive jalousement la petite fleur bleue, accompagnée d'une façon aristocratique et luxueuse par un excellent orchestre nourri d'harmonies distinguées sorties de chez le bon faiseur. Il y a de l'angélisme, là-dedans. Attention ! vous dis-je. »

Dans son ensemble, le public de Marigny est autrement plus mondain, plus snob que celui de l'ABC. Tout ce que Piaf déteste. Tout ce que la fille Gassion redoute. En dépit des assertions du *Monde* qui l'accusent de « s'embourgeoiser avec art ». « Elle préférait le public populaire ; quand elle remerciait, elle regardait toujours vers le haut, vers la poulaille », nous renseigne Danielle Bonel. Piaf et Pills restent néanmoins à l'affiche du Marigny jusqu'au 25 mai, salués par le *Herald Tribune* qui s'en fait l'écho dans un important article illustré. Ce spectacle ne fut pas un franc triomphe, mais il permit à Piaf de créer plusieurs succès dont l'inoubliable *Bravo pour le clown*. Maurice Ciantar, de *Combat*, est sous le choc : « Par la raucité ironique, éraillée, de sa voix, la justesse de ses gestes, elle a su vomir l'affreuse "confiserie" du pitre à l'âme pervenche, inadapté, bafoué, humilié, cocufié, Boubouroche du chapiteau, du plus grand chapiteau du monde : le cirque de la vie... »

Un clown est mon ami
Un clown bien ridicule
Et dont le nom s'écrit en gifles majuscules
Pas beau pour un empire
Plus triste qu'un chapeau...
[...]
Pour ton nez qui s'allume
Bravo ! Bravo !
Tes cheveux que l'on plume
Bravo ! Bravo !...

(Henri Contet/Louiguy)

En même temps, cette réussite transcendante appelle chez Ciantar une interrogation : Piaf peut-elle aller plus loin dans la maîtrise ? « Nous ne le pensons pas. Si cela était, il lui faudrait alors renouveler le genre de ses chansons d'une sensibilité un brin dépassée et toujours sur le même mode. La voici à un tournant. Car, victime de sa grande personnalité, Piaf, à la fois plus riche et plus pauvre que Tino Rossi, ne possède pas la "siruposité" du Tino, ténorino corse, qui, dans vingt ans, sans qu'il ait besoin de la moindre jouvence, continuera de charmer. »

Encore un qui voit clair. Or, les critiques ne sont pas des artistes. Piaf a toujours disposé d'un atout majeur dans son jeu : l'instinct, qui confine au génie. Chez elle il a toujours commandé aux incertitudes existentielles et conjoncturelles. L'évolution de son personnage, la Môme en avait une idée très précise. « Il y a évidemment une évolution, il y a toujours une évolution. D'abord, parce que la chanson a pris une autre forme qu'il y a vingt ans. Il y a une évolution dans la forme, dans la musique, dans les textes, dans les mots. Mais je garde toujours une sorte de tradition. Je veux rester moi-même et évoluer avec le personnage que j'ai créé. Je ne veux pas en changer. J'évolue seulement dans mon personnage. Je pense que le tort des artistes qui ont quinze ans de métier, c'est de faire de la mode. On ne peut pas faire de la mode parce qu'on n'est pas soi-même, vous comprenez ? Sinon, on aurait créé ça avant. Alors, je pense qu'il faut évoluer dans sa partie. » Montand avait la même conception du métier, qui ne voulait surtout pas imiter Chevalier lorsque celui-ci s'adonna au twist pour demeurer dans le vent. Sur la création du *Clown*, Piaf maintient le même cap de pensée : « Je garde toujours un peu la tradition du personnage, car c'est un peu ma forme d'espoir. Ça ne veut pas dire que parce que le clown devient fou tous les clowns deviennent fous. Mais on peut aussi réaliser que des fois un clown qui fait rire a de la peine. C'est la seule chose que je veux signaler. Je ne veux jamais généraliser. »

Je suis roi et je règne
Bravo ! Bravo !
J'ai des rires qui saignent
Bravo ! Bravo !

« Et maintenant, je vais dire à mon mari de venir un peu chanter pour vous... Et puis moi je reviendrai chanter tout à l'heure. » Le soir de la première à Marigny, le naturel avec lequel la Môme annonça son mari avait provoqué un murmure amusé dans la cuistre assistance. Risqué de passer derrière une telle pointure, fût-elle une épouse. Pills s'en tira fort bien. N'était George Lerminier qui lui trouva une voix « belle et grasse, ample, colorée », sans lui pardonner sa trop grande assurance, le « mauvais goût de ses chansons » et son « lyrisme de prisunic », l'ensemble des autres critiques lui rendirent grâce. Le « charme », la « cordialité » et la « présence » de Jacques Pills avaient séduit tant l'auditoire que ces messieurs de la presse. En somme, un Pills vaut mieux que son répertoire quand son répertoire cesse de lui ressembler. « Nous nageons dans le bleu », confesse le ténébreux aux journalistes. À la scène comme à la ville, le couple Piaf/Pills entre dans la chronique mondaine parisienne et Carmen Tessier, dite « la Commère », les range en bonne place sur la liste de ses tendres victimes. Dans ses *Histoires de Marie-Chantal et de beaucoup d'autres* (bibliothèque rosse, II), au chapitre « Dictionnaire des surnoms » et à la lettre « P », elle écrit : « Piaf-Pills (la raison de leur union) : Pas de *p* séparés. » Comprenne qui peut.

La télévision a également immortalisé le couple. Piaf, qui n'aimait pas les studios TV et qui souffrait beaucoup dans ceux d'enregistrement, se prêta souvent au jeu des caméras, notamment pour *La Joie de vivre*, la célèbre émission radiotélévisée présentée par Henri Spade et aux destinées de laquelle présidait Jean d'Arcy, un homme décrit par Henri Jeanson comme « intelligent, compréhensif et dynamique » : « L'idée de *La Joie de vivre*, d'une simplicité exemplaire, consistait à bâtir tout un spectacle autour des souvenirs plus ou moins heureux d'un contemporain momentanément ou définitivement célèbre. Cela allait de Marguerite Moreno à Blaise Cendrars en passant par Pierre Mac Orlan, Fernand Gravey, Curnonsky, Arthur Rubinstein, Marie Bell, Edwige Feuillère, Gérard Philipe, Louise de Vilmorin, Paul Fort, Cocteau, Joséphine Baker, le peintre Labisse, Brassens, etc. Chacun faisait défiler les témoins de sa vie, ce qui donnait à l'émission une couleur, une variété, une émotion, une gaîté extraordinaires. Quelque chose passait entre la scène et le public. »

En avril 1953, peu avant Marigny, Piaf avait participé à *La Joie de vivre* de Raymond Souplex. L'année suivante, en avril, Henri Spade lui demanda d'être la vedette de son programme. Ces images, les quelques rares que nous possédions de Piaf en public, sont très connues. De même que celles de *La Joie de vivre* consacrée à Pills, à laquelle Georges Tabet participa. En dépit des sentiments complices et amicaux qu'il lui a toujours portés, Tabet dans ses mémoires est sans indulgence vis-à-vis de son ancien partenaire. Selon lui, Pills fut avant tout un coureur de galons. Tabet attribue leur rupture professionnelle, amorcée en 1939, au retour d'une tournée au Brésil avec Lucienne Boyer, à l'opportunisme de Pills : « Sur le bateau qui, en trois semaines, nous avait ramenés de Rio, c'est à peine s'il m'avait adressé la parole. Du jour où l'attachement de Lucienne Boyer lui fut acquis, son comportement vis-à-vis de moi se modifia. Pendant les répétitions, il m'opposa peu à peu une force d'inertie paralysante, une attitude réprobatrice avec, en plus, quelques humiliations infligées de façon prétendument innocente qui consommèrent le divorce sans que le moindre reproche m'ait été clairement articulé. L'amitié n'était sans doute pas en cause, mais l'ambition. » Pills et Tabet s'étaient toujours opposés quant au choix de leur répertoire. Tandis que Tabet recherchait des chansons de grande qualité musicale, poétiques autant qu'humoristiques, Pills ne s'intéressait qu'à leur rapport en terme commercial. Ils étaient séparés depuis quinze ans, lorsqu'un jour Tabet reçut un coup de fil d'Henri Spade, lui demandant de participer à *La Joie de vivre* de Pills. Il était question d'y reconstituer leur duo pour un soir. « [Jacques] était devenu le mari d'Édith Piaf et elle portait indiscutablement la culotte, consigne Tabet. Quand il l'avait épousée, il n'était pas au mieux de sa forme professionnelle. Secouriste par vocation, sa nouvelle épouse l'avait remis à flot dans un rôle secondaire mais confortable. Leur double récital au théâtre Marigny n'avait pourtant pas obtenu le succès escompté et Piaf lui en gardait une sourde rancune. »

Tabet ayant donné son accord, les anciens duettistes se retrouvèrent boulevard Lannes, au milieu d'une « vingtaine de dîneurs, pour la plupart inconnus de moi mais aussi de Piaf ». Boulevard Lannes, on vient chercher le miel, la vache et la ruche. Avant-guerre, à Bougival, au milieu de son entrée, la Miss avait posé un cadre doré « avec un fond de velours rouge piqué de petites épingles à têtes de couleur ». Audessus du cadre, une pancarte : « Ne m'apportez ni fleurs ni bonbons, mettez un p'tit billet. » Chez Piaf, il en va tout autrement. Tabet : « Comme Madelon, Pills servait à boire à ces vaillants courtisans. » En les écoutant répéter, Piaf s'autorisa cette réflexion : « Je ne connaissais pas le numéro. Je ne pouvais pas comprendre. Maintenant, je comprends, c'est du tonnerre. » Offusqué, Pills lui lança un regard foudroyant. Et comme elle insistait, demandant pourquoi ils avaient « fait la connerie » de se séparer, pris de court, Pills désigna Tabet : « Il a refusé de chanter *J'attendrai.* » Un comble pour Tabet qui ne se souvenait pas lui avoir jamais refusé quoi que ce fût. « Enfin, il parlait ! Enfin, je savais ce qu'il me reprochait ! »

Le soir de l'émission, l'ancien duo dont Coquatrix ne voulait pas chez lui, fit un tabac, avec deux titres anciens de Mireille et *Stormy weather*. « Voilà ce que Coquatrix trouve faible et démodé », persifla Tabet, en coulisses. À la fois heureuse et abasourdie par ce triomphe,

Piaf lui répondit qu'à présent Bruno ne pourrait qu'en revenir. Ce qui ne fut pas le cas. « Même si Bruno disait "non", c'était tout de même agréable d'entendre Paris hurler "oui" », s'auto-réconforta Tabet. Or, au moment où, en fin de spectacle, il allait serrer la main de Pills, celui-ci, distrait, « passa sans me voir, comme dans la chanson de Trenet ». En embrassant l'ex-partenaire de son mari, Piaf montra qu'elle ne s'était trompée ni de joue, ni d'intention.

« Le peuple français, dans une certaine mesure, reste monarchiste, à la condition qu'il n'y ait pas de roi. »

Jacques Isorni

IV

Édith et le Roi

« Si Marie-Antoinette avait chanté comme moi, elle aurait gardé sa tête ! »

É. P.

En 1953, la Môme est demandée par Sacha Guitry pour sa prochaine réalisation : une fastueuse fresque historique sur le château de Versailles, censée réunir l'une des plus éblouissantes distributions d'après-guerre, dans un décor onirique. Bourvil, Jean Marais, Georges Marchal, Pauline Carton, Gérard Philipe, Micheline Presle, Jean-Louis Barrault, Daniel Gélin, la jeune Brigitte Bardot, Louis Seigner, Charles Vanel, Orson Welles : tous ont répondu présent à l'appel du génie. Prompte à leur faire écho, Piaf sera la voix de « la fille qui sait chanter ». Ou l'une de ces milliers de poissardes manœuvrées par les organisations secrètes et soudoyées par le duc d'Orléans à l'affût du trône. Beaucoup d'hommes déguisés dans la foule. Première étape de la famille royale vers le supplice, les fameuses journées des 5 et 6 octobre 1789 furent en réalité beaucoup plus proches du thriller que des scènes bravaches que le cinéma français, sous le contrôle de la censure républicaine soumise à une dictature d'extrême gauche, a coutume de nous imposer.

Carré dans un fauteuil roulant, depuis la cour pavée, Guitry donne ses dernières instructions à la Piaf, grimpée sur une échelle collée à la grille du palais, qui attend le signal, sous son bonnet phrygien, dominant la meute prête à vociférer. « Moteur ! »

La fille qui sait chanter :

V'là trois cents ans qu'i nous trait'comme
Si nous étions des bêt' de somme
Ça n'pouvait pas durer toujours !

Tous
Ça n' pouvait pas durer toujours !
Ah ! Ça ira ! Ça ira ! Ça ira !
Tous
Les aristocrates à la lanterne !
La fille qui sait chanter
Ah ! Ça ira ! Ça ira ! Ça ira !
Tous
Les aristocrates on les pendra !

Du « théâtre en conserve » : telle fut toujours l'opinion de Sacha Guitry sur le cinéma. Piaf a prétendu que pour le plaisir renouvelé de l'entendre chanter, le maître aurait poussé la délicieuse goujaterie jusqu'à lui faire recommencer sa prise un nombre incalculable de fois. Au vrai, la scène fut longue à mettre en boîte à cause de divers incidents techniques. « Piaf étant sujette au vertige, explique Danielle Bonel, le charmant Clément Duhour, le producteur délégué du film, qui avait aussi été chanteur, se trouvait derrière elle, tout en haut de la grille, pour la soutenir. »

Dès la présentation du film à l'Opéra, précédant de peu sa sortie publique – le 10 février 1954, aux cinémas Berlitz et Gaumont Palace – la polémique s'enraye. Si l'accueil des foules est enthousiaste, historiens et puristes ne décolèrent pas : non satisfait d'avoir terni l'image de la France en 1940, voilà qu'à présent Guitry verse dans les anachronismes les plus invraisemblables et barbouille les plus hauts pans de son Histoire ! « Il était écrit que *Versailles* m'apporterait, en contrepartie de la joie qu'il me causait, le plus évident témoignage de haine qu'il m'ait été donné de connaître encore – et Dieu sait pourtant que je fus gâté à cet égard ! », se défendra le maître.

On se bat en Indochine, nos soldats tombent, trahis par les communistes français vendus à la cause internationaliste, et, à Paris, on s'écharpe par voie de presse quant à savoir si oui ou non la fantaisie et le « n'importe quoi » ont droit de cité dans un film historique destiné à sauver une seconde fois du désastre le palais de Versailles, après que les centaines de millions injectés en 1920 par le vieux Rockefeller se furent révélés insuffisants. L'affaire prend bientôt un tour politique. Au grand satisfecit de Matignon, soyons-en assurés, qui trouve là une matière à diversion inespérée. Et si Sacha Guitry était bel et bien ce « diable d'homme » qu'il a su incarner à l'écran avec cette nonchalance faussement hautaine qui le caractérisait ? Les esprits tardèrent à s'apaiser.

À ce point que vingt ans après la sortie de ce chef-d'œuvre, en 1973, à l'occasion d'une rediffusion à la télévision, *Rivarol* remit la plume dans la plaie : « L'Ancien Régime n'avait pas besoin de cette farce en technicolor pour être calomnié. Ses ennemis (qui sont aussi ceux de Guitry !) doivent rougir de plaisir devant une telle publicité, pensez ! Un homme de "droite" qui fait de Louis XIV un grotesque, de Louis XV un parjure et de Louis XVI un bouffon ! Jamais aucun cinéaste "de gauche" 'aurait pu, avec un pareil succès, faire passer de telles turlupinades ! Comme on a dû pleurer dans les chaumières en réentendant Piaf chanter le *Ça ira*, et comme Margot a dû sangloter en revoyant le "beau Fersen" jouer les Buckingham – façon Dunes – auprès de la reine Marie-Antoinette, laquelle, on le sait, était "bien coupable", etc. »

Dans son livre, Simone Berteaut raconte que Piaf, convaincue par la réincarnation, était certaine d'avoir été Marie-Antoinette dans une autre vie. « J'ai bien cherché. Je ne peux pas avoir été autre chose que Marie-Antoinette. C'est tout mon caractère, cette femme-là. Moi aussi j'aurais balancé de la brioche à tort et à travers. On lui reprochait de dépenser. Et alors ! C'est pas la peine d'être reine si on doit compter ses sous comme une bourgeoise. Et le beau Fersen, je suis sûre qu'il avait les yeux bleus, tu sais, comme "tous les gars du Nord"... Si j'avais été Marie-Antoinette, toi, tu pouvais pas être autre chose que Madame de Lamballe ! » Piaf et son esprit de simplification. Jacques Bourgeat lui avait fourni quelques orientations sur sa propre conception de la réincarnation, sans pour autant prendre parti. Aussi, lorsque la Môme interpréta le *Ça ira* hissée au-dessus des grilles du château, Momone s'empressa-t-elle de lui faire remarquer que « pour Marie-Antoinette, ça la foutait plutôt mal ». Réponse de Piaf : « Si elle avait fait comme moi et qu'elle l'ait chanté, elle aurait gardé sa tête sur ses épaules ! » Les bienheureuses ne pouvaient qu'ignorer les arcanes de la Révolution française, que l'on fit incarner à la contribuable Gassion, en deux temps trois mesures. Une ère d'épouvante où il fallait être sans-culotte ou sans tête, traditionnellement représentée comme une page glorieuse de l'Histoire de France. Non seulement la Révolution n'a fait que transférer les privilèges, sans les abolir, étendant le tiers état sans le libérer, mais encore, avec ses exterminations et ses déportations de prêtres, ses persécutions de juifs, ses profanations de tombeaux, sa propagande mensongère, ses scènes publiques d'anthropophagie et son apologie du crime comme solution à tous les problèmes, servit-elle de laboratoire aux crimes hitlériens. En Vendée, où le 14 juillet est aujourd'hui jour de deuil, tant par les méthodes employées que dans les termes, le savant travail d'extermination de la Convention, dans plus de sept cents communes, préfigure la barbarie nazie : tanneries de peaux humaines, gazages systématiques, fonte de graisses, etc. L'horreur absolue pour un silence historique absolu.

Danielle Bonel : « Après le film, Édith a essayé de mettre le *Ça ira* dans son tour de chant. C'était précisément dans un théâtre de Versailles où l'on avait l'habitude de roder les premières de l'Olympia. Ça s'est mal passé. Non pas que les Versaillais [que le Roi avait comblés de bienfaits et qui au début de la Révolution furent les premiers à se retourner contre la monarchie] lui firent mauvais accueil, mais parce qu'Édith tenait à interpréter cette chanson dans la même tenue qu'elle portait pendant le tournage et évidemment le changement de costume compliquait par trop les choses. Il fallait l'habiller à toute vitesse et ça n'était pas possible. En dehors du film, ce fut l'unique fois où elle chanta cet air révolutionnaire, dans son décorum. J'ai récupéré le costume à la mort d'Édith. » Le temps ayant œuvré, il est aujourd'hui en lambeaux.

Tino Rossi, également employé par Guitry dans *Si Versailles m'était conté* pour le rôle du gondolier du Roi-Soleil, raconte que Piaf crut un moment donné à une ascendance aristocratique. « C'est un ami fonctionnaire à la Bibliothèque nationale [Bourgeat] qui avait effectué des recherches sur sa famille.

“— Mes aïeux étaient des comtes, tu te rends compte, Tino ?

— Formidable, Édith.

— Seulement, j'ai renoncé à payer la forte somme pour faire enregistrer mon titre.

— Pourquoi donc ?

— Parce que c'est mon frère Herbert qui porterait le titre. Et moi qui aurais banqué, j'aurais bernique !”

Pauvre Édith qui ne fut jamais comtesse », conclut Tino, sans ironie ni condescendance, mais cependant avec une pointe d'incrédulité qui ne l'empêchera pas un jour d'affirmer fièrement à son tour qu'il descendait de Napoléon, son « cousin ». À charge pour Jacquot d'en retrouver, à titre posthume, la preuve formelle...

Alors, royaliste ou tricoteuse, la fille Gassion ? « Un prince révolutionnaire est encore moins révolutionnaire sur le trône qu'un socialiste devenu ministre n'est pas un ministre socialiste. » Lorsqu'on a admis cela, on peut se réclamer de n'importe quel bord sans beaucoup de risque de ne jamais se tromper. « La chose royale fascinait Édith, indique Danielle Bonel, mais si elle se disait royaliste, ça n'était pas par idéologie. Sa rencontre avec la princesse Élisabeth et le prince Philip, en

1951, chez Carrère, un cabaret des Champs-Élysées, l'avait bouleversée. Le couple princier était à Paris en visite officielle et c'est Élisabeth elle-même qui avait demandé à la rencontrer. Comme l'exige le protocole, la princesse avait amorcé la conversation :

"— Je vous présente mon mari".

— Excusez-moi, mais en ce moment, j'ai matinée et soirée et je suis fatiguée", répondit Édith.

» Élisabeth enchaîna, mais tout au long de l'entretien, Édith ne sut trouver d'autres reparties que : "Matinée et soirée, chaque jour. Actuellement, c'est épuisant". Mon mari qui était présent m'a raconté que Piaf se débrouilla pour abréger la conversation. Elle se leva, prit congé en y mettant les formes, puis, une fois loin de la princesse, glissa à Marc : "J'avais mal aux pinceaux, mes pompes étaient trop petites !" Une façon de crâner pour ne pas avouer qu'elle avait eu le sifflet coupé, elle si à l'aise d'ordinaire. Très émotionnée, elle n'avait su que bredouiller la même phrase tout au long de l'entretien. La future reine d'Angleterre, vous pensez ! Bien que nous n'ayons jamais travaillé au Royaume-Uni, d'une part parce que les Anglais payaient mal, d'autre part parce que les artistes français n'y étaient pas tellement demandés. En 1952, Édith a suivi le couronnement d'Élisabeth à la télévision, avec des yeux d'enfant éblouie. Elle n'en a pas perdu une miette. Elle était littéralement transportée. Plus tard, elle ragea de ne pas avoir été à Paris, lorsqu'en avril 1957, la reine fut reçue, j'allais dire souverainement, par le président Coty. »

Paola de Belgique, alors épouse du prince héritier, était une inconditionnelle de Piaf. Lors de l'un des nombreux séjours de la chanteuse à l'hôpital, la future reine des Belges, qui n'écrivait pas à tout le monde, fit une rare exception pour elle en lui adressant un mot conservé par madame Bonel : « Je vous souhaite de tout cœur une prompte guérison et vous envoie mon meilleur souvenir. Votre admiratrice. Paola de Belgique. »

De même, le 2 mai 1963, Hussein de Jordanie tint à s'adresser personnellement à la chanteuse française, pour lui faire part de son admiration et lui témoigner son vif remerciement à l'occasion de sa participation à un disque humanitaire : « Il y a peu, j'ai eu le plaisir, par le biais de la Commission des Nations Unies pour les réfugiés, de recevoir un exemplaire du disque "All star Festival" auquel vous avez prêté votre talent. En tant que responsable du peuple jordanien, dont le tiers est composé de réfugiés en attente d'une solution honorable pour la restauration de leurs droits, je voudrais que vous acceptiez notre profonde admiration et notre gratitude pour votre aimable contribution dans cette action humaine. Avec mes meilleurs sentiments. Sincèrement vôtre. Hussein. » Par « réfugiés », le souverain sous-entendait les Palestiniens expropriés de leur terre lors de la création d'Israël quatre ans avant la guerre des Six-Jours et l'occupation de la Cisjordanie par l'État hébreu.

Piaf est une énergie, elle n'a pas la tête politique. Ni pro, ni anti, elle aime ou elle n'aime pas. Ni droite, ni gauche, double alibi d'une même mafia d'aventuriers et de notables bouffis d'orgueil, mis en orbite par les médias et habiles à se coopter entre eux pour faire le pont à ce que l'on a un intérêt commun à ne pas voir surgir sur la place publique. Trop intelligente pour ça, la Piaf ? Trop lucide ? Trop honnête ? Trop propre ? Trop pure ? Sa mauvaise foi proverbiale et sa difficulté à admettre l'échec la prédisposaient à incarner le schéma de la parfaite gauchiste sectaire. Sauf que sa grande religiosité et son goût des principes inclinent Danielle Bonel à ranger son ex-patronne plutôt à droite : « Respectueuse des institutions, elle était en admiration devant les fortes personnalités. En 2007, par exemple, elle aurait été davantage séduite par Nicolas Sarkozy que par Ségolène Royal, qu'elle aurait vraisemblablement brocardée à la manière de l'épatant Nicolas Canteloup. Mais, d'une manière générale, elle ne faisait pas de politique. Elle se tenait informée pour ne pas avoir l'air idiote dans une conversation. Ses opinions, pour peu qu'elle en eût, dépendaient de celles de son homme du moment, devant qui, au début, elle était toujours en extase. Du reste, elle n'a jamais voté et je n'ai retrouvé aucune carte d'électeur d'elle. Si elle a participé à des galas politiques, pour Thorez en 1947 par exemple ou pour le RPF [Rassemblement du Peuple français], la formation créée par de Gaulle la même année, ça restait dans le cadre strict de son travail. Les deux fois, mon mari était présent. Pour Thorez, il s'agissait d'un meeting de plein air. C'était noir de monde. Édith n'aimait pas ce genre d'ambiance, elle avait peur de la foule. Son tour de chant terminé, un homme vêtu d'un bleu de travail se leva et s'approcha d'elle pour lui serrer la main : c'était Maurice Thorez. »

En 1938, sans que la date ne nous soit précisée, la Môme Piaf prêta son concours à une autre manifestation politique, d'un genre quelque peu différent, puisqu'il s'agit d'un gala au profit des adversaires de Franco. Organisateur de cette soirée donnée à la Mutualité : Louis Lecoin, militant pacifiste et libertaire, créateur de la SIA (Solidarité Internationale Antifasciste). Pourquoi Piaf ? Parce que Raymond Asso l'ayant présentée à Henri Jeanson, celui-ci, ami de Lecoin, sollicita de la chanteuse sa participation. Il effectua la même démarche auprès de

Pierre Brasseur. Les bénéfices de ce spectacle serviraient à acheter des vivres et des médicaments pour les révolutionnaires espagnols, à qui Pierre Cot, notre ministre de l'Air, un radical soviétophile, avait déjà fait livrer les avions qui nous firent tant défaut en 1940. « Les grandes vedettes ne demandaient pas un million pour prêter leur précieux concours à des œuvres de bienfaisance, devait reconnaître Jeanson. Piaf, telle que je l'ai connue, aurait plutôt payé pour chanter au profit des autres. » Arrivée très tôt dans la soirée, alors qu'elle était programmée à 22 heures, la Môme eut largement le temps d'avaler le sandwich qu'on lui avait préparé. « Attention, tu n'as pas affaire à un public ordinaire, tint à la prévenir Jeanson ; il n'y a que des pacifistes, des antifascistes, des objecteurs de conscience, des antimilitaristes, alors, hein, pas de blague : ne leur chante ni *Le Légionnaire* ni *Le Fanion de la Légion*. Ils casseraient tout ! » Étrange conception de la non-violence... Piaf avait claqué des airs patriotiques à la gueule des boches sur leur territoire ; ce ne sont pas quelques utopistes qui l'auraient fait reculer si d'aventure elle avait décidé de passer outre les recommandations de Jeanson.

« — Une autre ! Une autre ! »

Ce leitmotiv entamé par le public à chacun de ses tours de chant, elle n'allait plus cesser de l'entendre. Ce soir-là ne fit pas exception. Obtenant enfin le silence, elle répondit aux clameurs :

« — Bon, ça va, j'ai compris. Alors, qu'est-ce que vous voulez que je vous chante ? Passez la commande ! »

La réponse fut unanime : « *Le Fanion de la Légion ! Le Fanion de la Légion !* »

« — Eh bien, ils sont chouettes tes objecteurs de conscience », ironisa Jeanson avec Lecoin.

Une fois sortie de scène, railleuse, Édith, qui s'en serait voulue de rater une telle occasion, dégomma Jeanson :

« — Dis donc ? Tes antimilitaristes ? Tu les as dans le dos !

— Il y aura toujours des guerres ! Toujours ! Toujours ! » démissionna celui-ci, réduit à citer Dorgelès.

« Piaf, mauvaise citoyenne ! », entend-on déjà trépigner nos petits Jacobins, dans leurs tee-shirts Che Guevara *made in Taïwan*, qui s'imaginent sans doute que le sort des masses se décide par les urnes. Jamais le peuple n'a été aussi éloigné des réalités de la politique, aussi peu maître de ses destinées, aussi peu conscient de ce qui se passe en son nom. Servie par une prescience et un instinct exceptionnels, en cela comme dans beaucoup d'autres domaines, Piaf a toujours eu une longueur d'avance. Pour autant, nous le savons, la Môme ne s'est jamais préoccupée de la marche du monde. Dans la mesure où les puissants et les décideurs unissent leurs efforts afin que rien ne change jamais, quelle raison y aurait-il pour qu'une infinitésimale perdue dans la conjonction espace/temps se posât les questions qui conviennent ? « Elle veut bien entreprendre quelque chose pour que le monde s'améliore, dira Marc Bonel, mais elle dit simplement : "Si toutes les femmes s'allongeaient devant les trains, il n'y aurait plus de guerres, n'oublie jamais ça. » Ce qui reste à prouver. Prenant acte de l'ascendant mystique de Piaf sur les foules, le 15 avril 1958, un électron du *Canard Enchaîné* s'enflamme : « Elle pourrait, si elle le voulait, soulever le peuple, faire surgir les barricades : il n'est pas une pasionaria qui lui damerait le pion. C'est un phénomène. Enfin, quoi, disons que c'est cette chose devenue si vraie aujourd'hui, aussi bien chez les hommes politiques que chez les chanteurs et les chanteuses : un tempérament. » Piaf dans le corsage de Louise Michel ? Ils n'ont donc rien compris ! Pour tout dire, la Môme t'offre le gîte et le couvert sans que tu aies besoin de quémander, et, en prime, tu peux même repartir avec sa garde-robe, mais faut surtout pas demander à mémère d'agiter tracts et banderoles pour dénoncer les dysfonctionnements légaux de ce bas monde grouillant de salauds à aimer et de beaux textes à découvrir. Piaf est française, de cœur et de tripes, et elle ne s'en excuse point. Un coq gaulois porté en sautoir, qui ne l'empêche pas de s'émouvoir devant le sourire gracieux d'une souveraine étrangère dans son carrosse de verre. Cela s'explique en partie par le fait que les Français sont en manque de ce sentiment d'amour qui existait entre eux et le roi. Les démocraties modernes font appel à la notion de confiance, mais le lien n'est pas du même ordre. Ce sont les intérêts qui font la confiance, non les cœurs. Piaf se trouve sur cette exacte ligne de pensée. Pour tous ceux qui ne peuvent plus devenir riches que par hasard, en jouant leur date de naissance au tiercé ou le numéro de la voiture de leur rêve au loto, la présence de la Môme à la une de *Point de vue-Images du Monde* – lors de son mariage avec Pills, par exemple, mais pas seulement –, c'est à la fois un paradoxe et une victoire.

Cocardière, Piaf est plus sûrement fière d'appartenir à un vieux et beau royaume annexé par la République. Un pays pétri de la main de ses rois et qui s'appelle encore la France, fille aînée de l'Église, où le Père Noël devenu depuis lors « signe religieux ostentatoire » n'est pas encore une ordure et où les artistes, fussent-ils « engagés » (par qui ?), s'essuient les pieds avant d'avoir l'honneur de passer à la télévision, où ils se gardent de refaire l'éducation politique du laveur de carreaux. Fière d'en être devenue, avec Maurice Chevalier, le mime Marceau et quelques rares autres, l'emblème à l'étranger. Mieux ou pire, elle est parisienne. Attachée à son sol et liée *ad vitam* au fatum de la Ville monstre. Paris est une odeur. La fille Gassion en est imprégnée. Paris est une musique. Même privée de la vue et de l'ouïe, elle en retrouverait la partition, tant elle aime d'instinct ce petit bout de planète, comme le Provençal *ses* olivettes et le Breton les genêts et les embruns de *son* océan. « La forme d'une ville change hélas !/Plus vite que le cœur d'un mortel », se lamentait déjà Baudelaire. L'esprit d'un lieu ne meurt jamais que de mort lente. Piaf est l'émanation de celui du Paris gouailleur et faubourien. Albert Sorel, un septuagénaire amoureux de la Ville lumière, avait coutume de dire que sa promenade n'y finirait qu'avec ses jambes. Paris, c'est Piaf. Piaf, c'est Paris. Elle le sait et ça lui convient. Or, en 1953, la Môme n'a pas cette curiosité. Elle ne l'a plus. Le pavé de Paname, elle l'a suffisamment battu et rebattu, poussée par des nécessités autres que touristiques, foulant partout le sang et la poussière des vieilles révolutions, pour se refuser le luxe singulier de ne plus l'arpenter que depuis le fond de sa tanière du boulevard Lannes.

« Il y a des audaces que seuls se permettent les grands timides. »

Pierre Gascar

V

Un péché de l'abbé Pierre

« Je suis heureuse quand un homme me respecte. »

É. P.

« Pour réussir, il faut être reçu et il faut recevoir, estimait Sarah Bernhardt ; mais pour recevoir et être reçu, il faut avoir réussi. » Sur le tard, devenue infirme, la Divine ne tenait plus salon que dans sa chambre. Recevoir pour réussir ou réussir avant de recevoir : un dilemme bourgeois qui n'encombrait pas la fille Gassion. Ses invitations impromptues, lancées à des amis ou à des gens de rencontre, pour des dîners dans la cuisine, sur un bout de table, entre l'évier et le placard à balais, étaient les plus fréquentes. « Elle préférait la bonne franquette, confirme Danielle Bonel, les grandes réceptions l'ennuyaient. Mais, quand elle le voulait, elle savait recevoir. Édith avait l'œil et en allant dans le monde elle a appris. Elle savait donc se tenir quand il le fallait. Reste que les grands tralalas la fatiguaient prodigieusement. Je me souviens que lorsqu'elle se mit en tête d'inviter Michèle Morgan, à l'époque de Boulogne, elle sortit le grand jeu. La maison manquait de confort. Seule la chambre d'Édith, très jolie du reste, avec un beau lit et des murs tendus de soie bleue, et sa salle de bains, étaient meublées. Chalom, son décorateur, n'avait pas terminé le travail. Du reste, il ne le termina jamais. Aussi, pour recevoir Morgan, Édith loua-t-elle chez lui, dans sa boutique de la rue Saint-Honoré, plusieurs meubles de style ainsi que des torchères. Il s'agissait non pas d'épater la galerie, mais de faire honneur à une grande dame. » Et à son mari de l'époque, Henri Vidal, qui fut un amant de Piaf, Danielle Bonel nous l'apprend.

Morgan et Vidal invitèrent Édith en retour, dans leur maison de campagne. La belle évanescente de *Quai des brumes* se souvient d'un fiasco total : « Elle ne voulait pas s'endormir. Elle ne voulait pas aller se coucher. Elle bavardait jusqu'à trois ou quatre heures du matin. Alors, moi qui étais quelqu'un de beaucoup plus réglé dans mes heures de sommeil, évidemment je trouvais ça un peu étrange. On l'avait invitée un week-end. Eh bien, le lendemain matin, elle était partie. Elle était comme ça, Édith, tout à coup, elle avait envie d'autre chose, elle partait. » Plus fort que les libertés velléitaires de Piaf, Michèle Morgan a surtout retenu l'écho de son rire : « Elle était toujours drôle. Je ne peux pas vous dire quoi, mais j'ai de ces souvenirs de dialogues !... On riait beaucoup avec Édith. »

Aux premières loges de l'humour de sa femme, Jacques Pills est tout confort. Il est monsieur Piaf malgré lui, elle est madame Ducos de par sa volonté et cet état de paix civile entre les mariés de l'an 1952 semble promis à l'éternité. « Ils formaient un petit couple tranquille, se souvient Danielle Bonel, un ménage charmant. Ils s'entendaient bien. Jacques était un type comme il faut. Un homme très bien élevé. Elle l'appelait “Pépère”, lui “Mémère”. Elle tricotait de plus belle. Mais c'était trop calme, ça ne correspondait pas à Édith. Édith voulait de la passion, du désespoir, des séparations, des tasses de déjeuner à fracasser contre les murs, c'était la vie. Je dirais plus exactement qu'elle en avait besoin. “Qu'est-ce que vous m'emmerdez avec votre vie bien rangée ! nous lançait-elle souvent à Marc et à moi, avec parfois du dédain. Vous êtes des bourgeois !” Une insulte dans sa bouche. Nous étions aux antipodes. Avec Pills, ça ne pouvait durer. » Ça dure pourtant, mais la sérénité conjugale n'a pas libéré Piaf de ses démons et sous l'influence passive de son époux, elle recommence à flirter avec l'alcool. Ni l'un ni l'autre ne détestent les soirées bien arrosées, entourés de copains. Sauf qu'à présent, un seul verre suffit à enivrer Édith. *J'en ai tant bu...* Il y a aussi la morphine, dont elle n'a pas réussi à se débarrasser. Par surcroît, ses rhumatismes déformants lui font passer l'Inquisition. Aussi se soulage-t-elle sans économies et lorsque le médecin lui prescrit un médicament X, elle triple les doses, pensant accélérer ainsi sa guérison. « Pour un simple mal de tête, par exemple, elle vidait en une seule fois un tube entier d'aspirine », nous indique Danielle Bonel. Piaf s'intoxique. « Je prends toujours la route qui va trop loin », dit-elle pour sa défense. Sans doute éprouve-t-on du plaisir à descendre, tant que l'on croit pouvoir maîtriser la remontée. Là est le piège. Pourtant, Piaf a une sainte horreur de la drogue, elle ne se souvient que trop du dégoût inspiré par l'exemple de sa mère. Pills la persuade d'entrer en clinique.

Alcool ou morphine, la Môme effectua trois cures de désintoxication : la première en 1953, les deux autres l'année suivante. Simone Ducos garda le souvenir d'une de ces cures pour l'alcool où il fut d'abord donné à boire à sa belle-sœur, jusqu'à satiété. « Quelle joie dès les trois premiers verres ! Mais, deux heures après, commençait le calvaire. » À l'aide d'une piqûre, une infirmière aidait la Môme à rendre tout ce qu'elle avait bu, avant de lui resservir autant de verres qu'elle le désirait. Puis, de nouveau, l'infirmière avec sa seringue, et ainsi de suite. « Après deux jours de cette terrible épreuve, et écœurée de tout, elle ne pouvait plus rien avaler, et comme l'infirmière insistait, Édith finissait par souffler très fort sur le dessus de son verre plein afin d'asperger non seulement cette pauvre infirmière, mais aussi les murs et même le plafond de la chambre : Ah ! ce n'était pas beau à voir. » Aucun de ces traitements de choc ne sera efficace. « Cesser de fumer est la chose la plus aisée qui soit, disait Mark Twain. Je sais ce que c'est : je l'ai fait cinquante fois. » Qu'adviendra-t-il de la Môme si elle persiste à ne vouloir écouter que sa douleur ?

Or, les chemins de traverse ne furent pas les seuls qu'elle emprunta ; Piaf a surtout énormément travaillé. Forcenée au service d'un idéal de perfection. La petite fille que le monde du voyage fascinait aime le mouvement sous toutes ses formes. Tout ce qui vit et se transforme la stimule. Le présent éternel de la création la passionne. Ses chansons sont autant de petits drames qu'elle anime de gestes précis et de mille et un petits trucs sur lesquels en vérité tout repose. « Sans cette touche personnelle, *L'Accordéoniste*, par exemple, ou *Qu'as-tu fait, John ?* ne seraient pas des chefs-d'œuvre », écrivit fort justement Pierre Barlatier dans *Ce soir*, le 20 octobre 1951. Mais ce sont les paroles qui intéressent Piaf au premier chef. « Quant à la musique, elle peut toujours s'arranger. » Comment la Môme travaille-t-elle une fois la chanson choisie ? « J'apprends en même temps paroles et musique au piano et les idées de mise en scène me viennent alors peu à peu. Mais c'est devant le public seulement que je mets les choses tout à fait au point, car le trac me fait trouver les gestes instinctivement. » Ces gestes : les étudie-t-elle devant la glace ? « Jamais ! Ça me ferait rire. Pour la chanson fantaisiste, cela se conçoit, car tout doit y être minutieusement étudié, chaque effet préparé à l'avance, mais pas pour le genre de chansons que je chante. » Lui arrive-t-il d'abandonner une chanson après l'avoir interprétée ? « Non, il m'arrive de supprimer telle ou telle chanson de mon tour de chant parce qu'elle en gêne une autre, mais je la reprends un jour ou l'autre. » Est-elle influencée par le public ? « Le public m'aide à faire ma mise au point, mais il ne m'influence pas. Souvenez-vous : j'ai mis deux ans à imposer *Mariage*. Je fais certes des efforts pour faciliter la compréhension d'une chanson difficile, mais ce n'est pas là faire des concessions. » Est-elle éclectique ou bien essaye-t-elle dans son tour de chant d'incarner un genre particulier ? « Je chante ce qui me plaît. Je ne suis absolument attachée à aucun genre. On ne peut pas dire que *La Vie en rose* soit une chanson réaliste. » Certes ! Oui, mais alors, a-t-elle un répertoire pour la radio et un autre pour la scène ? « Non, je préfère être désavantagée à la radio plutôt que de ne pas chanter devant le micro exactement comme à la scène : les mêmes refrains et avec la même orchestration. C'est aussi d'ailleurs ce que je fais quand j'enregistre un disque. » Pour terminer, quels conseils principaux pourrait-elle donner à un débutant ? « Il faut voir et entendre un débutant pour lui donner un conseil, car alors l'expérience acquise nous permet de nous rendre immédiatement compte de ce qui ne va pas. D'une façon générale, pour réussir dans ce métier, il faut : ne jamais faire de concessions ; savoir rester libre de soi-même ; être toujours sincère ; aller voir ce que font les autres et surtout travailler. Travailler sans cesse. »

C'est l'expérience qui parle. La chanteuse chante. L'été 1953, Piaf écume l'ensemble de l'Hexagone, avec Pills en première partie. Avant qu'elle ne consente, au bord de l'épuisement, à aller se reposer longuement dans les Landes, pays du marié. L'année suivante, entre deux cures de désintoxication, une typhoïde, une péritonite et un rythme de travail infernal imposé par Barrier et approuvé par elle, la Môme joue dangereusement contre son équilibre. La tournée sous le chapiteau Super Circus (du cirque Bureau) commence à alimenter les commentaires sur sa santé vacillante. Un jeune admirateur en conçoit un immense chagrin. Un garçon de dix-sept ans qui devint fan de Piaf en chantant *Les Trois cloches* en solo, à la distribution des Prix de son école privée, en 1948. « De cette époque date ma première lettre avec en retour une photo dédicacée, raconte Jean-Pierre Debève. Au Super Circus, Piaf donnait son tour de chant en seconde partie, après les fauves et les éléphants et je la revois encore regagnant sa caravane dans les bras de Pills, drapée dans un astrakan gris trop long pour elle, poupée cassée dans les bras de ce bel homme à la superbe un peu trop affirmée. Je n'ai pas osé l'aborder. Je me suis enfui en pleurant. » Tenu informé par la presse des faits et gestes de Piaf, de ses triomphes comme de ses hospitalisations dramatiques, Jean-Pierre ne cessa d'écrire boulevard Lannes, avec le fol espoir d'une rencontre. Mais le bastion demeurait impossible à conquérir, défendu par Danielle Bonel, qui obéissait aux consignes. En définitive, le jeune Debève n'approcha Piaf qu'une seule fois, dans sa loge de l'Olympia, en 1961, « le temps qu'elle me dédicace un programme ». Il eut sa douce « revanche » en devenant de manière tout à fait fortuite le grand ami de Danielle Bonel, à la fin des années quatre-vingt-dix. Danielle, qui avait répondu à tellement de lettres, ne se souvenait pas de lui, mais au vu des photos de jeunesse de Jean-Pierre, elle lui confia qu'il correspondait aux critères de sélection de Piaf et que sans doute il aurait eu ses chances.

Janvier 1955. Le nom de Jacques Pills s'inscrit en lettres de feu sur le fronton de l'Olympia. Piaf prend le relais jusqu'au 14 février. Deux semaines plus tard, le couple repart en Amérique, avec Barrier, Chauvigny et les Bonel, le carré d'or de la Môme. Le 3 avril, à la demande de Piaf, Roland Avellis, qui est aussi du voyage, adresse une carte postale de Los Angeles à Jacques Bourgeat. Il y est dit que la patronne est « impeccable » et que grand est le succès. Le 20, c'est elle-même qui prend la plume. La tournée est cette fois à New York. « J'aurais dû t'écrire avant, mais j'étais tellement à bout de tout en quittant Paris que depuis que je suis en Amérique, je me laisse un peu vivre et je reprends mon équilibre ! Nous travaillons dur, mais c'est un travail qui me plaît. Je pense rester en Amérique jusqu'en décembre. Jacques va rentrer au mois de juin, car il a une comédie musicale à créer à Londres, en août. Je m'intéresse particulièrement aux Rosicruciens. Peux-tu me donner les sources de cet ordre et quel but il poursuit ? C'est très important pour moi, mais que ceci reste entre nous. » Jacquot comprend que sa « petite fille » a besoin d'un recours spirituel. Il se fait un devoir de la renseigner sur l'ordre philosophique des Rose-Croix, auquel Marc Bonel est initié depuis 1954. L'épouse de l'accordéoniste assure que dans l'étude complète envoyée par Bourgeat, Édith trouva quelque apaisement provisoire. Plus tard, Marc emmènerait la patronne visiter la maison mère des Rose-Croix, à San Jose.

Y aurait-il de l'eau dans le gaz entre Édith Piaf et Jacques Pills ? Depuis la mi-avril, Jean Dréjac, le parolier que la Môme a rencontré l'année précédente et dont elle a personnalisé la chanson *Sous le Ciel de Paris*, a rejoint la tournée en Amérique et elle n'a plus d'yeux que pour lui. Il est jeune, Dréjac, beaucoup plus jeune que « Pépère ». Il s'est lancé très tôt dans le métier, juste avant la guerre, en 1938, il avait dix-sept ans. Lui aussi est passé par Radio-Cité, mais c'est la Libération qui l'a révélé au grand public, grâce au *Petit vin blanc*. Juliette Gréco, l'une de ses interprètes, a mené sa *Cuisine* au succès. La poésie de Dréjac est simple, légère, ironique parfois, mais l'homme sait aussi retranscrire des sentiments violents inspirés des réalités politiques. Il l'a prouvé avec *Octobre* (sur la Révolution russe). Pour l'heure, il est américain. Et elle, américaine. Madame Ducos, dont le serment fait à

Jacques, un jour de septembre en l'église Saint-Vincent-de-Paul, s'effiloche et perd de jour en jour de son sacré.

Américaine et bientôt canadienne, la Piaf ! Après une semaine de récitals à Toronto, la voici à Montréal. Du 9 au 22 mai, elle et Jacques Pills chantent au Her Majesty's Theater. Quatre jours plus tard, elle débute seule à La Porte Saint-Jean pour dix jours de représentations. Gérard Thibault aura-t-il transpiré avant de pouvoir programmer « la plus grande chanteuse du monde » en son modeste établissement ! Des tractations de plusieurs mois, entamées avec Eddy Lewis, le manager exclusif de Piaf pour l'Amérique [elle le surnommait « Nounours »] depuis la mort du providentiel Clifford Fischer. Thibault dut d'abord accepter de l'agence internationale Lew & Leslie Grade Ltd de New York toute une pléiade d'artistes qui ne l'intéressaient que moyennement. Piaf lui fut alors enfin proposée au cachet de sept mille cinq cents dollars par semaines, plus mille dollars pour le chœur qui l'accompagnait au Versailles deux ans auparavant, composé de deux garçons et de trois filles. À ce tarif, Thibault partait déficitaire. Aussi le 21 avril, proposa-t-il une contre-offre à Eddy Lewis : Piaf sans le chœur. Lewis accepta, posant toutefois une condition : afficher en même temps Pills Chez Gérard, un autre cabaret de Montréal, dont Thibault s'occupait. Impossible, un autre spectacle y avait déjà été programmé. Lewis céda et, le 7 mai, *L'Événement* annonça comme un prodige sans précédent la venue du « phénomène du siècle dans le domaine de la chanson » à La Porte Saint-Jean.

« — Dites donc, vous êtes fou, vous ! J'ai vu l'horaire des spectacles que m'a présenté Loulou : on y a inscrit trois spectacles pour samedi, plus une matinée pour le thé. Jamais je n'ai fait ça et jamais je ne le ferai ! Soyez content que j'accepte de faire trois représentations le samedi soir. »

La bienvenue souhaitée à son invitée et après que celle-ci lui eut tendu sa main en échange, « une petite main froide, mais ferme », Thibault fait connaissance avec le tempérament d'Édith Piaf. Esquissant un sourire, il promet d'essayer d'arranger les choses au mieux. L'heure du thé était l'un des rites de La Porte Saint-Jean et le cabaret donnait complet pour chacune des représentations, y compris pour les matinées réservées par des centaines de vieilles dames. Dans l'expectative, Piaf étrenna son contrat et reçut le soir de la première un accueil inoubliable de la part d'un public survolté. Dans un livre de souvenirs, écrit bien des années plus tard, qu'il eut la délicatesse d'envoyer à Danielle et à Marc Bonel, Gérard Thibault fait intervenir la musicienne Gloria Marcon, dont le frère, Renaldo, violoncelliste, accompagna Piaf à La Porte Saint-Jean : « J'avais déjà entendu *L'Hymne à l'amour* et *La Vie en rose*, mais je me disais : "Ce n'est pas avec ça qu'elle va nous avoir..." Je me suis quand même rendue à la première de Piaf, en compagnie d'un grand ami, l'extraordinaire pianiste Paul de Margerie et de mon ami Rosaire Collin [célèbre contrebassiste]. Chaque chanson était une pièce de théâtre. Lorsqu'Édith Piaf se retournait, c'était une veille bonne femme toute croche, avec trois ou quatre poils sur la tête ; de face, c'était génial. Je n'ai jamais rien vu qui ressemblait à ça, moi. Paul de Margerie pleurait. Elle nous avait eus, la mère ! Elle était fantastique ! » Piaf avait signé pour deux représentations par soirée. Au lendemain de la première, elle et Danielle Bonel sollicitèrent de Thibault de pouvoir bénéficier d'une résidence plus personnelle que le Château Frontenac. Thibault leur dégota rapidement une grande et belle maison appartenant à un médecin en instance de départ en voyage, un homme particulièrement heureux de mettre son domicile à la disposition de la grande Édith Piaf. Thibault ne perdit rien au change. « Elle me regarda avec ses yeux doux et profonds, s'avança vers moi et, en m'embrassant, me dit : "Gérard, je vais vous la faire votre heure du thé ; ne paniquez plus et dormez sur vos deux oreilles. » Devant l'émotion du Québécois, elle ajouta : « Vous me choyez, vous avez un public en or, je me sens bien chez vous, je veux faire plaisir à toute votre clientèle. »

Le reste du séjour fut du petit-lait. Vingt-quatre représentations avaient attiré six mille personnes. « Le total des recettes se chiffra à plus de trente-trois mille dollars pour une période de dix jours », précisa Gérard Thibault. Entre-temps, Pills était reparti à Londres pour sa comédie musicale, *Romance by the candlelight*. Dréjac avait le champ libre, mais le métier primant sur tout, avant de poursuivre sa tournée américaine, Piaf s'assura auprès de son agent local que désormais le rideau bleu pâle spécialement conçu pour son passage à La Porte Saint-Jean serait le même que celui qui la suivrait dans tous les USA. Dissimulant l'orchestre et les chœurs, cette confection de la maison Irène Auger accrochait particulièrement bien la lumière et possédait le double avantage de laisser penser que la Môme chantait dans un champ céleste. Tout près de Marcel ?

Sûr que s'il avait été là, son « bombardier » ne lui aurait pas fait de cadeau au « grand défroqué » qui osa manquer de respect à son « incroyable petite bonne femme ». Révélations de Danielle Bonel : « Édith avait appris que l'abbé Pierre, dont elle avait admiré l'année précédente, à Paris, l'appel à "l'insurrection de la bonté", était de passage au Québec. Très pieuse, comme on le sait, elle avait demandé à le rencontrer.

Ce fut sans moi, occupée à quelque tâche de secrétariat. » Croyant aller voir un homme de Dieu, la Môme se retrouva face à un « suppôt du satyre du Bois de Boulogne ». « Il ne savait pas qui était Édith Piaf et il eut envers elle un geste déplacé en tentant de lui arracher un baiser de force. À son retour, Édith était choquée. L'humain est ce qu'il est, mais la religion c'est le sacré, on ne mélange pas les genres. En outre, Édith était quelqu'un d'extrêmement pudique. J'ignore si Pills fut au courant de cet incident, car je possède une photo de l'abbé Pierre dédicacée à "Monsieur Jacques Pills »...

Je ne suis qu'une âme de rien du tout
Je n'sais même pas me mettre à genoux
Oh, mon bon Monsieur Saint-Pierre
Donnez-moi ma place au Paradis
On m'a tellement dit que c'était joli...

(*Monsieur Saint-Pierre,*
Henri Contet/Johnny Hess)

Quelques jours après son arrivée à Washington, où elle chante au Shoreham Hotel, le 10 juin, Piafou écrit à Bourgeat. Elle se plaint toujours de la même fatigue due à son rythme de travail. Le moral n'est pas au beau fixe. La cause de ses tourments : Roland Avellis, qui vient de rentrer à Paris... « Tu m'as l'air bien triste dans tes lettres. Remarque, je suis comme toi, les gens sont tous si décevants ! Si Roland vient te trouver et te faire de grandes manifestations d'amitié, ne le crois pas, c'est de la graine de Simone. Mais ne lui dis rien, car je suis obligée de me taire pour des raisons que tu connais et le salaud en profite ! Surtout ne lui remets jamais rien en mon nom, tout est mensonges et je dois prendre de grandes précautions pour empêcher une véritable catastrophe pour moi. Mais n'en dis rien, car il faut hélas se taire pour le moment. Mais tu ne peux imaginer âme plus noire que la sienne. Fais du bien à un être et tu t'en fais un ennemi. C'est la vie ! Les hommes sont vraiment moches et tu as raison de les craindre, car moi aussi ils me font peur ! [...] Les hommes sont forts et la lutte est dure, il faut avoir un cœur en acier pour faire partie de cette vie ! »

Sans le citer nommément, elle annonce en douceur à Bourgeat l'installation en son cœur de Dréjac, son nouvel antidote, à qui elle fait découvrir le *Concerto n° 1* de Béla Bartok : « Heureusement, un être merveilleux m'aime, un être bon, pas encore touché par la méchanceté des hommes. Aussi, je veux le garder de toutes mes forces, de tout mon amour et de toute mon âme. J'ai la merveilleuse chance de rencontrer des hommes comme je n'espérais plus en rencontrer. J'ai ton amitié, la plus douce en mon cœur. Tu réunis toute ma famille. Et puis, j'ai Loulou et Marguerite, je n'ai pas à me plaindre. Dieu m'a bien servie... »

Au loin, Pills sait fort bien à quoi s'en tenir : ses chances de poursuivre l'aventure sont désormais réduites à zéro. Piaf a tiré le trait. Danielle Bonel : « Même nous, nous n'étions plus intéressés par l'homme du moment. Il avait fait son temps. C'est tout. » Jean Dréjac est très apprécié de la suite de Piaf. Marc Bonel le qualifie de « perle ». Une opinion partagée par Danielle. « Il était adorable, mignon, et totalement fou d'elle ! Mais très très jaloux, un sentiment excessif qui finirait par lui nuire. »

Contre toute attente, l'été américain de Piaf va se révéler l'un des plus sereins et des plus apaisants de son existence. Une rupture de contrat abusive en est à l'origine. Dont Marc Bonel, dans un texte inédit qui lui a servi de base pour son livre, nous révèle les dessous par le détail. « Un contrat avait été signé depuis longtemps avec le Riviera de Las Vegas, pour ce que les Américains appellent un *big show*. Édith devait y passer en vedette lorsque la direction artistique du Riviera fut changée. De ce fait, n'ayant jamais vu Piaf, les nouveaux responsables du spectacle prirent l'avion pour New York [seconde ville de tournée de la Môme, après Washington et avant Chicago, San Francisco et le Mocambo d'Hollywood] afin d'assister à son tour de chant. Arrivés au cabaret avant l'artiste, ils l'attendirent dans sa loge. Quand la porte s'ouvrit et qu'entrèrent deux petites femmes d'allure simple et gentille [Édith et Danielle], il ne vint pas un instant à l'idée de ces messieurs que l'une d'elles pouvait êtrc la vedette. Ils ne saluèrent que Danielle et lui demandèrent : "À quelle heure doit arriver Miss Piaf ?" Les présentations se firent dans la surprise et l'accablement...

» Tandis qu'Édith allait se préparer, les deux messieurs engagèrent une conversation sérieuse dont le ton monta. Quelques instants plus tard, lorsqu'ils virent apparaître Édith sur la scène, leur déception fut à son comble. Ils s'attendaient à applaudir une ambassadrice de la mode française, Parisienne sexy en somptueuse robe à traîne, chatoyante de bijoux, diadème à la Néfertiti, et on leur présentait une "môme" d'un mètre cinquante en petite robe noire de vendeuse, sans ornements, coiffée à la "va comme je te peigne". Si au moins elle avait été rehaussée par des talons aiguilles ! Hélas, ceux d'Édith étaient presque plats. Il faut avouer du reste, et ceci est une parenthèse, que le choix des chaussures demeura toujours un problème pour Édith. Dans sa jeunesse, fière de sa pointure 33 et demi, qui lui valait de grands compliments, elle jouait les Chinoises au bal musette. À ce train, ses orteils se rabattirent peu à peu à angle droit sur les autres doigts et le martyre des petits pieds commença, lui donnant cette démarche particulière. Pourtant, Édith ne voulut jamais commander des souliers sur mesure. De temps à autre, sa féminité l'attirait chez un chausseur de luxe ; elle y choisissait un modèle élégant, le faisait reproduire en plusieurs exemplaires et de couleurs variées. Comme pour ses tailleurs. Mais les uns après les autres, ces escarpins à talons tortionnaires s'alignaient, objets de vitrine, sur les planches de son armoire. On les regardait, on les admirait. Aucun n'eut jamais l'honneur d'être chaussé et chaque jour, d'une voix qui faisait trembler l'appartement, Édith criait : "Danielle, j'ai mal aux pinceaux, passe-moi mes pompes !" Ces "pompes", achetées dans un magasin de quartier populaire, n'étaient guère faites pour séduire ces messieurs de Las Vegas...

Mais revenons à eux. Après une discussion serrée, ils acceptèrent de faire un effort et proposèrent à Loulou Barrier la solution suivante : le contrat était maintenu à une condition : Miss Piaf, après son tour de chant habituel, devrait revenir sur scène pour le final du show, dans une tenue esbroufante de Parisienne américanisée, au pied d'un bec de gaz, encadrée de girls, style *Paris by night*, et le rideau tomberait sur sa dernière chanson. Édith, furieuse, rétorqua un non catégorique ! Ça allait très mal. Nouvelles délibérations des businessmen, qui revinrent à l'assaut, mais avec cette fois le sourire. L'un d'eux demanda timidement : "Miss Piaf serait-elle d'accord pour toucher son cachet [quarante mille dollars] à condition de ne pas chanter, ni à Las Vegas, ni nulle autre part ailleurs ?" Édith n'en croyait pas ses oreilles... Finalement, elle accepta et la solution du "silence payé" fut adoptée. »

Il y eut d'abord le séjour au Château Marmont. Durant cet intermède hollywoodien, Danielle apprit à nager à Édith, dans la piscine de Ginger Rogers. Une Piaf malheureusement handicapée par la déformation de son bras, suite à son accident de 1951. Puis toute l'équipe se retira dans une maison du bord de mer, plus propice à l'évasion. « Quel délicieux séjour que ces vacances forcées ! devait se souvenir Marc Bonel. Dans un bungalow au bord du Pacifique – Édith l'avait loué à une ancienne vedette du muet –, la maison à terrasses avait un luxe démodé plein de charme. Le jardin laissé à sa fantaisie dévalait du haut de la falaise vers la plage, une plage privée à perte de vue. Que de photos en couleurs sur lesquelles se détache la silhouette de ce rocher où se prélassait une famille de phoques et où chaque soir un étrange oiseau venait se poser ! Que d'éclats de rire, de baignades joyeuses, de belotes interminables, avec les nombreux copains du moment ! Les premières et sans doute uniques et véritables vacances d'Édith... »

Dans ses lettres à Bourgeat, Piaf témoigne d'une même félicité. Elle lui parle de ce « coin sauvage appelé Malibu » (*sic !*). « Un petit coin perdu, c'est vrai, renchérit Danielle Bonel, loin de toute civilisation, où j'étais obligée de faire un kilomètre pour trouver le premier drugstore. C'était le désert, on avait toute la plage pour nous. De temps en temps, on prenait la voiture pour aller à Hollywood "se faire" un Chinois. C'était l'idéal. Oh, ce qu'on a été heureux ! Bécaud, accompagnateur de Pills, Jean-Pierre Aumont et Raoul Breton sont venus nous rendre visite. Mais tout cela coûtait fort cher, Piaf y laissa la totalité de son cachet de Vegas. Mais Marc et moi, déjà petites fourmis, avions de l'argent à la banque. Nous avons été en mesure de la dépanner provisoirement. Nous l'avons fait avec grand plaisir. Édith nous a remboursés. »

Grisée par le ressac du Pacifique, tout en proposant à Jacques Bourgeat de disposer du boulevard Lannes pendant son absence, s'il le souhaite, Piaf ne parle plus dans ses lettres à l'ami que de son projet d'achat, en France, d'une maison de campagne, qu'elle veut « ramener sur son dos ». « Il me faut être raisonnable et ne plus jouer les petites capricieuses. Si j'ai un peu de courage, je reviendrai avec une maison. » Ces considérations matérielles qui ne lui ressemblent pas sont vite dépassées par un discours étrange et pour le moins inédit, mais finalement très proche de ce qu'était Piaf en son tréfonds. « Ensuite, quand j'aurai la certitude de n'être jamais à la charge de quelqu'un, je voudrais me consacrer aux autres. Je sens en moi ce désir impérieux, j'ai l'impression que ma mission n'est pas seulement de chanter, mais que Dieu m'a chargée de quelque chose d'autre à faire. Je cherche. Je ne voudrais pas taper à côté, car en croyant faire le bien, parfois l'on se trompe et l'on fait exactement le contraire. Exemple : Roland [Avellis]. Je croyais l'avoir sauvé de son terrible démon et j'ai échoué lamentablement. Pourtant, vois-tu, je ne lui en veux pas. Peut-être m'y suis-je mal prise. Je le plains du fond de mon cœur et me demande comment il va finir [il finira très mal, dix ans après la mort d'Édith, et Charles Aznavour paya ses obsèques]. Je gueule après lui, mais c'est surtout pour cacher mon envie de pleurer. Tout ça est si bête et vous laisse un coin meurtri dans votre cœur, qui ne guérit jamais et qui vous laisse un peu plus désemparé devant la vie. Je crois que nous faisons partie des derniers romantiques. Avons-nous raison ? » Partagé entre Paris et Bormes-les-Mimosas, Jacquot, lui, traîne toujours sa grosse vie comme un boulet qui n'en finit plus de s'alourdir : « Je travaille toujours beaucoup, sans que hélas ! la fortune ne se décide à consacrer mes efforts », lui a-t-il écrit peu avant l'été, le 4 juin. Non sans avoir ajouté : « Pourtant, je ne me plains pas et je souhaite que le petit train de vie de sage que je mène me conduise sans plus de souci à la porte du Paradis. » Il la prévient qu'il lui a fait parvenir quelques numéros de *Miroir de l'Histoire*, un magazine auquel il collabore. « Tu y trouveras un article de ton ami sur la guillotine et toujours mon *Courrier*, qui, à force de paraître et d'étonner mes lecteurs, fait que l'on vient me chercher dans l'ombre où je me complais. »

Depuis 1951, transformé en véritable encyclopédie vivante, Jacques Bourgeat écrivait des billets liminaires dans le « Courrier des chercheurs et des curieux », le supplément de *Miroir de l'Histoire*. Chaque semaine, il répondait avec pertinence aux problèmes les plus épineux posés par le public sur la grande et la petite Histoire, voire aux arguties les plus saugrenues. En 1966, la Librairie Hachette lui proposa de réunir cette science anecdotique en un recueil que l'on intitula *Mille petits faits vrais* et qui fut présenté par l'historienne Micheline Dupuy. Jacquot n'en était pas à son premier ouvrage, puisque, outre un *Proudhon* remarquable, en 1941 il avait édité chez Guy Le Prat une anthologie des lettres de Napoléon Bonaparte à Joséphine de Beauharnais : *Lettres à Joséphine – Avant le mariage – Sous le Directoire – Le Consulat – L'Empire – Et après le divorce*. Gourmet et gourmand, il publia aussi *Les plaisirs de la table en France*, qu'il présenta à la télévision, dans une émission de Roger Féral et Jacques Chabannes. En qualité de poète cité dans la *Littérature française*, on lui doit *Au petit trot de Pégase*, une plaquette préfacée par Audiberti et illustrée par Maximillien Vox.

Piafou est ainsi très heureuse d'apprendre que son « vieux con » a été sollicité pour « travailler à un film que met sur pied le commandant Cousteau, sur le fond de la mer ». Autrement dit, *Le Monde du silence*, le chef-d'œuvre réalisé par Jacques-Yves Cousteau et Louis Malle, Palme d'or à Cannes en 1956 et lauréat de l'Oscar du meilleur film documentaire, la même année. Sacré Jacquot ! Hier encore, à la Bibliothèque Nationale, où il a sa place attitrée, il lui en est arrivé une bien bonne... « Une dame frisant la cinquantaine – peut-être moins – m'est apparue, qui me dit s'appeler Marie Glory et qui venait me demander d'effectuer pour elle quelques recherches. Marie Glory ! Tu sais dans quelle ignorance je suis des choses du cinéma : je n'avais jamais entendu parler d'elle. Il fallut qu'on m'informât qu'elle avait été naguère une vedette pour que, ce matin, l'ayant au bout du fil, je me confonde en excuses... » Née en 1905, Marie Glory est effectivement loin d'être une inconnue pour les cinéphiles, qui tourna une trentaine de films avant la guerre et apparut jusqu'en 1960, dans ceux d'Henri

Decoin. Elle eut pour partenaires Jules Berry, Marie Bell, Raimu, Albert Préjean et, en 1936, Maurice Tourneur lui offrit la vedette féminine de *Avec le sourire*, aux côtés de Maurice Chevalier. Confus, Jacques Bourgeat fit savoir à Marie Glory qu'en matière cinématographique, il en était resté aux courts métrages de Charlot. « Elle a bien ri. Puis, je lui ai parlé de toi : elle t'adore ! »

Tout sert de prétexte au vieil homme pour témoigner de son amour à son amie. Il est très occupé, mais il ne s'intéresse qu'à elle. Lorsqu'elle est loin, elle recherche sa compagnie, à travers leurs souvenirs de 1936. Petite fille qu'elle était alors et qu'elle entend rester, en dépit des hommes qui passent et par qui elle se sent salie chaque fois davantage.

Quand un homme vient me voir
Je vais toujours vers lui
Je vais vers je ne sais quoi
Je marche dans ma nuit...

(La Belle histoire d'amour,
Piaf/Dumont)

Or, lorsqu'elle revient à Paris, le conglomérat de béni-oui-oui dont elle s'entoure et qui se pressent autour d'elle, comme autant d'abeilles autour d'une rose, laisse toujours aussi peu de place au pauvre Jacquot...

Le 14 septembre, à New York, Piaf retrouve pour trois mois ses habitudes au Versailles. « Dites donc, les enfants, c'est pas l'tout, mais va falloir aller au charbon ! » avait-elle averti ses troupes, sur la plage de Malibu. Dréjac est de plus en plus présent dans sa vie, mais elle ne cite toujours pas son nom dans ses lettres à Bourgeat. Elle préfère entretenir Jacquot de son rêve de résidence secondaire. Sa nouvelle marotte. Elle voudrait l'acheter à Marnes-la-Coquette, un petit coin de France dont Maurice Chevalier, qu'elle a reçu à dîner, lui a vanté la quiétude. Pour cela, elle va devoir continuer à travailler, et à travailler dur. La plus grande chanteuse de tous les temps, obligée de trimer pour s'offrir un petit bout de campagne !

Il y a trop longtemps que Piaf a quitté Paris. Elle devait rentrer en décembre, mais Barrier a signé de nouveaux engagements, avec l'Amérique du Sud notamment. La Môme n'est pas près de retrouver son boulevard Lannes. Elle s'en ouvre à Bourgeat : « Par moments, j'ai le cafard, j'ai envie de sauter dans un avion, d'aller te chercher à la BN et te dire : Viens, Jacquot, prends quelques beaux livres et partons quelques jours à Saint-Lambert. Mais je voudrais retrouver notre Saint-Lambert d'avant, sans chasseur devant la porte et avec le store dans ma chambre, qui se cassait toujours ! Je pense rentrer vers le mois d'avril et pense ensuite rester longtemps en France. J'en ai marre de l'exil ! »

À l'issue de son contrat au Versailles, à la mi-décembre 1955, elle repart au Canada. Il était prévu qu'elle se produise à nouveau à La Porte Saint-Jean, mais c'est finalement le cabaret El Marocco qui la programme. Revenu de Paris, Pills l'accompagne. Quoique toujours officiellement mariés, il n'y a plus rien entre eux. Tellement plus rien qu'au début de janvier 1956, il regagne la France, tandis que, le 4, elle affronte seule le public de l'austère Carnegie Hall, temple de l'art classique. Un concert émotion et un accueil encore jamais réservé à une chanteuse de variétés. Il fallut rajouter des chaises et des spectateurs furent installés jusque sur la scène. En coulisses, le clan Piaf y alla de ses mouchoirs. Danielle surtout qui, en tant qu'artiste, savait ce que cela représentait. « Les sommités du spectacle américain étaient présentes. Nous en avions déjà tant vu défiler dans la loge d'Édith, au Versailles ! Je me souviens de Gary Cooper, de Bette Davis, de Rock Hudson, de Judy Garland, de Charlie Chaplin, ému aux larmes. Mais de toutes ces immenses vedettes américaines, celle dont je garderai le souvenir le plus émouvant est Marilyn Monroe. Elle était venue au Versailles avec Jo Di Maggio, son mari de l'époque. Si mignonne. Toute simple. Pas maquillée du tout. Avec un petit pull à manches courtes, près du corps. » Les concerts de Piaf au Carnegie Hall marquent l'apothéose de sa carrière américaine. Au cours des deux soirées qu'elle y donna, elle put sentir monter en elle ce fameux orgasme que les monstres de scène éprouvent au contact du public. Des sensations qu'aucun de ses hommes ne put jamais lui apporter. Il lui tarde maintenant d'aller retrouver ses potes de Paname. Ce ne sera pas avant d'avoir promené sa petite robe noire à Cuba, à Miami, au Mexique et au Brésil...

Or, à peine installé, Dréjac est déjà en fin de règne. Parti en Europe aux obsèques de sa mère, lorsqu'il revint, il soupçonna Piaf de reluquer du côté du guitariste de l'orchestre. Non sans quelque intuition. « Il s'était mis dans la tête qu'elle couchait avec Jacques Liébrard, rapporte Danielle Bonel. Il ne fallait jamais laisser Édith toute seule trop longtemps. En fait, il est arrivé à Cuba par surprise. À ce moment-là, il n'y avait encore rien avec Liébrard, mais elle a fini par se jeter dans ses bras, excédée par les scènes de jalousie de Dréjac. C'est moi qui ai avisé Piaf du retour impromptu de Dréjac. Elle le prit de haut en lui disant : “Il fallait me prévenir, il ne faut pas me faire des émotions comme ça !” Elle l’a salement plaqué pour Liébrard. Contrairement à ce qu’elle raconte dans ses lettres à Bourgeat, Jean Dréjac était un garçon très bien. Trop bien, peut-être. Ce qui, de l’avis de tous, n’était pas le cas de l’autre. Chauvigny était tombé en pâmoison devant Liébrard. C’est lui qui est à l’origine de son entrée dans l’orchestre. Il avait insisté lourdement auprès d’Édith, avec force arguments, pour qu’elle prenne un guitariste. Je puis dire qu’il a même fait des pieds et mains pour le faire engager. Piaf avait déjà rencontré Liébrard sur une tournée. On ne sait pourquoi, mais elle a accepté. Bientôt, elle en fit son amant. Très vite, Liébrard, qui parlait très peu, commença à manigancer ; il voulait nous évincer l’un après l’autre pour imposer son monde à lui. Il faisait tout cela en douce, bien sûr, ce qui rendait difficiles ses rapports avec le reste de l’équipe. L’ambiance devint très tendue. “Ils t’achètent de la margarinc, en te disant que c’est du beurre”, faisait-il croire à Édith, en essayant de la persuader que nous l’escroquions. Édith était très influençable, surtout quand elle était amoureuse. “Alors, comme ça, il paraît que vous me volez”, nous a-t-elle un jour lancé au débotté, à Marc et à moi. Heureusement, nous gardions les factures et les traces des moindres achats. C’est moi qui m’occupais de la comptabilité et chaque sortie d’argent était notifiée. J’ai, du reste, encore dans mes placards des cartons entiers de factures et de tickets de caisse datant de cette époque. Je n’ai rien jeté. Nous avons tout montré à Édith qui s’est platement excusée en disant à Marc, particulièrement visé par Liébrard : “Pardonne-moi, mon lapin.” Elle l’appelait ainsi, dans ses bons jours. Quant à Liébrard, nous lui avions attribué un surnom : Judas barbouzard ! Édith évidemment ne se rendait pas compte des basses intentions du personnage. En amour, elle était aveugle, comme je vous l’ai dit et il était vain, voire dangereux d’essayer de lui prouver par a+b qu’elle se trompait. Ç’eût été à votre détriment. Il fallait la laisser se brûler. »

Vox clamans in deserto...

Liébrard est le nouvel *Agnus Dei*. Dans ses lettres à Bourgeat, il n’y en a plus que pour lui. Cependant, à la quarantaine sonnée, Piaf souffre plus que jamais d’un conflit ouvert avec sa conscience. « Tu as raison, écrit-elle à Jacquot le 12 février 1956, je suis une salope, mais tu sais, j’ai tant de choses à te dire et que je n’ose pas te dire... C’est bête, mais j’éprouve une certaine pudeur à me confier, maintenant. Mes actes prennent plus d’importance pour moi qu’auparavant et je suis toujours en train de me battre avec ma conscience aussi [...]. Tout ce que je sais, c’est qu’il est à chaque fois plus difficile de trouver le bonheur. Peut-être que je demande trop à la vie, trop aux êtres, mais je suis toujours déçue et je sors de chaque aventure écœurée, un peu plus salie qu'avant et un désespoir profond m'envahit. Une voix qui me reproche des tas de choses que je n'aurais pas dû faire, puis une autre qui me dit que tout était nécessaire, que mon destin était ainsi fixé sur ma tête. » Et elle s'empresse d'enterrer Dréjac sous le poids de tout ce qu'elle lui reproche : « Mon histoire avec Jean est terminée. Trop impulsif, trop jeune, bref invivable pour moi, de l'avis de tous. » Pour mieux introniser le nouveau, paré de toutes les vertus du paon : « J'ai rencontré un garçon magnifique, d'une douceur dont j'ai besoin, compréhensif tout en restant mâle, très intelligent et je le crois sincère avec moi, ayant beaucoup de connaissances qui me manquent et qui peut m'apporter tout ce dont j'ai besoin spirituellement. En un mot, tout ce que tu voulais me donner mais qui me valait des engueulades sérieuses. Lui, je l'aime, c'est plus facile. Il m'épate, il a une telle classe que je me sens dominée d'admiration. Et c'est ce qui m'a toujours manqué : admirer l'homme que j'aime (en dehors de Marcel, bien entendu). Je suis toujours sincère, ce sont les autres qui changent, pas moi. Ils ne sont jamais tels que mon âme les avait vus. »

Deux semaines plus tard, le 26 février, à la faveur d'un détour par New York pour l'enregistrement d'une émission de télévision, elle adresse une dernière lettre à Bourgeat, avant retour. Oui, elle est « vraiment heureuse » avec Liébrard et tremble que son bonheur s'arrête. « Je m'accroche de toutes mes forces à lui, à ce bonheur merveilleux qui vient de me tomber du ciel. » Du coup, Dréjac perd encore en prestige : « Il était tellement à côté de tout ! Manque de classe, très "rue Pache", sans la poésie de ces petits gars du peuple, se croyant le nombril du monde, aucune profondeur et ne sachant se tenir nulle part. De plus, d'une jalousie ridicule, il me rendait malade et il a bien failli me faire crever. Ne parlons plus de ce qui n'a jamais existé. » Liébrard, en revanche... « Comme il te plairait ! Quelle douceur ! Quel savoir et quelle profondeur ! Il mc transforme complètement (dans le bon sens, rassure-toi) [...]. Malheureusement il est marié (ou tout comme) depuis 15 ans et... ? Nous verrons bien, pour le moment, je me contente d'être heureuse pleinement, sans penser à rien d'autre qu'à lui. »

« Au moment de sa relation avec Piaf, Liébrard vivait maritalement avec une chanteuse, Denisys, de vingt ans son aînée, complète Danielle Bonel. Elle avait quitté Julien (du duo Gilles et Julien), pour partir avec lui. Après Édith, Liébrard s'est marié avec une petite danseuse anglaise très mignonne : Phyllis. Ils se sont installés à Conflans-Sainte-Honorine où ils ont ouvert un magasin de musique. Bien entendu, après sa séparation d'avec Piaf, Liébrard fut obligé de quitter l'orchestre. Il devint l'accompagnateur et l'ami de Gréco. Avant de revenir, quelques mois plus tard. Édith ne souleva aucune objection à son retour au sein du groupe. »

Dépendante de l'amour, partant des autres, et vice versa, Piaf est vouée à une errance sentimentale perpétuelle, tant elle incarne la quadrature de ce cercle vicieux qui la tient prisonnière. C'est un marché tacite passé entre elle et elle et il serait vain d'exiger de sa part une solution de vie subalterne. Autant demander au torrent de construire sa digue. Vampire et bonne fée, elle donne tout aux êtres qu'elle aime, au moment où elle les aime, son toit, son argent, son rire, ses coups de grisou, ses caresses, ses énergies positives, sa renommée. En vérité, peu importe le nom ou la gueule du bonhomme, c'est Cupidon qu'elle reconnaît en chacun de ces figurants ascendants gigolos. À ce compte elle peut bien faire semblant d'y croire chaque fois, car l'espérance est si dure à tuer qu'elle ne se flétrit qu'avec notre chair. Dans ses lettres à Bourgeat, elle invoque l'homme idéal, le beau chevalier blanc qui viendra balayer tous les autres, mais dans le fond elle se sait soumise et dévolue aux démons qui s'agitent en elle et lui brûlent les pieds, l'empêchant de se fondre à ce mythe de l'amour toujours avec un partenaire unique. Elle en rit. Elle en pleure. Elle en perd la santé. Sa supposée cruauté devient alors le revers de son impuissance face à cette irréversibilité. Un emballage de sarcasmes et de vacheries pour se protéger d'elle-même. « Mon cynisme est une mauvaise couverture, mais comment me garantir du froid ? » (René Crevel). L'intérieur reste pur, intact. En dépit ou à cause des coups et des trahisons qui font la fatalité de l'existence. Le seul climat qui convienne au cœur de Piaf est la passion. Avec ses pics d'adrénaline et ses jeux de massacre. On sait ce qu'en terme de durée et de dégâts cela peut signifier. Des petits mecs, elle en a eu. Elle n'a eu que cela. Ou presque. Ils auront été nombreux à la faire pleurer. Car, contrairement à l'idée reçue, elle n'aura pas toujours été la plus forte. Beaucoup d'entre eux sont repartis avec son porte-monnaie et un laissez-passer pour la gloire. *Exit Monsieur X*, aurait-elle pu chanter. D'autres, qui le méritaient peut-être moins, ont saigné par son fait. Dès lors qu'on se risque à aller brouter de la poussière de gloire sous les jupes du soleil, a-t-on bonne grâce de se plaindre ensuite de retours de flammes dûment prévisibles ?

« J'ai peur des gens qui m'aiment sans me connaître, parce que ce sont les mêmes qui me détesteront sans me connaître. »

Benoît Poelvoorde (citant Marilyn Monroe)

VI

L'amour en scène

« Si j'arrête, je crève ! »

É. P.

Mai 1956. « Les deux maladies de la France sont actuellement le *Coca-Cola* et Françoise Sagan », peste un observateur en se bouchant les oreilles pour ne plus entendre la remplaçante de Gloria Lasso livrer en boucle son *Bambino* fétiche. Nous sommes bien à Paname... Un Paris endeuillé de Mistinguett, décédée au mois de janvier, mais que Piaf retrouve non sans soulagement. Au Musée Grévin, en raison de la prolongation de son séjour aux USA, son effigie a été remplacée par celle de Jacqueline Dubief, la vedette française de patinage artistique, mais peu lui chaut, elle aura bien le temps de retrouver sa place parmi les encaustiqués du boulevard Montmartre, sans pour autant renoncer à l'Amérique. Le nouveau temple d'immortalité de la Môme est un palais de la magie coincé entre la rue de Caumartin et le boulevard des Capucines, l'Olympia, auquel Bruno Coquatrix, son repreneur, n'a rien changé à l'enseigne. Jusqu'à ses dernières forces, sublimant son mal, la dame y accomplira des miracles. Car c'est bien le terme qu'il convient d'utiliser pour fixer la rencontre entre l'entité Piaf et l'entité Guillaume Biro, un homme d'affaires et éditeur de musique, qui fut le beau-frère de Jacqueline Boyer et l'un des plus proches confidents de Dalida.

Guillaume habitait le somptueux domaine des « Petites Roches », à Chaville, lorsqu'en 1948, un problème administratif lui permit de faire la connaissance de Louis Amade, alors préfet de Versailles, et de pénétrer de cette façon dans l'antre du spectacle. « Ce fut ainsi qu'un peu plus tard, en 1956, j'ai été invité à une première à l'Olympia, où Piaf était la vedette, m'a-t-il raconté. Son nom m'était connu par la radio, depuis 1945 surtout, et je me souviens qu'aucune voix jusqu'alors ne m'avait procuré une telle émotion physique. Je ne l'avais jamais vue sur scène, mais seulement sur les "petits formats" où figuraient ses portraits. C'est pourquoi cette invitation m'avait rendu fou de joie : j'allais voir enfin celle qui me faisait tant rêver en écoutant sa voix sur les ondes... C'était aussi la première fois que je posais mes pas dans un music-hall. Très bien placé, dans la partie droite, au deuxième rang, j'attendais fébrilement de la voir apparaître. Je ne me souviens plus de la première partie du spectacle, qui me parut interminable. Puis, soudainement l'annonce, brève comme l'éclair : "Édith Piaf !" Le nom claque à mes oreilles comme un coup de revolver. Les secondes s'écoulent avec une folle rapidité. Les feux de la scène s'éteignent. Un spot blanc tombe sur la droite. Une deux trois... Une frêle silhouette sombre s'avance. Seuls son visage et ses deux mains plaquées sur ses hanches sont visibles. Arrivée au micro, elle annonce le nom de l'auteur, du compositeur et le titre de la chanson, d'une voix ferme aux tonalités graves. Un second spot permet d'apercevoir, découpé dans le noir, son visage mince et sa chevelure plus longue que sur les photos, formant une couronne de boucles, de son front jusqu'à ses épaules. La robe noire, presque invisible dans la pénombre, rend cette toute petite bonne femme comme irréelle, presque mystérieuse. L'orchestre encore dans l'ombre fait retentir les premiers accords et l'introduction, au terme desquels la voix d'Édith s'élance dans le micro, remplit tout l'espace, jusqu'aux notes les plus hautes, qui me galvanisent, semblant sortir de ses entrailles et non plus de sa bouche, comme si leur puissance n'avait aucune limite. Je suis figé sur mon siège. La dernière phrase de la chanson est comme un feu d'artifice craché en direction de la salle bondée, et recouvrant l'orchestre. Autant de flèches brûlantes qui allument un tonnerre d'applaudissements. C'est Édith qui les interrompt au moment où elle le décide, par l'annonce de sa seconde chanson. À la septième ou huitième, j'ai l'impression que je rentre en transe. Je vois de moins en moins la scène, alors que j'ai le sentiment que la chanteuse entre en moi, guidée par les accents de sa voix, qui me font l'effet d'un viol délicieux dont je ne peux me défendre, au point de rentrer spontanément en érection. C'est presque insupportable. Mon esprit ne peut plus formuler aucune pensée cohérente.

» À un moment donné, je ferme les yeux, comme pour me défendre d'un état que je ne contrôle plus, mais au contraire, dans l'ombre de mes paupières la voix d'Édith prend possession de tout mon corps. Je me retrouve comme un animal totalement possédé et alors que la voix atteint des hauteurs inouïes, qui brûlent toutes mes entrailles, une jouissance inimaginable embrase mes tempes, mon cœur bat à tout rompre. J'explose littéralement dans un orgasme jusqu'alors inconnu, qui me laisse terrassé sur mon siège. Des applaudissements indescriptibles me sortent de ma prostration, effaré que quelqu'un ait pu s'apercevoir de mon état. Mais non, chacun a les yeux figés sur la scène, avec les deux mains qui frappent à s'en faire mal, chacun ayant reçu à sa façon les étranges manifestations qui émergent de cette artiste unique. Comme si elle était dotée de pouvoirs qu'elle pouvait faire partager à des milliers de gens, du seul fait de l'écouter. Louis Amade, qui m'avait accompagné, me dit : "Viens avec moi, nous allons aller la féliciter dans sa loge." Louis connaissant les lieux, nous sommes arrivés les premiers. Elle était assise devant sa coiffeuse. Dans le miroir, je vis son visage aux beaux yeux fixant je ne sais quoi. Elle semblait vidée, comme si elle avait donné toute sa substance durant l'heure où elle avait galvanisé son public. Elle se retourna, amorçant un sourire qui la rendit superbe. "Bonsoir, chère Édith, lui dit Louis. Guillaume et moi sommes venus te dire que tu as été si prodigieuse, si unique, que nous savons maintenant que tu es la plus grande chanteuse du monde." Édith a accentué son sourire en murmurant : "Merci." Après l'avoir embrassée, nous nous sommes retirés. Par peur du ridicule, peut-être, je n'avais jamais encore osé raconter cette aventure à quiconque... »

L'orgasme de Guillaume Biro est un phénomène que peu d'artistes peuvent se vanter d'avoir suscité. Marc Bonel, qui a accompagné Piaf sur les scènes du monde entier, dix-huit années durant, parla dans son livre de « périodes habitées ». « Même nous, nous nous y laissions prendre. Les jours de première, tous les grands noms du spectacle venaient s'effondrer en larmes dans sa loge. Elle était un peu médium, hypersensible, très psychologue. Elle subjuguait une salle après trois ou quatre chansons, même ceux qui étaient contre elle. Édith, c'est un monument, c'est une femme intouchable dans son métier. Elle a été mise sur terre pour ça. Vous avez Chaplin, Sarah Bernhardt, Fernandel. Elle fait partie de ces gens-là. » Sûre d'elle-même, consciente de sa dimension et des phénomènes quasi paranormaux qu'elle provoquait lorsqu'elle officiait en scène, Piaf ne se regardait pas pour autant le nombril. C'est le propre des gens intelligents. « Il m'est arrivé de me prendre au sérieux, déclara un jour Raymond Devos à la journaliste monégasque Viviane Le Ray. Je m'en suis toujours repenti. Quand je me suis rendu compte que je me prenais au sérieux, j'ai ouvert la fenêtre et je me suis mis à crier : "Au fou !" » Micheline Dax m'a raconté que, lorsqu'elle allait écouter son amie à l'Olympia, dès la première chanson, elle se tassait dans son fauteuil, à la troisième, elle sortait son mouchoir et à la fin, elle se cachait sous le siège pour écraser ses sanglots. Lorsque, ensuite, elle se rendait dans la loge et qu'Édith la découvrait dans cet état, le scénario était invariable :

« — Qu'est-ce qui t'arrive ?

— Encore une fois, tu m'as eue.

— Pas toi, quand même ! »

Parfois, quand les journalistes jouaient les découvreurs de talent, feignant l'inquiétude, Édith questionnait Micheline :

« — Il paraît qu'il y a une nouvelle Piaf ?

— Oui, Madame.

— Alors ?

— Alors, vous pouvez encore dormir sur vos deux oreilles, Madame ! »

L'Homme à la moto (Lieber-Stoller, adapté par Jean Dréjac) et *Les amants de demain* (Senlis-Delécluse/Monnot) sont les nouveaux « enfants » de Piaf. C'est avec eux qu'elle a pris d'assaut l'Olympia de mai à juillet, en deux séries de représentations. Une échéance française que la Môme redoutait, mais qui lui a valu, en sus d'un triomphe populaire, le satisfecit du très averti Gilles Ravon, critique au *Figaro littéraire*. « J'ai connu les meilleures de celles qui s'illustrèrent avant elle dans le lyrisme populaire, un genre difficile où le moindre excès vous expose au ridicule. Quelques-unes trouvaient des accents aussi beaux que les siens. Fréhel, Yvonne Georges avaient des soirs fulgurants. Et d'autres où, si dopées qu'elles fussent, le courant ne passait pas. Alors elles truquaient et parfois, sous l'ovation folle ou sous les bordées de sifflets, sans que l'on puisse le prévoir. Rien de tel à craindre avec Piaf. Égale à elle-même, elle gagne chaque partie dès le premier refrain. Un monstre de régularité [...]. Et jamais une tricherie, jamais un de ces bavardages anodins avec le spectateur, de ces petits sketches hypocrites dans lesquels les champions du festival se réfugient pour reprendre racine. »

Après une tournée française, avec Marinette Cerdan et sa turbulente progéniture dans les jambes, Édith change d'air et, à l'automne, retourne respirer celui familier du Versailles, chez « papa Prunis ». Installé dans le ronronnement des habitudes, Louis Barrier ne songe pas à faire explorer à sa vedette d'autres horizons, comme le Japon, par exemple. Honnête et sincère, quoique près de ses sous, l'homme est un parfait gestionnaire, mais qu'on ne lui demande pas de faire preuve de modernité. Barrier est de la vieille école, sans beaucoup de clairvoyance quant à l'ère de progrès technique qui s'annonce. Quand on songe qu'il n'a jamais eu l'idée de faire enregistrer un récital de Piaf avant 1955, on en reste coi. « Il n'était pas de ces impresarii que l'on connaît et qui ne pensaient qu'à faire de l'argent à tout prix et par n'importe quels moyens, le défend Danielle Bonel. Nous étions heureux comme ça. »

« Nous voici à New York jusqu'au 10 novembre, écrit Piafou à Bourgeat. Ensuite, grande tournée dans toute l'Amérique. Je rentrerai probablement vers la fin d'avril pour prendre cette fois-ci un grand repos auquel j'aspire depuis si longtemps. » Sa tournée d'été l'a empêchée de rejoindre son Jacquot à Bormes-les-Mimosas, où le vieil homme passe le plus clair de ses loisirs. « Tu dois m'en vouloir de ne pas être allée à Bormes, mais tant d'ennuis me sont tombés sur le coin de la gueule avec Marinette et ses gosses, pour finalement obtenir le résultat qu'à peine partie, elle est retournée à Casa avec ses gosses, dont deux sont malades. C'est insensé de voir l'inconscience de cette femme envers ses enfants ! J'ai fait humainement le maximum de ce que l'on peut faire. Mais il n'y a rien à faire... » Édith reparle de son projet de maison. Cette fois, il est question qu'elle l'achète à Bormes, pour être plus près de son « vieux con ». « Jacquot, je vais t'annoncer une bonne nouvelle : je suis millionnaire ! Oui, mon cher. Toi qui as tant rêvé de me voir avec des économies, eh bien, elles sont commencées... Cinq briques, oui, mon vieux. Comme ça, j't'emmerde ! Je crois que je dois cette sagesse à l'être qui est près de moi... » Toujours le même. « Certes, Liébrard la poussait à l'économie, nous éclaire Danielle Bonel, mais c'était à dessein. En douce, il avait déjà tiré ses plans sur la comète, comptant épouser Édith et placer ainsi toute sa famille pour remplacer l'ancienne équipe. »

Avec l'autre Jacques, Pills, le carnet blanc s'est refermé. En mai 1957, le divorce sera officiellement prononcé entre « Pépère » et « Mémère », pour le meilleur et sans le pire. « Beaucoup de femmes divorcent par pudeur ; elles ont honte d'être la femme d'un cocu » (*dixit* A. Alexandre). Ils resteront toujours des amis et des complices, mais la « déposition » hallucinante de Pills face aux caméras anglaises de la BBC, peu de temps avant son décès, altère quelque peu le cliché et c'est dommage. Occultant ses propres problèmes avec l'alcool, Pills dépasse rapidement les heures bleues pour s'attarder sur le reste. C'est au moins l'esprit qui se dégage de son intervention. S'exprimant dans la langue de Shakespeare, il affirme : « J'ai très vite compris qu'elle avait un faible pour l'alcool. Et la drogue. On me l'avait dit, mais je ne l'imaginais pas capable de commettre de telles erreurs. Je lui ai alors demandé si elle fumait vraiment de la marijuana ou si elle prenait de l'héroïne. Elle m'a dit : "Oui, mais ce n'est pas de ma faute, c'est parce que je suis très malade et que je souffre de rhumatismes. Je vois constamment des médecins et ils me filent de la cortisone. C'est pour me soulager que les médecins me donnent des drogues." Je lui ai alors dit : "Ce n'est pas juste la faute des médecins, c'est parce que tu aimes ça !..." » Ici, Mireille Lancelot fait ressort : « Je suis choquée par ces propos et déçue de Pills, car il n'y a rien de plus faux, Danielle Bonel a dû vous le dire. Édith et moi avions le même médecin, le docteur de Laval, avec qui je discutais très souvent du cas de Piaf. Il était furieux quand il entendait de pareils ragots aussi stupides qu'injustifiés se répandre. "Édith n'est pas une camée, me disait-il, c'est moi qui lui prescris ses drogues. Sans cela, ses douleurs seraient insupportables et il lui deviendrait impossible de continuer à chanter." Qu'elle soit devenue accro, c'est une autre histoire. Édith avait un courage sans limites, mais elle ne voulait pas souffrir dans sa chair, elle refusait catégoriquement cela. »

De son côté, donnant du corps à la légende d'une Piaf masochiste, Simone Ducos a prétendu avoir un jour assisté à une scène au cours de laquelle son frère, furieux de l'excès de générosité de sa femme envers une amie de passage, serait sorti de sa réserve et aurait battu Piaf « comme plâtre », à la grande satisfaction de celle-ci... « Si une femme a été battue par un ingénieur, puis trompée par un Russe, le troisième homme qu'elle aimera sera un ingénieur russe », disait Jean Anouilh. Or, Danielle Bonel ne croit absolument pas à la volupté de Piaf dans la douleur. Selon elle, ceux qui en ont vécu le moins sont toujours les plus prosélytes. « Pourquoi le cacher ? a écrit Marc Bonel, Édith a vécu des crises amoureuses épiques [...]. Elle tempêtait, hurlait, cassait un vase, lançait un poste de radio à la tête de l'homme qu'elle aimait, sanglotait sur son lit, s'enfermait dans sa chambre. Des scènes de ménage mouvementées. Un homme qui aurait demandé à une femme soumission, dévouement, abnégation, adoration, n'aurait pas trouvé le bonheur auprès d'elle. » De là à s'offrir en *punching-ball* à l'être aimé... « Ceux qui osèrent lever la main sur elle furent congédiés séance tenante, m'a confié Danielle Bonel. Édith avait horreur des menaces. Jamais nous n'avons constaté la moindre petite trace de coups sur son corps. »

Une fois divorcé, Jacques Pills poursuivit une petite carrière en solo. Coquatrix lui proposa alors de diriger l'école de chant de l'Olympia. Jusqu'à ce qu'un jour de l'été 1968, Guy Lux demandât à Pills et Tabet de venir au *Palmarès* à la rentrée pour chanter à titre exceptionnel quelques-unes des chansons qui firent leur succès entre 1932 et 1939, au temps de leur duo. Ayant usé toutes ses cartouches, Pills pensa pouvoir reprendre son partenariat avec Tabet, convaincu que le public des années soixante n'attendait que ces deux garçons presque nés avec le siècle. Devant le ridicule encouru, Tabet tenta de le dissuader, mais porté par sa chimère, Pills refusa de l'entendre : « Pills et Tabet étaient nos pères. Voilà ce qu'il faut répondre aux gens qui nous en parlent. Nous allons reprendre le numéro. Il n'a pas une ride. » Sans illusions, Tabet donna son accord et rendez-vous fut pris pour les premières répétitions. Elles n'eurent jamais lieu. Le 12 septembre 1970, un coup de téléphone apprit à Tabet que Pills venait de succomber à une crise cardiaque à Paris, boulevard Beaumarchais, en pleine rue, cinq ans après une première alerte. Transporté à l'hôpital Saint-Antoine, on ne put qu'y constater le décès. Georges Tabet : « Pauvre Jacques. Hanté par la vie, il avait recherché le bonheur et la sécurité dans ses mariages. Déçu, il pensa pouvoir compenser ses mécomptes par la boisson, les cigarettes et la trop bonne chère. Sa mort m'apparut comme un suicide. »

Après le faux bond de l'année précédente, Piaf se sentait redevable envers Gérard Thibault. Un contrat fut donc signé avec La Porte Saint-Jean. Du 16 au 25 novembre 1956. En bonne organisatrice, Danielle avait pris le devant en écrivant à Thibault dès le 15 octobre, pour lui demander de veiller à ce que « Madame Piaf » puisse jouir d'un logement aussi satisfaisant que celui de la dernière fois. « Je m'excuse d'abuser ainsi de votre temps, mais vous vous êtes toujours montré si aimable à notre égard qu'une fois de plus, j'ai recours à votre gentillesse [...]. Nous attendons avec impatience notre futur séjour à Québec et le plaisir de vous revoir. Madame Piaf me charge de vous transmettre ses bonnes amitiés et notre petit groupe son meilleur souvenir. » « Je vous fais la bise, Édith Piaf », annote la patronne, dans un coin de la lettre. L'accueil à nouveau délirant du public québécois conforta Piaf dans son sentiment de sympathie éprouvé à l'égard de ce peuple. Gérard Thibault était un amour d'homme et lui au moins ne pleurait pas sur les verres cassés par la Française, à la fin de sa chanson *Les Amants d'un jour* (Senlis/Delécluse)...

Moi j'essuie les verres au fond du café
J'ai bien trop à faire pour pouvoir rêver
Et dans ce décor banal à crever
Y'a toujours dehors la chambre à louer...

Et bing !... Au Versailles, les verres étaient en cristal, un cristal choisi fin et léger par Danielle Bonel, de manière à ce qu'il sonnât en se brisant. Celle-ci m'a raconté qu'enchanté par cet effet de scène et par le succès qu'Édith en retirait, Arnold Rossfield, l'associé de Prunis, perdit de ses couleurs quand il s'aperçut que son étagère se vidait de jour en jour. Les verres étant payés par la direction, il demanda à Piaf de retirer *Les Amants d'un jour* de son répertoire. Elle refusa et le traita de « marchand de soupe » ! Soit, mais qu'elle fournisse alors elle-même sa verrerie. Ainsi fut fait, au grand soulagement de Rossfield et de celui, plus gêné, de « papa Prunis ». Des gens à qui Piaf avait fait gagner des fortunes et permis de redorer le blason de leur cabaret...

Aucun risque pour la Môme de connaître pareille mésaventure avec les cousins québécois. C'est d'ailleurs à Québec qu'en 1959, elle fit la connaissance de Claude Léveillée, premier grand mélodiste de la chanson québécoise. Léveillée avait débuté en 1955 dans la revue *Bleu et or* à l'université de Montréal où il étudia pendant deux ans les sciences sociales. Entre 1957 et 1959, il se popularisa en créant le personnage du clown Cloclo, dans l'émission *La Lanterne magique*, pour le plus grand bonheur des petits Québécois d'alors, qui s'en souviennent toujours. Puis, en compagnie de quelques chansonniers, il monta une boîte cabaret : *Chez Bozo*, en hommage à la chanson de Félix Leclerc, et se fondit dans un groupe : les Bozos. Piaf le persuada de la suivre à Paris où il n'écrirait plus que pour elle. « Il a une personnalité, l'encensa-t-elle auprès des journalistes. Il va étonner beaucoup de monde. Je le crois capable de faire de grandes choses. Je suis sûre qu'il ira très très loin... »

Arrivé en France dès l'été 1959, après un début de collaboration, Claude Léveillée rentra chez lui beaucoup plus tôt que prévu. « Il y a quinze jours que je suis au Canada et je n'ai pas à vous dire que c'est le pire qui pouvait m'arriver », devait-il écrire à sa « chère Édith », le 2 janvier 1960. Des problèmes de santé et une dette « assez élevée » laissée dans un hôpital parisien l'avaient contraint à ce départ précipité. Le jeune artiste, âgé seulement de vingt-six ans, fit alors part de ses difficultés financières à sa protectrice. « Je vends tout ce qui me reste de meubles pour payer mes créanciers. » Il lui assura que seule la pensée de la retrouver au plus vite lui « fait tenir le coup ». Il pensait à elle chaque seconde. « Je ne veux pas vous décevoir, Édith, et si je tente ce dernier effort, c'est grâce à vous qui m'avez révélé à moi-même. Je veux vous prouver que vous ne vous étiez pas trompée sur moi à tous les points de vue. » Selon lui, elle seule pouvait le « conduire à bon port ». Il la supplia de lui écrire, fût-ce quelques lignes, pour lui montrer qu'elle non plus ne l'avait pas oublié. Les places auprès de Piaf sont chères et la ronde tourne vite. Dans l'incertitude de son avenir, Léveillée demanda à être fixé sur ce que la grande Piaf espérait de lui. « Vous seule pouvez m'éclairer à nouveau ! Une seule phrase de vous peut encore une fois orienter toute ma vie... »

Quinze jours plus tard, le 17 janvier, il n'était plus le même homme. ELLE avait répondu. D'autant que, selon Léveillée, depuis son retour au pays l'attitude des gens du métier l'avait complètement déstabilisé. À commencer par Radio Canada, où il avait demandé du travail afin de rembourser le complément de ses dettes et payer son billet d'avion pour Paris. La station lui aurait fermé ses portes. Seul le souvenir de Piaf et l'espoir qu'il plaçait en elle lui permirent de tenir face à « cette bande de jaloux, d'envieux, de mesquins ». « Tous les gens du milieu artistique m'ont ri au nez et les journaux m'ont complètement ridiculisé en prétextant qu'Édith Piaf m'avait laissé tomber, qu'elle s'était méprise sur la valeur de mon talent. » Désireux de se réhabiliter auprès de ses pairs québécois, dans un télégramme urgent envoyé entre ses deux lettres du 2 et du 17, Léveillée sollicita de Piaf l'enregistrement de quelques phrases destinées à être diffusées avant le lever de rideau de deux spectacles offerts les 29 et 30 janvier, dans un cinéma de Montréal, par quelques amis, dans le but de le renflouer. « Si je vous ai demandé cette chose, c'est parce que ma situation ici est très grave, mon nom actuellement est fini et je n'ose plus parler de carrière au Canada. »

Claude Léveillée réalisa partiellement son vœu, ou plutôt Piaf le réalisa pour lui, puisque au mois de février 1960 le Québécois retrouvait en France sa bonne fée, très malade, mais toujours fourmillante de perspectives et d'idées. Pour elle, il composa *Le vieux piano* (une version nouvelle de *Les vieux pianos*) ; *Boulevard du crime* ; *Ouragan* ; *Le kiosque à journaux* ; *Non, la vie n'est pas triste* ; *Le métro de Paris*. Piaf enregistra certaines de ces chansons. D'autres, issues de *La Voix*, un ballet comédie écrit par Michel Rivgauche et composé par Léveillée, sont restées à l'état de maquettes. La Môme travailla un temps sur le projet, puis sa maladie et surtout l'arrivée de Dumont l'en détournèrent. « Léveillée a un temps été hébergé par Édith, à la campagne, dans sa maison du Hallier, puis au boulevard Lannes, précise Danielle Bonel. Il était gentil, mais très nerveux. Pas en très bonne santé. Il y avait toujours beaucoup de complications dans sa vie. Marié, il ne fut jamais l'amant de Piaf[1]. »

---

1. Après son odyssée Piaf, bien meilleur mélodiste qu'auteur, Claude Léveillée réalisa un parcours honorable en collaborant notamment avec Gilles Vigneault qui lui écrivit des textes solides, dont *L'Hiver* et *Les Rendez-vous*. Ce qui lui permit de s'imposer comme l'un des artisans majeurs du mouvement chansonnier québécois. Grâce à

« Combien se sont liés et accordés ensemble aux dépens du pauvre et de l'innocent. »

Bourdaloue

VII

Où Coquatrix use et abuse

« Dis à ce monsieur que je ne veux plus le voir. »

É. P.

« *The Piaf is back !* » La chanteuse apparaît dans quelques grandes villes américaines où elle a déjà laissé son nom. La femme ne va pas bien. Dans ses lettres à Bourgeat, de plus en plus espacées parce que sa « flemme d'écrire » va croissante, les mots « fatigue » et « lassitude » reviennent en force. « La pensée d'écrire me vide complètement. » Une sorte de panique qui se saisit d'elle au moment de l'affrontement avec la feuille blanche. Elle qui trouvait un tel intérêt à cet exercice auquel elle s'appliquait... « Depuis pas mal de temps, je sens comme une confusion en moi, pour tout. Un manque d'équilibre total. » L'humour est sauf, et l'esprit de dérision. « Salaud, tu ne réponds pas souvent à mes lettres ! Tu me répondras que tu ne les reçois pas... d'accord, puisque je ne te les envoie pas. Mais tu pourrais tout de même me répondre ! » En janvier 1957, une méchante bronchite aggravée d'un point de congestion la surprend dans ses préparatifs d'un nouveau passage au Carnegie Hall. Contre l'avis des médecins, elle assure et le spectacle de rodage au Constitution Hall, le 5 du mois, et celui au Carnegie, huit jours plus tard. Elle y crée notamment *Les Grognards*, une chanson de Pierre Delanoë, mise en musique par Hubert Giraud...

---

son piano, cet autodidacte figura au générique de plusieurs films importants, comme *Les Beaux dimanches*, de quelques télé-théâtres (*Des souris et des hommes*) et sur l'affiche de plusieurs comédies musicales (*Pour cinq sous d'amour* ; *L'été s'appelle Julie*). En qualité d'auteur-compositeur-interprète, Léveillée fit de nombreuses tournées en URSS et en Asie centrale, donnant également des récitals à Paris et à Washington. En 1967, il fut le premier artiste québécois à participer aux USA au fameux Ed Sullivan show. Jusqu'en 2003, où il célébra ses cinquante ans de spectacle, sa carrière fut riche de créations en tous genres. Encore un baladin du solfège que l'ange de la Providence avait placé sur le chemin de « la petite dame en noir ».

Écoute, peuple de Paris
Tu n'as pas la fièvre
Écoute ces pas qui marchent dans la nuit
Qui s'approchent de ton rêve...

Désigné par ses employeurs pour pirater les concerts new-yorkais et envoyer la bande à Paris par le relais des hôtesses de l'air d'Air France, ce soir-là, Jean Peigné, un jeune stagiaire d'Europe I, se trouvait dans la salle parmi les spectateurs. Grâce à un magnétophone portatif, la voix de Piaf fut ainsi capturée avant de prendre les Alizés en direction de Paris. Pour la plus grande gloire de Delanoë qui s'est toujours enorgueilli de posséder cet enregistrement exceptionnel où figure la présentation en anglais de sa chanson par la Môme : « *Ladies and gentlemen, this is the story of Napoleon grenadiers ghosts going down the Champs-Élysées...* »

Édith Piaf n'aura chanté que trois chansons de Pierre Delanoë. « Elle ne l'aimait pas », tranche Danielle Bonel. La réciproque tient davantage dans ce que Delanoë ne parvenait pas à se faire accepter plutôt que dans un antagonisme viscéral. « C'était une dévoreuse de personnalité, dira l'ancien fonctionnaire. Elle détestait les gens dits "bien", convenables, bourgeois, tranquilles, sans histoires. Elle n'aimait que les originaux, les marginaux, dont notre monde du spectacle regorge [...]. Quand elle jetait son dévolu sur un homme, il était difficile de lui échapper, elle le charmait, le séduisait, l'annexait, le croquait et le jetait. Je n'avais pas la moindre envie de passer par cette filière. Mais j'adorais la chanteuse et j'essayais de faire mon métier et uniquement mon métier. C'était impossible, elle ne me pardonnait pas d'arriver à un rendez-vous à l'heure exacte. De montrer ma chanson et de m'en aller quand j'estimais que je n'avais plus rien à faire chez elle et, au contraire, beaucoup à faire ailleurs. Pour elle, c'était une offense. Il fallait lui tenir compagnie aussi longtemps qu'elle en avait envie, et elle en avait d'autant plus envie que la proie cherchait à échapper au rapace. »

Le rythme de la tournée dans les Amériques est éprouvant. Dans le menu désordre : les USA, le Canada, les Caraïbes, le Brésil, l'Argentine, à nouveau les USA. Parce qu'elle aspire à un « long repos » qui ne lui sera *in fine* accordé que le 10 octobre 1963, Piaf met « les bouchées doubles dans mon travail », comme elle l'explique à Bourgeat. En février, elle est à Cuba. Dans un télégramme, elle presse son vieil ami de lui envoyer des livres sur le spiritisme, ceux d'Allan Kardec, par exemple, ainsi qu'une « documentation sérieuse concernant cette science ». En transit à New York, avant de repartir pour Chicago et l'Amérique du Sud, n'ayant rien reçu, elle décharge ses foudres sur le coupable : « Alors, mon Jacquot, ces bouquins... ? Ça vient, oui ou merde ? Je pensais les trouver à mon retour de Cuba, et rien. Jacques [Liébrard] m'a suggéré une idée : si tu as de la difficulté pour les trouver, ils doivent de toute façon se trouver à ta Bibliothèque Nationale. Alors, prends-les et recopie-les... Comment ça, merde ? Tu peux bien faire ça au nom de notre vieille amitié, de plus ça te passera le temps ! Je tiens à avoir ces bouquins le plus vite possible. Je voudrais approfondir cette science très sérieusement et cette fois-ci sans être aveuglée par un chagrin, ni entourée de salopards qui en profitent. » Dépassé par le mouvement de la « petite fille » et ne sachant plus très bien où adresser ces livres qu'il fit l'impossible pour acquérir, Bourgeat avait expédié son colis le 12 février au hasard d'une date de tournée. Arrivèrent-ils jamais ? Depuis Chicago, elle lui mande un télégramme saucé : « Alors, mes bouquins ? Vite, salaud ! Oui, Monsieur Salaud. Ton ex-amie. Piafou. »

« Édith embêtait ce pauvre vieux, avec ses livres, intervient Danielle Bonel. Elle ne lisait même pas entièrement tous ceux qu'elle lui réclamait avec tant d'insistance. Elle les survolait pour s'en faire une idée. Elle aimait beaucoup Jack London. Pendant des années, nous avons recherché un livre de cet écrivain qu'elle nous avait demandé : *Martin Eden*. Nous avons fini par le dégoter dans une librairie de Lyon. Elle apprécia aussi énormément *La Mort du petit cheval blanc*, d'Hervé Bazin. Mais ce sont surtout les ouvrages sur le spiritisme et les sciences occultes, c'est vrai, qui la passionnaient. » Jacquot n'a pas fini d'entendre parler de ces livres... Le 4 avril, depuis Buenos Aires, la Môme remet le couteau dans la reliure. « Dis donc, tes bouquins... je les attends toujours... Tu as dû les envoyer par bateau, car je suis comme sœur Anne, je n'ai rien vu venir, vieux machin. Ah ! t'es pas moderne. »

Piaf révèle une santé toujours aussi chancelante et sa fatigue continue de la précéder d'un récital en tous lieux. Aggravée du fait qu'il lui faut apprendre ses textes en langue étrangère et « ça me tue ! ». Les triomphes qu'elle remporte partout sont à la hauteur de ses efforts. Côté cœur, Liébrard garde les rangs. Dans ses lettres à Bourgeat, Édith lui donne encore la vedette mais, le 29 mai, à São Paulo, le ton commence à changer. « Jacques passe son temps à m'engueuler parce que je ne t'écris pas. Il me traite de garce et de salope, de plus il me bat. Tu vois la vie que je mène. Que veux-tu, c'est la vie, vieux con ! Je t'adore. » Liébrard en père fouettard ? « Du roman ! rature Danielle Bonel. Il avait ses défauts et ses qualités, mais il n'était pas homme à battre les femmes. » Et toujours ce vieux cafard pour Paris et les copains :

« Je compte les jours qui me séparent de mon retour. Dans quelques jours, je serai à San Francisco, à partir du 15 juin. Mais comme je vais passer une semaine à New York, réponds-moi au Cambridge House. Je rentre vers le 15 août et cette fois-ci, je reste deux ans à Paname ! »

Piaf profite-t-elle de son repos français, à Richebourg, dans la maison de Loulou Barrier ? Que non ! Satellite en perpétuelle rotation, sans la chanson la vie perdrait son sens. C'est à cette époque qu'apparaît Michel Rivgauche, cornaqué dans l'antre de la magicienne par Pierre Ribert. Venu timidement soumettre *Les Prisons du Roy* au jugement d'une Madame Piaf qui avait déjà refusé trois versions de paroles de cette chanson composée par Gordon, Rivgauche repart avec l'assurance d'un prompt retour. La Môme à Ribert : « Mais qu'est-ce qu'il est marrant, ce mec : où l'avez-vous déniché ? » Elle a confié au jeune parolier la mission de créer un texte sur une musique sud-américaine d'Angel Cabral, une valse, dont elle a racheté les droits. Âpre à ne pas la décevoir, Rivgauche se met à pied d'œuvre et rend rapidement sa copie par téléphone. Au bout du fil, Piaf hurle d'aise : « Vous êtes en plein dedans, c'est formidable ! » *Emportée par la foule* avait été le premier titre envisagé par Rivgauche. « C'est trop long, corrigea la Môme. *La Foule*... c'est ça, *La Foule* ! Je sais ce que je vais faire, je vais danser sur cette chanson... *La Foule*... »

Qui nous traîne, nous entraîne,
Écrasés l'un contre l'autre
Nous ne formons qu'un seul corps...

« Un jour, je suis allé avec ma mère voir Piaf dans sa loge à l'Olympia, après son tour de chant, raconte le fils de Marie Dubas. Elle venait de créer *La Foule*. Mon étonnement fut grand de l'entendre nous avouer qu'elle s'était inspirée de ce que maman faisait jadis dans *Ma Guadeloupe*, une chanson du folklore antillais, pour trouver son propre jeu. »

Michel Rivgauche est le nouveau favori. Entre lui et Piaf, il ne fut jamais question d'autre chose que d'amitié. Ce qui n'est pas le cas avec un certain Félix Marten, le pion que la Môme a choisi d'utiliser pour chasser Liébrard, déchu de son rôle de chevalier servant, sans comprendre ce qui lui arrive. Il tombe de haut, « Judas Barbouzard » ! « Au Mexique, raconte Danielle Bonel, mon mari m'avait fait faire un bracelet avec des pesos en or, la grosse artillerie, avec des 50 pesos et une chaîne très épaisse. Un bijou tellement imposant que je ne l'ai porté qu'à de rares exceptions. Liébrard, de son côté, avait offert un bracelet à Édith, une petite gourmette, fine, avec des petits pesos. C'était mignon et presque plus joli que ce que j'avais. Ça allait bien à Édith, elle le mettait volontiers. Voulez-vous savoir où la gourmette a terminé sa carrière, quand Édith s'est fâchée avec Liébrard : dans les waters du boulevard Lannes ! Elle n'a pas pensé à la donner à quelqu'un, non, elle a fini là-dedans ! »

La rupture était fatale, mais un fait inconnu a servi Piaf dans sa décision de clore sa liaison avec son guitariste. Ce motif officiel a pour nom Lizanne Coupal, une jeune femme qui enseignait l'espagnol à Montréal et que Piaf avait débauchée pour qu'elle l'aide à confectionner les chapeaux de ses chansons en espagnol, avant la tournée sud-américaine. « Qu'est-ce qu'elle était jolie, Lizanne ! se pâme encore Danielle Bonel. Un visage magnifique, avec de longs cheveux. En plus de cela intelligente, gentille, souriante. Bref, nous sommes tous tombés sous son charme. Elle avait provisoirement laissé son fiancé à Montréal pour nous suivre à Hollywood et à San Francisco. Du reste, nous avons des films où on la voit pique-niquer avec nous. Vraiment une très belle fille. Harry Belafonte, que nous avions rencontré à la même époque que Lena Horne, très admiratif de Piaf et réciproquement, était fou de Lizanne. Il voulait absolument conclure avec elle. Sans succès.

» Or, un peu plus tard, à Paris, alors qu'elle était chez nous, Lizanne coucha avec Liébrard. Piaf tira parti de cette aventure pour ne plus rien avoir à faire avec lui. En dépit d'une petite blessure d'amour-propre, elle n'attendait que cela. Elle a renvoyé Lizanne mais, dans le fond, elle ne lui en a pas vraiment voulu. D'ailleurs, quatre mois après son retour à Montréal, Lizanne envoya à "Édith-Minou" une lettre très émouvante, datée du 20 mai 1958, que j'ai gardée et où elle dit : "À cette époque-ci, l'an dernier, j'attendais impatiemment un mot de vous pour aller vous rejoindre par le premier avion à New York ou n'importe où. Vous avez tout changé dans ma vie. Et sans cesse je me souviens de vous. M'avez-vous pardonné de vous avoir quittée si brusquement et si imprévisiblement ? C'était un geste inexplicable quoique incontrôlable, mais que je m'explique maintenant. À tous les êtres qui passent dans votre vie, il arrive de grandes choses [...]. J'aimerais tellement vous voir. Vous m'avez donné ce que jamais je n'aurais eu l'audace d'espérer : une amitié extraordinaire, la chance de vivre tout près de vous pendant huit mois, la chance de partager vos joies, vos peines, votre force, votre intensité de vie. Vous m'avez irrévocablement marquée de votre sceau. Dans tous les domaines, j'ai appris avec vous, plus que je ne l'aurais fait dans une vie entière, seule. J'ai même appris, hélas, à me connaître. Que de fois je m'exclame : "Tiens, une fois de plus, elle avait raison !" Que de fois je rêve que nous sommes dans notre bungalow à

Hollywood, où je vais vous entendre dans le Venetian Room du Fairmont, ou que nous sommes à Richebourg, en train de tricoter, moi assise sur le pied de votre lit et bavardant comme des folles pendant des heures, en nous gardant bien de répondre au courrier. Ce que j'ai été heureuse avec vous ! C'est bête d'avoir tout gâché. Je vous embrasse. Votre girafe -- Grande sautée – Canada dry – Pépée des îles – ex-secrétaire manquée. Puis-je prétendre au moins dans ce domaine avoir été l'égale de Suzanne Flon ?... »

Qui est Félix Marten, dont les annales du cinéma et de la chanson ont retenu le nom ? Il est né le 29 octobre 1919 à Remagen, en Allemagne, un an après que Guillaume II eut inauguré le célèbre « pont de Remagen », le dernier intact au-dessus du Rhin durant la phase finale de la dernière guerre mondiale. En 1945, à l'heure où le célèbre édifice, sujet d'un film réalisé par John Guillermin, tombe aux mains des alliés, à Paris, Félix Marten fait ses débuts dans un cinéma de quartier, le Studio Fontaine (futur Nouvelle Ève). Il chante à l'entracte, en attraction. « Je n'avais aucune personnalité et il m'était très difficile d'obtenir des engagements ; je visitais une dizaine d'impresarii par jour, et je rentrais chez moi complètement découragé », confessa-t-il en 1961, à Jacques Baroche, dans *Vedettes au microscope*, un livre préfacé par Jean Cocteau et tiré à titre presque confidentiel. Au fait du solfège grâce à cinq années d'études du violon, mais aspirant également à jouer la comédie, en parallèle à ses cours chez Dullin, Marten exerça moult métiers avant de pouvoir espérer vivre de ses dons artistiques : « Batteur de tapis, vendeur aux Galeries Lafayette, docker sur le port de Brest, démarcheur de fonds de commerce, crieur de journaux... » Sa rencontre avec Piaf va lui faire gravir les échelons. Au départ, Marten est plus ou moins imposé à la Môme par Pathé Marconi, où cet athée déclaré attendit dix années avant de pouvoir décrocher un contrat de disques. Marié et père d'une petite fille, il entre dans le petit monde d'Édith Piaf en la suivant à partir du 25 octobre sur les routes de France.

La Môme prépare sa grande rentrée parisienne. Un rodage qui appelle le journaliste Yves Bonnat, ex-secrétaire particulier de Joséphine Baker, à d'autres interrogations. « Est-ce faire honneur au public provincial ou bien le considérer comme un vulgaire cobaye ? C'est une fois de plus le problème de la décentralisation artistique qui est posé. On peut admettre que les spectateurs provinciaux doivent parfois supporter les conséquences de la fatigue de la troupe, du mauvais réglage des éclairages ou de l'absence de mise au point de la sonorisation. Mais que ce soit à Paris ou en province, la qualité du programme devrait aider à faire

Collection Roland Gerbeau

Yves Montand, Carletti et Roland Gerbeau à droite, sur le toit de l'Européen, à quelques jours de la rencontre entre « la puce et son grand ».

Collection Jeanine Lattès

Montand s'est difficilement remis de sa rupture avec Piaf. Ils se retrouvèrent en 1958 avec Simone Signoret.

Collection Danielle Bonel

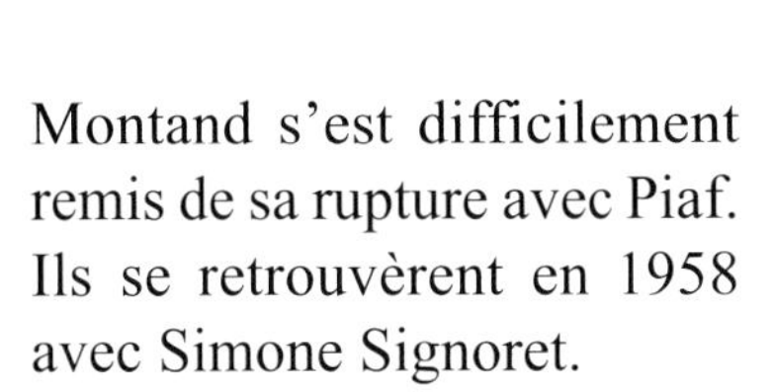

MERDE !
on
t'embrasse.
Yves et Simone

Un mot d'encouragement de Montand et Signoret à Piaf, un soir de première.

L’ancienne chanteuse des rues est devenue une Dame, reçue par le Tout-Paris. À sa gauche, Louis Aragon et Elsa Triolet.

Piaf et les Compagnons de la chanson. Ils étaient neuf, un seul a eu son cœur, Jean-Louis Jaubert, leur chef de file.

Collection Brian Hammond

Édith Piaf et Joséphine Baker à New York. À gauche, l'acteur hollywoodien John Garfield avec qui la Môme entretint une brève liaison secrète.

Collection André Bernard

Avec « Papa Brunis », l'un des patrons du Versailles à New York.

Le « Bombardier marocain », alias Marcel Cerdan. La fin tragique de leur histoire d'amour marque un tournant dans la vie de Piaf.

Collection Jean-Marc Gayard

Piaf épouse Jacques Pills, en 1952. Leur union dura quatre années. Elle l'appelait « Pépère » et lui « Mémère ».

1953 : Dans *Si Versailles m'était conté* de Sacha Guitry, Édith Piaf, royaliste de cœur, incarne une révolutionnaire.

Avec Pills et Bécaud *À la joie de vivre* dont la môme n'aimait pas l'esprit courtisan.

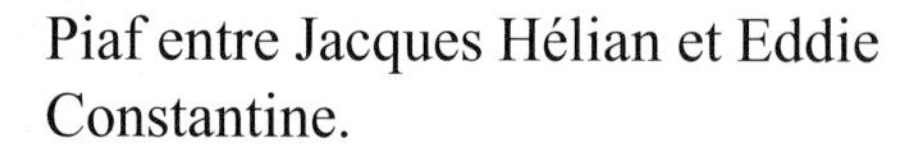

Piaf entre Jacques Hélian et Eddie Constantine.

Collection André Bernard

Collection Danielle Bonel

Dans la loge du Mocambo, à Hollywood, avec Nita Raya, Louis Barrier, Robert Chauvigny, Marc et Danielle Bonel et Jacques Liébrand.

Collection Danielle Bonel

Avec les Bonel, piliers de la maison Piaf, lors d'une arrivée à Buenos Aires.

Photothèque JP Mazillier A. Berrot

Édith Piaf est la seule Française à avoir conquis durablement l'Amérique.

Les stars américaines sont venues poser à côté de Piaf. Ici au Versailles avec, de gauche à droite, Dorothy Lamour, Joan Crawford et Lena Horne.

Photothèque JP Mazillier A. Berrot

Photo Roger-Viollet

Paris, novembre 1960 : Édith Piaf et Charles Dumont à une représentation de *La Résistible Ascension d'Arturo Ui*, de Brecht, au TNP.

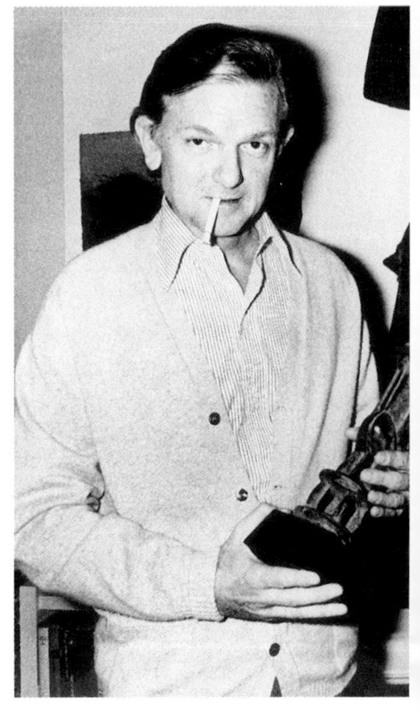

Parmi les nombreux amants de Piaf, André Schoeller est l'un des moins connus. Pourtant, c'est à lui qu'elle a écrit : « Tu es l'exceptionnel. »

Photothèque JP Mazillier A. Berrot

Piaf, dans l'appartement du boulevard Lannes, entourée de Marguerite Monnot à gauche, Georges Moustaki et Claude Figus de profil.

Collection André Bernard

1962 : Sarapo, Piaf, André Bernard et Michel Emer de profil dans la loge du Gymnase à Marseille.

Collection Jean-Marc Gayard

Piaf la tendresse.

Collection Jean-Marc Gayard

Fervente de sainte Rita, Piaf la mystique est morte en chrétienne.

Photothèque JP Mazillier A. Berrot

oublier les imperfections techniques lorsqu'une troupe joue à Tours, le lendemain à Bordeaux. » Danielle Bonel répond : « Édith avait un immense respect pour le public. Le public était l'homme de sa vie. Devant un ou mille, elle a toujours donné le meilleur d'elle-même, avec un bonheur identique. Du reste, elle était heureuse quand le tourneur Fernand Laly, en accord avec Loulou Barrier, lui offrait de chanter dans les cinémas de la banlieue parisienne. Elle, la plus grande chanteuse du monde, qui triomphait au Carnegie Hall devant un public exclusivement américain. »

Germaine Ricord fait partie de la tournée. Dans le circuit depuis 1951, la jeune chanteuse fantaisiste avait été présentée à Loulou Barrier par un directeur de théâtre de Marseille. Lequel Barrier décida de l'auditionner avant de la soumettre en public au jugement de Piaf. « Ce fut un soir, à Saint-Étienne, se souvient Germaine. Édith était assise sur un tabouret et depuis la coulisse elle ne me lâchait pas du regard. J'avais le trouillomètre à zéro. Les spectateurs ont dû le sentir car mes jambes flageolaient. À la fin de mon tour, elle m'a regardée, elle a regardé Barrier et elle a dit : "Elle est bien, cette petite, on la garde. » Germaine vient de passer son brevet d'admission dans le cercle très restreint des intimes de Piaf. « Quand on y entrait, il était très difficile d'en sortir. Dès le premier jour, elle a refusé que je voyage en car avec les autres, elle m'a prise avec elle dans sa voiture. J'étais toute jeune et toute naïve et j'étais fascinée par le puissant charisme de cette femme extraordinaire. J'ai même été amenée à vivre avec elle, boulevard Lannes. La nuit, quand tous les autres partaient et que je m'en allais aussi, elle me rattrapait à la porte pour me faire son grand numéro : "Ils se disent mes amis et ils me laissent... Reste ! Reste !" Excellente comédienne, elle pleurait à chaudes larmes. Je lui disais que je n'avais pas ma brosse à dents ni ma chemise de nuit. "J'ai tout ce qu'il faut, je te prêterai une des miennes." Moi qui mesure un mètre soixante-cinq, je vous laisse imaginer mon confort dans un vêtement d'une femme d'un mètre quarante-sept ! »

Germaine Ricord ne s'appartient plus, elle est devenue la chose de Piaf. « Je suis restée trois ans avec elle. Elle avait fait de moi sa confidente, sa "meilleure amie", comme elle le disait de toutes ses favorites du moment. Elle était très autoritaire, il fallait manger quand elle en avait envie, dormir quand elle le décidait et tout était à l'avenant. Je me souviens de nuits entières de bavardages où elle me racontait tout de sa vie, de ses hommes. Elle était folle de ce que faisait Amalia Jackson et elle était capable d'écouter ses disques en boucle, de quatre heures du matin jusqu'à midi. Bien entendu, comme Édith ne pouvait absolument pas rester seule, je devais participer : "Écoute ce morceau... et là, ce passage, c'est magnifique !" Malheur à moi si je m'endormais ! Elle m'a prise à toutes ses premières parties pendant trois ans, c'est vrai, mais elle ne s'est jamais vraiment occupée de me faire faire un disque ou de confier mon répertoire à des auteurs de sa connaissance. [L'inverse vaut tout autant : Piaf n'a jamais managé Germaine Ricord, mais elle lui a offert l'occasion unique de faire ses preuves sur scène, à ses côtés, trois années durant.] Elle me disait que je ne ferais jamais rien dans ce métier parce que j'étais trop équilibrée, trop gentille. Elle avait un peu raison, du reste. De mon côté, je n'ai jamais rien demandé. [Dans un métier où il ne faut pas demander mais prendre !] "Lâche-toi un peu et bois un petit coup avec moi, il faut tout essayer dans la vie, sans ça tu ne connaîtras jamais rien !" me disait-elle. Dès le début, elle me fit couper mes beaux cheveux et m'habilla de manière à ce que je ne sois pas trop à mon avantage. Je suis convaincue qu'Édith n'aimait pas les femmes. Cela dit, j'ai énormément appris tant au professionnel que d'un point de vue humain. Cette femme était hors dimensions, un phénomène inexplicable, à la vie comme à la scène. Je l'aimais beaucoup, mais par moments j'avais envie de l'étrangler, quand par exemple sans raison valable elle se mettait à vous faire la tête alors que vous n'aviez rien fait et que la veille encore elle vous portait aux nues. Mais dès qu'elle se mettait à chanter, on oubliait tout. C'était Piaf. Elle avait les qualités et les défauts des génies. Il est très difficile d'analyser sa personnalité car ça ne correspondait à rien de ce que nous connaissions. J'ai rencontré des tas de monstres sacrés après Piaf : aucun, absolument aucun ne m'a fait l'impression que m'a laissée Édith. Vous êtes marqué à vie par cette femme. C'était un être irréel. Il fallait cacher son amant si jamais on en avait un, car lorsqu'un homme lui plaisait, elle ne faisait pas de quartier.

» Édith ne s'interdisait absolument rien. Rien ne lui faisait peur, rien ne l'arrêtait. Partout où l'on passait, les autorités locales la recevaient avec les honneurs. Je me souviens d'une réception dans une préfecture, avec un maître d'hôtel en gants blancs qui passait parmi nous avec un plateau lesté de coupes de champagne. "Vous avez froid à vos petites mimines ?" lui a lancé Édith sur un ton moqueur. Elle pouvait être très mal élevée et elle se vengeait ainsi de la société. Personne n'impressionnait Piaf. Elle aurait été capable d'envoyer paître de Gaulle ! Elle en voulait aussi aux hommes. Un soir, je lui ai demandé pourquoi elle se comportait si durement avec eux. Elle m'a répondu qu'ils étaient tous des salauds et qu'elle se vengeait de ce qu'ils lui avaient fait subir. "Ils m'en ont tant fait voir dans ma jeunesse..." Je la préférais quand elle me faisait rire. Elle ne pensait qu'à ça. Sa drôlerie et son goût pour la farce étaient uniques ! En même temps, elle était pénétrée d'une foi mystique et profonde. La religion, c'était sacré, il ne fallait pas toucher. C'était le seul interdit qu'elle se fixait. Un jour de cafard, elle me dit : "Mémène, emmène-moi à Lisieux." Je l'y ai conduite avec ma petite voiture. Nous n'étions que toutes les deux. Je l'ai laissée entrer seule à l'église. Je l'attendais sur le parvis. Elle a prié pendant une demi-heure. Quand elle est ressortie, elle est passée devant moi sans me voir. "Ouh ouh, Édith, je suis là..." Elle ne voyait plus rien, n'entendait plus rien, elle était transfigurée. »

De ville en ville, la tournée Piaf poursuit son périple. Germaine Ricord est devenue le nouveau joujou de la patronne, mais c'est du côté de Marten que celle-ci reluque. D'entrée, en dépit de ses grands airs, il lui a plu. Au point qu'à quelques semaines d'investir l'Olympia, elle téléphone à Coquatrix pour l'avertir que Félix Marten y sera sa vedette américaine. Or, rien n'est allé sans compromissions... « Marten n'a pas été affiché à l'Olympia par hasard, intervient de nouveau Germaine Ricord. Il voulait absolument réussir et il faisait du rentre-dedans à Édith. Il a tout fait pour décrocher l'Olympia. Cependant, il était marié et il ne voulait pas coucher. Édith lui a fait comprendre que c'était la condition. "Ce con-là, s'il ne me baise pas il ne fera pas l'Olympia !" Jusqu'au jour où... Une fois qu'il a eu le contrat en main, il n'a plus trop voulu continuer le petit jeu et elle l'a traité de tous les noms. » En attendant l'échéance parisienne, Piaf refait l'éducation musicale de Marten, l'obligeant à modifier sensiblement son répertoire, de manière à ce que le public de l'Olympia le découvre et le voie avec ses yeux à elle. Marten doit chanter l'amour, il n'y pas d'autre voie que celle-ci. Il renâcle. Jusque-là il a vécu sans Piaf et à l'aune de la quarantaine il n'a plus ni la souplesse ni l'impressionnabilité d'un débutant. Elle tient bon. S'est-elle jamais trompée ? Elle est Piaf, une et indivisible, celle dont Maurice Chevalier vient de déclarer dans *La Presse* du 3 septembre : « C'est de la grande cuvée et je n'ai jamais vu sa pareille depuis plus d'un demi-siècle que je navigue dans le métier. »

Aux premiers jours de janvier 1958, comme à chaque début de cycle, Piaf est en pleine crise de bonnes résolutions. Entre autres promesses, elle jure de ne plus jamais médire d'autrui. « Édith était une langue de vipère, avoua Loulou Barrier. On savait que celui qui partait, Édith dirait beaucoup de mal de lui. Alors, on voulait être le dernier à l'entendre. Elle était redoutable, mordante. Très parisien, tout ça. Après, elle s'en vantait et elle le répétait : "Qu'est-ce que j'ai pu casser de sucre sur ton dos !" Elle ne se gênait pas. » Une pratique de salon dont elle ne se défera jamais. À Paris, en tournée, ou ailleurs, Piaf n'ayant jamais éprouvé le besoin de se planquer derrière des éventails pour rire aux dépens de ceux qui, sans cela, donneraient à pleurer. Dans sa maison du « Hallier », par exemple. Elle l'a, à présent, sa campagne. Elle ne l'a pas choisie à Bormes-les-Mimosas, ni à Marnes-la-Coquette, mais à Condé-sur-Vesgre, près de celle de Loulou. Elle n'en profitera pas longtemps. L'angoisse du vert, mais surtout le métier qui envahit tout. À commencer par la rentrée du 6 février à l'Olympia, qu'elle effectue en fanfare devant un parterre de belles dames et de beaux messieurs venus pour voir et être vus.

Micheline Dax : « L'entrée en scène d'Édith était un spectacle. Je bénis le ciel d'avoir connu ça ! Elle entre comme une petite chose tendue comme un arc, couverte de complexes... Si vous saviez les complexes qu'on lui a donnés et qu'elle avait ! Elle faisait son signe de Croix, qui n'était pas destiné aux journalistes, et elle entrait... Comment vous dire : comme quelqu'un qui dit : "Bon, alors, on en est où exactement de tout ça ?" Elle entre, elle a le visage sévère. Ovation. Personne n'a jamais eu les ovations qu'elle a eues. Ça dure pratiquement dix minutes. Des hurlements de bonheur, avant même qu'elle n'ait ouvert la bouche. Les gens disent merci. Merci d'être là. Merci d'être revenue. » Piaf était-elle une traqueuse ? Danielle Bonel : « À l'instar de tous les artistes, elle avait le trac avant les grandes échéances, comme Carnegie Hall ou une première à l'Olympia, par exemple. Elle ne montrait rien, bien sûr, elle gardait ça pour elle, mais on savait qu'il fallait la laisser tranquille avant le lever du rideau. Les jours suivants, c'était rodé, le trac partait tout seul, la routine reprenait le dessus et elle allait au travail sans appréhension. » Loulou Barrier se souvint que quinze jours avant ses premières à l'Olympia, Piaf allait voir la tête d'affiche du programme précédent, nantie d'une « trouille intense » : « Loulou, c'est impossible que je passe à l'Olympia ! » Le doute, dont Meurisse la disait dégagée dans ses années de conquête, rattrapait parfois l'artiste tenue de défendre son titre de plus grande chanteuse du monde.

Le soir du 6 février 1958, Piaf crée notamment *La Foule*, *C'est à Hambourg* et encore *Mon Manège à moi*, dont la saga vaut d'être contée. Au départ, Norbert Glanzberg avait enregistré sur un même disque une musique de film commandée par Jacques Tati pour *Mon Oncle* et une rumba destinée à Yves Montand. Il fit porter ce disque chez Jean Constantin, en lui demandant de mettre des paroles sur la rumba sans s'occuper de la musique de film. Par suite d'une erreur d'étiquetage sur le disque, comme fait exprès, Constantin écrivit une chanson sur la musique du film de Tati. Sans en connaître le résultat, en l'apprenant au téléphone, Glanzberg en fut fort marri. Constantin avait intitulé la chanson : *Tu me fais tourner la tête*. Quelques jours s'écoulent lorsque Glanzberg est réveillé en pleine nuit. « Ta chanson, c'est de la merde ! » lui annonce Piaf au téléphone. Tombant du lit et des nues, Glanzberg se proposa de passer boulevard Lannes. Ce qu'il fit dès le lendemain soir. Là, il fut mis au parfum. Sans lui en référer, Constantin était allé proposer la chanson à Yves Montand qui, fidèle à son habitude, avait fait la moue, conforté dans sa condescendance par Simone, fume-cigarette entre les doigts. Glanzberg avait toujours reproché à Montand son manque de flair et son absence totale de sens musical. Sur ce point, Piaf était du même avis que son « Nono » des années de guerre. Reste que la chanson ayant atterri chez elle, elle réitéra son jugement de la veille. Une chanson que Glanzberg découvrit ce soir-là et qu'il trouva au contraire très bonne. Installé au piano, il prit le risque de la chanter à son tour à Édith, après que Constantin l'eut interprétée une première fois.

Tu me fais tourner la tête
Mon manège à moi, c'est toi
Je suis toujours à la fête
Quand tu me tiens dans tes bras...

Son jeu fit toute la différence. À présent, Piaf voulait la chanson. Dès lors, la chanson était à elle. Or, la musique ayant été vendue à Tati, elle dut non seulement la racheter pour une somme prodigieuse, mais encore s'acquitter de cinquante mille francs de frais d'avocats. *Mon Manège à moi* devint l'un des plus grands standards de Piaf, le plus gros succès de Glanzberg, avec *Padam Padam*. Ce qui convainquit Montand de l'inclure dans son répertoire. Si Piaf laissa Glanzberg rembourser Tati de son acompte, c'est qu'elle savait qu'il s'y retrouverait largement par la suite. De Joséphine Baker à Étienne Daho, *Mon Manège à moi* fut repris par les artistes les plus divers. Seule la version pour synthétiseurs de Daho provoqua le courroux de Glanzberg.

Dans les conditions établies à la signature du contrat, Piaf chante à l'Olympia du 6 au 25 février. Chaque soir, la salle est archi-comble et l'on refuse du monde. Coquatrix, à qui il manque toujours un parpaing pour faire un palais, l'implore de rester. Une tournée en Suède attend Piaf au début de mai ; un repos intermédiaire semble donc tout indiqué ; mais, au mépris de sa fatigue et contre l'avis de ses médecins, elle répond oui. Oui à Coquatrix. Oui au public. Oui à la scène et à la chanson, son sérum existentiel. Les prolongations courent du 27 février au 8 avril. Cinq semaines supplémentaires, qui s'ajoutent aux trois premières. Un marathon. Ou un suicide. D'autant que, boulevard des Capucines, le public toujours aussi nombreux et enthousiaste semble ne pas vouloir évacuer les lieux. Le 8 avril aurait dû être la date de la dernière. C'était compter sans les supplications larmoyantes de Coquatrix, à genoux devant sa reine, pour lui demander de ne pas abandonner le public. Le seul argument susceptible de ranger Piaf à n'importe quelle folie. L'homme au cigare a encore gagné. Dans l'inconscience la plus totale, deux jours plus tard, elle remet ça. Elle a oublié que son état de santé donne des inquiétudes croissantes à ses médecins et qu'au début de mars, un malaise l'a surprise au beau milieu d'une chanson.

Brigitte Auber et Jean Yanne, avec ses caricatures de la religion, catholique s'entend, viennent étoffer le spectacle, ou plutôt le renouveler. Germaine Ricord a quitté l'aventure : « Je n'accrochais pas vraiment le public. » Félix Marten, lui, reste en piste. Il est là depuis le début, il sera de la fin. Le 11 avril, dans une salle quasi hystérique, on fête la centième. Du monde partout et jusque sur les marches du grand hall. Trois cents personnes ont dû rester à l'extérieur. « Il n'y a pas de Dieu qui compte », maugrée l'Aga Khan, écrasé par la foule. Ce soir-là, Piaf est grippée. « Même enrouée, elle est sensationnelle, mais elle est arrivée à un point où elle peut se faire applaudir en chantant n'importe quoi », jabote un pion du *Canard Enchaîné* en commettant une allusion politique aux *Grognards*.

Une centième comme on n'en a jamais vu. L'occasion pour des savants comptables de claquer quelques chiffres célébrant ce record : deux mois à guichets fermés et deux cent mille spectateurs. Le 30 avril, *France-Soir* signale que la veille au soir Édith Piaf tenait toujours l'affiche à l'Olympia. Révision des chiffres : « Cent vingt-huit représentations, deux cent quarante mille spectateurs, mille cinq cents chansons, douze en moyenne par représentation. » Par deux fois au cours de ces trois mois, Piaf hors d'état de se produire, les spectateurs durent être remboursés. Ces deux accidents étant survenus un mardi, la relâche du mercredi permit à la chanteuse de retrouver sa voix, mais on dut supprimer les matinées du jeudi. On a dit que le 22 avril, elle s'est carrément écroulée sur scène. Encline à dédramatiser, elle prend Paul Giannoli, de *Paris-Presse*, à témoin. « Ce sont les trois représentations du dimanche qui m'ont achevée. Vous comprenez, "ceux" du dimanche, ils ont droit à ce que je leur en donne plus qu'aux autres. Toute la semaine, ils ont pensé à leur dimanche. Ils se sont peut-être privés pour s'offrir le fauteuil. C'est leur part de rêve, de paradis, je la leur dois. » Tout indique en revanche que les ennuis de santé de sa poule aux œufs d'or n'ont pas doté Coquatrix du moindre scrupule. Derechef il vient pleurer dans sa loge, l'adjurant de pondre encore au moins jusqu'au... 12 juillet ! Plaise à Dieu, elle reviendra, oui, mais l'année prochaine. Ou dans deux ans. Pour cette fois, elle a donné. Coquatrix se permet d'insister : la chère Édith ne peut pas trahir son public alors que la demande est toujours aussi importante. La décision de la Môme est irrévocable. Jusqu'au jour où, par son attitude, le patron de l'Olympia finira par obtenir que Piaf bannisse son nom de son vocabulaire et de son esprit.

Après l'Olympia, Édith est au plus bas. Le 27 avril 1958, Jean-Baptiste Aslan, le médecin qui a temporairement supplanté De Laval, prescrit à sa nouvelle patiente un traitement très lourd, à respecter à la lettre jusqu'au 31 mai. Il comprend une piqûre intramusculaire quotidienne à base de Glycosthène, différentes ampoules (Ascorbo-Glutamate ; Dynamion) et différents comprimés (Triphosadémine ; Docémine) à prendre trois fois par jour. La chanteuse devra en outre s'astreindre à la prise quotidienne d'un mélange de cinq somnifères une demi-heure avant le coucher, de cinq comprimés de Gardénal et d'un suppositoire Suppornyl. Sans oublier les trente gouttes de Tonicortine et les vingt gouttes de Nesynephrine avant chaque représentation.

Vexé de l'infidélité de la Môme dont il est autant l'ami que le médecin depuis cinq ans, De Laval passe outre le fait qu'elle est avant tout une malade à ménager et lui adresse séance tenante ses honoraires des dernières semaines. Il n'oublie ni « le Gardénal expédié aux États-Unis », ni « l'Immonectal fourni chez toi », encore moins le « voyage aller-retour de Bayonne à Paris pendant mes dernières grandes vacances, lors de ton retour des USA » [elle l'avait appelé « juste pour voir ta gueule ! »], ni encore « les quarante-huit heures passées en ta compagnie + neuf visites de nuit + trois visites à Richebourg ». Il lui fait grâce cependant des « visites pour les gosses Cerdan. Pour Marinette. Pour ta petite vieille à l'hôpital Beaujon. Pour Jacques Liébrard – pour son ex-femme lorsque tu m'avais demandé d'y passer un soir, boulevard Ornano, après une fausse tentative de suicide, etc. ». Les visites de nuit étaient destinées à piquer Piaf pour l'expédier chez Morphée. « Elle prenait dix ou douze pilules pour dormir, témoigna Loulou Barrier. Le lendemain, elle prenait dix cafés pour refaire surface. En somme, le docteur venait pour la faire dormir et il revenait le matin pour la réveiller. On a fait courir le bruit qu'elle était droguée. Ce n'était pas du tout une droguée, sauf qu'elle n'avait plus de limites. Sa santé était de fer et son cœur très solide, mais elle a beaucoup trop tiré sur la corde, parce qu'elle était obligée de le faire. Il fallait qu'elle travaille beaucoup. Il fallait qu'elle prenne des excitants pour tenir. Il fallait qu'elle prenne des calmants pour dormir. Elle s'est usée comme ça. »

Quelle part de responsabilité revient à l'artiste et quelle part à l'imprésario ? Danielle Bonel se souvient d'autre part qu'à l'Olympia où elle occupait, entre autres fonctions, celle d'éclairagiste de Piaf, les conditions de travail étaient exécrables. « De toutes les salles que j'ai connues, c'était la plus minable du point de vue de l'éclairage. Pour arriver dans les combles, il fallait faire des acrobaties, monter des échelles, etc. Enfin, tout un cheminement infernal. » De son côté, Micheline Dax a décrit la loge de Piaf à l'Olympia comme un endroit « absolument immonde », meublé d'un « fauteuil crevé, celui de la star, avec le ressort qui passe en dessous, et le robinet qui goutte dans le lavabo ». Selon Ginette Richer qui le raconte dans son livre, Félix Marten y serait un soir entré par surprise, aurait ouvert sa braguette, en aurait extrait son sexe et se serait mis à uriner sur la robe d'Édith. Celle-ci aurait alors hurlé en chassant le mufle, avant de s'effondrer dans les bras de cette bonne Ginou. « Non, mais vous imaginez Félix Marten levant la patte sur la robe d'Édith Piaf ! s'était ému Marc Bonel avec Jean-Paul Mazillier. Si, dans la pire des hypothèses, cela avait pu être le cas, Piaf l'aurait renvoyé illico, exigeant de Coquatrix qu'il résilie son contrat. » Les effets de scène de Piaf étaient l'apanage de Danielle Bonel. « Lorsque nous arrivions à l'Olympia, j'avais toujours sur le bras la robe noire d'Édith et dans la main ses souliers que je tenais par la bride. Avec le *vanity-case*, c'étaient ses seuls accessoires de scène, elle n'avait besoin de rien d'autre. Vous pensez bien que si un tel incident était survenu, je n'aurais pu faire autrement que de m'en rendre compte, puisque je m'occupais de tout dans la loge, étant toujours la dernière à en partir. »

Un peu plus tard, en 1960/61, un clash survint de manière effective entre Bruno Coquatrix et Félix Marten, mais pour d'autres raisons, que Marten expliqua à Jacques Baroche. À la question : « Êtes-vous brouillé avec certaines personnes ? », l'interprète de *La Marie Vison* répondit : « Cela m'arrive. En ce moment, c'est avec Bruno Coquatrix. J'ai eu le mauvais goût de lui réclamer l'argent qu'il me devait, et j'ai même osé le mettre dans l'obligation de tenir ses engagements. Un crime de lèse-majesté. J'en ai été puni d'une façon enfantine et ridicule, car, par représailles contre mon odieuse attitude, Coquatrix a donné l'ordre de me rayer des premières de l'Olympia. Aussi, pour aller applaudir mes amis, suis-je obligé de payer mes places. »

Suite de l'interview :

« — Que pensez-vous du mariage entre comédiens ?

— À de rares exceptions près, il ne peut rien donner de bon.
— Un homme peut-il être amoureux de sa femme après dix ans de mariage ?
— Je ne le pense pas.
— L'amour peut-il être un obstacle à la carrière d'un comédien ?
— Oui.
— Décrivez la femme idéale.
— Jolie, compréhensive, intelligente, dévouée, douce, aimante, prévenante, donc introuvable.
— Vous sentez-vous capable de vous attacher à une femme pour la vie ?
— Non.
— À quoi devez-vous votre réussite ?
— À mon travail, à ma ténacité.
— Elle est venue assez tard ?
— J'ai attendu douze ans, de 1945 à 1957, que Paris s'intéresse un peu à moi. »

Pas un mot sur Piaf, sans qui Marten aurait pu ajouter quelques années supplémentaires au désintéressement de la capitale à son égard. Fierté de mâle et d'artiste. Qui n'enlève rien aux qualités artistiques de Marten. Au cinéma, le rôle de Christian Subervie, dans *Ascenseur pour l'échafaud*, lui servit de carte de visite pour une gentille carrière en dents de scie. Sur scène non plus, il ne décolla hélas jamais véritablement. Sans doute n'avait-il pas l'étoffe nécessaire pour être ce que Piaf avait cru qu'il deviendrait. Jusque dans les années quatre-vingt, Marten devait faire les beaux soirs des cabarets parisiens, sans atteindre pour autant au mirage de la gloire.

Une autre preuve de la bonne tenue de Marten pourrait se trouver dans la correspondance établie entre sa famille et Piaf. En octobre 1958, apprenant le nouvel accident de la route de la Môme, Mauricette, son épouse, adressa à la chanteuse une lettre amicale de soutien : « Si tu disposais un jour d'un petit instant, je n'ai pas besoin de te dire quelle serait ma joie de t'entendre au bout du fil et je t'en remercie d'avance. » Le couple passait alors ses vacances en Yougoslavie avec leur fille. La lettre de Félix fut plus personnelle et empreinte d'une grande nostalgie : « Après cet horrible accident, tu es en mesure de lire ma lettre, naturellement. Que fais-tu dans ton grand appartement, au milieu de toiles, cadeaux de l'ignoble Schoeller ! ! ! Bien sympathique, quand même... [...] Je pense beaucoup. Je pense souvent aux merveilleux instants passés ensemble, qui seront à jamais les plus beaux de ma vie. Et il y a toujours et il y aura toujours dans mon cœur un coin pour nous deux.

Si tu le veux, chère, très chère Édith, si tu peux m'écrire, quelle joie tu me ferais et en attendant quelques lignes de toi, crois en mon amour pour toi. Sincèrement et constamment. Ton Félix. »

Danielle Bonel : « De toutes les manières, Félix Marten n'aura pas eu beaucoup d'importance dans la vie de Piaf. Comme tant d'autres, il est passé tel une comète. »

« Dieu fait un journal de notre vie. Une main divine écrit notre histoire pour la publier un jour. Songeons à la faire belle. »

Bossuet

VIII

Une nuit avec Boris Vian

« Tu es l'exceptionnel... »

É. P.

« L'ignoble Schoeller », gentiment étrillé dans sa lettre par Marten, se prénomme André. Pendant et après Marten, Piaf l'aima et il aima Piaf, comme deux collégiens peuvent se donner l'amour en cachette des parents. Schoeller est marié. Piaf ne l'est plus. Il y a place pour une histoire. Elle débute en décembre 1957 et depuis, comme dans la chanson de la Môme, André Schoeller n'en connaît pas la fin... André Schoeller lors de notre entretien : « Tous les jours, je pense à elle. Je n'arrive pas à l'oublier. Chez nous, Piaf était une institution. Tout le monde l'aimait à la maison, du plus grand au plus petit. Mon père l'adorait. Il avait commencé à aimer Damia qu'il avait connue, et puis après... Quant à moi, je voulais absolument la rencontrer. Par chance, j'étais ami avec le compositeur Philippe-Gérard qui écrivait pour elle et l'occasion me fut offerte de réaliser enfin mon rêve. "Attends un peu, elle est avec Marten", m'avait d'abord conseillé Philippe-Gérard. De guerre lasse, devant mon insistance, il céda. » La présentation a lieu dans la loge de Piaf aux studios de Boulogne, sur le tournage des *Amants de demain*, de Marcel Blistène : « Un navet pas possible » (*dixit* Schoeller). « Je lui ai dit que j'étais amoureux d'elle depuis que j'avais 13 ou 14 ans. Ce qui aurait pu la vexer mais, après tout, je n'étais pas bien vieux puisque je suis né en 1929. J'ai ensuite été invité à passer le réveillon avec elle et ses amis et les choses se sont faites très vite. »

Piaf soumet Schoeller à un test d'entrée, un soir, au boulevard Lannes, au cours d'une réception honorée de la présence de Michèle

Morgan et d'autres stars de l'époque, dont Pierre Brasseur, que Schoeller n'a jamais rencontré et que Piaf révérait. André Schoeller reprend : « Avec Pierre, on s'est tout de suite accrochés parce qu'ayant été surréaliste, il commença à me prendre de haut en me disant qu'il se "torchait le cul" de mes goûts sur l'art moderne. Je tenais à l'époque une galerie de peinture et j'étais précisément déjà un féru d'art contemporain. Grand viveur devant l'éternel, ce soir-là Pierre Brasseur, gorgé de vin, n'avait pas fait exception. » Désireux d'éviter l'empoignade, Schoeller fait dévier la conversation. « Tout à trac je lui ai dit : "Écoute-moi : t'as fait un film, c'est *Les Enfants du Paradis*. Tu es Frédérick Lemaître, car tu es un grand, toi aussi." Lemaître était un génie. Du reste, mon père [né en 1879], lui-même acteur, connaissait dans sa jeunesse un type qui vit jouer Lemaître. J'ai dit à Brasseur : "Lemaître devait être comme toi." Il m'a regardé en disant : "Pas con, le mec !" » Or, Schoeller a le malheur d'ajouter que *Les Portes de la nuit* fut un mauvais film. Nouvelle algarade. « Puis on a parlé, on s'est encore un peu engueulés, et puis on a bu ensemble trois ou quatre bouteilles de vin, si ce n'est pas cinq. Dans son livre, sur lequel je reviendrai, Le Breton raconte, ou plutôt c'est Ginette Richer, présente ce soir-là, qui lui fait écrire qu'avec Pierre nous nous sommes retrouvés à pisser de concert dans les toilettes, "visant n'importe où". Archi-faux ! J'avais voulu repartir avec lui et puis on a failli encore se taper dessus. Ginette Richer nous a alors foutus dans une chambre et nous avons dormi, Pierre et moi, dans le même lit, saouls comme des Polonais. Le matin, il s'est réveillé le premier et je l'ai entendu crier dans le couloir : "Édith, il y a la Môme Moineau qui veut un autographe !" Je l'ai retrouvé dans la cuisine et je m'en souviendrai toujours. C'était là, à la cuisine, que tout se passait, les dîners, tout... Nous étions réconciliés. À jeun, Pierre était une jeune fille ; ivre mort, il était impossible. »

Test réussi pour le « Dédé » à sa « Éditou », mais la nature clandestine de leur liaison va conduire à des complications marivaudesques dont Piaf est friande. Sans parler des journalistes à l'affût, qui font le guet devant le boulevard Lannes. « Ils n'ont jamais réussi à nous piéger, se vante André Schoeller. D'ailleurs, si Édith avait beaucoup de photos de moi, il n'en existe aucune où on nous voit ensemble et je le regrette aujourd'hui. On sortait toujours en groupe pour aller soit au cinéma, soit au restaurant, mais dès qu'il y avait des photographes, on la jouait fine. Il y avait toute cette bande de cons de *France Dimanche* qui suivaient ça. Jean Noli, que j'avais rencontré et que je trouvais assez sympathique, était au courant, mais il n'a rien dit. Du moins jusqu'à la mort de Piaf. Le seul qui connaissait notre histoire parfaitement, c'était le vieux Brasseur. J'étais chez Édith presque tous les soirs et ça a duré comme ça plusieurs mois. Une fois, à Marseille où j'avais rejoint Édith sur une date de tournée, nous étions à l'hôtel, dans le lit, lorsque Marten, arrivé à l'improviste, frappa à la porte : "Ouvre, c'est moi !" Sans perdre son sang-froid, Édith a prétexté qu'elle venait de se réveiller et qu'elle n'était pas visible. "Repasse dans une demi-heure !" Ce que fit Marten. Entre-temps, elle m'avait poussé et enfermé dans une immense armoire normande. Quand Marten est revenu, elle lui a répondu qu'elle n'était toujours pas prête et qu'elle descendrait dans une dizaine de minutes. Le problème est que j'étais toujours dans l'armoire dont elle avait égaré la clef. Elle la retrouva sous le lit... J'en ai reparlé un jour avec Marten qui devint un très bon copain par la suite, et nous en avons bien ri ensemble. Ginette Richer a prétendu que Marten était un cynique ; ce n'est pas vrai du tout. Félix avait beaucoup de respect quand il parlait d'Édith. Il paraissait très ému et ne m'a jamais dit que du bien d'elle. Une fois, nous avons chanté du Piaf toute la nuit, sur la péniche d'une de mes amies. C'était un gentil mec, Marten, un peu ramenard, mais gentil et certainement pas cynique. Moi non plus je ne le vois pas du tout pissant sur la robe de Piaf, il avait sa dignité.

» Édith m'avait donné à connaître deux autres de ses ex : Doug Davis et Jacques Pills. Tout comme Pills et Félix, Doug était un garçon adorable, avec qui j'avais bien sympathisé. Nous nous étions retrouvés un jour à New York et il m'avait présenté deux ou trois filles pas mal du tout... Avec Pills, nous étions vraiment copains comme cochons et nous sortions souvent à Paris ensemble, entre hommes, au cinéma et ailleurs. On rentrait dormir au boulevard Lannes. Édith et lui étaient restés en excellents termes. Pills était un bon vivant et un être exquis, mais celui avec lequel je m'entendais le mieux dans l'entourage de Piaf, c'était Paul Péri, qui n'avait pas l'estime de beaucoup de monde, c'est vrai. Édith le laissait un peu de côté parce qu'il ne se prosternait pas devant elle. Au contraire de Bécaud, qu'elle ne supportait pas parce qu'il en faisait trop et que ça sonnait faux. Cela ne veut pas dire que Péri ne la respectait pas. Édith aimait beaucoup les Corses, leur sens de l'honneur et de la régularité. Elle en avait côtoyé beaucoup à Pigalle, avant la guerre. Quand on connaît vraiment les Corses, on ne peut que les apprécier. Un soir, Péri nous a emmenés dans un bar corse, justement, rue de Ponthieu. À un moment, l'hymne corse fut joué et Édith nous a commandé le silence en disant que les insulaires étaient susceptibles. Je crois d'ailleurs qu'elle était protégée par le Milieu, le vrai. Elle avait acquis son respect et elle méritait ça. J'en veux pour preuve l'accueil princier que nous réserva le clan des Guérini, à Marseille. Mais, nous en étions à la soirée au bar corse de la rue de Ponthieu. Ce soir-là, et depuis un bon moment, un jeune homme assis au comptoir sur un tabouret n'avait de cesse de regarder dans notre direction, en faisant jouer son verre sur son visage, avec une félinité et un affront incroyables. "T'as vu comme ce mec me quinque, me glissa Édith, il n'a pas froid à ses beaux yeux, il arrivera celui-là !" Le mec en question, c'était Alain Delon, pour qui j'ai vendu plus tard quelques tableaux et qui m'a avoué avoir gardé le souvenir de cette soirée. Alain aimait beaucoup Édith, il est venu quelquefois boulevard Lannes, m'a-t-on dit. »

Dans les archives de Danielle Bonel, cette carte postale d'Alain Delon, écrite en 1961, à Rome, où il tourne *Rocco et ses frères* sous la direction de Luchino Visconti : « Je pense souvent à vous avec affection, chère Édith, et me réjouis de votre convalescence. J'espère avoir la joie de vous revoir bientôt et vous embrasse très fort. Toujours près de vous. Alain Delon. » Georges Baume a contresigné la carte qui reproduit au verso une vue du palais Altoviti de Rome, dans la série *Roma sparita*.

» Des gars comme Delon n'intéressaient pas Édith, s'autorise André Schoeller. C'était un type qui avait trop de succès avec les filles et elle n'aimait pas tellement ça. Les hommes qui sont passés dans la vie de Piaf n'étaient pas des apollons, je veux dire qu'ils n'ont pas eu le physique fragile de Delon. Aznavour non plus n'était pas son type, pour d'autres raisons... Je connais bien Charles. À l'époque, il ne la ramenait pas devant Édith. Il a continué à la vouvoyer jusqu'au bout. Un soir, nous avons dîné avec Édith et lui, à la Calavados. À la table voisine, se trouvait assise une très belle blonde qui évidemment nous avait frisé l'œil à Charles et à moi. Soudain, Piaf me dit : "Oui, tous les deux-là, toi Dédé, et toi le petit con, vous êtes en train de la quinquer, celle-là !" On a essayé de s'en sortir comme on pouvait. "Bah, fis-je, elle est quand même pas mal, c'est une belle femme, non ?" Sur ce, la fille en question se leva pour se diriger vers les lavabos. Et là, verdict d'Édith : "Oui... oui, elle est belle, mais c'est dommage, quand elle marche, elle pète !" La blonde a entendu ; c'était fini pour elle ! Elle aurait pu se retourner et dire à Madame Piaf d'aller se faire voir, mais devant elle, les femmes capitulaient.

» On ne s'est jamais disputés avec Édith, sauf une fois où elle avait un peu bu. Elle m'avait provoqué, je lui ai fait quelques reproches et elle m'a écrit un mot : "Je suis en tort, j'arrête, mais jamais plus tu ne connaîtras une femme comme moi." Ce qui est vrai. Autrement, elle s'est toujours montrée de bonne humeur, toujours égale, courageuse, adorable. Un amour de fille. Ginette Richer et Le Breton m'ont fait dire des choses affreuses sur elle, des choses fausses. À l'époque de la construction de *La Môme Piaf*, en 1980, Ginette, qui menait son enquête en allant interviewer les gens ici et là, m'avait envoyé une lettre en me demandant de lui réserver toutes les anecdotes, "même les plus insignifiantes", parce que l'éditeur [Hachette] comptait créer un gros effet de surprise avec ce livre. Le résultat est décevant ! On m'avait promis de me faire lire ce qui avait été dit sur moi, il n'en a rien été. Ils se sont même permis de publier une lettre personnelle d'Édith, sans m'en demander l'autorisation. J'avais également confié sous le sceau du secret la phrase prononcée par Édith : "Si tu restes avec moi, je suis prête à élever ton enfant." Ma femme attendait alors notre fille. Quand le livre de Le Breton parut, en septembre1980, et que ma femme, la mère de ma fille, a lu ça, vous imaginez ce que ça a pu lui faire ! Elle savait plus ou moins d'oreille que je fréquentais Piaf, mais elle n'avait jamais rien vu de concret. Toute sa vie, elle m'en a voulu pour cette phrase que je n'avais pas demandé à Le Breton de publier. Dans le même livre, il écrit que "les yeux de Piaf prenaient un éclat presque délavé sous l'abus des drogues". Danielle Bonel a dû vous le dire : elle ne s'est jamais droguée ! Elle prenait des tas de trucs pour un tas de choses, notamment pour lutter contre un état dépressif latent mélangé à une gaieté extraordinaire. Piaf ne montrait jamais ses phases dépressives. Même devant moi. Elle était saine, Piaf. J'ai connu une femme saine. Je l'ai vue grimacer de dégoût à la vue d'une carafe de vin posée sur la table de la cuisine. Elle demanda qu'on la retire. En revanche, elle aimait la bière, c'est vrai. Nous la voyions parfois fatiguée s'enfermer dans la salle de bains, y rester un long moment et en ressortir en pleine forme. Nous nous demandions le pourquoi d'un tel revirement. Un jour, avec Claude Figus et Jacques Pills, nous sommes allés en cachette inspecter la salle de bains. Nous avons fini par y découvrir une trappe sous la baignoire, donnant accès à une petite réserve de bouteilles de *Carlsberg*. Elle adorait ça.

» Ce qui m'a le plus choqué dans *La Môme Piaf*, c'est cette expression que Le Breton met dans ma bouche, comme quoi Piaf n'aurait pas été "bandante". J'étais fou d'elle, jamais je n'aurais osé dire ça ! En plus, ce n'est pas vrai ! Je ne sais pas pourquoi il a écrit ça. Elle était belle, Piaf, elle avait des yeux merveilleux, de très belles mains, une bouche et des dents magnifiques. Je l'ai vue des dizaines de fois sur scène, vous ne pouvez pas imaginer l'effet qu'elle produisait sur les foules dès qu'elle apparaissait. Le public était transporté. C'est inouï ! Je suis un cavaleur mais, avec elle, je pense avoir rencontré l'amour pur dans toute sa splendeur, dans toute sa pureté. C'est ça, la splendeur, elle avait la splendeur en elle, qui s'imposait lorsqu'elle chantait face à un public. Il n'y a jamais eu de geste impur. J'aimais parler avec elle, j'aimais coucher avec elle, j'aimais sa compagnie. Elle vous grandissait. Je l'aimais et ça partait du cœur. J'aimais la puissance de cette femme quand elle entrait quelque part. J'étais fier de l'avoir à côté de moi. Je ne pensais même plus à regarder les autres. Je suis un des rares hommes à être passé dans sa vie sans être un artiste. » André a-t-il bien employé le mot « coucher » ? « Piaf n'était pas une sexuelle, vous devez le savoir depuis le temps que vous enquêtez. Marcel Cerdan qui avait été très ami avec Paul Péri avait confié à celui-ci qu'entre Édith et lui, ça ne s'est pas passé très souvent. Pas plus de quatre ou cinq fois. "J'aime me réveiller à côté d'un homme, m'a dit un jour Piaf. On prend le petit déjeuner ensemble, on parle, on blague, la journée commence bien." Voilà la mangeuse d'hommes ! C'est pourquoi j'arrivais souvent le soir vers dix-neuf heures et je repartais le lendemain matin vers sept heures. J'allais au lit avant elle parce qu'elle était papillon de nuit, elle venait me rejoindre ensuite et elle me demandait de la réveiller le matin à 7 heures pour partager mon petit déjeuner. Après, elle se rendormait, un loup noir non percé sur les yeux. »

Quand même Piaf, pécheresse accomplie, aura-t-elle laissé son corps exulter en des temps révolus, sa pudeur resta toujours extrême. Est-il nécessaire de rapporter la confession d'André Pousse à Jean-Louis Tristan : « Tu te rends compte qu'il fallait que je rentre dans le noir pour la baiser ! » Madeleine Robinson abonda dans le même sens qu'André Schoeller : « Dans ses élans, ses recherches d'émotion intense, l'amour physique n'était pas tyrannique, le sexe était d'une exigence raisonnable, tout à fait banale. Tout l'appétit, toute la soif étaient dans le cœur qu'elle avait très romantique [...]. Les hommes ne sont pas discrets sur leurs souvenirs d'alcôve et je sais par l'un d'eux que Piaf restait une jeune fille romantique et touchante de simplicité dans les moments où son compagnon cherchait à sophistiquer l'échange le plus naturel du monde [...]. Édith n'était pas Messaline, pas plus que je ne suis Médée dans le privé. Elle était très pure dans l'intimité. »

Léo Ferré a dit un jour : « Les idoles laides sont plus rentables dans ce commerce misérable, parce qu'elles répondent mieux aux demandes du voyeur commun qui se retrouve plus facilement dans un Aznavour que dans une Garbo. » (Phrases de *Les Mots fracassants*). Sur la beauté de Piaf, beaucoup d'opinions ont été émises et diffusées par des gens médiocrement intéressés au sujet. En interrogeant ceux qui ont ou avaient une légitimité pour le faire, nous arrivons à un consensus. Paul Meurisse, tout d'abord : « À vingt-cinq ans, elle était très jolie, Édith, elle avait un visage très pur, un petit nez. Mais elle ne pouvait croire à sa beauté... ce fut aussi une des raisons de son succès. Elle se considérait comme moche. Elle a toujours cru qu'elle était moche. Pourtant, il a suffi de l'emmener chez Balmain, de lui apprendre à se maquiller un peu. » Yves Montand, ensuite (à Jacques Chancel) : « Quand je l'ai rencontrée en 1944, elle était vraiment très jolie. Je comprends ceux qui l'ont connue vers la fin de sa vie, j'admets qu'ils soient surpris par ce que je dis. La pauvre ! Après son accident d'automobile, elle avait pris de la drogue et forcément elle avait changé. Mais avant, qu'elle était séduisante ! » Henri Contet, enfin : « Moi, je trouve qu'Édith était très jolie. On lui a fait une réputation de femme laide. Je pense que cela tient un peu à son corps un peu malingre, à sa déformation, à sa tête posée entre les épaules, à des choses de cet ordre-là. Mais prenez son visage, elle a un visage d'une finesse extraordinaire. Elle a des yeux bouleversants, un nez très beau. Elle est jolie, elle a une très jolie petite gueule, Édith. »

Or, sans un avis féminin, l'analyse resterait orpheline. Micheline Dax : « Je suis une femme, je peux vous dire qu'elle a un des plus jolis visages que je connaisse. Elle a le plus joli petit nez que je n'aie jamais vu. Elle a des petites oreilles qui ont l'air de coquillages. Et elle a des yeux d'un bleu !... J'insiste, car personne n'en parle jamais. Non pas qu'on soit obligatoirement beau parce qu'on a des yeux bleus, là n'est pas la question, mais elle a des yeux d'un bleu particulier, très brillants, très éclatants, et qui donnent une expression à son visage, qu'elle n'aurait pas si elle avait eu des yeux différents. C'est son visage à elle. Elle a ce front évidemment un peu d'enfant génial, c'est vrai, qui ne me gêne pas. Il y avait des infantes d'Espagne qui étaient peintes comme ça, avec un front où la lumière s'accroche. Dans son métier, ce n'est pas idiot, en effet, parce que la lumière se pose. Quand elle daigne montrer un petit peu son front, parce que, comme elle a un complexe, elle essaye de le cacher. J'ai réussi à faire qu'on le voie. Sans lui tirer les cheveux en arrière, je me suis arrangée pour qu'elle ait deux petites mèches devant, mais qu'on aperçoive ce front vraiment d'un gabarit particulier. » Belle, Piaf ? Pire, elle est sexy. Un homme devient sexy quand il est drôle. Une femme est sexy quand elle est forte. Ici comme là, Piaf impose son absolutisme.

« Elle me faisait beaucoup de confidences, reprend André Schoeller, mais ce n'était pas toujours facile de savoir ce qu'elle pensait des gens. Je sais qu'elle portait un grand respect à des filles comme Judy Garland ou Billie Hollyday et qu'elle était à genoux devant Amalia Rodriguès, avec qui elle entretenait une amitié. Édith était ouverte, elle avait envie de rire. Il y avait un côté indiscipliné quand il fallait l'être. Une nature très riche. Comment dirais-je... pas fabriquée. Sa vraie nature apparaissait sur les mots qu'elle vous disait, sur les gestes qu'elle faisait. C'était une star, elle avait des phrases définitives. Elle écrivait magnifiquement bien. Des imbéciles qui signent pour eux ont dit qu'elle était vulgaire. Édith était le contraire de la vulgarité. Titi parisien, oui, mais assurément pas vulgaire. De savoir d'où elle venait ne l'a jamais complexée. Au contraire, ça lui a donné de la force. Personnellement je ne l'ai jamais entendue dire du mal de qui que ce soit. Elle n'a jamais descendu en flammes l'un de ses hommes devant moi. Exception faite d'Eddie Constantine. Elle m'a dit avoir tout fait pour qu'il sorte de sa vie. Ne le supportant plus, un jour qu'ils prenaient le petit déjeuner au lit, elle s'est arrangée pour renverser l'eau chaude du thé sur le drap. Par inadvertance, bien sûr... Le lendemain, elle recommença. Elle m'a même avoué lui avoir craché dans l'œil, au cabaret Le Carrosse, tant il l'agaçait. Autrement, quand je lui parlais de quelqu'un qu'elle n'aimait pas, elle déviait, ça ne l'intéressait pas. Gloria Lasso, par exemple, elle ne pouvait pas la supporter. Un soir, au boulevard Lannes, nous dînions tous les cinq, Édith, Gloria Lasso, Jean Marais (accompagné de son chien), Georges Reich, son ami de l'époque, et moi. Gloria était arrivée avec une étole en vison sur l'épaule, qu'elle laissa glisser sur une chaise vide. À la fin du repas, elle se leva de table en hurlant : le chien de Marais venait de lui bouffer son étole. Je crois que ça a été fait exprès. Même si elle n'appréciait pas quelqu'un, Édith savait parfaitement jouer la comédie. » Elles le font toutes avec tellement de talent... « Marais, lui, elle l'adorait. Elle avait raison, car c'était un type remarquable et pour elle un ami merveilleux. Avec un cœur immense. Il venait souvent boulevard Lannes, tout comme Cocteau ou Michel Simon. Michel dînait chez Édith tous les dimanches. On avait alors droit à un monologue sans fin. Pas moyen d'en placer une avec lui, mais tout ce qu'il disait était extraordinaire. Même quand il parlait de montres qu'il collectionnait, ou d'horloges, ce fils d'horloger restait épatant. Pour moi, tout cela représentait quelque chose de fascinant. »

Un jour, André Schoeller pousse la curiosité et questionne Piaf sur l'affaire Leplée. « Je n'ai pas beaucoup parlé de cette époque-là de sa vie, mais je lui ai dit sous une forme interrogative qu'elle devait connaître le ou les assassins. Elle est restée un moment, puis elle m'a rétorqué que cela ne me regardait pas. Je suis convaincu qu'elle savait, mais c'était une femme entourée de mystères. Une autre chose qui m'intriguait chez elle : son sac à main. Elle le traînait toujours avec elle, où qu'elle aille, même pour aller se coucher. Elle le posait au pied du lit. Un soir, je me suis enquis de savoir ce que contenait de si précieux ce sac qu'elle ne quittait pas d'une anse. "Tu veux vraiment savoir ? Tiens, regarde !" Le sac était vide à l'exception d'une photo de Marcel Cerdan. » Danielle Bonel se permet d'apporter ici une légère modification : « Il y avait bien la photo d'un Cerdan dans le sac d'Édith, mais c'était celle de René, le fils de Marcel. J'ai assez porté ce sac pour le savoir ! En dehors de cette photo, il y avait aussi en permanence un tube de Gardénal et un mouchoir. » Incollable Danielle...

Lorsque André doit s'absenter pour affaires, il a le mal de Piaf et la Môme prend le deuil. Aussi, les retrouvailles sont-elles festives. « Quand il s'agissait de s'amuser, elle faisait feu de tout bois, témoigne Schoeller. Il y a une chose que personne n'a jamais racontée : Piaf était fascinée par Boris Vian. Elle aimait beaucoup ce garçon et j'ai à ce propos une anecdote formidable. Un soir, boulevard Lannes, Édith, Boris Vian, Claude Figus et moi tournions un peu en rond, lorsque Boris suggéra que nous allions faire une virée dans Paris avec la DS d'Édith. Et nous voilà partis à l'aventure. Nous roulions du côté du Trocadéro, lorsque Boris, sûrement pour épater Piaf, nous proposa d'aller "faire" la rue Paul-Doumer, en sonnant aux portes pour voir la réaction des gens. Il devait être aux alentours de 23 heures. Édith était ravie ! Nous sommes entrés dans un premier immeuble et nous avons commencé à sonner à toutes les portes, à tous les étages. J'étais un peu mal à l'aise pour Édith. "Tu te rends compte, si les gens te reconnaissent : qu'est-ce que tu vas leur dire ?" Et elle, du tac au tac : "Que je me suis trompée d'étage !" Dans le fond, j'étais aussi excité qu'elle à l'idée de voir la tête que ferait un type ou une bonne femme que nous aurions réveillés, à la vue d'Édith Piaf. Le visage de Boris Vian était moins connu à l'époque. Malheureusement, et aussi curieux que cela soit, nous avons fait comme cela trois numéros sans qu'aucune porte ne s'ouvre. Édith a été très attristée à la mort de Boris Vian. Moi itou. C'était un vieux copain que je rencontrais souvent au Fiacre. Piaf avait vu que ce type-là avait une dimension. Nous ne voyions pas tout ça, on considérait simplement Boris comme un original sympathique et très cultivé. »

Philippe-Gérard se souvient lui aussi du goût de Piaf pour les farces dans le style de celle avec Vian au Trocadéro. « Il fallait être dans l'entourage immédiat d'Édith pour savoir qu'elle était une enfant, dit-il. Le rire était l'argument principal de sa vie. » Un soin palliatif ? « Quand elle sortait de scène où elle venait de faire pleurer le public, elle racontait immédiatement une histoire drôle. Elle ne pensait qu'à ça.

C'est extraordinaire. Parfois nous allions nous promener dans le Bois de Boulogne, en face de chez elle. On sortait donc du boulevard Lannes et on croisait évidemment un certain nombre de gens. Il y avait souvent des concierges sur le pas de leur porte, quand il faisait beau, vers mai ou juin. Elles reconnaissaient Piaf, naturellement. "Oh, Madame Piaf, un autographe, s'il vous plaît !" Alors, elle s'arrêtait, signait l'autographe et elle discutait avec elles. Quand elle les quittait et après la promenade, elle s'arrangeait pour que l'on revienne par un autre chemin et elle allait appuyer sur tous les boutons de sonnettes qu'elle trouvait. Ensuite, elle me criait : "Disparaissons ! Disparaissons !" Les gens étaient affolés : "Qu'est-ce qui se passe, on a sonné à toutes les portes, qui est-ce ?" Ça, c'était Piaf. Je me souviens d'une autre fois où nous étions dans une boîte de nuit avec Marguerite Monnot et Paul Péri. Dans cette boîte, Paul Péri rencontra un ami sarde et il l'invita à notre table. Je ne sais pas pourquoi, sans doute le trouvait-elle ridicule, Édith s'est mise à le faire tourner en bourrique pendant toute la soirée. Le lendemain, boulevard Lannes, elle me demande : "Est-ce que tu connais une valse sarde ?" Non, je n'avais jamais entendu parler de ça. Elle m'annonce alors : "Eh ben, on va en inventer une ; on va composer une valse sarde !" C'est devenu une sorte de point commun qui nous faisait rire nous uniquement, parce que personne n'était censé être au courant. Parfois, devant le monde, elle se mettait tout d'un coup à me chanter une valse musette avec des paroles d'une extrême drôlerie sur la Sardaigne, puis elle me disait : "À toi, maintenant !" Je devais alors improviser la suite de la valse sarde. C'est resté longtemps un sujet de rigolades très personnel. Une enfant, Édith ! Quand elle était aux États-Unis, par exemple, elle voyait des publicités pour les fameuses "pilules du bonheur" et elle disait : "Il faut vite que j'en achète, comme ça je serai heureuse !" Alors elle achetait ces pilules du bonheur [1], de couleur

1. En février 1960, *Justice magazine*, qui fait sa une avec la Môme dont le cas est mis en exergue, parle en d'autres termes de ces pilules : (...) « C'est d'Amérique du Nord où, après la guerre, la pharmacopée a fait de sansationnels progrès, que vient cette épidémie. Quand la grande chanteuse française Édith Piaf s'est effondrée en scène en décembre dernier, on a dit, çà et là, qu'elle était notamment victime d'indigestions inconsidérées de "dopings", qui avaient détraqué son organisme déjà usé. Se bourrant quotidiennement, depuis des années, de certains comprimés "coup de fouet", afin de pouvoir tenir le coup jusqu'au petit matin, avalant ensuite d'autres granulés calmants pout tomber aussitôt dans un réparateur sommeil de plomb, elle aurait ainsi soumis son système nerveux à une telle douche écossaise qu'il était fatal qu'il finisse par craquer. C'est à New York, en 1954, a-t-on précisé, qu'Édith Piaf aurait eu recours, pour la première fois, à ces drogues-miracles. Elle en prit d'abord à faibles doses. Par la suite... (...) Sur les milliers de morts suspectes donnant chaque année lieu à l'ouverture d'autant d'informations judiciaires par le Parquet de la Seine, une proportion sans cesse croissante doit être désormais attribuée à ces tout nouveaux médicaments issus de la chimie de synthèse et connus, dans le grand public sous le nom de "pilules du bonheur". »

rose, qu'elle avalait en quantité déraisonnable. Ce n'était pas de la drogue, mais c'était très nocif. Elle se faisait ainsi beaucoup de mal par naïveté. Car elle était d'une naïveté la plus belle qui soit. »

Autrement moins amusant fut pour Schoeller le « tour de con » joué par sa douce, un matin, dans l'ancienne galerie de tableaux d'André, 31 rue de Miromesnil... « Elle y venait quelquefois, conduite par son chauffeur. Il se garait toujours en porte à faux sur le trottoir en face de la galerie. Elle aurait pu rencontrer ma femme, mais ça elle s'en foutait, elle savait que ma mère avait de l'affection pour elle et réciproquement. Un jour, Édith lui a demandé ma main. Ma mère lui a gentiment répondu que j'étais un grand garçon et que je prenais mes décisions tout seul. Moi, ça m'avait profondément touché. Ce jour-là également, ma mère est présente à la galerie lorsqu'Édith y débarque. À peine entrée, voyant un tableau posé par terre contre un mur, elle me fait :

"— Combien ça coûte, un tableau comme ça ?

— Ça coûte rien, c'est à toi !"

» C'était un Lanskoy que j'avais acheté, à l'époque, trois cent cinquante mille francs, chez un grand marchand. Elle se rebiffe : "Mais j'en veux pas, je vais te le payer !" Sur ce, entre un collectionneur de mes amis, dont je dois m'occuper. Je laisse donc Édith un instant avec ma mère. Quand je reviens vers elles, Édith me fait savoir qu'il lui faut s'en aller. "Tu ne pars pas sans le tableau !" l'ai-je prévenue. Et elle : "Non, non, t'inquiète pas..." J'ai alors pris le tableau et je l'ai chargé dans le coffre de sa voiture. Le soir, chez elle, j'ai vu qu'elle l'avait accroché au-dessus de la télé. Quinze jours plus tard, quelle n'est pas ma surprise de recevoir un chèque du Crédit Commercial de France, signé d'elle, d'un montant de trois cent cinquante mille francs : le prix du Lanskoy ! Alors que je lui avais offert ce tableau... Comment s'y était-elle prise pour en connaître la valeur puisque j'avais refusé de lui communiquer cette information ? En réfléchissant plus avant, j'ai compris qu'elle avait profité de ma courte éclipse auprès de mon ami collectionneur pour cuisiner ma mère. Ce que celle-ci me confirma. J'étais à la fois furieux et vexé. Le soir même, je me pointe boulevard Lannes avec le chèque à la main. "Regarde bien ce que je vais faire de ton morceau de papier." Et je commence à fendiller le chèque sur le côté. "T'arrêtes tout de suite ! Si tu n'encaisses pas ce chèque, tu ne viens plus jamais me voir ! Moi, je donne, mais je ne veux rien recevoir. De qui que ce soit !"

» À mon corps défendant, j'ai dû obéir. Elle m'avait déjà proposé une montre Cartier en or, la même qu'elle avait offerte à tous ses hommes.

J'avais refusé, bien sûr. » Au boulevard Lannes, le Lanskoy de Piaf fit l'admiration des connaisseurs. Sur certaines photos, on peut voir la maîtresse de maison, posant sous le fameux tableau, dont une, célèbre, avec Marguerite Monnot, qui trône dans un coin du bureau de Schoeller. La saga de ce tableau, dont nous connaîtrons le fol épilogue au moment de la mort de Piaf, ne faisait que commencer.

Expert près la Cour d'Appel de Paris, André Schoeller est aujourd'hui le plus grand spécialiste de Lanskoy, ce peintre russe né en 1902 et arrivé à l'âge de 19 ans à Paris où il inaugura une longue période figurative, avant de s'orienter vers l'abstraction, ou le « non figuratif ». Décédé en 1976, Lanskoy est l'un des derniers représentants de l'École de Paris. « Édith n'y connaissait absolument rien, précise Danielle Bonel. Elle a acheté le Lanskoy à André pour lui faire plaisir. En dépit de toute l'admiration pour le génie artistique de Piaf et son puissant désir de s'instruire, mon mari regrettait qu'elle fût si peu éclairée en matière de peinture et de sculpture. Elle négligea longtemps ces branches de l'art. Ce n'est pas faute pour Marc d'avoir tenté de la traîner dans les musées. Quand elle était mal lunée, elle discutait avec mauvaise foi et sur la peinture, ils n'étaient jamais d'accord. De Picasso, elle lui disait : “Enfin, Marcel, il doit bien y avoir quelque chose, quand même !” Et lui : “Bien sûr, je ne critique pas Picasso, mais pour l'œil placé dans le bas du dos, je ne marche pas.” » Une confession tardive de Picasso, rapportée en décembre 1972, trois mois avant la mort du peintre, par l'écrivain Giovanni Papini, dans *Découvertes*, eût peut-être servi à les départager : « Dans l'art, le peuple ne cherche plus consolation et exaltation ; mais les raffinés, les riches, les oisifs, les distillateurs de quintessence cherchent le nouveau, l'étrange, l'original, l'extravagant, le scandaleux. Et moi-même, depuis le cubisme et au-delà, j'ai contenté ces maîtres et ces critiques, avec toutes les bizarreries extravagantes qui me sont passées en tête, et moins ils les comprenaient et plus ils m'admiraient. À force de m'amuser à tous ces jeux, à toutes ces fariboles, à tous ces casse-tête, rébus et arabesques, je suis devenu célèbre, et très rapidement. Et la célébrité pour un peintre signifie ventes, gains, fortune, richesse. Et aujourd'hui, comme vous savez, je suis célèbre, je suis riche. Mais quand je suis seul à seul avec moi-même, je n'ai pas le courage de me considérer comme un artiste dans le sens grand et antique du mot. Ce furent de grands peintres que Giotto, Le Titien, Rembrandt et Goya : je suis seulement un amuseur public qui a compris son temps et a épuisé le mieux l'imbécillité et la vanité, la cupidité de ses contemporains. »

Cinquième partie

PIAF EN CROIX

« Lorsque les trains déraillent, ce qui me fait de la peine, ce sont les trains de première classe. »

Salvador Dali

« Certains hommes sont indispensables comme la nourriture ; d'autres sont comme des remèdes dont on se sert au besoin ; d'autres enfin sont comme les maux dont on se passe volontiers. »

Poncif oriental

I

Un caprice de Georges

« La Grèce est à nouveau libre... »

É. P.

Évoquant Piaf à la BBC, Aznavour avait fait mouche lorsqu'il souleva cette question d'ordre général : « Est-ce qu'on n'invente pas l'amour pour ensuite tomber amoureux ? » Séduction, possession, destruction : *in fine*, la Môme n'aura pas été une grande originale en amour. Or, l'amour pour elle est instrument de création. Avant que l'inspiration ne s'épuise, il faut changer et changer vite. Honneur et gloire à Moustaki, puisqu'il est déjà l'amour et qu'il sera bientôt la chanson !

« Les signes qui nous montraient qu'Édith tombait amoureuse ne nous trompaient jamais, explique Danielle Bonel, amusée. Elle recommençait à se maquiller, elle changeait ensuite toute sa garde-robe, pour se "laver" du précédent et épater le nouveau. "Je ne veux plus rien qui me rappelle ce fumier !" disait-elle. Elle était alors capable de rester une heure entière dans la salle de bains. Elle qui ne se parfumait pas, remplissait soudain sa baignoire de Chanel N° 5. Elle nous a fait de ces trucs ! Sa volonté était extraordinaire. "Les bonnes choses arrivent quand on les désire" : une autre de ses marottes. Moustaki avait vingt-cinq ans. Un gamin. Très intelligent, il était cependant assez inexistant, ne parlant pas beaucoup et se contentant de suivre le mouvement. C'était une sorte de hippie quand nous l'avons connu, qui squattait avec des copains dans un fond de librairie. Il était séparé de la femme dont il avait une fille, Pia, mignonne comme tout, un petit ange dont je me suis occupée. Piaf a connu Jo par l'intermédiaire du guitariste et compositeur Henri Crolla, qui le lui amena un soir boulevard Lannes. »

Ginette Richer prétend avoir vécu l'arrivée de Moustaki. Elle raconte dans son livre qu'elle fit prendre un bain au jeune Grec, décrit par elle comme « moche, plein de boutons et sale ». L'idée aurait émané de Piaf, au soir même de la première visite de Moustaki boulevard Lannes. Comme le jeune homme devait revenir montrer ses dons musicaux à la Môme, celle-ci aurait exigé de Ginette qu'il se lave auparavant. Le pauvre Jo n'ayant pas de salle de bains, lorsqu'il se présenta le lendemain, Ginette Richer aurait usé de diplomatie pour lui proposer d'utiliser celle d'Édith, qui dormait encore. L'embêtant est que madame Richer parle d'une maison à étages, alors que le boulevard Lannes est un appartement de plain-pied. Plus ennuyeux pour elle, le témoignage de Germaine Ricord : « J'étais chez Édith à ce moment-là, ce depuis la première tournée avec Marten. Personnellement, en trois années, je n'y ai jamais rencontré Ginette Richer. À l'exception d'une soirée où elle est venue avec Aznavour. Danielle Bonel qui, elle, était omniprésente, pourrait vous le confirmer. »

Danielle : « Édith ne pouvait pas rester seule, mais elle n'avait jamais deux amies en même temps. Une à la fois lui suffisait. » Germaine Ricord, suite : « Je pense que Ginou a dû m'entendre raconter l'arrivée de Moustaki quelque part et elle a repris à son compte mon témoignage. Ce qui s'est vraiment passé, c'est qu'un jour en arrivant dans le salon du boulevard Lannes, j'ai vu ce type mal rasé, pas très propre, habillé comme un clochard, mais très beau néanmoins et j'ai dit en aparté à Édith qu'elle ne pouvait tout de même pas... "Une fois que je lui aurai donné un bain, il va être superbe !" me répondit-elle. Le lendemain, elle m'appelle au téléphone : "Ça y est !" » À la suite de ce bain, Moustaki se retrouva à l'hôpital américain de Neuilly. Dans une interview vidéo, dont tous les rushes n'ont pas été utilisés, il en réfère sommairement : « Je venais de la connaître. Je m'étais fait opérer de l'épaule. Au réveil, elle était là. J'ai fait un sourire à l'infirmière. Elle m'a fait une scène. » Les circonstances de son accident, Moustaki me les a révélées en novembre 2007 : « Mon bras déjà fragilisé par une ancienne luxation s'est démis comme j'enfilais le burnous. » Germaine Ricord atteste de la crédibilité de Moustaki : « J'aime beaucoup Georges, c'est un garçon très honnête, très gentil. Il ne raconte pas d'histoires. »

Jo est présent en Suède, où Piaf est partie chanter sitôt son marathon à l'Olympia terminé. Quid d'André Schoeller ? Fragilisé par un petit souci aux poumons, il est allé se reposer à Megève, à l'hôtel du Mont Blanc. Il s'ennuie d'elle et le lui écrit. « L'une des rares lettres intimes que j'ai rédigées dans ma vie. » Concise, elle dit l'essentiel : « Mon amour. Il pleut et il fait froid. Megève est toute grise. Je suis triste de ton départ en Suède. Je mène ici une vie absurde, mais sans oubli. Je veux que tu ailles te coucher de bonne heure et que tu te reposes en rêve au creux de mon épaule "ronde". Je t'embrasse sur la bouche. André. » À l'évidence, Schoeller danse encore dans sa tête. Aussitôt, elle lui répond : « Quoi te dire ? Je suis si triste et je ne veux pas te communiquer ma tristesse. C'est idiot, la vie est bête, mais je peux t'assurer d'une chose : je t'admire, tu es merveilleux, tu es l'exceptionnel ! Je t'écrirai dès mon arrivée, toi qui me manques tant ! Éditou à toi. » Piaf adresse également un télégramme à madame Schoeller mère, dont André ne se souvient plus de la circonstance : « Mon cœur tout près du tien, aujourd'hui. »

Habituée du genre, Piaf jongle avec les hommes à leur insu. Moustaki ne suffirait-il donc pas à combler son vide intérieur ? De triste, le séjour suédois atteint rapidement à la consternation lorsqu'un soir, alors qu'elle interprète *Mon manège à moi* sur la scène du Bernesbee, la Française est victime d'un malaise et s'écroule devant cinq mille personnes. Quand on la relève, elle déclare 40° de fièvre. La fatigue est-elle cette fois seule responsable ? La vérité est qu'elle s'est remise à boire. « Alors qu'elle ne buvait plus, déplore Danielle Bonel. Seule Ginette Richer qui était du voyage avait pu la ravitailler en douce. C'est ce que nous en avons tous déduit. Édith ne m'aurait jamais demandé de la fournir en alcool, elle savait très bien qu'avec moi ça n'aurait pas marché. C'est pour cela qu'elle a toujours eu besoin de gens faibles autour d'elle, des gens avec qui elle pouvait faire ses bêtises : Roland Avellis, Ginette Richer, Claude Figus, par la suite. » Au demeurant, dans *Piaf mon amie*, Ginou plaide coupable : « En fait, avec ma complicité, elle traverse une période très arrosée. » En d'autres termes, elle se targue peu ou prou d'avoir repris le rôle tenu autrefois tenu par Momone. Un médecin suédois parle d'hospitalisation sur place, mais la Môme ne veut pas en entendre parler et exprime sa volonté de regagner la France. Selon Moustaki cette décision fut un calcul destiné à masquer la vérité au jeune homme. « C'est juste pour cette raison qu'elle n'a pas voulu se faire soigner en Suède, mais rentrer à Paris où son entourage proche devait faire le mur du silence et me cacher les causes de son malaise. » Moustaki parle de « crise éthylique » : « Moi, j'ignorais tout des problèmes d'alcoolisme, de la dépendance que ça créait, j'étais d'une innocence absolue. » Devant l'inflexibilité de Piaf, Louis Barrier n'a d'autre alternative que d'affréter à un tarif exorbitant un DC4 chargé de ramener à Paris le petit monde d'Édith. Ginette Richer a raconté que, pendant le voyage et par son intermédiaire, Piaf aurait fait croire à Moustaki qu'elle était enceinte de lui, avant de démentir, toujours par l'entremise de Ginette. Ce, pour éprouver les sentiments du jeune homme. Dans son livre, Ginou fait même pleurer Moustaki. « J'étais ému par la nouvelle mais je ne me souviens pas avoir pleuré ni dans un cas ni dans l'autre », m'a confié le chanteur, qui ne dément pas l'information. Ce qui prouve que Ginette Richer apparaît bien dans la vie de Piaf, par épisodes et de manière très sporadique, mais Germaine Ricord est la favorite du moment.

De retour de Scandinavie, la Môme se terre boulevard Lannes, dont la porte reste close aux journalistes. Puis elle entre pour quarante-huit heures d'examens à la clinique Franklin. Ses médecins lui prescrivent du repos. Elle quitte alors Paris pour le Hallier où elle fait mine de leur obéir, entourée d'une cour d'amis et de viveurs, Moustaki dans son ombre. « Si un jour je ne pouvais plus chanter, je crois que je me tirerais une balle dans la tête », confesse-t-elle le 6 juin aux journalistes de *France-Dimanche*, venus faire leur métier. Piaf sait que la ronde ne s'arrêtera pas. Pas encore. Un mois plus tard, elle démarre sa tournée d'été sur les chapeaux de roue. Discrètement mais sûrement, Moustaki l'accompagne. Il ignore que Piaf entretient toujours une relation coupable avec André Schoeller. « L'exceptionnel » se doute-t-il qu'un autre homme est entré dans la vie de Piaf ? Il est loin, « Dédé », à Megève, où son problème pulmonaire le retient toujours. Or, la lettre qu'elle lui a adressée le 20 juillet, juste avant de prendre la route, est plutôt de nature à le rassurer. Si toutefois il y avait eu matière à inquiétude... « Mon André. Moi aussi je m'ennuie, mais je suis heureuse aussi que tu te reposes. Soigne-toi bien, c'est vraiment la chose la plus importante qui compte pour moi. Ton rire manque dans la maison. J'ai tellement besoin de l'entendre. Je t'embrasse, mon André chéri. Ta Éditou. » Pour des raisons évidentes, au dos de l'enveloppe, elle écrit : « Madame Xavier, 67 boulevard Lannes, Paris 16e. » Piaf et son goût de l'intrigue...

« Elle adorait ça, témoigne Philippe-Gérard. Elle vous disait : "Un tel est dans la chambre à côté, je lui ai donné rendez-vous, mais je suis très embêtée parce que dans l'autre chambre, de l'autre côté du couloir, il y a Moustaki (par exemple) et je ne voudrais pas qu'ils se rencontrent, ils ont des soupçons et ils s'imaginent que je les trompe l'un avec l'autre. Alors, il faut que tu m'aides à distraire Moustaki pendant que je vais parler avec..." Marten (autre exemple). Il y avait toujours des histoires comme ça, qui étaient au bord du drame et qu'il fallait démêler au dernier moment. C'était innocent. Des enfantillages qui nous la rendaient plus touchante encore. Évidemment, elle me demandait de rester très discret sur ses aventures et sur les confidences qu'elle me faisait. Je n'ai jamais parlé à qui que ce soit de tout ce qu'elle m'a raconté, mais c'était vraiment extraordinaire ! Extraordinaire aussi la manière dont tous les hommes qui l'approchaient devenaient amoureux d'elle ! On ne peut pas dire que c'était une très belle femme, au fur et à mesure ses rhumatismes déformants ne lui donnaient pas un aspect particulièrement attirant, mais elle avait quelque chose de tellement exceptionnel que les hommes oubliaient son aspect et tombaient sous le charme. »

Schoeller fut fixé sur son sort lorsque, rentrant de Megève, il découvrit dans sa salle de bains du boulevard Lannes un tube de crème à raser qui n'était pas le sien. « Elle m'a dit : "C'est de ta faute, tu comprends..." J'avais compris. Je lui ai alors donné mon sentiment sur Moustaki que j'avais croisé une fois ou deux, puis nous nous sommes éloignés l'un de l'autre avec des fleurs dans les yeux. Comment pouvais-je lui en vouloir : quand j'avais eu mes problèmes de santé, elle avait pris soin de moi avec tellement de cœur, comme s'il se fût agi de ma mère, me mettant au lit à neuf heures, ordonnant à Suzanne, sa cuisinière (je l'appelais tante Su-Su), de me préparer des côtelettes de mouton pour me requinquer, que je ne pouvais qu'emporter d'elle, pour cette raison et pour mille autres, le souvenir le plus glorieux qui soit. Si j'ai la faiblesse de croire que pour Édith je fus l'exceptionnel, elle restera toujours dans mon cœur l'irremplaçable. Du reste, nous sommes restés amis et elle continua à me téléphoner. »

La tournée d'été est un vrai succès : chaque soir, le délire ! À Monte-Carlo, Piaf perçoit un cachet de trois millions de centimes. « Nous étions éberlués, dira Danielle Bonel. C'était une somme prodigieuse pour l'époque. » La voilà à Cannes, elle et son nouvel adonis. Avant Piaf, Moustaki avait écrit quelques chansons, paroles et musiques, dont Édith lui avait fait compliment, l'encourageant à suivre cette voie et le mettant même à contribution. L'été 1958 est celui de la naissance de *Milord*. Un tournant psychologique et financier dans la vie de Moustaki. Piaf et lui sont au Majestic. Le jeune Grec, qui a coutume de faire les paroles avant la musique, montre à sa protectrice le texte qu'il vient d'écrire. Piaf est emballée. On appelle aussitôt Marguerite Monnot en vacances à Spa. Moustaki révère la Guite, sa référence créative. Fin observateur et hypersensitif, il a su rendre avec justesse la relation de la compositrice à la Môme : « Marguerite dit toujours oui à Piaf, elle a une sorte de soumission affectueuse, qui n'est pas flagorneuse, qui n'est pas courtisane, qui part d'une adhésion à ce qu'est Piaf. Piaf peut faire n'importe quoi, par amour, par admiration, Marguerite va la soutenir, va l'aider. »

Trois semaines après le coup de fil à Spa, la musique de *Milord* est prête. Les musiques, dirions-nous, car Marguerite, prévoyante, en a écrit deux différentes. Libre à Piaf et à Moustaki de décider. De ce dilemme survient le désaccord entre l'auteur et son interprète, Piaf préférant la première musique, soutenue en cela par Marguerite. D'avis contraire, Moustaki maintient mordicus que la deuxième version est la bonne. Devant son entêtement, Piaf finit par se ranger à son avis : « S'il pense ça, il a peut-être raison. » Après tout, Moustaki est le père de la chanson. *Milord* commençait à vivre, telle que nous la connaissons : « une suite d'harmonies très classiques, avec tout à coup le petit accident qui donne une saveur extraordinaire, une note géniale qu'on n'attend pas ». « Quand j'ai connu Édith en 1960, elle était très fâchée contre Moustaki, révéla Charles Dumont. "Mais, m'avait-elle dit, il y aura toujours quelque chose qui me fera être indulgente à son égard, c'est le fait qu'il ait choisi la bonne musique de *Milord.* Ça, je ne l'oublierai jamais. » On serait tenté de dire que d'un point de vue humain, c'était ramener Moustaki à peu de chose, mais ce serait oublier la relation si particulière de Piaf à son métier. « Quand il y a une nouvelle chanson, c'est vraiment un enfant qui naît dans la maison, devait se souvenir le créateur du *Métèque*. On appelle tout le monde, les journalistes, les amis, il faut venir voir de quelle douleur on vient d'enfanter. C'est la fête ! »

Les agapes liées à *Milord* se déroulent chez Maxim's, la nuit du vendredi 5 septembre 1958. Sur le coup de 21 heures 30, Piaf y rejoint sa vingtaine d'invités, précisément des journalistes et des amis (parmi lesquels Michel Rivgauche, Marguerite Monnot et Marcel Cerdan junior), élégamment vêtue d'un broché de satin crème assorti à un bibi groseille. « Embrassades, effusions, compliments : la Môme affiche une mine radieuse qu'on ne lui avait pas vue depuis longtemps », remarque l'envoyé du *Monde*. Plus perspicace, le lendemain, son collègue du *Parisien Libéré* croit avoir deviné que la présence de Moustaki n'était pas étrangère à ce nouvel état de fait : « Elle l'adore. Voudrait-elle le cacher qu'elle ne le pourrait pas. Il fallait voir cette nuit la flamme qui dansait dans ses yeux lorsqu'elle le regardait et, en vérité, elle ne détachait guère de lui son regard ébloui. » La soirée est très réussie. Vers minuit, à l'heure du dessert, Piaf se lève et réclame le silence : « Si je vous les chantais, les airs de Moustaki ? Vous verrez, c'est épatant ! » Tous grimpent alors à sa suite dans un salon au premier étage. Un piano dégoté pour la circonstance attend Marguerite Monnot, qui s'y installe pour accompagner Édith. Après que Piaf eut bissé *Milord*, le journaliste du *Monde* promet à cette chanson « un avenir... bruyant ». Il préfère de loin *Le Gitan et la fille*, un titre entièrement signé Georges Moustaki. Sans doute cadre-t-elle davantage à la personnalité de Piaf. Monsieur *Monde* estime tout net que ces chansons nouvelles, jugées de bonne qualité, sont propres à rajeunir « un répertoire qui avait tendance à s'empoussiérer ». C'est au tour du timide Moustaki de chanter en s'accompagnant à la guitare. « Il est grand », confie l'ami du *Monde* à la Môme, sans qu'il nous soit précisé si l'on parle taille ou talent. « Il m'a fallu trois mois pour m'en apercevoir, s'esclaffe Édith, cet idiot-là ignore l'art de se faire valoir ! » Au cours de la soirée, elle annonce son départ imminent pour l'Amérique (17 septembre), pour une série de représentations à l'Empire Room, le cabaret du Waldorf Astoria, suivie d'une nouvelle tournée américaine. Puis, alors que la nuit s'est déjà bien effilochée, avec Moustaki, Marcel Cerdan junior (alors en vacances chez elle) et Christiane Guizo, sa femme de chambre, elle prend la direction du Hallier, son « petit bout de France », à bord de la DS 19 conduite par Moustaki. « Monsieur Jo », comme doit l'appeler le personnel du boulevard Lannes. Tous les amis leur souhaitent un bon voyage.

Édith est assise à la droite de son amant. Suzanne et le jeune Cerdan se partagent la banquette arrière. Ses vacances chez « tata Édith » terminées, il faudra accompagner demain, à Orly, le fils du boxeur disparu. Aussi Moustaki presse-t-il le pied sur l'accélérateur. « Jo était assez fantaisiste, témoigne Germaine Ricord. Il pouvait conduire très vite avec, par exemple, le pied gauche à la fenêtre. » Ce soir-là, il pleut à seaux. Ne manquait plus que l'apparition du camion gênant pour parfaire les conditions optimales d'un accident. Il survient à sept kilomètres de Rambouillet, sur la nationale 10, à la hauteur du lieu-dit « La Grâce de Dieu »... « Une pluie violente tombait sur la campagne, rendant la route glissante, expliquera Moustaki aux enquêteurs de police de Rambouillet. Un camion de vingt tonnes roulait devant nous. Et soudain, après avoir mis sa flèche, il effectua une manœuvre en virant à gauche pour se ranger sur le bas-côté, me barrant ainsi la route. J'ai freiné sur vingt-deux mètres. Hélas, je n'ai pas pu l'éviter et ma voiture a heurté de plein fouet le véhicule. »

Sous la violence du choc, le réservoir du poids lourd, un camion appartenant à une entreprise de transport de Bordeaux, s'est crevé. S'il avait été plein, c'eût été l'explosion garantie. La DS de la Môme est réduite à l'état de boîte de conserve écrasée. Qu'en est-il de ses occupants ? Moustaki n'a rien. Christiane Guizo et le jeune Cerdan peuvent également s'estimer chanceux : un bras cassé pour la première, quelques contusions pour le second. Des ambulances les emmènent en observation à l'hôpital de Rambouillet. L'état qui paraît le plus préoccupant est celui de Piaf. Elle gît sans connaissance, couverte de sang. « On n'eut pas besoin de la dégager, rapportera dans la presse la serveuse d'un relais proche du lieu de l'accident, la portière fut arrachée et elle fut éjectée de la voiture avec le siège avant. » La patronne de la jeune femme ira plus avant dans le glauque du détail : « On peut dire que ce sont les routiers qui lui ont prodigué les premiers soins. Elle avait des caillots de sang plein la bouche. Il fallait les lui enlever avec une cuillère. Les routiers lui ont fait un garrot au-dessus de la saignée du bras, comme ils ont pu, avec une ficelle. Et naturellement, personne ne savait que c'était Piaf. On ne l'avait pas reconnue [...]. Ce fut aux premiers coups de téléphone des journalistes qu'on a compris. Et dire que ce jour-là on avait un repas de mariage !... »

Pour avoir eu le réflexe protecteur de placer ses mains devant elle, Édith écope de deux tendons sectionnés. Une profonde entaille mutile sa lèvre supérieure, sa main droite est ouverte, mais la plaie la plus grave se situe sur la face postérieure de son crâne, une ouverture de dix centimètres qui laisse redouter une fracture. Évacuée, elle aussi, à l'hôpital de Rambouillet, on doit attendre qu'elle reprenne connaissance avant de la transporter rapidement en salle d'opération. Là, la crainte de la fracture crânienne écartée, on lui rase partiellement la chevelure, on l'anesthésie et un chirurgien commence à recoudre la plaie au crâne, ainsi que celle, délicate, à la lèvre supérieure et celle à la main droite. En début de soirée, la trompe-la-mort du carrefour de « La Grâce de Dieu » est reconduite dans sa chambre, au premier étage du pavillon de chirurgie. La tête entourée de pansements, la bouche barrée par un tampon de gaze, la main droite bandée et le bras droit plâtré jusqu'à l'épaule, elle s'assoupit derechef sous l'effet des calmants. Le lendemain, apercevant Christiane Guizo, toujours retenue à l'hôpital, elle lui balance froidement : « Qu'est-ce que tu fous là ? J'attends mon café ! » Autour des deux femmes les gens s'offusquèrent, mais l'employée mit la mauvaise réaction de sa patronne sur le compte du traumatisme subi. En revanche, lorsque Piaf apprit que Christiane, entendue par les gendarmes, avait rendu Moustaki seul responsable de l'accident, elle lui demanda de disparaître de sa vue et de rester désormais dans sa chambre. Quelques mois plus tard, la love story avec le Grec n'étant plus que de la préhistoire, la Môme téléphona au nouvel employeur de Christiane : « Je suis Édith Piaf. J'ai connu Christiane avant vous et je la reprends à mon service ! »

Jusqu'à son transfert à la clinique parisienne Franklin-Roosevelt, les visites furent interdites à Piaf. Refusant la nourriture de l'établissement, elle se fit apporter par Danielle Bonel, dans des serviettes chaudes, des repas maison, confectionnés avec soin par « tante Su-Su ». Puis, ce fut la convalescence forcée. Piaf en profite pour apparaître à quelques premières, au bras de Moustaki, histoire d'aller observer ses pairs au travail. Nombreuses furent les lettres de soutien qu'elle reçut à ce moment-là. Dont celle, très chaleureuse, de Félix Marten et de sa femme, nous l'avons vu. Il y a aussi celle du fidèle Henri Contet. « C'est un nom fabriqué par la Ditouche », a-t-il griffonné près de l'en-tête... « Je ne veux pas te fatiguer, t'en fais pas, je serai "court"... Mais au bout de tant de prières, c'est obligé qu'il y ait pour toi un peu de tranquillité, un peu de bonheur et surtout plus du tout de souffrances. Tu vas voir, je suis parmi les quelques-uns qui pensent tellement à toi, qui t'aiment tellement que tu dois bien sentir comme une espèce de grande force qui est là près de toi. J'espère te voir bientôt, Ditouche, en attendant, je t'embrasse. Rirou. »

Plusieurs semaines après l'accident, sa lèvre blessée est encore douloureuse à Piaf et l'empêche d'articuler correctement. Courageuse, elle prend quelques leçons de diction chez Jean Lumière et décide aussitôt de remettre son talent à l'épreuve. Sa première à Rouen est un test. Il se révèle positif. Soucieux de combler le retard, Barrier peut continuer à programmer sa vedette tous azimuts. Il accepte par ailleurs la proposition d'Édith d'inclure Moustaki dans la première partie du spectacle. Danielle Bonel : « Parfois, il ne recueillait aucun applaudissement et j'ai beaucoup souffert pour lui pendant ses trois chansons. Mais, grâce à Édith et à *Milord*, il était lancé. »

Menée tambour battant, sans pratiquement aucune journée de relâche, la tournée dure deux mois. Avec quelques décrochages en Afrique du Nord et deux autres en Belgique et en Suisse. Le 10 décembre, depuis Genève, Piaf adresse un télégramme de principe à Jacques Bourgeat : « Mon Jacquot – Suis en tournée – Change de ville tous les jours – Suis en pleine forme et ai fait des économies. » Avec la carte postale toute simple envoyée de Suède en mai, ce seront les avant-derniers fragments de vie reçus par le « vieux con » de la part de sa « petite fille ». Piafou a désormais mieux à faire que de continuer à labourer les champs du savoir. À la fin du mois, elle a la mauvaise idée d'aller passer les fêtes chez Marinette Cerdan, à Casablanca, accompagnée par « Mémène » Ricord. La Môme n'ayant jamais un sou vaillant sur elle, Barrier a confié un million d'anciens francs à Germaine, de manière à régler les dépenses du séjour. « En trois jours, le million y est passé, révèle Germaine. "Tatie, donne-moi ci... Tatie, achète-moi ça"... Marinette n'avait aucun sentiment d'amour envers Édith. Le grand problème de Piaf, c'est que tout le monde a toujours profité d'elle. »

Trois jours à Casablanca ont suffi à Piaf pour apparaître considérablement changée aux yeux de Moustaki. « Quand elle est rentrée, elle était méconnaissable : boursouflée, rouge. Elle avait replongé, mais moi j'étais naïf et je ne voyais toujours pas qu'elle buvait. » Loulou Barrier avoue alors la vérité au jeune homme. Moustaki est aussi déçu que choqué. Inapte à suivre le rythme, il pense à quitter Piaf, mais l'imprésario l'en dissuade. Ce serait catastrophique pour elle et pour sa carrière. « Si tu veux la quitter, je t'aiderai, mais il faut que tu le fasses en douceur. » Ce à quoi Moustaki consent. « J'ai dealé avec Loulou, de rester encore un peu auprès d'Édith... »

C'est dans cet état d'esprit que, le 6 janvier 1959, il accepte d'accompagner sa bienfaitrice en Amérique, emmenant avec lui un saxophoniste de ses amis : Boris Plotrikoff. Un garçon très sympathique, selon Danielle Bonel. Tous sont logés au Cambridge House, un hôtel que Piaf échangera contre le Waldorf Astoria. « Loulou m'a demandé de tenir jusqu'à la première à New York, pour la soutenir, en me disant qu'ensuite elle accepterait que je m'en aille, dira Moustaki. Et c'était vrai. Comme on le voit au début du film [*La Môme*], la première [le 26 janvier, à l'Empire Room] a été fabuleuse, elle a eu tout New York à ses pieds. J'étais donc rassuré et je lui ai expliqué que je n'en pouvais plus de la suivre depuis tous ces mois, malgré mes dix-huit ans de moins qu'elle. Elle avait une énergie incroyable ! Elle m'a dit : “Je comprends que tu sois fatigué. Pars, mais ne rentre pas à Paris, va te reposer à Miami.” » Omniprésent, à l'instar de Danielle, mais toujours aussi discret, Marc Bonel, scandalisé par l'attitude de Moustaki, prend des notes...

« Waldorf Astoria, le 3 février 1959.

Anecdotes de la semaine :

Ce premier février, rupture entre Édith et Jo.

Mais celle-ci abdique, après une entrevue avec Jo.

Sanctions :

Pour avoir fatigué les nerfs du jeune compositeur, la dite vedette offrira à celui-ci ainsi qu'à son ami, Boris Plotrikoff, un voyage à Miami. Hôtel, nourriture, monnaie de poche + deux voyages aller/retour. Le tout pour dix jours seulement et estimé par Mr Louis Barrier, qui en est malade, au prix de un million de francs. (À suivre...) »

La suite, c'est un nouveau malaise de Piaf sur la scène de l'Empire Room, le 19 février. En coulisses, elle a craché du sang. Le spectacle interrompu, on l'a reconduite dans sa chambre du Waldorf où un médecin a été appelé en urgence. Son diagnostic : une hémorragie interne. Il tente de la stopper avec deux transfusions, mais des examens de sang complémentaires pratiqués le lendemain révèlent que l'hémorragie a repris. Appelé à la rescousse par Barrier, le docteur Humphrey qui ne sort jamais de son centre accepte à titre exceptionnel de se déplacer jusqu'au Waldorf. Interdisant formellement le transfert à Paris, souhaité par la Française, il décrète son hospitalisation. Le lendemain matin, la Môme est transportée en ambulance au Presbyterian Medical Center de New York. Humphrey l'y opère le soir même, à 17 heures. « C'est dire s'il y avait urgence ! » dira Louis Barrier.

À Paris où il a vent de la nouvelle par la presse, Jacques Bourgeat atteint des pics d'inquiétude. Connaissant les sentiments du vieil homme, au matin de l'hospitalisation de sa « petite fille », par courrier l'imprésario s'est employé à le rassurer : « Je viens d'installer Édith à l'hôpital [...]. Le professeur Humphrey, N° 1 mondial de ce genre d'opération, l'a demandée à son service. Il s'en occupe lui-même. Un grand bonhomme [...]. Elle a un moral de fer et plaisantait les docteurs ce matin à l'hôpital. Aucune frayeur. Son état général sanguin est parfait. Hier soir, elle a eu une troisième transfusion. Elle a bavardé jusqu'à 3 heures du matin comme un perroquet. Il était impossible de la garder ici [au Waldorf Astoria]. Tu la connais, aucune discipline. Je t'embrasse et rassure-toi. » Loulou promet à son « cher Jacquot » de le tenir journellement au courant. Promesse tenue ; le 22 février, au lendemain de l'opération, il lui adresse un compte rendu détaillé : « L'intervention a duré trois heures et demi. Ils en ont profité pour faire quelques petites reprises à droite, à gauche et faire sauter l'appendice. D'après le chirurgien, elle est en parfait état, le cœur très bon, le foie, les poumons, les intestins itou. Remise à neuf, quoi. Elle a passé une excellente nuit. Il est 6 heures du soir, il y a vingt-quatre heures qu'elle est opérée, je viens de prendre des nouvelles. Le mieux se confirme, elle a repris connaissance. Si ce n'est qu'on l'en empêche, elle aurait déjà téléphoné à ses amis. Aucune visite n'est encore tolérée et c'est normal. Elle a épaté tout le monde par sa gaieté et son courage extraordinaire avant l'opération. Elle y est allée comme à un tour de chant. Les docteurs l'ont dit à la presse américaine qui s'en est emparé. Tu vois, mon cher Jacquot, qu'on a fait ce qu'il fallait et qu'on a atteint heureusement les sommités pour que notre Édith bénéficie de tous les bons soins qu'elle mérite. Veux-tu téléphoner cette lettre à Mr Marcel Idzkowski, 85 boulevard Malesherbes : Lab. 77-26, notre agent de presse, afin qu'il en fasse son profit... Durée d'immobilisation : environ trois à quatre semaines. Dans quelques jours, je pourrai te dire si Édith rentrera à Paris ou si nous continuons la tournée. Je t'embrasse. »

Piaf souffre au juste d'un ulcère bénin à l'estomac, près du pylore, provoqué par l'abus de médicaments. Tout avait pourtant bien commencé dans cette énième et dernière campagne américaine. Trois jours avant la première à l'Empire Room, dans une lettre datée du 23 janvier, Barrier avait fait part à Bourgeat de son optimisme pour la saison USA 1959 : « Elle s'est reprise d'une façon merveilleuse. Elle est comme une image et vient de réussir dimanche dernier à la télévision de Sullivan la meilleure qu'elle ait réalisée depuis qu'elle vient à New York. » Le 15, c'est Édith elle-même qui avait tenu à adresser quelques mots à Jacquot, dans un télégramme : « Je ne t'oublie pas, mais je n'ai pas le courage d'écrire. Je t'aime comme toujours. Ta petite fille. » Après cela, Bourgeat ne recevra plus rien. Vingt-trois années de correspondance trouvent ainsi leur épilogue dans ce condensé verbal, presque anonyme. Piafou qui avait horreur de recevoir des télégrammes « parce qu'ils ne font qu'annoncer la mort ou parler d'affaires »... Outre que ses rhumatismes déformants l'empêchent de tenir correctement sa plume, elle n'éprouve plus le besoin de se confier à Bourgeat, elle a franchi d'autres étapes et il est loin derrière. « Elle en avait marre », nous indique Danielle Bonel. Pauvre Jacquot... Ce qui ne l'empêchera pas de recevoir les dix mille francs mensuels qu'elle continuera à lui faire verser en échange de tous les services qu'il lui avait rendus.

Le mentor d'Édith Piaf ne lui survivra pas même trois années. Son départ vers son admirable mère, « douce femme que mon souvenir divinise », survint le 10 août 1966, plongeant dans le désarroi tous ceux qui avaient approché cet homme à la fois bonasse et majestueux. Un rabelaisien en diable, tout de noblesse et de fantaisie, à la science et à la mémoire prodigieuses et aux allures d'artiste montmartrois de la Belle Époque. Né à Colombes en 1888, une partie de son enfance s'était déroulée à Bormes-les-Mimosas, la « gueuse parfumée », comme il aimait à appeler cette ville de Provence qu'il avait eu à cœur de faire découvrir à Piafou. « Je veux partir sans plus de bruit que n'en fait, dans la calme nuit, l'âme d'un oiseau qui le quitte », avait écrit le « père Bourgeat », ainsi désigné par ses collaborateurs de la Bibliothèque Nationale, d'une manière très respectueuse. À sa mort, Jean Dourouze, son ami et humble successeur à *Miroir de l'Histoire*, lui rendit un hommage poignant dans les pages de ce magazine.

Au Presbyterian Hospital, la chambre de la Môme est la 1156. Son chirurgien, nous le savons, est Georges Humphrey, son docteur, Jack Abry. Danielle Bonel veille sur la malade. « Je ne la quittais pas, je suis restée deux mois à son chevet, toute la journée, du matin jusqu'au soir.

Nous avons été très proches durant cette période. Elle s'est laissé aller à certaines confidences, à certains regrets. Des confidences de femmes. Là, nous nous sommes tutoyées. En revanche, quand elle avait quelque chose d'intestinal, il ne fallait pas en parler. Ça lui faisait honte ! Ah là là ! Toute cette partie-là, il ne fallait pas en parler. Elle pouvait faire pipi devant moi, ça, ça n'avait aucune importance. Des fois, à l'Olympia, elle faisait pipi dans le lavabo de la loge, elle n'allait pas dans les waters qui étaient dégoûtants. Au Presbyterian, après l'opération, il fallait qu'elle évacue ses gaz et ça la rendait folle : "Excuse-moi, excuse-moi, j'ai honte !" se récriait-elle, confuse. Même en dehors de l'hôpital, elle n'aurait jamais "pété" devant vous. Si par malheur ça lui échappait, je vous dis, ça la rendait folle. De même que lorsqu'elle allait aux toilettes, elle ne prononçait jamais le mot, elle disait : "On va chez Victor." Il lui fallait toujours une copine avec elle. Comme un bébé. Toutes ses copines ont dû voir Piaf faire pipi. Ça ne la gênait pas. Mais d'une pudeur quant au reste ! C'est drôle. Elle a été très courageuse pendant cette période d'hospitalisation à New York. J'ai vu le médecin lui enlever les points et le pus gicler, sans qu'elle ne bronche. Pas un mot. Pas un cri. » Telle sainte Thérèse en son temps, sa pieuse référence et probable parente, la Môme se trouve prématurément dans un état d'usure avancé. Comme elle, elle affronte la souffrance avec le sourire. « Souffrance, tu n'es qu'un mot » (*dixit* sainte Thérèse). Plus que d'un courage stoïcien, elle fait preuve d'élégance. Par amour de la vie, elle a résolu d'accepter les plus crucifiantes épreuves avec reconnaissance pour les offrir à Dieu. Une sorte de gageure faite avec les anges et les bienheureux. « Je crois, disait la sainte, qu'ils veulent voir jusqu'où je pousserai la patience. »

Lorsque Piaf eut son malaise à l'Empire Room, Maurice Chevalier se produisait à New York. Au su de la nouvelle, il accourut au chevet de sa compatriote. « Je suis allé la voir dans sa chambre, à un moment où on lui injectait du sang, se souviendra-t-il en octobre 1963. Elle avait l'air de prendre ça tout à fait gaiement. Moi, j'étais effrayé de penser qu'elle était déjà dans un état très dangereux. Mais elle n'avait pas l'air de s'en faire. Elle était dans son eau quand les choses menaçaient. » N'est-ce pas notre Momo supranational qui chantait :

Dans la vie, faut pas s'en faire,
Moi je ne m'en fais pas
Toutes ces petites misères
Seront passagères
Tout ça s'arrangera...

Danielle Bonel : « Quoique très différents, Édith et Maurice nourrissaient l'un pour l'autre une réelle estime. Maurice, avec qui elle a souvent dîné, garda toute sa vie ses réflexes d'enfant nécessiteux. "Pourquoi voudrais-tu que je jette une lame de rasoir une fois utilisée, alors que je pourrais la mettre sous l'eau et m'en servir encore plusieurs fois ?" avait-il expliqué à mon mari, comme pour se dédouaner de cette réputation de grippe-sou qui lui collait à la peau et qui n'était pas infondée. Même au sommet de sa fortune, Chevalier qui aimait bien manger des bonbons au spectacle, prenait la précaution d'acheter ses douceurs à l'extérieur du théâtre pour ne pas avoir à les payer plus cher à l'ouvreuse. Tout ça, je l'ai vécu. Il pouvait par ailleurs avoir des gestes de grande générosité. Ce qui ne va pas sans me rappeler notre Édith, véritable panier percé qui, parfois, se mettait à chipoter sur des choses insignifiantes, comme le vin pour les employés qu'elle trouvait soudain trop cher, parce qu'il fallait à tout prix "faire des économies"... de bouts de chandelle, bien sûr. »

Piaf qui n'aime rien tant que sentir la flamme de la vie lui chatouiller la plante des pieds, a cet avantage d'être en phase avec elle-même et avec son œuvre. « Je n'ai jamais vu cette femme s'arrêter de penser à son métier, a dit Moustaki. Mais elle avait besoin d'être en accord avec ce qu'elle chantait. Ce n'était pas une tâcheronne, en amour, en amitié ou dans le métier. » Sans la gloire et l'argent qui accompagnent et définissent le vedettariat, les vocations fondraient comme un sucre dans de l'eau-de-vie. Piaf se moque de l'argent. Elle en a gagné à la fois beaucoup et pas assez. À la fin de sa vie, comme on lui demande si elle l'a perdu, elle répond : « Je ne l'ai pas perdu, je ne sais pas ce qu'il est devenu ! » Inutile d'insister. Quant à la gloire, elle s'essuierait volontiers les pieds dessus, comme elle fait des manteaux de vison qu'on a le mauvais goût de lui offrir. Si, à l'instar de Schopenhauer, on considère que la célébrité est différente de la gloire parce qu'elle est contemporaine, alors que la gloire est posthume, il n'y a plus rien à ajouter. Sinon que lorsqu'elle chante, Piaf ne va chercher ni gloire ni argent, elle communie avec un public.

Alerté, Moustaki est revenu de Miami dès le lendemain du malaise du 19 février. Or leurs relations ne font qu'empirer et le jeune homme parle cette fois de mettre un océan entre eux. Il veut rentrer à Paris. Elle tente de le retenir en jouant sur le chaud et le froid de la supplication et de la menace. En vain. Il finit par rejoindre la France au début du mois de mars, au moment où elle a le plus besoin de lui. Une conception de l'amour qui se défend. « Jo était un très gentil garçon, témoigne

Danielle Bonel. C'est vrai qu'il était jeune. Il faut le comprendre. Il avait envie de vivre. Il n'aimait pas la façon dont Édith menait son existence. C'est vrai aussi qu'il n'avait pas du tout apprécié le fait qu'elle retouche à la boisson. La rupture entre eux a été houleuse, pour autant Édith n'est pas restée totalement fâchée avec lui, puisqu'elle lui a permis de continuer à habiter le boulevard Lannes [1], pendant qu'elle était en Amérique, en attendant qu'il puisse se retourner. Elle a compris qu'elle l'avait perdu et qu'il ne reviendrait pas. Elle avait fait fausse route. Jo continua à lui écrire. Pendant deux mois. Jusqu'à ce que nous rentrions à Paris. Une trentaine de lettres, tendres, qu'Édith m'avait confiées. En 2007, je les ai toutes rendues à leur propriétaire, comme je l'avais fait pour certains amoureux d'Édith. C'était lors d'un gala que Jo donnait à Toulouse. Il fut aussi ému qu'étonné. "J'espère que tu n'as pas fait de doubles !" me lança-t-il, sans doute pour plaisanter [2]. » Pourquoi autant de lettres en si peu de temps ? Moustaki nourrissait-il quelque espoir de voir la situation évoluer favorablement ou bien se sentait-il redevable envers cette femme immobilisée sur un lit d'hôpital à des milliers de kilomètres de son lieu de vie ?

C'est à André Schoeller que la Môme exprime son désarroi. « Eh bien, voilà... l'histoire est terminée et la Grèce est à nouveau libre, lui écrit-elle. J'habite au Waldorf avec une amie [Carmen Torrès]. J'ai de la peine évidemment, mais il fallait un jour que ça finisse. Tu ne t'étais pas trompé, tu avais vu juste, hélas trop juste. Me voilà sans homme, je crois bien que c'est la première fois que cela m'arrive, il faut un commencement à tout ! Comment vas-tu ?

» Moi, très mal, merci ! Finalement, viens-tu à New York comme c'était prévu ? Je suis ici pour encore cinq semaines, tache de venir pendant que je suis là, ça me ferait tellement plaisir de te voir. Je ne t'ai pas écrit avant, parce que j'ai toujours mon côté honnête qui me travaille et pour une fois j'avais bien tort. Comment va Paris ? La peinture ? Et ta jolie maman ? Ta petite fille ? Ta femme ? Je m'ennuie de Paris, de mes amis et quand je pense que j'ai encore de longs mois avant de revoir ceux que j'aime, je manque un peu de courage. Écris-moi au Waldorf. Je t'embrasse, écris-moi vite, j'en ai bien besoin, le

---

1. Germaine Ricord s'y trouvait alors. Par lettre, Loulou Barrier lui demanda de laisser la place à Moustaki. Germaine retrouva sa petite chambre d'hôtel.

2. Le 9 octobre 1969, interrogé dans *France-Soir* par France Roche, Marc Herisse et Maurice Josco, réagissant au livre de Simone Berteaut, Moustaki est beaucoup moins chevaleresque envers Danielle et son mari : « [Piaf] avait besoin de gens inférieurs autour d'elle. Elle les acceptait mais elle ne pouvait pas s'en passer. Elle méprisait les Bonel, par exemple, mais ils étaient serviles. Ils étaient là. Les gens éprouvaient sûrement pour elle un mélange de haine et de respect. »

moral est à zéro. Édith. » Schoeller regrette aujourd'hui encore de n'être pas allé la rejoindre. « J'ai eu des problèmes d'argent à cette époque. J'aurais pu lui en parler, je suis sûr qu'elle m'aurait payé un billet d'avion, mais il était hors de question que je m'abaisse à cela. J'ai souvent pensé que le sens de sa lettre avait bien plus de signification qu'un simple appel au secours. Mais je suis condamné à demeurer dans le doute. »

En dehors de l'amour qu'il lui faisait de manière assidue (une confession de Piaf à André Schoeller), Moustaki a-t-il éprouvé des sentiments pour Piaf ? Subissant les événements, sans doute le « nonchalant qui passe » n'eut-il pas le temps de se poser véritablement la question. Tout auteur ou compositeur savait que lorsqu'on était admis chez la Madone des gueux, on y entrait en trottinette et l'on en ressortait en carrosse. Moustaki, comme presque tous les autres, a rêvé de rencontrer Piaf. Parce qu'elle était la référence du métier et qu'il l'admirait de loin pour cela. La suite fut ce qu'elle a été. « Elle avait une Packard très voyante, a-t-il raconté un jour dans une émission. On était sur la frontière, je faisais l'essence. “Ne fais pas le plein, on va arriver en Belgique, l'essence est moins chère là-bas”, me dit-elle. Alors qu'elle était riche. Une façon de penser de pauvre. Les Packard et les fourrures ne l'éloignaient pas du peuple. » D'une part, Piaf n'était pas aussi riche que Moustaki le prétend ; d'un autre point de vue, ce qu'il désigne comme des « réflexes de pauvre » ne sont que de simples éclairs de bon sens. Selon Dumont, par la suite Piaf avait banni Moustaki de sa mémoire. Néanmoins, ce dernier ne parla jamais d'elle en public qu'avec la plus extrême délicatesse : « Je ne garde que le positif de Piaf, dira-t-il. Je vis Piaf, son profil, son regard très brillant, sa bouche toujours prête à sourire. La vacherie toujours prête à sortir. Elle avait besoin de rire, elle faisait feu de tout bois. Elle était tourmentée à l'idée qu'un homme puisse ne plus l'aimer à cause de sa laideur. Un tourment constant. Quotidien. Je n'ai jamais rectifié quand on a dit que j'étais un gigolo. Son art se nourrissait de son amour et son amour se nourrissait de son art, c'était ça son entité. Ce qu'elle attendait de l'amour, ce n'étaient pas des révélations érotiques. Piaf est une des personnes les plus pudiques que j'aie connues. » Moustaki attribue pour une large partie la cause de la rupture à la promesse non tenue d'Édith de ne plus boire. « J'étais jeune, intransigeant », ajoutera-t-il.

Au Presbyterian Hospital, les visiteurs sont filtrés. Que faut-il penser du témoignage d'Anny Gould, lorsque celle-ci prétend avoir vu la Môme sur son lit d'hôpital, introduite par Danielle Bonel ? « Édith n'a

Le 2 février 1959

The Waldorf-Astoria

NEW YORK 22, N.Y.

Dédé

Et bien voilà... l'histoire est terminée et la grecque est à nouveau libre, j'habite au Waldorf avec une amie, j'ai de la peine évidemment mais il fallait un jour que ça finisse, tu ne t'étais pas trompé, tu avais vu juste hélas trop juste. Me voilà sans homme, je crois bien que c'est la première fois que cela m'arrive, il faut un commencement à tout. Comment vas-tu?

FOR AIR MAIL OR FOREIGN MAIL USE

Moi ? Très mal. merci ! Finalement
viens tu à New York comme c'était
prévu ? Je suis ici pour encore 5 semaines
tâches de venir pendant que je suis
là, ça me ferait tellement plaisir
de te voir. Je ne t'ai pas écris
avant parce que j'ai toujours mon
coté honnête qui me travaille et pour
une fois j'avais bien tort. Comment
va Paris ? La peinture ? Et ta
jolie maman ? Ta petite fille ?
Ta femme ? Je m'ennuie de Paris,
de mes amis et quand je pense que
j'ai encore de long mois avant de
revoir ceux que j'aime, je manque
un peu de courage. Écris moi au
Waldorf. Je t'embrasse, écris moi
vite, j'en ai bien besoin, le moral
est à zéro. Edith

Une lettre d'Édith Piaf à André Schoeller.

(collection André Schoeller)

reçu que très peu de visites au Presbyterian, certifie l'ancienne secrétaire. Le récit d'Anny Gould qui me fait la recevoir dans la chambre d'Édith au Presbyterian est une pure invention ! Dieu sait si ma mémoire est bonne et je puis affirmer que je n'ai jamais vu cette dame de ma vie autrement qu'à la télévision, dans les émissions de Pascal Sevran. Quant à l'anecdote de la soudaine amitié qui se forme entre elle et Piaf au moment où elle apprend à Édith que son vrai prénom est Marcelle, et qu'Édith lui lance un larmoyant "au revoir, Cécelle", elle est carrément burlesque. Piaf doit hurler de rire si elle entend cela de là-haut. Je crois que toutes ces dames se racontent des histoires et qu'elles finissent par y croire. » Danielle Bonel ne croit pas davantage à l'histoire de Loulou Barrier téléphonant à Anny Gould, alors en tournée au Canada, pour lui demander de venir à New York remplacer Piaf au pied levé. « J'étais près d'Édith à ce moment-là, je n'ai jamais entendu parler d'une chose pareille. Voilà pourquoi depuis la mort d'Édith je n'ai jamais lu aucun livre sur sa vie ; je sais trop bien, d'après tous les échos que j'en reçois de mes amis, qu'ils sont truffés d'absurdités et de contrevérités. De la même manière, j'ai appris que Grace Kelly et Édith Piaf s'étaient rencontrées aux États-Unis, en 1955. Faux, là encore, j'y étais. Ce qui s'est réellement passé, c'est que l'avion de la future princesse de Monaco s'est posé à peu près en même temps que le nôtre sur le tarmac de l'aéroport de Dallas. Lorsqu'il la vit descendre de la passerelle, mon mari s'est empressé de sortir sa caméra et de la filmer. Quelle femme sublime ! Je me souviens qu'elle portait une robe bleu marine avec un passepoil blanc, des gants blancs et un chapeau blanc. Une classe folle ! Malheureusement, Marc avait oublié de mettre une pellicule et la caméra filma à vide. Il en fut malade ! Grace Kelly venait à Dallas pour recevoir un prix d'élégance devant lui être remis au Nieman Circus, un magasin gigantesque qui vendait aussi bien des moteurs d'avions que des aiguilles à tricoter, au cours d'un spectacle auquel Piaf participait. J'atteste qu'à aucun moment les deux ne se sont rencontrées. On a dit aussi que pendant le voyage à Dallas j'avais ouvert une boîte de sardines pour Édith qui n'aimait pas la nourriture des avions, et qu'elle s'était tachée d'huile. Tache que Grace Kelly aurait remarquée avec une moue de dédain, malgré les efforts de Piaf pour la dissimuler sous son manteau de vison. Mon Dieu, que d'imagination ! Un manteau de vison en plein mois d'août au Texas, je ne sais pas si vous voyez ! Non seulement je n'ai jamais ouvert de boîtes de sardines à Édith dans un avion, mais en plus de cela, je vous le répète, Piaf et Kelly ne se sont pas même croisées. »

La chanteuse sort une première fois de l'hôpital, le 21 mars. Elle réintègre son appartement de l'hôtel Cambridge House, dans la 86e Rue. Sa reprise au Waldorf est prévue pour le 25. C'est compter sans un nouveau malaise qui la reconduit au Presbyterian. Le professeur Humphrey la réopère d'une « bride intestinale ». Quelques jours plus tard, Louis Barrier fait son rapport à Bourgeat. C'est le professionnel qui parle, autant que l'ami : « Elle va beaucoup mieux depuis hier. La seconde opération l'avait plus sérieusement fatiguée que la première, bien que moins grave. Nous en avons terminé avec ces complications qui nous auront fait rater complètement la saison américaine. Fiasco financier, tu t'en doutes. Enfin, si la santé est là, le reste se rattrape... Je t'embrasse, mon brave Boubou, et je souhaite de bientôt casser une croûte avec toi, comme je suis habitué à le faire si souvent quand je suis à Paris. Loulou. » Un mois plus tard, seulement, le 21 avril, Édith est autorisée à quitter l'hôpital. Définitivement, cette fois. Le 28, Barrier en informe Jacques Bourgeat et lui apprend que Piafou a chanté une chanson devant une assistance publique de radio qui lui a fait un charmant accueil. « Elle s'en est magnifiquement sortie et mérite tous les compliments. Son état général est très bon, son estomac fonctionne admirablement et elle dévore comme quatre. Malheureusement, il y a ses rhumatismes et c'est là que vont survenir toutes les complications. Comme Édith, tu le sais, est incapable de résister ni au mal [douleur], ni à une envie, au lieu de trois ou quatre médicortes par jour, elle en prend cinq ou six ou sept, on ne sait plus exactement. Ces médicaments (cortisone) l'empêchent de souffrir, mais c'est aussi ce qui a provoqué l'ulcère. Or, si un autre ulcère survient, qu'arrivera-t-il ? Aucun raisonnement n'y fait rien. Tu sais qu'elle ne fait que ce qu'elle veut, que personne ne peut la freiner dans ses désirs, à plus forte raison quand elle souffre dans sa chair et Dieu sait si cette sorte de rhumatisme déformant peut être douloureuse. Garde tout cela pour toi précieusement, mais je vais voir son docteur pour bien étudier les conséquences de ces abus et voir le meilleur moyen d'y remédier. Si tout va bien jusque-là, nous rentrerons vers fin juin. Cependant, mon opinion est que nous devrons rentrer plus tôt. Garde confidentiellement tout ce que je te raconte. Loulou. » L'omniscient Jacquot savait-il alors que dans un coffre du Presbyterian Hospital dormait le pénis de Napoléon – prélevé à Sainte-Hélène par Antommarchi, médecin personnel de l'Empereur –, devenu propriété d'un urologue américain ? Ce qui aurait beaucoup fait rire Piafou.

Barrier a de sérieux motifs pour afficher son inquiétude, les finances de la Môme sont à sec. « Les hôpitaux américains étaient très chers, intervient Danielle Bonel. Il fallait en outre continuer à payer les employés, Marc, le guitariste Daniel, moi... Comme nous l'avions fait à Malibu, avec Marc nous avons pris la décision d'avancer de l'argent à Édith. Elle nous a rendu la pareille au moment de la mort de ma mère en 1961. Édith aimait beaucoup maman. Hélas, celle-ci avait un cancer. J'ai alors expliqué qu'il fallait que je la fasse venir de Monte-Carlo. Édith m'a dit que je pouvais l'installer boulevard Lannes. Elle tenait à ce que son chiropracteur s'occupe personnellement d'elle. Maman est restée quelques jours avec nous. Mais la chiropractie ne lui ayant été d'aucun bénéfice, elle rentra en principauté pour y mourir huit jours plus tard. Édith a été très bien avec moi, à ce moment-là. Je suis partie tout de suite à l'enterrement et je suis allée la rejoindre pour sa première à Lyon. Pour que je puisse tenir le coup, nous n'avions rien dit à personne et Édith avait gardé le secret. Elle m'a même donné de l'argent en me disant : "Prends-le, tu en auras besoin." »

Avant de songer à rentrer en France, Barrier a conclu deux contrats de dernière minute. Le premier avec le Shoreham de Washington. « Elle chante dans cet hôtel chaque soir et obtient un triomphe, écrit l'imprésario à Bourgeat, le 18 mai 1959. Les nouvelles d'Édith sont excellentes, tant au physique qu'au moral. Dimanche, retour à New York jusqu'au 3 juin. Le 4, elle débute au Bellevue Casino de Montréal, pour une semaine. » À l'issue de cette semaine québécoise, rallongée de trois jours, Barrier, euphorique, adresse un ultime courrier au « cher Jacquot » : « Édith vient de triompher follement dix jours à Montréal, pour la première fois de sa vie. Samedi : trois représentations. Qu'en dis-tu, vieux frère ? » Bourgeat ne peut que se réjouir, quoique déçu par le long silence de Piaf. « Pour la sortir de sa léthargie, je dus lui faire lire ta dernière lettre, lui écrit Barrier. Elle s'est bien marrée, puis elle a râlé au passage où tu disais : "Comme l'argent change les êtres." J'ai trouvé cela très marrant puisque tout le monde sait que malheureusement elle est raide comme un passe. Elle a d'abord ri, puis le lendemain elle a rouspété. Mais je lui ai expliqué que c'était une boutade de ta part et que, de toute façon, hors de toi, tu étais prêt à n'importe quoi, affolé que tu étais d'avoir attendu des mois entiers un signe de vie d'elle. Alors, tout va bien, mais si elle te fait une réflexion, sois prêt à la riposte qui la déridera. Le 21 juin, à Orly, tu verras arriver ton petit phénomène... »

Avant de quitter l'Amérique, la Môme a écrit à l'une de ses amies pour lui signifier son retour à Paris, avec un nouvel amour, lui demandant de se trouver à son arrivée à Orly le 21 juin 1959, à 9 heures. Elle craignait la présence inopportune de Moustaki. Danielle Bonel a gardé la réponse de cette amie : « Je suis bien heureuse que tu reviennes guérie, semble-t-il, mais aussi libérée, je ne dirai pas d'un certain apôtre, ce serait offenser les apôtres, mais tu me comprends [...]. » Il n'en reste pas moins que Piaf a souffert par Moustaki, dans son orgueil tout d'abord. Ce qui la mena à envisager de retirer *Milord* de son répertoire. « Si vous faites cela, c'est que vous n'avez rien compris à ce métier », l'aurait reprise Loulou Barrier, au dire de Moustaki. Un métier sur lequel le Grec a toujours eu la seule opinion qu'il convient d'avoir : « Le show-business est un système schizophrénique, un système, un commerce, une porte ouverte à tous les appétits, l'argent, la gloire. Le show est une affaire trop sérieuse pour être laissé aux seuls soins du business. » En cela il n'aurait pas désavoué cette vieille prose d'Émile Zola : « Si vous saviez combien peu le talent est dans la réussite, vous laisseriez là plume et papier, et vous vous mettriez à étudier les mille petites canailleries qui ouvrent les portes, l'art d'user du crédit des autres, la cruauté nécessaire pour passer sur le ventre des confrères. »

« Les malheurs entrent chez nous sans frapper,
et ils se cachent souvent dans les bonheurs du jour. »

Françoise Sagan

II

Le viol

« J'estime que le public a le droit de pénétrer dans l'intimité des vedettes ! »

É. P.

« Piaf est morte ! » Un artiste en cour ne cessant jamais d'être une valeur marchande, dans les agences et rédactions de presse internationales, les rotatives étaient prêtes à l'impression. La nécrologie de la chanteuse, minutieusement préparée depuis beau temps, n'exigeait plus que des modifications de dernière minute. Si bien que lorsque l'irréparable survint, Janet Flanner, la correspondante parisienne du *New Yorker*, nota dans ses carnets, à la date du 11 octobre 1963 : « Rien de bien nouveau qui ait quelque importance esthétique vraiment, à part la mort de Cocteau et celle de Piaf aussi ; mais ils ont été enterrés par la presse américaine à plusieurs reprises déjà. Difficile d'écrire quelque chose qui ne sente pas le réchauffé. »

Or, non seulement la Môme n'a rien abdiqué, mais son cœur est du vif-argent. Tous le constatent de visu lorsqu'elle débarque à l'aéroport d'Orly, à la date indiquée par Barrier, avec à son bras un jeune homme à qui elle doit, autant qu'aux médecins new-yorkais, l'éclat de son sourire. *Welcome*, Doug ! Danielle Bonel : « Doug Davis était un jeune peintre américain qui voulait réaliser le portrait de “miss Piaf”. On l'avait invité au Waldorf Astoria où il eut accès à la chambre d'Édith. » Après la déception Moustaki, il arrivait à point nommé. « Doug était homosexuel, mais ils feront un petit bout de chemin ensemble. Sentimentale et très pudique, Édith n'était ni une sensuelle, ni une sexuelle, je le rappelle. Quant à l'homosexualité, c'est bien simple, pour elle c'était quelque chose d'inexistant. Elle se fichait de ces choses-là. À moins que la personne portât des talons aiguilles et des boas roses, elle ne voyait rien. Après sa sortie du Presbyterian Hospital, je suis allée avec elle à Atlanta, Doug tenait à lui présenter sa famille, des gens simples et charmants. Arrivés là-bas, il nous a emmenées dans un hôtel, mais lui est rentré coucher chez ses parents. Édith était vexée comme un pou ! Elle voulait retourner à New York. Bien sûr, elle n'en a rien fait, cela s'est arrangé et Doug fut du voyage de retour en France, avec nous. »

Prévue pour la fin de juillet, une tournée d'été française a été aménagée par Barrier, d'emblée compromise par le comportement irresponsable de Piaf. Vainqueur de la maladie, elle continue à vouloir narguer le sort en faisant la noce à Paris avec ses amis, jusqu'à des heures inavouables. L'imprésario est aux cent coups. Une semaine après le retour d'Amérique, une violente altercation l'a opposé à la chanteuse, pour la première fois. Il s'en ouvre dans une lettre adressée à Danielle et à Marc Bonel partis en province goûter quelque repos : « Édith, depuis son arrivée, a mené une vie de patachon, vivant toutes les nuits, buvant de la bière et se couchant chaque matin entre 8 et 9 heures. Je suis resté deux jours sans me manifester, puis soudainement en pétard, mardi à 8 heures du soir, j'ai bondi chez elle. Elle était dans sa chambre avec Douglas. Après avoir serré rapidement la main de Doug, j'ai apostrophé Édith très durement sans même la saluer, en lui disant que j'en avais absolument marre de cette vie et de sa façon d'agir et en lui demandant combien de temps cela allait encore durer. Il faut vous dire que je l'ai surprise avec la bière à la main. Furieuse, elle m'a répliqué, a essayé de hausser le ton, j'ai crié plus fort qu'elle, lui disant que c'était une honte de se conduire comme elle le faisait, que si les gens qui avaient du pouvoir sur elle avaient la lâcheté de se taire, je lui dirais, moi, ce que je pense de sa conduite. Ça a duré vingt minutes. Elle a hurlé que personne jusqu'à ce jour ne l'avait commandée, qu'elle avait toujours fait ce qu'elle voulait et qu'elle continuerait. Ce à quoi je lui ai dit que ce n'est pas ce qu'elle a fait de mieux et que cela l'avait menée là où elle était. Après un silence lourd de plusieurs minutes, je suis parti en lui disant de me faire signe quand elle aurait besoin de moi et que je ne donnais en aucun cas suite à la tournée d'été. Il paraît qu'elle a eu une crise de larmes après mon départ. Elle a appelé Nita [la chanteuse Nita Raya, ex-compagne de Maurice Chevalier et "bonne amie" de Barrier] au téléphone et lui a parlé une heure en pleurant et lui disant qu'elle ne me pardonnerait jamais de l'avoir ainsi humiliée devant l'homme qu'elle aime (*sic*). Nita a dit ce qu'il fallait. Cette nuit-là, Édith n'était pas couchée à 9 heures du matin. Enfin, mercredi soir à 7 heures, je suis retourné chez elle, l'ai prise par la main, traînée dans sa chambre et là elle s'est jetée dans mes bras en sanglotant et en me disant que c'était fini, que j'avais raison et qu'elle partait la nuit même au Hallier, après une dernière java. »

Piaf séjourna au Hallier jusqu'au 10 juillet, date de son récital à Monte-Carlo. Dix jours plus tard, la tournée française démarrait. Elle ne fut pas sans péripéties. Le 21 juillet, depuis Divonne, dans un courrier à des amis sûrs, Danielle et Marc Bonel en donnent un avant-goût : « La tournée commence aujourd'hui et je pressens qu'elle sera pleine d'imprévus », insinue d'abord Danielle, avant de laisser la plume à son mari, plus loquace : « Lisez bien ce qui suit : Édith ayant trente-six millions de dettes, Loulou a acheté une 403 à Édith. Celle-ci n'en voulant pas, a commandé "toute seule" une Chevrolet de quatre millions. Ce qui fait deux voitures. Mais Édith ayant prêté la 403 à Liébrard [il est revenu dans l'orchestre dès l'été précédent], le chauffeur d'Édith demande un défraiement pour suivre la vedette dans sa voiture personnelle, une DS. Ce qui nous fait maintenant trois voitures qui roulent. Bref, la fameuse Chevrolet conduite par Doug a pris la route, suivie de la DS, mais la Chevrolet dans un virage amorcé trop rapidement dérapa sur le gravier et fit plusieurs têtes-à-queue pour s'arrêter de justesse au bord d'un fossé de quatre mètres. De ce fait, Édith roulera en 403 par force. Son genou est gros et elle a mal au ventre. La Chevrolet est repartie par wagon. Le panneau est complètement défoncé, les roues et la direction faussées. Réparation : un demi-million. Drôle de début de tournée. Gardez cela pour vous. Baisers. Marc Bonel. »

Piaf se tire de cet énième accident de la route avec deux côtes cassées et doit poursuivre la tournée avec un bandage très serré. Ce, jusqu'à la fin d'août. Doug Davis, lui, a déclaré forfait. Il ne peut plus suivre le rythme et part vivre chez l'un de ses amants, propriétaire d'un appartement place de la Contrescarpe à Paris. Doug et Édith conserveront de bonnes relations. Après son retour en Amérique, en février 1960, le jeune peintre donna de ses tendres nouvelles à sa « Mina »... « Voilà New York. Je l'ai quitté en été et je le retrouve tout blanc et presque paralysé de neige, qui continue de tomber ! Si c'était dur pour moi de quitter Paris, c'était encore pire de l'avoir fait en bateau. Jamais plus de ma vie ! Malade pendant sept jours, mais je ne me sentais pas seul. Il y avait mille deux cents autres malades. Même un grand transatlantique semble petit quand il y a mille deux cents malades en même temps !... Le seul endroit avec beaucoup de place, c'était la salle à manger. Mais, toi, j'espère que tu continues à faire des progrès... Comme je l'ai lu dans le journal, hier, il paraît qu'il y a un nouveau peintre dans ta vie [il s'agit d'André Schoeller mais, bien que pertinents, les journalistes américains ont du retard] ! Si c'est vrai (je connais un peu les journaux), j'espère que tu es heureuse. Mais garde-moi toujours un petit coin dans ton cœur. » Le 3 juin 1962, Doug Davis trouva la mort dans un accident d'avion à Orly, l'appareil ayant explosé au décollage. « Quand nous avons appris la nouvelle, nous étions à Richebourg, rapporte Danielle Bonel. Édith n'a pas vraiment réagi. Elle était avec Théo à ce moment-là. Le père de Doug était mort lui aussi dans un accident d'avion. » La veille de sa disparition, Doug avait apporté à Jacques Marin, directeur de l'agence Pilote publicité, deux projets d'affiche pour le film de Robert Bresson, *Le Procès de Jeanne d'Arc*.

Affectivement, Piaf est à nouveau seule et l'automne qui s'annonce ne lui laissera pas de répit. Toujours son estomac. Mais pas seulement. Le 22 septembre 1959, elle est opérée d'une pancréatite à l'hôpital américain de Neuilly. « Je t'en supplie, chère Édith, ne nous cause plus d'alarmes ! lui écrit son vieil ami le journaliste Max Favalelli. Repose-toi bien. Gorge-toi d'air frais et de verdure... On a hâte de te retrouver. Trouve ici toute mon affection. Je t'embrasse. » La Môme ignore la signification du mot repos, puisque le repos, c'est la mort et que seul le chant peut la faire remonter des enfers. Elle n'est pas de ces chanteuses qui éprouvent le besoin de s'éloigner parfois de leur métier pour mieux voir et prévoir. Entre Paris et le Hallier, mille et un projets s'élaborent. Elle reçoit ses paroliers et ses compositeurs. Travaille avec ses musiciens. Son objectif est de redevenir le 20 novembre, dans un cinéma de Melun, face son public, la Piaf des grands jours. Melun ne la trahit pas et sonne le départ d'une nouvelle tournée essentiellement destinée aux publics du Nord de la France. Au vrai, un chemin de croix émaillé de nouveaux incidents de parcours qui surviennent dès la septième date. À Calais, ce soir-là, elle peine à articuler ses mots. Martin et Duclos relatent l'intervention d'un médecin venu « plus tard, dans la nuit » lui injecter un puissant sédatif. « Cet homme était le docteur de Martignac, nous apprend Nicole Hamy. Ma mère qui travaillait au bloc opératoire de l'hôpital de Calais le connaissait bien. » Martignac était alors marié avec l'une des deux filles de Jacques Vendroux, beau-frère du général de Gaulle. « Le lendemain, lorsqu'il est arrivé à l'hôpital, tout le monde voulait savoir ce qui s'était passé. On lui disait en plaisantant : "Alors, comme ça, on soigne les grandes vedettes, maintenant !" Respectueux du secret professionnel, Martignac n'a rien lâché. "Tout ce que je peux vous dire, concéda-t-il seulement, c'est que c'est une sacrée petite bonne femme !" »

Le lendemain, Piaf chante à Maubeuge, au Paris, lorsque sa mémoire flanche et l'oblige à se retrancher quelques minutes en coulisses. Elle revient, mais ne termine pas sa chanson, *Milord*. On a dit, on l'a écrit, que le rideau retombé, la Môme aurait pleuré, supplié qu'on la laissât revenir. « Piaf n'était pas une pleureuse, rectifie Danielle Bonel. Elle était très, très fatiguée, mais elle ne se plaignait jamais. Là encore, qu'est-ce qu'on a pu faire comme roman, dans les livres et dans les films ! Elle prenait des somnifères pour dormir et à son réveil on lui donnait du Maxiton, mais ça n'a pas été aussi dramatique : elle n'y arrivait plus, on a refermé le rideau en espérant de meilleurs jours. Point. » De fait, le lendemain à Saint-Quentin, elle fait merveille. Le surlendemain, à Béthune, seule une interruption de quelques secondes dans la chanson d'entrée, *Le Ballet des cœurs*, vient troubler la représentation. Le temps pour Danielle Bonel d'apporter sur scène un verre d'eau à la patronne. Piaf, qui avait laissé croire à un malaise, put ainsi reprendre son tour et le mener à son terme...

Dans un coin de la ville
Y' a un cœur bien tranquille
Qui se balance, qui se balance...

(*Le Ballet des cœurs,*
Rivgauche/Glanzberg)

Or, depuis Maubeuge, la rumeur court et s'amplifie, qui la précède dans chacune des villes où elle est programmée : cette fois, Piaf n'ira pas jusqu'au bout de ses forces. Dans la presse, des journalistes à sensation emploient le terme de « tournée suicide ». Piaf n'a pas d'autre choix que de rassurer son public en se soumettant à la question. Et là, elle fait diversion en affirmant que son état général est bon, et qu'à Maubeuge, seuls ses réflexes l'ont abandonnée : « Ça venait plus, quoi ! » À Pierre Desgraupes, missionné par *Cinq colonnes à la une*, elle tient à une variante près le même discours. Mais personne ne peut déjouer l'instinct de requins affamés et, dès lors, les paparazzi ne vont plus la lâcher. Chaque soir ils suivent sa trace, excités par l'odeur de la mort. Comme dans les chasses à courre, c'est à celui de ces messieurs qui plantera le premier la dague dans la gorge de la bête : la photo fatale d'une Piaf chancelante, qui tombe, expire et crève tout à fait sous l'œil de l'objectif, le corps plaqué au sol et les yeux révulsés. Parti d'Italie, le phénomène paparazzi est alors en plein essor. Ces « safaristes » de la vie privée des stars tiennent leur appellation d'un film de Fellini, *La Dolce Vita,* dans lequel l'un des personnages, un photographe pistant Marcello Mastroianni, s'appelle Paparazzo. En 1960, il n'a pas atteint en France l'ampleur qu'il connaît aujourd'hui, mais les dégâts qu'il provoque sont parfois irréversibles dans des cas tels que celui de Brigitte Bardot, par exemple, victime expiatoire de ces hordes de sans foi ni lois exclusivement composées d'éléments masculins.

Des journaux de la veine de *France Dimanche* ou *Ici Paris* ont toujours été une manne providentielle pour les vedettes, un tremplin bénéfique, une banque de ressources. Les plus intelligents ont su s'en servir sans jamais se renier. D'autres jouent le double jeu. La Môme a émis des opinions différentes sur le sujet. Celle qui lui ressemble le plus fut recueillie par Henry Lemaire, en novembre 1962, pour *Le Soir* : « Dans notre métier, il faut accepter d'être un peu concierge. Personnellement, j'estime que le public a le droit de pénétrer dans l'intimité des vedettes. Il ne faut jamais le décevoir sur ce point. L'intimité... Tout le monde aime ça ! » Non, la Môme n'en veut pas à ces grands garçons à qui elle offrirait au besoin le bouton qui manque à leur chemise. Mieux, elle s'amuse avec eux et parfois elle les cueille : « Si vous êtes venus pour me voir tomber, vous arrivez mal, je suis en pleine forme ! » Le terme est malheureusement par trop excessif, car au Mans, l'étape suivante, on doit la piquer au solucamphre pour qu'elle puisse monter sur scène. « Tous les soirs, on se demandait si elle allait pouvoir tenir, se souvient Germaine Ricord, l'une des participantes de la tournée suicide. Ce soir-là, Loulou Barrier refusa qu'elle chante en disant qu'il allait rembourser et les musiciens prévinrent Édith qu'ils ne joueraient pas, tant elle était mal en point. "Vous allez mourir sur scène", tenta de la raisonner Chauvigny, effrayé. C'était encore mal la connaître. Avec ou sans eux, elle chanterait ! Alors que le bruit commençait à courir dans la salle que le spectacle n'aurait pas lieu, elle a entrouvert le rideau, s'est approchée du micro et elle a commencé à chanter *a capella*. Les gens n'en revenaient pas. Très vite, les musiciens ont repris leur place et Édith a tenu son tour jusqu'au bout. Un courage inouï ! À la sortie, des centaines de gens l'attendaient. »

Évreux, Reims, Rouen, Dieppe, Laval... Pour les dates suivantes, les dieux du Théâtre sont favorables à la Môme puisqu'aucun incident n'est à déplorer. Encore quatre représentations et elle sera à Thionville, épilogue de la tournée. Avant cela, elle est attendue à Dreux, Metz et Nancy. Piaf arrive à Dreux le dimanche 13 décembre 1959, sous une pluie grise et traversière, avec un visage enflé et dans un état de fatigue extrême. Sa prestation s'en ressent, qu'elle termine sans la terminer vraiment, avec une voix et une élocution que d'aucuns compareront à « de la bouillie ». Le spectacle est interrompu, de même que la tournée. Piaf est-elle réellement tombée sur la scène de la salle des fêtes de Dreux ? Danielle Bonel : « D'une part, si la voix d'Édith ce soir-là ne fut pas parfaite, elle fut très loin d'être inaudible, d'autre part, Piaf n'est jamais tombée sur scène à Dreux, c'est de la légende ! »

Commence pour la Môme une année noire. Tous ses contrats annulés *sine die*, les rentrées d'argent vont se faire rares sans que l'administration fiscale ne s'en émeuve. Pour elle comme pour ceux qui en dépendent, recouvrer sa santé devient un impératif. De retour à Paris, elle se laisse ausculter par Lucien Vaimber, un chiropracteur. « C'est par mon mari, via le tourneur Fernand Lally, qu'il est arrivé boulevard Lannes, nous indique Danielle Bonel. Marc savait que Lally avait été guéri par un chiropracteur et il en avait parlé à Loulou. » Vaimber constate chez Piaf le blocage de douze vertèbres, conséquences de son accident de voiture avec Moustaki. Selon son diagnostic, cette déformation lui donnerait « tranquillement la mort ». Mais la chiropractie, très peu pratiquée à cette époque, n'est alors pas reconnue en France et Vaimber ne convainc personne. Ni Piaf ni son entourage. La Môme entre en clinique peu après, à Meudon, pour y suivre une cure de sommeil. Avant une admission à l'hôpital américain de Neuilly, où on la soigne pour un « ictère par hépatite virale ». Au grand désespoir de Lucien Vaimber, hostile à la surmédicamentation de la médecine traditionnelle : « Elle se vidait littéralement et on ne trouva rien de mieux à lui donner que de l'élixir parégorique ! »

L'état de la Môme est des plus inquiétants, au point d'émouvoir fortement sa vieille garde. « Elle était vraiment en piteuse position, insiste Danielle Bonel. Pour se distraire et parce qu'elle voulait revivre les beaux moments que nous avions passés ensemble, elle demandait parfois à mon mari de lui projeter sur le mur de sa chambre les films qu'il avait tournés : Édith en Égypte, aux pieds des pyramides ; Édith en Suède, entre deux villes, assise sur un banc et tricotant sagement en attendant le train ; Édith répétant *La P'tite Lily* ; Édith faisant des niches à ses musiciens et tirant la langue au cameraman ; Édith trinquant à la bière lors des fameux pique-niques américains, qu'elle préférait au confort des grands restaurants, ce qui rendait fou son agent local ; Édith gravissant les marches qui conduisent à Notre-Dame de la Garde pour aller y déposer un cierge ; Édith apprenant à nager avec moi, dans la piscine de Ginger Rogers, à Hollywood ; Édith dans les rues de New York, au bras de Marlène Dietrich, le jour de son mariage avec Jacques Pills... Elle adorait revoir tout ça. Alors Marc apportait son petit projecteur et pendant les séances les rires et les commentaires fusaient. »

Le 27 janvier, après trois semaines à Neuilly, la chanteuse regagne son domicile. Sans autre alternative que de se tenir éloignée de la scène, les trois mois suivants elle passe le plus clair de son temps au Hallier. Le dernier séjour. Économies obligent, sa maison de campagne sera vendue avant l'été. Dans l'urgence et à perte. « De toute façon, elle n'aimait pas y aller trop souvent », nous rassure Danielle Bonel. En attendant de n'être plus condéenne, c'est encore au Hallier qu'est adressé le courrier de Madame Édith Piaf. Là qu'elle réceptionne les encouragements et les témoignages de sympathie et d'affection de ses fidèles. Parmi eux, le talentueux Michel Rivgauche, bourré d'un humour fin et subtil. Rivgauche, le grand complice de la Môme. Une amitié sans équivoque, mais non sans soubresauts. Lui si sage et si mesuré, elle excessive en tout et pour tout. Combien de fois n'a-t-il levé les yeux au ciel en la voyant bâfrer quand son état de santé lui indiquait la prudence la plus élémentaire. Ou bien alors quand elle maltraitait son manteau de vison et qu'il se précipitait pour le ramasser. « Il me manque beaucoup de ne pas dîner sur tes genoux, en face de toi, lui écrit-il, dégustant une sole froide et du riz au lait, glacé à la manière des romaines (quelle salade !), c'est-à-dire allongée sur ta couche... Il me manque aussi ce jeu charmant qui consiste à découvrir parmi des lignes horizontales en forme d'artifice quel est le personnage connu que l'on ne peut pas reconnaître et qui a réussi à vous donner une délicieuse migraine. Tu sais bien, ce jeu dans cette grande boîte que tu baptises, toi, du nom assez pompeux de télévision... J'espère que tu ne te couches pas trop tard ? Je viens d'entendre ta réponse : “Qu'est-ce que ça peut te foutre, sale c... !” Alors, ça va... Si j'osais, je te demanderais à mon retour de me relire tout le premier chapitre du scorpion – d'ailleurs très intéressant –, d'autant plus que ni toi ni moi ne sommes scorpion ! Puisque, pour ma part, si je suis influencé (et un peu !), c'est par toi ! Quant à toi, quel est donc celui qui t'influence ? Enfin, quel dommage que tu ne sois pas verseau. Ça, évidemment, c'est un signe... Sérieusement, j'ai hâte de te retrouver. Tu m'as fait passer une soirée merveilleusement enrichissante l'avant-dernière fois à la clinique. Quand on t'aime, on a terriblement besoin de toi, Édith. Et la chanson n'est plus rien quand tu ne chantes pas. Et ceux qui vivent pour la chanson ne vivent que si tu chantes. Alors, repose-toi afin de rechanter enfin, Édith ! Je sais tout ce que je te dois. Mais je sais que ce n'est rien à côté de tout ce que je peux te devoir encore. Fais que je te doive beaucoup encore. Ma Petite Édith, je t'embrasse comme je t'aime. Mimi sale c... »

Jean Cocteau, en villégiature à Saint-Moritz, est également très présent en esprit, par la magie des ondes et le confort de la plume. « Ma petite fille très chérie. Combien de fois pendant ce film qui me dévorait n'ai-je pas pensé à toi, craint pour toi, respiré lorsque la presse te disait la plus forte. J'étais tellement ému d'entendre ta voix à Saint-Moritz, que je ne trouvais que les paroles idiotes du militaire qui téléphone à sa promise et raccroche avant d'avoir même demandé de ses nouvelles.

Par chance l'horrible robinet de la radio se transforme quelquefois en source fraîche et m'apporte une des belles chansons que le marquis et la marquise n'écoutent plus ensemble. » Piaf et Cocteau, c'est tout un roman, celui des deux Paris opposés d'avant-guerre, qui finissent par se rencontrer et par s'épouser, sans pouvoir ne plus se quitter. Charles Dumont se souvient avoir été présent à la première d'un film de Cocteau, à laquelle Piaf assistait également. « Elle était assise en face de lui. Ce qui m'épatait, moi, jeune homme, c'était de voir ce grand intellectuel, cet homme d'une finesse et d'une grande intelligence, de voir cet homme qui écoutait Édith parler comme un enfant qui écoute un professeur. C'était fabuleux. Sur des sujets métaphysiques et politiques. Et en plus, elle s'énervait. Il lui disait : "Calme-toi !" »

Et puis il y a le cri d'alarme de Jacqueline Batell. Compositrice de talent, outre sa participation à quelques musiques de films, Jacqueline Batell travailla pour Suzy Solidor (*Les Filles de Saint-Malo* ; *La Belle escale*), Charles Trenet (*Espoir*), Lys Gauty (*Ça sent la friture*), Tino Rossi (*Un soir... pas davantage*) et encore pour Reda Caire (*Y a des bonheurs tous les dimanches*). Elle est également connue pour avoir signé la musique du *Grand Charles* (la chanson de la France nouvelle), en hommage à de Gaulle. Piaf pour sa part lui avait acheté la musique de *Ses mains* (paroles de René Bacley), enregistrée en 1941...

Sur le clavier ses mains couraient
Et des accords soudain naissaient...

En 1948, Jacqueline Batell signa la musique d'une chanson écrite par Jacques Bourgeat (la seconde et dernière qu'il écrivit pour Piafou) : *Les vieux bateaux*, qui fut enregistrée à la fois par la Môme et par les Compagnons de la chanson. « Jacqueline était une bonne pianiste très cotée, nous apprend Danielle Bonel. J'allais souvent l'écouter dans des cabarets où elle excellait dans *Rhapsody in blue.* » Or, les vents tournèrent. Le 10 avril 1960, ne parvenant pas à joindre Piaf au téléphone, Jaqueline Batell se résout à lui écrire. Motif officiel : elle lui a envoyé la bande enregistrée d'une chanson depuis près d'un mois et elle s'étonne de n'avoir toujours pas reçu de réponse. Au vrai, elle attend bien davantage : « Je suis à bout de forces et de ressources en ce moment et c'est pour cela que je t'écris ce mot (entre toi et moi). Tout est si difficile pour moi que je ne sais plus quoi faire. Mon seul espoir, c'est toi. Si jamais tu enregistrais cela, tu ne peux t'imaginer quel bien cela me ferait. Moralement, matériellement, je suis en plein désarroi. Mes droits d'auteurs tombent de trimestre en trimestre... je n'y comprends rien... car je fais toujours des tas de choses. ... je compose et le fric, c'est jamais pour moi ! Ce qui est pénible, c'est de penser que j'ai trente-quatre ans de chansons derrière moi et que dans deux ans, lorsque je toucherai ma retraite SACEM, comme le montant varie selon les points... je n'aurai quasiment rien ! Si tu pouvais me faire un succès de cette chanson, d'un seul coup j'arriverai sûrement à rattraper mes points en deux ans et je te bénirai le reste de ma vie. » N'ayant rien à perdre, Jacqueline Batell joue les madeleines de Proust : « Je sais que tu es bonne, je connais ton cœur, ma chérie. C'est pour cela que j'ose te jeter un SOS et en souvenir de ton amitié pour ta vieille copine. Nice... Magdeleine... te souviens-tu de ces temps heureux ? Enfin, je sais qu'on n'est pas mal dans mon cas, hélas, car ce drôle de métier, c'est comme l'amour : pour les uns c'est le bonheur, pour les autres le drame. » Après avoir embrassé « tendrement » son « Édith chérie », la compositrice daigne enfin se souvenir que Piaf est gravement malade. « Je fais des vœux pour que ta santé tienne le coup longtemps, longtemps. Tu es merveilleuse. Ta Jacqueline Batell. » Des lettres comme celle-ci, Piaf en recevait pléthore. Les auteurs et les compositeurs espéraient tous être un jour interprétés par elle, comme aujourd'hui les chanteuses peuvent rêver d'attirer l'attention de fabricants de tubes de la trempe d'un Jean-Jacques Goldman. Naturellement, Piaf se réservait le droit de n'enregistrer que ce qui la touchait. Du pire au meilleur des cas, elle envoyait un chèque ou un billet, voire une pension, et l'affaire en restait là.

Au Hallier comme à Paris, Piaf tient sa cour. Près d'elle : Danielle et Marc Bonel, cela va de soi, puisque depuis des années la « douce » et le « brother » sont l'ombre de leur maîtresse. Mais il y a aussi, entre autres, le Canadien Claude Léveillée, déjà rencontré, avec qui Piaf élabore mille projets. Présent également, omniprésent, devrions-nous dire : Claude Figus, que jusqu'ici nous n'avions fait que croiser. L'inénarrable Claude Figus. De combien de crimes n'aura-t-on pas accusé ce garçon un peu perdu qui se noya définitivement dans le regard de Piaf dès lors qu'il décida de ne plus exister que pour elle et à travers elle ! D'où vient Claude Figus ? Quand Évelyne Pessis (future épouse Aznavour) fit sa connaissance, il avait à peine dix-sept ans et travaillait à La Polka des mandibules, un bar de la rue des Canettes, dans le 6e arrondissement de Paris, d'où il ne tarda pas à être renvoyé. Depuis son plus jeune âge, Figus vivait sur un malentendu entre lui et lui, un malaise permanent propre aux inadaptés sociaux. Élève médiocre, en révolte contre la famille et la société, aucune maison de correction ne vint à bout de la désespérance de ses parents. Attiré par le côté factice du spectacle, il partit très tôt de chez lui et se retrouva à errer dans les coulisses des théâtres parisiens, nouant quelques relations dans le milieu gay, avec Jean-Claude Brialy, notamment, et Jean-Marais. Lui-même homosexuel, il ne rêvait que d'une chose : approcher Piaf, son inaccessible étoile et s'assujettir à elle, comme le soleil se fond à l'horizon et s'endort avec lui.

Sa rencontre avec Charles Aznavour, qui le prit un temps en estime et lui offrit l'hospitalité, le fit avancer de plusieurs cases. Aznavour dont il tomba amoureux. « Depuis que je te connais, devait-il confier à Évelyne, ça s'est transformé en amitié. » Évelyne se souvint d'un jeune homme indéniablement doué pour distraire la galerie, un « conteur-né » grisé de mots et sachant manier l'hyperbole, un être impulsif et écorché vif, moulé d'impertinence et forcément irrespectueux des convenances. Lorsque Aznavour le présenta à « la Marquise » (l'épouse de Raoul Breton), Figus ne rata pas la marche : « Je croyais que vous étiez la mère de Charles Trenet ? » À quoi, offensée, la Marquise lui répondit que Trenet avait quarante-deux ans. « Ah ! Je ne savais pas, je croyais qu'il en avait trente-neuf... » Une autre fois, au restaurant avec Évelyne, Figus, très maniéré, commanda des spaghettis en clamant suffisamment haut pour se faire ouïr de toute la salle : « C'est bon et ça bourre ! » Les rires de l'assistance furent sa récompense. Hormis son obsession pour Piaf, le pauvre garçon n'avait pas d'autres ambitions existentielles que de se faire remarquer, à n'importe quel prix et le plus souvent gratuitement.

Le jour vint où, de fil en aiguille, Figus parvint jusqu'au boulevard Lannes où il se mit au service de sa déesse, jouant les utilités ou les inutilités, selon l'impression qu'il laissait aux membres de l'entourage de Piaf et à ses hommes du moment. « Il avait un charmant côté jeune collégien, nous dit André Schoeller qui aimait bien Figus. Quand il avait des problèmes, il venait soit vers moi, soit vers Jean Marais. Il n'était pas lèche-bottes avec Édith, seulement amoureux, amoureux fou. » Un « charmant collégien » qui, selon Évelyne Pessis, participa néanmoins à la destruction de son couple avec Aznavour. Danielle Bonel analyse Figus comme « un personnage néfaste mais avec certaines qualités » : « Il a voulu devenir chanteur, il chantait très bien du reste, il avait un certain talent, mais en dehors de ça nous n'aimions pas beaucoup le voir traîner dans le salon. Contrairement à ce qu'on croit, Figus n'a jamais été installé à demeure au boulevard Lannes. Il y passait beaucoup de temps mais il n'y vivait pas. Il avait d'autres points de chutes et quand il n'était pas chez Édith, il allait entre autres chez Anita Ekberg. En dehors du fait qu'il faisait rire Édith (avec moins d'efficience que Roland Avellis) et qu'il obéissait à ses désirs les moins avouables, il n'avait aucune fonction précise. Ni vraiment ami, ni employé, il était là. » Là à regarder passer la vie de Piaf, en oubliant la sienne. Un parasite ? Danielle : « Un jour, mon mari lui demanda s'il pouvait aller laver la DS d'Édith. Il accepta gentiment et sortit dans la rue avec un seau et une éponge. Cinq minutes après, il était de retour. Étonné par une telle promptitude, Marc sortit à son tour pour apprécier le travail accompli. Il découvrit que Figus n'avait lavé que le côté droit de la voiture. L'argument de Figus à mon mari qui lui réclama quelque explication : "Elle ne s'apercevra de rien, puisqu'elle s'assoit toujours à l'avant, à côté du chauffeur !" Pour ne pas faire d'histoires et bien que ce ne fût pas son rôle, Marc retourna laver le reste. Figus était très jeune lorsque nous l'avons connu, nous aurions aimé qu'il soit autrement, mais ce n'était pas possible. »

Si Schoeller et Moustaki l'acceptèrent, Charles Dumont en revanche ne se sentit jamais en adéquation avec l'entité Figus. « N'étant pas très équilibré, il était à la fois le bon et le mauvais génie de Piaf. Le bon génie parce qu'il aurait traversé le feu pour elle, et le mauvais génie parce qu'il avait tendance à lui faire faire des choses que peut-être elle n'aurait pas faites s'il n'avait pas été là. Pour Édith, c'était un mélange d'abnégation et de malédiction. Parce qu'elle avait été souvent seule. La solitude des géants, assez partagée par tous, d'ailleurs. La solitude est la punition des géants. Il n'y a pas beaucoup de monde pour partager leur existence. Leur intimité en tout cas ou leur vie affective. Figus était superflu, bien sûr, et à la fois profond puisqu'il l'adorait, mais la superficialité, faire du vent, faire du bruit, faire la fête, ça distrait quand même. Les rois avaient leurs fous. Vis-à-vis de moi, étant donné que nous étions sur deux planètes extrêmement différentes, on ne s'est ni entendu, ni pas entendu. » Sous le règne de Dumont, Figus s'éloignera, ne risquant que quelques furtives incursions. Dumont affirme n'être pour rien dans cet exil. Selon lui, les choses se seraient faites d'elles-mêmes. « Je n'ai jamais dit à Édith : "Je n'ai pas envie de le voir", ou ce genre de choses. J'étais là, il s'est donc senti dépossédé de son rôle. Comme dans une pièce de théâtre, il n'est pas parti, il s'est absenté. »

Figus a connu plusieurs périodes de disgrâce auprès de Piaf. « De temps en temps ils se fâchaient, explique Danielle Bonel. Elle le renvoyait et on ne le revoyait plus. Mais il était complètement obnubilé par elle et il lui écrivait alors de longues lettres pleines de grands sentiments, sincères certes, mais qui pouvaient aussi paraître effrayantes. Des phrases du style : "Il n'y a que toi dans ma vie, pour la vie"... "Quelle chance et quel malheur d'aimer un être tel que toi"... "Peu m'importe ce que tu penses, moi seul peux savoir combien je t'aime"...

“Je suis né le jour où pour la première fois je t’ai vue”... “Tu es le seul être avec lequel je n’ai jamais triché”... “Quand vais-je cesser d’agoniser ? Mourir serait tellement mieux”... “Une immense peine me poursuivra sans relâche jusqu’au jour où je saurai y mettre fin, je t’aime excuse-moi.” »

Sans Piaf, Figus ne respire plus. Alors elle pardonne et il revient. Jusqu’au prochain clash. Et « jusqu’au jour où », comme il l’écrit dans ses lettres... Figus n’est pas un être intéressé. Son amour est pur et net de calculs. Or, que peut-il espérer de cette femme qui pourrait être sa mère mais en aucun cas sa maîtresse, ce dont il songe avec une obsession d’autant plus perverse que sa nature ne le prédispose pas à faire l’amour avec une personne du sexe opposé ? André Schoeller m’a raconté qu’un jour Figus est venu vers lui, un air de triomphe sur le visage, en lui disant qu’il avait enfin réussi son pari engagé avec lui-même : coucher avec Piaf. « C’est malheureusement vrai, reconnaît Danielle Bonel, mais ce fut contre le gré d’Édith qu’il s’est débrouillé pour droguer et qui ne s’est aperçue de rien. C’est Mamie Bordenave, l’infirmière, qui le trouva dans le lit d’Édith, un matin. Elle était scandalisée. » Selon les indications fournies par Danielle, nous sommes ni plus ni moins ici en présence d’un viol. Le procédé consistant à plonger la personne que l’on veut séduire dans un état second connaît une grande vogue dans les boîtes de nuit parisiennes. Un comprimé dans le verre de la belle ou du mignon et l’affaire est dans le sac. On appelle cela la « drogue de l’amour ». La Maison Piaf n’est pas au terme de ses émotions avec Claude Figus.

Les 13, 21 et 27 mai 1960, Piaf retourne en studio. Chauvigny, parti provisoirement à la concurrence, chez Gloria Lasso, elle enregistre sans lui un faisceau de nouvelles chansons, dont une, *Cri du cœur*, écrite par Jacques Prévert sur une musique d’Henri Crolla et une autre de Julien Bouquet, *Je suis à toi*. Le 14, au lendemain du premier de ces enregistrements, au cours duquel elle a gravé sur le sillon l’un de ses titres, *Ouragan* (musique de Claude Léveillée), Michel Rivgauche fait assaut d’optimisme : « Édith, tu sais que tu m’as causé une sacrée joie, hier, lui écrit-il. Ce n’est même plus une joie. Je n’extériorise peut-être pas, mais qu’est-ce que je prends à l’intérieur !... Quel disque tu as réussi, hier ! Et comme je suis heureux et fier d’écrire quand je t’entends me chanter. Je le reçois en plein. Je le réalise pleinement. Et comme je suis bouleversé de me répéter : “Édith qui est Édith Piaf est mon amie.” Moi qui ai toujours cru en toi aux heures grises, quelle joie ! Merci, Édith. »

En dépit d’une indigestion passagère, Piaf y croit encore, Barrier également, qui décident d’un commun accord que la Môme assurera la tournée d'été mise en place par l'imprésario et qui débutera à Divonne, le 27 juillet. Las, le répit et l'espoir sont de courte durée. Le mois suivant, de violentes douleurs au ventre ramènent l'infortunée à l'Hôpital américain de Neuilly. À la mi-juin, elle sombre dans un coma de deux jours. Les cellules de son foie ne fonctionnent plus normalement et son organisme est devenu « réfractaire à des médicaments qu'elle a dû avaler depuis un an ». Cette fois, les médecins ne donnent pas cher de leur bonne cliente inscrite sur le registre de l'hôpital sous son nom de baptême. Son séjour se prolonge jusqu'au 26 août. À cette date, Marc et Danielle Bonel la conduisent à Richebourg, dans la résidence secondaire que Loulou Barrier a mise à leur disposition. « Nous étions seuls avec elle et avec l'infirmière, témoigne Danielle. Je m'occupais personnellement de son alimentation en lui faisant suivre un régime très sévère. La pauvre Édith était plus faible que jamais. Elle était complètement coincée, ne marchant plus du tout. Là, nous avons frôlé le drame. Je n'oublierai jamais le dévouement de l'infirmière, une dame assez âgée qui venait de l'Hôpital américain et qui allait prendre sa retraite. Piaf s'était entichée d'elle, elle l'appelait "Mamie". Mamie Bordenave.

» Au bout d'un moment, quand elle aussi s'était bien attachée à Édith, Édith l'a laissée tomber... C'est un peu dommage. D'abord, elle avait fait du charme à Mamie, elle s'était montrée très gentille avec elle ; ensuite, elle ne voulait plus la voir, autrement que dans le cadre des soins. Elle n'a même pas voulu qu'elle vienne l'entendre à l'Olympia, en décembre 1960, elle l'a obligée à rester toute seule boulevard Lannes. Alors que Mamie avait des instincts de grand-mère pour elle ! Pauvre Mamie qui, tous les soirs, buvait son petit whisky, "pour mes artères", disait-elle. Je ne sais pas ce qu'elle est devenue. Elle est partie vivre dans son petit village, mais on n'a plus eu du tout de nouvelles. Je me souviens qu'elle avait acheté une petite Deux-chevaux que son fils avait garée pas loin du boulevard Lannes. Mamie attendait d'avoir son permis pour pouvoir rouler avec, mais elle était recalée à chaque fois. Édith ne se rendait pas compte à quel point on pouvait l'aimer. » Au lendemain des obsèques de Piaf, un journaliste de *France Observateur* notera avec une extraordinaire précision : « Toute la gloire du monde ne pouvait combler cette "*disgraziata*", tout l'amour du monde n'était pas assez grand pour lui prouver qu'elle pouvait être aimée. Ces garçons si indécemment jeunes qu'elle choisissait pour amants, n'étaient-ils pas des affamés eux aussi (de gloire, ou tout simplement d'argent) ? À eux, elle pouvait donner, et il ne lui semblait pas pouvoir donner autrement qu'à pleins bras. Et si elle se traînait chancelante sur la scène pour chanter lorsqu'elle n'en avait plus la force, n'était-ce pas parce qu'elle n'existait plus, parce qu'elle n'était plus rien loin de l'amour du public offert comme un grand bouquet chaque soir ? Qu'était-elle sinon une quémandeuse ? »

La convalescence à Richebourg n'apportant à la Môme aucun bienfait, Lucien Vaimber effectue sa réapparition, à la demande de la chanteuse. Il apprend que Piaf qui accuse entre vingt-deux et vingt-trois selles par jour, continue de se vider et que par conséquent son poids a atteint la cote d'alerte. « Il était radicalement opposé à ce qu'elle prenne quoi que ce soit qui ressemblât à un médicament, fût-ce du Gardénal qu'elle s'administrait tous les jours, explique Danielle Bonel. Je me souviens qu'il nous avait chargées, Mamie Bordenave et moi, de lui préparer des tisanes au pissenlit. Je nous revois avec Mamie, parcourant les champs alentour pour aller cueillir du pissenlit. Ces tisanes verdâtres avaient un goût affreux ! Néanmoins, Vaimber a réussi à débloquer Édith, sans pour autant la soulager de ses douleurs. Petit à petit, elle a recommencé à marcher, pas après pas, soutenue au début, seule ensuite, dans le jardin. Jamais nous n'aurions cru qu'elle remarcherait un jour ! Nous l'avons filmée avec son accord, pour garder un témoignage de la bravoure et de la volonté extraordinaire de cette femme hors du commun, qui paya si cher sa gloire. J'ai essayé de lui apporter le plus que j'ai pu, tant dans la vie que sur la scène. En retour, elle nous a apporté énormément. À commencer par des joies artistiques. »

À distance, Henri Contet s'informe de l'évolution de son amour d'antan, sa « Ditouche » dont il est resté proche, par la « pensée frôleuse », comme il l'indique dans un courrier nostalgique. « À suivre ainsi ton rétablissement, je me fais un peu l'effet d'être à ton chevet comme je voudrais pouvoir le faire toujours, mais mon cœur te souhaite surtout de trouver enfin l'oubli de toutes tes souffrances, dans notre affection et dans ton travail. Il serait temps que les toubibs te fichent un peu la paix ! [...] Ma Ditouche, à bientôt de t'embrasser. Et je me remets à penser à toi... Ton Rirou. »

« On finit toujours par aimer ceux auxquels on a fait quelque bien. »

Primavera

III

Un « amant restreint »

« Celui-là, quand il reviendra, il sera remplacé ! »

É. P.

Le 21 mars 1960, Piaf reçut au Hallier les prévisions astrales de l'une de ses voyantes attitrées, Huguette Hirsig, qui l'assurait qu'après « quelques moments difficiles à traverser » l'année entamée se clôturerait par un « véritable feu d'artifice d'amour et de succès » : « Pour vous, janvier et février 1961 vont être parmi les mois les plus heureux de votre vie. C'est là que vous allez vraiment rencontrer l'âme sœur, l'être qui transformera votre existence, vous apportant les joies profondes et l'apaisement que vous souhaitez. L'apaisement sera total [...]. Ne surestimez pas vos forces. Votre but est d'arriver en bonne forme au seuil de 1961 et non pas de lutter en tout et pour tout prématurément. Laissez à la nature le repos qu'elle réclame. Cela veut dire : soyez très prudente aux alentours des dates suivantes : 1-13 et 16-17 avril 1960, 3-4 et 21-23 juin 1960, 3-22 juillet 1960 (du 3 au 6, surtout), 1-2 août, 10-12 septembre, 23 septembre-5 octobre, 7-18 novembre 1960. Passé ces dates, si vous avez pris soin de vous, vous pourrez récupérer totalement vos forces et le cauchemar de ces dernières années sera définitivement dissipé. »

Une consultation chez un mauvais psy sera toujours plus hypothétique qu'une visite chez une bonne voyante. Huguette Hirsig a avancé la date du 5 octobre 1960 comme étant l'une de celles où Piaf devra faire acte de prudence ; c'est précisément ce jour-là, à dix-sept heures, que se déroule, boulevard Lannes, sa rencontre décisive avec Charles Dumont. Décisive car, pendant des années, le seul nom de Dumont colla des boutons de fièvre à la Môme. Cette antipathie naturelle et viscérale ne laissa jamais de décourager le jeune compositeur en mal de reconnaissance. À plusieurs reprises, forçant les barrages, il était venu lui présenter ses compositions. Une première fois pour lui proposer *Offrande* (paroles de Roger Normand), un titre avec lequel il fut lauréat du Prix Édith Piaf, à Deauville. La Môme argua de ce prétexte pour opposer un refus sec, mais poli. La fois suivante, Dumont se représenta avec une autre chanson, elle aussi primée par une radio périphérique : *Envoie la musique*. Même fin de non-recevoir. « Une troisième fois, madame Salabert m'amena chez Piaf, a raconté l'intéressé. J'avais une chanson qui s'appelait *Les Flonflons du bal*. Édith eut alors ce mot extraordinaire : "Cette chanson est tellement pour moi que je ne la chanterai pas !" » Piaf s'en est toujours expliqué : beaucoup d'auteurs et de compositeurs avaient tendance à lui apporter toujours les mêmes chansons, calquées les unes sur les autres. Elle préférait de loin qu'on vienne la voir en lui disant : « J'ai une chanson, mais elle n'est pas pour vous. » La curiosité instinctive d'un bon professionnel ne peut alors que s'aiguiser en pareil cas. « Sinon, j'aurais chanté toute ma vie *Mon Légionnaire* ou *L'Accordéoniste*. » Piaf, en outre, était une exclusive. Les auteurs écrivant un jour pour Bourvil, Annie Cordy et Dalida, le lendemain pour Gréco ou pour Cora Vaucaire, ne pouvaient en aucun cas recevoir son adhésion. C'était trop loin de sa conception du métier. Or Dumont devait parvenir à ses fins et sa vie basculer d'une façon que rien ne laissait prévoir...

« Nous étions toujours à Richebourg, lorsqu'un jour Michel Vaucaire me téléphona, témoigne Danielle Bonel. "Danielle, pouvez-vous me trouver un rendez-vous, je voudrais venir montrer une chanson à Édith ? Dites-lui que si ça ne marche pas cette fois-ci, je ne l'embêterai plus jamais !" Édith en voulait à Vaucaire de lui avoir fait perdre son temps en lui présentant un jour une chanson avec une femme du monde qui en avait écrit la musique. Quelque chose de médiocre. Elle ne voulait donc pas le voir. "Je vais tâcher de trouver le bon moment et j'espère que vous aurez votre rendez-vous", l'ai-je tranquillisé. J'estimais qu'il avait droit à une autre chance. Avec Édith, j'ai fait semblant de prendre tout cela à la rigolade, de manière à l'assouplir. Je lui ai répété ce que m'avait dit Vaucaire, à savoir qu'il ne l'importunerait jamais plus si toutefois elle n'était pas convaincue par ce qu'il lui proposerait. Elle a ri, puis elle m'a donné son accord pour un rendez-vous. J'ai donc rappelé Michel en lui demandant de se présenter le 5 octobre à 17 heures au boulevard Lannes. De temps à autre j'y conduisais Édith avec la Mercedes, de manière à ce qu'elle reprenne peu à peu ses habitudes parisiennes. Or, ce jour-là, elle n'avait pas envie d'aller à Paris. Quand elle a su qu'en plus Charles Dumont accompagnerait Vaucaire, alors là ! “Ça me barbe, annule le rendez-vous et envoie un télégramme !” », m'ordonna-t-elle. Danielle n'en fit rien et Piaf finalement se résolut à aller à Paris pour y recevoir Vaucaire. Une fois chez elle, elle prit un bain et se mit à l'aise. « Nous étions seules toutes les deux, lorsque la sonnerie d'entrée a retenti... Je suis allée ouvrir. “Qui c'est ?” demanda Édith. Dumont et Vaucaire sont entrés. Dumont se mit au piano pour jouer *Non, je ne regrette rien*. La suite, tout le monde la connaît. » La suite, c'est un Dumont qui n'en finit plus de jouer et de rejouer sa chanson et une Piaf, séduite, qui en redemande encore et encore, ne le laissant repartir qu'à l'issue de plusieurs heures d'écoute et allant jusqu'à le réveiller dans la nuit pour lui demander de revenir lui répéter qu'il ne regrette rien.

En 2000, dans son autobiographie, Jean-Claude Brialy s'ajouta à la scène en toute effronterie, alors qu'il n'y avait pas été invité. Un crime de lèse-vérité qui eut le don d'irriter Charles Dumont ainsi qu'il me l'a dit lors de notre entretien. « Il m'a demandé de lui faire une attestation, révèle Danielle Bonel, car il envisageait de porter plainte contre Brialy. Au téléphone, Charles bavait de rage : “Vous vous rendez compte, Danielle, il a dit ceci, il a dit cela. Si vous pouviez me faire une lettre, vous qui êtes témoin, qui avez vu. Vous savez bien que nous étions seuls, puisque vous arriviez de Richebourg. Il n'y avait personne d'autre que nous.” Bien entendu, Brialy n'était pas là. Du reste, on ne l'a vu que très exceptionnellement boulevard Lannes, au temps de Théo, son grand copain. Dire qu'il était un intime d'Édith, c'est aller rapidement en besogne. » Dumont fut d'autant plus scandalisé que, décrivant une scène à laquelle il n'avait pas assisté, Brialy ajouta : « Charles Dumont avait été son amant, elle faisait un caprice. » Non seulement il s'avançait grossièrement quant aux faits, mais encore les faisait-il presque remonter à Louis Leplée !... « Paix à son âme. Brialy était un comédien honorable, mais il avait une mentalité d'échotier, risque Charles Dumont. Lui aussi avait au moins deux visages : l'un qui était l'homme charmant et talentueux, et l'autre, avec son côté odieux et insupportable, était cet homme détestable qui racontait n'importe quoi et qui se permettait des choses insensées. Ça m'a beaucoup déçu car j'avais pour lui, comme tout le monde, une certaine estime, mais là je l'ai trouvé carrément détestable. » Néanmoins, Dumont renonça à attaquer. « Je ne voulais pas lui donner du grain à moudre. J'ai pensé qu'à remuer tout ça, ça ne pouvait qu'être néfaste pour tout le monde. » Encouragé par une telle mansuétude, le patron de l'Orangerie « remit le couvert » en 2006, sur le plateau de Michel Drucker, où il réitéra les propos de son livre. « Je vais lui casser la gueule ! » fulmina cette fois Charles Dumont, exaspéré, en présence de M.V., un journaliste de FR3 venu l'interviewer quelques jours après. Puis les vents s'apaisèrent et Brialy tira sa révérence. Il aura tout loisir désormais pour distraire de ses contes et légendes sa voisine directe au cimetière de Montmartre, sa « grande amie », la Dame aux camélias.

Pour autant, les oisifs continueront à s'interroger sur Piaf et Dumont. « Je n'étais pas son amant, mais son amoureux », crut s'affranchir le compositeur de *Je ne regrette rien* en 2007, dans une interview croisée avec Moustaki, accordée à la gazette musicale *Platine*, alors que Moustaki, vachard, venait de lui envoyer : « Mais toi, tu étais son amant ! » À la question du journaliste : « Vous ne voulez pas qu'on parle de la nature de votre relation avec elle parce que vous êtes marié ? », Dumont fit cette réponse : « Ce n'est pas le problème. Elle admettait très bien que le monsieur soit marié, qu'il ait une famille et elle était très gentille avec tout le monde. » Ce qui est exact. On sait d'autre part la conception qu'avait Piaf de l'amour, à cette époque surtout. Une Môme, rappelons-le, qu'il ne fallait pas lâcher d'une semelle, au risque de la perdre... Voilà pourquoi Charles Dumont nous confie aujourd'hui : « J'étais un homme. Un jeune homme. C'était la plus grande chanteuse du siècle, à présent tout le confirme, et j'avais le bonheur extraordinaire de travailler pour elle. J'étais donc heureux, flatté. Elle m'aimait beaucoup, je l'aimais beaucoup. Sur le plan affectif, on peut penser ce qu'on veut. Que j'aie couché ou pas, ça ne changera plus rien. Je peux dire une chose : j'ai beaucoup aimé Édith, et puis c'était tout à fait normal, on était quelques millions de Français ! Je l'ai un peu plus aimée que les autres parce qu'elle m'a apporté, Dieu seul sait combien elle m'a apporté et combien ce fut important dans ma vie. Ça l'est encore aujourd'hui. J'en vis encore. Largement et bien. Donc, merci, sainte Édith ! » Une manière élégante de noyer le poisson.

« Je dois faire une mise au point qui ne va pas plaire à tout le monde, écrit Ginette Richer dans *Piaf, mon amie*. Dumont, qui était marié, a toujours dit qu'il n'avait jamais couché avec Édith. Je veux bien, moi, mais quand j'allais la réveiller le matin, il m'est arrivé plusieurs fois de voir un homme dans son lit, qui ressemblait étrangement à Charles Dumont. Je ne dis pas que c'était lui, mais qu'est-ce qu'il lui ressemblait ! » À prendre où à laisser. Dumont nous assurant qu'il n'a jamais vu madame Richer, ni chez Piaf, ni ailleurs, nous laissons. « Ce que dit cette femme, il faut le mettre sous scellés. Je ne peux pour ma part parler que de ce que j'ai vu et quand je suis arrivé boulevard Lannes je n'ai vu que Danielle Bonel. Danielle qui s'est d'ailleurs vraiment et entièrement donnée à Piaf. Pendant quinze mois, j'ai été là tout le temps, tout le temps, tout le temps, et Danielle était là tout le temps, tout le temps, tout le temps ! Comme une femme dévouée. Ce n'était pas facile pour elle, Édith était une grande malade qui souffrait beaucoup. » À cet égard, le témoignage de Danielle nous apparaît plus digne de foi. Un soir, à la sortie de l'Olympia, Piaf l'informa que Dumont allait venir boulevard Lannes. « Je voudrais que tu dresses le couvert dans ma chambre, chandeliers, etc., et que tu mettes la nappe bordeaux. Le reste ne te regarde pas. » Le lendemain matin, lorsque Danielle rentra dans la chambre d'Édith pour la réveiller, puisque c'était à elle que ce rôle délicat était chaque jour dévolu, elle constata que la nourriture dans les plats n'avait pas été touchée. Les bougies dans les chandeliers étaient consumées et, à plusieurs endroits, la nappe avait été trouée par les cendres. Piaf était seule dans le lit. « J'ai toujours la nappe quelque part dans mes placards », sourit Danielle. Une anecdote qui révèle toute l'ambiguïté du contexte. Révérant et prudent, dans sa biographie de Marie-Antoinette, André Castelot avait choisi pour définir la liaison ambiguë existant entre la Reine et son ami suédois, le comte Axel de Fersen, l'emploi d'un terme consensuel : celui d'« amant restreint ». Gageons qu'il aura toute raison de satisfaire à la fois les oisifs et Charles Dumont, compositeur de *Polichinelle* (paroles de Jacques Plante) :

Tire les ficelles
De Polichinelle
Mais prends garde à toi
Car il est possible
Que je me délivre
Des fils invisibles
Qui m'attachent à toi
En brisant le charme
Je retrouve une âme
Je redeviens femme
Je redeviens moi
Faut que t'en profites
On se lasse vite,
Et le jour viendra
Où ça cassera
Où ça cassera
Où ça cassera...

Piaf et Dumont, c'est d'abord l'histoire d'une remarquable collaboration artistique, riche d'une quarantaine de chansons, dont trente enregistrées par la Môme et toujours inscrites aujourd'hui au catalogue. Peu avant leur rencontre, le compositeur venait d'acquérir un appartement rue de l'Odéon, qui avait quelque peu asséché ses finances. Il allait rapidement se refaire au-delà de ses espérances. Piaf fut la chance de Dumont, mais elle lui doit sa résurrection et, à cet égard, les prévisions de la voyante sonnent juste. À l'automne 1960, c'est lui qui lui procure le corps, le souffle et la force de remonter sur scène. Coquatrix peut commencer à battre le rappel : avant la fin de l'année, calendrier en main, la Môme sera à nouveau reine au boulevard des Capucines. Sans nécessairement avoir lu les journaux, au jugé des va-et-vient permanents et à l'écoute des notes de musique qui s'échappent des fenêtres du rez-de-chaussée, les voisins du 67 bis boulevard Lannes comprennent que Madame Piaf a remis sur le métier. « Ils ne se sont jamais plaints du bruit, nous dit Danielle Bonel. Nous ne les connaissions pas, mais c'étaient des gens d'une certaine classe. »

Édith Piaf prépare son grand retour et Paris doit en avoir pour ses frais. En deux mois, elle provoque, apprend et peaufine une dizaine de chansons nouvelles. Pour les paroles, ont été mis à contribution Michel Rivgauche et Michel Vaucaire. La sonorité est confiée à Charles Dumont, qui signe la musique de huit titres, dont l'un, *La Plus belle histoire d'amour*, rend hommage à Marcel Cerdan. Elle en est l'auteur. Comme elle a signé les paroles de *T'es l'homme qu'il me faut.*

On cite souvent Charles Dumont pour mieux enterrer Michel Vaucaire. Or Piaf le respectait, séduite par l'éclectisme de sa culture. Expert en vieux livres et en estampes japonaises, auteur d'un guide sur la pêche à la baleine, qui fit autorité dans le monde entier, écrivain très demandé, qui servit de nègre à Henry de Monfreid pour *Les Secrets de la mer rouge*, le mari de Cora écrivait des chansons comme d'autres font des mots croisés. Fréhel, Damia ou Gilles et Julien furent ses clients. Lorsque Fréhel l'apercevait dans la rue, elle rangeait son dentier dans son soutien-gorge, relevait ses jupes et se mettait à le héler depuis le trottoir d'en face, de sa vieille voix pleine de grumeaux : « Eh, Vaucaire, t'as pas une chanson pour moi ? » Également auteur, le propre père de Michel Vaucaire (Maurice Vaucaire), directeur de la revue *Place au Théâtre*, a offert au patrimoine français l'une des plus jolies chansons qui soient, *Les Petits pavés*, avec et pour Paul Delmet. Le tandem Vaucaire/Dumont est certes productif, mais souffre parfois de démarrages difficiles en côte. La faute à Dumont ? Flatté par la prépondérance de son rôle dans la nouvelle vie de la Môme, Charles doute parfois du travail de son associé et ramènerait volontiers la couverture à lui ; n'est-il pas l'élu de Madame Piaf ? Plus timide, Michel Vaucaire doit s'en remettre secrètement à la Môme. Danielle Bonel a conservé l'un de ses écrits à Piaf, parfaitement explicite quant à la nature de la relation professionnelle entre les deux hommes. « Ma chère Édith. Je vous avais téléphoné hier pour vous dire que j'avais trouvé une idée sur l'air de Charles. Le titre a l'air un peu pessimiste, mais la chanson est très optimiste. Je n'ai pas montré les paroles (que voici) à Charles, car il n'a jamais l'air enthousiaste et ça me décourage. Il avait gardé huit jours dans sa poche *Mon Dieu*, car il était sûr que ça ne vous plairait pas. Alors, je préfère avoir d'abord votre avis. Je vous embrasse. Michel. » Piaf savait parfaitement à quoi s'en tenir sur les choses et quant aux êtres. Dumont l'a déclaré et Vaucaire le souligna : « Édith était une des créatures les plus intelligentes que j'ai jamais rencontrées. Elle avait un instinct diabolique pour deviner ce qu'on n'avait pas envie de dire. »

Mon Dieu avait à l'origine été intitulée *Toulon-Le Havre-Anvers*. La chanson contait la sempiternelle histoire d'une fille à matelots. De celles que l'on proposait souvent à la Môme comme on use une formule à succès, jusqu'à la corde, et dont elle ne voulait plus – bien qu'elle acceptât, plus tard, en 1963, d'enregistrer *Tiens, v'là un marin*, de Julien Bouquet. Ainsi, sous son impulsion, *Toulon-Le Havre-Anvers* devint-elle *Mon Dieu*, l'un des plus grands standards d'Édith Piaf. Ici, Charles Dumont manqua de flair, mais ce n'est pas le principal grief qui sera porté contre lui. De bien des avis, le savant ménage qu'il aurait contribué à effectuer autour de son interprète, désormais exclusive, ne joua pas en faveur de Piaf. « Dumont, c'était du sang neuf, Édith ne voyait plus que par lui. S'il y a effectivement eu “ménage”, il n'est pas seul responsable » (*dixit* Danielle Bonel). « Piaf n'admettait pas le partage au niveau du clan qu'elle constituait, rappela de son côté Charles Dumont. C'était elle, point à la ligne. À l'époque, ça me choquait. Avec le recul, je me rends compte qu'elle avait raison. »

Première victime du nouvel ordre établi : Marguerite Monnot. « C'est bien simple, on ne la voyait plus, témoigne Danielle Bonel. Elle avait été mise en quarantaine pour imposer Dumont. » Celui-ci prévient de tout malentendu : « Je n'ai rien fait contre Marguerite Monnot que j'estimais extraordinairement, il s'en faut de beaucoup. C'est vrai qu'Édith s'est accaparé Dumont, mais elle était comme ça, elle a fait ça avec tous ses auteurs. Bien avant que j'arrive, elle avait déjà une dent contre Marguerite, grave, qui est d'ailleurs une faute commise par Monnot.

Pour tout dire, Édith était très, très fâchée contre elle, à cause d'*Irma la douce*. Elle pensait qu'elle aurait pu chanter cette opérette créée par Marguerite. Pour des raisons X ou Y, c'est Colette Renard qui l'a fait. Édith a été très blessée de ça. Plusieurs fois, elle m'en a fait la réflexion : "Tu comprends, Marguerite... *Irma la douce*..." Il y avait des chansons sublimes pour elle, dans *Irma*, que Colette Renard a très bien chantées, mais que Piaf aurait chantées... comme elle chantait, quoi ! C'étaient des chansons pour Piaf. Elle s'est donc sentie cocufiée par une amie de longue date. Elle était fâchée dans son cœur, c'était bien plus grave que des vers. C'est pour ça qu'elle m'a accueilli à bras ouverts. Entre-temps, il y avait eu Moustaki, mais déjà l'histoire ne passait pas. » Peut-on seulement imaginer Dumont suppliant Piaf de réhabiliter Marguerite Monnot en lui rappelant ce qu'elles furent l'une pour l'autre et ce qu'elles se devaient mutuellement ?

« Marguerite Monnot a gagné un argent fou avec *Irma la douce,* rapporte Philippe-Gérard. Un jour, à cette époque, je suis tombé nez à nez avec elle à l'angle de la rue Lesueur et de l'avenue de la Grande Armée. Je lui ai demandé comment elle allait.

"— Mal, m'a-t-elle répondu, j'ai des problèmes épouvantables !

— Qu'est-ce qui t'arrive ?

— Est-ce que tu connais des immeubles à acheter ?

— Pourquoi tu me demandes ça ?

— Écoute, il faut que je te le dise, j'ai gagné tellement d'argent avec les Américains, grâce à *Irma la douce*[1], que si je n'achète pas un maximum d'immeubles, je vais avoir des problèmes fiscaux abominables.

— Tu tombes mal, je suis absolument nul en immobilier, je n'ai aucun tuyau à te donner.

— Tu dois bien savoir où il y des immeubles à vendre !"

Elle insista un moment, mais malheureusement je n'ai pas pu l'aider. »

---

1. Créée en 1956 par Colette Renard et Michel Roux au Théâtre Gramont, *Irma la douce* conte l'histoire d'une petite prostituée du pont Caulaincourt qui rencontre l'amour en la personne de Nestor le fripé, un petit loulou passablement jaloux, qui préfère baratiner les dames que leur prendre leurs sous. Déguisé, il devient le client exclusif d'Irma, mais ce dédoublement de personnalité le confine à la schizophrénie et bientôt il tue le personnage qu'il a créé. Envoyé au bagne, à Cayenne, il en revient un soir de Noël, « au moment même où Irma met au monde le fruit de leurs amours ».Véritable phénomène, le succès de ce conte de fées typiquement parisien révéla Colette Renard et dépassa les frontières pour accéder à une notoriété mondiale grâce à Peter Brook qui monta la pièce à Broadway et à Billy Wilder qui en tira un film en offrant à Shirley MacLaine le rôle d'Irma. On est effectivement en droit de se demander pour quelles raisons à aucun moment Piaf ne fut approchée pour cet emploi qui lui collait à la peau. Selon Colette Renard, avant qu'elle ne soit choisie, Juliette Gréco et Colette Déréal s'étaient vu proposer le rôle et l'avaient même répété.

Marguerite Monnot conçut un immense chagrin de sa disgrâce. « Elle pleurait dans mes bras en me demandant : “Comment ça se fait que je ne puisse même pas lui dire un mot au téléphone ? J’en suis malade, Édith que j’aime tellement”, se remémore Philippe-Gérard. Elle était bouleversée. » Dumont aurait-il réellement interdit l’accès au sanctuaire Piaf ? Sous couvert d’anonymat, un compositeur de la Môme l’affirme : « Je tiens cela d’Édith elle-même. Quand je suis allé un jour la voir dans sa loge à l’Olympia, il se trouve que Dumont avait été je ne sais où, peut-être faire pipi ou quelque chose comme ça, et elle m’a dit : “Écoute, viens, mais fait attention, je n’ai pas le droit de voir qui que ce soit, il me l’interdit.” Elle m’a bien fait comprendre qu’elle vivait sous le régime de la terreur avec Dumont. Il a fait le vide et il y en a beaucoup qui en ont souffert. Norbert Glanzberg n’a jamais pu la joindre à nouveau au téléphone, c’était vraiment fermé. Glanzberg et d’autres... Dumont a vraiment fait le dictateur. » Le vide autour de Piaf est avéré, Danielle Bonel le confirme. Or la Môme n’en a-t-elle pas fait un peu trop avec X, dans la loge de l’Olympia ? « Évidemment ! affirme Danielle Bonel, catégorique. Elle prenait toujours un malin plaisir à faire porter le chapeau aux autres. » Monsieur X, visiblement jaloux de Dumont, aurait dû comprendre que Piaf ne souhaitait plus sa collaboration artistique, ayant trouvé dans le seul Dumont tout ce qu’elle recherchait. « Quand elle s’entichait d’un compositeur, rappelle Danielle Bonel, elle n’avait plus besoin de personne d’autre. Elle était comme ça. Mais ce n’était jamais grave parce qu’elle avait des retours merveilleux. Si Marguerite avait vécu, elles seraient redevenues les meilleures amies du monde. »

Pour ce qui regarde les relations entre Édith et Glanzberg, les dix dernières années elles s’étaient considérablement détériorées. « Nono » attribuait cette dégradation à son supposé rejet de l’amour de Piaf pendant la guerre. Selon lui, elle ne lui aurait pas pardonné cette outrecuidance. « Lui non plus, on ne le voyait plus tellement », atteste Danielle Bonel, qui place l’aigreur de Norbert sur le compte de son abandon par la chanteuse. « Piaf le détestait parce qu’il avait un caractère détestable, mais elle admirait son talent », résuma de son côté Charles Dumont. Encore que celui-ci avait de bonnes raisons d’en vouloir à Glanzberg. À la fin de l’année 1960, alors qu’il venait tout juste d’être enfin admis à la cour de la Reine, il était présent, boulevard Lannes, lorsqu’une nuit, à trois heures du matin, Édith entreprit de téléphoner devant lui à Glanzberg pour lui demander son opinion professionnelle et personnelle sur Dumont. Sous le sceau de la confidence, Glanzberg lui répondit qu’il ne pensait pas grand bien ni de l’homme ni de l’artiste. « Ce qu’il fait, c'est de la merde ! » Piaf avoua alors à Glanzberg que Dumont avait entendu toute la conversation. « Je te le passe ! » Là-dessus Dumont menaça Glanzberg de lui casser la figure.

« Mon père le prit au mot, raconte Serge Glanzberg. Il lui donna son adresse, 96 boulevard Barrès, à Neuilly, en lui disant qu'il l'attendait quand il le voulait. » Dumont ne bougea pas. Glanzberg lui écrivit alors au boulevard Lannes, avec, marqué sur l'enveloppe, en seconde adresse : « Adresse présumée, sous le matelas d'Édith Piaf, en train de veiller. » Ce qui créa une nouvelle brouille entre Piaf et son « Nono ». Malheureusement pour lui, à cette époque, Pierre Delanoë s'apprêtait justement à présenter à Piaf une chanson dont Glanzberg avait écrit la musique. Après ce coup pendable, il était hors de question pour Glanzberg de collaborer à nouveau avec Piaf. Aussi, l'un reprit-il ses paroles, l'autre sa musique. Six mois plus tard, le texte écrit par Delanoë sur une musique de Glanzberg trouva un autre compositeur en la personne de... Charles Dumont. Piaf accepta aussitôt la chanson et l'enregistra. « Incroyable et pourtant vrai », dira Delanoë.

Cette chanson n'était autre que *Le Diable de la Bastille*. « Il est bouleversant d'imaginer ce qu'elle aurait pu en faire en pleine possession de son art magistral », spécule feu Pierre Delanoë, dans l'un de ses nombreux livres de souvenirs.

Le cas Marguerite Monnot est plus triste. Piaf ne pouvait savoir qu'il ne restait plus à sa Guite du temps jadis qu'une poignée de mois à vivre. Des mois de détresse morale à l'issue desquels cette femme de cinquante-huit ans décéda de manière prématurée, le 12 octobre 1961, à 13 heures, sans avoir revu celle que la Môme gratifiait à bon escient et à juste titre de « meilleure amie ». Une mort « par distraction », selon le terme de Moustaki. Depuis plus d'un an, victime d'une première crise d'appendicite, la Guite repoussait l'intervention chirurgicale, se contentant de simples antibiotiques qu'elle s'était fait prescrire. Une péritonite se déclara bientôt et nécessita son transport d'urgence à l'hôpital Denfert-Rochereau. Elle y mourut sur la table d'opération. « Elle qui était toujours en retard à ses rendez-vous a trouvé le moyen d'être en avance au dernier », la salua Raymond Asso.

« Nous étions à Richebourg lorsque Loulou nous téléphona pour nous annoncer que Marguerite nous avait quittés, se souvient Danielle Bonel. Édith est restée stoïque. Pas une émotion, pas une larme. Je l'ai vue apprendre de la même façon des nouvelles terribles sans broncher. Elle avait trop pleuré. Ce qui se passait à l'intérieur, c'était autre chose... » Non, Piaf ne s'est pas alitée à la mort de la Guite, elle n'a pas non plus cédé à une crise de nerfs. Face aux médias, cependant, la professionnelle fit son métier : « Il m'est très difficile et très pénible de parler de

Marguerite Monnot. Puisque, comme tout le monde le sait, c'était ma meilleure amie. Son talent, je n'en parle pas, puisqu'il m'a aidée à être Édith Piaf. D'ailleurs, je me refuse à croire à sa mort. Elle n'est pas morte, elle est parmi nous. Elle est peut-être là, à côté de moi, et m'entend. Je la reverrai un jour, je la retrouverai un jour, parce que je pense vraiment que ceux qui s'aiment sincèrement se retrouvent un jour ou l'autre. » On a reproché à la Môme de ne pas avoir assisté à la générale de presse que furent les obsèques de la Guite. Depuis celles de Leplée, Piaf, agoraphobe, ne s'est plus jamais rendue à une messe. Parce qu'elle refusait de manière catégorique et bornée l'idée de la mort, elle abhorrait de même les cimetières qu'elle évitait soigneusement.

Marguerite Monnot repose dans la Nièvre, à Decize, où elle est née et où Saint-Just et Maurice Genevoix virent le jour avant elle. La rue qui fut la sienne lorsqu'elle était enfant, porte aujourd'hui son nom. Timide ou volcanique mais pas cabotine pour un sou, la Guite se déplaçait comme une ombre, en faisant « un bruit silencieux ». Son mari ne lui étant d'aucun secours, elle est morte dans une profonde solitude affective. Pour renflouer son amie Édith, au moment où celle-ci connaissait quelques problèmes financiers à la suite de sa longue hospitalisation de 1960, elle n'avait pas hésité à lui céder ses droits sur *Milord*. Silence radio du côté de chez Moustaki, l'auteur de la chanson.

Avant sa grande rentrée parisienne, Piaf part en province y prendre la température populaire. Voilà douze mois quelle n'a pas chanté devant un public. À Reims, c'est une débutante qui se lance dans la fosse aux lions. Des fauves dressés sur leurs pattes pour l'accueillir dans un vacarme assourdissant. Nouée de trac, dès la première chanson elle trébuche, mais un verre d'eau la libère et son professionnalisme fait le reste. « Un triomphe n'est jamais rien qu'un bide auquel on vient d'échapper », badinait Raymond Devos. Après Nancy, Thionville et Chaumont où elle réitère sa performance, comme une tradition Versailles l'accueille pour son avant-première de l'Olympia. La salle du Cyrano est pleine comme un œuf et on a dû vendre les marches. À la sixième chanson, *Mon vieux Lucien* (Rivgauche/Dumont), Piaf cafouille. D'un geste, elle arrête l'orchestre et s'en remet au public :

« — C'était pour rire. Je me suis embrouillée, mais on m'a apporté la chanson avant-hier !

« — Ça ne fait rien ! crie quelqu'un.

« — Mais c'est dommage, répond la chanteuse, parce qu'elle est bien ! »

Elle reprend :

Quelle chance que t'as
D'avoir Lucien
Un vieux copain
Comme moi...

Achoppant derechef au passage fatidique, elle abdique. À la fin de la représentation, en coulisses, Dumont la supplie de renoncer à cette chanson le lendemain à l'Olympia. Elle entend faire exactement le contraire ; de gré ou de force, son *Vieux Lucien* finira bien par lui rentrer dans le crâne ! Ce ne sera pas pour le 28 décembre, date de sa première chez Coquatrix. À nouveau, sa mémoire la trahit et elle se trompe. « Je vais recommencer, sinon je ne la chanterai plus jamais », explique-t-elle aux spectateurs. Or, ce soir-là, la représentation fit l'objet d'un enregistrement, dont les dirigeants de Pathé tirèrent un disque. Au moment du montage, tous furent d'avis de couper le passage du trou de mémoire de Piaf. En vieux briscard éprouvé, Bruno Coquatrix leur suggéra de n'en rien faire, conforté en cela par Piaf, partisane de la vérité. L'avenir leur donna raison, car dès sa mise en vente les gens réclamèrent « le disque où Piaf se trompe ». Trois cent mille exemplaires écoulés en peu de temps.

« Cette chanson me donne l'idée que je vais revivre », avait déclaré la Môme à Dumont et à Vaucaire au soir du 5 octobre 1960, dès la première écoute de *Je ne regrette rien*. Trois mois plus tard, le 2 janvier 1961, c'est avec le Tout-Paris qu'elle scelle sa résurrection N° X. Ci-vit Édith Piaf, une « petite femme tordue comme un cep de vigne, dans son éternelle robe noire sous laquelle on ne cherche même plus la forme d'un corps » ! La maladie n'étant qu'une « étape vers Dieu », la véritable épreuve fut pour elle la séparation d'avec son public. La revanche est absolue. En coulisses, le chiropracteur Lucien Vaimber n'est jamais bien loin pour surveiller les écarts médicamenteux de sa patiente. Il a raconté que, pour sa première, la Môme reçut des milliers de télégrammes, dont ceux de Kennedy et Khrouchtchev. « Comme il y va ! s'amuse Danielle Bonel. Il est vrai que des dizaines de témoignages de grandes personnalités lui furent adressés à ce moment-là comme à d'autres, mais pour ce qui est de Kennedy et de Khrouchtchev... » A contrario, le rapport rendu par Michèle Manceaux à ses lecteurs de *L'Express*, après une visite dans la loge de Piaf, ne doit rien à la science-fiction. Pendant que la journaliste interrogeait la chanteuse, Philippe Charpentier, son confrère photographe, commençait à déployer son matériel et principalement ses lampes, lorsque Piaf le prévint : « Je ne veux pas de lampes. Enlevez-moi ça. Tout de suite. Je veux des flashes et en pleine figure ! » Le jeune homme eut beau faire son vieux singe comptant douze années de métier derrière lui et expliquer à Madame Piaf que les flashes sont généralement très durs à supporter et que ci et que ça, elle le stoppa net en lui opposant que cela faisait bien plus longtemps encore qu'elle se faisait photographier : « Des flashes à cette hauteur-là ou rien ! » Charpentier dut s'exécuter. Les vieux singes ne sont plus ce qu'ils étaient, mais le nôtre aura au moins appris ce soir-là comment et pourquoi Édith était devenue Piaf.

La Môme reste à l'affiche de l'Olympia jusqu'au début du mois d'avril, avec seulement une interruption de quelques jours entre le 24 et le 28 mars et quelques variations de programme. Est-ce bien raisonnable, monsieur Coquatrix ? Ce nouveau marathon permet néanmoins à la chanteuse de retrouver chaque soir en coulisses celui qu'elle surnomme « ma p'tite gueule » : Doudou Morizot. Entré comme machiniste en 1954, à la reprise du théâtre par le futur maire de Cabourg, ce légionnaire, aujourd'hui retraité, se vit un jour confier la responsabilité de régisseur. Doudou est à lui seul la mémoire vivante de l'Olympia, telle que nous aimerions la découvrir. « En trente-cinq ans de maison, je les ai presque tous vus débuter. J'ai séché bien des larmes, reçu beaucoup de confidences, assisté à des choses... » Avant que la mèche ne soit vendue, Doudou fut l'une des rares personnes à connaître le lieu de la retraite de Jacques Brel aux Marquises. Par lettre, l'une des dernières qu'il ait écrites, Brel lui en fut gré. Chez Doudou, les souvenirs avec Piaf foisonnent. « Je l'ai connue dès son premier passage chez nous, en janvier 1955, avec Poiret et Serrault en première partie, et jusqu'à la fin avec Sarapo. Elle m'avait tout de suite pris en sympathie. Au début de chaque série de représentations, elle avait le trac. Superstitieuse, elle tenait à ce que je sois là avant le lever du rideau. Elle prétendait que je lui portais bonheur. Je l'entends encore : “Dis, ma p'tite gueule, c'est un ordre : quand je rentre en scène, j'aimerais bien que tu sois là. Et après, tu fais ce que tu veux, je m'en fous, mais je veux que tu sois présent.” C'est devenu une coutume. Je me souviens d'une année où je devais partir en week-end et où elle refusa. Une autre fois j'étais malade, elle m'envoya chercher pour que je sois présent et elle me fit raccompagner. Avant le début du spectacle, après qu'elle se fut signée, qu'elle eut embrassé sa Croix et touché le bois de la scène, toujours au même endroit, son petit coin préféré (nous l'avions appelé “le plateau Piaf”), je l'escortais jusqu'au milieu de la scène. Je l'installais à son micro, elle me regardait tristement, avec un petit sourire forcé en me disant : “Ça ira, ma p’tite gueule, ça ira”... Je faisais mine de l’engueuler, puis je cavalais ensuite au rideau pour attendre qu’elle me fasse signe pour l’ouverture de l’avant-scène. Elle plaquait alors les mains le long de son corps et fermait les yeux : c’était le signal. Une fois que l’avant-scène était ouverte et que les deux mille deux cents spectateurs de l’Olympia l’acclamaient, il lui arrivait de se tourner discrètement vers moi pour me faire un clin d’œil. Alors que cinq minutes avant, en coulisses, elle blaguait et riait comme une enfant, à gorge déployée, sur scène elle devenait l’incarnation de la tragédie, façon *mater dolorosa*, et les gens chaque fois se laissaient prendre. C’était une véritable histoire d’amour qu’elle entretenait avec son public. Ce côté désespéré, tragique, ne s’explique pas. On le ressent ou on ne le ressent pas. Mais celui qui ne ressent pas le cri de Piaf dans sa chair n’a certainement pas dû connaître l’amour. Malgré ses mouvements de mauvaise humeur, et puis sa vacherie, parce qu’elle était une petite peau de vache, j’adorais Édith. “Au lieu de faire le con, à sortir tous les soirs, me sermonnait-elle, quand est-ce que tu vas nous faire un gosse ?”

» C’était un être exceptionnel. Il y en a beaucoup qui ne la respectaient pas dans le milieu artistique, des femmes surtout, parce qu’elles étaient jalouses de l’amour du public pour elle, mais nous, nous avions toujours à l’esprit que si l’Olympia n’avait pas fermé ses portes, c’est à Édith que nous le devions. Elle nous a permis à tous de survivre pendant des années. Parfois, elle me demandait de venir au boulevard Lannes après le spectacle, mais je n’avais pas envie de me retrouver au milieu de tous ses bouffons. Une fois, Marten se vanta devant moi de s’être bien amusé, la veille, chez elle. Une anecdote que je ne peux pas rapporter, mais qui manqua lui valoir mon poing dans la figure. Édith était une gosse, une “grande petite gosse”. Ils étaient des salauds. Qu’est-ce qu’on a pu se fendre la pêche, elle et moi ! Pour le spectacle de 1960/61, outre Claude Véga, les Lucky Latinos, Ugo Garrido, les Ballans, et d’autres encore, Bruno avait engagé en attraction le fameux Richiardi junior, un illusionniste qui disait toujours : “Je ne suis ici que pour tromper.” Une façon de mettre en garde le spectateur qui se serait cru très fort en prétendant qu’il y a un truc. Sa spécialité était de découper une femme en deux avec une scie circulaire et chaque soir, on voyait du sang et des morceaux de tripes gicler sur la scène. Pour démontrer qu’il n’y avait pas supercherie, il invitait même les gens à monter sur le plateau. Le dimanche, nous avions deux matinées et une soirée, et comme le boucher du coin était fermé, nous allions la veille chercher les tripes et le sang dans de grands sacs en plastique, que nous cadenassions dans un frigo en coulisses, à côté de la loge. Un samedi soir, un petit malin débrancha le frigo. Le lendemain, Richiardi junior dut faire son numéro avec de la viande avariée. L'odeur était épouvantable. Édith était morte de rire ! Je lui racontais que de temps à autre j'allais voir les putes qui travaillaient en voiture à la Madeleine et dans la rue Caumartin. Elle m'engueulait : "Avec la petite gueule que t'as, tu peux pas aller voir des filles bien ?" Je lui répondais alors qu'il se trouvait beaucoup de filles "bien" travaillant dans les bureaux et qui le soir se transformaient en putes. "C'est vrai, t'as raison, mais j'espère au moins que tu ne fais pas le maquereau !" Rien à craindre de ce côté-là, ces filles qui vouaient un culte à des gens comme Piaf ou comme Aznavour étaient toutes des copines. »

Une « grande petite gosse », a dit Doudou. À l'image de ceux qui traînent de vieux désirs refoulés d'ours et de poupées. Loulou Barrier avait un jour offert à Édith un lapin en peluche, acheté au Nain Bleu, dont elle fit son compagnon le plus sûr. Vision hybride que celle de ce mammifère endormi dans les bras de cette petite femme souffreteuse, en âge d'être grand-mère. Sa plus belle histoire d'amour. Les enfants, les poètes et les fous le savent mieux que quiconque : plus une histoire suscite de questions, plus elle mérite d'être vécue. Un jour, le lapin disparaît. Danielle Bonel : « Après une dernière à l'Olympia, Édith part, moi je reste dans la loge pour terminer de tout ranger et là je m'aperçois que quelqu'un a embarqué sa peluche. Édith sans son lapin, c'était inimaginable ! Si elle s'en apercevait, nous aurions droit à un drame. Que faire ? Sur le coup, elle ne s'est rendu compte de rien, mais je savais que, le lendemain, à son réveil, elle réclamerait sa peluche. Une idée me vint. Tout dormait encore boulevard Lannes, lorsqu'à la première heure je me suis pointée au Nain Bleu avec une photo du lapin. Je leur ai demandé le même. Il n'y en avait plus ! J'ai dû leur expliquer que c'était pour Édith Piaf et qu'il était impossible que je rentre bredouille. Ils allèrent alors fouiller dans leurs réserves... Il leur en restait un ! Le même. Un coup de pot. Mais celui-ci était neuf, étincelant, tandis que celui d'Édith commençait à être sale, forcément, embrassé, caressé, traîné de partout... Une fois rentrée au boulevard Lannes, j'ai frotté la peluche sur la moquette et je lui en ai fait voir de toutes les couleurs ! Au réveil, Édith avait son lapin quitté la veille. Autant dire que sur les photos de presse, ce n'est généralement pas le premier lapin que l'on voit, mais c'est un secret dont Édith n'a jamais eu vent... »

À la mi-avril, libérée de son contrat avec Coquatrix, Piaf part en province présenter son spectacle aux Lyonnais. Dumont est de l'aventure ; elle a décidé qu'à présent monsieur chanterait. Il en avait eu l'idée bien avant elle, puisqu'il s'était déjà vainement risqué à pousser la note. Le chant et la composition exigeraient-ils les mêmes qualités ?

Quand les amants entendront
Cette chanson, c'est sûr, ma belle
C'est sûr, ils pleureront
[...]
Quand tu croyais que tu m'aimais,
Que je t'aimais,
Que l'on s'aimait

(Les Amants,
Piaf/Dumont)

Pendant deux soirs, au Palais d'Hiver de Lyon, Dumont essuie les plâtres et les mauvaises critiques. Selon Lucien Vaimber, le public de l'Ancienne Belgique, à Bruxelles, ne lui aurait guère réservé un meilleur accueil. « Mais qu'est-ce que c'est que ces cons-là, se serait emportée Piaf. J'ai quatorze chansons, mais je n'en chanterai que onze. À la troisième, ils seront tous debout à m'en redemander, mais ils n'en auront pas ! » Dumont est formel : jamais Édith ne se serait permise de parler ainsi de son public. Le seul souvenir qu'il garde de la première à l'Ancienne Belgique est la frayeur causée à sa bienfaitrice. « Après mon tour, quand j'eus chanté *Les Amants*, *La Fille qui pleurait dans la rue* et une autre chanson dont je ne me souviens plus le titre, elle vint me voir dans la loge en me disant qu'elle avait vraiment cru que je ne rentrerais jamais sur scène. C'est vrai qu'elle avait dû me pousser... » Assortie ou pas de noms d'oiseaux, l'attitude protectionniste de Piaf n'a rien d'étonnant. Micheline Dax se souvient d'un pareil réflexe de la Môme, en 1951, lors de la fameuse tournée d'été où, chaque soir ou presque, elle et Aznavour se faisaient copieusement huer et siffler. À Deauville, le public s'était montré d'une telle hostilité que Micheline dont c'était le tour envisagea de quitter la scène. Depuis la coulisse, Piaf l'en dissuada : « Tu restes là, tu attends qu'ils montent et qu'ils te virent ! Mais ils ne le feront pas, ils sont trop lâches ! Je leur en chanterai deux de moins ! » « C'est tout de même fabuleux, ça ! » parade aujourd'hui mademoiselle Dax.

L'Ancienne Belgique étant pour les Belges ce que l'Olympia est aux Parisiens, Piaf et Dumont passent plusieurs jours à Bruxelles. Dans ce théâtre qui a gardé une vocation de music-hall, le public n'est pas installé dans des fauteuils comme chez Coquatrix, mais autour de tables en bois, et il consomme de la bière pendant le spectacle. Dans tous les cabarets où elle est s'est produite, au Versailles de New York et ailleurs,

Piaf faisait bien spécifier dans ses contrats que le public ne jouerait pas des mandibules pendant sa prestation. « En règle générale, chez nous les boissons n'étaient pas vendues tant que l'artiste était sur la scène, précise Eddy Despretz, mais les gens avaient pris l'habitude de faire ample provision avant le lever du rideau ou pendant l'entracte. »

Eddy fut l'enfant de l'Ancienne Belgique, où sa mère, devenue amie avec Danielle Bonel, tenait la caisse. Brel, qui l'avait pris en affection, l'appelait « le gamin ». Avant de venir servir à Paris, en qualité d'attaché de presse auprès d'Aznavour, de Régine, d'Hervé Villard et de bien d'autres, Eddy se souvient avoir partagé les saucisses de Francfort de Marlène Dietrich dans les coulisses de l'Ancienne Belgique, d'y avoir frayé avec la radinerie de Luis Mariano, et d'avoir échappé de peu aux avances d'un Charles Trenet dénudé sur son lit. Il se rappelle encore du chahut des vieilles dames au passage d'un jeune rocker débutant nommé Johnny Hallyday, lors des thés réservés au troisième âge chaque mercredi et vendredi après-midi. Mécontentes et choquées, ces dames frappaient sur les tables avec leurs tasses.

« Cette place privilégiée en coulisses, j'ai quand même dû la gagner, concède Eddy Despretz. Car il y avait monsieur Ceel, le régisseur ! Son rôle était de me jeter par la porte, le mien celui de revenir par la fenêtre. Jusqu'au jour où je suis allé frapper à la porte de Georges Mathonet, le patron de la salle qui, lui, m'adopta. Je garde un souvenir très précis du passage de Piaf avec Charles Dumont en vedette américaine. Il devait interpréter *Les Amants* en duo avec elle. Le problème, c'est qu'elle ne pouvait pas apparaître avant le début de son tour de chant à elle. Il fut donc décidé que pendant que Dumont serait sur scène, au piano, Piaf participerait à la chanson tout en restant derrière le rideau, cachée du public. On avait installé le micro devant elle. J'ai ainsi vu Édith Piaf chanter *Les Amants*, assise sur une chaise et, pendant qu'elle chantait pour un public ému jusqu'aux larmes, la grande Piaf... tricotait ! »

Loin d'avoir décru, la fatigue de la Môme s'est muée en un handicap de tous les instants. De l'hôtel jusqu'à la voiture et de la voiture jusqu'à sa loge à l'Ancienne Belgique, Charles Dumont doit la porter. Désireux de la soulager, son vélo rangé devant le théâtre, Eddy Despretz lui remet chaque soir un petit bouquet de violettes acheté avec son argent de poche. « Elle s'est toujours montrée charmante avec moi. À la fin de son séjour, elle m'a offert un portrait dédicacé de sa main, que je conserve pieusement. C'est curieux, mais je ne possède pas une seule photo d'elle avec moi. Probablement à cause de monsieur Mathonet qui la protégeait beaucoup en raison de l'état d'extrême fatigue. Il grondait si on ennuyait trop sa vedette. En revanche, il fut aux anges le soir où

AGVA STANDARD FORM OF ARTISTS ENGAGEMENT CONTRACT

American Guild of Variety Artists

NATIONAL HEADQUARTERS
1697 BROADWAY
New York 19, N. Y.
Circle 6-7180

(A branch of the Associated Actors and Artistes of America)
(Affiliated with the American Federation of Labor)

BRANCH OFFICE

N.Y.

AGREEMENT made this TWENTY THIRD day of OCTOBER, 19......, between [illegible] hereinafter called the "Operator" and EDITH PIAF hereinafter called the "Artist."

1. The Operator hereby warrants that he is the operator herein at the present time and for the duration of this contract, and engages the Artist, and the Artist hereby accepts said engagement, to present his act as a SEE SPECIAL CLAUSES., consisting of SEE SPECIAL CLAUSES, persons, at the MOCAMBO in the City of HOLLYWOOD, CALIFORNIA, for a period of ( ) consecutive weeks, FIFTEEN CONSECUTIVE) days, TWO (2) shows daily, commencing on DECEMBER 23rd, 1952, for which the Operator agrees to pay the Artist, and the Artist agrees to accept, as full payment, the sum of THIRTEEN THOUSAND---------- Dollars ($13000.00) weekly, payable immediately preceding the first performance on the concluding night of each week's engagement hereunder.

SEE SPECIAL CLAUSES WHICH FORM PART OF THIS CONTRACT.

IN WITNESS WHEREOF, we have signed this agreement on the day and year first above written.

Artist EDITH PIAF (Stage Name) — Edith Piaf (Legal Name) X

Operator — By: [signature]

Agent LEW & LESLIE GRADE.LTD.INC. — By: [signature]

This Artists' Manager and Agency is licensed and this form of contract has been approved by the Labor Commissioner of the State of California.

. The Artiste shall furnish at her own cost and expense solely for her own accompaniment her own pianist and accordionist.

. The instrumentation of the orchestra shall be indicated by the Artiste and be acceptable to the Artiste. The instrumentation shall be and remain as follows during the entire term of her engagement.

3. Violins. 1 Cello. 1 Clarinette.
1. Trumpet. 1 Drums. 1 Bass.

. During the performance of the Artiste, there shall be absolutely no table service what-so-ever, or any other disturbance in the Restaurant over which the Employer has control which would distract from or interfere with the performance of the Artiste.

. All the rules and regulations of the American Guild of Variety Artistes relating hereto are incorporated into this Agreement and made a part hereof by reference.

14. IN WITNESS WHEREOF, the parties hereto have hereunto set their hands and seals the day and year first written above.

Sworn to before me this
day of ,1952.

BY Edith Piaf X

Un exemple de contrat (Mocambo à Hollywood)
où Piaf demande qu'on ne mange pas pendant qu'elle chante.

(collection J. M. Gayard)

la princesse Paola, notre actuelle reine, honora son théâtre de son auguste présence, lorsqu'elle vint saluer Édith Piaf dans sa loge. »

Cahors... Le Havre... Évreux... Rouen... Yvetot... Le Mans... Mantes... Piaf qui roule amasse mousse, mais, le 24 mai c'est un nouveau billet pour l'Hôpital américain de Neuilly qui lui échoit. Mektoub ! comme disait feu Line Marsa. En proie à d'intolérables douleurs dans son ventre ballonné (les fameuses coliques de miserere) et à des vomissements incoercibles, elle y a été conduite en urgence, évitant de justesse une intoxication générale et un effondrement fatal de la tension et de la production urinaire. Toute intervention sur l'abdomen comportant, à plus ou moins longue échéance, un risque de formation de brides intestinales reliant anormalement l'intestin au péritoine et provoquant des douleurs rebelles, Piaf paye les mauvaises conséquences de son opération américaine. Le professeur Mercadier se charge de la rouvrir. L'intervention donne toute satisfaction et quelques jours plus tard, c'est une Piaf considérablement amaigrie qui apparaît sur le perron de l'Hôpital américain où Loulou Barrier et Charles Dumont sont venus la chercher. Elle quitte l'établissement sous les applaudissements des malades aux fenêtres et les félicitations du personnel soignant. « On vous aime bien, Édith, mais ne revenez plus ici ! » lui lance une fille de salle, saisie par l'émotion. Le lendemain, alors qu'elle se croyait repartie pour un 45 tours, coup du sort : victime d'une nouvelle crise de douleurs abdominales, elle est ramenée inconsciente dans le même hôpital où le même médecin, le professeur Mercadier, assisté du professeur Jaquin, l'opère à nouveau pendant plus de trois heures. « Elle avait fait une mauvaise réaction à la première opération et ses intestins se retournèrent », nous renseigne Danielle Bonel. À la suite d'une opération de cette nature, on constate généralement un épaississement du sang, dû à une baisse de sel et à une augmentation excessive du sucre et de l'urée. Les rechutes sont souvent possibles, prenant l'aspect d'un *volvulus*, c'est-à-dire d'une torsion de l'intestin. Les risques de décès par occlusion intestinale étant élevés, Piaf partit au bloc avec la ferme conviction de ne plus revoir la Normandie. Pendant plusieurs jours, le pronostic vital des médecins fut réservé, mais encore une fois elle se releva. Victorieuse. Son intestin recousu avec des centaines de points (« un travail de haute couture », badinait-on dans les couloirs de l'Hôpital américain) ne lui causera plus aucun tracas. Les docteurs lui en fournissent la certitude.

La maladie s'acharne sur Piaf, aussi fort que Piaf s'acharne à guérir. La Môme est marquée. Naturellement, dans l'opinion, grande est l'émotion.

Unanime. On prie pour elle. Pour qu'enfin cette femme d'à peine quarante-cinq ans puisse envisager son avenir autrement que sur un lit d'hôpital, recrue de fatigue et de douleur. Seule Claude Sarraute, dans *Le Monde*, rompt la dignité du consensus. « Un homme de science est mort cette nuit, un homme de haute qualité et qui a rendu d'éminents services à l'humanité : il a contribué à sauver des milliers de vies. Édith Piaf, elle, n'est qu'une chanteuse de music-hall... Dans la presse de ce samedi matin, la maladie de l'une l'emportait sur la disparition de l'autre. » Est-il ennuyeux ce procédé vieux comme le star-system, qui consiste à monter la science contre l'art et encore à jeter systématiquement l'opprobre sur les artistes lorsque la recherche est prétendument aux abois ! « Les artistes et les savants s'efforcent de chercher la cachette de Dieu », disait Picasso. Une donnée sans doute trop populiste pour la fille de Nathalie Sarraute. Certes la foule est « ingrate et frivole », nul ne s'aviserait d'en disconvenir. Or, chacun à sa place et dans sa case : les savants dans leurs labos ; les chanteuses, les vraies, dans leur habit de lumière qui les pare pour l'éternité ; les critiques, les bons, dans leurs colonnes, un point c'est tout, l'autre baissé, et nos morts seront bien gardés. Aux lamentations de Gutenberg, Piaf préfère les violons de ceux qui lui jurent n'aimer qu'elle. L'hospitalisation de la chanteuse étant prévue jusqu'au mois de juillet, c'est plus qu'il ne faut de temps à Coquatrix pour se rappeler à son bon souvenir, au moyen de sa plume : « Je pense à vous bien fort et j'attends avec impatience le moment où Loulou me permettra de venir vous embrasser. J'en ai tant envie. J'ai passé il y a quelques jours une soirée en tête-à-tête avec vous. Seul chez moi, j'ai remis sans fin de vieux disques que vous aviez enregistrés après la guerre, c'était merveilleux. Et puis j'ai écouté les dernières chansons, c'était encore plus merveilleux. Alors, j'attends les prochaines, puis encore d'autres, on en a tant besoin, nous avons tous tant besoin de vous. Si vous saviez combien le "métier" (notre métier) est redevenu gris sans vous ! À bientôt, Édith. Je vous embrasse de tout mon cœur. Bruno. »

Après une cure de sommeil à domicile imposée par ses médecins, Piaf part à Richebourg. Seule la morphine s'étant révélée efficace pour calmer ses douleurs, une nouvelle et sévère cure de désintoxication lui est imposée, longue de trois semaines, qui la tient éloignée de Paris jusqu'aux premiers jours d'octobre. « L'état d'anémie que l'on constate actuellement est dû à des pertes de globules par voie digestive et la compensation doit être faite au moyen de transfusions », consigne le professeur Kourisly dans une note d'observation.

L'avenir professionnel de la Môme est à nouveau morne plaine.

« En parlant, on plaît quelquefois, en écoutant, on plaît toujours. »

Bismarck

IV

Le der des der

« Cette fois-ci, ce n'est pas une histoire de cul, cette fois, c'est l'amour ! »

É. P.

« J'étais crevé, cassé, raconte Charles Dumont lors de notre entretien ; c'est fatigant d'écrire des chansons. Je parle de chansons pour Piaf. Chaque fois, c'étaient des jours, c'étaient des nuits, c'étaient des angoisses. J'avais mis de côté femme et enfants, c'était vraiment trop dur, je n'en pouvais plus ! J'ai alors proposé à Édith que nous partions une quinzaine de jours à la neige, j'en avais vraiment besoin et ça ne lui aurait pas fait beaucoup de mal. » La Môme qui, plus que jamais, honnit la nature, donne cependant une acceptation de principe. Or, la veille du départ qui doit avoir lieu très tôt le lendemain, elle montre déjà moins d'enthousiasme. Dans la nuit, elle appelle Dumont chez lui. « Tu sais, je suis trop fatiguée, j'ai pas envie d'aller à la montagne... » Dumont se dit qu'elle ne peut pas lui faire le coup. « Très bien, tu n'y vas pas, moi j'y vais ! » Sur ce, il se rendort et le lendemain il prend le train, en compagnie d'un ami auteur, en direction des sommets enneigés... « Celui-là, quand il reviendra, il sera remplacé ! » jure la Môme à Danielle Bonel.

Charles Dumont ne le sait pas encore, mais il vient de signer sa disgrâce. Une aubaine pour Claude Figus, toujours très bien informé, qui tente aussitôt de reconquérir son paradis perdu. En mars ou en avril de l'année précédente, un nouveau différend avec Piaf l'en avait exclu. Par vengeance, il publia les dessous de la vie privée de sa déesse, dans *Ici Paris*, le journal concurrent de *France Dimanche*, fief de la chanteuse. « Le félon ! » s'écria Piaf. Entre-temps, Figus avait navigué plutôt bien que mal sur le tapis de fakir qu'est le métier du spectacle, en effectuant des débuts relativement prometteurs dans une boîte de Saint-Germain et en enregistrant chez Polydor : *À t'aimer comme j'ai fait*, une déclaration et un vinyle qui bluffèrent la Môme. C'était le seul moyen de regagner son estime. Piaf lui fit savoir que le boulevard Lannes lui était à nouveau ouvert. Dans les règles de l'art s'entend, Figus devant d'abord prendre rendez-vous... « Mon Édith, encore quelques jours, oh ! combien longs ! avant qu'il ne me soit permis de te retéléphoner, s'épanche-t-il dans un courrier jubilatoire. Merci de me laisser un faible espoir de te revoir. Neuf mois que nous n'étions plus amis. Neuf mois de regrets, de peine, de cafard. Neuf mois pendant lesquels je me suis trouvé, pour la première fois de ma vie, face à face avec moi-même. Ce fut très dur, il fallait que je me prouve combien je t'aimais, non par des paroles, mais par des actes. C'est pourquoi tout ce qui m'arrive aujourd'hui, je te le dois. Je n'ai pas fait grand-chose encore, mais je sens que ça vient. Grâce à toi, par toi, pour toi. Je ne vis que pour toi et tu n'as jamais voulu me croire. Des éléments extérieurs ont été plus forts que ma sincérité. Mais maintenant que je sais que je saurai me battre et que le temps, pas trop lointain, j'espère, sera mon meilleur allié pour ma réhabilitation, j'ai soif de réussite, car cette réussite je veux te l'offrir. Le ciel a l'air d'être pour moi [...]. J'ai hâte d'être à côté de toi et j'ai peur en même temps. Pourvu que je n'aie pas l'air trop con ! ! Tu me diras, la peur n'évite pas le danger. Je t'ai toujours aimé et t'aimerai toujours avec un grand A. Claude. P-S : Tu sais la chance que j'ai au téléphone : j'appelle toujours au mauvais moment. Je tremble à cette idée. J'ose te suggérer la chose suivante : si tu vois un moment où je ne risque pas d'être encombrant, tu peux me faire appeler à MON 53 80. Sinon, tant pis, je t'appellerai au début de la semaine, lundi ou mardi. »

Claude Figus a alors pour petit ami un beau ténébreux d'origine grecque qui vit en banlieue parisienne avec ses parents et ses deux sœurs : Théophanis Lamboukas. Théo, comme on l'appelle familièrement, est coiffeur. « Avant de se replier dans une sorte de semi-retraite à La Frette-sur-Seine pour y ouvrir un salon derrière leur pavillon, son père avait dirigé à Paris un autre salon, plus important et qui marchait très bien, rue de Provence, me semble-t-il », nous apprend Danielle Bonel. Né le 26 janvier 1936, Théo avait vingt ans lorsqu'il partit servir en Algérie [1]. Des massacres épouvantables perpétrés par le FLN contre

1. Les légionnaires-parachutistes quittèrent pour la dernière fois le camp de Zéralda en chantant *Non, je ne regrette rien*. Le célèbre refrain de la Môme les entraîna dans l'Histoire.

juifs et chrétiens, mais aussi à l'encontre de la population algérienne au début majoritairement favorable à la France, des enfants blancs égorgés et sans repentance par la fatma qui les gardait depuis leur naissance, des milliers de harkis lâchés d'une manière infâme par de Gaulle et exterminés en série grâce au Parti communiste français, fournisseur des fellaghas en armes et en devises : le jeune homme en revint très marqué. À tout le moins différent : « Il avait changé, il ne parlait pas beaucoup et ne voulait pas se confier sur les souvenirs de la guerre », dira sa sœur Christie. Avant et après l'Algérie, tout en continuant de s'exercer au ciseau avec son père, Théo suivit des cours à l'École de coiffure de Paris. Son diplôme obtenu, il avait signé un contrat d'engagement avec l'institut Élisabeth Arden pour un emploi à New York. « Figus et Théo se sont connus sur un lieu de drague à Saint-Lazare où Théo prenait son train chaque soir pour rentrer à La Frette, révèle Danielle Bonel. Ils sont beaucoup sortis ensemble dans des boîtes à Paris, du côté de Saint-Germain. » Dumont parti aux sports d'hiver, la maison sentait le vide. « Marc et moi couchions boulevard Lannes puisqu'Édith était toute seule. Souvent, nous avons habité boulevard Lannes. Ça ne nous amusait pas, mais nous le faisions. » Dans les archives des Bonel, ce mot de Danielle à Marc : « Mon crapaud, la reine a encore des peines de cœur, je reste. Ta grenouille. »

Danielle, toujours : « Un beau jour de janvier 1962, Figus a emmené une bande de jeunes avec lui. Parmi eux : Théo, un garçon gentil, charmant, mignon. Nous n'y avons pas assisté, mais je sais qu'il a chanté, parce qu'il était fou de comédies musicales américaines. "Tu chantes bien", lui a dit Édith. C'est comme ça que ça a commencé. » Sarapo avait-il des arrière-pensées en arrivant chez Piaf ? « Oh, il était assez innocent ! » Une lettre de Claude Figus nous démontrera que Sarapo voulait rencontrer Piaf. Danielle Bonel nous a parlé de la passion du jeune homme pour les comédies musicales. Christie se souvient que son frère chantait dès son plus jeune âge, pendant les vacances, à la fête communale : « Il avait un micro, un haut-parleur et il [interprétait] des chansons de Frank Sinatra et de Luis Mariano [...]. Quand il était adolescent, il m'emmenait souvent au cinéma. Quelquefois nous voyions trois films dans la même journée, sans déjeuner [1]. »

Très intimidé, Sarapo, le soir de sa présentation à Piaf. « J'aimerais inviter ton copain, seul avec toi, pour voir s'il est aussi intelligent qu'il est beau, car il n'a pas ouvert la bouche de toute la soirée », aurait

1. Site internet Christie Laume.

confié la Môme à Figus. La Môme a jeté son dévolu sur le jeune Grec et Dumont est d'ores et déjà bel et bien remplacé. Or, contrairement aux idées reçues, entre Piaf et lui il n'y eut pas de rupture sèche. « Jamais elle ne m'a dit : "Tu t'en vas !" Quand je suis rentré de la montagne, Théo était là. De la façon dont il se comportait avec elle, j'ai bien vu ce qu'il en était. Elle me l'a présenté en me disant, non pas qu'il avait du talent, mais qu'elle allait le faire chanter. J'ai dit : "très bien", je l'ai embrassée et je suis parti. Je n'avais plus de raison d'être. » Dumont en a gros sur le cœur. « Je ne suis pas resté longtemps à la neige, mais ça a suffi. Elle m'en a d'autant plus voulu qu'un auteur que je ne citerai pas et que j'avais d'ailleurs introduit chez Piaf [le témoignage de Noli nous permet de reconnaître Robert Gall] était revenu avant moi en lui disant que j'étais parti rejoindre une maîtresse. C'est du moins ce qu'on m'a raconté. Alors, ça n'a pas plu du tout. Édith m'a écrit, mais je n'ai pas gardé les lettres. Des choses plutôt gentilles. Nous ne nous sommes pas vus pendant quelques semaines. Ne voulant pas y aller sans prévenir, j'attendais qu'elle me rappelle. Un jour, elle l'a fait. Je suis donc retourné boulevard Lannes parce que j'avais besoin d'elle pour un titre : *Inconnu excepté de Dieu*. Je voulais qu'elle fasse une intervention dans cette chanson que j'avais écrite avec Louis Amade. "Pas de problèmes", m'a-t-elle dit. On a réservé un studio et on s'est revu plusieurs fois à cette occasion ; pour les répétitions d'abord, à l'enregistrement ensuite [19 avril 1962]. »

Aussi intelligent que bien élevé, Dumont a pris l'entière mesure de sa défaite. À l'affectif comme au professionnel, il n'a plus aucune raison de figurer dans le tableau, puisque, dans la foulée de Sarapo, Claude Figus a présenté à Piaf son grand copain Francis Lai – un accordéoniste de bal qui a déjà collaboré avec Bernard Dimey, Colette Renard et Juliette Gréco – ainsi que Noël Commaret, son propre accompagnateur. Avec cette nouvelle et joyeuse équipe gonflée de Robert Gall, de Robert Nyel, de Jacques Plante, de Florence Véran, de René Rouzaud et de Michèle Vendôme, la Môme va frayer un temps, avant de se rendre compte de son erreur. « Là encore, elle a voulu du sang frais, déplore Danielle Bonel. Elle s'est dit : "Il faut se moderniser." Tous ces jeunes étaient bien sûr très talentueux, notamment Francis Lai à qui nous devons tant de belles musiques, tous très gentils aussi, mais ça n'était pas pour elle. Trop éloigné de son univers. Elle a vu cette belle jeunesse et elle s'est laissé emballer. C'est là qu'elle a commencé à avoir des mauvaises chansons suivies de mauvaises critiques. Je pense à *L'homme de Berlin* qui n'était pas bon du tout. »

Cette chanson est l'œuvre de Michèle Vendôme, une jeune femme qui débuta dans le métier grâce à Jacqueline Batell et à Lucienne Delyle.

Vendôme avait d'abord pensé à *L'homme de Bilbao*. En pleine époque du mur de la honte et anticipant le discours d'un Kennedy imprimant dans l'Histoire sa célèbre formule : « *Ich bin ein Berliner* », Piaf la sensitive l'avait corrigée : « À Bilbao il ne se passe rien, alors qu'à Berlin il se passe des choses. » *L'homme de Berlin* est la dernière chanson enregistrée par Édith Piaf. « Elle a réalisé son erreur, mais trop tard, précise Danielle Bonel. En attendant, ça l'a un peu distraite. Mon mari et moi étions épouvantés en voyant débarquer ces zazous, ou ces yéyés, comme vous voudrez. Loulou était catastrophé. Ils étaient tous plus ou moins fauchés. Elle les a habillés correctement, nourris. Je me souviens de Francis Lai qui venait dans la cuisine me demander timidement si je ne pouvais pas lui faire un sandwich... » Selon Jean Noli, résolu à éviter un retour éventuel de Charles Dumont, Figus aurait tout manigancé : « Il avait compris une chose essentielle : pour maîtriser Édith, il fallait disposer de son cœur et accaparer son travail. Théo ferait main basse sur le premier, Francis [Lai] se chargerait du second. Ni l'un ni l'autre, subjugués par la personnalité de Piaf, ne soupçonnèrent la manœuvre de Figus. » Qui était le plus manœuvrier dans cette cour de Versailles qu'était l'entourage de Piaf ? « Édith et Noli étaient bien copains, assure Danielle Bonel. Il était introduit boulevard Lannes, sans être omniprésent comme il a voulu le faire croire. Lui et Vassal venaient quand il y avait un article à faire, c'est tout. » Il n'en est pas moins vrai qu'en présentant Sarapo à Piaf, Figus a laissé entrer le loup dans la bergerie. Quand les événements prendront une autre tournure, il s'en repentira amèrement. Pour l'heure, il est heureux et fier de la présence d'Édith et Théo pour son premier passage chez Patachou, le 17 février 1962.

Rien ne perce encore dans la presse, mais un nouveau roman est en train de s'écrire, qui pourrait commencer par : « Il était une fois... » « Au début, les parents de Théo étaient inquiets, révèle madame T., une amie de la famille Lamboukas, qui devint celle de Sarapo après la mort de Piaf. "Qu'est-ce que c'est que cette voiture qui vient toujours t'attendre devant le salon ?" se plaignit un jour le père. À cette époque, la différence d'âge dans ce sens-là était une chose qu'on ne prenait pas à la légère. En outre, Piaf avait empêché son fils de partir en Amérique en payant le dédit dû à la rupture du contrat avec Élisabeth Arden. »

De son côté, avec nous, Charles Dumont concède que Sarapo possédait tout ce qu'Édith avait toujours voulu avoir. « Il était beau garçon, on ne peut pas lui enlever ça, il était gentil et pas idiot. Pas du tout bête. Ce n'était quand même qu'un petit garçon coiffeur de banlieue, certes, mais c'est formidable ce qu'il a fait : il a réussi à chanter sur scène avec elle sans être ridicule. Édith et Théo, c'est l'aveugle et le paralytique. Il avait tout ce qu'elle n'avait pas et elle avait tout ce qu'il n'avait pas. Ça fait souvent des rencontres qui sont assez intéressantes, et là ça a été le cas. Elle est partie avec cette histoire fabuleuse, qui lui a permis de faire de la fin de sa vie un conte d'enfant. Un roman d'amour. Un roman qui fera toujours rêver. » Où Dumont place-t-il la sexualité de Sarapo ? « On peut toujours dire : il était ci ou il était ça et puis elle était comme ça... On peut toujours tout salir. Dans toute manifestation, il y a toujours un côté plus ou moins net. L'éternel problème de l'optimisme et du pessimisme. La bouteille à moitié pleine ou à moitié vide. Mais je pense que pour Édith, cette histoire a été magnifique. Parce que là non plus elle n'a pas été dupe. On peut penser ce qu'on veut d'Édith Piaf, tout dépend de l'intelligence et de la sincérité que l'on a par rapport à ça, mais c'était tout sauf une personne qui n'avait pas une grande connaissance de l'humain. Elle avait beaucoup trop souffert pour ne pas connaître un peu les hommes et les femmes. Donc elle n'était pas dupe. Elle n'a jamais été dupe. De personne. Je peux en témoigner pour avoir eu avec elle des conversations longues et tardives. Ça aussi, ça appartient aux très grands, d'avoir la lucidité. Ce qui est parfois un peu trop pessimiste. »

Perdent-ils pour autant leurs illusions ? « Des illusions, on en a toujours, je ne connais pas un artiste qui n'ait pas d'illusions, ça va avec. Ce n'est pas ça. C'est beaucoup plus fort et à la fois beaucoup plus logique, quelque part. Ça ne dénote pas un manque d'intelligence ou de parti pris, ou justement d'avoir une rancœur quelconque. Ce n'est pas ça du tout. C'est plutôt qu'arrivés à un certain niveau les gens se dévoilent sur leurs côtés les plus flatteurs, les plus thuriféraires, ce qui ne veut pas dire qu'ils ne sont pas sincères toujours. Et là, je pense notamment à des gens comme Figus. Vous connaissez la phrase d'Édith, dans sa loge, à l'un de ses admirateurs ; il est venu en lui disant : “Tu sais, Édith, c'était formidable la soirée.” Puis il ajoute : “Par contre, est-ce que je peux être sincère ?” Elle lui a répondu : “Non, sois comme d'habitude !” Voyez le sens de l'humain qu'elle avait ! Sans pour autant être aigrie. Connaître les choses et les êtres, avec leurs défauts et leurs qualités, ce n'est pas forcément être cynique ou blasé. Pour revenir à Sarapo, elle n'a donc pas été dupe, mais l'un avait besoin de l'autre. Édith, pour rêver. Car Théo l'a fait rêver. Elle a été très, très heureuse, pendant un temps du moins. Mais je ne veux voir que le beau. Ce n'était pas facile d'être le mari de Piaf. Théo s'est retrouvé dans une situation où tout le monde le voulait, tout le monde le courtisait. Peut-être a-t-il été dépassé par la situation ? Il a aussi des circonstances atténuantes. »

Que pense Charles Dumont de toutes ces interrogations sournoises quant à la nature des relations entre Piaf et son jeune amoureux ? « Quand je l'ai connue, elle se faisait faire des piqûres de Dolosal pour ne pas hurler à la mort, tellement elle avait mal. C'était une horreur. J'arrivais chez elle à 17 heures presque tous les jours et des fois elle était encore avec le médecin ou l'infirmière. Elle souffrait le martyre. Alors, ça va le cul ! Le cul ! Bref, je ne la vois pas se livrer à un acte sexuel. Quant à Sarapo, je pense qu'il l'aimait mais étant donné sa spécificité... À mon avis, il n'y a pas eu plus de sexualité avec Sarapo qu'avec Charles Dumont. Ce n'était pas une histoire de sexe avec Théo, elle était trop fatiguée. Et aussi parce qu'elle n'aurait jamais voulu. Parce qu'elle était trop pudique. Parce qu'elle était trop malade. Elle était dans un état où une femme n'a pas envie de sexualité avec un garçon. Elle était trop diminuée dans sa dignité de femme. Et puis, il y a aussi une part de logique. Je ne sais pas pourquoi les gens veulent tout réduire au sexe. C'est quand même très désespérant. Il n'y a pas que ça dans la vie. Il y a quand même des êtres qui dépassent ça largement. Théo était l'étoile dont elle avait toujours rêvé. On peut regarder les étoiles sans avoir envie de coucher avec une étoile. Je l'ai connue un an et demi avant, et déjà il m'est arrivé de la surprendre une ou deux fois ; elle m'appelait de sa chambre et j'allais la voir. Elle était paniquée si j'arrivais trop tôt. Elle était d'une pudeur... angélique. »

Sarapo, en grec, signifie « je t'aime ». Théo Sarapo. Fallait-il juste y penser. En attendant de voir briller sur le fronton de l'Olympia le nom de scène qu'on lui a choisi, le jeune homme joue les gardes-malades, assis sur le lit de Madame Piaf à la clinique Hartman. Elle a commis l'imprudence de s'endormir la fenêtre ouverte ; il n'en a pas fallu davantage pour déclencher une « formidable pneumonie bilatérale », selon le diagnostic du professeur Kourilsky. Retrouvée dans sa chambre du boulevard Lannes dans un état d'asphyxie aiguë, la Môme fut placée sous une tente à oxygène. « Pas très longtemps, quelques heures, précise Danielle Bonel, parce que lorsque je suis allée la voir, il n'y avait plus de tente. Chaque jour, je lui apportais la nourriture de la maison dans des serviettes chaudes. » À son admission, l'état de la malade était à ce point préoccupant que les médecins envisagèrent l'éventualité d'une trachéotomie, à savoir l'ouverture de la trachée pour permettre l'introduction d'une canule destinée à rétablir le passage de l'air. C'eût été sans conséquence sur sa voix, mais ils préférèrent y renoncer au bénéfice de la tente à oxygène. Le 16 mars, après deux semaines d'observation, le séjour de Piaf à la clinique Hartman était abrégé sur décision de la direction. La Môme avait convié tous ses nouveaux petits copains à faire la fête dans sa chambre et les autres malades avaient signalé leur mécontentement...

En avril et en mai, elle a récupéré suffisamment de forces pour enregistrer de nouvelles chansons, dont une, *À quoi ça sert d'aimer,* qu'elle devait chanter seule et que finalement elle crée en duo avec Théo, sur la scène de l'Olympia, pour la télévision. Ce bon Bruno attendra encore un peu ; le vrai retour de sa « chère Édith » chez lui ne s'effectuera pas avant septembre. Et là, ils verront ce qu'ils verront, tous ceux qui pensent qu'elle ne passera pas le printemps ! En attendant, elle prépare sa tournée d'été avec Figus et Sarapo en première partie. Les répétitions se déroulent à Richebourg, dans une ambiance très particulière, s'il faut prendre pour argent comptant le témoignage de Jean Noli. Ce dernier est dûment convaincu qu'avec sa voix nasillarde, le Grec n° 3 – avant Moustaki, il y eut Takis Horn – est aux antipodes du métier d'artiste. « Le climat se gâtait quand [il] répétait à son tour [...]. Le malheureux traînait ses notes comme des boulets de bagnard [...]. Seule Édith ne partageait pas nos certitudes [...]. Parce qu'elle l'aimait, elle avait pour lui une patience quasi maternelle. Mais les mamans aussi s'énervent parfois et administrent des taloches. À bout de nerfs, à force de répéter les mêmes conseils, Édith explosait avec cette soudaineté, cette violence qui lui étaient caractéristiques, qui la rendaient redoutable... "Non ! Non ! Non ! Mais tu es bouché ? Mais qu'est-ce que tu as dans la tête : des choux-fleurs ? Mais tu es crétin ou idiot ? Recommence !" Sous les rafales d'injures, Théo courbait la tête, comme le font les marins pour éviter les embruns. » « Con ! » aurait poursuivi Piaf, alors que Sarapo s'était à nouveau trompé. Selon Noli, toujours, Sarapo, réduit à « un gros ours noiraud qui se dandinait près du piano », lui aurait confié que Piaf le faisait pleurer. « Rarement être humain fut autant malmené, vilipendé que Sarapo, écrit le journaliste de *France Dimanche*, dans *Piaf secrète*. Il vivait totalement dépendant d'elle, constamment sur le qui-vive, prêt à répondre à ses exigences, angoissé de commettre une erreur ou de prononcer un mot de travers. »

Sarapo était une bonne nature et Piaf, une nature tout court ; ce témoignage n'a donc a priori pas de quoi surprendre. Sauf qu'il manque souvent aux témoins d'un jour ou d'une fois l'analyse et la distance nécessaires pour faire des biographes scupuleux. D'autant que, dans son récit, Noli met en scène un Charles Dumont assistant à l'avanie de Sarapo et soufflant discrètement à l'oreille du journaliste : « Ce qu'elle fait avec Théo est un défi à la logique. » Et là, Noli perd toute crédibilité. Car si Dumont, qui n'a besoin de personne pour se souvenir de tout, se trouvait effectivement à Richebourg à cette époque, il affirme aujourd'hui ne pas avoir vécu l'éducation musicale de Sarapo. Il avoue de surcroît n'avoir jamais vu Piaf être désagréable avec « le Grec », comme l'appelait le clan Noli. « Un jour, elle m'a demandé de faire une chanson pour lui, je l'ai faite, bien sûr, mais ça n'a pas marché, nous explique Charles Dumont. Quand je lui ai montré le résultat, elle m'a répondu : "Non, il ne peut pas chanter ça." Je n'avais pas non plus une envie folle de faire des chansons pour Théo, il faut bien le dire, je l'ai fait pour faire plaisir à Édith, ça n'était pas mon idée. » Dumont est loin de retrouver les méthodes pédagogiques de Piaf dans le récit de Noli. « Plutôt que vous conseiller, Édith était quelqu'un qui vous montrait en vous disant : "Regarde comment je fais." C'était un professeur à la japonaise, plus que le professeur comme on le conçoit en France. Les Japonais apprennent en imitant. Édith vous imprégnait de sa façon d'être, de penser, d'appréhender le texte et le chant. Mais plus par l'exemple que par les mots. De temps en temps elle vous faisait une réflexion : "Je ne trouve pas ça bien", ou : "Ce n'est pas comme ça qu'il faut le dire, fais attention." Enfin, bref, ce n'était pas une pédagogue qui donnait des leçons par théorie. C'était pratique et simple. Et, là aussi, transcendant. Mais je ne l'ai jamais vue faire travailler Théo. » Là où Jean Noli fait mouche, a posteriori, c'est lorsqu'il ajoute, plus avant dans son texte : « Peut-être pressentait-elle que son temps était compté, que sa fin approchait, qu'avec lui il fallait mettre les bouchées doubles, l'installer dans sa nouvelle carrière, avant qu'il ne fût trop tard... »

Une nouvelle interruption longue de treize mois avait privé la Môme d'un contact direct avec le public. Le 15 juin 1962, pour son énième grand retour, elle met ses déboires au clou et casse la baraque devant quelques centaines de Rémois réunis autour de leur nouveau député-maire, le jeune Jean Marie Pierre Hubert Taittinger, futur ministre de la Justice de Georges Pompidou et fils de Pierre Taittinger qui, en 1944, participa au sauvetage de Paris de la destruction par les nazis, en négociant avec von Choltitz. « Nouveau sacre à Reims pour Édith Piaf guérie », titre *France-Soir*. Reims, sa ville porte-bonheur... « Les directeurs des salles de province où Édith Piaf va chanter cet été (de Caen à Marseille) sont formels, peut-on lire dans la gazette de Lazareff. Les impresarii de la France entière aussi. La chanteuse dont on guettait les défaillances est égale à elle-même. » Pour autant, les anciennes chansons passent beaucoup mieux la rampe que les onze nouvelles. De Claude Figus, les critiques ne veulent retenir que son « exploit » de l'année précédente, sous l'Arc de Triomphe : « Il est aussi doué pour la chanson surréaliste qu'il l'était pour la cuisine surréaliste. » Figus s'était risqué à faire cuire deux œufs sur la flamme du Soldat inconnu. Présenté devant la 16e Chambre correctionnelle de Paris, ce crime institutionnel lui coûta une amende de cinquante mille francs assortie d'une condamnation de trois mois de prison ferme.

Plus sage, Sarapo, dont la chevelure est jugée « tout de même un peu trop longue », fait meilleure impression. « Il ressemble à un pâtre de Delphes et il danse le twist. Il occupe la scène et sa voix a plu. » Son duo avec Piaf est jugé toutefois « bien étrange »... Étrange également cette assiduité avec laquelle la « bonne » comme la « mauvaise » presse guettent le moindre faux pas de la Môme. Jean d'Ormesson y sacrifie et s'en émeut : « Il y a quelque chose d'affreux et d'obscène (j'ai un peu honte d'en parler moi-même) dans cette attente de la mort, reconnaît-il, dans *Arts*. Les bourgeois comme le peuple ne détestent pas, sous la guillotine ou sur la scène, d'aller voir mourir leurs héros. Chacun de ses spectateurs s'attend, secrètement, j'en suis sûr, à être présent le soir où, pour une attention toute particulière, Édith Piaf s'effondrera enfin en chantant sous des milliers d'yeux écarquillés d'horreur, d'admiration sacrée et de reconnaissance [...]. On l'observe, on l'épie, on lui évalue la fièvre, la tension, les globules rouges, le taux de diabète et de cholestérol. Pour un peu, on lui regarderait dans la bouche, on lui retrousserait la paupière. Ce n'est plus d'un lit d'hôpital, c'est de son tombeau qu'elle chante. Si les Espagnols ont le goût du sang, les Parisiens de Paris ont la passion de l'arrêt du cœur, de l'infarctus, du foudroiement et de la nécrophagie. »

Les bons parieurs rentrent dans leurs frais lorsqu'à Rouen, Piaf flanche à nouveau, victime d'un courant d'air attrapé à Reims. La tournée s'arrête. Elle ne reprendra que le 22 juillet. Rentrée à Paris, la Môme n'a d'autre choix que d'y attendre une amélioration de sa santé avant de pouvoir éventuellement poursuivre. Dans l'intermède, tenant sa promesse, elle accepte de faire une sortie avec Théo au Club Saint-Hilaire, tenu par François Patrice, une vieille connaissance du temps où celui-ci dirigeait *La Licorne*. « Il était environ une heure du matin, se souvient-il, le Club était rempli, la nuit battait son plein. Soudain, il y eut comme un brouhaha insolite venant du rez-de-chaussée. » Très lentement, marche après marche, « presque portée par Sarapo », Piaf descendait l'escalier. Après que François Patrice l'eut étreinte, la Môme se redressa, cacha ses mains déformées puis, embrassant la salle des yeux, comme s'il se fut agi de son public : « Alors, c'est ça ton Club ! » Sur ce, elle libéra un rire de gorge qui imposa le silence dans la salle. « Les danseurs ne bougeaient plus, les conversations s'étaient arrêtées. » Le temps pour le maître des lieux d'accompagner sa prestigieuse invitée jusqu'à sa table et les applaudissements fusèrent tous azimuts. Tous debout pour acclamer la légende vivante. « Je ne suis pas en représentation, alors fais comme d'habitude, sinon je m'en vais ! », pesta la chanteuse. Elle resta et elle esquissa même un pas de tango avec Théo, déjà taxé de « gigolo grec » par la presse. Pour le directeur du Club Saint-Hilaire, la nuit se termina boulevard Lannes autour d'un plat de spaghettis. « Elle n'arrêtait pas de commenter la soirée avec humour et un rire heureux, mais un peu fatiguée », notera François Patrice[1].

Avant de reprendre le collier, Piaf participe à l'une de ses dernières émissions de télévision, « L'École des vedettes », animée par Aimée Mortimer et Robert Manuel. C'est la première fois qu'elle passe dans ce programme. Elle en profite pour présenter Figus et Sarapo aux téléspectateurs français, ainsi que Francis Lai dont elle interprète une chanson, *Le Petit brouillard* (paroles de Jacques Plante), parmi trois de ses nouvelles créations.

Toujours ce sale petit brouillard
Toujours ce sale petit cafard
Qui vous transperce jusqu'aux os
Et qui se colle à votre peau...

Le 24 juillet, deux jours après la reprise de la tournée Piaf sur la Côte d'Azur, la nouvelle est rendue publique : la Môme et Théo Sarapo se fiancent ! Jusque-là, elle avait toujours démenti avec une belle énergie toute allusion à une liaison amoureuse, en soulignant sa différence d'âge avec le jeune Grec. « Bien sûr que non, nous ne sommes pas fiancés ! C'est ridicule. Grotesque. D'ailleurs, je n'ai pas l'intention de convoler. Ni maintenant ni plus tard. Chaque fois que je m'intéresse à quelqu'un, chaque fois que j'aime un jeune, s'il est un peu beau garçon, on me marie. Ça devient classique. Je devrais passer mon temps à envoyer des faire-part. Vous pouvez dire que c'est non. Une fois de plus » (*Music-hall*).

« À quand les noces ? », serait-on enclin à leur demander à présent. Les tourtereaux y songent-ils seulement ? Pour Claude Figus, c'est la douche froide, qui provisoirement disparaît afin de recouvrer ses esprits. La tournée continue sans lui. Cannes... Nice... Monte-Carlo... À Canet-Plage, Jacques Canetti est dans la salle. Son jugement sur Sarapo se

1. *Plus cabot que moi... toi !* (Publibook).

veut équivoque : « Il était pitoyable par sa gentillesse et par son ignorance. Brel était le seul à pouvoir se mesurer au talent de Piaf. Montand aussi c'était très bien, mais c'était quand même extrêmement fabriqué, tandis que Brel ce n'était pas fabriqué, Piaf ce n'était pas fabriqué. Quand elle est entrée sur scène à Canet-Plage, elle était portée par Sarapo qui la déposait comme un paquet devant le piano. Elle a chanté. C'était magnifique et tragique parce qu'elle ne pouvait presque plus chanter. Je suis allé dans sa loge après ça et elle m'a dit : "Comment trouvez-vous Théo ?" Que vouliez-vous que je dise : voilà une femme qui meurt d'amour pour Sarapo et qui me demande ça ! "Il faut qu'il travaille", ai-je répondu. Et elle : "Tu vois, monsieur Canetti te dit de travailler, donc il faut que tu travailles." » Piaf à Canetti : « Et après vous le prendrez ? » Canetti : « J'en sais rien. Faut voir comment les choses vont s'orienter. » Sur l'inconsistance du « pâtre grec », Bruno Coquatrix rejoint l'ex-directeur artistique de la Môme. Piaf lui avait présenté Théo un soir au boulevard Lannes, à la faveur d'un dîner à l'issue duquel, accompagné de quatre musiciens, Sarapo fit montre de ses talents devant le « pape de l'Olympia ». Celui-ci, battu par le vin et la chaleur et épuisé par une journée de travail, avait fini par s'assoupir. Mi-goguenarde, mi-furieuse, Piaf lui signifia son congé en lui recommandant d'aller se coucher. Le lendemain, coup de fil de Barrier à Coquatrix : « Mais qu'est-ce que vous m'avez fichu ! Elle veut faire l'Alhambra, maintenant, c'est pas possible ! » La Môme ne fera pas l'Alhambra. Encore une fois, elle restera fidèle à Coquatrix, mais ce sera bien la dernière. Le boss de l'Olympia qui accueillit chez lui tant de « cadavres », comme on dit du côté de Marseille, était-il en position de porter quelque jugement sur Théo Sarapo ? Jacqueline Boyer se souvient que pour avoir caché la future Paulette Coquatrix pendant la guerre, sa mère par deux fois manqua de se faire tuer. La réponse de Bruno à Lucienne Boyer, lorsque celle-ci vint lui demander d'aider sa fille, alors jeune débutante : « Je fais du music-hall, je ne donne pas dans l'affectif ! » Jacqueline fut néanmoins engagée, mais sans être déclarée : « Il a fait ça avec beaucoup de chanteuses dans mon cas. »

Ce soir, Piaf est à Trouville. Nous sommes le 21 août. Entre-temps, il y a eu Biarritz et Arcachon. Puis Ostende, où elle a présenté son fiancé aux journalistes belges, requérant toute leur indulgence : « Pas trop vite, c'est sa première interview ! » Sarapo malgré lui : « Je n'aimais pas tellement la coiffure. Le reste est sans histoires. » Le lendemain, à Besançon, la Môme a soudainement été reprise de douleurs intestinales dans sa chambre d'hôtel. Pliée en deux mais attentive à déjouer la vigilance de paparazzo, elle a refusé l'ambulance pour se faire conduire avec sa propre voiture jusqu'aux urgences de la clinique Notre-Dame-de-la-Compassion. On l'y a gardée quarante-huit heures en observation. Rien de grave. La voici donc à Trouville, à nouveau vaillante face aux Normands. « Bravo, Édith ! C'est formidable ce que vous faites ! » l'encouragent des gens croisés sur son chemin. Au Casino de Trouville, journaux, radios, télévision et actualités cinématographiques sont venus au grand complet. Le spectacle Piaf doit passer juste après le défilé de mode des collections Lempereur. « Parce qu'il y avait une marche sur la scène, elle a tout d'abord dit : "Je ne chanterai pas !" rapporta le lendemain Jacqueline Cartier dans *France-Soir*. Le personnel du Casino de Trouville s'est senti pâlir : mille trois cents personnes depuis la veille où l'on avait affiché Édith Piaf avaient retenu leur table. Mais c'était une fausse alerte. Édith Piaf de temps en temps aime bien faire peur. » Mille trois cents personnes auxquelles il faut rajouter les cinq cents autres restées debout dans un coin du cabaret. Sarapo se lance le premier, observé par la Reine cachée derrière son bout de rideau. Ce soir, il a du mal à s'imposer. « C'est une catastrophe », vient-il se plaindre en coulisses, à la cinquième chanson. La Môme le renvoie au charbon : « Il est dur, mais il te rappelle quand même. D'ailleurs, il est toujours dur ici, mais ce n'est pas si difficile que ça, allez, repars ! » Terminant sur un twist aussi inattendu qu'endiablé, Sarapo ne démérite pas, mais le vrai triomphe est pour elle.

« Lorsqu'elle revient, il s'empresse autour d'elle, il lui enlève ses chaussures et lui offre son thé bien chaud, se souviendra Bernard Gourbin, journaliste à *Ouest-France*. C'est encore lui qui emporte la gerbe de roses que la direction du Casino vient d'offrir à la chanteuse. Puis, il conduit Édith dans la grande salle annexe où gens de télévision et de radio se sont installés pour travailler. » Une corvée médiatique à laquelle assistent Francis Lai, Claude Figus réapparu, Michel Emer, ainsi que les parents et les sœurs de Sarapo. Aux questions, toujours les mêmes, « quand vous arrêterez-vous ? », Piaf oppose des réponses sans surprises : « Si je m'arrête, je meurs ! » On ne sort pas de là. Histoire de relever la médiocrité ambiante par un bobard « *made in* Elle », au moment où quelqu'un lui demande où aura lieu son voyage de noces, elle s'avise à crier au voyeurisme, le temps de nourrir sa réponse, qui jaillit soudain : « Il aura lieu en Amérique ou nulle part ailleurs ! Je dois y tourner un film sur ma vie, non mais vous vous rendrez compte ! » C'est au tour de Sarapo. Son grand garçon a été formaté, elle n'a plus rien à craindre de ses réponses. Seulement des questions des autres... « On dit des choses désagréables sur votre compte, votre désir de réussite, votre différence d'âge... » Sarapo interrompt net son intervieweur : « J'admire beaucoup la chanteuse, mais j'aime Édith. Je l'aime comme une femme avec qui je vis tous les jours. » Cette vie-là ne fait-elle donc pas peur au jeune homme ? « Non ! » Circulez, il n'y a plus rien à insinuer. Quatre jours plus tard, à Luxeuil-les-Bains, Piaf reconduit son triomphe de Trouville. Très nouvelle vague lorsqu'il interprète *À l'aube*, torse nu, Sarapo tire lui aussi un bon parti de sa prestation. Or, là encore, Piaf constate qu'aux petites dernières : *Toi, tu l'entends pas* et *Le Diable de la Bastille* (Dumont/Delanoë), *Le Billard électrique* (Dumont/Poterat) et *Le Petit brouillard* (Lai/Plante), le public préfère de loin les « bons vieux » : *Non, je ne regrette rien*, *La Foule* et *Milord.* Quelle allure aura l'Olympia de septembre ?

Sarapo doit fournir d'autres efforts s'il veut paraître crédible face au Tout-Paris. Aussi, dès que rentrés à Paname et avant qu'ils ne retournent chanter une dizaine de jours à Marseille, la Môme le remet-elle à l'ouvrage. C'est alors que le fiancé de Madame Piaf se prend à nourrir des rêves de grandeur en entreprenant de réformer le boulevard Lannes. « Il y avait des fauteuils de style et de belles appliques, mais Théo n'aimait pas le Louis XV, il lui fallait du Louis XVI, raconte Danielle Bonel. Alors, va pour le Louis XVI ! Il voulait aussi une grande et belle bibliothèque, avec des livres de valeur. Toute la maison a été refaite, elle était superbe. Les moquettes furent changées par Moquettes de France. Il y eut de magnifiques tapis d'Orient qui vinrent orner le salon et au mur du tissu en velours, c'était très joli. Les restants de ce velours ont servi à la confection du pigeonnier que nous réservions à Édith. Dans la salle à manger, c'était une soie saumonée, très jolie aussi. L'appartement avait été très bien refait. Ce qu'il lui a fait dépenser ! Avec Loulou Barrier, nous avons récupéré des fauteuils, ainsi que des rideaux avec lesquels j'ai fait habiller les fenêtres du pigeonnier. »

Pendant les travaux, Piaf et Sarapo résident dans une suite à l'hôtel Meurice. Très peu de temps, car la nourriture « locale » ne convient pas à la Môme. « Ce n'était pas pratique pour cuisiner, se souvient Danielle. Chaque jour j'étais obligée d'apporter en douce une valise Air France, dans laquelle je rangeais un petit Butane de voyage pliant, de quoi faire la popote dans la salle de bains, en toute illégalité ! Édith suivait un régime très strict et elle savait qu'avec moi la mesure serait respectée. Aussi, pour plus de commodités, préféra-t-elle prendre un appartement au George V, où là, une cuisine était à notre disposition. »

Le 28 août, Danielle qui souffre de la fournaise parisienne adresse une lettre à son mari parti surveiller les travaux de leur maison, à Saint-Antonin-Noble-Val, sans en avoir avisé la patronne habituée à tenir son monde sous sa coupe. « Mon amour adoré. Tu en as de la chance d'être chez nous. Je t'imagine à cette heure sur le chantier. Es-tu content ? Est-ce beau ? J'ai eu une émotion, tout à l'heure. Édith sortait de sa salle de bains et elle me dit : "Demande à Marcel de venir pour qu'il me coupe les ongles, je me suis lavé les pieds." D'un air détaché, je lui ai répondu : "Il est sorti aujourd'hui et je ne sais pas où le joindre, mais si vous voulez, je vais vous les couper." (Tu vois mon courage). Elle m'a dit : "Oui, j'ai confiance en toi." Je les lui ai si bien coupés, tiens-toi bien, qu'elle a voulu aussi que je lui coupe les ongles des mains. Qu'en dis-tu ?... Tu vois que je suis plus adroite que j'en ai l'air. Tu l'as échappé belle ! » Cette anecdote démontre le pourquoi de la longévité des Bonel auprès de Piaf. Tous les autres passés, eux sont restés. Et il n'y a pas de hasard à cela.

Du 7 au 17 septembre, Piaf et Sarapo sont programmés au Théâtre du Gymnase de Marseille. Les salles sont combles, le succès toujours au rendez-vous et aucun incident n'est à relever. Dans le flot des confidences, Édith explique à son jeune compagnon que lorsqu'elle venait dans la cité phocéenne, elle rivalisait d'astuces pour ne pas avoir à claquer la bise au directeur de l'Alcazar. Gravement brûlé dans un accident de voiture, monsieur Franck avait dû subir un prélèvement de peau sur les fesses de manière à ce que le chirurgien puisse réparer son visage et plus particulièrement ses joues. Et Piaf : « Si je l'embrassais, j'aurais eu l'impression d'embrasser son cul ! »

À Marseille, la Môme compte beaucoup d'admirateurs. Nous avons entendu Philippe. Découvrons à présent un cas pathologique : celui de Fernande T., une toute jeune femme aspirant à devenir chanteuse et qui se fait appeler Édith Marcelle Piaf dans la cour de son HLM. C'est sous ce nom qu'elle s'adresse une première fois à son idole, le 7 janvier 1961 : « Chère Maman chérie. Je t'écris quelques mots pour te dire que je vais bien. Toi tu chantes et moi je travaille aux Halles, c'est gai. Je suis bien malheureuse : enfin, si tu veux bien faire de moi une chanteuse réaliste, comme toi, viens me voir à Marseille dès que tu peux. Je t'attends tous les jours. Si tu viens, fais mettre une affiche à la Valbarelle [le quartier de Fernande T.]. Je t'en prie, à bientôt. Je t'embrasse bien fort. Maman chérie, je t'attends. » Signature large et généreuse : « Édith Marcelle Piaf ! » Un mois plus tard, le 17 février, une seconde lettre suit. Cette fois le vouvoiement est de mise et le ton, tout aussi innocent, paraît moins désinvolte. « Madame Édith Piaf. J'espère ne pas vous importuner, mais j'aimerais vous aider, vous avez besoin de repos. Je suis en train d'apprendre *Les Prisons du Roy*. Je pourrais chanter pour vous car je ne veux pas d'argent, si vous voulez me lancer. Je m'appellerais Édith Marcelle Piaf et je ne chanterais que vos chansons. Je suis prête à tout pour vous. J'ai 16 ans. Je chante un peu comme vous. Je suis rousse, aux yeux marron. Petite, 1 m 40, je suis toujours habillée en noir et coiffée comme vous et je vous ressemble étrangement. Si vous vouliez bien faire part à mon projet, vous seriez bien gentille de venir à Marseille le samedi 18 février, l'après-midi. Je vous attendrai à partir de 2 heures devant l'arrêt des cars de la gare Saint-Charles, à Marseille. J'ai des choses très importantes à vous dire. Enfin, si vous pouvez... J'ai de grands espoirs pour vous. Venez vite. Vous serez heureuse, car vous allez connaître enfin quelqu'un qui vous aime !... »

« Une tête d'artiste perd la vérité de son âge. Elle est jeune et vieille à la fois, de seize à cinquante ans, ce n'est pas un crâne humain, c'est un outil truqué. »

Yvette Guilbert

V

« Tora Sapo »

« N'empêche qu'en quatre mois, j'en ai fait une grande vedette ! »

É. P.

En septembre 1962, à la demande de Georges Cravenne, Alain M. Duchemin et son équipe prennent en main l'organisation technique de la première mondiale du *Jour le plus long*, à Paris. Réalisé par de grands professionnels dont Amakin, Morton et Zanuck, d'après le livre éponyme de Cornelius Ryan, cette fresque historique retrace en cent quatre-vingts minutes le débarquement allié du 6 juin 1944. Franco-anglo-saxonne, la distribution est scintillante : Arletty, Jean-Louis Barrault, Madeleine Renaud, Bourvil, Françoise Rosay, Sean Connery, Clint Eastwood, Curd Jurgens, Richard Todd, Peter Lawford (beau-frère du président Kennedy et l'une des clés de l'énigme de la disparition de Marilyn Monroe, l'été précédent), John Wayne, Henry Fonda, etc. Cravenne a prévu qu'après la diffusion du film au Palais de Chaillot, le 25 septembre, le clou de l'événement sera le mini-tour de chant d'Édith Piaf présentée par Joseph Kessel au premier étage de la Tour Eiffel. On se souvient de la rencontre de Kessel avec la Môme Piaf, au Gerny's, le soir où Mermoz, rentré se coucher, les laissa sortir sans lui. Fidèle au souvenir, lorsque le 22 novembre 1962, l'auteur du *Lion* fut élu à l'Académie française, répondant à la souscription ouverte pour lui offrir son épée, Piaf envoya un chèque de trois cents francs, dont la souche a été conservée par Danielle Bonel.

La Môme qui lance son cri, à cheval sur la « Vieille Dame », ça n'est pas tous les jours ! Aussi, les places du gala sont-elles mises en vente à Paris, au Drugstore, mais également au Carlton de Cannes et encore à Deauville, au Normandy. « Édith était malade, ce soir-là, se souvient Danielle Bonel. Elle n'avait même pas sa robe noire, elle a chanté en jupe et en pull sombre. Sujette au vertige, sur les photos on la voit se tenir à la rambarde. De plus, c'était très difficile à sonoriser et elle a dû se résigner à chanter en play-back. » Une première dans la carrière de la Môme. Et une dernière. « Ce soir-là, elle n'était pas belle à voir, à cause d'une sorte d'eczéma qui l'avait en partie défigurée entre la lèvre supérieure et le nez, où des croûtes s'étaient formées, ajoute Danielle. Pendant des années, elle avait pris du Balsamorinol, des gouttes huileuses qui lui dégageaient la fosse nasale mais auxquelles elle finit par faire une allergie. Heureusement, boulevard Lannes, deux étages au-dessus de nous, je crois, un des plus grands spécialistes de l'allergie avait son cabinet. Avec Édith, nous sommes allées le voir et il lui a donné une pommade plus supportable, qui a réparé les dégâts. » Au Palais de Chaillot, parmi les privilégiés à qui il fut donné de cueillir l'illusion Piaf : Jeanne Moreau et Pierre Cardin. Bouleversés, le lendemain, 26 septembre, date de l'avant-première de la Môme à Versailles et veille de sa rentrée à l'Olympia, ils lui adressent un télégramme : « Merci pour la joie que vous nous avez donnée hier soir. Vous avez pour demain toutes nos pensées amicales. »

Les messages ne manquèrent pas d'affluer au soir de la première à l'Olympia sur la table à maquillage de la revenante. Il y eut le télégramme de Marie Dubas : « Suis près de toi, ce soir. » Celui de Pierre Delanoë, presque identique, trahissant mal un sentiment d'obligation : « De tout mon cœur avec vous, je vous embrasse. » Sacha Distel avait surenchéri : « De tout mon cœur avec vous, et mon admiration en plus. » Tous ces gens entretenaient une image, ils avaient un nom à défendre. Son cœur acquis à Théo, Jean-Claude Brialy mit plus d'art dans sa formule puisée dans ses fiches : « Deux êtres qui s'aiment sur la terre font un ange au ciel. » Avec le câble de Michel Simon, on revient à la sincérité pure : « Je te souhaite un triomphe. Comme d'habitude. Stop. Bien triste d'être si loin. Tendresses. » Désireux de se rattraper, Canetti se surpassa : « Voici cinq lettres capitales, mais affectueuses, premier choix. À répartir soigneusement entre vous deux. Cadeau personnel porte-bonheur de votre presque premier ami. » Un cadeau qui ne mange pas beaucoup de royalties. Dans le même registre, il y eut le mot de Coquatrix à Sarapo, glissé sous la porte de sa loge, juste avant le lever de rideau : « Mon cher Théo. Encore une nouvelle épreuve, pour vous, ce soir, que vous allez surmonter allégrement, j'en suis sûr. Il le faut, car nous avons besoin de vous. D'autant que vous représentez un étendard glorieux, celui de la chanson, *la vraie, la bonne* [allons bon !], celle que nous aimons et qui nous est nécessaire. Donc, pas de problèmes, c'est dans la poche. Je vous embrasse. Bruno. »

Or, le dernier Olympia de la Môme fut certainement l'un des moins glorieux. La grande Piaf n'est plus et ses nouvelles chansons déçoivent les critiques parisiens comme elles avaient moyennement séduit ceux de province. Le pompon du catastrophisme échoit à un journaliste de *La Tribune de Genève*. Parce qu'ils maquillent plus volontiers leur nom en fin d'article que leurs opinions, les critiques suisses ont souvent la dent dure. Celui-ci ne fait pas exception. Il se permet d'abord de regretter noir sur blanc que la Française, aux pieds de laquelle les auteurs les plus intelligents se prosternent, et les meilleurs compositeurs, se satisfasse de chanter du « n'importe quoi ». Une sanction qui vise d'abord les nouvelles chansons : « Du ruisseau, de la fleur de bitume, du remugle de bas-fonds. Je n'ai rien contre les filles de joie, mais entendre hurler leur détresse pendant une demi-heure a quelque chose de récriminatoire et d'un peu lassant, surtout quand elles s'égarent dans des cathédrales pour réclamer au Bon Dieu la restitution immédiate de leur petit ami, envolé avec une autre. » Les griefs s'étalent : « On me dit que les chansons de Piaf c'est ça, que le public demande ces grosses tranches baveuses de souffrances populaires et faciles. » Et notre anonyme de trahir enfin le fondement de son amertume : « Il est vrai qu'à l'époque où les fesses de Brigitte Bardot concrétisent le maximum de réalisations artistiques de toute une population, il est un peu vain de se révolter contre ce complot pour la bêtise. » Le plus condamnable, aux yeux du Suisse, ou plutôt à ses oreilles d'humble mélomane : la voix de Piaf. « Je vais faire de la peine à la multitude des admirateurs de Piaf : elle chante faux ! Piaf est malade, fatiguée, et sa voix extraordinaire n'est plus du tout celle qui m'avait envoûté à l'audition de ses disques. Les mots biaisent, les bémols dièsent, le ton détonne : ce n'est plus du 33 tours, c'est à peine du 29 et demi. Alors pourquoi ne renonce-t-elle pas ? » Il fournit lui-même la réponse : l'urgence du catapultage de Théo Sarapo, « un jeune homme à la dégaine bêtement crapuleuse » qui ne chante « pas plus mal que n'importe qui », mais dont le Suisse supplie « qu'on le renvoie à ses juke-boxes et qu'un bon esprit lui fasse entendre d'une manière définitive que l'agriculture manque de bras ».

Le public de l'Olympia, lui, ne lâche pas sa Môme. Guichets fermés pour Madame Piaf et pour son homme ! Il y a bien quelques sifflets réservés à Sarapo, à son entrée sur le plateau, mais Piaf ne les entend pas. « Quand il était sur scène, un tulle noir le séparait de l'orchestre, se souvient Doudou Morizot. Assise sur un tabouret, je n'ose pas dire affalée, les jambes écartées, les mains appuyées sur les genoux, le buste légèrement penché en avant parce qu'elle n'en pouvait plus, Édith le surveillait comme une mère son enfant. Elle avait des boutons de fièvre autour de la bouche [l'allergie dont nous a parlé Danielle], qui faisait qu'on hésitait à l'embrasser... Ça nous faisait mal au cœur de la voir aussi pitoyable, nous qui l'avions connue si bagarreuse. Théo était un garçon à tous points de vue magnifique. Il fallait voir l'adoration qu'il avait pour elle. Quand elle me demandait un thé, c'est lui qui se levait pour aller le chercher. C'est là qu'elle m'a dit : "Cette fois, Doudou, ce n'est pas une histoire de cul, cette fois c'est l'amour ! – Et les autres ?" lui ai-je alors demandé. Elle a fait un geste qui en dit long. "Tu as quand même aimé Cerdan ?" C'était bien le seul qu'elle regrettait. Je ne crois pas me tromper en disant que Cerdan et Sarapo furent ses deux grands amours. »

Et comme l'amour vrai ne se cache pas, au contraire, qu'il doit être une victoire du bonheur que l'on défend et que l'on impose, le 9 octobre, Édith et Théo officialisent. Une idée de Sarapo. « Édith souhaitait un mariage religieux, mais son divorce d'avec Jacques Pills l'en empêchait, explique Danielle Bonel. En réfléchissant un peu, j'ai fini par trouver la solution. Si notre ami Sacha Guitry, divorcé lui aussi, et même plusieurs fois, avait pu épouser religieusement Lana Marconi, d'origine roumaine et de confession orthodoxe, c'est à son passage devant un pope qu'il le dut. Pourquoi Édith et Théo n'en feraient-ils pas autant ? J'en ai parlé à Piaf qui m'a donné carte blanche pour que je m'en occupe. » Danielle a veillé à tous les détails, tant pour le mariage civil à la mairie du 16e arrondissement que pour la cérémonie religieuse à l'église grecque de la rue Georges Bizet, sous les ors des mosaïques et du Christ byzantin. « Le matin du grand jour, lorsque je suis allée la réveiller avec toutes les précautions de mise, en lui parlant doucement, puis en lui caressant les mains, elle m'a dit qu'elle ne voulait plus se marier. Elle pensait qu'elle allait être ridicule et que ce n'était pas une très bonne idée. Je me suis alors permise de lui rappeler avec beaucoup de douceur que la presse avait été prévenue et qu'en outre elle ne pouvait pas faire ça à la famille de Théo. »

Avec ses milliers de curieux, ses barrières de sécurité renversées, ses badauds évanouis, ses agents débarqués de cinq cars de police et ne sachant plus ou donner de la matraque, ses hordes de photographes dans chaque encoignure, qui transformèrent ce moment de grâce en une épouvantable foire d'empoigne, ce mariage est resté dans les annales nuptiales parisiennes. Claude Figus avait été choisi par Sarapo pour être son témoin. Sur un film tourné par Marc Bonel, à la question : « Acceptez-vous de prendre pour épouse... », on le voit répondre « oui » en même temps que son Théo. Tout un symbole. Figus n'allait pas survivre à cette « trahison ». Pour l'heure, il fait encore bonne figure et Coquatrix lui promet même de le programmer en première partie de Johnny Hallyday, dès après la fin du contrat de Piaf.

Au balcon de la mairie, la mariée fut acclamée à la manière d'une souveraine en visite officielle. Au sortir de l'église, au milieu de la bousculade et des grains de riz lancés par sachets entiers, après la bénédiction des dieux, la Môme reçoit celle de la foule. « Elle a droit au bonheur, notre petite Édith ! », lance une mamie aux joues crémeuses, fière et honorée de s'exprimer pour la première fois de sa vie devant ces messieurs de la radio. Philippe Bouvard fut l'un des témoins de cette journée particulière. « Si l'on me demandait : "Qu'est-ce qui vous a le plus frappé au mariage d'Édith Piaf, hier après-midi ?" je répondrais sans hésiter : "Un gardien de la paix..." », devait-il consigner le lendemain, dans *Le Figaro*. Une « Grosse tête » se taraudant à bon droit : « Je me garde quant à moi d'épiloguer sur un événement aussi parisien. Il est difficile de déterminer sans recul suffisant ce que ce charivari médiatique doit aux rites nuptiaux et ce qu'il emprunte aux exigences publicitaires. » Danielle Bonel : « Il y eut un peu des deux. » « Qu'importe, c'était une belle cérémonie », se rattrape Bouvard. Elle fut officiée par Monseigneur Meletios, évêque des églises orthodoxes de France – il avait célébré le mariage de Guitry et celui de Tina Onassis –, assisté de l'archimandrite Athanase Vassilopoulos. Lorsque le prêtre posa une couronne sur la tête des époux, il répondit ainsi à un usage antique symbolisant leur victoire sur le plaisir. Après avoir bu de concert dans la même coupe, Édith et Théo accomplirent trois fois le tour de l'autel en se tenant par la main. Une coutume symbolisant le chemin à parcourir désormais ensemble dans la fidélité.

« Tout bonheur est innocence », prêchait Marguerite Yourcenar. Innocent et éphémère, a fortiori lorsqu'on est au fait des mécanismes de la Môme, par ailleurs déjà en pourparlers avec saint Pierre, mais encore solidement retenue par les pieds par ceux qui y ont intérêt. Philippe Bouvard a raconté (*Le Figaro* du 10 octobre 1962) qu'à la mairie, il avait eu pour voisins immédiats Bruno Coquatrix et Michel Emer. Tandis que Robert Souleytis, maire adjoint du 16e arrondissement, recueillait le consentement des époux, Coquatrix se tapait discrètement le ventre en chuchotant à l'oreille du journaliste le chiffre de la recette de l'avant-avant veille : « C'est phénoménal ! Nous avons encore fait trois millions six cent mille francs, samedi ! » Quant à Michel Emer, réjoui de l'affluence du public à l'extérieur : « Ça va redonner un coup de fouet à ma chanson, *À quoi ça sert l'amour...* » Vive Édith Piaf ! Vive la France !

Parmi les cadeaux reçus par les *just married*, une douzaine de verres en cristal furent livrés à leur domicile, avec une carte indiquant le nom du généreux expéditeur : « Monsieur Charles Dumont ». Quelques jours plus tard, ce dernier est invité à dîner boulevard Lannes, avec une vingtaine d'autres personnes. Très vite, au jugé de l'atmosphère pesante régnant autour de la table, son instinct lui indique le coup fourré. De fait, le repas vient de commencer lorsque Piaf ordonne soudain que l'on apporte de la moutarde. Surgit alors Suzanne de la cuisine, tenant entre ses mains un plateau d'argent lesté de deux douzaines de verres remplis de moutarde. Des verres en cristal curieusement identiques à ceux offerts par « Monsieur Charles Dumont »... « Je dois dire que j'ai été très vexé, parce qu'elle a fait ça devant tout le monde, admet aujourd'hui celui-ci. Elle pouvait être cruelle quand elle n'était pas contente, mais c'est de ma faute, j'ai traité Édith comme j'aurais traité n'importe qui. J'étais allé chez le marchand du coin, rue de Paradis, je lui avais demandé de me montrer plusieurs modèles de verres en cristal, il m'avait orienté sur un concept "design" qui, selon lui, était ce qu'il y avait de mieux, et j'avais fait livrer le tout en me satisfaisant d'ajouter une carte. Au final, ces verres m'avaient coûté très cher et ils étaient très moches ! Édith m'a puni, comme on punit un gosse qui fait pipi dans sa culotte. La moindre des choses, étant donné l'immensité de tout ce que je lui devais, aurait été de lui apporter un catalogue, d'en parler, de lui montrer et de lui laisser choisir. J'ai traité ça de manière trop... Mais je savais très bien qu'elle aurait eu ce genre de réaction. Elle détestait les gens qui lui envoyaient treize roses, par exemple. Elle les prenait et elle les jetait aux ordures. "Pour qui il se prend ! disait-elle. S'il s'imagine qu'il va se dédouaner et que je vais le considérer parce qu'il m'envoie une treizaine de roses !" Elle voulait avoir une différence avec les pratiques habituelles : on met une carte et on envoie treize roses, vingt si on est généreux. »

Dès le lendemain du mariage, Piaf et Sarapo reprennent le sentier de la guerre à l'Olympia. Une douzaine de représentations les conduit jusqu'au 24 octobre, après deux soirées supplémentaires concédées à l'insatiable Coquatrix. Les relations entre la Môme et son directeur ont encore perdu en qualité. Danielle Bonel : « Elle ne voulait plus le voir, parce qu'il la tannait et elle ne le supportait plus. Elle en était venue à le haïr. "Fais savoir à ce monsieur que je n'ai plus rien à lui dire !" À la fin de chaque spectacle, Bruno frappait à la porte de la loge, mais elle ne voulait rien entendre. Alors il me demandait timidement : "Comment va-t-elle, ce soir ?" Il savait très bien qu'il avait abusé d'elle et dans certaines lettres que je détiens sa repentance est explicite. Il avoue avoir honte de ce qu'il a fait et il lui demande pardon. Après la mort d'Édith, il nous est arrivé de participer, mon mari et moi, à des émissions commémoratives où Coquatrix était présent. Lorsque nous entendions les énormités qu'il débitait, nous étions verts mais vous pensez bien que nous ne pouvions que nous taire. On a dit qu'Édith avait mangé des pâtes avec Johnny Hallyday, chez Bruno Coquatrix. Faux ! Elle a bien rencontré Johnny, mais c'était en tournée, au cours de l'été 1962. Édith n'a jamais mangé une seule fois chez le patron de l'Olympia. De même qu'elle n'a jamais cuisiné pour lui, comme il l'a affirmé. Elle était incapable de se faire cuire un œuf. Une fois en tournée, elle a voulu nous faire des pâtes. Sa recette : un kilo de nouilles, un kilo de beurre, un kilo de fromage. Je vous laisse imaginer ce que furent les joies de la dégustation... Quant à Paulette, qui elle aussi a raconté beaucoup de choses sur les artistes en général et sur Piaf en particulier, comme par exemple qu'Édith chantait en savates sur scène, c'est bien simple : elle était dans son atelier de couture et on ne la voyait jamais ! Certains ont reproché à Bruno son rapport intéressé à Piaf, ce qui est la réalité. Il ne faut pas oublier qu'il était directeur de théâtre et qu'à ce titre, il lui fallait veiller à la bonne marche de sa boutique. Il est évident que, dans la pesée de cette histoire d'"amitié", il a davantage songé à ses intérêts qu'à la santé d'Édith. »

Or, les plus mauvais coups ne viennent pas de Coquatrix. « On en a écrit des choses aussi invraisemblables qu'hallucinantes ! soupire Danielle. Comme ce journaliste, qui a raconté que lorsque j'accompagnais Édith au théâtre, j'apportais "son châle rouge" – Édith n'avait pas de châle rouge – dans lequel j'enveloppais une bouteille de vin. Entre deux rappels, Piaf venait à moi en hurlant : "Passe-moi la vinasse !" Le journaliste en question se serait soi-disant placé ensuite dans le trou du souffleur pour admirer "le con de Piaf, qui ne portait pas de culotte". » Madame Bonel en a tellement entendu qu'elle ne s'étonne plus de rien, mais elle maintient fermement que Piaf n'a jamais bu en scène. « Jamais ! Jamais ! Une fois, à Royat, elle est arrivée très en retard, elle avait dû faire un bon repas trop arrosé. C'était, du reste, l'année [1951] où Micheline Dax et Aznavour faisaient les chœurs en coulisses. »

Un mois après la fin de l'Olympia, la Môme commet une imprudence en acceptant d'aller honorer vaille que vaille un contrat de dix jours à l'Ancienne Belgique. Si elle arrête, elle meurt, a-t-elle prévenu. Une manière de couper court à toute discussion. Apothicaires et chiens de presse sont tenus d'en convenir : Dieu est dans sa poche. Dans le train, elle tombe sur Jacques Canetti qui fait le trajet avec eux. « Pendant tout le voyage, elle n'a fait que me parler de Sarapo », se souvint-il. C'est donc qu'elle l'aime encore, son Théo, et qu'ensemble ils sont heureux. Depuis l'annonce de leur mariage, la rumeur n'avait cessé de charrier ses alluvions de boue fétide. Danielle Bonel a conservé plusieurs lettres mandées au boulevard Lannes à ce moment-là, dont celle-ci, adressée à Édith Piaf : « Madame. Est-il possible que si vous êtes intelligente, vous ne vous rendiez pas compte à quel point votre attitude est ridicule ? Vous n'attirez plus la pitié, ni l'admiration, mais la moquerie. Et puis, qu'attendez-vous pour vous reposer vraiment ? L'autre soir, à la TV, vous chantiez faux. Attention, madame Piaf, vous nous décevez. Comment pouvez-vous croire à la sincérité d'un garçon de vingt-cinq ans, qui ne se sert de vous que pour arriver ? Cela crève les yeux et en plus il est vulgaire et antipathique. Non, Madame, tout ceci n'est guère joli et cela déteint sur votre public. » La Môme bénéficiant d'une sorte d'amnistie de droit, Sarapo est le plus souvent visé. « Si Liz Taylor ou Brigitte Bardot se mêlent de changer d'amant, ce sont des insultes et des menaces, constate Jean d'Ormesson, dans un papier intitulé "Piaf obscène", publié dans *Arts*. Mais, Piaf, on ne lui permet pas seulement de former de jeunes hommes et de les lancer en les aimant : on l'y inviterait, on l'y encouragerait plutôt. Comme si c'était une forme de bonnes œuvres, une espèce de BA scoute. Madame Joséphine Baker élève des petits nègres [*sic*], des petits Chinois, des petits Indiens dans son domaine des Milandes. Madame Édith Piaf envoie de jeunes artistes de la boxe et du chant dans le firmament des vedettes [...]. Pardon, chère et grande Édith Piaf, de tout ce que je viens d'écrire. Ce qu'il y a d'immoral, ce qu'il y a d'affreux, ce qu'il y a d'obscène, ce sont les autres. Une presse, un public, une société, un peuple, ont les vedettes qu'ils méritent. Et je ne suis même pas sûr que les nôtres aient mérité Édith Piaf. »

Imprégnée de l'humanité souffrante, dans ses Mémoires, Brigitte Bardot monte au créneau pour défendre *sa* vérité du couple Piaf/Sarapo : « Je repense aux couplets d'une chanson que l'on fredonnait dans ma jeunesse et qui lui vont si bien : "*Où sont tous mes amants, tous ceux qui m'aimaient tant ?*" Abandonnée à elle-même, à la maladie, à la détresse, à la solitude de l'âme, cette femme comblée n'a eu qu'un homme pour l'aider à mourir. Cet homme, Théo Sarapo, qui mourut quelque temps plus tard et fut victime de tant de sarcasmes. Lui, dont on a dit tant de mal, lui avait l'air de l'aimer ! Théo Sarapo devenu "Tora Sapo" ! Décidément l'âme humaine est bien dégueulasse ! »

« Édith avait eu un véritable coup de foudre pour Brigitte Bardot, dévoile Danielle Bonel. Nous l'avions découverte ensemble dans un cinéma de Rio, vers 1956/57, où l'on donnait le film de Marc Allégret, *En effeuillant la marguerite*. Lorsque nous revînmes à l'hôtel Copacabana, Édith, qui ne tarissait pas d'éloges, manifesta son désir de connaître BB. En dépit de la diabolisation dont elle faisait déjà l'objet ou peut-être à cause de cela, elle avait senti que cette fille était différente de ce que l'on a l'habitude de voir dans ce milieu. Elle la trouvait extraordinaire de naturel et de simplicité. Car Piaf avait horreur des femmes sophistiquées. Pour lui plaire, une femme devait avoir une forte personnalité. Elle aimait bien la compagnie des femmes, contrairement à ce que l'on a dit. Sans pour autant être féministe. Pour elle, et je suis d'accord avec ça, un homme est un homme et une femme reste une femme. »

La première rencontre entre Piaf et Bardot eut lieu à l'Olympia où l'actrice vint applaudir celle qu'elle considérait comme « le symbole de la France populaire, porte-voix de toute une dimension nationale dont elle rehaussait indubitablement les couleurs à travers son éternelle petite robe noire et son talent transcendant ». « Quelle lumière quand Brigitte est entrée dans la loge pour saluer Édith ! se souvient madame Bonel. Moi qui avais été danseuse, j'étais à même de pouvoir juger du port de tête de cette fille, de sa grâce naturelle. Son teint était de pêche. Et cette présence ! Une reine. Dotée d'une vraie gentillesse. Piaf était sous le charme. » N'en déplaise à ceux qui rêvent de la museler avec du barbelé parce qu'elle énonce des vérités dans un monde où elles ne triomphent pas, les défauts que Bardot pourrait avoir ne sont pas ceux qu'on lui reproche. Dans le milieu et à ce niveau de notoriété, elle est sans discussion possible celle qui, par son authenticité, sa conception de l'amour, ses libéralités, quelles que soient la couleur ou la religion et sa manière de ne fixer de limites à rien, se tient au plus près de Piaf et Piaf ne s'y était pas trompée.

Issues de milieux sociaux radicalement opposés, ces deux idoles ne connaissaient plus le prix d'une paire de bas, mais elles surent celui de la douleur. Joyeusement abusées par des entourages minés, au contraire de celles et ceux qui ne couchent jamais qu'au mieux de leurs intérêts, nos deux seuls mythes français recensés à ce jour ont toujours choisi leurs hommes sur impulsion. Souvent des gigolos qu'elles ont entretenus en même temps que leur légende. Piaf et Bardot : deux trop grandes choses pour plaire aux médiocres. Deux « irréductibles Gauloises », libres à l'extrême et nécessairement égocentriques, mais non libérées puisque esclaves de l'amour et des hommes. « Aimer à perdre la raison est ce qui justifie notre passage sur terre, le reste n'est que chimère, leurre », m'a un jour confié l'interprète de *Harley Davidson*. Amoureuses de l'amour, le seul, le vrai, le pur, qui ne vit qu'à température d'Évangiles, ces deux grands fauves pudiques à l'instinct faillible, semi-déesses imparfaites, savaient de manière certaine qu'à travers les êtres qui tapissèrent leur route de solitude, c'est Dieu lui-même qu'elles recherchaient. Avec la certitude chaque fois ébranlée qu'elles ne le trouveraient qu'en elles-mêmes. L'une et l'autre sont mortes à Venise pour avoir trop souvent dit je t'aime et aime-moi, en y croyant à chaque fois. « Heureux mortel qui rêve que l'on t'aime ; ah, puisses-tu ne jamais t'éveiller ! », écrivait Lacenaire peu avant son exécution. « Finalement, j'aurai été l'homme de ma vie », déclara de son côté, Bardot, en 2003. C'eût pu être le bilan de Piaf. L'amour impossible pour mieux fuir et s'enfuir.

En mai 2007, je me suis autorisé à envoyer à Mijanou Bardot, sœur de BB, une photo la représentant jeune fille, en compagnie de Piaf à l'Olympia, en 1958. Touchée, Mijanou, que je ne connaissais pas, a cru devoir me remercier en m'appelant de Californie, où elle vit avec son mari, le comédien Patrick Bauchau. Aussi curieux que cela paraisse, elle n'avait plus le souvenir d'avoir rencontré Piaf. En revanche, elle m'a raconté que Charles Kiffer, le premier peintre et affichiste à avoir croqué la Môme, était un grand ami de la famille Bardot. « Kiffer passait toujours ses vacances à Louveciennes, dans la maison de vacances de nos parents. Il aimait beaucoup Édith et nous parlait souvent d'elle. C'est grâce à lui que nous avons commencé à l'aimer à notre tour. Kiffer écoutait beaucoup mais parlait très peu. Il se postait dans un coin, avec du papier et un crayon et il reproduisait chaque situation. Brigitte a conservé un nombre incalculable de ces croquis nous représentant, elle, les parents et moi. Kiffer avait opéré de la même façon avec Piaf, mais je ne saurais vous dire ce que sont devenus ces dessins-là. »

La mort d'un peintre est une galerie qui brûle.

À l'automne 1962, une seconde rencontre eut lieu entre Piaf et BB. Conviée à dîner, Brigitte regretta presque d'avoir accepté l'invitation. « Elle était déjà très malade, maigre à faire peur, à moitié chauve, en robe de chambre de lainage, un peu absente mais moralement présente [...]. Malgré le maître d'hôtel stylé et les plats alléchants, la déchéance de cette idole momifiée me coupa l'appétit ! [...] Je garde d'elle un souvenir de détresse, celui d'une femme anéantie, lasse, épuisée, probablement incomprise et certainement invivable ! La gloire donne parfois aux êtres qu'elle privilégie la possibilité d'être le pire et le meilleur. »

Danielle Bonel pense que Brigitte avait dû tomber sur un mauvais soir : « Même dans l'épreuve, Édith gardait généralement son naturel souriant et enjoué. » Dix années plus tard, à son tour BB habita le boulevard Lannes, dans un immeuble jouxtant celui de Piaf. Chaque jour, pendant sept ans, en passant devant la plaque commémorative, ses pensées allèrent à Édith.

Coup de théâtre : au moment où je terminais les corrections de mon livre, Germaine Ricord me fit une révélation censée bouleverser l'ordre des choses et qui eût pu expliquer le sentiment de morsure éprouvé par Bardot en entrant dans l'appartement de Piaf. « J'avais vécu trois ans dans le sillage d'Édith et je n'en pouvais plus, confesse l'ancienne chanteuse. Je l'écoutais, j'étais là, je faisais tout pour ne pas la contrarier, je m'effaçais devant elle, je planquais mes amoureux pour ne pas attiser sa jalousie, je veillais jusqu'à des heures indues afin de ne pas la laisser seule, mais à la fin mes nerfs en souffraient terriblement et un soir le clash survint. La goutte d'eau qui fit déborder le vase. La nuit était très avancée, tout le monde était parti. Alors que nous discutions tranquillement avec Édith, dans sa chambre, comme nous avions l'habitude de le faire, la conversation dévia sur Brigitte Bardot. J'ai dit à Édith mon immense admiration pour cette femme à la beauté irréelle et au cœur d'or, que j'ai toujours aimée et que j'aime encore énormément. Alors que je ne m'y attendais pas du tout, Édith s'est soudain mise à la dénigrer en des termes très violents. Elle lui reprochait son comportement, sa beauté, ses amants. Bref, un véritable réquisitoire. Je me suis battue bec et ongles pour défendre Bardot, tenant tête à Édith jusqu'au bout. Elle n'en revenait pas. “T'es un con, se mit-elle à m'insulter, tu ne comprends rien, je te dis que Bardot est comme ça !” J'ai fini par claquer la porte. C'est elle qui m'a téléphoné quinze jours après : “Alors, petit con, tu ne viens plus me voir ?” J'y suis retournée, mais c'était trop tard, il y avait eu fêlure, ce n'était plus comme avant, notre histoire était terminée. Je ne l'ai plus jamais revue. » Piaf était-elle de celles qui voient une putain en chaque femme ? À Mireille Lancelot, elle confia qu'elle trouvait injuste d'être savamment prise pour une pute, quand d'autres bénéficiaient d'une réputation sans tache. Et de lui citer l'exemple d'Edwige Feuillère qu'elle avait vue danser nue sur une table : « Mais elle, ce n'est pas une pute ! » Et encore : « Regardez, Michèle M., un seul homme ne lui suffit pas. Et pourtant, d'elle on ne dit rien. Moi, quand j'aime, je n'aime qu'un homme à la fois. »

« Elle adorait Brigitte, maintient Danielle Bonel, il n'y a pas l'ombre d'un doute là-dessus ! BB est un produit naturel, sans colorants ni conservateurs, et Piaf l'appréciait pour cela. Ce qui a dû se passer, c'est que Germaine a dû en faire trop et Édith, véritable tissu de contradictions, a dû vouloir la défier, histoire de l'embêter. Elle était comme ça, Édith, d'une mauvaise foi à toute épreuve. Il ne fallait pas faire attention. Au risque de radoter, combien de fois ne m'a-t-elle pas avoué : "Tu me connais, tu sais très bien que je tuerais père et mère pour avoir raison même quand j'ai tort !" »

Sur le terrain animalier, en revanche, la Môme prend quelque distance avec la « femme créée par Dieu ». Non pas que Piaf fut de ces psychopathes excités à l'idée d'aller lécher le sang des taureaux dans les arènes de la honte, mais parce que chez elle la conscience en matière de douleur animale était celle de la majorité des gens de l'époque : puisque les animaux n'ont pas d'âme, comme autrefois les Noirs, ils ne souffrent pas, on peut donc leur infliger les tortures utiles à l'agrément du Tout-pensant. « Édith n'aurait jamais fait de mal à une bête, mais elle ne leur portait pas d'affection particulière, reconnaît Danielle Bonel. Pas plus qu'elle n'aimait la présence des enfants. » Dès le début de leur rencontre, la Môme s'était entichée de la superbe tignasse de Sarapo, qu'elle se plaisait à caresser longuement en lui disant qu'il était sa « petite boule noire ». Dévoué à sa fraîche épousée, le jeune homme demanda alors à Danielle Bonel quelle race de chien était susceptible de ressembler à une petite boule noire. « "Les caniches", lui ai-je répondu. Il me fit savoir qu'il désirait en offrir un à Édith et me chargea de la démarche. Ne voulant pas d'un animal à l'origine douteuse, j'ai préféré m'adresser directement au "Club du caniche", boulevard Pereire. La directrice m'assura personnellement qu'elle réservait à Madame Piaf une petite chienne qui venait de naître dans un chenil en Suisse et que nous serions avertis du moment de la livraison. Nous nous trouvions à ce moment-là à Nice où nous devions fêter le réveillon au Palais de la Méditerranée, lorsque par téléphone nous fûmes avertis que "Lumière de Madjidj" attendait sa maîtresse. Édith envoya le chauffeur la chercher. Il était convenu que nous irions tous les quatre, Édith, Théo, mon mari et moi, les attendre à la gare. Mais, au dernier moment, fatiguée, Édith y renonça et Théo resta avec elle. Lorsque nous sommes revenus à l'hôtel Ruhl avec la chienne, ce fut la fête. Édith et Théo jouèrent avec elle comme des enfants, une bonne partie de l'après-midi. Les choses commencèrent à se compliquer au moment où il fallut enfermer Sophie (ainsi rebaptisée) dans la salle de bains de Théo pour la nuit [Édith y étant opposée, monsieur et madame ne partageaient pas la même salle de bains]. La pauvre petite se mit à hurler, ce qui dérangea Édith. Théo vint me voir, catastrophé : "Qu'est-ce qu'on va faire ?"

Nous fîmes comme je l'avais prévu, je pris la chienne dans ma chambre. Je connaissais tellement bien mon Édith ; pour jouer un moment, ça allait, mais après... Quand Sophie venait dans ses jambes, elle la repoussait gentiment vers moi : "Va ! Va ! Va voir maman." Après la mort d'Édith, Théo a voulu conserver Sophie, mais elle s'était trop attachée à mon mari et à moi. Il a essayé un temps de la garder à La Frette, chez ses parents, mais là encore elle s'est enfuie. Nous en avons donc hérité, pour notre plus grand bonheur. »

Sophie termina ses jours chez Danielle et Marc Bonel, à La Pélagie. Quatorze années d'une existence choyée, en dépit d'une cécité survenue les dernières années. Le berceau de Sophie, construit par Marc, trône en bonne place dans le musée privé des époux Bonel, à côté des jouets d'enfance de l'accordéoniste, des tutus et des chaussons de Danielle, des souvenirs de Paulus, de l'encrier de Sarah Bernhardt et bien sûr des vêtements de « la patronne ». Il y a la robe du triomphe à Carnegie Hall, celle des premières à l'Olympia, celle encore de la centième de 1958, chez Coquatrix, toujours, en velours chatoyant, celle du mariage avec Jacques Pills et enfin la petite fleurie, toute en contraste avec les « outils » de scène. À la ville, la Môme prisait l'éclat des couleurs.

À l'Ancienne Belgique, Piaf retrouve Eddie Despretz, le fils de la caissière, toujours fidèle aux coulisses de sa mémoire. « Il faut savoir qu'il n'existait pas d'entrée de service chez nous. Cela signifie que les artistes n'avaient pas d'autre solution pour aller à leur loge que de traverser la salle. Piaf arrivait le plus souvent pendant la première partie du spectacle. Comme elle marchait très mal et qu'en outre il fallait passer parmi les gens, Théo Sarapo devait la prendre dans ses bras et la porter jusque dans les loges. La dernière fois que je l'ai vue, on lui faisait des piqûres avant qu'elle monte en scène. Même pendant qu'elle chantait, elle revenait dans les coulisses pour recevoir une autre piqûre afin de pouvoir continuer. »

Des piqûres, Piaf n'en veut plus, elle n'a besoin que du public. Que les hommes en blouses blanches lui rendent donc sa santé ! Le public belge a toutes ses faveurs. Faut-il avouer qu'il lui a fait bon accueil. Ainsi qu'à son jeune époux. Le critique de *La Dernière heure* n'adhère pas à l'enthousiasme des spectateurs au moment où les mariés de l'année entonnent *À quoi ça sert l'amour* – « Pour être aveugle, bien souvent, l'amour dans certaines circonstances gagne à rester muet » –, mais il ne démolit pas pour autant Sarapo (préféré de loin à Charles Dumont) à qui il prédit un bel avenir professionnel. Idem de la part de son confrère du *Soir*, qui relève toutefois une « erreur de répertoire » : « La plupart des chansons choisies, sans doute par Édith Piaf, exigent de l'interprète un volume de voix, un coffre que Sarapo ne possède pas. Très souvent, il s'asphyxie ou il sombre corps et biens dans la musique d'accompagnement. » À tous, Piaf donne l'impression d'une femme épanouie, heureuse, ravie. « Elle a des apartés avec le public, plaisante avec ses musiciens, se permet des fantaisies inconnues hier. » Le constat est clair : le cœur d'enfant de la Môme est plein de Théo, son nouveau jouet. Il faut voir avec quelle ardeur elle le défend devant Henry Lemaire venu interviewer la Française dans sa suite, Sarapo assis sagement près d'elle, occupé à tirer l'aiguille...

« À proximité de l'Ancienne Belgique, raconte Danielle Bonel, il y avait un magasin d'ouvrages de dames, où j'avais acheté un nécessaire à faire des tapis de sol. J'aimais beaucoup ça et Édith aimait s'initier à tout ce que je faisais. Le tapis de sol que le journaliste a vu entre les mains de Théo ce jour-là représentait un bouquet de fleurs, je m'en souviens. Édith, qui n'a jamais su tenir une aiguille et dont les doigts étaient perclus de rhumatismes, a eu vite fait de renoncer et c'est Théo qui l'a terminé. » Quand on lui apprend que Sarapo est surnommé « Théo de hurlements », bon public, Piaf s'incline devant le trait d'esprit : « Ça, c'est drôle ! » Ce qui l'amuse moins, ce sont les commentaires injustes sur le manque de voix de son mari : « Pour oser écrire cela, il faut avoir du toupet ou bien ne rien comprendre du tout, ou encore avoir quelque chose dans les oreilles ! [...] N'empêche qu'il est le seul jeune qui, ces derniers temps, a pris des risques et qu'en quatre mois, j'en ai fait une grande vedette. » Elle l'associe indirectement aux grands prêtres de la nouvelle chanson française : Brassens, qu'elle trouve « absolument merveilleux », Brel, qu'elle « adore », Catherine Sauvage, une « interprète unique », Claude Nougaro et Serge Gainsbourg, dont elle « espère beaucoup ». Elle pousse le défi jusqu'à vouloir réunir sur une même affiche Nougaro, Catherine Sauvage, Sarapo et... Édith Piaf. On lui rappelle alors que les critiques n'ont pas non plus été tendres avec elle, ces derniers temps, à cause d'un nouveau répertoire qui, en France et ailleurs, a du mal à passer. Là encore, elle a la bonne réponse : « Il y a un an, ils disaient que même si je chantais le bottin, ce serait formidable. À présent, ils écrivent que j'ai des mauvaises chansons. Ils ne sont même pas d'accord entre eux et en plus, ils se contredisent tout le temps. Je pourrais vous dire ce que je pense des critiques, mais ce ne serait pas poli... »

Heureuse mais très malade, madame Lamboukas. C'est une femme au supplice qui poursuit sa route à travers la Belgique. Anvers... Mouscron... Liège...Verviers... Charleroi. La Hollande ensuite. Piaf y donne quatre représentations. La première, celle de Rotterdam, se passe de commentaires. La troisième, à Nijmegen, de l'aveu même de Marc Bonel, est carrément pitoyable. « Hélas, la télévision hollandaise l'enregistra. » Pour la diffuser en l'état... Deux derniers challenges, à Amsterdam et à Scheveningen, où un disque d'or est remis à la Française, et c'est le retour à Paris. Courte pause avant le Théâtre des Célestins à Lyon, du 20 au 25 décembre. Huit représentations, à raison de deux par jour. À la charnière de l'année 1963, Piaf et Sarapo sont à Nice, au Palais de la Méditerranée. Avant de rentrer à Paris, escomptant prendre quelque repos au printemps, ils visitent plusieurs locations des environs. À Saint-Jean-Cap-Ferrat, ils tombent en extase devant une propriété appartenant à un Lord anglais avec, au milieu d'un parc immense équipé d'une piscine et d'un embarcadère privé face à la rade de Villefranche-sur-Mer, une grande maison de style Art déco : La Serena. Le contrat de location dûment signé, ils regagnent le boulevard Lannes où les attendent des monceaux de cartes traditionnelles, dont celle de Michel Emer :

> *« Avec ses meilleurs vœux*
> *de bonheur pour Madame Lamboukas*
> *de santé pour Madame Gassion*
> *d'amour pour Madame Sarapo*
> *de succès pour Madame Piaf.*
> *Michel vous embrasse tous les quatre ! Avec son énorme amitié. »*

Depuis longtemps, la Môme avait couché ses dernières volontés sur un testament : la moitié de ses biens irait aux enfants de Loulou Barrier, l'autre à ceux de Marcel Cerdan. Un matin de janvier, Barrier résolut de lui parler. « Il lui expliqua que maintenant qu'elle était mariée, c'est Théo qu'elle devait placer à l'abri du besoin, raconte Danielle Bonel. Les enfants de Loulou n'avaient pas besoin de ça. Quant aux Cerdan, il y avait fort à craindre qu'une fois Piaf disparue, Sarapo soit jeté à la rue. Il fallait donc penser à lui et d'abord à lui. Édith ayant donné son accord, nous avons appelé le notaire. Tout s'est passé dans la cuisine. Souffrant cruellement de ses rhumatismes articulaires, elle avait du mal à écrire. "Je révoque toutes dispositions anciennes et j'institue mon mari Théophanis Lamboukas pour mon légataire universel. Fait en entier de ma main, à Paris, le dimanche treize janvier mille neuf cent soixante-trois. Édith Lamboukas née Édith Gassion." Ces quelques lignes lui prirent un temps fou. Au moment de signer, fatiguée, elle commit une faute d'inattention en ajoutant un "e" à Édith. Il fallut tout recommencer ! Mon mari et moi avons gardé la première version en souvenir. »

Quelques jours plus tard, le 26 janvier, Madame Piaf et son héritier sont à La Frette-sur-Seine, fief du marié, pour un spectacle donné sous le préau du groupe scolaire Aristide Briand, inauguré dans les années trente. Piaf connaissait bien ce petit village de carte postale, surnommé « la perle du Val-d'Oise » et souvent mis en peinture par Cézanne, Pissarro, Vlaminck, Marquet, Desnoyer, Barbier, et encore par Anne-Pierre de Kat. En 1939, l'amie Paulette Dubost y avait acheté une très belle propriété. Paulette recevait beaucoup et les randonnées à bicyclette qu'elle proposait à ses amis (Marie Bell, Florelle, Édith Piaf et Yves Montand) sont restées fameuses. Il se répète au demeurant dans le pays que la chanson *À bicyclette*, créée par Montand, fait allusion à ces promenades. Autre point commun entre Piaf et La Frette : Polin. L'oncle de Louis Leplée avait choisi d'y terminer ses jours. Il y est mort en 1927. Trente-cinq ans après, le village recense deux mille huit cent quarante Frettois, parmi lesquels la famille Lamboukas. « C'étaient des gens absolument délicieux, estime Danielle Bonel. Ils travaillaient en famille : le père coiffait, la mère tenait la caisse. Le jour du gala, en plus de plats grecs préparés spécialement pour nous, ils nous reçurent avec une gentillesse et des égards que je n'oublierai jamais. J'aimais beaucoup le père de Théo, j'ai du reste passé presque toute la journée à bavarder avec lui. La mère était une femme très belle, très douce. Des gens simples, avec un accent très fort. Théo était leur Dieu ! C'était leur seul fils et chez les Grecs, c'est important. » Sarapo passa l'épreuve du retour du fils prodigue sans difficulté, les Frettois lui ayant fait bon accueil, à lui et son illustrissime. Le spectacle, donné au profit des œuvres de la ville, permit au maire, monsieur Auguste Alaurent, de commander la construction de classes supplémentaires. Complètement aphone en arrivant chez ses beaux-parents, la Môme avait dû avoir recours une fois encore à son chiropracteur. Lucien Vaimber se présenta en urgence chez les Lamboukas où, pendant deux heures, il manipula sa célèbre patiente pour la débloquer et lui permettre d'assurer sa prestation. Non seulement sa voix revint, mais Édith put terminer la paire de gants en tricot qu'elle réservait à sa belle-mère.

Sans en toucher mot à Coquatrix, la Môme a signé un contrat de trois semaines avec Bobino, du 21 février au 13 mars. Quand il l'apprend, sur son papier à en-tête le crocodile y va de ses grandes eaux : « Je suis un peu désemparé à l'idée que vous chantiez à Paris ailleurs qu'à l'Olympia. En vieillissant, je m'aperçois que je deviens jaloux ! C'est très laid, mais ça part d'un bon naturel et ça prouve combien je vous aime, mon Édith. Et pendant trois semaines, je vais un peu râler, mais avec la consolation de me dire que chaque jour me rapproche un peu plus de votre rentrée à l'Olympia. Je vous embrasse affectueusement. Bruno. » Bobino est d'abord rodé dans quelques salles de proximité, des cinémas la plupart du temps. « Édith aimait beaucoup ces tournées organisées par Fernand Laly, affirme Danielle Bonel. D'une part, elle pouvait rentrer le soir chez elle après le travail ; d'autre part, ça lui permettait de "garder le contact", comme elle disait. Tous les foyers n'étaient pas équipés d'un poste de télévision à l'époque et les ouvriers n'avaient pas toujours les moyens de s'offrir des places dans les grands music-halls parisiens. »

Bobino est donné à guichets fermés. Jacqueline Maillan, Lucien Morisse et Jean-Louis Jaubert ont envoyé des télégrammes chaleureux ; les ovations réservées à Piaf dès son entrée en scène sont révélatrices d'un amour indéfectible du public, mais le spectacle offert par une chanteuse bouffie et à la limite de l'effondrement en fait le spectacle de trop, celui qui menace tous les artistes. Chaque soir, Lucien Vaimber est présent en coulisses pour lui redonner sa voix ; mais il désespère de la voir un jour réussir à se débarrasser des drogues médicamenteuses pour ne plus s'en remettre qu'à sa seule science. La Môme souffre par trop pour ne pas recourir aux gourous de la médecine traditionnelle. Son répertoire fait la part pauvre aux anciens refrains, ceux que le public attend pour les préférer aux nouvelles créations des Vendôme, Rouzaud, Gall, Bouquet, Lai et consorts. Le programme, dont Sarapo assure toujours la première partie, est présenté par Christie Laume, sa sœur.

Commentaire laconique d'une plume du *Figaro*, qui pourrait bien être celle, talentueuse, de Philippe Bouvard : « À l'exemple de Napoléon, notre impératrice de la chanson pratique une politique de la famille qui semble d'ailleurs mieux lui réussir. » Christie se souvient parfaitement de cette époque : « Édith me proposa de chanter trois chansons en ouverture de ses galas, puis de les présenter, elle et Théo, au public. Elle avait choisi mon nom d'artiste. J'ai commencé à vivre la vie d'une chanteuse professionnelle, avec les répétitions, les tournées et les enregistrements. J'avais une très bonne relation avec Édith. Nous sommes devenues amies et j'ai passé beaucoup de moments seule avec elle. » Après la mort de Piaf, très jolie au physique, Christie Laume surfa sur la vague yéyé pour enregistrer plusieurs 45 tours qui lui permirent de participer à quelques émissions de variétés. Rien de bien méchant pour la concurrence. « De six ans plus jeune que Théo, Christie était l'aînée des deux filles, précise Danielle Bonel. Elle a vécu quelque temps au boulevard Lannes, dans la chambre d'amis. Elle était jolie, mais sa sœur Catherine l'était plus encore. J'adorais cette gamine et j'étais fière lorsque nous allions ensemble au restaurant, fière que les gens puissent penser que c'était ma fille ! Édith était gentille avec l'une et avec l'autre, mais elle ne leur prêtait pas plus d'attention que cela. » Sauf à s'adonner au footing dans le Bois, avec Christie : « Moi pour l'hygiène, elle parce que les Grecques, ça grossit vite ! » (*France-Soir*). La pauvre Môme, qui ne marchait déjà plus que par miracle, ne dut pas courir bien loin, ni bien longtemps...

Un soir, dans sa loge de Bobino, emmené par Jean-Claude Dubois, ami de Francis Lai, Piaf reçoit la visite d'un jeune étudiant très timide qui écrit des chansons à ses heures perdues. Il deviendra célèbre sous le nom d'Éric Charden. Lors de son dernier Olympia, une jolie brune pleine de lumière avait de la même manière accédé à la loge de la Reine, guidée, elle, par Eddie Marnay. « Jamais je n'aurais osé aller seule me présenter devant Madame Piaf, m'a confié Rika Zaraï. J'étais pétrie d'admiration pour elle, elle représentait tout ce qu'il y a de grand dans ce métier. Elle était assise, je me souviens, et quand Eddie Marnay a prononcé mon nom, elle m'a regardé et en faisant des efforts elle a levé son pouce en disant : "Exodus : comme ça !" Elle savait donc que j'avais enregistré, tout comme elle, la chanson tirée du film d'Otto Preminger. Vous vous rendez compte de ce que cela peut faire à une débutante ! » À la même époque, Piaf enregistra également la chanson du film, *Les Amants de Teruel*, réalisé par Raymond Rouleau, le metteur en scène de *La P'tite Lily*. Avant même sa présentation à Cannes, ce film faillit créer un incident diplomatique à cause du titre vivement contesté par la municipalité espagnole de Teruel.

Piaf aime la jeunesse et l'encourage. Elle avait prévu le tort que porterait à la bonne chanson la déferlante rock'n'roll, elle s'en était même inquiétée, mais à aucun prix elle n'avait voulu voir dans cette jeunesse tapageuse et tourbillonnante, décriée par de Gaulle, le signe d'une certaine décadence. Bien au contraire. Positive et altruiste, la fille à bistrot du Pigalle des pépées et des Browning n'avait pas l'âme d'une directrice de conscience. Ses déclarations en attestent. « En ce moment, on pense que l'époque est à l'ironie, au cynisme. Je ne le pense pas. Je ne le pense pas parce que je la vois avec les chansons d'amour que je chante. Au fond, c'est toujours le côté romantique qui gagne. C'est toujours la petite fleur bleue qui se trimballe dans un petit coin qui émerge. Quand on avait seize ans, tout ce qui nous paraissait ridicule vis-à-vis des autres, que l'on faisait soi-même, dont on ne se rendait pas compte par manque d'expérience, par manque de coups durs dans la vie, par un manque d'un tas de choses, qui vous font réveiller des sentiments endormis et parce que tous les sentiments existent, ils sont là, ils ne demandent qu'une chose, c'est à voir le jour. Eh bien, cette jeunesse de blousons noirs, auxquels on donne un sens péjoratif, eh bien, moi je l'aime bien cette jeunesse-là, elle a envie de vivre, elle a envie de se prouver quelque chose. Il y a tant de choses troubles dans le monde, est-ce que cette jeunesse on lui laisse le temps de vivre tranquillement ? Il y a toujours cette menace au-dessus de nous, la guerre, l'après-guerre, celle qui va venir. Je crois que ça enlève du romantisme à la vie. Alors, cette jeunesse a envie de s'étourdir un petit peu, de faire du bruit, de vivre avec son siècle, avec le mécanisme, la bombe atomique. Les tas de choses qu'on lui raconte, qu'on lit dans les journaux, que l'on entend partout. On ne lui fiche pas la paix, en fait, et il vaut mieux qu'elle s'amuse avec ce billard électronique qu'à autre chose. »

Esgourdez bien jeunes gens
Profitez de vos vingt ans
On ne les a qu'une fois
Mais n'oubliez pas
[...] Sans amour on n'est rien du tout...

(*La Goualante du pauvre Jean,*
Rouzaud/Monnot)

Certains analystes considèrent *L'Homme à la moto* comme le premier rock français. Piaf a été jeune et elle a l'intelligence et la générosité de s'en souvenir. En même temps, elle n'encourage pas la jeunesse à l'oisiveté, consciente que l'éducation et l'instruction sont les premiers passeports à fournir à un gosse. Un esprit sain dans un corps malade, la Môme.

Après Bobino, trois dates à Valence, en Espagne, sont annulées ; Édith Piaf a pris froid et ses bronches se sont rappelées à elle. Elle se relève très vite pour aller rejoindre son Théo chez Patachou où, le temps d'une soirée, celle du 24 mars, le bellâtre s'est intégré en attraction dans le programme. « Elle n'aurait pas dû, estime Danielle Bonel. Elle était encore fragile. Mais elle n'a rien voulu entendre. Ce fut d'autant plus imprudent que, deux jours après, la tournée des cinémas avec Laly devait reprendre et qu'elle avait besoin de toutes ses forces. » Quand, le 28 mars, elle foule la scène du Marcadet, dans le 18e arrondissement, après s'être donnée les deux soirs précédents dans deux autres cinémas, l'un dans le 18e, l'autre à Clichy, la Môme ne sait pas qu'elle chante pour la dernière fois dans la ville où elle est née et où elle compte bien mourir. Le 30, après une halte professionnelle au Picardy d'Amiens, elle se fait lilloise. Deux jours à l'Opéra. Deux soirées très éprouvantes. Danielle Bonel : « Si les gens avaient su que Piaf chantait pour la dernière fois de sa vie, il est évident qu'il y aurait eu la queue devant l'Opéra de Lille. Or, les deux soirs, la salle fut à moitié vide, à cause, sans doute, des grèves de transports qui paralysèrent la capitale du Nord et ses environs à ce moment. De surcroît, Édith était très, très fatiguée, elle toussait beaucoup. Heureusement, la loge était installée sur la scène, ce qui fait que nous n'avions pas d'escaliers à monter et à descendre, mais le premier soir, après le spectacle, elle s'effondra sur son lit, à l'hôtel. » Les trois dates suivantes, dans des cinémas de Joinville, Puteaux et Paris, sont annulées. Édith Piaf à Lille. Une ! Dernière ! *Final curtain.* Rideau.

« Parce que cette frénésie, cette fureur étaient vraies, parce que cette petite femme laide et infirme était vraiment possédée, cent mille personnes ont défilé religieusement devant sa dépouille et la voilà devenue sainte Édith. Je ne crois pas que cela arrivera à Sylvie Vartan. »

France-Observateur, 17 octobre 1963

VI

« Elle est morte ! »

« Il y aura du monde à mon enterrement... »

É. P.

Le 5 avril, Marc Bonel accompagne Théo, seul, au Théâtre de l'Étoile où a lieu le Gala Martini. Très diminuée, la Môme n'est pas en situation de les suivre. Le 10, on la transporte en urgence à la clinique Ambroise Paré, à Neuilly toujours. « Encore un sale coup de froid qui se transforma en une méchante histoire pulmonaire et tout s'est détérioré, se souvient Danielle Bonel. Là, nous avons eu très peur. Plus que d'habitude. Elle a sombré dans un coma hépatique, à l'issue duquel elle fut placée en réanimation. » Piaf qui crache du pus en expectorant est entrée dans un profond délire, auquel assiste, impuissant, son entourage, augmenté de Simone Margantin, la nouvelle infirmière particulière de la Môme, recommandée par le docteur de Laval. Danielle a d'abord voulu tromper la presse, en indiquant que le malade était Sarapo et que Piaf était à son chevet. Avant de rectifier dans *Le Figaro* du 15 avril, en expliquant pourquoi avec Barrier ils n'avaient pas voulu rendre la nouvelle publique : « La presse a déjà trop parlé des maladies d'Édith Piaf. » Un bulletin de santé suivit bientôt, signé des médecins de Laval, Chevalier et Pineau et relatant des « troubles pulmonaires avec encombrement bronchique et perturbation de la ventilation. L'anémie est corrigée par de nombreuses perfusions ». Aucune allusion à l'état délirant de la chanteuse. « Dès qu'Édith ne fut plus sous cathéter et qu'elle put donc recommencer à manger, poursuit Danielle, je lui préparai des bouillons maison bien chauds, que je lui apportais dans des thermos, en l'aidant à les avaler. Le premier mai, elle n'était toujours pas tirée d'affaire mais elle allait mieux. Marc et moi lui avons offert le brin de muguet traditionnel et elle a recommencé à parler projets. Le séjour sur la Côte d'Azur dans la maison qu'elle avait choisie avec Théo à Saint-Jean-Cap-Ferrat tenait toujours et elle envisageait d'y répéter en vue d'une rentrée parisienne suivie d'une tournée en Amérique. »

La Môme ne rentre chez elle qu'après plusieurs semaines d'hospitalisation. Peu après sa sortie, un vendredi soir, Lucien Vaimber est appelé en urgence au boulevard Lannes. À son arrivée, il est saisi par une odeur nauséabonde : Piaf vient encore une fois de se vider. « Je l'ai retrouvée recroquevillée dans son lit. » Sans lui laisser le temps de réagir, le chiropracteur l'oblige à se lever et l'entraîne devant la porte de la chambre. Il est toujours temps de reprendre les exercices qu'ils ont faits ensemble pendant trois ans, à la seule condition qu'elle renonce définitivement à ses médicaments. « Me demandez pas ça, monsieur Vaimber ! Non, je ne peux pas ! » Le « vieux Lucien », à qui elle avait dédié sa chanson, prend alors la porte du boulevard Lannes, sans pour autant refermer la sienne. La balle est dans le camp de Piaf...

Le 31 mai, Édith et Théo prennent possession de La Serena, une propriété proche de celle de Jean Cocteau. Les y rejoignent Danielle et Marc Bonel, Simone Margantin, Suzanne, la cuisinière et sa fille Christiane avec son bébé, ainsi que Noël, le pianiste de Théo, (avec son épouse) et Christian, le chauffeur. Le personnel loué avec la maison compte déjà quatre employés, dont un couple de gardiens (elle au ménage et à la cuisine, lui chef jardinier) et deux aides-jardiniers. Un train de vie très lourd à assumer pendant deux mois, jusqu'au 31 juillet, date à laquelle, pour des raisons de santé autant que par mesure d'économie, la maison Piaf se transportera à l'intérieur des terres, dans une location plus modeste et moins coûteuse.

Des balcons, des terrasses, une pergola envahie par les roses, des bains de soleil, des batifolages autour de la piscine, des fous rires de groupe, des courses folles sur les pelouses, des soupes de poisson frais le soir, à la lueur des bougies : La Serena est le paradis des vacanciers. Celui des amis et des pique-assiette. Outre la famille Lamboukas au grand complet, chaque jour apporte son lot de visiteurs. « La maison du Bon Dieu », dira Marc Bonel. On pense Édith heureuse au milieu de toute cette agitation. Elle se sent mieux, joue aux cartes et Marc Bonel commence à la faire répéter. « Elle avait retrouvé une voix extraordinaire. » Danielle veille à son alimentation. Théo, lui, mène la vie d'un prince auprès de sa princesse. Toujours aussi féru de cinéma, Marc lui a dégoté deux maisons de location de films. « Presque chaque jour, un film arrivait en gare de Nice, que j'allais chercher et reportais le lendemain en prenant livraison du suivant. » Danielle a gardé bon nombre des factures de la Metro Goldwyn de Marseille et de l'Agence Méditerranéenne de Location de Films, située 17 boulevard de Longchamp, à Marseille également. Elles nous indiquent qu'en juin, Sarapo a commandé, entre autres longs-métrages à la Goldwyn, *L'Homme de l'Ouest* et *Le Traquenard.* Le 3 juillet 1963, loués à l'Agence Méditerranéenne, il a visionné deux films : *Gervaise* et *Escale au Caire.* Le 5, il en a vu trois : *La Mort aux trousses, En cas de malheur* et *Carnaval de La Nouvelle-Orléans.* Un peu plus tard, le 12, une autre facture de la même société reprend sept nouveaux films, dont *Le Pigeon, Le Cabaret des filles perdues* et *Maigret tend un piège.*

D'autres factures témoignent encore du train de vie de la maison : celle des Galeries Lafayette de Nice où Monsieur a acheté un pyjama de luxe. Celle d'un boulanger qui atteste de la livraison à la villa Serena de « cent dix-neuf baguettes et de trois cent dix-huit brioches »... Une autre encore où figurent le prix de la location mensuelle d'un piano (six cent deux francs cinquante) et celui du coût total des communications téléphoniques relevées au 21 juin, soit trois semaines après l'arrivée de Piaf : huit cent dix francs trente-six centimes, auxquels vient s'ajouter une kyrielle d'autres frais. Une fortune ! Qu'importe, puisque la Reine baigne forcément dans le sucre. La vie en rose ? À Paris, Loulou Barrier voit plutôt rouge. Le 31 juillet, à la veille du départ de Piaf pour La Gatounière, à Val-de-Mougins, il écrirait aux Bonel : « Cela fait uniquement trente mille francs pour les frais de maison, pour six semaines seulement. Ne trouvez-vous pas qu'il est difficile de faire mieux ? » Le coût total du séjour à La Serena sera de... onze millions deux cent mille francs ! Barrier descend de temps à autre pour mesurer l'étendue du gâchis. Piaf étant pour l'heure en stand-by, il continue de vaquer aux affaires de Théo. Début juillet, le jeune homme a été demandé pour un gala à Deauville. Danielle l'a accompagné. Prospectant en parallèle pour un emploi au cinéma, Barrier lui a dégoté un rôle dans *Judex*, de Georges Franju.

Ni rose ni noire, la vie à La Serena. À la fin du mois de juin, un nouveau drame a frappé Piaf, dont la secousse a créé une onde de choc dans son organisme. Le responsable en est Dany Kane, un joueur d'harmonica qui l'avait accompagnée à l'Olympia, en 1960, dans *La Ville inconnue* (Vaucaire/Dumont). L'un des parasites saint-jeannois les moins bien élevés et certainement le plus inconscient. C'est lui qui conseilla à la Môme de ne pas écouter ces « ânes de médecins », en lui disant qu'il avait eu un cancer dont il s'était très bien sorti. Qu'elle mange donc un morceau d'omelette puisqu'elle en a tellement envie et qu'elle avale même l'omelette tout entière ! Sotte à ses heures et privée de tout depuis trop longtemps, l'innocente croqua la pomme. Le serpent se vengea et elle en fut quitte pour un nouveau coma hépatique. Oubliant sa léthargie naturelle, Sarapo vira Kane mais le mal était fait. Le calme absolu fut alors imposé à son épouse. « Édith ne tarda pas à s'ennuyer, écrit Marc Bonel. Une sorte de tristesse planait sur cette grande propriété. À l'intérieur de la maison, il fallait faire silence, respecter le repos d'Édith, dehors les invités se croient toujours en vacances et continuaient à s'agiter bruyamment. » La Reine se meurt, mais les grands couverts sont toujours inscrits à l'ordre du jour. Des tablées d'une cinquantaine de personnes. Tous les « amis » veulent voir la Môme, profiter de sa piscine et se lester l'estomac avec les meilleurs vins avant d'aller frimer dans les bouges 5 étoiles de Saint-Trop où, avec un peu de chance, on apercevra la Bardot au bras de son dernier fiancé. Il sera toujours temps de revenir ensuite à La Serena, tard dans la nuit, pour une petite partouze entre amis dans la maison et les jardins... Marc Bonel : « Le jour, ils envoyaient des baisers à pleines mains à leur hôtesse, jouaient aux conseillers, aux directeurs de conscience, prenaient des grands airs ; la nuit, ils se comportaient comme des cochons. »

La Môme ne tient plus qu'à un fil mais, ce fil, elle y tient. Vivre. Vivre et chanter. Contrairement à Dalida, son improbable « héritière », jamais elle n'a perdu en route le feu sacré qui l'a maintenue au sommet. C'est le moment que choisit Claude Figus pour faire reparler de lui. Amer, dépité, jaloux, malheureux parce que délaissé, par l'intermédiaire de la presse à scandales, *Ici Paris* en l'occurrence, pendant tout le mois de juin il s'est déchargé d'un trop-plein de rancœur fielleuse qu'il traînait depuis le mariage d'Édith avec Théo. Piaf lui fit écho dans *France Dimanche*. Une joute verbale inapte à résoudre pour autant les problèmes existentiels du jeune homme. Avant de déterrer publiquement la hache, Figus avait envoyé un télégramme insultant à Piaf, qu'il fit suivre d'une longue lettre dans laquelle il se mortifie. Conservée dans les archives de Danielle Bonel, cette prose essentielle dévoile tous les secrets d'une guerre amoureuse à laquelle Figus, qui y mêle Sarapo, ne survivra pas. On y découvre également les raisons profondes du déchaînement du « secrétaire félon » dans la presse à sensation...

« Envers et contre tout. Contre tous. Contre toi. Contre moi. Envers et contre certaines apparences parfois peu favorables : je t'aime. Mon mea culpa commence. J'ai honte. Je te demande pardon pour le télégramme que je reconnais comme abject et que je t'ai envoyé et qui t'a, m'a-t-on dit, fait beaucoup de peine. Si toi tu arrives à l'oublier, il n'en sera pas de même pour moi. Jamais je ne me pardonnerai de t'avoir fait un jour une injure. Laisse-moi t'écrire pardon, mais ne l'accepte pas. Même s'il m'arrive de te haïr pour certaines choses dont je te parlerai dans les pages qui vont suivre, car j'ai décidé une bonne fois pour toutes de tout te dire ; mon admiration pour toi, bien qu'elle ait commencé il y a quinze ans, est encore grandissante. En effet et malheureusement pour moi, tu ne t'es jamais trompée sur des êtres à qui aveuglément je donnais une valeur. Sur tous, sans exception, tu m'as prévenu. J'entends encore ta voix et c'est en toi que j'ai douté. Mais si cela peut te consoler, j'ai payé et je paie encore très cher. Cordoue [une amie] a payé elle aussi ce télégramme qu'elle avait envoyé en mon nom, car soi-disant devant toi j'étais sans réaction et incapable de me défendre. Je lui ai fait faire un vol plané d'une hauteur de quatre marches, sur une longueur de cinq mètres. Inutile de te spécifier où en sont nos relations !

» Mea culpa, tu avais raison. Dans deux autres cas également tu m'avais prévenu. Maintenant, tu ne seras peut-être plus d'accord et pourtant... Premier cas : Francis [Francis Lai, que Figus avait présenté à Piaf]. Tu m'avais dit : “Ne t'emballe pas, tu verras, un jour, tu changeras d'avis.” Eh bien, bravo, tu avais encore raison, ce jour est arrivé. Si Francis a aujourd'hui un nom et roule en Alfa-Roméo, je pense y être un peu pour quelque chose. Non seulement toi-même le lui as fait remarquer. Jamais en cas de besoin il n'a su prendre mes crosses, jamais il ne s'est mouillé pour me défendre. Mais lorsque tu étais en clinique, par deux fois je lui ai demandé de m'accorder une heure afin de voir quelques chansons et chaque fois il était surchargé, il n'avait pas une minute à lui, tant ses histoires de filles étaient compliquées. Devant tant d'emballement, je n'ai jamais plus insisté. Je ne lui en veux pas, ne lui ai jamais fait aucun reproche. J'ai rentré ma peine et augmenté mon cafard. Je laisse à la vie le soin de remettre les choses en place. Le deuxième cas, là tu vas bondir, mais qu'y puis-je ? Tu m'avais dit : “Claude, tu te trompes, il n'est pas du tout ce que tu crois. Une fois encore, tu es en train de te laisser avoir. Tu sais que je ne me trompe jamais.” Tu étais dans ton lit et moi à tes pieds. Il s'agit évidemment de Théo. Lui, c'est le plus grave. Car, pour Théo j'ai donné le meilleur de moi-même et tu le sais. Toi-même combien de fois devant moi lui as-tu dit : “N'oublie jamais ce que Claude a fait pour toi. Jamais tu ne rencontreras un ami aussi grand. Ne le perds pas.” Je ne lui ai jamais demandé une reconnaissance, mais si je n'attendais rien de lui, je n'attendais pas non plus une telle indifférence. Je réentends Théo me dire l'année dernière, avant que tu ne le connaisses, cafardeux : “Oui ! Alors maintenant tous les jours tu vas aller chez Piaf et moi tu me laisses tomber." Ce à quoi j'ai répondu : "Je te promets que tu viendras chez Piaf et dans très peu de temps." Je pense avoir tenu parole.

» Or, maintenant, c'est moi qui suis seul. Jamais un coup de téléphone pour avoir de mes nouvelles et me remonter le moral si besoin est. Il n'est jamais libre lui non plus et j'apprends qu'il sort avec Guy, qu'il invite les Davy [un couple de messieurs] à dîner, etc. Peut-être es-tu satisfaite, en ce qui te concerne, de son comportement vis-à-vis de moi, mais tu ne peux tout de même pas me soutenir qu'il a de l'amitié pour moi ! Le bruit courait dans tout Paris que tu étais au plus mal. Cinq fois j'ai téléphoné, ne voulant me fier qu'à ce que tu me dirais, même dans ce cas il n'a pas pris la peine de me téléphoner. Une fois de plus, tu avais raison et j'en ai pris un grand coup sur la gueule. Tu t'étonnes qu'après je fasse des conneries ! ! ! Crois-tu que je puisse avoir le moral quand on me rapporte des propos dans lesquels tu disais : "Celui des deux qui a du talent, c'est Théo" ? Même si tu le penses et tu le penses, du reste, pourquoi le dis-tu à la cantonade, sinon pour me faire du tort ? Et Poisson [Jacques Poisson, directeur artistique de Piaf chez Pathé] qui me dit : "J'ai soulevé le problème avec Édith en ce qui vous concerne. Si Édith m'avait dit : Vous faites ce que vous voulez avec Claude, je vous engageais. Mais elle n'a pas dit ça du tout, au contraire, elle fut très catégorique, elle ne tient pas à ce que vous entriez chez Columbia. Mettez-vous à ma place : si vous ne la voyez plus, moi je la vois encore." En attendant, sur tes conseils, j'ai quitté Polydor et maintenant ? Évidemment, tu te retrancheras en disant : "Si on ne l'engage pas, c'est qu'il n'a pas de talent." En attendant, je crève à petit feu, tout seul dans un coin. À petit feu en attendant de crever vraiment et brusquement, à moins que je retrouve un équilibre, mais ça n'en prend pas le chemin. Je n'ai plus envie de chanter, plus envie de voir les gens tant je suis écœuré. Je ne crois plus du tout en moi et ça je vous le dois à toute l'équipe.

» Tout marchait très bien pour moi : juste avant que je ne revienne chez toi, j'avais signé pour trois ans chez Polydor, mon passage chez Patachou fut un succès, je devais faire l'Olympia avec Marlène [Dietrich]. Je croyais en moi puisque les gens commençaient à y croire [l'inverse du processus à adopter]. J'avais Francis, avec lequel je travaillais trois/quatre heures par jour. J'avais Noël [Commaret] et j'avais enfin trouvé un ami digne de ce nom : Théo. Le succès de mon Musicorama fut le dernier soubresaut de ce que j'avais bâti durant une année. Je suis retourné chez toi, j'ai cessé de penser à moi pour ne plus penser qu'à toi et à Théo sans oublier Francis, Noël et Florence [Véran]. Résultat, je suis maintenant le pauvre con bien gentil (c'est la moindre des choses), mais hélas sans talent, pour qui on a tenté le maximum sans résultats. Je suis également l'emmerdeur qui se plaint alors que je n'ai aucune raison de me plaindre ! Et je suis également encombrant et gênant. Désormais, je ne serai plus tout cela. Maintenant que je sais que tu reprends le dessus, je n'ai plus de raisons de m'inquiéter, ni de téléphoner chez toi sans y être convié. Moi, je ne pourrai jamais t'oublier. Toi, par contre, tu as une faculté d'oubli, alors je t'en supplie d'en user à mon égard. Oublie jusqu'à mon nom, puisque tu ne le prononces que pour dire que je n'ai aucun talent et que je ne fais que des conneries. J'ai eu la chance de connaître l'être le plus extraordinaire dans le meilleur et dans le pire. Je suis plein de toi. Alors, plutôt que de me faire du mal, laisse-moi avec mes souvenirs. Jusqu'à mon dernier souffle, je ne cesserai de penser à toi, de t'aimer. L'amour se paie et je le paie cher, crois-le bien. Claude. »

Le 6 septembre 1963, *Le Parisien Libéré* annonce : « Claude Figus s'est donné la mort à Saint-Tropez. Il avait loué pour la saison estivale un coquet appartement, 4 rue Gambetta ; c'est là que les policiers ont retrouvé son cadavre, près duquel étaient éparpillés plusieurs tubes de somnifères. Le décès semblait remonter à quarante-huit heures. On ignore les raisons de son suicide [...]. Il venait d'être incarcéré à Draguignan, à la suite de vifs incidents avec des CRS. » Figus avait vingt-neuf ans. Touchant le fond du désespoir, celui que l'on a présenté à tort comme l'âme damnée de Piaf était parti se fondre aux adeptes de la Dolce Vita tropézienne dont il faisait partie, pour goûter une dernière fois à ces substances qui faussent la réalité de la vie et effacent pour un temps la perspective de lendemains mal éclairés. Overdose ou suicide, seul le terme change, la signification reste la même. « Mourir ou être tué, c'est bien la même chose, a écrit le poète iranien Firdowsi. Un instant tu palpites et puis tu es tranquille. » Parce qu'il lui fallait une chute, le journaliste du *Parisien Libéré* boucle ainsi son article : « Édith Piaf a été bouleversée par la mort tragique de Figus à qui la chance n'avait pas voulu sourire. » Au vrai, Piaf partit un mois plus tard sans rien en savoir. « Nous l'avions volontairement tenue dans l'ignorance de ce drame, témoigne Danielle Bonel. Elle n'avait pas besoin de ça. Figus a été autopsié et je crois savoir que son corps a été gardé au moins deux mois par la police. » Paix à son âme.

Depuis le 1er août, Piaf est à La Gatounière. Peu attrayante, peu confortable, la maison située en face d'une pompe à essence est de moindre envergure, mais l'atmosphère qui y règne gagne en calme et en salubrité par rapport à La Serena. Il y a bien encore quelques visiteurs, mais sans aucun rapport avec les orgiaques des deux mois précédents. À la même époque, Charles Dumont se trouve en vacances dans le sud, à Marseille précisément, lorsque dans un bar du Vieux-Port, Le Corsaire ivrogne, où il compte une amie, il fait la rencontre fortuite de Jacques Brel. « Il était au comptoir et je suis allé le voir. Brel était déjà une grande vedette, moi un débutant car j'ai commencé très tard. On discute un peu et je lui apprends que je compte aller rendre visite à Piaf. Avec Édith, nous avions gardé le contact. On se téléphonait de temps en temps, pas trop mais un peu quand même. Avant de quitter Brel, je lui lance : "Un jour, on devrait faire une chanson à Piaf." Brel qui était alors dans une forme olympique me prend au mot : "Si tu le veux, on la fait tout de suite !" Le lendemain matin, j'appelle Édith pour lui dire que Brel et moi lui avons écrit une chanson et que j'aimerais bien la lui montrer. Elle me répondit : "Non, non, je ne veux pas que tu me voies dans cet état-là, je ne suis pas bien, ça ne va pas du tout." J'ai insisté. "Chante-la-moi au téléphone", a t-elle fini par m'ordonner. Ce que j'ai fait. "Ça me plaît beaucoup. Je rentre au mois d'octobre. Dès que je suis là, viens me la montrer." Ainsi, j'aurai eu la chance et le bonheur de garder un lien avec elle, malgré le fait qu'elle avait complètement changé sa condition de vie, s'honore Charles Dumont. Mais, là encore, c'est de ma faute. Si je n'avais pas piqué ma crise pour aller à la montagne... »

À La Gatounière comme au boulevard Lannes, les frais continuent de courir. Danielle tient les comptes et rivalise d'astuces pour joindre les deux bouts. Survient une nouvelle crise, très grave. À la suite d'un ictère – coloration jaune de la peau et des muqueuses, révélant la présence de pigments biliaires dans les tissus –, ignorant du dossier de Piaf, à la mi-août, Jacques Marion, un médecin de Mougins, lui prescrit un diurétique qui déclenche « un état comateux avec perte totale de conscience », nécessitant son transport d'urgence dans une clinique de La Bocca. Informé par Simone Margantin, Jean Noli se pointe illico avec Hugues Vassal pour planquer devant la clinique et piéger la Môme dans une posture pour le moins inesthétique. La photo paraît, mais là encore les Bonel forment un bouclier sanitaire et Piaf est laissée dans l'ignorance de la forfaiture de ses « grands amis ». Elle séjourne plusieurs jours à la clinique de La Bocca. Après examens et en sus de perfusions, on lui administre des extraits de foie lyophilisé et des extraits cortico-surrénaux. Sortie progressivement de son coma, elle présente un état confusionnel qui l'empêche d'exprimer sa pensée autrement que par gestes. L'ictère ne régressant que très lentement, le

21 août, on place dans la paroi abdominale de la moribonde un implant d'amnios. « Quelques fils de nylon ont été enlevés au niveau des anciennes cicatrices », précise le docteur Marion, dans un rapport adressé aux Bonel, le 27 août. Deux jours plus tard, Piaf ayant retrouvé l'usage de la parole, ses anges gardiens l'emmènent plus haut encore dans le pays, à Plascassier, à l'Enclos de la Rouée, une manière de mas provençal. Sa dernière adresse. Le 31, depuis Milly-la-Forêt, Jean Cocteau, à qui le téléphone la relie encore, lui envoie une dernière lettre : « Mon Édith. On nous a coupés pendant la minute où je te disais ma tendresse fidèle. Je sors assez mal de mes disputes avec la mort, mais le cœur reste solide et t'aime. Jean. »

À Plascassier, outre Simone Margantin, seuls les Bonel veillent sur Piaf, aux petits soins pour leur Édith. Cette fois, les visites sont carrément bannies. L'ambiance est lourde et sombre. Sarapo est souvent absent. Il tourne *Judex* à Paris. Sans doute aussi avait-il besoin de changer d'air. « De toute façon, il n'y avait déjà plus rien entre eux, révèle Danielle Bonel. Elle ne voulait plus le voir. Pour elle, c'était terminé. Du reste, elle ne lui adressait plus la parole. Sans raisons précises. Vous savez, avec Édith, quand c'était fini, c'était fini, il n'y avait pas de raisons à donner. » Sarapo en a-t-il souffert ? Danielle Bonel est catégorique : « Non ! Il était parti avec son film *Judex*. Elle s'est dit : maintenant qu'il est lancé, il n'a plus besoin de moi. Il était prévu que nous retournions aux États-Unis, les contrats étaient signés, les réservations sur le *France* enregistrées. Malheureusement, Piaf est morte, mais Théo n'aurait certainement pas été du voyage. Barrier nous avait montré sur plan les emplacements de nos cabines. La nôtre était juste à côté de la suite d'Édith, c'était joli. Elle voulait recommencer comme à la grande époque : elle seule avec Loulou, Chauvigny, mon mari et moi. Or, ne pouvant plus attendre qu'elle se rétablisse, Chauvigny avait accepté d'accompagner Tino Rossi. Elle envisageait de le récupérer. Nous étions tous persuadés qu'elle remonterait la pente encore une fois. Elle-même y croyait puisque la dernière chose qu'elle m'ait dite, à Plascassier, quelques heures avant de perdre l'usage de la parole, alors qu'à sa demande je venais de lui passer le disque de son enregistrement au Carnegie Hall, fut : "Nous en avons encore de beaux voyages à faire, ma douce. » Il semble qu'il y eut également un projet de spectacle à Hong Kong, ainsi qu'en atteste un courrier du chef du service export de Pathé Marconi, adressé à Loulou Barrier, le 25 avril 1963.

LES INDUSTRIES MUSICALES ET ELECTRIQUES

PATHÉ MARCONI

★ SOCIÉTÉ ANONYME AU CAPITAL DE 12.600.000 NOUVEAUX FRANCS ★ SIÈGE SOCIAL : 30, BOULEVARD DES ITALIENS - PARIS-IX° ★

CAPITOL ★ COLUMBIA ★ DUCRETET THOMSON ★ DISCOPHILES ★ M. G. M. ★ PATHÉ ★ TELEFUNKEN ★ LA VOIX DE SON MAITRE

DIRECTION ARTISTIQUE
DIRECTION COMMERCIALE :
19, Rue Lord Byron - PARIS (8°)
Tél. : BAlzac 53-00

USINE ET MAGASINS
Vente en gros disques
SERVICES COMPTABLES
2, Rue Émile Pathé
CHATOU (S.-&-O.)
Tél 966-49-90, 59-00, 16-48

Monsieur Louis BARRIER
11 rue Chateaubriand
PARIS (8°)

mb:cc 25 Avril 1963

Cher Monsieur,

Edith Piaf/Hong Kong

Monsieur Insley a appris qu'Edith Piaf se rendrait peut-être à Hong Kong cet automne.

Dans le cas où cela se ferait, notre compagnie pourrait arranger sur place un récital au City Hall de cette ville.

Nous vous suggérons donc de vous mettre en rapport directement avec Monsieur Insley en lui écrivant à l'adresse suivante :

Electric & Musical Industries (Hong Kong) Ltd.
305 The Chartered Bank Building
Hong Kong

Nous vous prions de croire, cher Monsieur, à l'assurance de nos meilleurs sentiments.

M. Berson
Chef du Service Export

c.c. Mr. Insley

ADRESSES TÉLÉGRAPHIQUES: GRAMOPHONE PARIS - PATHÉ CHATOU — C. C. P. 21.615 PARIS — R. C. SEINE 54 B 10.356 — N° D'IDENTIFICATION 582.75.108.0.056 I

I.M.E.P.M. E 215

(collection Jean-Marc Gayard)

Cet automne-ci n'est pas le sien et Piaf souffre plus que de raison. « Elle poussait souvent des cris inhumains et perdait la mémoire, une odeur indéfinissable ne quittait pas la maison, ses dents ne tenaient plus, révèle Marc Bonel, dans une lettre adressée à l'une de ses amies. Quand je lui ai coupé les ongles, quinze jours avant sa mort, l'ongle du pouce de sa main droite me resta presque dans la main. Pauvre Édith. Pauvre malheureuse. Pauvre enfant. » Danielle Bonel : « Margantin n'était pas une bonne infirmière. Elle ne savait même pas ouvrir les ampoules, c'est moi qui étais obligée de le faire pour elle. À l'époque, il y avait des petites limes pour cela. Elle était enthousiasmée d'être avec Édith, du coup elle s'était improvisée parolière ! Elle était très intelligente. Ça, elle avait un bagout ! Simone voulait surtout faire des chansons. Elle tannait mon mari pour qu'il mette ses poèmes en musique. La fille de notre épicier à "La Gatounière" était une personne charmante qui poursuivait des études. Comme c'étaient les vacances, je m'étais arrangée pour qu'elle vienne faire le ménage lorsque nous sommes partis à Plascassier. "Simone va t'aider pour tes études", la rassurait Édith. Elle était parfaite, Simone, pour ça, elle aurait dû être professeur. Elle avait un certain savoir et de la pédagogie. Sa chambre se trouvait à l'étage de Piaf. Marc et moi dormions au-dessus. Nous disposions d'une chambre et d'une salle de bains que le fils du propriétaire, un artiste peintre, s'était fait aménager. Nous y étions bien. »

Un jour, émergeant du fleuve des bannis, Simone Berteaut téléphone à Plascassier pour demander à voir Édith ou à la revoir, après douze ans de quarantaine : l'ancienne compagne de noces de la Môme voulait lui présenter sa fille. « Édith donna son accord, rapporte Danielle Bonel, mais une fois Momone dans la chambre, elle daigna à peine la regarder, n'adressant que de brefs poncifs à sa fille, sans même retenir les deux femmes à dîner, alors qu'au-dehors le temps était à la pluie et à l'orage. » Momone en concevra un roman apocryphe. De la même façon, Ginette Richer a affirmé s'être rendue quotidiennement à Plascassier, ainsi qu'au Cap-Ferrat, expliquant que c'est Marc Bonel qui venait la chercher avec l'auto d'Édith. « En aucun cas, Ginou n'est venue au Cap-Ferrat, ni à Plascassier, bien sûr, où Édith ne recevait plus personne », atteste Danielle Bonel. Dans le livre de Le Breton, c'est Marc Bonel qui téléphone dans les dernières heures à Ginette Richer pour lui annoncer qu'« Édith est entrée dans le coma ». Dans *Piaf, mon amie*, Ginette Richer se fait prévenir par Margantin. « Ni l'un ni l'autre ne lui ont téléphoné, surtout pas Marc ! s'amuse Danielle Bonel. Comment Marc l'aurait-il pu, puisqu'il était à Caylus à ce moment-là, parti veiller à l'accélération des travaux du pigeonnier destiné à accueillir Édith au plus vite, après sa convalescence ? Quand même eût-il été présent à Plascassier, il ne lui serait pas venu à l'esprit d'appeler Ginou que nous ne voyions plus depuis longtemps, mis à part le soir où elle est venue saluer Édith dans sa loge, à Cannes me semble-t-il. Nous n'aurions pas vu d'un mauvais œil qu'elle vienne, au contraire, mais elle ne l'a pas fait. » Danielle a l'honnêteté de ne pas s'avancer lorsqu'elle ne sait pas, ou qu'elle n'a pas assisté à un événement. Par conséquent, l'on peut être assuré que lorsqu'elle ne conserve pas le souvenir d'une anecdote ou d'un état de fait, elle qui a tout noté et dont la mémoire est redoutable, c'est qu'ils n'ont jamais existé que dans la tête de leur narrateur. La vérité est que, dans le malheur, toutes les oies se sont envolées, laissant émerger les amis véritables de Piaf. Une fois, en Amérique, en marge d'un mot plein de douceur adressé à Danielle, Édith avait écrit à Marc, à l'occasion des fêtes de fin d'année : « Mon lapin. Un Noël de plus ensemble et souhaitons que Dieu nous permette d'en avoir encore beaucoup. Tu sais que notre amitié est solide et qu'un lien solide la consolide par les mêmes idées que nous partageons. Je t'embrasse, mon frère, de toute mon amitié et de mon petit cœur. La patronne. Édith. »

La santé d'Édith Piaf continue d'alimenter les tabloïds. Certains journalistes la pensent finie pour le spectacle. D'autres voient en elle un second Lazare et prédisent sa proche résurrection. Par voie de conséquence, des dérangés mentaux ne manquent pas de se manifester et le courrier afflue à Plascassier, abondant et varié. Il y a les lettres de Mario, un anonyme qui lui envoie chaque jour que Dieu fait une pensée du cœur, innocente et désespérée. « Bien-aimée, comment pourrais-je vivre sans vous aimer ? Et ne pas croire en un amour vérifiable ? » Moins caressante est la plume du dénommé « Ju ». Dans un courrier daté du 24 septembre 1963, il se défoule : « Madame "La Môme". Vous finissez par nous importuner avec toutes vos affaires de cœur et de c... ! Quand on "gueule" comme vous – car vous ne chantez pas –, on a au moins la sagesse de ne pas nous en faire entendre davantage avec un aussi petit volume ! Votre culot devrait savoir se tenir à la hauteur – en mineur, veux-je dire – de votre capacité et de votre âge. Vous voulez vous singulariser... vous ne faites que vous ridiculiser davantage. Recevez, Madame Sarah-pot, l'expression de toute ma pitié. » Le lendemain, 25 septembre, c'est la lettre d'un dénommé Marchal, qui arrive de Lourdes : « Quelle est donc la fripouille qui vous a fait sortir de prison pour faire de vous une vedette, vous qui chantiez sur les trottoirs avec une voix ! ! ! à faire fuir les chiens ? Maintenant, rongée de remords, vous buvez et vous vous piquez à la morphine, aussi la voix ne s'est pas améliorée. Mais il y a ces messieurs pour vous faire de la réclame. La vente de la coco que vous prisez leur fait des rentes. Ainsi, Madame Édith Piaf est devenue une VEDETTE. Quel poison ! Vous devriez avoir honte, assassins que vous êtes ! »

Au début du mois d'octobre, Lucien Vaimber reçoit un coup de fil de Danielle Bonel : aux prises avec ses douleurs, Piaf désire la présence de son chiropracteur. Est-elle prête enfin à abandonner ses drogues ? Danielle va s'enquérir de la réponse de sa patronne. Elle est négative. « Dans ce cas, je ne peux plus rien pour elle », réplique Vaimber avant de raccrocher. « L'après-midi du 10 octobre, je faisais de la tapisserie, raconte Danielle Bonel, Simone était avec moi, occupée à lire ou à je ne sais quoi d'autre, quand soudain, sans qu'on s'y attende, Édith fut frappée d'aphasie. Elle ne pouvait plus parler. On a compris que ce serait bientôt fini. Simone m'a demandé de courir à la pharmacie la plus proche pour aller chercher de l'Arginine ; elle voulait lui faire une perfusion. Sans ordonnance, j'ai eu beaucoup de difficultés mais je me suis débrouillée pour en trouver. Quand je suis revenue, Édith venait de faire une hémorragie interne due à la rupture de la veine porte et elle n'a pas tardé à partir dans une sorte de coma. Ce fut une mort douce, en somme, dans une manière de sommeil. »

Probablement inspirée des récits de la mort héroïque de sainte Thérèse, Margantin raconta à Noli que juste avant de passer, Piaf s'était redressée telle une branche libérée de l'eau d'un fleuve. « C'est d'un ridicule ! s'indigne Danielle Bonel. Simone avait complètement perdu les pédales parce qu'elle sentait que ça n'allait plus. Piaf est malheureusement morte avec moi. C'est difficile de dire à quel moment précis elle est partie, à quel moment elle a poussé son dernier souffle, vu qu'elle était comme endormie. Ses yeux étaient fermés. Pour avoir la confirmation qu'elle était bien morte, Simone est allée chercher le petit miroir que Piaf traînait toujours avec elle et elle l'a placé sous les narines d'Édith pour voir si de la buée se formait. Une méthode ancienne. Il n'y avait rien. C'était hélas bien fini. Je me suis retrouvée seule avec un cadavre et une femme devenue à moitié folle, une grande nerveuse en proie à la panique. J'étais bien lotie ! Là, j'ai pris sur moi et j'ai fait peur à Margantin. Je lui ai dit que si d'aventure elle s'amusait à prévenir son copain Noli, je révélerais qu'elle pratiquait des avortements clandestins à Montmartre, chez les prostituées, pour arrondir ses fins de mois. Ce qui était la vérité. C'est comme ça que j'ai pu la tenir. Piaf ne devait pas mourir à Plascassier. Nous la ramènerions clandestinement à Paris où nous ferions constater le décès.

« Je n'ai pas averti Théo qui tournait à Paris, mais j'ai alerté Loulou pour qu'il fasse le nécessaire. Soupçonnant d'être sur écoute, je ne lui ai pas dit de manière explicite que Piaf était morte, mais Loulou a compris et il s'est mis en route. J'ai ensuite appelé mon mari qui se trouvait à Caylus pour faire activer les travaux du pigeonnier destiné à accueillir notre Édith, quand viendrait l'heure de la convalescence. C'était grâce à elle si nous avions pu réussir à faire tout ça, nous estimions que ça lui revenait de droit. Il y avait une grande pièce et une salle de bains où tout avait été conçu à ses dimensions, le lavabo, la baignoire... Le ciel ne lui a pas laissé le temps d'en profiter. Au téléphone, à Marc, j'ai simplement annoncé : “Il faut que tu rentres tout de suite à Paris, on se retrouve demain boulevard Lannes.” Lui aussi a compris que quelque chose de grave était advenu. Il a pris le train de nuit. Ensuite, je suis partie voir les sœurs, à la clinique de La Bocca, où Édith avait été admise lors de son précédent coma hépatique. J'ai attendu un petit peu, il y avait une messe à ce moment-là. La sœur supérieure s'est montrée très gentille et très compréhensive, elle m'a assurée qu'elle me trouverait une ambulance de toute sécurité, qui rapatrierait le corps de Piaf à Paris. C'était illégal, mais la sœur m'a avoué que la pratique était courante. Personne n'a su que Piaf n'était pas morte à Paris. Ça a fini par se savoir bien plus tard, à cause de Simone Margantin. »

Seul *Minute*, un journal généralement très bien informé, ne se laissa pas prendre au leurre et souleva le lièvre. Édition du 10 octobre 1963 : « Il y a des points troublants dans la triste fin de Piaf. Ce retour cauchemardesque en ambulance, de Grasse à Paris, par exemple. N'est-ce pas étrange ? N'importe quel médecin de quartier vous dira que le transport pendant mille kilomètres d'une malade atteinte d'une grave hémorragie interne est une folie criminelle. Ou bien faut-il croire, comme certains, que la pauvre Piaf n'a pas succombé le jeudi matin à l'aube, boulevard Lannes, mais la veille, en Provence ? Et que c'est une morte qu'une voiture fonçant dans la nuit a emportée ensuite vers Paris. Vers Paris où d'astucieux “public-relations” ont pu prendre en main l'organisation de funérailles à grand spectacle que l'éloignement aurait rendues impossibles. Comme par hasard en tout cas, les reporters de *France Dimanche* se trouvaient les premiers sur place. C'est l'un d'eux qui eut, seul, le droit de photographier Édith Piaf sur son lit de mort et la méditation accablée du bon Théo, pieds nus, en pyjama et robe de chambre, devant le cercueil de sa bienfaitrice. Pénible, n'est-ce pas ? [...] Poignant, n'est-ce pas, ces récits des derniers instants d'Édith Piaf, dont se régalent, cette semaine, les magazines de la presse du cœur ! Et quelle réussite pour *France Dimanche*, qui a pu "griller" tous ses confrères en s'assurant la collaboration du veuf lui-même. Deux grandes pages qui ont dû prendre une bonne partie de son week-end à Théo Sarapo. Ça, c'est de l'humain ! »

« Margantin était en pâmoison devant Noli, reprend Danielle Bonel. Le journaliste savait que, par elle, il pouvait obtenir beaucoup de renseignements. Tandis qu'avec moi... pas ça ! Je ne me faisais pas que des amis, vous savez ! Après avoir réglé la question du transport, munie de la procuration, je suis allée chercher l'argent d'Édith au Crédit Lyonnais de Cannes, avant que d'autres ne mettent la main dessus. Puis, j'ai acheté du tulle destiné à recouvrir le corps de Piaf et je suis rentrée. Quand Théo est arrivé, il était effondré, Loulou était blême, décomposé. Simone avait entouré le visage d'Édith avec une bande *Velpo* doublée d'un foulard vert. C'était d'une bouffonnerie ! L'ambulance s'est présentée, vers 20 heures. On y a chargé le corps de Piaf et le véhicule est aussitôt reparti avec Théo et Margantin à son bord. Je suis restée seule avec Loulou. J'ai fait du rangement, brûlé certaines choses dans la cheminée. Le lendemain matin, on a pris le premier avion pour Paris. Nous sommes arrivés à 11 heures. L'annonce de la mort avait été faite et un journaliste d'Europe 1 nous attendait à Orly. Boulevard Lannes, il y avait déjà du monde. J'avais surmonté le choc jusque-là, mais une fois chez Édith je suis tombée dans les bras de madame Salabert, une de ses grandes amies, et là j'ai éclaté en sanglots. Tout est sorti d'un seul coup. Sur ce, Simone Margantin qui, entre-temps, était allée se changer chez elle, fit irruption, vêtue d'un tailleur rouge, dans un état pas possible. Elle se mit à hurler contre Théo qu'elle prit à partie en lui imputant tout ce qui était arrivé. Elle parlait de "garçonnière", elle lui reprochait de s'être envoyé en l'air avec Brialy pendant qu'Édith agonisait, etc. Si bien que Loulou Barrier la prit par le col et la flanqua à la porte en lui demandant de ne pas revenir. Par la suite, elle a tenu des conférences sur Piaf, à droite et à gauche, en racontant des choses invraisemblables, alors qu'elle ne savait rien d'Édith.

» Ce fut ensuite le tour des embaumeurs. Puis Minazzoli a pris les empreintes du visage d'Édith pour réaliser un masque mortuaire. Il avait rendu le même service à Cocteau, quelques heures auparavant. Il était très gentil, cet homme. J'ai toujours ce masque chez moi. Puis Théo a coiffé Édith comme il avait l'habitude de le faire et il l'a maquillée, en traçant notamment son sourcil au crayon [à ses débuts, Piaf avait des sourcils très épais, qu'elle avait fait raser]. Le résultat n'était pas trop mal. Pour moi qui l'avais vue tellement autrement, ce n'était pas trop morbide. Ensuite, nous l'avons habillée d'une de ses robes de scène et nous l'avons placée dans le cercueil. Le linceul était léger... léger... Nous avions commandé le plus beau cercueil qui soit, avec une petite vitre en ovale pour permettre aux fidèles de la voir une dernière fois, puisque le cercueil était fermé. J'avais une petite clef (je l'ai gardée, du reste) qui me permettait d'ouvrir la vitre et de la refermer à mesure que les intimes se présentaient. La foule, dont Édith avait si peur, défila assez loin devant la bière. » Au vrai, il y eut deux cercueils, le deuxième soudé avec la fameuse vitre à l'endroit du visage. Il avait été question d'exposer la dépouille au Trocadéro (une idée de Louis Amade), mais les embaumeurs s'éternisèrent, ce qui empêcha la réalisation du projet. La raison de l'embaumement de la Môme réside dans le fait qu'elle commençait à changer et que son bras devenait noir, des précisions émanant de Marc Bonel qui les consigna par lettre à des amis.

Danielle Bonel : « On m'a dit qu'à l'extérieur il y avait eu des scènes et des évanouissements mais dans l'appartement ce fut très digne, si l'on excepte les vols qui furent commis pendant ces trois jours, notamment des livres de grands auteurs avec des envois à Édith. J'avais tellement la tête ailleurs que je ne me suis pas rendue compte de ces détails. Je me souviens que, parmi la foule, Denise, la demi-sœur de Piaf, est arrivée et qu'elle s'est précipitée dans les placards et sur les photos. Furieux, Théo m'a demandé d'intervenir : "Danielle, il faut que vous fassiez quelque chose, surtout qu'elle ne prenne rien !" Alors, il a fallu que je demande à Denise de ne pas fouiller dans les placards. "J'ai tellement besoin d'affaires", m'a-t-elle répondu. Je lui ai dit de ne pas s'inquiéter, que nous lui enverrions tous les vêtements neufs que Piaf n'avait jamais portés. Ce que nous avons fait, par l'envoi de plusieurs cartons. Denise était gentille, je l'aimais bien, mais elle était inexistante. Édith lui avait donné les moyens de s'installer au Canada. Une fois là-bas, elle recommença à relancer sa demi-sœur pour la taper. Édith en avait marre, elle ne voulait plus en entendre parler. Je me souviens que Denise s'était présentée au Cap-Ferrat pour la voir, mais Édith n'a pas voulu la recevoir. J'ai dû le faire comprendre à Denise en emballant dans du papier de soie. Je sais que Marcelle et Mauricette, les cousines de Piaf, ont raconté qu'on l'empêchait de voir Édith, mais il faut savoir que c'est malheureusement Piaf qui ne voulait plus voir sa famille, ça ne l'intéressait pas, sa famille à elle c'étaient les artistes. Ma tâche n'était donc pas toujours facile. On pensait que je voulais systématiquement faire barrage, or ça n'était pas du tout le sens de la démarche. Charles Dumont peut en attester, qui a obtenu son rendez-vous grâce à moi, alors qu'Édith qui le détestait ne voulait absolument pas entendre parler de lui. Retournée comme une crêpe (si j'ose dire), elle alla jusqu'à préférer *Non, je ne regrette rien* à une chanson de Jeff Davis, accompagnateur de Constantine, dont je ne me souviens plus le titre mais qu'elle avait déjà choisie. Davis était fou de rage. Pour se décharger, Édith m'a fait porter le chapeau en lui disant que tout était de ma faute. Figus et Sarapo se tordaient de rire dans le salon. "Tu ne vas pas te faire un ami !" me lança Édith, tout aussi goguenarde. Davis m'en a longtemps voulu. Après la mort de Piaf, j'accompagnais Théo en spectacle lorsque nous l'avons croisé. Sa colère n'avait pas décru : "Si c'était un homme, je lui casserais la figure !" » hurla-t-il en regardant dans ma direction.

Concevant quelque amertume de l'éloignement dans lequel Piaf la tenait, Denise Gassion lui avait clairement exprimé sa pensée, dans une lettre datée du 29 janvier 1958 : « Ma chère Édith. J'ai franchement de la peine de ton désintéressement vis-à-vis de ta propre famille. Voici bientôt trois mois que ton petit neveu est à Paris, et pas une seule fois tu n'as daigné prendre de ses nouvelles. Je lui avais promis qu'il irait te voir et qu'il te porterait un petit présent. Mais toutes les fois que maman a écrit, elle n'a obtenu aucune réponse. Elle a téléphoné plusieurs fois aussi, mais pour entendre toujours les mêmes réponses : "Madame dort"..."Madame est sortie"... etc. Si tu crois que c'est amusant de courir après toi, tu te trompes. Et se taper une vingtaine de stations de métro, arriver et entendre dire : "Madame ne pourra pas vous recevoir, elle est occupée", ce n'est guère plus drôle. Tu as une secrétaire pourtant, tu aurais pu faire répondre par elle, mais tu t'en fous, et si ça se trouve, tu jettes les lettres sans les lire. Tu ne sais même pas ce que c'est qu'une vraie famille. Tu as essayé de t'en faire une avec des étrangers, mais sans succès. Pourtant, tu le croyais fermement. Tu t'es toujours trompée. Tous t'ont fait du mal, t'ont volée et se sont moqués de toi. Ils n'ont même pas compris que toi, tu étais sincère, que tu pouvais un jour avoir de la peine. Pourtant, tu es bonne, mais les monstres en profitent justement. Tu as tellement de fois été peinée, que tu n'as même pas confiance en nous, ta propre famille. Nous t'aimons pourtant sincèrement, mais comment peux-tu le savoir ? Au lieu de t'approcher de nous, tu t'en éloignes, comme si tu avais honte de nous [...]. J'espère que tu comprendras un jour où est ta vraie famille. Mais dépêche-toi pendant qu'il en est encore temps, on vieillit vite, hélas ! [...] Tout de même, avoir des nouvelles par la télévision, c'est plutôt dur, crois-moi, et surtout d'entendre dire : "Édith Piaf me considère comme sa fille." Si Cécelle entend cela, elle ne doit pas être contente [...] Enfin, j'ai compris et je te laisserai tranquille. Cette lettre sera la dernière, puisque tu te fiches de moi. Après tout, tu m'as dit une fois, devant Simone : "Une sœur, ce n'est qu'un coup de queue donné ci ou là." Alors, tu vois, je ne veux pas te contrarier, je vais te laisser à cette idée. J'ai beaucoup de peine, Édith. Mais je t'aime quand même et je reste ton amie. Je t'embrasse. »

« Tu ne sais même pas ce que c'est qu'une vraie famille... » Comment l'aurait-elle pu, la mal (ou bien) heureuse ! La famille passe pour une obligation, Piaf était un électron libre. La sensibilité qui régit les rapports entre les êtres est une science bien trop confuse pour que nous risquions d'y mêler la nôtre ; mais Piaf ne se serait pas diminuée en portant autant d'attention affective à sa famille de sang qu'à tous les gitons avides de gloire et d'argent qui se sont glissés dans son lit. Indépendamment de cela, on peut s'interroger sur les causes de l'insistance de Denise Gassion : si sa demi-sœur avait été une anonyme, malade et sans ressources, lui aurait-elle manifesté le même intérêt ? Pour beaucoup, Édith Giovanna Gassion était avant tout Édith Piaf et tous en profitèrent. Denise Gassion incluse. La Môme avait mêmement pris ses distances avec son frère, Herbert. « Il faisait des casses et avait des ennuis avec la police, nous instruit Danielle Bonel. Enfin, il n'était pas intéressant. Un moment, elle a essayé de le sortir de là, en lui donnant du travail. » Herbert Gassion fut effectivement employé par Piaf en 1945, contre un coquet salaire mensuel de six mille francs par mois. « Mais ce n'était pas possible, Herbert était un cas perdu. » Elle garda néanmoins un temps le contact avec lui. Une lettre de Piaf à son frère existe, datée de 1948 et postée en Amérique : « [...] Écris-moi, tiens-moi au courant de ce que tu fais. J'espère que tes ennuis vont s'arranger, en tout cas, si tu as besoin de quelque chose, fais-le-moi savoir, une fois de temps en temps je peux le faire. Bientôt, c'est-à-dire le 3 ou 4 mars, cela fera quatre ans que papa est mort. Si tu es à Paris, va porter quelques fleurs pour nous, ainsi que pour ma fille et va aussi sur la tombe de maman, il faut que jamais il n'y ait de différence ni pour l'un, ni pour l'autre, nous n'avons pas à juger, mais à aimer ! » Ce jour-là, la Môme devait avoir un amoureux dans le tiroir... Danielle Bonel avait remarqué que lorsque Piaf était loin de Paris, la nostalgie l'envahissait et lui faisait reconsidérer ses sentiments. Elle était pleine de bonnes résolutions et tout devenait plus facile. Il paraissait moins compliqué de lui faire entendre raison. Une fois revenue dans son élément naturel, les choses en allaient tout autrement. En 1973, dix ans après la mort de sa sœur, Herbert Gassion déclara à Édith Allaert et Jacques Bertin : « Vous savez, pour moi Édith était une cloche. Sur scène elle m'impressionnait, mais dans la vie, alors là, pas du tout. C'était la reine des cloches ! »

« Elle est morte ! » C'est avec ces mots, appuyés par sa femme au téléphone, qu'André Schoeller valide la nouvelle. Aussitôt, il appelle Sarapo, que Piaf lui avait présenté : « Je voudrais la voir. » Ce ne fut possible qu'après le passage des embaumeurs. « Je suis arrivé devant un boulevard Lannes noir de monde, on m'a fait entrer et j'ai vu le corps d'Édith, minuscule au milieu du grand lit, avec sa croix sur la poitrine. Je ne pensais pas que cette putain de mort pourrait faire ça à Piaf. Piaf était une victorieuse. Elle a baisé la mort si souvent ! Il y a deux moments terribles dans ma vie : le décès de ma mère, en 1982, qui s'est défenestrée, et le départ d'Édith. » Un coup d'œil furtif permet à Dédé de remarquer la disparition du Lanskoy sur les murs du salon. Il entraîne Sarapo – ignorant que sa femme avait fait l'acquisition du tableau – dans la cuisine et l'interroge :

« — Alors, où est-il ce tableau ?

— Il y avait bien un truc au-dessus de la télé, un truc avec des taches de couleur, tu appelles ça un tableau ?

— Oui, c'est un tableau, figure-toi !

Théo, ouvrant un placard :

— Tiens, il est là ! Il est à toi, c'est toi qui lui as donné. Prends-le et pars avec.

— Je ne reprends rien du tout, ce tableau vaut aujourd'hui un million et demi de francs.

— Qu'est-ce que ça peut foutre ?

— Comment ça, qu'est-ce que ça peut foutre ! Explique-moi ta situation.

— Écoute, ce n'est pas dur, je suis monsieur Piaf, elle doit de l'argent aux impôts, les huissiers viennent demain.

— Qu'y a-t-il à saisir, à part les instruments de cuisine, tous les meubles sont loués et jusqu'au piano ?... »

La situation n'est pas exactement telle que la mémoire d'André nous la restitue. Sur ce point, le témoignage de Danielle Bonel est formel : « André que j'ai très peu connu se trompe. Le piano était certes loué, mais pas les meubles. Lorsque Théo a fait refaire l'appartement, Édith a acheté des meubles. Quant à la légende qui exige que Piaf soit morte ruinée et couverte de dettes, c'est une hérésie. Édith a toujours payé ses factures rubis sur l'ongle. Loulou Barrier y veillait pour elle. À sa mort, il y avait de l'argent sur son compte, quelques millions, dont Sarapo a hérité. Quant aux huissiers redoutés par André Schoeller, il y en a bien un qui est venu au lendemain des obsèques mais seulement pour faire l'inventaire de succession, ce qui est tout à fait classique lorsqu'il y a décès. Ce monsieur n'était pas là pour saisir, puisqu'il n'y avait aucune raison légale de le faire. Je me souviens du reste qu'il se montra fort courtois. Pour ce qui regarde les arriérés dus aux impôts, c'est malheureusement souvent ce qui arrive quand une personne meurt. Chez les artistes a fortiori. »

Dans la cuisine, Schoeller et Sarapo poursuivent leur conversation :

« — Crois-moi, Théo, il faut que tu planques ce tableau avant le passage des huissiers. Cache-le où tu veux, moi je ne sors pas avec ça sous le bras. Plus tard, tu me l'apporteras à la galerie. »

« La ruse, c'est moi qui l'ai trouvée, intervient à nouveau Danielle Bonel, ce tableau étant une œuvre de prix, il valait mieux qu'il échappe à l'inventaire. J'ai alors pensé à la toile qui servait d'écran de projection et que mon mari avait fait réaliser par l'un de ses amis, à la demande de Théo. Cette toile, aux dimensions d'un drap, avait été placée sur l'un des murs du salon, à droite en entrant. J'y ai caché le Lanskoy derrière et l'huissier n'y a vu que du feu ! » Plusieurs semaines après les obsèques, Sarapo téléphona à Schoeller pour prendre rendez-vous. Il lui apporta le Lanskoy que Dédé vendit très exactement un million et demi de francs, selon son estimation, à un certain Valère. « J'ai fait faire le chèque au nom de Théophanis Lamboukas, un chèque que Théo est venu chercher à ma galerie. Il m'a remercié en me disant que ça tombait bien parce qu'il avait ses musiciens à payer. L'acheteur était un type richissime qui avait l'habitude de tout marchander. Ce qu'il essaya de faire avec le Lanskoy. Je lui ai dit que je ne lui enlèverais pas même cinquante francs : c'était le tableau d'Édith ! Depuis, j'essaye de le racheter, mais en vain. »

« Avec l'âge, le talent et la vie ne font plus qu'un », arguait Serge Braque. Piaf a toujours transporté l'idée d'un ailleurs dans ses valises. « Je ne crois pas à la mort, avait-elle déclaré à quelques mois de l'échéance. Je considère que lorsqu'on meurt, c'est seulement là que l'on commence à vivre. » Elle était prête à partir. Elle est partie. « Je ne regrette rien. Rien de tout ce qui s'est passé, parce que ça m'a servi d'expérience pour tout. Pour pouvoir exprimer et ressentir tous les sentiments puisque je suis passée un peu partout. Alors, je sais ce que je dis. On a besoin de savoir ce qu'on dit quand on chante, pour le faire comprendre aux autres. Ou pour que les autres vous comprennent, ce qui est beaucoup plus difficile encore. » Quand on parle ainsi, on ne meurt pas et on oblige les autres à vivre. Aussi, les réactions à l'annonce de la mort de la Môme pleuvent-elles en avalanche. « Puisqu'elle ne pouvait plus guérir, n'est-ce pas, c'est mieux comme ça, parce qu'ainsi elle s'en va en laissant une légende et on ne la verra pas devenir trop brutalisée par la vie, souligne à la radio Maurice Chevalier [...]. Elle s'est servie de son talent et de son succès pour sa façon de voir la vie et la vie ne s'en laisse imposer par personne. » Le journaliste s'enquiert de savoir si Piaf et Chevalier étaient des familiers. « Nous nous comprenions tout à fait au niveau professionnel, répond-il. Nous avions tous les deux indiscutablement de l'estime professionnelle l'un pour l'autre, mais du côté de vivre l'avenir, du côté de se contenter de ce que la vie peut vous apporter et ne pas demander peut-être plus, on ne se comprenait plus. Alors c'était bien qu'on se salue de loin... »

On ne compte plus les avertissements lancés par Maurice à Édith, en privé ou par écrit, pour rappeler à la folle enfant les strictes obédiences du spectacle fondées sur l'économie de soi et une discipline de spartiate. Père la morale ou oiseau de mauvais augure, Chevalier avait prévu ce qu'il devait advenir de Piaf. Hélas, il ne finira pas mieux. Mort chez lui, en son fameux domaine de Marnes-la-Coquette – jadis propriété de Richard Wallace, l'homme qui dota Paris de ses fontaines portant son nom –, entouré des reliques de son musée personnel, un temple voué à... Maurice Chevalier, dans une solitude d'âme effroyable, aigri par le succès de la génération montante, les « petits nouveaux », Aznavour, Ferré, Brel, Brassens, Trenet, qui finirent par porter ombrage à sa gloire, mais surtout par l'exceptionnelle réussite d'Yves Montand. Il ne faut pas le répéter, mais la mort du pauvre Momo fut un suicide. Un jour, tardif, de janvier 1972, où il se résolut enfin à admettre, dépité, que la célébrité et les richesses ne vont jamais plus loin que la vie.

Tino Rossi se dit « atterré » par la désertion de son amie : « Elle était notre plus grande représentante pour la chanson. » Disparu un jour après elle, mais seulement quelques heures après l'annonce officielle de son décès, Cocteau laisse un hommage encore chaud : « Édith Piaf s'éteint, consumée par un feu qui lui vaut sa gloire. Je n'ai jamais connu d'être moins économe de son âme. Elle ne la dépensait pas, elle la prodiguait. Elle a jeté l'or par les fenêtres. » « Suzanne Flon était bouleversée devant le cercueil, se souvient Danielle Bonel. Quand tout allait bien, on ne la voyait pas. Mais dès qu'elle entendait dire que Piaf était malade, elle appelait pour savoir si elle pouvait se rendre utile. J'ai conservé ce mot d'elle à Édith : "Je suis près de toi de tout mon cœur. Fais-moi savoir quand je pourrai venir t'embrasser. Danielle me donne des nouvelles tous les jours. Tendrement. Suzanne." Une femme exceptionnelle, Suzanne Flon. Merveilleuse de discrétion. » À l'Olympia, le soir du 11 octobre, Gilbert Bécaud rend un hommage à la disparue en interprétant *Les Baladins* à sa mémoire. Il avait préalablement confié aux journalistes des *Lettres Françaises* : « Elle était gentille, sympathique avec moi. Tyrannique ?... Oui, dans le bon sens. On s'amusait bien. Ce sont des souvenirs heureux... elle me traitait de “Jeune chien !”... »

Perdus dans le flot des soliloques, les commentaires de deux jeunes chanteuses à la mode passent inaperçus. Question : Que peut donc bien représenter Édith Piaf aux yeux d’une gamine de dix-sept ans, passionnée par ce qu’on lui donne à faire et qui vaut peut-être mieux que ses couettes ? Réponse : « C’était une femme formidable. Je l’admirais. Elle était la seule à pouvoir faire ce qu’elle faisait. Je ne l’ai jamais vue sur scène, mais j’ai beaucoup de disques. J’ai *Les Trois cloches* depuis que je suis toute petite. » Le jour des obsèques de la Môme, Carrère employa la quatrième au Père-Lachaise, parmi les tombes encore debout, pour les besoins d’un reportage dans *France-Soir* (16 octobre 1963).

Meilleure navigatrice, la seconde de ces demoiselles revendique une ambition à toute épreuve, « trait dominant de mon caractère [1] ». Sauf à reconnaître avoir « horreur de chanter [2] ». Le solfège le lui rend bien. « Infantile, mais très jolie à voir, compatit Henri Jeanson, qui tue ses vieux jours devant son poste de télévision. Elle n’a pas encore appris à parler, elle bave encore ses mots. Elle émet de loin en loin un son. Elle fait ses dents. On ne devrait pas la laisser sortir sans sa nourrice. » Elle aura sa piscine à Beverley Hills, mais à l’heure des hommages byzantins à l’Incomparable, la dernière roue du carrosse Hallyday ne cède rien : « L’année dernière, j’étais allée la féliciter dans sa loge et j’avais été terriblement impressionnée par elle. Dans son style, c’était sûrement une très grande chanteuse. Sauf *Milord*, je n’aimais pas ses chansons, je suis d’une autre époque. » En 1983, elle enregistrera *Hymne à l’amour*, avant de s’approprier *La vie en rose*, seize ans plus tard, sur la scène de l’Olympia, extrait d’un florilège rétro très réussi où tous ceux « d’une autre époque » aidèrent magnanimement à la recette.

À contre-courant du bluff yéyé, l’authentique et prometteuse Françoise Hardy a la touchante naïveté d’admettre qu’elle ne va tout de même pas se plaindre d’être « devenue vedette avant d’avoir eu le temps d’apprendre mon métier », mais personne n’a songé à recueillir sa réaction à la mort de l’aînée.

Or, au moment d’enterrer la Môme, le problème se posa de savoir où. « Personne n’avait jamais eu vent d’un quelconque caveau, raconte Danielle Bonel, ni Loulou, ni mon mari, ni moi. Édith fuyait les cimetières. Je me suis alors tournée vers le service funéraire de la

1. *Capri*, novembre 1965.
2. *L’Express*, 18 juillet 1963.

SACEM. Ils ont été formidables. Ils ont cherché, puis m'ont rappelé : "Madame Bonel, Édith, a bien une tombe où son père et sa fille sont enterrés." Ça datait de 1945 et elle n'en avait jamais parlé ! Heureusement, en prospectant dans un placard où personne n'allait, moi qui ne suis pas fouineuse de nature, j'ai pu retrouver tous les documents relatifs à l'achat du caveau, soigneusement archivés par Andrée Bigard. »

Quelques heures avant les obsèques, Marc Bonel troqua les touches de son accordéon contre le clavier de sa petite Underwood : « À la toute première heure, en ce matin d'automne du 14 octobre 1963, le numéro 67 bis du boulevard Lannes a déjà mis ses beaux atours. Digne d'un grand couturier qui l'aurait endimanchée, la maison n'a pas mis la grande robe noire traditionnelle, bien trop sévère, pour laisser chanter un tendre gris bleuté qui vient comme pour caresser le cercueil de l'enfant. Mes yeux sont baignés de larmes. »

Puis, lentement, le cortège s'ébranla vers le Père-Lachaise.

Sixième partie

LE TEMPS DES APRÈS

« Où maints rats assemblés faisaient, aux frais de l'hôte, une fière bombance. »

(La Ligue des rats)
Jean de La Fontaine

« Je vous le dis en vérité, si vous ne redevenez comme des petits enfants, vous n'entrerez pas dans le royaume de Dieu. »

Nouveau Testament

I

Entre Dieu et Diable

« Madame Piaf divorcée et remariée vivait avec monsieur Sarapo en état de péché public. Aussi douloureux que cela soit, parfois, il nous faut respecter les lois de l'Église. C'est la seule raison pour laquelle, moi, je ne pouvais lui accorder une sépulture chrétienne. Dans le cas d'Édith Piaf, il suffirait, par exemple, qu'un seul témoin puisse attester qu'au moment de sa mort elle a, ne fût-ce que d'un mot, exprimé le repentir des fautes qui lui sont reprochées – en l'occurrence son état de concubinage –, pour que l'Église puisse envisager de la réintégrer dans son sein. » Telle fut la déclaration du curé de Saint-Honoré-d'Eylau, le samedi 12 octobre 1963, au lendemain de l'annonce officielle du décès d'Édith Piaf. C'est dans cette église parisienne du 16e arrondissement, où Louis Leplée fut inhumé, que les obsèques auraient dû se dérouler. L'archevêque de Paris, Son Éminence le cardinal Feltin, se trouvant alors en voyage à Rome, le curé de Saint-Honoré-d'Eylau en avait référé à lui.

Rome qui, à travers l'*Osservatore Romano*, journal officieux du Vatican, avait condamné les « égarements sentimentaux » de la Môme, en parlant d'une « existence basée sur une conception complètement erronée de la vie » : « Sous certaines ostentations du monde du spectacle, certains sourires forcés, le chrétien doit reconnaître la mélancolie et le sort instable de tant de météores de l'empire de l'art [...]. Ne semble-t-elle pas avoir marché sur les traces d'une autre idole du bonheur préfabriqué : Marilyn Monroe dont la gloire s'est achevée dans un tube de barbituriques ? » Le cardinal Feltin n'avait d'autre perspective que de suivre les consignes de ses supérieurs. Pour clarifier la situation, depuis Rome, dès le samedi soir il avait fait publier par son secrétariat le communiqué suivant : « Les honneurs que l'Église réserve à ses défunts ne peuvent être rendus à Édith Piaf en raison d'une situation irrégulière. Tous ceux qui ont été sensibles au talent d'Édith Piaf ressentent l'émotion de sa mort rapide. Les chrétiens, qui savaient ses désirs de foi et de charité, ne manqueront pas d'implorer pour son âme la miséricorde divine au sacrifice de la messe. » À quoi le journal *Minute* répondit, le 15 octobre : « L'Église a cru devoir refuser les honneurs à celle dont la foi naïve et désordonnée allait aux images de l'humble Thérèse de Lisieux. C'était son droit et nous ne le discutons pas. Mais que n'a-t-on pas été aussi bien inspiré à l'archevêché, le jour où l'on a accepté de bénir le mariage de Coccinelle ! » Pour les néophytes, Coccinelle fut l'un des premiers transsexuels opérés et assumés, doublée d'une artiste exceptionnelle. Dans un article paru le lendemain dans *Libération*, et intitulé : « Bienheureux les cœurs purs », Fontvieille-Alquier s'autorisa de son côté à rappeler qu'avec beaucoup d'argent un mariage s'annule et qu'ainsi se conservent tous les droits aux orgues et aux chamarrures. Terminant sur le cas de Cocteau, sans citer le nom du poète, il interrogea : « La vie de Piaf ne fut peut-être pas édifiante, mais cet autre mort illustre auquel ne manquera pas le secours de la religion – et sans marchandage – prétendit-il jamais enseigner la pudeur aux jeunes gens ? »

Ce ne fut pas faute de la part de Danielle Bonel d'avoir tout tenté pour infléchir la décision de l'Église. « Je m'étais rendue à l'archevêché avec Claude Davy, public-relations de Georges Cravenne, mais il n'y a rien eu à faire. On nous a expliqué que si Piaf avait été madame tout le monde, il n'y aurait pas eu de problème, mais son cas était trop connu. Chacun savait qu'elle était divorcée de Jacques Pills. Il faut se souvenir que nous étions à une époque où les femmes devaient encore demander l'autorisation à leur mari pour travailler. Connaissant la foi de Piaf, l'ayant vue glisser plus souvent qu'à son tour des billets dans les troncs des églises du monde entier, mon mari était écœuré. Quand on voit ce qui se passe aujourd'hui, les amours de Piaf, c'est du roman à l'eau de rose ! » Marc Bonel ne fut pas le seul à sentir la colère sourdre en lui. À preuve, la réflexion formulée par un prêtre professeur de philosophie à un journaliste de *France-Soir,* le 11 octobre 1963 : « La chanson ne m'intéresse pas, ce sont des bêtises, je n'ai rien à dire sur cette dame », procura suffisamment d'arguments au Père Lelong pour réagir dans *Témoignage Chrétien*, six jours plus tard. En accord avec la décision de l'Église, « parce qu'elle est conforme à la justice et à la charité » et que « lorsque l'on confond les cérémonies funèbres avec un sacrement, les exigences du droit divin avec la miséricorde de Dieu, il est évident que rien ne va plus », lucide également sur le fait que si une autre décision avait été adoptée pour les obsèques de Piaf, elle n'aurait pas manqué de provoquer d'autres scandales, le Père Lelong entendit néanmoins en remontrer à son confrère. « Je crains, voyez-vous, que de considérer la chanson comme des bêtises, ne gâte sérieusement votre philosophie [...].

» Laissons de côté, voulez-vous, le flot de médiocrité, d'inepties, de "bêtises" enfin, que les ondes portent à longueur de journée dans des dizaines de millions de foyers. On ne juge rien d'après ses malfaçons. Qu'adviendrait-il de notre religion si on ne l'envisageait que d'après les clercs qui la trahissent ? [...] Mais cela n'autorise personne à vilipender la chanson, qu'elle soit ou non réaliste, et à déclarer que le cas de cette chanteuse n'offre pas d'intérêt. Ceux qui ont été tenus en haleine deux heures durant par ce petit bout de femme au visage ingrat à jamais marqué par la misère de sa naissance, de son enfance, de sa jeunesse, ne peuvent oublier la sincérité des cris de passion, de douleur et d'espoir qu'elle arrachait du tréfonds de ses entrailles [...]. C'est bien connu, Édith Piaf donnait tout ce qu'elle avait. Si ce n'est encore là la meilleure garantie de salut, je ne sais plus ce que veut dire l'Évangile. Quant à la vie privée des vedettes – qui n'appartient qu'à Dieu –, s'il était permis d'en tenir compte pour canoniser ou condamner leur art, comment les Pères du Concile pourraient-ils siéger sous la Coupole de Michel-Ange ? » Une allusion directe à l'homosexualité du peintre.

Au Père-Lachaise, le Père Lelong avait déjà crié aux micros des reporters avec quelle hauteur, selon lui, Piaf avait incarné les valeurs chrétiennes. Ce en quoi, avec le recul, une question se pose : Avait-on le droit moral de refuser à cette malheureuse l'accès à la maison d'un « petit Jésus » auquel depuis l'enfance elle s'accrochait et à qui, chaque soir, elle adressait des signes désespérés, à genoux devant son lit ? Divorcée, soit, mais au ve siècle le pape Léon Ier reconnaissait le concubinage et dans l'Église primitive deux jeunes gens baptisés qui vivaient ensemble étaient considérés comme mariés religieusement puisque consentants et entretenant une relation charnelle. À l'heure où la civilisation chrétienne périclite sur fond de repentances manipulatrices, rappelons seulement qu'en écartant les pécheurs de Dieu, c'est Dieu que l'on condamne à l'isolement. « Étonnez-moi », disait Diaghilev. Dieu ne saurait s'étonner de ce qu'il a créé, mais nul doute qu'au spectacle transcendant de cet oiseau qu'on appela Madame, le Très-Haut dut compter avec son propre éblouissement. Car, de son éclosion à sa trop rapide et pénible décomposition, et parce qu'elle ne voyait bien qu'avec le cœur sans rien emprunter à Saint-Ex, la Môme a laissé en partant un parfum tel d'amour et de ferveur à la limite du mysticisme que toute tentative d'opprobre jeté sur elle sombre aussitôt dans le ridicule. Le scandale n'était pas Piaf. Le scandale, c'est tout ce qu'il y eut autour d'elle de son vivant et qui continue après sa mort. Or, quand le scandale est partout, il n'y a plus de scandale.

Au soir des obsèques, le commissaire principal Charlot, chargé du 20e arrondissement, adressa son rapport au directeur général de la Police municipale. Après avoir rappelé le déroulement des faits, quart d'heure après quart d'heure, il termine par ce constat : « Je signale qu'à 14 heures 20, à mon bureau, j'ai reçu une communication téléphonique de Maître Floriot, avocat à la Cour, qui manifestait son indignation, ayant vu pénétrer dans le cimetière la Cadillac de monsieur Aznavour, alors que les autres voitures stationnaient dans le boulevard de Ménilmontant. Je n'ai pas vu cette voiture pénétrer dans le cimetière. Elle n'a pu le faire qu'avec l'autorisation des services du cimetière et des Pompes funèbres qui barraient la porte d'entrée, devant l'allée centrale bordée de spectateurs. Maître Floriot, informé que je rendrais des comptes de son intervention, s'est déclaré satisfait et, après avoir loué le service d'ordre de police, m'a dit qu'il ne donnerait aucune suite près monsieur le Préfet de la Seine à cette affaire qui l'avait scandalisé. »

Le lendemain, 15 octobre, dans un autre rapport adressé, toujours, au directeur général de la Police municipale, le même Charlot dressa la liste des dégâts recensés par les familles et constatés le matin même au cimetière du Père-Lachaise par l'adjoint du conservateur qu'accompagnait monsieur Lesueur, officier de Paix principal du 20e arrondissement. Ainsi, les familles Artin Aronian et Seyres signalèrent, l'une le bris d'un vase en marbre, l'autre celui d'une plaque souvenir ; les familles Allier et Delplanque, le bris de l'angle droit du socle de leurs monuments respectifs ; les Lazard déplorèrent le bris de leur jardinière renversée ; la famille Sussman se plaignit de ce que les lettres en relief sur leur tombeau avaient été détachées et éparpillées ; la famille Dijon déclara le côté droit de leur Croix et les quatre angles de leur monument écornés et les Sciaky le bris de l'angle droit de leur jardinière. Quant aux Ellmann, ils rapportèrent les angles en saillie de leur monument. Outre ces dégâts aux monuments funéraires, « de nombreuses tombes ont été piétinées et les fleurs des jardinières détruites ou arrachées », est-il précisé en note de bas de page.

Scandalisé par le comportement de la foule, Tino Rossi avait quitté les lieux ; un Corse traînant sa patrie à la semelle de ses souliers ne transige pas avec le respect dû aux morts. Quelqu'un a raconté que, sous la pression de la foule, Coquatrix avait chu dans la tombe de Piaf... « Pour sûr, il n'en serait pas remonté ! » plaisante Danielle Bonel. On a également affirmé que le patron de l'Olympia avait émis le souhait d'exposer le corps de la Môme dans le hall de son théâtre. Vrai. Devant l'odieux d'une telle tentative de récupération, Sarapo se montra ferme. Doudou Morizot : « L'enterrement de Piaf est à la fois la plus grande générale de presse qu'elle ait jamais eue et le plus navrant spectacle auquel j'aie assisté. J'étais avec Bruno, à côté de Jacqueline François, d'Aznavour et de Marquet, l'imprésario de Charles. Soudain, nous avons vu Marlène prendre les rangs qui s'étaient formés à la sortie. Tandis que les gens applaudissaient à son passage, elle levait les bras avec de grands sourires pour saluer la foule et signer des autographes. J'ai trouvé ça lamentable ! Très peu de gens l'ont su, mais le matin de l'enterrement, très tôt, je suis allé à l'Olympia pour y découper un morceau du rideau rouge de l'avant-scène, côté cour, dans le fourreau du bas. Ce morceau de tissu, je l'ai jeté dans la tombe d'Édith. Toutes les vedettes internationales qui ont touché ce rideau ignoraient que c'était celui de Piaf, parce que c'était grâce à elle s'il fonctionnait encore. Ce morceau de tissu est un dernier cadeau. C'est un respect que je lui devais. Que nous lui devions tous. Le rideau a ensuite été recousu. » Émouvant clin d'œil à la femme et à l'artiste, de la part d'une « p'tite gueule » aux antipodes de ces vedettes qui se firent photographier devant le boulevard Lannes. « Avec ma petite couronne, j'avais l'air d'un con ma mère... »

Comme il se devait, Philippe-Gérard fut de ces quelque quarante mille personnes présentes au Père-Lachaise, le 14 octobre 1963. « J'avais tellement de chagrin que je ne voyais plus rien, dit-il. J'étais déboussolé et j'ai mis un temps fou pour arriver jusqu'à la tombe d'Édith. Quinze jours avant sa mort, elle m'avait appelé en me tenant à peu près ce discours qui m'avait glacé le sang : "Je ne pouvais pas partir sans te dire au revoir. Il faut que tu saches que tu es mon meilleur ami et que tu le resteras." Elle m'a dit des phrases plus belles encore, mais j'en ai oublié les termes exacts. "Ce n'est pas possible de dire des choses comme ça !" lui ai-je répondu, la gorge nouée. Ma femme était à côté de moi, elle a tout entendu. J'étais absolument bouleversé. Sa mort m'a fait un effet abominable. Perdre Édith, c'est perdre ce qu'il y avait de plus précieux sur tous les plans, sur le plan artistique et sur le plan humain. »

PIAF, LA VÉRITÉ

En 1966, à l'initiative d'on ne sait trop quel marchand et sous le parrainage de *France Dimanche*, une vaste manifestation fut organisée dans le quartier natal de la Môme, l'une des premières du genre. Ce jour-là, à hauteur du 72, rue de Belleville, au cœur d'une foule cyclopéenne accourue pour l'événement, Doudou Morizot, délégué par Coquatrix, dévoila avec Maurice Chevalier la plaque commémorative apocryphe que l'on sait : « Ici, sur ces marches, etc. » Dans le compte rendu qu'il fait de cette journée censée commémorer, rappelons-le, le souvenir d'une morte, Piaf expédiée en quelques lignes, Chevalier écrit à la page 140 du énième volet [75 berges] de ses mémoires feuilletonesques : « Au milieu des poignées et des "bonjour, Maurice"... "Vive Maurice"... la police me permit d'atteindre la maison du 72 et là, dans cette rue noire de monde, s'éleva une ovation qui partait de tous côtés sans oublier les fenêtres ! [...] J'étais heureux, j'avais en moi la certitude qu'ici ou là, tout le monde connaissait et respectait le nom de cet ancien petit pauvre, parti de Ménilmontant pour faire rayonner dans tous les coins du monde ce que les pavés avaient formé dans son cœur de gavroche. » Il est un âge pour dire qu'on a été pauvre, il en est un autre où l'on doit arrêter de le faire savoir. Momo, son frac impeccable, ses discours patriotiques et ses bonnes manières de *french gentleman* empruntées à l'Anglais Fragson, à qui la spirituelle Lady Wemyss aurait pu s'adresser lorsqu'elle eut ce mot : « Ôtez le chapeau, la canne et les gants, que devient la politesse française ? » Car, au fond, quelle différence entre l'attitude d'un vieux loup ayant raflé tout ce qu'il y avait à ramasser en gloire, en argent et en reconnaissance, lorsqu'il se laisse aller à mordre sur les plates-bandes d'une défunte et celle de tous ces indélicats qui harcelèrent les vedettes venues accompagner Piaf au Père-Lachaise, trois ans plus tôt ? « Un autographe, M'sieur Tino Rossi... » « Une signature, M'dame Dietrich... » « Bonjour, Maurice !... » « Vive Maurice !... » Monde pathétique et cruel que celui où errent les artistes, ratés ou consacrés. L'absence de succès ou l'admiration parfois exacerbée du public et sa versatilité produisent des monstres d'égocentrisme et de schizophrénie. Au début, Chevalier comme Piaf furent sans doute des êtres « normaux ». Ils ont tout fait pour ne pas le rester. Sans avoir jamais su ni l'un ni l'autre qu'un lien de sang autrement plus fort que les fausses solidarités de théâtre les unissait. Directement issus de Jean-Baptiste Descresme, maître-bourgeteur à Lille et de Marie Madeleine Fardez, son épouse, unis devant Dieu, à Roubaix, en 1722, Piaf et Chevalier étaient cousins au quatorzième degré par leur branche paternelle respective.

« La vie des héros a enrichi l'Histoire et l'Histoire a enrichi la vie des héros. »

La Bruyère

II

Les lingots de Théo

Le retour au boulevard Lannes fut pénible pour Danielle et Marc Bonel[1]. Hébétés, fatigués, dans ce grand appartement qui avait connu l'affluence, ils s'y retrouvèrent seuls face au vide. « Après l'enterrement, j'ai dû retourner avec Marc à Plascassier pour remettre de l'ordre à l'Enclos de la Rouée avant d'en rendre les clefs, raconte Danielle. Nous étions partis en catastrophe et tout était resté là-bas : les bagages, la Mercedes d'Édith... En faisant le ménage, j'ai retrouvé des ampoules prescrites par le médecin et que Margantin n'avait pas administrées à Édith, ainsi que des boîtes entières de médicaments jetées derrière les meubles de la cuisine... »

Le 14 octobre, sa patronne et amie mise en terre, prenant toutes les précautions pour éviter les journalistes, Danielle conduisit Sarapo chez Jean-Claude Brialy, place des Vosges. Dans l'après-midi, elle lui rapporta quelques affaires dans une valise. Le soir même, Théo partait se retrancher à Monthyon avec l'acteur. Simone Margantin a clairement évoqué une relation intime entre les deux hommes, le jour du rapatriement du corps de Piaf à Paris. Danielle Bonel refuse de s'avancer : « Je ne veux pas savoir ce qui s'est passé entre Brialy et Théo. À ce moment-là, Brialy vivait avec Michel, antiquaire le jour, travesti la nuit. *La Grande Zoa*, que chante Régine, a d'ailleurs été inspirée de son personnage. Après la mort d'Édith, Jean-Claude a été très bien avec Théo,

1. Marc mit deux ans avant de se réadapter. Par fidélité envers Édith, il refusa de reprendre son métier et d'accompagner d'autres artistes. Comme il leur fallait vivre, Danielle et Marc sont entrés chez Sony, lui comme archiviste, elle en qualité de standardiste. Ils y sont restés dix ans, avant de se retirer à Saint-Antonin-Noble-Val.

puis ils se sont fâchés pour des histoires de coucheries. Brialy en fit retomber la responsabilité sur le pauvre Théo. Enfin, pas très intéressant, tout ça. »

Dans ses mémoires, Brialy n'évoque que brièvement Sarapo, dont il se fait le bon samaritain. En revanche, son histoire de malédiction rivalise de mauvais goût. Pour le remercier de son asile, le beau Théo avait offert au page du Tout-Paris la collection de disques de Piaf, ainsi que les *Mémoires* de Casanova et une robe de scène d'Édith « avec le cœur dessiné par Balmain ». Brialy explique qu'il relégua « précieusement » la robe au grenier, après l'avoir pliée et rangée dans un carton. « Quelque temps plus tard, écrit-il, des amis vinrent dîner. Nous parlâmes d'abord de Pierre Brasseur, qui était un grand ami d'Édith, puis nous en vînmes à Piaf et, tout naturellement, j'eus envie de leur montrer cette robe mythique. J'étais dans l'escalier pour aller la chercher lorsque le téléphone sonna. Je redescendis, décrochai, et l'on m'annonça la mort de Pierre Brasseur ! J'étais effondré. Du coup, j'oubliai la robe pour penser à Pierre et à sa famille. Peu après, je me trouvais dans le même contexte à Monthyon. On parla d'Édith et, à nouveau, je dis : “Tiens, je vais vous montrer la petite robe noire.” À ce moment-là, le téléphone sonna : Théo Sarapo venait de se tuer en voiture ! » Là encore, Brialy perd toute notion de temps et de réalité. Brasseur étant décédé neuf années après Édith Piaf (16 août 1972), l'interprète de *L'illusionniste* confère un savant pouvoir d'élasticité à son « quelque temps plus tard ». Quant à Sarapo, il ne pouvait mourir après Brasseur, puisqu'il partit lui aussi un mois d'août, mais en 1970. Ce qui fragilise sensiblement un témoignage déjà plus que suspect. Il est en revanche exact que Brialy hérita de son surnom de « Mère-Lachaise » le jour de l'enterrement de Piaf.

D'autres encore ont carrément prétendu que Piaf portait malheur. « Ça me met hors de moi quand j'entends des trucs pareils, se révolte Micheline Dax. Combien sont-ils à vivre sur le dos de Piaf depuis bientôt cinquante ans qu'elle n'est plus ! Je suis très, très contente qu'on se réfère autant à elle si longtemps après, mais que l'on ne dise plus qu'elle porte malheur ! Le film *La Môme* a été un triomphe dans le monde entier. Édith a fait le bonheur de centaines de gens, acteurs, réalisateurs, techniciens et j'en passe... Je crois plutôt qu'elle est une manne providentielle et c'est tant mieux. » Marion Cotillard a d'abord reçu un Golden Globe aux États-Unis, un Bafta à Londres et à Paris le César de la meilleure interprétation féminine. « Tu as changé ma vie », a-t-elle déclaré à Olivier Dahan, lors de cette dernière cérémonie. À ce détail près : c'est Édith Piaf qui a transformé la vie de mademoiselle Cotillard et celle de Dahan & co.

En février 2008, à l'annonce de l'attribution de l'Oscar à la Française, André Schoeller m'a aussitôt appelé, admiratif, mais néanmoins catégorique : « Ce n'est pas Cotillard qui a été honorée, c'est Piaf ! Les Américains sont fous d'elle. Mais si Édith n'avait pas voulu qu'il en soit ainsi, elle aurait fait opposition. Cela dit, Marion méritait d'être primée. Quant au film, que j'ai vu, il m'a déçu, tant au niveau du scénario à la fois pauvre et désordonné, que pour la noirceur outrancière avec laquelle Dahan a repeint les murs de Piaf. À aucun moment je n'ai réussi à éprouver l'émotion légitime que j'étais venu chercher. » En remportant à Hollywood la récompense la plus prestigieuse du cinéma, quarante-huit ans après Simone Signoret qui, elle, jouait en anglais dans un film anglais, la « Môme Cotillard » est entrée dans l'Histoire du septième art par la grande porte. Dans un trop bref discours, elle remercia l'« amour » et la « vie » : « C'est vrai qu'il y a des anges dans cette ville de Los Angeles », abandonnant à un politique, en l'occurrence Nicolas Sarkozy, Président de la République française et atlantiste convaincu, l'initiative de récupérer l'événement en rendant à Piaf ce qui lui revenait de droit : « À travers l'interprétation de Marion Cotillard, revit sous nos yeux le parcours de celle qui donna à la chanson ses lettres de noblesse et d'authenticité, celle aussi qui unit étroitement la France et l'Amérique. »

La Môme disparue, Sarapo n'ayant plus les moyens d'employer Suzanne et Christiane, mère et fille furent renvoyées. Elles en conçurent de la rancœur. Christiane Guezo raconta que personne n'avait songé à les emmener au cimetière en voiture. « On nous "oublia" et lorsque nous sommes parvenues, épuisées, jusqu'à la tombe, Madame était déjà en terre... ». Elle et sa mère furent remerciées sans préavis ni indemnités, avec un certificat de travail pour deux ! « Jamais on ne nous remboursa l'argent que nous avions avancé. De retour du cimetière, on nous demanda de quitter nos chambres au sixième étage au plus tôt sans se soucier de savoir si nous avions où coucher. C'est la cuisinière du propriétaire de l'appartement d'Édith qui nous a prêté une chambre. Certaines personnes de l'entourage d'Édith cherchaient à préserver leurs "places" auprès de Théo et n'ont pas hésité à prendre rapidement les choses en main pour nous évincer... Nous nous sommes tues pour ne pas faire de scandale et laisser Édith reposer en paix. Ma mère, déjà très fatiguée, en tomba malade et ne s'en remit pas. Nous avons payé cher nos années de dévouement. » Seule Danielle Bonel resta quelque temps (avec Christian, le chauffeur de Piaf) pour veiller sur Sarapo. Six mois, environ. Dans une lettre à des amis, écrite peu après les obsèques,

Marc rend hommage à son épouse : « Théo a encore besoin d'elle. Maintenant plus que jamais il réalise la femme qu'elle est. Nous ferons pour le mieux, mais plus vite elle sera libre, plus vite nous serons heureux. La famille Sarapo sont de braves gens, mais ils étaient complètement en dehors du coup, c'est là que Danielle s'est surpassée, avec Barrier, elle a porté tout l'enterrement sur ses épaules. »

Le 7 décembre 1963, le jeune veuf retourna seul à Bruxelles pour se présenter devant le public de l'Ancienne Belgique, venu nombreux, avec un récital de douze chansons. « Je reviens, malgré tout ce qui s'est passé », annonça-t-il d'entrée. « Une longue silhouette sombre, un visage livide de Pierrot lunaire sous le fond de teint, les cheveux presque aplatis, il avait soigné la présentation dans une gamme de noir et de blanc, soulignait le lendemain un critique de *Paris-Presse-l'Intransigeant*. Théo Sarapo a eu un trou. La tête vide, le vertige et tout à coup les mots qui n'arrivent plus à s'articuler. Il s'y est repris à trois fois pour conjurer le sort et retrouver ses couplets. Mais rien n'y a fait. Ni sa bonne volonté, ni les efforts du pianiste, ni la compréhension du public. Il n'a pas fini sa chanson, *Les Espagnols*. Il est passé directement à la suivante. » Ce récital fut jugé autobiographique : « D'un titre à l'autre, on pouvait suivre les états d'âme du jeune homme et ses projets d'avenir [...]. Il ne pleurait pas la mort d'Édith Piaf, il la rendait présente à ses côtés. Comme elle l'aurait souhaité [...]. Plus tard, lorsque les souvenirs se seront estompés, il reprendra un peu sa liberté et un style moins influencé. Quand commencera-t-il sa seconde carrière ? Il n'en a pas dit davantage aux vieilles dames qui assiégeaient sa loge. »

Un peu plus de deux semaines après, Sarapo fut affiché à Bobino. En coulisses, passé à la question sans jamais se départir de son calme, il eut à se défendre face à l'incorruptible Juliette Boisriveaud. « La tête résignée des enfants qui ne lèvent même pas le bras quand part la gifle : il est désarmant à force d'être désarmé », devait s'incliner la journaliste de *Paris-Presse*. Non sans avoir auparavant émis quelque soupçon : en effectuant sa rentrée deux mois seulement après la mort de Piaf, Sarapo ne faisait-il pas un peu trop dans l'urgence ? « Vous voulez dire que j'ai l'air d'utiliser son souvenir ou de ne pas le respecter ? Voyez-vous, mon métier, c'est de chanter. Je l'ai appris avec elle. Si Édith était là, je serais aussi passé en vedette à Bobino, seul. C'était prévu. Et puis d'ailleurs... (...) Si je chante des chansons d'amour tristes, on dira que je porte mon chagrin en écharpe pour la publicité. Si elles sont gaies, c'est que j'ai bien vite oublié. Que voulez-vous que j'y fasse ? » Comme Boisriveaud lui faisait remarquer que ses mains tremblaient, Sarapo les passa dans ses cheveux en disant : « Elles tremblent toujours... Mes cheveux sont courts, vous avez vu ? J'ai découvert le plaisir d'avoir les cheveux courts. Je les fais couper tous les jours un peu plus courts [...]. Avant j'agaçais les gens, maintenant je ne les intéresse plus. Je ne peux plus supporter cette maison immense, quand je suis seul. Les premiers jours, je sortais simplement dans la rue pour voir passer des gens. Maintenant, j'agrippe les amis qui viennent dîner pour qu'ils s'installent ici. »

Gilles Durieux se souvient avoir fréquenté Sarapo dans les années qui suivirent la mort de Piaf : « J'ai fait sa connaissance par Jacqueline Huet qui me l'avait présenté. Nous allions souvent, avec Théo, dîner aux Îles Marquises, le restaurant d'Albert Chamou, rue de la Gaieté. Nous nous retrouvions également souvent chez Pierre Massimi, à La Celle-Saint-Cloud, pour y faire du vélo, en compagnie de Jacques Santi [*Les Chevaliers du ciel*] et de Max Urbini, journaliste à *France Football.* Je me souviens encore d'interminables parties de ping-pong, dans le salon du boulevard Lannes. Nous n'enlevions même pas nos chaussures. La merveilleuse Danielle Bonel, dont il m'a plus tard été donné d'apprécier les grandes qualités, au moment du tournage d'*Édith et Marcel*, n'était plus là pour veiller sur lui. »

Une liaison entre Sarapo et Jacqueline Huet fut de notoriété publique. Elle s'est mal terminée. Madame T. m'a confié que la speakerine se montrait très autoritaire avec Théo qui, on l'aura compris, n'était pas un dominant. Madame T. a du mal à admettre l'homosexualité de Sarapo. « Il aurait fallu que je le voie pour le croire. Pour ma part, je ne l'ai jamais connu qu'avec des filles. Avant Jacqueline et après Édith, il y eut Françoise, un mannequin. Elle voulait que Théo abandonne le chant, ça ne pouvait donc pas marcher. » Danielle Bonel : « Théo a toujours été un garçon très discret. »

Si l'on se fie aux déclarations de Sarapo, celui-ci n'aurait prétendument pas pu quitter le boulevard Lannes, au motif que « l'immense appartement servait de caution, et après chaque gala, une fois payé le fisc, j'en étais de ma poche ». Un appartement loué peut-il servir de caution ? « Il faut faire attention avec les journaux, ils disent n'importe quoi », fait remarquer Danielle Bonel. Une note confidentielle émise par les Renseignements Généraux, le 24 novembre 1964, mentionne néanmoins les ennuis d'argent du jeune veuf. « Depuis le décès d'Édith Piaf, M. Théo Sarapo, son mari, effectue fréquemment des démarches auprès de la direction de la firme Pathé Marconi, afin de percevoir des royalties sur la vente des disques de la vedette disparue. La direction ne semble pas disposée à lui donner satisfaction, faisant valoir que

Madame Édith Piaf était seulement interprète de ses chansons et que seuls les droits d'auteur sont exigibles par les héritiers. M. Théo Sarapo ne se serait pas contenté de ces explications et envisagerait de porter l'affaire devant les tribunaux si un arrangement à l'amiable s'avérait impossible. » Sans plus de précisions ultérieures sur le débouché de cette affaire. « Le boulevard Lannes était une charge très lourde et Théo qui y menait bon train n'eut bientôt plus de contrats, explique Danielle Bonel. Les impôts se sont accumulés. Le calcul est vite fait. » D'autant que, par la suite, Sarapo fut taxé sur les droits d'auteur de Piaf directement partis dans la caisse du receveur des contributions. Néanmoins, il ne fit jamais aucune allusion aux quelques lingots d'or de son épouse, placés dans un coffre en Suisse et qu'il récupéra. Une révélation de Danielle Bonel.

Dans les archives de l'ancienne secrétaire, une lettre écrite à cette époque à Sarapo, particulièrement vindicative, nous montre en quelle estime était alors tenu le jeune homme par une partie de l'opinion. « Vous avez laissé (ou fait) publier dans la presse que vous restiez veuf avec vingt millions de dettes ! Ce n'est vraiment pas élégant de votre part. Que Piaf ait été entourée d'une foule de suçons et que vous ayez à vous en débarrasser au plus vite, soit ! Que Piaf ait gaspillé tout au long de sa vie, c'est certain... mais n'en avez-vous pas, sorti de rien, largement profité ? Et aux vingt millions de dettes ne s'oppose-t-il pas un revenu très important des disques de Piaf ? Et un appartement qui vaut quelque chose ? Vous avez épousé une femme condamnée à mort, déjà, et vous le saviez, vous avez provoqué un suicide que vous devriez avoir sur la conscience... Il vous reste à payer vous-même et c'est une juste punition. Piaf aurait peut-être – ce n'est pas sûr – réussi à vous imposer sur scène ou à la radio. Ne vous fiez pas maintenant à de mauvais conseillers : votre talent personnel est inexistant. La sympathie de beaucoup de gens pour Piaf a pu vous faire illusion quant au public venu vous entendre. Sachez bien que les morts vont vite, surtout aujourd'hui, qu'il y a quantité de jeunes sans aucun talent qui cherchent à percer et qui, même provisoirement, font illusion. Votre seule chance est d'exploiter au plus vite, avant l'oubli total, le capital Piaf. C'est la grâce que je vous souhaite. Avec mes meilleurs sentiments. »

En vertu de quoi, les moins bien informés sont toujours ceux qui font le plus de bruit.

Un fan-club Sarapo fut constitué, tenu par une certaine Danièle. Son image de pauvre veuf abandonné sans le sou après la mort de sa vieille dépensière d'épouse ne fut pas suffisante pour garantir un avenir professionnel à Théo. En milieux autorisés, on murmure qu'une célèbre chanteuse grecque ne fut pas la dernière à lui mettre des bâtons dans les roues. Selon madame T., la vérité serait qu'un jour elle aurait refusé de paraître sur la même affiche : « Pas deux Grecs à la fois ! » Il en est une, en revanche, qui aurait vendu son âme pour remplacer Édith Piaf dans le cœur du jeune homme. Une admiratrice canadienne qui ne cessa de harceler le pauvre Théo en lui envoyant des photos d'elle dans toutes les poses connues de la Môme, d'une ressemblance effrayante !

En 1969, Sarapo avait quitté le boulevard Lannes pour s'installer à Saint-Cloud. À 33 ans, après un tunnel français et quelques incursions à l'étranger [il termina second à la coupe d'Europe du Tour de chant, en 1967, à Knokke], sa carrière sembla prendre une courbe ascendante. « Je veux réussir », déclara avec force cet éternel indécis à ses supporters de *La Dernière Heure*, en juillet 1969, au diapason avec Neil Armstrong, parti décrocher la lune. Essentiellement dramatique, son répertoire de départ portait la marque de la Môme. Sa femme vivante, Sarapo aurait été incapable de se dégager de son emprise, tant au privé qu'au professionnel. Plus doux, son nouveau tour de chant épousait davantage sa personnalité. Le passage de Théo à *La Tête de l'Art* en février 1970, avec Annie Cordy, en témoigna. Or, toujours aussi féru de cinéma et de *musicals*, le bellâtre visait d'autres cibles. En décembre 1969, remarqué par Jacques Fabbri dans l'émission *Entrez dans la confidence,* Sarapo mit un pied – un pied bot, celui de Pierre, son personnage – dans l'univers de la comédie musicale, avec *Il était deux orphelines*, une œuvre de Mirea et Malineau, mise en scène par Fabbri, répétée au Casino d'Enghien et jouée au Théâtre des Variétés. « Je cherchais un chanteur authentique, doté de sensibilité et qui possède le sens du comique, expliqua Jacques Fabbri, sous le charme à la veille de la première. J'ai découvert tout cela chez Théo. Dès les premières répétitions, j'ai senti que c'était le personnage. Il m'a beaucoup étonné. Je crois qu'il va également surprendre les spectateurs. Il fait des débuts d'acteur prometteurs. » Plus mesuré, Sarapo n'était pas moins convaincu que les choses commençaient à bouger pour lui : « Lorsqu'on est au fond du puits, les amis sont rares. Je n'ai peut-être pas encore gagné une victoire sur le public mais j'en ai gagné une sur moi-même [...]. Et lorsqu'on se trouve derrière un mur, il faut un jour se décider à le franchir. » Peu après, Yves Boisset recruta le digne héritier de Piaf pour lui confier le rôle de Lupo, dans *Un Condé*, aux côtés de Françoise Fabian, Michel Bouquet, Bernard Fresson et Pierre Massimi. Tiré de l'œuvre de Pierre Vial-Lesou, et sorti deux mois après la mort de Théo, ce film défraya la chronique, après avoir indisposé la censure.

Nonobstant, avec ses faux airs d'étudiant de la Sorbonne inconsolé d'avoir vieilli trop vite et en dépit de ses qualités et de la puissance de ses propos volontaristes, Sarapo restait un gentil et un être désespérément propre, dans un métier où ces deux tares sont les pires des ennemies. « Théo Sarapo, je le crains, ne sera jamais une idole, écrivit un scribe de *L'Aurore*, qui s'y entendait. Il a trop de scrupules pour réussir. » Celui dont Nicoletta disait qu'il portait toute la nostalgie de la Grèce dans son regard, ce Théo Sarapo que l'on avait dévoré en l'accommodant aux sauces les plus indigestes, ce trentenaire à peine épaissi rencontra son destin dans l'après-midi du 28 août 1970, loin des feux de la rampe, sur une route de province, du côté de Limoges, dans la région de Saint-Léonard. Il s'y trouvait en vacances depuis quelques jours chez monsieur et madame Fezard, propriétaires du « Moulin de Cheyssoux », un hôtel-restaurant près du lac de Bulajeuf. Ce jour-là, Joël, le fils de la maison, alors sous les drapeaux, devait reprendre son train pour regagner sa caserne de Lunéville. Théo se proposa pour l'accompagner en gare de Limoges. La DS du Grec, conduite par Christian Gauthier, son chauffeur, tenait bien sa droite lorsque, à la sortie du village de Bonazol, elle fut heurtée par une Ford Taunus qui venait en sens inverse à vive allure après avoir dépassé un véhicule dans un virage. Quelques rapides tonneaux plus tard, la DS s'en alla percuter deux arbres pour retomber sur la route. Les cinq occupants de la voiture, dont Christian et son fils Jeannot, furent éjectés. Tous, excepté Sarapo qui resta coincé. « Christian, qui m'a décrit l'accident, m'a raconté qu'il l'entendait hurler de douleur », révèle madame T. « Achevez-moi ! » aurait demandé Sarapo aux pompiers dépêchés sur les lieux pour le dégager. Il mourut peu après son admission à l'hôpital de Limoges, où Michel Drucker alors en reportage dans la région fut le dernier à le voir vivant. Madame Lamboukas vaquait à sa vaisselle dans sa cuisine de La Frette, lorsqu'elle apprit la nouvelle par la télévision. Elle prit aussitôt le train de Limoges en état de choc, avec son mari. Le corps de leur fils était dans un état tel que l'on préféra qu'elle ne le vît pas.

« Il est mort à cause de sa gentillesse, pour avoir voulu rendre service, soupire Danielle Bonel. Édith disparue, on l'avait vite oublié. Je l'ai accompagné un peu partout pendant quelques mois. La dernière fois, c'était à Saint-Céré, dans le Lot. Théo ne conduisait pas. Il avait pourtant appris lors de son service militaire, en Algérie. » Madame T. nous précise qu'il y fut le chauffeur du colonel : « Je me rappelle qu'il nous disait : "Pour mon prochain, il ne vaut mieux pas que je prenne le volant." » « Ç'eût d'ailleurs été impossible, renchérit Danielle Bonel. Un garçon à part, Théo. Inutile de vous dire que ses obsèques à l'église orthodoxe de la rue Bizet, là où Édith et lui s'étaient mariés huit ans plus tôt, ont été épouvantables. Marc et moi nous y étions rendus pour soutenir monsieur et madame Lamboukas, accablés de douleur. » Rehaussée par l'amplitude des chants grégoriens, la cérémonie fut brève mais grave et belle. La couronne d'Enrico Macias fut remarquée. Théo devait partir en tournée avec lui deux mois plus tard. Peu de monde au cimetière du Père-Lachaise. Cinq cents personnes, tout au plus. On remarqua la présence de Denise Gassion, de Jacqueline Huet et de Marcel Cerdan junior.

Préalablement inculpé d'homicide et de blessures involontaires, de conduite en état d'ivresse et de contravention au code de la route, dix-huit mois plus tard, François Eugène, l'étudiant d'origine antillaise responsable de l'accident ayant entraîné la mort de Sarapo, fut condamné par le tribunal de grande instance de Limoges à trois mois de prison avec sursis, à sept cent cinquante francs d'amende et à trois ans de suspension du permis de conduire. Le père et la mère de la victime se virent accorder chacun vingt mille francs de dommages et intérêts. Après coup, Loulou Barrier devait admettre que Piaf n'avait pas vu tellement faux en ce qui touche Sarapo : « S'il n'avait pas eu son accident, il aurait fait quelque chose. Il avait des qualités. Beaucoup de qualités. Il n'était évidemment pas prêt. » Théo le maudit, qui, en juillet 1969, un an avant le drame, avait confessé à *La Dernière Heure* : « Je me débrouille, maintenant. Un astrologue m'a prédit qu'une nouvelle vie débuterait pour moi en 1971. Nous ne sommes qu'en 1969, je suis donc en avance sur ces prévisions. Pourquoi dès lors ne serais-je pas confiant ? » À quoi le journaliste avait conclu : « Car, comme tous les grands rêveurs, Sarapo croit aux astres et il est certain que, séparée pour toujours de lui, Édith reste malgré tout la bonne étoile qui veille sur lui... »

La presse à sensation eut tôt fait de récupérer la mort de Sarapo, pour l'associer à celle de Jacques Pills, parti quinze jours plus tard, afin de rendre la sorcière Piaf tout à fait infréquentable du haut de son Parnasse. La destination de l'âme de la Môme est affaire de croyance, mais sa tombe au Père-Lachaise est la plus visitée de la 97e division. Elle s'y trouve en compagnie de Paul Éluard, Maurice Thorez et Guy Môquet. On vient lui demander l'amour, la chance, la fortune. On lui adresse des messages que l'on dépose au pied de la Croix et qui aussitôt disparaissent, volés par des fétichistes. Certains s'agenouillent, d'autres se couchent sur la pierre glacée, d'aucuns encore dialoguent avec l'Absente, confortablement installés sur le tombeau d'en face. Michel

Dansel qui s'est penché sur l'histoire des cimetières parisiens nous dit que « certains habitués, issus d'une lignée d'occultistes et de spirites qui vivent à la petite semelle, entre Papus et Kardec, attribuent à la sépulture de l'interprète de *Mon Légionnaire* des pouvoirs d'une haute volée mystique ». Allan Kardec (Hippolyte Léon Denizard Rivail, de son vrai nom), dont Piaf avait lu tous les ouvrages, est la star incontestée de ce grand musée de l'Histoire de France. Soit quarante-quatre hectares de transférés, d'incinérés et d'« accourus » dormant au pied de quelque douze mille arbres et au milieu de centaines de chats nourris par les mamies du quartier. Du côté de chez Piaf, la guerre est partout présente à travers le gigantisme ostentatoire de monuments commémoratifs, garde-fous illusoires, auxquels on est heureux d'apprendre que le public préfère la sobriété du granit bleu gris en dos-d'âne, « le plus clair possible », sur lequel quelques lettres ne nous indiquent pas que « Madame Lamboukas, dite Édith Piaf, 1915-1963 » n'est pas morte. Seulement « entrée dans la vie », conformément à la parole de saint Matthieu et à la philosophie de la « petite fille ».

« La jalousie se nourrit dans les doutes, et elle devient fureur, où elle finit, sitôt qu'on passe du doute à la certitude. »

La Rochefoucauld

III

La chasse aux Bonel

En octobre 1964, un an après la mort de Piaf, des voix s'élevèrent pour reprocher indirectement aux Bonel de tondre de la laine sur le dos de leur ancienne patronne parce qu'ils avaient montré des images de la convalescence du phénix à Richebourg, deux mois avant qu'il ne renaisse de ses cendres pour triompher à l'Olympia. Ainsi, Raymond de Becker, qui, la même année, en juin, dans le même magazine *Arts*, avait déjà violemment reproché à Brigitte Bardot d'être intervenue à la télévision (« organisme d'État »), en faveur des « miséreux de luxe » de Joséphine Baker : « Si vous avez des fins de mois difficiles, je vous suggère une idée qui ne vous était peut-être pas venue à l'esprit. Vous vous rendez au Père Lachaise, y déterrez un cadavre (célèbre de préférence) et allez le présenter à *Cinq Colonnes à la Une*. Vous y trouverez certainement des âmes complaisantes pour examiner le macchabée avec intérêt et, si son degré de décomposition est assez avancé, le présenter aux quinze millions de téléspectateurs [...]. Car, en livrant à la publicité, l'autre soir, des bandes de 8 mm prises par des intimes d'Édith Piaf, *Cinq colonnes* s'est abandonnée à ce goût du sensationnel et du morbide. Ce n'est pas que l'on ne puisse tout montrer, mais on ne le peut qu'en certaines circonstances et d'une certaine façon. Et certes, dans ses dernières années, cette pauvre Piaf n'avait pas été fort regardante sur la confidence de ses scandales, au point qu'à l'image déchirante d'une artiste au génie certain s'était substituée la caricature d'une dégradation obscène. Mais ceux qui déjà alors avaient dû la pousser dans cette voie, se sont au petit écran dévoilés. On ne trahit pas mieux le souvenir des morts. »

Des propos irresponsables et des insinuations abjectes indignes d'un grand journaliste soucieux de l'éthique. Marc et Danielle avaient seulement voulu faire comprendre ce qu'était le miracle Piaf. Ce, bien sûr, sans contrepartie de quelque nature que ce soit. Or la machine était en marche, savamment entretenue par une poignée de ces mauvais esprits qui hantent les associations et autres amicales du souvenir. Vingt ans après de Becker, le courrier d'une admiratrice de la Môme, madame X., fit cette fois vivement réagir Loulou Barrier. L'imprésario connaissait et appréciait le couple Bonel depuis longtemps et Danielle fut la première artiste dont il eut à s'occuper, bien avant Édith. Pour avoir formé avec eux le fameux « carré sanitaire » autour de Piaf, il savait de quel bois fut le dévouement des Bonel et leur importance déterminante dans la vie de la chanteuse. Aussi, le 7 décembre 1983, se mit-il en peine de répondre personnellement à cette dame pour lui signaler qu'elle s'était permise d'émettre sur les Bonel un jugement des plus hâtifs portant atteinte à leur réputation et passible pour son auteur d'« ennuis sérieux dans le futur ». « Cette façon de faire relève de la diffamation [...]. Pour votre gouverne, sachez que j'ai été l'ami et le confident d'Édith Piaf pendant dix-huit ans et en contact quasi permanent avec monsieur et madame Bonel. Nous n'avons eu qu'à nous louer des soins et des attentions qu'ils ont prodigués à Édith jusqu'à ses derniers instants. Je me porte garant de la sincérité de leurs sentiments et de leur totale honnêteté. Quant au petit film dont vous parlez, sachez qu'il a été tourné en plein accord avec Édith dans ma propriété de Richebourg où elle passait sa convalescence, et qu'elle se plaisait à le visionner fréquemment. Madame, essayez à l'avenir d'éviter de porter des jugements sur les gens avant de les bien connaître. Votre lettre est odieuse et particulièrement injuste. Agréez quand même mes salutations distinguées. »

Le lendemain, 8 décembre, madame X répondait à monsieur Barrier en lui disant qu'elle n'avait pas voulu faire acte de méchanceté. « Croyez bien que je suis très heureuse d'apprendre par vous que monsieur et madame Bonel ont été très attentifs et bons avec Édith Piaf. J'en suis heureuse et c'est un réconfort pour moi de savoir qu'elle a été entourée d'affection jusqu'au bout, je leur dois de grandes excuses. » Satisfait de cette réponse, le 11, Loulou Barrier tranquillisa madame X sur cette « regrettable affaire » : il n'y aurait pas de suites. « Il était seulement nécessaire que vous sachiez que monsieur et madame Bonel étaient, contrairement à ce que vous pensiez, des gens de grand cœur, parfaitement honnêtes et fort estimables. » Quant à Louis Barrier, selon Évelyne Langey, qui fut pendant deux ans sa secrétaire et au gré de tous ceux qui approchèrent cet homme, il était l'intégrité personnifiée.

Danielle Bonel : « On a également raconté que mon mari passait son temps avec sa caméra à la main pour filmer Édith. C'est totalement faux ! Nous avons fait beaucoup de films, mais hélas trop peu avec Édith. Nous n'avions même pas d'appareil photo ! Je regrette de n'avoir pas eu la présence d'esprit de la filmer depuis les coulisses, quand elle chantait. J'aurais pu le faire, vu qu'il n'existe aucun enregistrement vidéo de Piaf. Quand d'autres impresarii ne pensaient qu'à faire feu de tout bois en engrangeant les francs et les dollars, Barrier travaillait à l'ancienne. »

Il faut rendre à Barrier ce qui lui revient : si l'imprésario fit sa fortune du vivant de Piaf, une fois celle-ci décédée, il n'exploita jamais son souvenir. Au contraire de ceux qui bâtirent un petit empire grâce à un commerce post mortem frénétique. Des gens introduits dans une partie de l'entourage Piaf, après sa mort, mais qui ne l'ont jamais connue, bien qu'ils fassent croire le contraire. Les mêmes ont toujours éprouvé une jalousie féroce envers les Bonel, qu'ils accusèrent eux aussi à demi-mot d'avoir volé leur patronne. Alors que leur retraite, les Bonel la gagnèrent à la force de leur labeur et de privations incessantes, pendant que tant de misérables pillaient et ripaillaient à loisir autour de Piaf. L'un et l'autre travaillèrent avant Piaf. Danielle, nous l'avons vu, avait 3 ans lorsqu'elle débuta sa carrière. Ils durent travailler après Piaf. Ils n'ont jamais rien vendu, jamais rien monnayé. Leurs films, ils les ont toujours prêtés gracieusement. Jacques Pessis ou Michel Drucker pourraient en témoigner. Danielle : « Qu'est-ce qu'on a dépensé comme argent ! Nous offrions des reproductions d'affiches, des tirages et des retirages de photos, à droite et à gauche, à l'un et à l'autre... Oh là ! là !... » Danielle et Marc se sont même départis de « petites choses » pour en doter l'Association des Amis d'Édith Piaf, dont un imperméable porté par la Môme à l'Olympia en 1960/61 dans la chanson *La Ville inconnue* et un peigne gravé *Édith*, offert à Piaf par une admiratrice américaine. Pendant des années, Danielle et Marc fournirent d'innombrables renseignements à l'AMEP, en répondant avec le plus de précisions possibles aux questions posées. Danielle a gardé toutes les traces de cette correspondance. Comme elle a longtemps conservé, nous le savons, tous les effets de Piaf, robes, lettres, vêtements, sous-vêtements, chaussures et jusqu'aux shorts de la Môme, de toutes les couleurs, signés Jacques Heim. Quand on sait la cote que pourrait atteindre la vente d'une seule paire de chaussettes de Piaf à Drouot ou chez Sotheby's, on comprend que l'argent n'a jamais été la motivation des Bonel. Sans parler de la robe noire, celle des Premières à l'Olympia et au Carnegie Hall. Pour la posséder, nombre d'irrécupérables auraient été « décrocher la lune », « voler la fortune », et jusqu'à se faire « teindre en blonde »... Danielle vient de tout céder à la Bibliothèque Nationale.

Parallèlement à sa lettre à madame X, le même jour, Loulou Barrier avait envoyé un courrier du même ordre à un autre personnage, un fan ayant répandu les mêmes ragots et qui se targue aujourd'hui encore d'être la mémoire de Piaf sans avoir jamais approché la chanteuse. Une lettre dont Barrier adressa une copie aux Bonel et dans laquelle il dit : « Vous n'avez pas connu Édith ; c'était un être extraordinaire, pétri de qualités immenses, de talent et de cœur, mais comme pour tous ces êtres exceptionnels, sa vie comportait des périodes difficiles à supporter, et nous devons être reconnaissants à monsieur et madame Bonel d'être restés tant d'années dans son entourage et de l'avoir aimée, soignée et servie avec un grand dévouement, jusqu'à ses derniers moments. Ce qu'ils ont fait et ce qu'ils ont dû parfois supporter, je crois que personne n'aurait pu le faire. Monsieur et madame Bonel ont formé à ses côtés un couple d'une intégrité parfaite et je m'en porte garant sur tous les points. Édith, malgré ses périodes de débordement dont elle était coutumière, les aimait et les estimait beaucoup, avait en eux la plus entière confiance, et elle serait furieuse de les savoir attaqués par certains, aujourd'hui [...]. Le tort de monsieur et madame Bonel est d'avoir cédé trop souvent aux instances de gens intéressés qui ne se faisaient pas faute de leur demander sans cesse soit des photos ou des renseignements de toutes sortes. Ils n'en sont guère récompensés. À vous, monsieur, d'essayer dans la mesure du possible d'effacer le tort moral qui leur a été causé. Je vous prie de croire... »

« Je n'en veux à personne, assure Danielle Bonel. Marc et moi sommes toujours restés sur le principe qu'il est inutile d'accorder de l'importance à des choses ou a des gens qui n'en ont pas. » Après la mort d'Édith, *France Dimanche* ayant sollicité le couple pour recueillir leurs souvenirs de dix-huit années de maison Piaf, avec comme argument la promesse d'un chèque important, les Bonel, qui avaient du mal à terminer les travaux de La Pélagie, en conçurent des scrupules. Par acquit de conscience, ils s'en remirent à Barrier et à Théo pour prendre leur avis et au mieux obtenir leur accord moral. « Théo nous a dit textuellement : "C'est à vous que ça revient" », révèle Danielle Bonel. Quant à Barrier : « Il faut signer, de toute façon les mémoires seront faits par d'autres et n'importe comment ! » Les Bonel signèrent, empochant « le plus gros contrat de ma carrière », selon l'émouvante expression de l'accordéoniste. Soit cinq millions d'anciens francs, qui leur permirent d'achever enfin la construction de leur petit nid de repos.

Merry Christmas

Celle la c'est pour vous
deux ducon que j'aime
plus que tout au monde
et jusqu'a la fin des
fin Ta petite sœur

Edith

A Norcross card
25N61
GINGHAM GIRL
TRADE MARK
© NORCROSS INC. N.Y.

à Marc Bonel

Piaf et les Bonel : à la vie à la mort.

(collection Danielle Bonel)

Comme il se devait, et parce qu'il en avait été ainsi convenu, Barrier relut l'ensemble des écrits avant leur publication. Dans un entourage mité, les Bonel furent une chance pour Édith Piaf. La Môme le savait. Tout le monde le sait. Même Ginette Richer. En dépit de ce qu'elle propage...

Nous avons déjà rencontré Ginette ici et là dans ce livre. Elle fut une amie de Piaf. Parmi d'autres. Elle est la seule à avoir commercialisé leur histoire. Voilà pourquoi son cas est mieux connu. Contrairement à ce qu'elle affirme, une première fois, par l'entremise d'Auguste Le Breton, à qui le journaliste Gilles Durieux servit de nègre, Richer avait livré ses souvenirs dans *La Môme Piaf*, un ouvrage dont André Schoeller nous a dit tout le bien qu'il en pensait. Sa seule mémoire ne suffisant pas (et pour cause !), Ginette alla quêter des anecdotes chez les uns et chez les autres, parvenant ainsi à fournir à Le Breton de quoi étayer un livre conçu dans l'esprit de celui de Momone, où les aberrations prennent trop souvent le pas sur la simple réalité. Et les invraisemblances les plus naïves. À commencer par une lettre datée de 1949, dans laquelle Piaf vouvoie Ginette Richer, alors que dans le texte les deux « meilleures amies » sont censées se tutoyer depuis 1946, et que Ginette a la maladresse de laisser publier. Et encore lorsque la couleur des yeux de Piaf, d'abord définis comme d'un « bleu délavé », vire au « marron » quelques pages plus loin. Danielle Bonel : « J'ai toujours déploré que sur les photos ou sur les pochettes de disques on nous montre une Édith avec des yeux marron, d'où la confusion de la part de ceux qui ne la connaissaient pas, alors qu'elle avait une couleur d'yeux unique et indéfinissable, qui variait du mauve au violet, en passant par un bleu translucide. Je n'ai jamais revu cela chez personne d'autre. » Mais il y a plus risible, lorsque par exemple à la page 63 il est dit que « Marlène [Dietrich] enleva de son cou la petite croix d'or sertie d'émeraudes vertes offerte par le héros de *Quai des Brumes* et que lui avait bénie le Pape ». « Édith, cette croix vous portera bonheur quand vous la porterez à Paris, comme elle m'a porté bonheur quand j'étais là-bas », aurait déclaré Marlène. La « meilleure amie de Piaf » aurait dû savoir que Piaf et Marlène se tutoyaient. De surcroît, non seulement les émeraudes vertes n'étaient que de la vulgaire cornaline, mais en aucun cas Gabin n'avait pu offrir ce bijou à Marlène puisque l'actrice l'avait acheté à l'intention d'Édith. Une croix qui disparut un jour du boulevard Lannes. Dans *La Môme Piaf*, le voleur est tout désigné : Raymond Aveliss ! Sauf que la croix de Marlène atterrit chez Simone Ducos à qui Piaf l'aurait soi-disant offerte au moment du divorce avec Pills.

Maldonne également pour *La Vie en rose*, lorsque Ginette laisse écrire qu'Alain Gerbaut (*sic*) refusa de chanter la chanson que Piaf lui avait donnée. Que Roland Gerbeau se console, dans le même ouvrage, Henri Contet est appelé « Henri Coutet » et Cécelle devient « Cécile ». Quant à Jacques Bourgeat, dont le rôle de confident est considérablement minimisé au profit de Ginette Richer, il ne tutoie pas Édith, mais encore est-il hissé au rang de « haut fonctionnaire » de la Bibliothèque Nationale ! Sacrée promotion, un peu tardive, pour le pauvre Jacquot. La scène où Piaf apprend la mort de Cerdan et qui servira de support au film *La Môme*, ou encore celle de la rencontre avec Dumont, sont tout aussi déformées. De même que les relations entre Édith et certains de ses hommes. Ainsi, page 197, on peut lire : « Quelle aurait été sa réaction si on l'avait amenée au pied des pyramides ? Qu'aurait-elle sorti ? Que c'était un tas de pierrailles ? » L'omnisciente ignorait-elle donc que Piaf s'était rendue au Caire et que, selon le rite, elle avait parlé avec le Sphinx pour tenter de lui arracher son secret ? Heureusement, Marc Bonel, que Piaf appelait « *brother* » mais avec lequel, selon Ginette, « elle n'était pourtant guère liée d'amitié », était là avec sa petite caméra Kodak amateur – il la remplacera un jour par un modèle plus perfectionné de chez Bell Howell – pour en garder trace.

À en croire encore Richer, Piaf aurait tricoté comme un manche : « Le résultat était horrible, mais tant pis, elle jouait de l'aiguille ! » Danielle Bonel : « Au contraire, Édith tricotait très bien. Je vous ai du reste montré les tricots qu'elle a faits et qu'elle n'a pas finis, bien sûr, mais que j'ai terminés. J'en ai d'autres qui sont restés à l'état de projets. Mais elle tricotait très bien. Lentement mais très bien. C'est régulier, c'est parfait. Elle restait dans le classique, des côtes et le point de jersey. Moi qui tricote également très bien, je lui avais montré des côtes américaines. Elle avait commencé un très beau pull-over pour Doug Davis. Elle tricotait si doucement que le temps de faire un pull-over, elle avait changé de partenaire. » Ajoutons à cela qu'en dehors de la scène, Piaf n'aimait pas terminer ce qu'elle entreprenait. Ses cahiers d'allemand et d'anglais, également conservés par Danielle Bonel, en témoignent. Ils ne dépassent pas la quatrième ou la cinquième leçon. Idem pour les cours de piano auxquels elle ne donna aucune suite. Itou pour les résolutions qu'elle prenait au début de chaque année, ou de chaque mois, et qui s'envolaient en fumée, parce que Piaf était une enfant, un oiseau libre, qui chante et boit tandis que la maison brûle.

Toujours selon notre « Ginou » nationale, seuls elle et son copain Aznavour auraient été « scrupuleusement honnêtes ». « Par contre, à part eux deux... la jeune femme, pas idiote à ce point, voyait combien chacun, dans l'entourage, bluffait au nom de l'affection et profitait de la situation », écrit Le Breton, toujours sous la dictée morale de Richer. Page 344, alors que Piaf est en convalescence à La Serena, dans le sud de la France, on lit : « Ça et Théo, c'est tout ce qui restait à la Piaf qui ne pouvait plus travailler. Et aussi, mais eux elle les subissait, son accordéoniste, Marcel, et sa femme, Danielle, qui faisait office de secrétaire, de femme de chambre et de gardienne. Du monde qu'Édith n'avait jamais tellement aimé. »

Danielle Bonel : le cauchemar de Ginette Richer ! Danielle s'est toujours montrée au moins déférente à l'évocation de Ginou. Ce qui n'est pas le cas dans l'autre sens. D'une part, selon Danielle Bonel, Ginette Richer n'a jamais mis les pieds dans aucun des trois lieux de convalescence de Piaf sur la Côté d'Azur, l'été 1963. D'autre part, Danielle Bonel n'a jamais officié en qualité de femme de chambre chez Piaf, même les derniers mois où la jeune Clarine venait s'occuper du ménage. Quand elles ne sont pas explicites, les piques masquées envoyées aux Bonel apparaissent dans *La Môme Piaf* de manière trop significative pour que l'on ne soit pas tentés d'y voir les prémices d'un antagonisme gratuit qui allait se déployer dans le dernier ouvrage de Ginette Richer : *Piaf, mon amie*. Face aux évidences les plus criantes, la dame s'y attribue sans scrupules le rôle de Danielle Bonel auprès de Piaf, celui de secrétaire, par exemple, tout en faisant croire à l'usurpation inverse : Danielle Bonel cherchant à lui voler des attributions officielles n'ayant existé que dans son esprit. Ce ne sont pas les trois clichés surexploités dans ses livres qui changeront quoi que ce fût. Ni même les quelques lignes écrites de la main de Piaf au dos de l'une de ses photos, où la Môme fait de Ginette sa meilleure amie. Piaf a dit la même chose de Marguerite Monnot qui ne fut pas une simple toquade dans sa vie. Malheureusement pour Ginette Richer, Danielle Bonel, qui connut Piaf en 1937 et qui vécut dans son intimité pendant plus de quinze ans, possède toutes les preuves de ce qui est pour tout le monde une évidence. Insister plus avant sur ce point équivaudrait à demander au Président de la République des papiers attestant de sa nationalité française. « Poumon de la Maison Piaf, Danielle est la seule à tout connaître d'Édith, affirme Germaine Ricord. La seule à avoir tout supporté. Quoique discrète, elle était au courant de tout, elle voyait tout. C'est la seule qui dit vrai. Elle est l'encyclopédie de Piaf. Sa mémoire. Très intelligente, elle s'est magnifiquement bien comportée avec Édith. Ainsi que son mari. Danielle Bonel est une femme de grande classe. Je n'ai pas du tout apprécié le livre de Ginette Richer, ni ses prestations à la télévision. Je réaffirme ne l'avoir jamais vue boulevard Lannes au cours des trois années que j'y ai passées avec Édith, autrement qu'un soir où elle vint avec Charles Aznavour. »

Publié sans beaucoup de succès en octobre 2004, à L'instantané Éditions, *Piaf, mon amie* fut réédité chez Denoël à l'occasion de la sortie du film *La Môme,* dont la promotion fut cette fois bénéfique à Richer. La préface est de Charles Aznavour. « Aznavour a été à une période ce que Claude Figus a été à une autre, dans la vie de Piaf, estime Charles Dumont lors de notre entretien. Il ne lui a écrit que deux ou trois chansons, dont une qui a un peu marché, mais il n'a jamais été son auteur favori, ni son compositeur favori, ni son chanteur favori. Dieu seul sait si j'ai le plus grand respect pour ce bonhomme qui est parti de rien. Pour moi, il y a Sammy Davis junior et Aznavour. C'est extraordinaire ce qu'il a fait. Piaf n'avait pour lui pas beaucoup... Elle l'aimait bien, surtout que, lui, la faisait rire. C'est un homme de grandes ressources. »

Dans *Piaf, mon amie*, un livre où elle assume enfin de parler à la première personne, Ginette Richer accuse explicitement les Bonel d'avoir vu en Piaf une manne financière. Elle reproche à Marc Bonel d'avoir filmé Édith, des « souvenirs qu'il a su faire fructifier par la suite ». Une contrevérité émanant d'une femme plus désireuse de salir que d'informer. Il lui eût suffi de se renseigner pour savoir que jusqu'à ce qu'une personne tierce intervienne, pendant des décennies, les Bonel confièrent toutes leurs archives sans contrepartie financière à des tas de journalistes et de gens de télévision, qui, eux, surent en faire leur beurre. De même que, sans l'insistance de Marcel Jullian, jamais Danielle et Marc Bonel n'auraient songé à rassembler une partie de leurs souvenirs dans un livre. Ce qu'ils firent en 1993 seulement. Un récit où beaucoup de choses sont rectifiées, mais où ils s'autocensurèrent par trop... Richer prétend itou que la caméra de Marc fut achetée en 1947 : « Pas facile d'acheter cela à cette époque, lui, l'accordéoniste qui n'avait pas un sou. » Faux, là encore ! Passionné de cinéma, Marc avait acquis sa première caméra en 1935, à la naissance de son fils. Depuis, avant, pendant et après Piaf, il ne cessa jamais de filmer. Danielle nous l'a dit : sur les milliers d'heures de pellicules, la partie Piaf est hélas insignifiante. En juin 2007, en vue de la sortie du DVD de *La Môme,* Olivier Dahan, le jeune réalisateur du film, téléphona à madame Bonel pour tenter de lui acheter une minute et demie de ces précieuses images.

Danielle, dont le désintéressement avait déjà profité à quelques messires parvenus à leurs fins en jouant sur la fibre sentimentale, refusa d'autant plus volontiers de vendre à Dahan que les commentaires de *ses* films, tournés par *son* mari, auraient été assurés par... Ginette Richer ! Un non-sens et surtout un comble d'inélégance, au vu de la situation. Même si Danielle est bien trop grande dame, bien trop épanouie, en dépit de la cruelle absence de Marc, pour ne pas absoudre Ginette Richer : « Je ne lui en veux absolument pas, je la plains plus que autre chose, c'est une malheureuse. Édith était sûre de nous, sûre de ne jamais être trahie. Je trouve regrettable l'attitude de Ginou et cette espèce d'animosité qu'elle me porte, mais cela ne m'atteint pas. Mon mari et moi l'avions toujours trouvée charmante. Un peu vulgaire, mais charmante. Elle en eut des "meilleures amies", Édith ! Il y eut Momone, Ginou, Germaine Ricord, dont elle fut très proche, Geneviève Lévitan, Odette Laure, etc. Elle avait toujours besoin d'une copine avec elle. Jamais de deux. Aussi, par exemple, quand Momone était là, il n'y avait généralement pas Ginette Richer. Et vice versa. » La seule « histoire du collier », racontée par Ginou en épilogue à son livre, termine de nous renseigner sur le personnage. Un jour, bien après la mort de Piaf, Richer, qui n'avait encore reçu aucun signe de l'au-delà venant de son amie, sentit des mains invisibles lui serrer le cou et casser net un collier de perles qu'Édith lui avait offert. Le collier retiré prestement et déposé sur la table de la cuisine se mit à se tortiller de lui-même, pour se détacher bientôt en dix morceaux. Dix ! Le chiffre anniversaire de la disparition de Piaf. Depuis, chaque 10 octobre, Édith descend sur terre et vient ajouter une perle de plus dans l'enveloppe de Ginette renfermant le collier magique. Le grand Houdini, entre ses quatre planches, n'a qu'à bien se tenir...

« J'aimais beaucoup mon amie Ginette, déclare de son côté Mireille Lancelot. Elle et moi fûmes les deux premières à épouser des Compagnons et nous avons partagé la galère, au temps où nos chers époux étaient fauchés. Nous vivions dans le même appartement. J'ai déjà fait état des qualités de Ginou. Or, lorsque je l'ai entendue raconter certaines choses à la télévision, des choses que j'avais vécues, je me suis dit en moi-même : "Ma chérie, tu brodes !" La seule qui dit la vérité est Danielle Bonel. Elle et son mari furent d'un dévouement à toute épreuve. Ce sont des gens extraordinaires qui éprouvaient un respect sans bornes pour Piaf. Édith, c'est vrai, adorait Ginou, qui était son amie, mais elle avait aussi beaucoup d'admiration pour les qualités profondes de Danielle. Je trouve cette femme formidable ! Je sais que parfois elle pouvait être dure avec elle, parce qu'Édith était comme ça, mais jamais je ne l'ai entendue dénigrer Danielle Bonel. Parfois, pour taquiner Marc, avec qui elle était très complice, Édith lui balançait : "Le jour où Danielle est tombée amoureuse de toi, elle ne devait pas être dans son état normal !" C'était de l'humour, bien sûr, puisqu'elle les avait mariés. » Louis Barrier reconnut sans difficulté que par son équilibre, sa présence et ses soins constants, Danielle Bonel avait fait gagner dix années de vie à « la patronne ». Loulou et Marc disparus à leur tour, Danielle demeure aujourd'hui le garant de la mémoire de la Môme. Aznavour, Dumont et Moustaki le savent pertinemment, qui n'hésitent pas à faire appel à ses lumières en cas de nécessité. Ils ne sont pas les seuls ; les sollicitations parviennent à Danielle du monde entier. Dans la mesure du possible, elle s'efforce d'y répondre. « Je suis très heureuse qu'Édith ne soit pas oubliée. Quarante ans après, tout ce qui se fait de bien et de valable sur elle m'enchante. En France ou à l'étranger. »

« Le bien qu'on a, la mort le prend. Le bien qu'on fait, le ciel le rend. »

Louis Vouillot

IV

Ce qui reste

La mort de Piaf fut pain béni pour les marchands de vinyles. Dès l'annonce du décès, les stocks des disquaires furent dévalisés. Un raz de marée constaté un peu partout en France. À Marseille, sur la Canebière, les ventes augmentèrent de 50 % et l'on écoula en quatre jours autant de disques qu'en six mois. Soit quatre mille. À Rennes où, depuis son mariage avec Sarapo, la vente des disques de Piaf avait baissé, l'envolée fut la même qu'à Marseille et l'on apprit qu'une personne acheta à elle seule pour des milliers de francs de galettes. À Toulouse, en quelques heures, les disquaires furent à court. Même chose à Lyon et à Strasbourg. Dans le Nord, à Lille, où la Môme avait poussé son dernier cri devant une salle à moitié vide, à Cambrai, Valenciennes et Arras, on courut d'un disquaire à l'autre pour tenter d'y dégoter des 25 cm qui n'étaient plus demandés. Aussi, les réimpressions allèrent-elles bon train dans les jours qui suivirent. Chez Pathé, on travailla non-stop pour presser deux cent soixante-cinq mille disques, 33 et 45 tours, en moins de quarante-huit heures. De même chez Philips. Ces chiffres peuvent paraître dérisoires, mais replacés dans leur contexte ils démontrent l'ampleur d'un phénomène. Cela ne dura pas. Les tam-tams du yéyé recouvrant les mélopées de Piaf, peu à peu LA voix perdit quelque écho. Réveillée en septembre 1969, grâce à la sortie d'un livre intitulé *Piaf* et édité chez Robert Laffont, dans la Collection « Vécu ». L'auteur : Simone Berteaut...

Un pavé dans la mare. Pour la première fois, la « demi-sœur » de la Môme parlait. Sous la plume de Marcelle Routier, une « négresse » avec qui Charles Ronsac réalisera plus d'un « coup », selon le terme employé par cet ancien journaliste du *Franc-Tireur* devenu « prospecteur » chez Opéra Mundi, une agence à la fois de presse et d'édition. Ou des histoires de gros sous, traitées à la manière d'affaires boursières, dont les mémoires d'Anthony Eden furent pour Ronsac la première avance conséquente. Lancé dès 1966 par un éditeur américain de ses amis sur la piste fructueuse que représenterait une biographie de Piaf, Ronsac sut qu'il tenait le bon bout lorsque Marcelle Routier lui présenta Simone Berteaut. Une passionnante collaboration à trois commença : Momone au récit, Routier à la rédaction et Ronsac à la relecture à haute voix devant les deux femmes, après chaque premier jet de chapitre terminé et frappé. Ronsac attendit 1985 pour confirmer à la télévision chez Michel Polac ce que Marcelle Routier avait déjà révélé par ailleurs : Simone Berteaut n'était pas l'auteur du livre qu'elle avait signé. Ce qui lui valut une lettre d'insultes de la part d'Édith et Marcel, les enfants de Momone.

Dès avant la sortie du livre, la question fut de savoir qui de Lazareff (*France-Soir*) ou de Françoise Giroud (*L'Express*) obtiendrait la primeur de quelques extraits. Giroud s'étant montrée la plus enthousiaste, cent mille francs plus tard elle emportait le droit de transformer pendant trois semaines le *Piaf* de Berteaut en un feuilleton pour son magazine. Soixante-cinq mille exemplaires du livre s'enlevèrent dans cet intervalle. *Piaf* prenait le chemin d'un succès colossal, porté à l'exaltation dans *Le Figaro* par François Mauriac et conforté par Giroud qui vanta l'authenticité de « personnages tout droit sortis de Zola ». Un arrangement nébuleux contracté entre cette dernière et Lazareff laissa croire à Ronsac que le trop influent gourou de *France-Soir*, avec qui il ne tenait nullement à se fâcher, ne lui garderait aucune espèce de rancune. Or, quelques jours plus tard, Lazareff fit paraître pendant trois semaines, dans *France-Soir*, une série d'interviews menées par France Roche, dont le titre : « Les hommes de sa vie parlent de Piaf », ne permet aucune équivoque quant à la nature des intentions du « petit juif laborieux » et imaginatif cher à Georges Pompidou. Meurisse, Montand, Aznavour, Moustaki et consorts : tous les apprentis de la Môme furent appelés à réagir à un ou plusieurs passages les concernant dans le livre de Berteaut. Momone en fut quitte pour une hospitalisation à la Salpêtrière, victime d'une grave dépression nerveuse. Après la cabale organisée contre elle, la goutte Lazareff avait fait déborder le vase.

Aussi néfaste que fut son rôle auprès de Piaf, et malgré la somme d'hérésies contenues dans son livre, Momone était indubitablement la mieux habilitée à parler d'Édith, sa compagne et sa sœur de cœur, au temps de la cloche et jusqu'en 1951. Certainement plus que Marcel

Blistène... Alors que le cadavre de la Môme était encore chaud, le réalisateur s'attela à la parution expresse d'un livre souvenir, vraisemblablement conçu pendant la maladie de la chanteuse. *France-Soir* du 18 octobre 1963 : « En même temps, va paraître en librairie, vendredi, le premier livre consacré à Édith Piaf. Ce livre, *Au revoir Édith*, a été écrit, composé, imprimé comme une course contre la montre. Commencé vendredi dernier, dans la nuit, 14 heures après la mort de Piaf, il fut dicté samedi et dimanche. Le lundi, il était composé dans une imprimerie normande. Mardi, l'auteur se rendait à Yvetot pour donner le bon à tirer. Depuis mardi soir, les presses tournent, les brocheuses relient [...]. *Au revoir Édith*, édité par les Éditions du Gerfaut, sera illustré de vingt-quatre photos inédites d'Édith, tirées de la collection personnelle de Blistène. » Sans commentaires. Sauf un, celui de Danielle Bonel : « On ne vit pratiquement jamais Blistène au boulevard Lannes, sauf aux moments où il travailla avec Édith ! »

« Nous protestons contre tout ce qui est faux ou vérité déformée ! » : c'est en ces termes que l'Association des Amis d'Édith Piaf s'éleva contre le livre de Simone Berteaut. Entrant dans la mêlée, Denise Gassion en demanda la saisie. En vain. S'ajoutant aux contestataires, Lucien Roupp, le manager de Cerdan, annonça son intention de rétablir *sa* vérité dans un ouvrage qu'il entendit intituler : *Ma Vérité*. Résultat : deux cent mille exemplaires de *Piaf* vendus en France, assortis de traductions dans toutes les langues et d'une comédie musicale en Europe de l'Est, tirée du livre. Marinette Cerdan ne pouvait pas faire autrement que de vouloir elle aussi se mettre à table en attaquant auteurs et éditeurs pour atteinte à la mémoire de son mari. L'histoire entre Édith et Marcel était d'une telle notoriété, la veuve Cerdan s'étant elle-même tant et tellement compromise par ses déclarations contradictoires [1], que son déboutement fut un jeu d'enfant pour les avocats de la partie adverse. Ce qui n'empêcha pas la veuve du boxeur d'inviter Simone Berteaut à venir passer deux semaines chez elle à Casablanca, en 1972, une fois le calme revenu. Au grand étonnement de Momone qui, selon Marinette (*L'Aurore* du 13 février 1970), avait longtemps et vainement pleurniché au téléphone pour que madame Cerdan abandonne ses poursuites. Seule la condamnation morale de Théo Sarapo nous paraît recevable : « L'étalage de cette vie privée est malsain et je souhaite que la

1. Marinette Cerdan au sujet d'Édith Piaf, dans *L'Aurore* du 13 février 1970 : « Ah, si vous l'aviez connue ! Elle a été ma meilleure, ma plus fidèle amie ! » À la même époque, dans *Ici Paris* : « Édith m'a fait beaucoup souffrir »... « Elle voulait aussi me voler mes gosses »... « Marcel l'a trouvée moche la première fois qu'il l'a vue ! » etc.

paix revienne enfin sur la mémoire d'Édith », déclara-t-il dans *Le Parisien Libéré*. Cependant, il ne déposa aucune plainte. « Momone n'était quelqu'un que par Piaf, dira Charles Ronsac. Elle avait surtout besoin d'affection, d'amour et je ne crois pas qu'elle ait été heureuse avec le dernier compagnon que je lui avais connu. » Momone décéda dans des conditions dignes de ce que fut sa vie. Ronsac, qui lui avait donné sa chance, s'était employé à l'extraire de l'alcool et de la drogue. En vain. « Elle m'embrassait en pleurant... » Le 30 mai 1975, une amie venue lui rendre visite retrouva Simone Berteaut morte au pied de son lit, en sa maison de Prunay-le-Gillon, dans les environs de Chartres, un bien qu'elle avait acquis grâce à ses droits d'auteur. Elle n'avait pas soixante ans.

Devenu envers et contre tous un best-seller international, *Piaf* relança en France l'engouement pour la Môme, déjà émoustillé par l'avènement de Mireille Mathieu et de Georgette Lemaire, en 1965/66. Un succès d'une telle dimension ne pouvait qu'amener à la logique commerciale d'un projet cinématographique à Hollywood. En décembre 1972, la Warner annonça le prochain tournage de *Little Sparrow* (*Le petit moineau*), avec aux commandes l'Anglais Ken Russell, à qui l'on devait déjà *Women in love*. Liza Minnelli fut d'abord pressentie pour incarner la Môme. Elle rêvait de ce rôle mais devant le coût d'une telle opération, Feuer, son producteur pour *Cabaret*, estima que le film devait être tourné en France avec et par des Français. Il en confia donc la réalisation à Guy Casaril. Dans le rôle phare, une parfaite inconnue qui le resta : Brigitte Ariel. Sorti en 1974 et traité malgré tout à l'américaine avec la prétention de retracer le parcours de la Môme jusqu'à la célébrité, *Piaf* ne tint pas l'affiche plus de deux semaines à Paris. Sa projection à New York fut annulée. Neuf ans plus tard, résolu à faire mieux, Claude Lelouch conçut une nouvelle version de la vie de Piaf, axée sur ses amours avec Cerdan. Après la mort de Patrick Dewaere qui devait jouer le rôle, Marcel Cerdan junior fut choisi par Lelouch pour incarner son père aux côtés d'Évelyne Bouix. Lelouch avait frappé aux bonnes portes en allant chercher sa matière à Saint-Antonin-Noble-Val. Danielle Bonel n'hésita pas à confier à Évelyne Bouix une malle entière de vêtements ayant appartenu à Piaf. Pour quel résultat ? « C'est une honte ; qu'est-ce que mon cousin est allé faire dans cette galère ! », s'émut la chanteuse Martine Cerdan, nièce du « bombardier marocain » et filleule de Piaf.

En dépit d'un battage publicitaire d'envergure, *Édith et Marcel* connut à peu de choses près le même bide que le *Piaf* de Casaril. « On en est à se demander ce qui fut le plus exécrable : le misérabilisme exacerbé du premier... ou la prétentieuse poudre aux yeux du second ? s'interrogea avec à-propos Didier Thouart dans *Historia*, en 1988. Lequel des deux pourrait jurer : "Non, je ne regrette rien ?" Et pourtant, il n'y a rien à dire des actrices qui toutes deux se tirèrent très bien de ce rôle difficile à jouer. » Et notre exégète de spéculer : « Alors, Piaf, un faux "bon sujet" ? C'est tout à fait possible. En tout cas, une chose est sûre : à ce jour, Piaf et le cinéma n'ont jamais fait bon ménage. » Une estimation à présent périmée grâce à Olivier Dahan. À moins qu'un audacieux ne se lève un jour pour nous proposer *sa* vision de la Môme. Dans cette éventualité, l'appartement du boulevard Lannes, divisé en plusieurs habitations, ne pourrait pas servir de décor reconstituant. En mai 2003, pour les besoins d'un dossier sur les anonymes habitant l'ancienne demeure d'une personnalité, des journalistes du *Nouvel Observateur* rencontrèrent le locataire sous contrat depuis le début des années 70, qui ne louait plus que soixante-trois mètres carrés sur les deux cent soixante-quatre jadis occupés par Piaf. Tout ce qu'il trouva de la Môme en arrivant : « Un téléphone dans ma cave. »

« Édith Piaf est entrée vivante – à demi morte, mourante, presque morte, mais enfin, vivante – dans ce musée (Grévin) imaginaire où Brigitte Bardot et le général de Gaulle occupent, au plus intime de nous-mêmes, rejetant déjà l'ombre de Bobet, Malraux et Maurice Chevalier, les places d'honneur de notre petite mythologie contemporaine [...] Quand elles auront disparu... Ah ! Les statues meurent aussi – et les plus grandes sont les plus fragiles –, quand elles auront disparu, chacun de nous sera un peu seul et veuf de ces monstres sacrés. » Ainsi parlait Jean d'Ormesson, en octobre 1962, conjecturant sur les idoles et leur destin.

Il n'y a plus de Piaf dans nos rues, mais comme une ruée d'affreux chez le notaire au lendemain d'une cérémonie d'obsèques, les prétendants à sa succession apparurent en nombre sitôt sa disparition. Des fabricants de vedettes, dont le plus habile devait parvenir à faire éclore Mireille Mathieu. Dès octobre 1963, Jean Monteaux avait prévenu : « Aussi génial qu'il soit, aucun imprésario ne pourrait "fabriquer" une seconde Édith Piaf, avec une autre chanteuse, si talentueuse soit-elle. C'est un peu comme si un jour apparaissait sur une scène un fakir ou un illusionniste dont les tours ne soient pas truqués. On se trouverait alors en présence du surnaturel. » Avec Mathieu, « bonne ouvrière », selon le terme bienveillant de Marc Bonel, nous y sommes. Ou plutôt nous y fûmes. Mathieu dont le seul point commun avec Édith Piaf est

Mireille Mathieu et Georgette Lemaire
« patronnées » par Edith Piaf

(collection Emmanuel Bonini)

l'admiration qu'elle lui porte parfois jusqu'au mimétisme le plus têtu. L'Avignonnaise n'a jamais vraiment eu avec elle la vox populi. Ni elle ni les autres. Michèle Torr ou Mireille Mathieu, ou même à la rigueur Nicoletta et Nicole Croisille, de loin la plus douée, mais à qui, comme aux autres, il manque l'essentiel, le pouvoir d'émotion, sont des chanteuses à voix d'expression française sans être des réalistes.

Celles-là doivent sortir du pavé de Paris, comme Georgette Lemaire, en qui Georges Brassens et Henri Jeanson surent reconnaître de la veine de chanteuse populaire, ou comme la somptueuse Betty Mars, trop belle et trop fragile. Encore une qui inquiéta et séduisit Stark au plus haut point, sans qu'il se résolve pour autant à lui enfoncer un poignard dans le dos. Betty s'en chargea elle-même en se donnant la mort, acculée à une succession de déboires. D'abord meneuse de revue, en 1972, elle avait doublé Brigitte Ariel dans *Piaf*, le film de Guy Casaril. Suite à cela, elle enregistra un album consacré à Piaf, source de persécutions incessantes de la part d'un fou furieux qui lui téléphonait nuit et jour pour lui reprocher d'avoir touché à la Môme : « C'est un sacrilège. Je vous le dis, cela vous portera malheur. »

Morte aussi, la petite Fauvette, fille de la misère, placée à la DASS avec son frère, une petite bouquetière de Montmartre, obsédée par Piaf, qu'elle chantait comme « une boîte à musique cassée ». Ceux qui se souviennent de Fauvette gardent dans le cœur la marque brûlante de son enfer. Maryse Bignot, de son vrai nom, avait eu sa chance, grâce à son futur mari, André Tissot, qui l'avait remarquée alors qu'elle chantait aux terrasses des cafés de la Butte, chez le célèbre gangster Joe Attia notamment, accompagnée par un accordéoniste. Tissot la managea et, avec Gérard Doulssane, lui composa un répertoire. Sur l'un des 33 tours de Fauvette, enregistré en Belgique, chez Arcade Records, on peut lire une préface de Charles Aznavour : « Au printemps de la chanson, les moineaux regagnent Paris. Avec eux, Fauvette. Bon vol. » Les connaissances ornithologues du « génie con » demandent à être révisées, mais sa sollicitude fut hélas insuffisante à populariser la jeune femme déjà présentée aux téléspectateurs français par Guy Lux. Au décès prématuré d'André Tissot, à l'âge de trente-neuf ans, déjà très fragile émotionnellement et sous Gardénal depuis des années, Fauvette remplaça les médicaments par l'alcool et se laissa glisser lentement avec son petit garçon, Frédéric. Expulsés de chez eux, ils vécurent un temps dans une vieille Simca rouge. Avant que Frédéric ne soit abandonné dans un square et qu'une nièce d'André Tissot ait la bonté de le recueillir chez elle, à Melun. Gérard Doulssane parvint à faire obtenir à Fauvette une coquette somme équivalant aux droits d'auteur de feu André Tissot, mais très vite elle en fut réduite à squatter dans le hall chauffé d'un immeuble de la rue d'Orsel. Plus que jamais habitée par la Môme, on la vit alors déambuler de bistrots en troquets, pilotant un vieux landau bourré de couvertures sans lingots d'or en dessous et chantant Piaf contre un verre de rouge. Aigrie, sale, mal fagotée, elle semblait en vouloir à la terre entière et plus précisément à Barclay et à Georgette Lemaire qu'elle détestait particulièrement. Dans son polar, *Soucoupe Volante,* Patrick Eudeline, ex-chanteur d'Asphalt Jungle, exploite le nom de Fauvette et maquille outrageusement sa véritable histoire, déjà suffisamment glauque, en la faisant mourir étranglée dans le cimetière de Montmartre, à deux pas de la tombe de Dalida. La réalité n'est pas moins douce, car c'est un cancer du sein non soigné qui vint à bout de l'infortunée, morte dans la rue en 1988. Elle avait quarante-huit ans. Son petit Frédéric la suivit de peu, qui succomba à une tumeur au cerveau à l'âge de quatorze ans. « Un gosse formidable », nous dit Gérard Doulssane.

Malaisé après de tels drames de parler des autres chanteuses qui eurent le courage ou l'inconscience de se placer d'elles-mêmes dans le sillage d'Édith Piaf, dès avant sa disparition. C'est le cas de Simone Langlois. Une voix de plus. Forte tête, Gribouille au contraire refusa de se laisser récupérer par la nostalgie piafiste. Suicidée, elle aussi, à l'âge de vingt-huit ans. La troublante Pia Colombo fut un temps comparée à la Môme, mais sans qu'elle y soit elle non plus pour grand-chose. Lorsque les hommes se résoudront à accepter que ce qui est mort ne reviendra plus, peut-être alors cessera-t-on de vouloir faire pousser les Piaf comme autant de logements sociaux. « Le décès d'Édith ne bouleversa pas ostensiblement la carrière de Loulou Barrier, estime Danielle Bonel. Depuis longtemps, à l'agence Bizos, il s'occupait de bien d'autres artistes, dont les Compagnons. » Barrier était-il assez fou pour partir à la recherche d'une nouvelle Édith Piaf et crut-il l'avoir trouvée en la personne d'Irène Berthier ? En 1966, il signa un contrat de cinq ans à cette jeune fille issue du baby-boom, élève au Petit Conservatoire de la chanson et pourvue d'un organe étonnant. En mai de la même année, Irène fit un premier passage télévisé chez Guy Lux, dans le *Palmarès* de Mireille Mathieu. Dans une lettre adressée aux Bonel, le 13 du mois en cours, Barrier leur avait demandé d'être attentifs devant leur poste. « La chanson [*Les Roses blanches*] ne représente aucun intérêt par Irène Rosny (qui a changé de nom). J'ai seulement accepté afin de la faire pénétrer dans le cercle particulièrement fermé qu'est la TV. Mais vous pourrez juger de sa sensibilité vocale et de ses possibilités dans des nouvelles chansons à venir qui seront faites pour elle. » Ce bon Loulou termine ainsi sa missive : « Ne tenez aucun compte de sa toilette. Elle sera en robe de ville. Elle n'a pas d'argent et je ne puis l'habiller à mes frais. D'ailleurs, j'estime que ce n'est pas indispensable pour l'instant. » Auvergnat d'origine, Barrier avait la réputation d'être près de ses sous et c'est ici la démonstration que s'il eut la chance de manager pendant des années la plus grande chanteuse du monde, ses qualités d'imprésario n'étaient pas celles d'un Johnny Stark. À sa décharge, il ne laissa aucun cadavre sur sa route. Quant à Irène Berthier, elle termina sa carrière à *La Chance aux chansons*, après un beau parcours au Moyen-Orient.

Comment seulement imaginer qu'il puisse exister quelque part une nouvelle Édith Piaf en gestation ? La Môme n'était pas seulement une dame avec une « bouche oraculeuse » (*dixit* Cocteau) d'où jaillissait une voix unique « capable de transpercer les murailles et qui pétrifiait les foules », selon l'expression de Charles Dumont. Elle détenait aussi une science phénoménale de son métier appris sur le tas, dans la rue comme sur la scène. D'un point de vue technique, elle maîtrisait à 200 % l'art d'allumer et d'éteindre les mots, de les caresser ou de les mordre et, selon leur sens, de les amoindrir ou de les amplifier, de les allonger et de les réduire. Son organe lui servait de palette émotionnelle pour donner leur couleur à une multitude de nuances. Elle possédait encore la virtuosité de l'interprète apte à défendre un texte en un temps considérablement plus réduit que celui dont dispose un comédien qui a deux heures pour réparer ses défaillances. Le reste, tout le reste, procédait d'un magnétisme et d'un sens de l'humain inouïs. Tempérament monolithique, le paroxysme des passions était le climat normal de Piaf. « Pour être artiste, prêchait Yvette Guilbert, connais ton prochain comme toi-même ; pour avoir du génie, aime-le comme toi-même ; pour être immortel, adore Dieu, chante ses louanges, admire ce qu'il a créé. Que l'homme vénal dédaigne l'art, que la foule rivée à sa tâche servile reste l'esclave de sa vision étroite et limitée de la Beauté, nous, arrachons-nous à l'argent, à l'étroitesse de la pensée, aux mesquineries des circonstances, libérons-nous de tout ce qui n'est pas l'enfantement de la Beauté. Le travail sera notre luxe. » Une prose datée de 1928. Combien sont-ils aujourd'hui à sacrifier à cette loi immuable qu'Yvette Guilbert n'a pas inventée et à laquelle Piaf se conformait ? « À la chanson défunte, vive Édith Piaf », avait fait inscrire en lettres d'or l'expéditeur de la couronne mortuaire réceptionnée par Dalida en 1961, à l'Olympia. Que reste-t-il du cadavre ? D'aucuns pourront toujours reprocher aux chanteurs et auteurs compositeurs français actuels, « vêtus de prétention insipide dont ils voudraient masquer leur absence de génie », d'avoir coupé comme à plaisir toutes les amarres qui devraient les rattacher à l'adhésion populaire du public, non pas celui de la téléréalité, induit en erreur par un lobby de banquiers de mèche avec des politiques devenus des danseurs du ventre et des distributeurs automatiques de Légions d'honneur, mais l'autre, d'essence tout aussi populaire, une masse silencieuse et lucide ayant su rester digne et vigilante, rien ne changerait pour autant, la mode et le jeunisme étant des concepts par trop fascistes pour être combattus avec des gros mots. Comme en 1940, le confort n'exige-t-il pas des mécontents qu'ils dansent avec les loups, en attendant de devenir de beaux vieux et de grands résistants ? Pendant ce temps, les capuches avancent.

« La vie d'Édith Piaf a été si triste qu'elle est presque trop belle pour être vraie », a dit un jour Sacha Guitry, toujours très à l'écoute de lui-même. Édith Giovanna Gassion a porté sa croix, mais elle aura également fait provision de niches. Son odyssée s'est terminée comme elle avait commencé : par un canular. Même les quarts des Renseignements Généraux se laissèrent prendre à son ultime « tour de con », à savoir la fausse date de sa mort et le maquillage de son véritable lieu de décès. *In fine,* c'est elle qui a ri la dernière. Dans une note du 31 octobre 1960, les RG attestent cependant d'une candidature à la

Légion d'honneur[1]. Danielle Bonel ne s'en souvient pas. Sans doute une démarche effectuée par un tiers. Pas chienne de palais pour deux sous, la Môme. D'elle, on pourra toujours dire ceci ou cela. Comme tout un chacun, avec le génie en plus, elle était ceci ET cela. Est-elle encore là pour longtemps ? Jules Lemaire a écrit au sujet de Talleyrand : « Dieu n'a jamais que nos restes, mais, nos restes, c'est justement le meilleur de nous. » Au poids de l'Histoire, et à l'heure où le patrimoine artistique français se désagrège lentement mais sûrement avec la collaboration active de nos élites, les « restes » de l'œuvre de Piaf sont ce que l'humanité en fera, car elle appartient à l'universel. À l'exemple du château de Versailles, il est à redouter que si sauvetage il devait y avoir un jour, il viendra de l'étranger. Quant au mot de la fin, il pourrait être celui-ci : les raisonnables ont duré, les excessifs ont vécu. Or il est douloureux de s'arracher à une gamine endormie que l'on a mis tant d'heures et de pages à réveiller pour la ramener dans notre vallée de larmes en la racontant telle qu'elle daigna se montrer ici-bas : pure, naïve, généreuse, espiègle et horriblement humaine sous sa robe noire, buvant le rire par tous les pores de sa peau « si douce » aux mains de Montand et de tant d'autres. Nous sommes à Paris, au début des années cinquante. Édith qui a tenu à revoir *Boulevard du crépuscule* au cinéma y entraîne Micheline Dax pour la énième fois. Ce film axé sur les névroses d'Hollywood conte l'histoire pirandellienne de Norma Desmond, une ancienne star du muet pathétiquement riche, qui vit retranchée au fond d'un palais délabré, avec pour seuls compagnons de schizophrénie un vieux singe mourant élevé au rang d'humain et un majordome spectral qui fut autrefois son mari. Lorsque, un jour, un séduisant scénariste raté, de trente ans son cadet, fait irruption dans sa propriété de manière fortuite, Norma le retient prisonnier et se prend à nouveau à rêver de gloire. Avoir été et être encore... Interprété par Erich Von Stroheim et William Holden, ce chef-d'œuvre réalisé par Billy Wilder recevra trois Oscars. Dans le rôle de Norma Desmond : Gloria Swanson, icône du cinéma des « Roaring twenties » (Les folles années vingt) et collectionneuse de maris, qui eut pour amant un nommé Joe Kennedy.

« Vers la fin du film, raconte Micheline Dax, William Holden balance des horreurs à miss Desmond qui ne vivait plus que sur les vestiges de la superbe femme qu'elle fut. Tandis qu'il fait ses valises

1. En 2005, André Schoeller fit le rêve suivant : « Je montais un escalier. Édith descendait, dans un tailleur gris, le ruban de la Légion d'honneur à la boutonnière. "Ah, tiens, ils te l'ont donnée !" lui ai-je lancé. Elle a souri avant de disparaître ».

avec l'intention de la quitter, alors qu'elle s'accroche désespérément à lui pour le retenir, il lui envoie au visage sa tragique vérité ; à savoir qu'elle est une vieille actrice dont les studios ne veulent plus et que les lettres d'admirateurs qu'elle reçoit encore lui sont charitablement envoyées par son majordome. Cette scène insupportait Édith. Au point que certains soirs, ne voulant pas la voir, ni l'entendre, à l'approche du moment fatidique, elle me prenait par le bras et nous nous levions de nos sièges, dérangeant ainsi toute une rangée de spectateurs et piétinant quelques orteils au passage. Et comme elle courait à petits pas vers la porte de sortie, il arrivait qu'elle ne soit pas assez rapide et que la réplique d'Holden la rattrape : "Vous jouez votre scène devant une salle vide, les spectateurs l'ont quittée depuis vingt ans, vous avez cinquante ans, Norma, n'essayez pas d'en paraître vingt !" Et là, bouleversée, les yeux remplis de larmes, Édith se retournait : "Le salaud, il lui a encore dit !" Alors, seulement, nous revenions nous asseoir pour redécouvrir une énième fois l'épilogue de l'histoire : le corps d'Holden flottant à la surface de la piscine et le dernier show de Norma Desmond sur le grand escalier de sa résidence, devant les caméras des actualités venues filmer la criminelle. Au fort mécontentement des spectateurs que nous dérangions à nouveau. »

Remerciements

Courant 2006, il me fut offert d'entrer en contact avec celle qui œuvra pendant des années au service d'Édith Piaf, sa « vraie » secrétaire et même bien plus que cela puisque la Môme est morte dans ses bras. J'ai nommé Danielle Bonel, dont le mari, Marc Bonel, accompagna Édith à l'accordéon pendant dix-huit ans. En tant que biographe, je n'avais jamais eu l'intention de partir à la rencontre de Piaf, autrement que dans mes fantasmes les plus enfouis. Hostile à aller me frotter à un destin généralement présenté comme sombre et dont il me faudrait tout apprendre. Sartre n'a rien dit de neuf en déclarant que l'on entre dans un mort comme dans un moulin, mais affronter la Môme, c'est s'attaquer à très grand. Sans négliger le fait qu'à cette époque, j'en avais soupé des pâles biographées ! Le scarabée face au mur. Insurmontable. Et le démon de l'investigateur au milieu... De plus en plus prégnant. Danielle fut le quotidien de Piaf. Détentrice de l'ensemble des archives privées de la chanteuse et de ses effets de ville et de scène, elle en est aujourd'hui la mémoire.

On peut encore manquer de courage et faire des ronds d'hésitation mais après on se flingue avec le premier pistolet à eau qui passe !

De mémoire de conteur, je ne me souviens pas avoir autant souffert que pour ce livre souhaité « hors des sentiers battus et rebattus ». Quand on a la prétention de relever pareil défi sur un personnage aussi exceptionnel, on aurait mauvaise grâce à ne pas mettre sa peau sur la table. Après des mois qui se comptent en années, passés à dépouiller et à décrypter des centaines de documents parfois bien sibyllins ; après un séjour dans l'antre de Danielle Bonel, qui m'a adopté en m'ouvrant, comme elle ne l'avait jamais fait pour aucun de mes prédecesseurs, son cœur, sa mémoire et ses placards remplis de maints trésors enfouis ; après les heures passées à boire les confidences d'autres intimes fiables de la Môme, qu'ils fussent amants, amis, compositeurs ou témoins providentiels de dernière minute ; après avoir usé une bonne partie de mes assises sur les bancs de maints bibliothèques et services d'archives parisiens ; après des drames manichéens ourlés de renoncements et des retours à la lumière d'autant plus appréciés ; après la perte sèche d'une partie importante de mon travail, à cause d'une fausse manœuvre informatique que seules ma rage et ma volonté sont parvenues à rattraper, vint le temps de la rédaction, tyrannique et exaltant, vertigineux et incertain. Puis celui où le bébé fut enfin prêt à pousser son cri primal. Jusque-là, une seule et unique biographie gagnait à être lue : celle de Georges Martin et Pierre Duclos, éditée au Seuil, en 1993. Un travail édifiant gratifié d'un sérieux irréprochable. Incomplet cependant. Il manquait aux suscités des clefs indispensables, voire essentielles à la compréhension du personnage Piaf replacé dans son contexte, au milieu des vices et vertus de son entourage, preuves à l'appui. Ce sésame, Danielle Bonel me l'a, en grande partie, offert. Je ne pouvais que lui réserver la place d'honneur qui lui échoit, en sus de l'affection que je lui porte, proche de l'amour.

Toute ma gratitude à Jean-Paul Mazillier et à Anthony Berrot pour la documentation, les photos et tout le reste.

Que soient mêmement remerciés, par ordre alphabétique pour éviter les angoissantes questions de préséance : Jacqueline Abtey – Brigitte Bardot – Mijanou Bardot-Bauchau – Pierre Bergé – Guillaume Biro – Patrick Bossaert – Jacqueline Boyer – Philippe – Éric Charden – Henri Conti – Gilles Coulomb – Cécile Coutin – Jean-Pierre Debève – Pierre Devignes – Pierre Doris – Gérard Doulssane – Éric Durand – Gilles Durieux – Jacqueline Ferry – Pierre Frouin – Madame Groffe – Nicole Hamy – Laurent Joly – Catherine Langevin – Jeanine Lattès – Loulou de Belleville – Dany Lupi – Jean Madd – Marcelle Maillet – Fred Mella – Monsieur Merveilleux – Marie-Ange Mirande – Carlo Nell – Christian Réano – Madame Renaudie – Ginette Renaudin – Gilles Rousselot – feu Manuel Rubio – Louis Sellier – Isabelle Sitbon – Josette Sureau – Madame T. – Betty Ulmer – François Vals – Michel V. – Maroussia Vossen – Rika Zaraï.

Chacun d'entre eux connaît le prix de sa contribution mais je voudrais accorder une mention spéciale à mon « coco » André Schoeller, l'amour secret d'Édith Piaf, l'homme dont elle a dit qu'il était son « exceptionnel ». Il est aussi celui de ceux qui auront eu le privilège de le rencontrer un jour. Connaître Dédé et mourir !

Dans le même carré d'or, je place le foncièrement généreux Roland Gerbeau. Un garçon formidable. Roland m'a cornaqué à travers le siècle dans les méandres des coulisses music-halliennes. Car Roland est une bible. Certains vautours du journalisme le savent bien, qui font appel à ses lumières en « oubliant » trop souvent de le citer. Sauf que ses derniers secrets avec la Môme, l'ami Roland nous les avait réservés.

Je garde un bon souvenir de mes rencontres fructueuses avec Philippe Marie Philippe-Gérard, à Paris et à Clamart. À un âge où l'on se repose de tout, il travaille avec ardeur sur son piano qui fut autrefois celui de Claude Debussy, entre les papouilles de sa chienne Câline et les ronronnements de la somptueuse et féline Bergamote, sous le regard de sa charmante épouse, une artiste peintre.

Je dois beaucoup à Claude Gréciet et surtout à Jean-Marc Gayard, le premier m'ayant conduit chez le second. Deux rencontres providentielles de dernière minute, que Piaf a sans doute favorisées. La tante de Claude fut la couturière de la Môme Piaf. C'est elle qui créa la fameuse petite robe noire. Personne ne l'avait jamais dit. Désormais nous le saurons. Claude s'était adressé à l'Association des Amis d'Édith Piaf, puis à Olivier Dahan, pour que le souvenir de sa tante passât à la postérité. En vain. Il peut donc à son tour remercier son « despote ». Quant à Jean-Marc Gayard, collectionneur de la Dame depuis un demi-siècle, il a œuvré avec un exceptionnel dévouement et une générosité non revendicative, afin de me fournir une quantité impressionnante de documents jamais vus.

Merci encore à vous, mesdames :

Irène Hilda, pour votre humour, votre accueil chaleureux et pour toutes vos certitudes ;

Mireille Lancelot, pour votre classe et pour la qualité de votre discours et de votre jugement ;

Micheline Dax, pour nos fous rires au téléphone et pour le sérieux de votre témoignage ;

Georgette Plana, pour votre franchise et votre simplicité ;

Germaine Ricord, pour votre exquise jovialité et la fraîcheur de vos souvenirs ;

— Évelyne Langey, pour m'avoir parlé de Loulou Barrier, dont vous fûtes un temps la secrétaire.

Merci à vous, messieurs :

— Jean-Louis Tristan, pour votre franche gentillesse et vos confessions exclusives ;

Charles Dumont, pour votre disponibilité et la pertinence de vos analyses ;

Georges Moustaki, pour m'avoir consacré un peu de votre temps, alors que vous étiez hospitalisé ;

Doudou Morizot et Eddy Despretz, pour vos souvenirs de coulisses à l'Olympia et à l'Ancienne Belgique et pour l'amitié :

Serge Glanzberg et Michel Asso, pour m'avoir aidé à mieux cerner les personnalités de Norbert Glanzberg et de Raymond Asso, vos pères respectifs ;

François Bellair, fils de la grande Marie Dubas, pour m'avoir généreusement éclairé sur la période Asso et pour le prêt de précieux documents.

Merci au service des Archives de l'Assistance Publique, où j'ai retrouvé la trace de la petite Cécelle.

Merci à Publicis et plus particulièrement à Virginie Berton et à Élisabeth Badinter.

Merci à l'ensemble du personnel du service des Manuscrits de la Bibliothèque Nationale où j'ai trouvé la majeure partie des lettres de Piaf à Jacques Bourgeat, ainsi qu'à celui des départements des Arts du spectacle, des Estampes et de la Reproduction. Dans ce dernier service, je pense à Franck Bougamont, sosie de Jonathan Garvey, dans *La petite maison dans la prairie*....

Merci à tous ceux qui m'ont aidé dans mes recherches à la Bibliothèque Publique d'Information du Centre Georges Pompidou, pour reconstituer une partie de l'affaire Leplée. Et tout particulièrement à l'employée qui a miraculeusement retrouvé mon précieux dossier oublié un soir en partant...

Aux Archives de la Police, je suis particulièrement redevable au dévoué Grégory Auda qui a guidé mes investigations sur la même affaire et sur les obsèques d'Édith Piaf, me permettant d'en reconstituer le déroulement minute par minute. Ainsi qu'au commissaire Gicquel. Sans elle, je n'aurais jamais eu accès aussi rapidement au dossier d'Édith Piaf aux Renseignements Généraux.

À l'Institut Charles de Gaulle, ma reconnaissance va à monsieur Papazoglou.

Merci à maître Christophe Bigot, pour ses conseils amicaux.

Merci à mon éditeur et à son équipe.

Enfin, un camion de mimosa pour la Môme. Je suis fier d'avoir été son dernier serviteur. Fier et soulagé ; son destin valant tout Dumas et Mark Twain réunis, je crains d'avoir fourni à mon ami Roland Berger l'improbable « grand roman d'aventures » qu'il me réclamait. Un retour urgent et salutaire aux vrais personnages. Il y a Piaf et il y a les autres.

REMERCIEMENTS

Parce que la souffrance est un trait d'union entre les êtres, mieux on connaît la petite dame en noir qui aimait tant les couleurs, plus on a envie de la défendre. Je me suis attaché à elle et je sais qu'elle va me manquer. Sa voix off, tantôt directive au-dessus de mon épaule, tantôt légère comme un bruit d'étoffe, pour accompagner l'éprouvante gestation. Ses vieilles blagues de potache, que nous aimons et qui peut-être nous sauveront de tout. Son rire à la fois sec et nerveux, fluide et persifleur. Ses bonshommes réunis en un seul : moi ! Moi pour me couler dans ses veines et pendant deux ans n'aimer personne d'autre qu'elle, sans forcément détester les autres. Je cherchais le chemin, elle fut ma petite lumière bleue. Déjà je roule vers de nouveaux horizons, mais aussi vrai que l'amour s'arrête, jamais je ne l'oublierai. Si ce livre est un succès, ce sera le sien, car elle l'aura permis.

Nous disons que par-delà les dimensions, même si l'existence d'Édith Piaf ne fut pas aussi noire que ses robes, on aura beau ramener les faits à ce qu'ils furent et rendre à ce petit bout de femme habitée les mille personnalités qui la dessinaient, on sera toujours en dessous de l'attrait récurrent des foules pour les destins qui craquent et c'est tant mieux. Piaf *must go on* !

Bibliographie

ALLAERT, Édith et BERTIN, Jacques, *Édith Piaf, Le chant d'amour*, Soprodé, 1973.

AMADE, Louis, *Et ce sera ta passion de vivre,* Hachette, 1982.

ARNAUD, Claude, *Jean Cocteau*, Gallimard, 2003.

ASSO, Raymond, *Chansons sans musique*, Éditions Salabert, 1946.

AZZOLA, Marcel, *Chauffe, Marcel !* L'Archipel, 2006.

BAKER, Jean-Claude, *Joséphine Baker, Une vie mise à nue,* Contrario, 1995.

BERTEAUT, Simone, *Piaf*, Robert Laffont, 1969.

BLEUSTEIN-BLANCHET, Marcel, *La rage de convaincre,* Robert Laffont, 1970.

BLEUSTEIN-BLANCHET, Marcel, *Les ondes de la liberté,* Lattès, 1984.

BONEL, Marc et Danielle, *Édith Piaf, Le temps d'une vie*, Éditions de Fallois, 1993.

BOUDARD, Alphonse, *La fermeture,* Robert Laffont, 1986.

BOURGEAT, Jacques, *Mille petits faits vrais*, Hachette, 1966.

BOZON, Louis, *Marlène, La femme de ma vie*, Michel Lafon, 1992.

Cahiers de Chiré, Éditions de Chiré, 1989.

CANAILLE, Caro, *Étoiles en pantoufles*, Éditions André Martel, 1954.

CANNAVO, Richard et QUIQUERÉ, Henri, *Yves Montand, Le chant d'un homme,* Robert Laffont, 1981.

CHANCEL, Jacques, *Le temps d'un regard,* Hachette, 1978.

Chansons pour la vie, Norbert Glanzberg, toute une vie, Éditons MJR, 2006.

DAX, Micheline, *Je suis gugusse, voilà ma gloire,* Plon, 1985.

DELANOË, Pierre, *La vie en chantant,* Julliard, 1980.

DUCHEMIN, Alain M., *Paris en fêtes,* France-Empire, 1985.

DUCLOS, Pierre et MARTIN, Georges, *Piaf*, Éditions du Seuil, 1993.

Édith Piaf, Au bal de la chance, Jeheber, 1958.
FANCHI, José, *60 ans de boxe en Corse,* Éditions Journal de la Corse, 2007.
Fréhel, Nicole et Alain Lacombe, Belfond, 1990.
GIROUD, Françoise, *Nouveaux portraits,* Gallimard, 1954.
GRIMAULT, Dominique et MAHÉ, Patrick, *Piaf/Cerdan, Un hymne à l'amour,* Robert Laffont, 1983.
GUÉRAND, Jean-Philippe, *Jacques Tati,* Folio, 2007.
GUILLAUME, Commissaire, *Mes grandes enquêtes criminelles*, Éditions des Équateurs, 2005.
GUITRY, Sacha, *Si Versailles m'était conté,* Presses Pocket, 1954.
GUITTON, Jean, *Un siècle une vie,* Robert Laffont, 1988.
Janet Flanner, Darlinghissima, présenté et commenté par Natalia DANESI-MURRAY, Éditions des femmes, 1988.
JEANSON, Henri, *Soixante-dix ans d'adolescence*, Stock, 1972.
KESSEL, Joseph, *Mermoz,* Gallimard, 1972.
LAURE, Odette, *Aimer, rire et chanter,* Flammarion, 1997.
LE BRETON, Auguste, *La Môme Piaf*, Hachette, 1980.
LÉPIDIS, Clément et JACOMIN, Emmanuel, *Belleville*, Éditions Henry Veyrier, 1975.
LORCEY, Jacques, *Marcel Achard ou cinquante ans de vie parisienne,* France-Empire, 1977.
MAILLET, Maurice, *Édith Piaf inconnue*, Euro-images, 1970.
MARCHOIS, Bernard, *Édith Piaf, Opinions publiques,* TF1 Éditions, 1995.
MAUGET, Irénée, *Avec les gloires de mon temps,* Édition de la Maison des Intellectuels, 1963.
MILLAU, Christian, *Paris m'a dit, Années 50, fin d'une époque,* Éditions de Fallois, 2000.
NOLI, Jean, *Piaf secrète*, l'Archipel, 1993.
PANASSIÉ, Hugues, *Douze années de jazz,* Corréa, 1946.
PASDOC, André, *Le cocher de la troïka*, Éditions du Scorpion, 1964.
PETITOT, R. P., *Sainte Thérèse de Lisieux, Une renaissance spirituelle,* Éditions de la Revue des Jeunes, 1925.
Phrases de, Les mots fracassants, Éditan, MDCCCCLXVI.
RÉMY, Tristan, *Les clowns*, Grasset, 2002.
RENAUD, Line, *Les brumes d'où je viens,* Éditions nº 1, 1989.
RIM, Carlo, *Le grenier d'Arlequin,* Denoël, 1981.
ROBINSON, Madeleine, *Les canards majuscules*, Robert Laffont, 1978.
RONSAC, Charles, *Trois noms pour une vie*, Robert Laffont, 1988.
SARDOU, Fernand, *Les Sardou de père en fils*, Julliard, 1981.

BIBLIOGRAPHIE

SARDOU, Jackie, *Hé ! la petite grosse*, Plon, 1987.
TABET, Georges, *Vivre deux fois*, Robert Laffont, 1979.
TESSIER, Carmen, *Histoires de Marie-Chantal,* Gallimard, 1955.
Tino Rossi par Tino Rossi, Stock, 1974.
Tout ce qu'on vous a caché, Les Archives secrètes du Reich présentées par Maître Jacques BARADUC, L'élan, 1949.
VILLEFOSSE DE, René Héron, *Singularités de Paris,* Grasset, 1940.

TABLE

TABLE

Troisième partie
L'AMÉRIQUE

Quatrième Partie
LE RÈGNE

Cinquième partie
PIAF EN CROIX

Sixième partie
LE TEMPS DES APRÈS

Composition et mise en page

Achevé d'imprimer en septembre 2008
dans les ateliers de Normandie Roto Impression s.a.s.
61250 Lonrai
N° d'impression : 08-2392

Imprimé en France

N° d'édition : L.01EUCN000222.N001
Dépôt légal : septembre 2008